2026 복음적인 예배와 설교를 위하여

김향안, 선종욱 목사

30주년 기념판

2026 복음적인 예배와 설교를 위하여

김항안, 선종욱 목사

30주년 기념판

축제 같은 예배와
신바람 나는 설교를 위하여
항상 수고하시는

_____ 께
_____ 가

드립니다.

축제 같은 예배
신바람 나는 설교!

김항안 목사
선종욱

2026 복음적인 예배와 설교를 위하여

GLORIA

축제 같은 예배! 신바람 나는 설교!
2026 복음적인 예배와 설교를 위하여

저자
김항안/선종욱

펴낸이
한국교회정보센터

편집책임자
김유리

발행처
주식회사 한국교회정보센터앤글로리아

주 소	서울 동작구 상도로 265-14
전 화	1566-3004
팩 스	(02) 824-4231
이메일	kcdc5004@naver.com
홈페이지	www.kcdc.net
등 록	1989년 3월 9일 제 3-235호
재등록	2007년 3월 9일 제 3-235호

인쇄일/발행일
1판 1쇄 만든 날 / 2025년 9월 15일
1판 1쇄 펴낸 날 / 2025년 9월 22일

온라인 입금
예금주 주식회사 한국교회정보센터앤글로리아

국민은행 029337-04-009631

값 40,000원

ⓒ주식회사 한국교회정보센터앤글로리아
ISBN 978-89-7666-152-4 (03230)

이 책의 판권은 주식회사 한국교회정보센터앤글로리아에 있습니다.
무단 전제 및 무단 복제를 금합니다.
잘못 만들어진 책은 교환하여 드립니다.

축제 같은 예배! 신바람 나는 설교!
2026 복음적인 예배와 설교를 위하여

G·L·O·R·I·A
KOREA CHURCH DATA CENTER

머리글

　매년 『복음적인 예배와 설교를 위하여』를 통해서 만나는 모든 분께 하나님의 크신 은혜와 사랑이 넘치기를 기도한다. 올해로 이 책을 쓰기 시작한 지 벌써 30년이 되었다. 이렇게 이 책이 계속 나올 수 있었던 것은 하나님의 사랑하심과 독자 여러분들의 성원이 있었기 때문이라고 믿고 감사하고 싶다.

　저의 솔직한 소망은 이 책 『복음적인 예배와 설교를 위하여』가 이 세상에 교회가 존재하는 그 날까지 계속 이어지기를 바라는 것이다. 저는 오랫동안 기도했다. 참 죄송한 말씀이지만, 제가 이 세상에서 생을 마감해도 이 책은 계속해서 발행되어야 한다고 믿었기 때문이다. 오늘 이 책의 출간 30주년을 기념하여 창설된 '복음적인 예배와 설교 아카데미'가 그 응답이라고 믿는다.

　지금 눈물로 기도하고 있는 것은 이 나라와 전 세계 강단에서 복음적인 예배와 설교가 선포될 길잡이와 같은 이 책을 집필해 나갈 유능한 집필자들을 보내 달라는 간구이다. 나는 믿는다. 하나님은 언제 어디나 현존(現存)하시고 하나님의 말씀은 시간과 환경을 구별하지 않고 만날 수 있다는 것이다.

　이번 『복음적인 예배와 설교를 위하여』 30주년 기념호의 설교 본문은 창간호 때의 본문으로 정했다. 이번 호를 쓰면서 생각난 것은 이 책을 창간할 당시의 집필 원칙이 강산이 3번이나 변한다는 30년이 지난 지금 생각해도 하나도 변한 것이 없다는 것이었다. 아래 창간호 때 쓴 머리글을 읽어 보시면 알 수 있을 것이다.

| 창간호(1996년) 때 쓴 머리글

　예배와 설교는 하나님과 사람이 인격적으로 하나 되는 만남의 장소이다. 그래서 예배는 신바람 나는 축제의 한 마당이다. 영혼과 영혼이 만나 하나 되는 감동의 축제이며, 고통이 변하여 기쁨이 되게 하는 장소이다. 이곳에서는 영원한 죽음이 영원한 생명으로 재창조되는 감격이 있다. 경배가 있고, 찬송이 있고, 감사가 있는 지상천국이며, 좌절에 허덕이는 영혼이 소망의 눈물을 흘리는 기적이 있는 곳이다. 성부, 성자, 성령의 역사가 인간과 함께하는 지성소이다. 여기에서 인간은 하나님과 하나 되어 기쁨을 나누고 고통을 나눈다. 고통과 기쁨을 나눌 수 있는 사람에게 하나님께서 주시는 은혜는 하나 됨의 '닮음 현상'이다.

예배는 과거가 현재가 되고 미래가 지금이 되는, 시간과 공간이 초월하는 때이며 장소이다. 이곳에서 인간의 이성으로는 도저히 이해될 수 없는 놀라운 일이 벌어진다. 예배와 말씀이 있는 이곳은 하나님께서 죄인 된 우리를 당신의 자녀로 삼아 주시기 위한 독생자 예수께서 흘리신 보혈의 피 흘림이 있다. 예수의 일생은 우리 인간의 재창조 공정이었다. 우리가 예수를 믿을 때 새사람이 되고 새로운 능력을 받게 된다. 이것이 복음이다. 즉, 하나님께서 나를 위하여 예수 그리스도를 통하여 행하신 일인 것이다. 이 사실을 믿고 누리면서 사는 것이 복음적인 삶이다. 복음을 통해 이것을 확인하고 감사하는 자리가 예배이다.

그렇게 재창조된 우리가 누구인가? "그러나 너희는 택하신 족속이요 왕 같은 제사장들이요 거룩한 나라요 그의 소유가 된 백성이니"(벧전 2:9). 이 말씀만 믿어도 우리는 엄청난 존재이다. 무능력자가 능력자가 된다. 하늘의 권능을 마음껏 사용할 수 있는 지상에 있는 하늘 사람이 된다. 이 말씀을 믿기만 하면, 마음에서 그 말씀대로 이루어지면, 그 믿음이 그대로 유효하게 우리를 통하여 역사 된다. 이와 같은 놀라운 사실을 확인하고 감격하여 하나님께 드리는 감사의 축제가 예배이다. 얼마나 신바람 나는 일인가? 얼마나 살맛 나는 일인가?

이 예배를 통하여 하나님께서는 말씀으로 다시 한번 모든 과거를 현재화시켜 주신다. 미래의 엄청난 하늘 복을 지금 누리는 감격을 맛보게 하는 설렘이 있다. 과거의 한 역사적인 사건이 지금 나를 위한 사효적인 사건이 됨을 말씀으로 확인시켜 준다.

그러나 지금 우리의 예배는 어떤가?

예배는 있으나 벅찬 감격의 만남이 없다. 설교는 있으나 복음의 능력이 없다. 이유는 간단하다. 복음적인 예배와 복음적인 설교가 이루어지지 않았기 때문이다.

이 책은 예배와 설교가 복음의 능력으로 거듭나게 할 수 있는 작은 불씨이다. 회개는 있으나 감동적인 재출발의 다짐이 없는 불모지를 젖과 꿀이 흐르는 초장이 되게 하려는 것이다. 예배를 인도하고 하나님의 말씀을 전하는 설교자 자신부터 달라질 수 있는 길을 제시하고 싶은 것이다.

설교자 스스로 복음의 감격이 없는 것만큼 불행한 일은 없다. 교인이 변하고 사회를 변화시키기 위해서는 먼저 설교자 자신이 변해야 하기 때문이다. 이 책은 설교자가 복음의 진액을 마음껏 퍼낼 수 있는 생수의 맥을 발견하게 한다. 영원히 마르지 않는 복음의 생수가 목회자의 가슴과 예배에 참석하는 성도들의 가슴에 파도치게 하는 비결이 담겨 있다. 복음적인 예배와 복음적인 설교는 그동안 한국교회정보센터의 자료로 소개되었다. 많은 주의 종들과 그들이 사역하는 교회에서 심령들이 변화되는 것을 경험했다. 그래서 "예배와 설교가 변하면 교인이 변하고, 교인이 변하면 교회가 변하고, 교회가 변하면 사회가 변한다."는 확신을 얻게 되었다. 복음적인 예배와 복음적인 설교가 한국 강단에서 행하여지고 선포될 때 언제 어디서나 사도행전과 시편의 일들이 우리 앞에 다시 일어날 수 있다는 확신한다.

한국교회정보센터가 추구하는 것은 복음의 실용성과 현장감이다. 따라서 책의 모양과 편집도 그 원칙을 따랐다. 이 책이 한국 강단에 복음의 활력을 일으키는 영적인 부싯돌과 같은 역할을 다할 것을 기대하고 싶다. 목회자들에게는 "바로 이거야"라는 감격의 기쁨을, 듣는 성도들에게는 삶의 방향 전환의 시작이 되는 결과를 얻는 촉진제가 될 것이다.

이 책을 사용하는 모든 주의 종과 강단에 새로운 말씀의 활력이 넘치는 감격이 함께하기를 기도드린다.

〈1996년 10월 김항안 목사〉

다시 한번 『복음적인 예배와 설교를 위하여』가 하나님 나라 확장을 위한 든든한 징검다리가 되기를 바라면서 이 책을 사용하는 분들과 섬기시는 교회의 강단이 하늘 축복의 통로가 되기를 주님의 이름으로 축원한다.

2025년 9월 17일
김항안 목사 · 선종욱 목사

김항안 목사의 행복 목회

목회는 직업이 아니다

직업이 없는 사람, 즉 실직자는 생계를 유지할 수 없고, 가족을 부양하기 어렵다. 그래서 국가에서도 국민의 실직을 막기 위해 갖은 계획과 방법을 동원한다. 그렇다고 모든 국민이 직업을 갖는 것은 아니다. 직업은 일단 자신의 능력과 소양이 있어야 하고, 따라서 일하기에 합당한 조건이 갖추어져야 가능하다. 오래 전에 Y대학교 신학과 총학생회의 회장에 출마한 학생이 "목사직은 목구멍에 풀칠하기 위한 수단이다"라고 연설해서 많은 학생들이 눈살을 찌푸린 적이 있다. '목회가 직업인가?' 목회자는 이 질문에 대한 확고한 신념이 있어야 한다. 목회도 적절한 돈이 있어야 가능하고, 목회자도 주택이 필요하며, 가족을 먹여 살려야 하고, 자녀를 교육시키기 위해서 돈이 필요하다. 또한 목회자가 자신의 노후를 위한 대책도 세워야 한다. 그렇다고 목회를 직업으로 여기면 여러 가지 문제가 발생한다. 목회자가 '목회'와 '직업'을 엄격하게 구별하기 위해서 직업의 종류와 의미를 알아 둘 필요가 있다.

| 직업의 종류와 의미

'직업(職業, occupation)'은 개인이 생활하기 위해서 수입을 목적으로 하는 사회 활동이다. 그리고 소득을 얻어 의식주를 해결하는 수단일 뿐만 아니라, 개인이 사회에 참여하여 자신의 사회적 역할을 맡는 일이다. 직업은 각자가 하는 일의 특색에 따라 여러 가지로 구분된다. 직업에는 의사 · 변호사 · 교사 · 과학자 · 예술가 · 프로그래머와 같이 전문적 지식과 기술이 있는 전문직이 있고, 국가의 여러 가지 일과 물자를 관리하는 공무원 · 회사를 경영하는 관리직 · 금전 출납과 사무 처리하는 사무직 · 물품을 판매하는 판매직이 있고, 농부 · 어부 · 광부와 같이 생산에 종사하는 생산직이 있고, 이발사 · 미용사 · 운전기사와 같은 서비스직 등이 있다.

이러한 여러 가지 직업은 각각 사회에 필요한 일을 나누어 맡고 있다는 점에서 모두 중요하다. 직업을 선택할 때에는 자신의 능력과 적성에 맞는가, 보람과 충분한 대가가 있는가를 고려해야 한다. 직업은 한번 선택하면 자주 바꾸기 어렵다. 따라서 직업을 선택할 때 자신의 건강과 적성, 능력과 특기 등을 잘 생각하여 알맞은 것을 찾아야 한다. 우리나라의 헌법에는 모든 국민이 각자 자기 능력에 따라 자유롭게 직업을 선택할 수 있도록 "모든 국민은 직업 선택의 자유를 가진다."라고 규정되어 있다. 따라서 원하는 직업을 자유롭게 선택하여 자기 일에 성실히 종사해야 한다. 알맞은 직업을 가져야 자신이 행복하고, 사회의 발전에 공헌할 수 있다. 만일 알맞지 않은 직업을 선택하면 불행해지고, 사회에 공헌할 수 없다.

직업은 천직(天職), 즉 하늘이 내려주기에 좋고 나쁜 것은 따로 없다. 하자만 직업은 '생계유지, 사회적 기여, 자아실현'이란 삼박자가 맞아야 한다. 그러기 위해서 직업에는 책임감과 도덕적 사명감이 요구되는데, 그런 마음과 사회적인 규범이 '직업윤리(職業倫理)'이다. 히포크라테스의 "나는 환자의 건강과 생명을 첫째로 생각한다."라는 선서가 의료인의 윤리강령이듯이, 직업마다 각각의 규범이 있다. 직업윤리라는 말이 고리타분하게 들릴 수 있지만 이제 직업윤리 준수 여부는 개인을 떠나 조직의 흥망과도 직결되는 시대가 되었다. 4차 산업혁명 시대로 접어들면 직업윤리는 더욱 중요해진다. 세계가 하나로, 빠르게 연결되는 사회인만큼 문제가 생기면 그 여파가 상상을 초월할 정도로 커진다. 인공지능(AI)이 장착된 로봇을 만드는 연구자의 직업윤리가 잘못됐다면 미래에 어떤 세상이 올지 상상만 해도 끔찍하다.

| 직업윤리가 타락한 목회자

목회자는 어쩔 수 없이 직업윤리가 타락한 시대에 살고 있다. 물론 모든 직업인이 윤리적으로 타락했다는 말은 아니다. 보건복지부 지정 심장·혈관 전문, 세종병원은 늘 푸른 선교회와 함께 서울특별시 을지로 3가 지하차도에서 노숙자를 위한 '사랑의 한 끼 식사 나누기' 행사를 하고 있다. 세종병원 임직원은 노숙자가 용기를 얻고 다시 일어날 수 있도록 위문예배를 하며, 각종 질환에 노출된 노숙자를 위하여 의약품을 전달했다. 이 행사에 참여한 모든 세종병원 임직원은 행사장을 방문한 600여 명의 노숙자를 위해 찬양과 예배를 드리며 직접 배식하며 따뜻한 마음을 전했다. 이 행사를 주관한 세종병원 이사장은 "봄이 왔지만 아직 노숙자들의 마음에는 추운 겨울이 계속되는 것 같아 이 행사를 개최하게 되었다며 앞으로도 정기적으로 어려운 이웃과 따뜻한 사랑을 나누기 위해 노력할 것"이라고 밝혔다.

직업윤리는 개인윤리와 연관성이 있다. 전통적인 기독교윤리는 목회자의 윤리적인 덕목과 십계명을 지켜서 선한 행위에 관심을 두는 개인윤리로 출발하였다. 그런데 개인윤리는 개인이 어떻게 존재로 살 수 있고, 또 살아야 하는가에 관심을 기울인 반면에 직업윤리는 직장의 도덕인 생활과 공익을 위해서 새로운 사회구조의 구축에 관심을 기울인다. 하지만 개인윤리와 직업윤리를 대립적으로 보거나 양자택일하는 것은 모두를 왜곡시킬 수 있는 위험한 일이다. 그러므로 목회자는 직업윤리에 매달리지 말고 포용하면서 개인윤리를 지켜야 한다.

한국 교회에는 기독교인들에게 영향을 끼치는 세 부류의 신학적 경향이 있는데 보수신학은 기독교의 정체성을 고수하려고 하고, 토착화신학은 외래종교인 기독교를 우리 문화에 접맥시키고자 하며, 민중 신학은 정치, 경제, 사회의 구조적인 개혁에 참여하고자 한다. 이 세 부류의 신학들은 각각 나름대로 큰 영향을 끼쳤지만 목회자의 개인윤리가 제대로 전개되도록 하는 데는 한계가 있다. 한국 교회의 목회자들은 부패한 사회에서 빛과 소금의 역할을 했다고 하기 보다는 함께 썩어왔던 것이 현실이다. 좀 지나친 말로 들릴 수 있으나, 일부 목회자들이 목회를 직업으로 생각하고 돈 모으기에 전력을 기울여왔기 때문이다.

이러한 목회자들은 직업의식을 극복해야만 한다. 오늘날의 목회자들의 삶은 어느 부분을 보아도 영적 생명의 풍요로움을 찾아보기는 어렵다. 목회자는 자신의 목회를 보호하고 유지하기 위해 긴장하지 않을 수 없게 되었다. 목회를 위협하는 세상에 살고 있다는 것은 목회자의 비극이다. 목회자가 살고 있는 이 세상은 전쟁과 빈곤, 긴장과 갈등, 고통과 죽음 등으로 혼란스럽다. 목회자가 풍요로움을 찾아 볼 수 없는 세상을 바라보며 산다는 것은 절망적인 일이다. 목회자는 직업의식을 버리고 하늘을 바라보면서 하늘에 계신 하나님을 기억하고, 하나님께서 다스리시는 나라를 소망하며 살아가야 한다. 하나님의 나라가 이 세상에 살고 있는 목회자의 소망이다. 목회자는 세상의 나라를 하나님의 나라로 만들어야 한다.

l 목회를 직업으로 하는 목회자에 대한 경고

목회가가 목회를 직업으로 하면 어떻게 될까? 직업적인 목회는 마귀를 기쁘게 하는 일이다. 예수님께서 귀신을 쫓아내시니 귀신의 왕 바알세불을 힘입었다고 비난하는 사람이 있었다. 그래서 예수님께서 "더러운 귀신이 사람에게서 나갔을 때에 물 없는 곳으로 다니며 쉬기를 구하되 얻지 못하고 이에 이르되 내가 나온 내 집으로 돌아가리라 하고 가서 보니 그 집이 청소되고 수리되었거늘 이에 가서 저보다 더 악한 귀신 일곱을 데리고 들어가서 거하니 그 사람의 나중 형편이 전보다 더 심하게 되느니라"(눅 11:24-26)라고 말씀하셨다. 이 말씀은 은혜를 받은 목회자가 주님을 마음에 모시지 않으면 무서운 결과가 온다는 교훈이다.

이 교훈에서 주님은 하나님의 은혜로 목회하는 목회자의 마음을 깨끗하게 청소된 집에 비유하셨다. 목회자가 하나님의 은혜로 목회하다가 무슨 이유로든지 목회를 직업으로 하면 마귀의 지배를 받는다. 그런데 더욱 무서운 것은 그 정도가 날이 지날수록 심해져서 이제는 더 악한 일곱 귀신들에게 지배받게 된다는 것이다. 히브리서 기자는 깨끗하게 청소된 집을 회개한 마음이라고 했다. "우리가 마음에 뿌림을 받아 악한 양심으로부터 벗어나고 몸은 맑은 물로 씻음을 받았으니 참 마음과 온전한 믿음으로 하나님께 나아가자"(히 10:22).

주님께서 말씀하신 청소되고 수리한 집은 옛 죄를 회개한 목회자의 마음이다. 목회자의 마음을 주님께서 성령과 말씀으로 깨끗하게 청소하시고 수리하셨다. 그러나 그것으로 멈추어있으면 아무런 의미가 없다. 목회자는 날마다 회개하고 성령으로 거듭나서 자신의 마음을 깨끗하게 수리해야 한다. 예를 들어서 아무리 새로 건축한 집이라도 오랫동안 비워두면 점점 먼지가 쌓이고, 장식에 녹이 슬고, 습기가 차 곰팡이가 번지고, 벌레들이 들끓어 금방 망가지고 만다. 새 집도 사람이 살면서 쓸고 닦으며 가꿔야 한다. 그런데 주님 앞에 한번 회개하기만 하고 그분을 마음의 보좌에 영접하지 않은 목회자가 목회를 직업으로 하면 귀신들이 볼 때 '빈집'으로 보여 더 많은 귀신을 데리고 들어간다고 주님께서 말씀하셨다.

주님이 계시지 않는 공허한 목회자의 마음, 이 마음이 가장 위태롭다. 특히 주님을 믿는다고 고백도 하고, 회개도 한 목회자가 그 마음에 주님을 잊어버린다면, 그 형편이 목회자가 되기 전보다도 더욱 비참하게 된다는 사실을 알아야 한다. 공산주의자인 스탈린과 수많은 유대인을 학살한 히틀러도 한 때 그리스도인이었고 신학생이었다. 믿다가 타락한 목회자에게는 다시는 회개의 기회가 주어지지 않기에 여러 귀신들이 영원히 거할 처소로 삼는 것이다(히 6:4-6). 그래서 불신자보다도 이기적이고 무자비하며 방탕을 추구하게 된다.

가룟 유다는 예수님의 제자지만 직업으로 따라다녔다. 그는 주님의 신임을 받아 재정을 맡았으나 돈에 눈이 어두워 주님을 팔아먹을 궁리를 했다. 이 사실을 예수님께서 아시고 몇 번이나 경고하시고 회개할 기회를 주셨다. 그러나 그는 돌이키지 않고 겨우 은 30개에 주님을 팔아먹고 자살하였다(마 27:3-10). 데마는 사도 바울의 벗으로 같이 일했다. 한때는 바울과 함께 복음 선교에 열심을 냈으며, 심지어 로마 감방에서 바울과 함께 고생했다. 그러나 도중에 그의 마음이 변했다. 그는 복음을 위해서 고통당하는 것이 너무 싫었다. 그는 직업을 가지고 편하게 살 수 있는 세상이 좋았다. 그래서 사도 바울과 주님을 배신했다. 사도 바울이 두 번째 로마의 감방에 갇혔을 때 바울을 버리고 세상으로 가고 말았다(딤후 4:10). 전설에 따르면 데마는 우상 신전의 사제가 되어 온갖 음란한 일을 하다 죽었다고 한다.

목회자의 마음속에 예수 그리스도가 왕으로 자리 잡고 계시는가? 아니면 세상에 대한 연민과 근심과 걱정과 탐심이 자리 잡고 있는가? 목회자가 목회를 사명으로 하는가? 아니면 목회를 직업으로 하는가? 사도 바울은 "너희는 믿음 안에 있는가 너희 자신을 시험하고 너희 자신을 확증하라 예수 그리스도께서 너희 안에 계신 줄을 너희가 스스로 알지 못하느냐 그렇지 않으면 너희는 버림 받은 자니라"(고후 13:5)라고 말씀하였다. 이 말씀은 목회를 직업으로 여기는 목회자에게 대한 경고이다. 만일에 목회자의 마음속에 목회에 대한 직업의식이 자리 잡고 있으면 하루 빨리 회개해야, 유쾌하고 신바람 나는 목회를 할 수 있다.

이 책의 사용법

1. 본문에 관한 내용

- **본문 선택** : 여기서 사용한 본문은 교회력에 의한 성서 일과를 참고하여 한국교회정보센터 편집 위원회가 정한 원칙에 따랐다(성경은 개역개정성경 사용).
- **성서 일과** : 교회력에 의하여 구약, 서신서, 복음서 세 가지 본문 중에 하나를 선택하여 주일 본문으로 정했으며, 신구약의 알맞은 조화를 위하여 노력했다.
- **설교 본문** : 성서 일과 중에서 주일 대예배를 위한 본문으로 선택된 성경 본문(음영으로 강조처리)은 구약, 서신서, 복음서 중 하나를 정했다. 선택된 복음적인 조명도 그 양을 달리했다. 주일 대예배를 위해서 선택된 본문은 한국교회정보센터가 매주 목회자에게 제공하는 목회 자료 중 설교 자료의 본문과 일치시켰다. 따라서 더 많은 설교 자료에 대한 참고를 원할 때는 한국교회정보센터가 매주 발행하는 자료, 즉 주일 대예배 본문을 중심으로 만들어가는 설교 자료 6~7편(복음적인 본문 설교, 강해 설교, 주해 설교, 대지 설교, 제목 설교, 상황 설교 등)과 이 설교를 돕는 예화 자료 6~8편, 본문 설교를 돕는 참고자료를 이용하면 유익한 정보를 많이 얻게 될 것으로 사료된다.
- **기 타** : 성서 일과 중 본문으로 선택되지 않은 나머지 본문에 대한 설교 자료 및 참고 자료는 한국교회정보센터에서 매주 주일 예배와 수요 예배, 금요철야 예배를 위해서 회원들에게 매주 제공되는 자료를 참고하면 된다.

2. 예배에 관한 내용

- 예배에 사용되는 각종 기도문은 복음적인 감격과 실천 지향적인 의미를 주는 기도문이 되려고 노력했다.
- 복음적인 예배와 설교를 위하여 예배의 실제 모델은 지면 관계상 생략했다. 복음적인 예배를 위해서는 저자 김항안 목사가 쓴 『절기예배의 이론과 실제』, 『특별 예배의 이론과 실제』(도서출판 글로리아)를 참고하기 바란다.

3. 교회력

- 교회력 중에 모든 교단이 공통으로 사용하는 것은 그대로 사용했다. 그러나 교단별로 다른 기념일 등에 대한 것은 혼란을 피하고자 생략했다. 그 대신 여백을 만들었기 때문에 각자가 교단의 실정에 맞게 적어서 활용하기 바란다.

4. 기타 설교에 대한 안내

• 새벽 설교, 금요일 밤 설교, 수요일 밤 설교는 지면 관계상 생략했다. 그러나 금요일 저녁과 수요일 예배를 위한 설교 자료는 한국교회정보센터 홈페이지(www.kcdc.net)를 통하여 제공되는 목회자료를 참고하면 많은 도움을 받을 수 있다.
• 새벽 기도에 관해서는 한국교회정보센터에서 발행하는 『새벽기도를 위한 365일 기도문』(도서출판 글로리아)을 참고하거나, 홈페이지를 통하여 매월 새롭게 회원들에게 제공하는 자료에서 도움을 받을 수 있다.

5. 찬송 선곡

• 가능한 한 교회력과 성서 일과에 따라 본문의 주제에 맞는 찬송을 설교 전, 설교 후로 나누어서 두 편씩 선곡했다(21세기 찬송가 사용). 성가대를 위한 선곡도 성서 일과에 의한 주제에 맞추어서 선곡했다. 지면 관계상 곡명과 작곡자만을 기재했다. 성가곡의 출처는 아래와 같다.
① 교회력에 의한 예배찬양(기독교음악사) 1~7권
② 교회합창(기독교음악사) 1~5권
③ 예배성가곡집(서울음악사) 1~4권
④ 교회력에 의한 예배찬양(호산나음악사) 1~3권
⑤ 명성가곡집(미완성출판사)
관련된 책자는 일반 기독교 서점에서 구입할 수 있다.

6. 편집 방법

• 효과적으로 이용할 수 있는 자료가 되기 위하여 바인더 형식을 취했다. 첫째 이유는 언제 어디서나 쉽게 활용할 수 있는 실용성 때문이고, 둘째 이유는 목회자가 스스로 만든 자료를 가감할 수 있는 자료집이 되게 하기 위함이다.

7. 특별예배

• 송구영신, 교회설립예배, 사순절과 같은 특별 절기를 위한 예배자료와 영상자료, 설교 및 예화자료는 김항안 목사가 별도로 쓴 『복음적인 송구영신예배를 위하여』, 『사순절을 주님과 함께』, 『감동적인 고난주간을 위하여』(도서출판 글로리아)를 참고하면 된다.

교회력

	구약 성서의 히브리력			교회력	
양력	히브리력	기후	농사계절	기념일	절기
1	10 (데 벳)	우기 늦은 비	겨울엄동		현현절(주현절) Epiphany 1월 6일 – 2월 4주 (성회 수요일 이브)
2	11 (스 밧)			15 – 식목일	
3	12 (아 달)		복숭아꽃	14 – 부림절	사순절(수난절) Lent 2월 18일 – 3월 5주 (부활절 이브)
4	1 (니 산)		보리 추수 시작	14 – 유월절 15 – 무교절 시작 21 – 유월절 무교절의 끝	
5					부활절 Easter 4월 5일 – 5월 4주 (오순절 이브 승천절)
6	1 (니 산)	건조기	보리 추수	4 – 현충일 5 – 독립기념일	
7	3 (시 완)		밀 추수	6 – 오순절(칠칠절) 유월절 이후 7주	성령강림절 Pentecost (오순절) – 11월말 주
8	4 (탐무즈)				
9	5 (아 브)		포도, 무화과 감람이 익는 때	9 – 성전파괴일	
	6 (엘 룰)		포도 추수 시작		
10	7 (티쉬리)		이른 비 경작 시작	1 – 나팔절 10 – 속죄절 15 – 21 초막절 장막절	
11	8 (헤스반)	이른 비	밀, 보리 파종		
12	9 (기슬르)			25 – 수전절	대강절(대림절) – 크리스마스 이브
	10 (데 벳)		겨울엄동		성탄절(12월 25일) – 1월 6일

예 전 및 절 기

색상	의 미
흰 색	순결, 완전, 기쁨을 상징한다. 예수님의 생애에서 수난일을 제외하고 주요 절기를 나타낸다. 성탄절, 부활주일, 승천주일, 삼위일체 주일, 결혼 등에 사용된다.
빨간색	불과 피의 빛이며 성경, 순교, 하나님의 사랑을 나타낸다.
보라색	슬픔과 통회를 표하는 것으로 대강절, 사순절에 사용된다.
초록색	대자연의 푸른색으로 소망, 중생, 양육, 선교 등을 나타낸다.
검정색	슬픔을 상징한다. 예수 수난일, 장례식에 사용된다.

구분	의 미
양력 陽歷	기원은 1581년 교황 그레고리우스 13세(1572-85)의 'Inter gravissimas' 교황 칙서에서 유래되었다. 그레고리우스 13세는 율리우스력(B.C. 47년 율리우스 카이사르에 의하여 수립된)의 시간 계산에서 나타난 오차를 바로 잡기 1582년 날 수 중 10일(10월 5일부터 14일)이 달력에서 제거되어야 한다고 지적했다. 따라서 1582년의 10월 4일의 다음 날은 곧바로 10월 15일이 되었다. 그러한 차이의 근본적인 원인은 율리우스력이 1년을 정확히 365¼일로 계산하여 4년마다 한 번씩 윤년을 두었다는 사실에 있다. 매 윤년의 2월 24일은 2일간 지속되었다. 그레고리우스력(Gregorian Calendar)은 개혁된 거의 모든 카톨릭 국가에서 채택되었으나, 프로테스탄트 국가에서는 서서히 채택되었다. 현재 모든 국가가 이 달력을 사용하는 것은 아니며 희랍 정교회에서는 음력 제도를, 이스라엘에서는 고유한 달력인 유대력을 사용하고 있다. 한국에서는 일제 치하인 1896년부터 사용하다가 1948년 9월 국회에서 음력 사용을 결정했다. 1961년 군사 정부에 의하여 양력이 다시 사용되었으며 현재에는 양·음력을 병행하여 사용하고 있는 실정이다. 양력을 사용하면서 각종 기념일은 양력으로 표기되기 시작했고 음력의 계산법은 점차 뒷전으로 밀려나기 시작했다.
음력 陰歷	우리가 사용하는 산력인 음력은 중국의 달력인 월산력(月算曆)에 근거한 것으로 인도의 태음력과 유사하다. 두 달력의 윤일 산정법, 월차 계산법 등은 당시 엄격한 천문학적 계산에 근거하여 얻어졌다. 흔히 이 두 달력의 음력 수치 계산을 바벨론 문화 유산으로 많이 착오한다. 그러나 중국의 월산력법은 다른 곳과는 다른 그들 나름대로의 독특하고 고유한 천문학적 방법에 의거하여 수치 계산을 하고 있다. 우리나라의 음력 사용은 중국과의 밀접한 관계 속에서 받아들여져 자연스럽게 사용되고 있었으나 일제 치하인 1896년에는 사용이 중단되는 시기를 맞기도 했으며 해방 이후 국회에서 음력 사용을 결의하기도 했으나 세계화의 추세 속에서 보편적인 양력을 채택, 오늘에 이르고 있다. 음력은 아직까지 농업이나 어업, 관혼상제 등 우리 삶과 깊게 묶여 예민한 독특성을 인정받고 있다. 씨의 파종 시기나, 물의 간차를 시기적절하게 파악한 자연 운영력이 강한 월산력이라 하겠다.

절 기 표

	24절기	음력	양력
봄	입춘(立春) : 봄이 시작되는 철	1월 절	2026년 2월 4일
	우수(雨水) : 비가 내리는 철	1월 중	2월 19일
	경칩(驚蟄) : 동면하던 곤충이 깨어나는 철	2월 절	3월 5일
	춘분(春分) : 봄철 태양 환경이 분기되는 철	2월 중	3월 20일
	청명(淸明) : 날씨가 맑고 밝은 철	3월 절	4월 5일
	곡우(穀雨) : 곡식에 좋은 비가 내리는 철	3월 중	4월 20일
여름	입하(立夏) : 여름이 시작되는 철	4월 절	5월 5일
	소만(小滿) : 보리알이 굵어지는 철	4월 중	5월 21일
	망종(芒種) : 보리를 베는 철	5월 절	6월 6일
	하지(夏至) : 여름으로 해가 가장 김	5월 중	6월 21일
	소서(小暑) : 조금 더운 철	6월 절	7월 7일
	대서(大暑) : 매우 더운 철	6월 중	7월 23일
가을	입추(立秋) : 가을이 시작되는 철	7월 절	8월 7일
	처서(處暑) : 더위가 그치는 철	7월 중	8월 23일
	백로(白露) : 흰 이슬이 내리는 철	8월 절	9월 7일
	추분(秋分) : 가을에 태양 환경이 분기됨	8월 중	9월 23일
	한로(寒露) : 찬 이슬이 내리는 철	9월 절	10월 8일
	상강(霜降) : 서리가 내리는 철	9월 중	10월 23일
겨울	입동(立冬) : 겨울이 시작되는 철	10월 절	11월 7일
	소설(小雪) : 눈이 조금 오는 철	10월 중	11월 22일
	대설(大雪) : 눈이 많이 오는 철	11월 절	12월 7일
	동지(冬至) : 겨울의 막바지 철	11월 중	12월 22일
	소한(小寒) : 조금 추운 철	12월 절	2027년 1월 5일
	대한(大寒) : 매우 추운 철	12월 중	1월 20일

순 서 매 김

머리글	8
김항안 목사의 행복목회	12
이 책의 사용법	18
교회력	20
예전 및 절기	21
절기표	22

2025년 본문

2025년 11월 30일 대림절 1번째 주일 _주님 기다림(고린도전서 1:3-9)	29
2025년 12월 7일 대림절 2번째 주일 _오실 길 준비(마가복음 1:1-8)	33
2025년 12월 14일 대림절 3번째 주일 /성서주일 _구원의 소식(이사야 61:1-7)	37
2025년 12월 21일 대림절 4번째 주일 _하나님 아들(누가복음 1:26-38)	41
2025년 12월 25일 성탄절 _예수님 탄생(누가복음 2:1-14)	45
2025년 12월 29일 성탄절 후 1번째 주일 _영혼의 기쁨(이사야 61:10-11)	49

2026년 본문

2026년 1월 4일 성탄절 후 2번째 주일/신년주일/주현절 _새해의 축복(민수기 6:22-27)	55
2026년 1월 11일 주현절 후 1번째 주일/주님의 수세일 _주님의 수세(마가복음 1:7-11)	59
2026년 1월 18일 주현절 후 2번째 주일 _몸으로 영광(고린도전서 6:12-20)	63
2026년 1월 25일 주현절 후 3번째 주일 _회개의 말씀(요나 3:1-5,10)	67
2026년 2월 1일 주현절 후 4번째 주일 _겸손한 전도(고린도전서 9:16-23)	73
2026년 2월 8일 주현절 후 5번째 주일 _주님의 치유(마가복음 5:21-43)	77
2026년 2월 15일 주현절 후 6번째 주일/주님의 산상변모주일/설날 _주님의 변모(마태복음 17:1-8)	81
2026년 2월 22일 사순절 1번째 주일 _주님의 죽음(베드로전서 3:18-22)	85

2026년 3월 1일 사순절 2번째 주일/3 · 1절 _이삭의 희생(창세기 22:1-14)	91
2026년 3월 8일 사순절 3번째 주일 _주님의 진노(요한복음 2:13-25)	95
2026년 3월 15일 사순절 4번째 주일 _살리신 주님(에베소서 2:1-10)	99
2026년 3월 22일 사순절 5번째 주일 _새로운 언약(예레미야 31:31-34)	103
2026년 3월 29일 사순절 6번째 주일/종려주일 _주님의 입성(마태복음 21:1-11)	107
2026년 4월 5일 부활 주일 _부활의 소망(골로새서 3:1-4)	113
2026년 4월 12일 부활절 2번째 주일 _확실한 부활(요한복음 20:19-31)	117
2026년 4월 19일 부활절 3번째 주일 _부활의 증인(누가복음 24:36-48)	121
2026년 4월 26일 부활절 4번째 주일 _구원의 증언(사도행전 4:8-12)	125
2026년 5월 3일 부활절 5번째 주일/어린이주일 _어린이 교육(신명기 6:4-9)	131
2026년 5월 10일 부활절 6번째 주일/어버이주일/주님의 승천일 _자식의 도리(마가복음 7:9-14)	135
2026년 5월 17일 부활절 7번째 주일/가정 주일 _주님의 제자(요한복음 15:1-8)	139
2026년 5월 24일 성령 강림 주일 _성령의 역사(에스겔 37:1-14)	143
2026년 5월 31일 삼위일체 주일 _삼위 하나님(마태복음 28:16-20)	147
2026년 6월 7일 오순절 후 2번째 주일/목회자 주일 _주님의 사랑(로마서 5:5-8)	153
2026년 6월 14일 오순절 후 3번째 주일 _영원한 나라(고린도후서 4:13-5:1)	157
2026년 6월 21일 오순절 후 4번째 주일 _여호와 약속(창세기 18:1-15)	161
2026년 6월 28일 오순절 후 5번째 주일 _새로운 사람(고린도후서 5:14-17)	165
2026년 7월 5일 오순절 후 6번째 주일/맥추감사주일 _축복의 규례(시편 89:20-32)	171
2026년 7월 12일 오순절 후 7번째 주일 _제자의 능력(마가복음 6:7-13)	175
2026년 7월 19일 오순절 후 8번째 주일 _양들의 목자(예레미야 23:1-6)	179
2026년 7월 26일 오순절 후 9번째 주일 _기적의 양식(요한복음 6:1-15)	183

2026년 8월 2일 오순절 후 10번째 주일 _거룩한 사람(에베소서 4:17-24)	189
2026년 8월 9일 오순절 후 11번째 주일/광복절감사주일 _유월절 해방(출애굽기 12:1-14)	193
2026년 8월 16일 오순절 후 12번째 주일 _생명의 양식(요한복음 6:51-58)	197
2026년 8월 23일 오순절 후 13번째 주일 _신앙의 결단(여호수아 24:14-18)	201
2026년 8월 30일 오순절 후 14번째 주일 _전통의 오류(마가복음 7:1-8)	205
2026년 9월 6일 오순절 후 15번째 주일 _차별은 악행(야고보서 2:1-9)	211
2026년 9월 13일 오순절 후 16번째 주일 _지혜가 호출(잠언 1:20-33)	215
2026년 9월 20일 오순절 후 17번째 주일/추석 _종말의 말씀(요한계시록 14:13-16)	219
2026년 9월 27일 오순절 후 18번째 주일 _주님의 성도(마가복음 9:38-50)	223
2026년 10월 4일 오순절 후 19번째 주일 _사탄의 유혹(욥기 1:1-12)	229
2026년 10월 11일 오순절 후 20번째 주일 _주님의 말씀(히브리서 4:12-16)	233
2026년 10월 18일 오순절 후 21번째 주일 _세상의 악인(시편 53:1-6)	237
2026년 10월 25일 오순절 후 22번째 주일/종교개혁주일 _말씀과 믿음(디모데후서 3:14-17)	241
2026년 11월 1일 오순절 후 23번째 주일 _신앙의 결심(룻기 1:1-18)	247
2026년 11월 8일 오순절 후 24번째 주일 _주님의 희생(히브리서 9:23-28)	251
2026년 11월 15일 오순절 후 25번째 주일/추수감사주일 _넉넉한 축복(신명기 8:7-10)	255
2026년 11월 22일 오순절 후 26번째 주일 _충성된 증인(요한계시록 1:5-8)	259
송구영신예배 _새로운 때가(갈라디아서 4:4-7)	265
교회설립예배 _반석의 교회(마태복음 7:24-27)	269
목회자 주일 _섬기는 목회(마태복음 20:20-28)	273
부록 _월삭새벽기도회 자료 12편	277

12월의 예배와 설교를 위하여

일	요일		본문	설교제목	기타 (예화, 참고자료)
3	수				
7	주일	낮			
		밤			
10	수				
14	주일	낮			
		밤			
17	수				
21	주일	낮			
		밤			
24	수				
28	주일	낮			
		밤			
31	수				

2025년 11월 30일, 대림절 1번째 주일

성 경	고린도전서 1:3-9	예전색상	보라색

예배의 부름	"여호와를 경외하는 것은 생명의 샘이니 사망의 그물에서 벗어나게 하느니라" (잠 14:27)
	하늘 소망을 복음 안에서 발견하고 은혜 가운데 살게 하시는 하나님 아버지! 거룩한 주님의 날 2025년 대림절 첫 주일에 지치고 곤한 저희 영혼들을 거룩한 성전에 불러주시고 신령과 진정으로 예배케 하심을 감사드립니다. 영원히 용서받을 수 없는 죄를 지은 저희의 죄를 대속하기 위해 오실 독생자를 기다리는 대림절기 첫 주간입니다. 저희의 모든 문제를 주님께서 해결하여 주시고 성삼위 하나님께 영광과 존귀만 있게 하옵소서. 예수님 이름으로 기원하옵나이다. 아멘
회개를 위하여	대림절기는 하늘의 모든 영광을 스스로 버리시고 죄인인 우리를 속량하시기 위해서 예수께서 세상에 오심을 기다리는 절기입니다. 그런 큰 사랑을 받았으면서도 하나님의 나라와 의를 위하여 시간과 물질로 헌신하지 못하는 원인이 무엇인가를 성찰하고 회개하는 기도를 계속합시다.
고백의 기도	죄인은 우리를 위해 십자가에서 보혈의 피를 흘리실 독생자 예수를 보내 주실 하나님 아버지! 대림절기가 시작되는 첫 주일에 저희에게 고백할 기회 주심을 감사드립니다. 하나님을 사랑하는 백성이라고 자부하는 저희가 하나님을 실망하게 할 때가 많았음을 용서하여 주옵소서. 하늘 보좌를 떠나 인간의 몸을 입고 오신 독생자께서 우리를 살리러 오심을 전심으로 기다리지 못한 믿음 약함을 불쌍히 여겨 주옵소서. 그 은혜와 사랑을 망각하고 살아온 저희의 잘못을 크게 뉘우칩니다. 그 큰 사랑과 은혜를 받았으면서도 그것을 항상 깨닫고 감사하지 못하고, 십자가를 잊어버리고 살아온 날들이 너무나 많습니다. 주님과 동행하는 삶을 통하여 세상을 이기고 죄를 이기는 승리의 삶이 되게 하셔서 하나님께 영광을 돌리게 하옵소서. 내 가족과 성도들도 제대로 사랑하지 못한 한 해를 살았습니다. 이제 저희는 미워하고, 시기하고, 질투하지 않겠습니다. 세상에 나가서는 빛과 소금이 되게 하시고, 나를 나타내지 아니하고 나를 통하여 주님만 나타나게 하는 삶을 살겠습니다. 이렇게 살 수 있도록 언제나 새 힘을 주시고, 성령님께 이끌리어 살 수 있게 하옵소서. 이 회개의 기도를 주님께서 받아 주시고, 이 결심이 대강절을 준비하는 신앙의 예물이 되게 하여 주옵소서. 항상 사랑으로 응답해 주시는 예수님의 이름으로 기도합니다. 아멘
사함의 확인	"나의 자녀들아 내가 이것을 너희에게 씀은 너희로 죄를 범하지 않게 하려 함이라 만일 누가 죄를 범하여도 아버지 앞에서 우리에게 대언자가 있으니 곧 의로우신 예수 그리스도시라"(요일 2:1)
성시교독	115. 구주강림(1)
설교 전 찬 송	10장 (전능왕 오셔서) 104장 (곧 오소서 임마누엘)
설교 후 찬 송	408장 (나 어느 곳에 있든지) 534장 (주님 찾아 오셨네)

금주의 성가	생명의 빛 – P. P. Bliss 강림절 송가 – 김종환 영광의 왕 – S. C. Taylor
목회기도	**만**백성을 구하시기 위해 독생자를 하늘 보좌를 떠나 땅에 오게 하신 하나님 아버지! 대림절 첫 번째 주일 예배를 드리게 하심을 감사드립니다. 하나님의 언약 말씀대로 독생자를 보내 주셨던 것처럼 저희도 세상의 소외되고 구석진 곳을 볼 수 있는 믿음의 눈을 뜨게 하여 주시옵소서. 세상의 것을 아무리 많이 움켜쥐어도 저희에게 남는 것은 공허와 실의라는 것을 알고 자복하는 마음으로 고백합니다. **죄**에서 해방되어 승리하게 하시는 하나님 아버지! 주변에는 아직도 지옥으로 향해 가는 많은 영혼이 있습니다. 세우신 이 교회를 통해 하나님의 형상을 닮은 하늘 백성이 되게 전도의 징검다리 역할을 감당하게 도와주시옵소서. 성도들이 경영하는 기업에 생기가 일어나게 하옵소서. 특히 올해 대림절기를 보내면서 주님 오심의 참 의미를 깨닫는 믿음이 자라게 하여 주옵소서. 오늘 말씀을 통해서 눈물로 응답을 기다리면서 기도하는 성도들에게 해결의 감동을 안겨 주옵소서. 우리 주 예수 그리스도의 이름으로 기도하옵나이다. 아멘
헌금을 위한 성구	"그를 높이라 그리하면 그가 너를 높이 들리라 만일 그를 품으면 그가 너를 영화롭게 하리라"(잠 4:8)
헌금기도	**만**복의 근원되시는 참 좋으신 하나님 아버지! 거룩한 주님의 날 예배당에 올 때마다 감사의 제물을 준비할 믿음 주심을 감사드립니다. 감사의 바구니에 담아 봉헌하는 영혼들과 봉헌된 예물을 축복하사 선용될 때에 주님의 영광만이 드러나게 하옵소서. 여러 가지 이름으로 드린 모든 가정과 그들이 행하는 사업을 강복하옵소서. 기도를 앞세우고 준비한 예물과 성물입니다. 여러 가지 모습의 예물을 받으실 주님께서 하늘 보고를 여사 각자에게 필요한 은혜로 차고 넘치게 베풀어 주시어서 감사와 기쁨이 넘치는 복된 주의 제단이 되게 하여 주옵소서. **오**늘도 여러 가지 아름다운 이름의 예물이 있습니다. 주님의 약속을 믿고 드리는 십일조 예물이 있습니다. 주신 많은 은혜 감사하는 마음이 담긴 여러 가지 명목의 감사 예물이 있습니다. 주님 주신 일용할 양식을 감사하여 드리는 성미가 있습니다. 교회를 위하여 헌신하는 몸과 마음을 드리는 보이지 않는 예물까지 함께 드립니다. 이 예물이 쓰여질 때 드린 저희의 모습은 사라지고 주님의 계획만 역사되게 하옵소서. 우리는 물질을 드릴 때마다 항상 처음 것과 땀 흘린 것을 주님 몫으로 분별하는 지혜를 주시옵소서. 우리 주 예수 그리스도의 이름으로 기도하옵나이다. 아멘
위탁의 말씀	"너희를 불러 그의 아들 예수 그리스도 우리 주와 더불어 교제하게 하시는 하나님은 미쁘시도다" 대림절 첫 주일에 곧 재림하실 주님을 만나기에 부족함이 없는 성도가 되기 위하여 말씀을 묵상하고 기도에 힘쓰며 경건한 삶으로 살다가 책망할 것이 없는 성도가 되어야 할 것입니다.
축 도	이제는 하나님의 자녀되는 권세를 주신 하나님 아버지의 사랑하심과 하나님의 백성으로 살게 하시고 친히 인도하여 주시는 성령님의 역사하심이 구세주 오심으로 온 몸과 마음으로 기다리며 대림절 첫 주 예배를 드리고 돌아가는 성도들 위에 이제로부터 영원토록 함께하옵기를 간절히 축원하옵나이다. 아멘

오늘의 설교를 위하여

오늘의 설교를 위한 복음적 조명 주제 : 주님 기다림

제목 : 주님을 기다리는 성도 | 본문 : 고린도전서 1:3-9

주제 : 대림절을 맞이하여 자신의 믿음을 돌아보고 곧 재림하실 주님을 만나기에 부족함이 없는 성도가 되기 위하여 성찰해야 한다. 특히 주님에게 은혜와 평강이 있기 위하여 말씀을 묵상하고 기도에 힘쓰며 경건한 삶으로 살다가 책망할 것이 없는 성도가 되도록 한다.

논지 : 주님을 기다리는 성도는 자신의 믿음을 끝까지 견고하게 준비하도록 하자.
  1. 주님의 은혜와 평강
  2. 예수님 안에서 감사
  3. 주님의 증거가 견고
  4. 예수님의 날에 책망

 대림절은 주님의 재림을 기다리는 절기이다. 따라서 주님의 재림을 기다리는 성도는 자신의 믿음을 돌아보고 만일 부족한 점이 있으면 올바로 잡아야 한다. 성도는 끊임없이 하나님의 말씀을 읽고 쉬지 않고 깨어서 기도하며, 어떤 경우에도 신앙생활에 장애가 되는 문제는 과감하게 버려야 할 것이다. 사도 바울은 그리스도 예수를 통해 하나님께서 그의 이름을 부르는 자들에게 주신 풍족한 은혜를 주신다. 주님께서 이미 모든 은혜를 부족하지 않게 주셨다. 그러나 구원의 완성은 아니다. 성도는 예수 그리스도 안에서 모든 것을 할 수 있다. 그러나 모든 덕을 세우는 것은 아니다. 그래서 예수 그리스도의 날을 기다려야 할 때이다. 주님의 은혜를 받는 건 종말이 실현되었음을 의미하는 게 아니다. 지금은 종말의 때가 가까이 오고 있기에 성도는 자기를 성찰하여 주님에게 책망할 것이 없는 자로 끝까지 견고히 서는 때이다. 성도는 이미 부여받은 은혜와 평강이 소멸하지 않게 사는 개인이 열광할 수 있는 구원의 징표를 붙잡고 마지막 날에 이웃과 더불어 굳게 서야 할 의무와 책임이 있다. 마지막 때가 되면 성도들이 믿음을 제대로 지키기가 어렵다. 그러므로 항상 기도하면서 이단 사설에 유혹을 받지 않도록 철저한 신앙으로 곧 오실 주님을 기다리는 신앙을 살아야 한다.

1. 주님의 은혜와 평강

 주님을 살아계신 하나님의 아들로 믿는 성도들에게 은혜와 평강이 함께하신다. 주님의 은혜와 평강을 도덕적인 행위나 돈으로 얻을 수는 없다. 주님의 은혜와 평강은 오직 믿으므로 얻을 수 있고, 순전히 하나님의 사랑과 자비로 받게 된다. 주님께서 복음을 전하시며 "자기가 하늘에서 내려온 떡이라"(요 6:41) 말씀하시니 유대인들이 자기들끼리 수군거렸다. 주님께서 기적을 행하시고 생명의 말씀을 하셨지만, 유대인들은 예수님을 몰라 자기들의 율법에 맞지 않는다고 의아하게 생각하고 비판했다. 주님께서 사람을 살리는 말씀을 하시지만, 유대인들은 사람을 힘들게 하는 율법을 주장했다. 요즘 말로 예수님과 유대인들은 코드가 안 맞는다고 할까? 뭐 그런 것이다. 주님은 "하늘에서 내려오는 떡"(요 6:50)이라고 말씀하시는데 유대인들이 수군거렸다. 예수님과 유대인들이 안 맞았다. 그런데 이런 볼썽사나운 일이 예수님 시대에만 있었던 일이 아니라 지금도 있다. 진실로 영혼이 살고 은혜와 평강을 받는 길이 무엇일까? 마음을 열어놓고 주님의 말씀을 순수하게 받아들이는 삶이다. 그렇게 해야 주님의 은혜와 평강을 받는다. 속된 말로 주님의 은혜와 평강은 공짜가 아니다. 오직 믿음으로 세상과 구별된 삶을 통해서 거룩하게 변화되었을 때 얻는 축복이다.

2. 예수님 안에서 감사

사도 바울이 "그리스도 예수 안에서 너희에게 주신 하나님의 은혜로 말미암아 내가 너희를 위하여 항상 하나님께 감사하노니"(:4)라고 말씀했다. 고린도 교회는 사도 바울이 개척하여 설립한 교회지만 여러 분파로 갈라져서 서로 분쟁하고 있었기에 매우 골치 아픈 공동체였다. 고린도 교회에는 실제로 사도 바울을 싫어하는 교인들이 있었다. 그런데 이미 떠난 사도 바울이 고린도 교회의 성도들에게 편지를 보내면서 그들을 위하여 항상 하나님께 감사한다고 인사말을 한 건 대단히 놀라운 일이다. 그 이유는 주님이신 그리스도 예수 안에서 고린도 교회의 성도들에게 주신 하나님의 은혜로 말미암았다고 말했다. 그러므로 모든 감사의 조건은 예수님 안에 존재할 때 가능하다. 아무리 돈이 많고, 좋은 승용차를 타고, 넓은 아파트에 살아도 예수님 밖에 있으면 감사는 사라지고 불평과 불만이 쌓여 감사가 실종될 수밖에 없다. 사도 바울이 "범사에 감사하라 이것이 그리스도 예수 안에서 너희를 향하신 하나님의 뜻이니라"(살전 5:18)라고 말씀했다. "범사", 그러니까 슬플 때나 기쁠 때나 가난할 때나 부할 때를 가리지 말고 항상 감사하는 게 성도의 마땅한 도리라고 생각해야 한다. 성도는 예수님 안에 있을 때 모든 근심 걱정은 없어지고 범사에 감사할 일만 생긴다고 믿어야 한다.

3. 주님의 증거가 견고

믿음은 색깔이나 모양이 없기에 눈에 보이지 않는다. 그러면 믿음을 어떻게 알 수 있을까? 믿음을 알 수 있는 증거는 견고한 신앙생활이다. 어떠한 경우도 세속에 물들지 않고 좌로나 우로 치우치지 않으며 오직 주님만 바라보고 나아가는 게 견고한 믿음이다. 그런데 우리는 여러 가지로 미약한 존재이다. 솔직히 자신의 힘으로는 견고한 믿음을 유지하기는 어렵다. 그렇다면 어떻게 할까? 그 방법은 주님의 증거를 따르는 것이다. 사도 바울이 고린도 교회의 성도들을 칭찬하면서 "그리스도의 증거가 너희 중에 견고하게 되어 너희가 모든 은사에 부족함이 없이 우리 주 예수 그리스도의 나타나심을 기다림이라"(:6-7)라고 말씀했다. 오늘날, 우리도 주님의 증거를 견고하게 붙잡으면 모든 은사에 부족함이 없이 주님의 재림을 기다릴 수 있다. 주님께서 재림하실 때는 아무도 알 수 없다. 그러므로 우리는 믿음에 굳게 서서 매일 말씀을 읽고, 쉬지 말고 기도하며, 때를 얻든지 못 얻든지 복음을 전파하는 삶을 살아야 한다. 주님께서 마치 도적과 같이 아무도 몰래 오신다고 말씀하셨으니, 믿음의 문단속을 게을리하지 말고 정신을 바짝 차리고 믿음의 승리를 위하여 최선을 다해야 한다. 마라톤 선수가 하체의 근육을 견고히 해야 승리할 수 있으니 우리도 주님의 증거를 견고하게 하자.

4. 예수님의 날에 책망

다윗이 "하늘이 하나님의 영광을 선포하고 궁창이 그의 손으로 하신 일을 나타내는도다 날은 날에게 말하고 밤은 밤에게 지식을 전하니 언어도 없고 말씀도 없으며 들리는 소리도 없으나 그의 소리가 온 땅에 통하고 그의 말씀이 세상 끝까지 이르도다"(시 19:1-4)라고 노래했다. 우리가 그리는 하나님은 저 높은 하늘에 계신다. 우리가 그리는 하나님은 변함없이 찾아오는 낮과 밤과 같다. 하나님은 맑고 시원한 하늘을 지나가는 상쾌한 바람을 주신다. 하나님은 아무도 안 오는 들에 피어난 작은 들꽃처럼 아름답다. 하나님은 5월의 신록에서 풍기는 향기이다. 하나님은 계곡을 흐르는 맑고 깨끗한 시냇물 소리를 듣게 하신다. 하나님은 저 청순한 어린아이의 미소와 같다. 하나님은 기도의 공간 가운데에 은은하게 느껴오는 기도의 응답이다. 하나님은 우리의 영혼에 세미하게 들려오는 주님의 말씀이다. 그런데 '예수님의 날', 즉 주님께서 재림하시는 날에 우리는 주님에게 책망을 받지 않도록 해야 한다. "주께서 너희를 우리 주 예수 그리스도의 날에 책망할 것이 없는 자로 끝까지 견고하게 하시리라"(:8). 주님께서 재림하시면 목자가 양과 염소를 구별하듯이 믿음이 있는 성도와 믿음이 없는 교인을 나누어서 심판하신다는 사실을 명심하고 올바른 신앙생활을 하자.

2025년 12월 7일, 대림절 2번째 주일

성 경	마가복음 1:1-8	예전색상	보라색

예배의 부름	"너희는 귀를 기울이고 내게로 나아와 들으라 그리하면 너희의 영혼이 살리라 내가 너희를 위하여 영원한 언약을 맺으리니 곧 다윗에게 허락한 확실한 은혜이니라"(사 55:3)
	하늘 은혜로 새 생명을 얻어 하늘 백성이 되게 하시는 하나님 아버지! 천지창조 때 약속하신 대로 옛것은 지나고 새것이 되게 하실 독생자 예수 그리스도를 보내 주심을 감사드립니다. 오늘도 말씀 안에서 저희가 가야 할 길을 보게 하시고, 문제들이 해결되게 하옵소서. 병자가 치유되고 걱정과 근심이 변하여 기쁨이 되는 거룩한 산 제사가 되게 하옵소서. 대강절 2번째 주일 오직 성삼위 하나님께만 존귀와 영광이 있게 하옵소서. 예수 그리스도의 이름으로 기원하옵나이다. 아멘
회개를 위하여	하나님은 성실하신 분이기 때문에 하늘에서 약속대로 독생자를 보내 주셨습니다. 우리 스스로 성실한 주님의 제자라 하면서 책임지는 생활, 정직한 생활로 주님의 발자취를 밟으려 노력하는지 성찰하고 회개하는 기도를 계속합니다.
고백의 기도	여호와께서는 자기에게 사랑으로 죄인들을 포근하게 감싸 안아 주시는 하나님 아버지! 지난 한 주간 동안에도 죄와 불신으로 영적인 신앙의 시각장애인 같은 저희를 성령의 안약으로 치유해주신 은혜를 감사드립니다. 주의 귀한 제단을 통하여 말씀을 듣고 믿음의 눈을 뜨게 하여 주셨지만 애써 하늘 것을 외면하고 저희의 눈을 멀게 하는 세상 연락에 취하여 영적인 어리석은 자가 되고 말았던 지난 한 주간의 삶을 고백하오니 용서하여 주옵소서. 하나님께는 엄청난 것을 용서받았으면서도 용서라는 말이 무색할 정도로 강팍해진 저희입니다.
	주님 오심을 기다리면서 깨끗한 영혼으로 주님을 맞이하기를 소원합니다. 회개의 눈물이 강이 되어 넘쳐나기를 원합니다. 저희의 잘못을 견책하지 마옵시고 고백의 용기를 잘했다 칭찬해 주시옵소서. 오시는 구세주를 예비하는 가장 좋은 방법은 깨끗한 마음을 가지고 기다리는 말씀인 줄 믿습니다. 그러나 주님, 지난날들을 생각하면 부끄러운 일들만 가득하옵나이다. 오늘 다시 한번 십자가 보혈로 깨끗이 소생되는 기적이 바로 저의 몫임을 고백합니다. 이제 저희의 말과 행동에서 저희의 모습은 사라지고 주의 이름만 나타나게 하옵소서. 오늘도 용서하시기를 기뻐하시는 우리 주 예수 그리스도의 이름으로 기도하옵나이다. 아멘
사함의 확인	"나 곧 나는 나를 위하여 네 허물을 도말하는 자니 네 죄를 기억하지 아니하리라"(사 43:25)
성시교독	116. 구주 강림(2)
설교 전 찬 송	11장 (홀로 한 분 하나님께) 179장 (주 예수의 강림이)
설교 후 찬 송	520장 (듣는 사람마다 복음 전하여) 538장 (죄짐을 지고서 곤하거든)

금주의 성가	기뻐하라 주는 왕이시다(J. Dorwall) 세례요한(교성곡) – 김두완 시편 – Louis Lewandowski
목회기도	주린 자를 먹이고 병든 자를 고치실 구세주 예수를 이 땅에 보내 주신 하나님 아버지! 오실 주님을 기다리는 대림절 두 번째 주일에 소망으로 하나 된 저희를 불러 예배하게 하심을 감사드립니다. 은혜의 강물이 넘치는 이 제단 앞에서 응답하지 않을 일이 없음을 믿습니다. 이런 믿음 위에 무릎을 꿇은 주님의 백성을 대신하여 기름 부음 받은 종이 기도합니다. 어려움 속에서 낙심치 않게 하옵소서. 지금 예수님의 이름으로 명하노니 성도들을 괴롭히는 질병들이 지금 즉시 떠나가는 역사가 있게 하여 주옵소서. 저희의 겉모습은 추하고 보잘것없으나 주님의 보혈로 인하여 깨끗함을 받았으니 그 기쁨에 감격하고 하루를 힘있게 살아갈 수 있도록 인도하여 주시옵소서. 세상에서 살면서 주님과 행했던 아름다운 믿음을 잃어보려고 시련의 소용돌이 속에서 우왕좌왕하는 영혼들이 있습니다. 모두에게 권능의 손을 펴시사 안수하여 말끔히 해결하여 주옵소서. 이제 저희가 한 주간을 살아갈 때 성령의 감동하심에 이끌려 복음을 증명할 성령의 뜨거운 불의 전신 갑주를 입혀 주시옵소서. 가정마다 우애가 넘치게 하옵시고, 경영하는 사업에 번창의 감격이 있게 하옵소서. 우리 주 예수 그리스도의 이름으로 기도하옵나이다. 아멘
헌금을 위한 구성	"각각 그 마음에 정한 대로 할 것이요 인색함으로나 억지로 하지 말지니 하나님은 즐겨 내는 자를 사랑하시느니라"(고후 9:7)
헌금기도	지난 한 주간도 주님의 도우심으로 세상에서 승리를 안겨 주신 하나님 아버지! 성삼위 하나님의 날 거룩한 주일 예배드리러 온 성도들이 주님 앞에 받은 은혜를 감사하는 마음으로 예물을 드리게 하심을 감사드립니다. 드리는 모든 손길마다 겸손한 마음과 감사함이 넘치게 하시고, 많은 물질은 드리지 못해도 마음과 시간으로 당신께 드리는 성도에게 더 큰 은혜를 내려 주옵소서. 이 예물과 함께 보이지 않는 눈물과 땀과 시간과 정성, 관심과 돌봄의 예물이 있습니다. 저희의 이 작은 정성이 주님을 기쁘시게 하며 영화롭게 하는 일에 사용될 수 있도록 하옵소서. 십일조를 드립니다. 주일 헌금과 감사 예물을 드립니다. 구역 헌금, 선교 헌금, 건축 헌금, 장학 헌금 등 물질의 예물들이 있습니다. 또한 성미를 뜬 아름다운 손길들, 강단을 아름답게 장식하고자 헌화한 손길, 아름다운 목소리를 가지고 나온 성가대, 시간과 봉사의 예물로 바쳐진 교사들의 헌신을 드립니다. 드린 가정들을 축복하셔서 이 예물이 쓰일 때 주님의 능력이 나타나게 하시고, 남아 있는 주님의 것을 잘 관리하여 백 배의 이익으로 주님께 보답하는 쓰임이 될 수 있도록 한없는 지혜와 놀라운 물질 관리의 복을 내려 주옵소서. 예수님의 이름으로 기도하옵나이다. 아멘
위탁의 말씀	"너희는 주의 길을 준비하라 그의 오실 길을 곧게 하라" 세례 요한이 주님 오심을 미리 준비했던 것처럼 우리도 주님께서 구세주로 오실 것과 훗날 재림하실 길을 준비하는 마음으로 대림절을 보내야 할 것입니다.
축도	지금은 강림하시는 주 예수 그리스도의 무한하신 사랑과 독생자를 보내시기까지 죄인을 기억하시는 하나님 아버지의 망극하신 은혜와 우리 안에 새 힘으로 함께하시는 성령님의 역사가 대림절을 보내는 성도들과 가정과 그 삶의 터전 위에 지금부터 영원까지 함께하옵시기를 간절히 축원하옵나이다. 아멘

오늘의 설교를 위하여

오늘의 설교를 위한 복음적 조명 주제 : 오실 길 준비

제목 : 주님의 길을 준비하는 성도 | 본문 : 마가복음 1:1-8

주제 : 세례 요한은 주님보다 먼저 와서 주님께서 오실 길을 미리 준비하였다. 이미 오신 예수님을 믿는 성도들도 재림하실 주님의 길을 준비해야 한다. 성도가 만일 주님께서 재림하신 길을 준비하지 않으면 구원받을 수 없다는 걸 깨우쳐 주는 게 당연하다.

논지 : 이사야 선지자의 메시지와 세례 요한의 삶을 통하여 주님의 길을 준비하게 하자.
 1. 광야에 외치는 자의 소리
 2. 사함을 받는 회개의 세례
 3. 자기 죄를 자복하는 사람
 4. 성령의 세례를 받을 성도

내일을 준비하지 않는 사람은 미련하다. 일 년, 이 년 후를 미리 내다보지 못하는 사람도 어리석다. 더욱이 자신의 미래, 그리고 자기의 죽음을 준비하지 않는 사람은 세상에서 가장 바보 같은 인간이다. 오늘 이 자리에 계시는 성도들은 내일이 준비되어 있는가? 아니 우리가 언제 어떻게 죽을지 모르는데, 죽을 마음의 준비가 되어 있는가? 하늘에 계시는 우리 주님께서 언제 재림하실지 모르는데, 성도들은 주님을 맞을 준비가 되어 있는가? 이 문제를 곰곰이 생각하시면서 오늘의 대림절 말씀을 듣고 자기의 죽음과 만 왕의 왕이신 주님을 맞게 준비하는 성도가 되시기를 바란다. 이스라엘 민족에게 하나님의 참 다운 선지자가 끊긴 지가 무려 400여 년이 지났다. 국력은 땅에 떨어져 쇠퇴해지고 관리들은 타락하여 부정부패를 일삼아 나라가 큰 혼란에 빠졌다. 나라가 이미 로마제국의 통치권에 들어가 식민지가 되었다. 그래서 이스라엘 백성들은 메시야를 간절히 기다리고 있었다. 그때로부터 약 700년 전에 이사야 선지자가 "보라 내가 내 사자를 네 앞에 보내노니 그가 네 길을 준비하리라 광야에 외치는 자의 소리가 있어 이르되 너희는 주의 길을 준비하라 그의 오실 길을 곧게 하라"(막 1:2-3). 이 말씀을 마가가 인용하여 오늘 본문 2절의 말씀을 기록하였다.

1. 광야에 외치는 자의 소리

마침내 주님께서 오실 때가 되었다. 그래서 사람들을 광야로 초대했다. 여기서 아주 중요한 말씀이 바로 "광야"(:3)다. 광야는 험하고 황량하게 거친 들판이다. 나무도 풀도 집도 인적도 거의 없는 곳이다. 물도 없는 거칠고 메마른 곳, 삭막하고 사람 살기에는 험준한 곳이 바로 광야이다. 왜 하필이면 세례 요한이 사람들을 광야로 초대했겠는가? 여기에 영적인 중요한 의미가 있다. 이 말씀을 오해하지 마시라. 성도들이 주님을 만나기 위해서 지금 외형적인 광야로 나가야 한다는 말씀이 아니다. 사람들은 세상에서 먹고살기 풍성하고, 입을 것도 좋고, 살기도 좋고 아름다우며, 친구도 많고 나날이 살기가 즐겁고 재미있는 곳을 찾아다닌다. 그런데 이런 곳은 절대로 광야가 아니다. 미안하지만 이런 곳에서는 다시 오시는 주님을 만날 수 없다. 왜 그럴까? 세상 살기가 좋으니 주님을 그리워하지 않기 때문이다. 하늘나라 보다 세상 나라가 더 좋다. 그러니 주님을 기다릴 필요도 없는 것이다. 우리 모두 광야로 나가서 "외치는 자의 소리"(:3), 즉 세례 요한의 말씀을 들어야 한다. 세상에는 있는 것보다 없는 것이 더 많다. 가난과 질병, 고통과 시련, 염려와 근심, 고독과 외로움이 있다. 이런 세상을 등지고 광야에서 외치는 소리의 말씀을 듣는 성도들이 되자.

2. 사함을 받는 회개의 세례

신앙생활의 대표적인 방법은 회개이다. 회개하는 심령 속에 주님께서 찾아오신다. 예수님을 오래 믿었다고 회개를 잘하지 않는다. 교회에서 높은 직분을 가졌다고 회개를 잘하는 것도 아니다. 오히려 그 반대일 수 있다. 처음 믿는 사람보다 오래 믿은 사람이 회개하지 않는다. 초신자보다 교회의 중요한 직분을 가진 자들이 오히려 회개하지 않는다. 목사는 이것이 제일 안타깝고 마음이 아프다. 먼저 믿고 교회의 중요한 직분자이면 더 열심히 믿고 더 많이 회개하고 교인들에게 본이 돼야 한다. 마르틴 루터가 세 가지 회개를 말했다. "먼저 머리가 회개하고, 다음으로 가슴이 회개하고, 마지막으로 지갑이 회개해야 한다." 머리가 회개해야 한다는 말은 지적인 변화로 예수님과 성경을 바로 알고 믿어야 한다는 뜻이다. 가슴의 회개는 하나님의 은혜를 깨닫고 뜨거운 마음으로 하나님과 성도를 사랑하고 실천하는 뜻이다. 그리고 지갑의 회개는 돈을 제대로 벌어서 올바로 써야 한다는 말이다. "세례 요한이 광야에 이르러 죄 사함을 받게 하는 회개의 세례를 전파하니 온 유대 지방과 예루살렘 사람이 다 나아가 자기 죄를 자복하고 요단 강에서 그에게 세례를 받더라"(:4-5). 주님은 자기 죄를 자복하고 죄를 회개하는 자에게 찾아오신다. 우리는 세례를 받아야 주님을 영접할 수 있다.

3. 자기 죄를 자복하는 사람

재림하시는 주님을 기다리는 성도는 먼저 자기의 죄를 자복하는 사람이 되어야 한다. 세례 요한이 바리새인들과 사두개인들이 세례 베푸는 데로 오는 것을 보고 "독사의 자식들아 누가 너희를 가르쳐 임박한 진노를 피하라 하더냐 그러므로 회개에 합당한 열매를 맺고 속으로 아브라함이 우리 조상이라고 생각하지 말라 내가 너희에게 이르노니 하나님이 능히 이 돌들로도 아브라함의 자손이 되게 하시리라 이미 도끼가 나무 뿌리에 놓였으니 좋은 열매를 맺지 아니하는 나무마다 찍혀 불에 던져지리라"(마 3:7-10)라고 말씀했다. 이것은 자기의 죄를 자복하는 게 얼마나 중요한가를 증언한 말씀이다. 자기의 죄를 자복하고 예수님을 믿을 때 영생을 얻게 되고 천국에도 들어가게 된다. 이때 재난이 물러가고 영혼이 잘 되고 범사에 잘 되고 강건한 축복을 받게 된다. 일찍이 위대한 성도들은 다 깊고 예리한 회개의 과정을 거친 분들이었다. 예수님께서 "마음이 청결한 자는 복이 있나니 그들이 하나님을 볼 것임이요"(마 5:8)라고 말씀하셨다. 자기의 죄를 자복하지 않고는 다른 사람을 회개시킬 수가 없다. "세례 요한이 광야에 이르러 죄 사함을 받게 하는 회개의 세례를 전파하니 온 유대 지방과 예루살렘 사람이 다 나아가 자기 죄를 자복하고 요단 강에서 그에게 세례를 받더라"(:4-5).

4. 성령의 세례를 받을 성도

예수님은 자기 죄를 자복하고 죄를 회개하는 성도에게 찾아오신다. 우리는 세례받아야 주님을 영접할 수 있다. 여기 세례 안 받은 분은 거의 없다. 물로는 다 세례를 받았다. 그러나 중요한 건 물세례가 아니다. 성령의 세례이다. 성령의 불로 세례를 받고 지금까지 지은 모든 죄를 깨끗이 소멸시키고, 완전히 새 사람으로 돌이켜 거듭난 성도가 되어야 한다. 그래야 다시 오시는 주님을 영접할 수 있고 주님을 만날 수 있다. 사람이 회개했다는 증거가 무엇일까? 회개는 속으로 하는 것이기에 겉으로 잘 나타나지 않는다. 그런데 겉으로 나타나는 것 한 가지가 있다. 그것은 겸손이다. "그가 전파하여 이르되 나보다 능력 많으신 이가 내 뒤에 오시나니 나는 굽혀 그의 신발끈을 풀기도 감당하지 못하겠노라 나는 너희에게 물로 세례를 베풀었거니와 그는 너희에게 성령으로 세례를 베푸시리라"(:7-8). 이 말씀은 세례 요한이 뒤에 오시는 예수님 앞에서 진실로 겸손한 자세이다. 또한 물세례 정도가 아니라 불세례를 받아야 진짜로 거듭나서 겸손하게 되어 곧 재림하시는 주님을 영접하고 만날 수 있다. 아주 중요한 것은 성령의 세례이다. 성령의 불로 세례를 받고 지금까지 지은 모든 죄를 깨끗이 소멸시키고, 완전히 새 사람으로 돌이켜 거듭난 성도가 되어야 한다.

2025년 12월 14일, 대림절 3번째 주일 / 성서주일

성 경	이사야 61:1-7	예전색상	보라색

예배의 부름	"여호와의 율법은 완전하여 영혼을 소성시키며 여호와의 증거는 확실하여 우둔한 자를 지혜롭게 하며 여호와의 교훈은 정직하여 마음을 기쁘게 하고 여호와의 계명은 순결하여 눈을 밝게 하시도다"(시 19:7-8)
	죄에 메인 백성들에게 참 자유를 주신 구원자 예수를 보내 주신 하나님 아버지! 구원자 예수를 믿고 영접하는 자들에게 구원과 하늘 축복이 임하게 하심을 감사드립니다. 거룩한 날, 성서주일에 말씀으로 강림하시는 주님을 만나 병든 자들의 육체가 회복되고, 복음의 빛으로 죄 사함을 얻어 인생의 무거운 짐을 벗게 하옵소서. 주의 강림을 준비하는 이 절기에 저희 마음에 있는 찌든 죄악의 찌꺼기를 말끔히 씻고 거듭나게 하옵소서. 예수님의 이름으로 기원하옵나이다. 아멘
회개를 위하여	하나님께서는 언제 어디서나 말씀으로 함께하십니다. 지난 한 주간 말씀이신 하나님을 만나기 위해서 언제 어디서 얼마나 시간을 내었는지 성찰해 보고 성경과 함께하겠다는 결심을 굳게하는 기도를 계속합니다.
고백의 기도	**길**이요 진리요 생명이신 말씀을 들으면서 새롭게 거듭나기를 원하시는 하나님 아버지! 오늘 성서주일에 한 주간 동안 주의 날개 밑에 보호해 주셨다가 성한 몸으로 주님 앞에 나와 예배드리게 하심을 감사드립니다. 세상이 주는 많은 것을 보고 즐기기 위해서는 엄청난 시간을 낭비했으면서도 생명의 말씀을 보는 시간은 내지 못한 어리석음을 회개하는 눈물을 닦아 주시옵소서. 저희와 항상 함께하시는 말씀이 성령의 날선 검이 되기를 소망합니다. 회개하는 우리들의 죄를 사하여 주시어서 한없는 주의 긍휼의 은총이 임하도록 도와주옵소서.

이제 한 주간 동안 세상에서 살아갈 때 말씀과 함께하면서 주님의 뜻대로 살겠다는 다짐을 합니다. 성경을 보면서 주님의 말씀을 듣고, 깨달음을 얻어 행동으로 실천하는 길을 갈 것을 결심합니다. 주님을 닮고 싶고 주님을 따르고 싶고 주님의 말씀대로 살고 싶은 저희입니다. 저희에게 믿음을 더하여 주시옵소서. 뜨거운 열정을 허락하여 주시옵소서. 어려운 일을 당할 때 말씀 안에서 큰 능력과 넉넉히 이길 힘을 얻게 하옵소서. 죄악으로 유혹하는 원수 마귀를 향하여 능력 있는 말씀의 검과 진리의 투구와 성령의 전신 갑주로 승리하는 자가 되게 하옵소서. 예수님의 이름으로 기도합니다. 아멘 |
사함의 확인	"만일 우리가 우리 죄를 자백하면 그는 미쁘시고 의로우사 우리 죄를 사하시며 우리를 모든 불의에서 깨끗하게 하실 것이요 만일 우리가 범죄하지 아니하였다 하면 하나님을 거짓말하는 이로 만드는 것이니 또한 그의 말씀이 우리 속에 있지 아니하니라"(요일 1:9-10)
성시교독	117. 구주 강림(3)
설교 전 찬송	630장 (진리와 생명 되신 주) 449장 (예수 따라가며)
설교 후 찬송	350장 (우리들이 싸울 것은) 407장 (구주와 함께 나 죽었으니)

금주의 성가	높은 곳에 영광 – A. Vivaldi 나 주를 기다리오니 – F. Mendelssohn 천사들의 찬미 – J. B. Herbert
목회기도	**마**귀 권세 물리치고 밝은 세상을 비추어주실 빛이신 예수를 이 땅에 보내 주신 하나님 아버지! 지난 한 주간에도 세상에서 방황하고 죄악과 환난에 처하여 두려워 떠는 저희에게 새 힘을 주시려고 거룩한 주님의 날 불러 주심을 감사드립니다. 이 시간 하늘 문을 활짝 여시고 소망의 눈으로 주님의 처소를 보는 감격을 보게 하여 주옵소서. 지난 한 주간을 살펴보면 나약함과 사악한 범죄의 흔적이 온통 저희의 영혼을 추하게 만들고 말았음을 고백합니다. 오늘 다시 한번 세속적인 모든 것과의 단절을 약속합니다. 육신 안에 매여 있는 저희 영이 믿음의 지배를 받으며 살기로 작정합니다. **구**원의 기쁜 소식으로 약한 자를 들어 강하게 하시는 하나님 아버지! 주님의 일을 위해서 땀 흘리기보다는 오히려 죄를 범하면서 비지땀을 흘린 어리석은 자가 바로 저희였음을 고백합니다. 주시는 말씀에 힘을 얻어 복음의 참된 일꾼이 되는 감동을 허락하여 주옵소서. 오늘 은혜가 넘치는 예배에 참석치 못한 권속들이 있는 곳에 주님 찾아 주시어서 위로하여 주시고 강건한 믿음으로 주님 앞에 고개 숙이는 처음 믿음을 회복시켜 주옵소서. 예배를 통하여 새 영의 풍성한 양식을 받아 가는 하늘 은혜의 나눔이 있게 하옵시고 감사하면서 드리는 저희의 신앙고백이 온 누리를 진동케 하옵소서. 우리 주 예수 그리스도의 이름으로 기도하옵나이다. 아멘
헌금을 위한 성구	"네 재물과 네 소산물의 처음 익은 열매로 여호와를 공경하라 그리하면 네 창고가 가득히 차고 네 포도즙 틀에 새 포도즙이 넘치리라"(잠 3:9-10)
헌금기도	**향**기로운 예물을 통해서 영광 받으시는 하나님 아버지! 날마다 숨을 쉬는 순간마다 차고 넘치게 채워주심을 감사드립니다. 모든 것이 하나님께로 온 것임을 망각하고 물질에 마음을 묶어두고 살아온 잘못을 용서하여 주옵소서. 가진 물질과 재능을 하나님의 선하시고 의로우신 뜻을 바로 알고 사용하는 믿음을 주옵소서. 교회를 위하여 밤낮으로 애쓰는 충성자들이 있습니다. 대가를 바라지 않고 오직 하나님만 바라보며 나아가는 믿음의 용사들입니다. 그들의 정성을 보시고 그들의 수고와 땀이 하나라도 헛되지 않게 하옵소서. **드**리고 싶어도 가진 재물이 없어 빈손 들고 온 심령도 이 자리에 있습니다. 십일조를 드리는 영혼, 주일 헌금과 감사하는 예물들을 드립니다. 교회학교 어린 영혼들이 드리는 아름다운 물질도 있습니다. 봉사의 손길들의 따스한 사랑의 땀방울도 있습니다. 받아 주시옵소서. 드릴 물질이 없어서 드리지 못한 성도들에게도 주님이 친히 그들의 마음을 위로하여 주시고, 그들에게도 물질의 축복을 허락하셔서 받은 바 은혜에 감격하여 주께 물질로 헌신하는 기쁨을 누릴 수 있도록 한없는 복으로 축복하여 주옵소서. 예수 그리스도의 이름으로 기도드리옵나이다. 아멘
위탁의 말씀	"여호와께서 내게 기름을 부으사 가난한 자에게 아름다운 소식을 전하게 하려 하심이라" 세상에서 믿음을 잃지 말고 구원의 아름다운 소식을 기다리는 수많은 사람에게 우리가 들은 복음의 감격을 가정과 이웃에 전하는 기쁜 소식 배달부로 한 주간을 살아야 합니다.
축 도	지금은 우리의 죄를 대신 지시고 십자가에서 피 흘리신 예수 그리스도의 은혜와 만유의 주 되신 하나님 아버지의 크신 사랑하심과 주님의 사랑을 입고 실천하기로 결심하게 하시는 성령의 교통하심이 예배드리고 새로운 각오로 한 주를 헤쳐 나갈 성도들과 그 가정과 교회 위에 지금부터 영원토록 함께하옵시기를 간절히 축원하옵나이다. 아멘

오늘의 설교를 위하여

오늘의 설교를 위한 복음적 조명 주제 : 구원의 소식
제목 : 구원의 아름다운 소식 l 본문 : 이사야 61:1-7

주제 : 주님께서 재림하신다는 메시지는 구원을 완성하는 아름다운 소식이다. 많은 정보가 쏟아지는 세상에서 믿음을 잃지 말고 구원의 아름다운 소식에 귀를 기울이고 복음을 듣고 주님을 기다리는 성도가 되어서 주님을 만나서 구원의 완성을 받는 성도가 되게 하자.

논지 : 복음의 소식은 성령을 통하여 슬픈 자를 위로하고 황폐함을 쫓아내고 보상받게 한다.
 1. 하나님의 성령이 임한 소식
 2. 슬픈 사람을 위로하는 소식
 3. 황폐한 곳을 재건하는 소식
 4. 수치 대신에 보상받는 소식

사람들은 아침에 자리에서 일어나면 신문을 펼쳐 보거나 TV나 라디오를 켜서 새로운 소식을 듣는다. 보통 사람들은 아름다운 소식을 기대한다. 정치에 대한 아름다운 소식, 경제에 대한 아름다운 소식, 사회에 대한 아름다운 소식, 이웃에 대한 아름다운 소식을 바란다. 그러나 실제에 있어서는 아름다운 소식보다 아름답지 못한 소식이 더 많다. 그래서 실망한 나머지 신문을 덮어버리거나 TV나 라디오를 꺼버린다. 솔직히 세상에서 들려오는 소식은 아름다운 소식이 거의 없다. 들리느니 서로 싸우고 헐뜯는 소식이요, 온통 도둑놈들의 이야기와 각종 폭력행위, 그리고 끔찍한 교통사고 소식으로 가득 채워져 있다. 하지만 복음은 '복된 소리', '아름다운 소식'이다. 그러면 아름다운 소식이란 무엇인가? 스마트폰, 텔레비전, 라디오 등이 소식을 전하지만 아름답지 못하다. 옛날의 통신수단은 비둘기나 봉화가 아니면 사람이 달려가서 소식을 전했다. 여기서 마라톤이 생겼다. 남편이나 아들이 전쟁에 나가면 살았는지 죽었는지, 전쟁에 승리했는지 졌는지 알 길이 없었다. 오랫동안 모른 채 기다리면, 승리한 때 한 병사가 '승리의 소식'을 가지고 며칠을 뛰어와서 "이겼다"라고 외쳤다. 이것이 복음이다. 주님의 재림은 승리를 선포하는 메시지로 아름다운 소식이다.

1. 하나님의 성령이 임한 소식

이사야 선지자가 "주 여호와의 영이 내게 내리셨으니 이는 여호와께서 내게 기름을 부으사 가난한 자에게 아름다운 소식을 전하게 하려 하심이라"(:1)라고 선포했다. 그리고 예수님께서도 나사렛 회당에서 이사야 선지자의 선포를 인용하시어 "주의 성령이 내게 임하셨으니 이는 가난한 자에게 복음을 전하게 하시려고 내게 기름을 부으시고 나를 보내사 포로 된 자에게 자유를 눈 먼 자에게 다시 보게 함을 전파하며 눌린 자를 자유롭게 하고 주의 은혜의 해를 전파하게 하려 하심이라"(눅 4:18-19)라고 말씀하셨다. 이런 말씀은 아무나 받을 수 없다. 오직 하나님의 성령이 충만해야 할 수 있는 말씀이다. 우리도 하나님의 성령을 충만히 받아야 한다. 성령을 받으면 사람이 달라진다. 주정뱅이가 변해서 새사람이 되고 노름꾼이 변화하여 자선가가 된다. 폭행을 일삼던 사람이 갑자기 선량한 이웃이 된다. 사람은 사람을 변화시킬 수 없지만, 성령님은 사람을 바꾸어놓는다. 성령을 통해서 예수님을 개인적으로 만난 경험을 말로 설명하기는 어렵다. 그러나 예수님과의 만남을 경험한 사람은 행동과 생활과 대인관계가 달라진다. 누구든지 성령을 받고 예수님과 진실한 만남을 경험한 사람은 새로운 삶을 얻는다. 하나님의 성령이 임한 소식을 듣고 곧 재림하실 주님을 기다리는 성도가 되자.

2. 슬픈 사람을 위로하는 소식

　세상에는 슬픈 일을 당한 사람들이 무수히 많다. 세상 사람들은 슬픔을 당하면 술을 마시거나 노래를 불러서 위로를 받고자 한다. 하지만 술이나 노래가 사람을 진정으로 위로해주지 못한다. 하나님은 엄청난 힘을 가지고 계신다. 예수님도 무한 능력이 있으시다. 성령님도 성도를 지켜 보호하시는 강한 위로를 가지고 계신다. 그러니 삼위일체 하나님의 위로가 성도에게 얼마나 큰 힘이 되고 든든한가? 우는 어린아이에게는 그 아이의 엄마가 최고이다. 먹을 것이나, 가지고 놀 것 등 별 것을 다 주어도 울음을 그치지 않는다. 그러나 엄마만 오면 울던 아이는 울음을 딱 그친다. 성도에게도 마찬가지다. 성도에게는 하나님이 최고요, 주님이 가장 좋다. 성도에게는 위로의 성령님이 제일이다. 아무리 감당하기 어려운 고통과 슬픔을 당해도 성령님이 오시면 위로를 받을 수 있다. 성령님은 왜 성도에게 위로를 주시는가? 하나님께 감사하게 하려고, 하나님을 찬양하게 하려고 위로를 주신다. '위로'와 '감사'와 '찬양'은 서로 뗄 수 없는 관계이다. 세상에서 아무리 힘들고 슬픈 일을 당할지라도 재림하실 주님에 관한 소식을 듣고 하나님을 찬양하며 감사하는 성도가 되도록 하자. 또한 주님께서 슬픈 사람을 위로하신다는 소식을 널리 전파하여 그들도 복음을 믿도록 하자.

3. 황폐한 곳을 재건하는 소식

　누구든지 마음에 욕심을 품거나 다른 사람을 미워하면 심령이 황폐해진다. 심령이 황폐해지면 성령이 떠나시고 주님께서 임재하시지 않는다. 그래서 성도는 복음을 듣고 황폐한 곳을 재건하시는 주님을 모셔야 한다. 이사야 선지자는 "그들은 오래 황폐하였던 곳을 다시 쌓을 것이며 옛부터 무너진 곳을 다시 일으킬 것이며 황폐한 성읍 곧 대대로 무너져 있던 것들을 중수할 것이며 외인이 서서 너희 양 떼를 칠 것이요 이방 사람은 너희 농부와 포도원지기가 될 것이나 오직 너희는 여호와의 제사장이라 일컬음을 받을 것이라 사람들이 너희를 우리 하나님의 봉사자라 할 것이며 너희가 이방 나라들의 재물을 먹으며 그들의 영광을 얻어 자랑할 것이니라"(:4-6)라고 말씀했다. 지금 우리의 주변에 무너진 곳이 많다. 우리나라는 아직도 남과 북으로 갈라져 서로 싸우고 있다. 우리는 무너진 나라를 다시 세워야 한다. 지금 정치가 무너져 있다. 여야가 소통과 통합의 정책은 없고, 서로 비방하고 헐뜯고 흠잡느라 정치를 실종시키고 있다. 국민은 한목소리를 내서 무너진 정치를 세우도록 해야 한다. 지금 사회가 진보와 보수, 영남과 호남으로 분열되어 있다. 남한의 동서가 하나 되지 않고는 남북통일을 기대할 수 없다. 황폐한 곳을 재건하는 소식으로 하나의 나라로 격을 높여야 한다.

4. 수치 대신에 보상받는 소식

　우리가 죄를 지으면 수치를 당할 수밖에 없고, 하나님께 영광을 돌리지 못한다. 문제는 믿음이다. 내일의 희망은 믿음밖에 없다. 절망을 소망으로 바꾸기에는 믿음밖에 없다. 미움을 사랑으로 바꾸는 믿음밖에 없다. 분열을 통합으로 바꾸기도 믿음밖에 없다. 오직 믿음이다. 무너진 믿음을 다시 쌓고 무너진 교회를 거룩한 교회로 다시 세워야 한다. 이사야 선지자가 "너희가 수치 대신에 보상을 배나 얻으며 능욕 대신에 몫으로 말미암아 즐거워할 것이라 그리하여 그들의 땅에서 갑절이나 얻고 영원한 기쁨이 있으리라"(:7)라고 말씀했다. 무너진 믿음을 다시 쌓으면 어떤 일이 일어나는가? 첫째, 부끄러움 대신에 영광의 보상을 배나 받는다. 둘째, 능욕 대신에 즐거움을 받는다. 셋째, 땅에서 추수하는 것을 갑절이나 받는다. 죽을 때까지 아니 하늘나라에 가서까지 영원한 기쁨을 누리게 될 것이다. 하나님은 정의를 사랑하신다. 정의를 실행하는 성도에게 축복하신다. 하나님은 불의하게 강탈하는 자를 미워하신다. 그들에게 저주를 어김없이 갚아 주신다. 하나님은 무너진 믿음을 쌓는 성도와 영원한 언약을 맺고 보상하신다. 그들의 자손을 뭇 나라와 후손들에게 나타내신다고 말씀하셨다. 무너진 믿음을 다시 쌓고 복 받아서 수치 대신에 보상받는 성도가 되도록 하자.

2025년 12월 21일, 대림절 4번째 주일

성 경	누가복음 1:26-38	예전색상	보라색

예배의 부름

"믿음이 없이는 하나님을 기쁘시게 하지 못하나니 하나님께 나아가는 자는 반드시 그가 계신 것과 또한 그가 자기를 찾는 자들에게 상 주시는 이심을 믿어야 할지니라"(히 11:6)

죄악의 어둠에서 헤메던 저희에게 구원의 진정한 빛이 되신 구세주 예수를 만나게 하신 하나님 아버지! 구세주 예수 그리스도의 강림을 소망하는 마음으로 대강절 네 번째 주일입니다. 약속된 구원의 날을 확증하기 위해서 구세주 예수 그리스도의 강림을 맞이할 수 있는 감격 주심을 감사드립니다. 오늘도 말씀을 듣는 중에 질병이 치유되게 하시고 근심이 해결되고 인생의 참된 길을 찾게 하옵소서. 모든 영광 성삼위 하나님께만 있게 하옵소서 예수님의 이름으로 기원하옵나이다. 아멘

회개를 위하여

가정에서 세상에서 행동으로 말씀이 증거되지 않으면 우리의 생각과 말과 행위는 허공을 맴돌 뿐 상대방에게 감동을 줄 수 없습니다. 삶의 현장에서 말보다는 실천하며 사는 그가 바로 나인지를 성찰하는 기도를 계속합니다.

고백의 기도

진심으로 회개하는 영혼에 사죄의 말씀을 선포하여 거듭남의 기쁨을 주시는 하나님 아버지! 지난 한 주간에도 죄의 종 된 저희를 거룩한 예배에 불러 주시어서 죄에서 해방되는 기회를 주심을 감사드립니다. 날마다 반복되는 저희의 잘못을 생각할 때에 하나님 앞에 나아올 수 없지만 회개할 때에 사죄의 감동을 주실 줄 믿고 이렇게 죄를 자복하는 저희를 용서하여 주옵소서. 겉으로는 거룩한 듯 외식하는 삶을 살았고 마음속 깊은 곳에서는 더럽고 추악한 생각과 죄들로 늘 주님의 성전을 더럽혔던 저희를 불쌍히 여겨 주옵소서.

지난 주간에도 어김없이 저희에게 조금이라도 손해가 되면 분노하며 자존심을 내세웠던 어리석은 그가 바로 저희였음을 고백합니다. 세상 사람들과 다를 바 없이 지기를 싫어하고 마음속에 미움을 쌓아 놓기만 한 어리석고 배은망덕한 저희의 모습을 용서하여 주옵소서. 이제 한 주간에는 주님의 성전인 저희의 몸을 하나님이 거하시는 거룩한 곳으로 만들겠습니다. 가정과 만나는 사람 앞에서 예수님의 섬김이 기억나게 하옵소서. 어디에서 무슨 일을 하든지 하나님께 기도하게 하시고 하나님의 도움의 손길을 붙잡는 저희의 결심을 받아 주시고 사죄의 강보로 저희를 감싸 주옵소서. 예수님의 이름으로 기도합니다. 아멘

사함의 확인	"이러므로 내가 네게 말하노니 그의 많은 죄가 사하여졌도다 이는 그의 사랑함이 많음이라 사함을 받은 일이 적은 자는 적게 사랑하느니라"(눅 7:47)
성시교독	118. 구주 강림(4)
설교 전 찬 송	4장 (성부 성자와 성령) 436장 (나 이제 주님의 새 생명 얻은 몸)
설교 후 찬 송	518장 (기쁜소리 들리니) 180장 (하나님의 나팔 소리)

금주의 성가	주님을 만나면 – Arr. by Harold H. DeCou 하나님은 사랑이시니 – E. S. Lorenz 존귀하신 주 어린양 – Grig Courtney
목회기도	**모**든 백성 구하려고 임금이신 독생자 예수를 이 땅에 보내 주신 하나님 아버지! 세상에 힘들어 지친 저희를 주님의 날 예배드리는 성산으로 불러 주심을 감사드립니다. "네 짐을 여호와께 맡기라 그가 너를 붙드시고"(시 55:22)라 하신 말씀 따라 지난 한 주간 범한 죄를 고백하는 어리석은 저희를 용서하여 주옵소서. 마음은 원이로되 근본적인 인간의 속성 때문에 물질에 유혹을 받고 믿음으로 승리하지 못한 한 주간이었습니다. 모두가 부질없다는 것을 압니다. 모두 다 금방 없어지리라는 것도 압니다. 쓸데없는 곳에 연연하고 산 것을 불쌍히 여겨주옵소서. **항**상 섬김의 도를 깨우쳐 주시는 좋으신 하나님 아버지! 저희도 주님처럼 섬기면서 가진 것을 사용하고 싶습니다. 움켜쥐는 욕심에서 함께 나누는 믿음 생활이 되게 하옵소서. 교회공동체가 서로 미워하고 시기하고 질투하여 분쟁하게 하는 사탄의 시험에 들지 않게 하옵소서. 성도들이 서로를 존중하며 섬기는 성숙한 영성으로 거듭나게 하옵소서. 우리 교회가 먼저 저희 주변에 사랑을 원하는 자에게 그리스도의 사랑을 나누게 하옵소서. 삶이 아무리 괴롭고 외롭더라도 저희는 사랑 때문에 끝까지 아름답고 용감하게 살 수 있도록 힘주시옵소서. 오늘도 저희를 성숙의 길로 이끄시는 예수 그리스도의 이름으로 기도하옵나이다. 아멘
헌금을 위한 성구	"주 하나님이여 주께서 나의 서원을 들으시고 주의 이름을 경외하는 자가 얻을 기업을 내게 주셨나이다"(시 61:5)
헌금기도	**물**질 없음이 신앙의 소외가 되지 않게 하시는 하나님 아버지! 성도들의 서원을 들으시고 필요한 양식으로 골고루 채워 주신 은혜를 감사드립니다. 오늘도 빈손으로 나오지 않고 귀한 예물을 가지고 왔습니다. 감사와 사랑으로 물질을 드리는 손길들을 어루만져 주사 만 배로 갚아 주시기를 소원합니다. 가지고 온 물질에 앞서 저희 성도들의 몸과 마음을 받아 주옵소서. 드리고 싶은 마음은 간절하지만, 가진 재물이 없어서 애태우는 심령도 있습니다. 주님께서 다가가 위로의 영으로 감싸주시기를 기도합니다. **십**일조와 한 주간 동안 보살펴 주신 은혜에 감격하여 감사의 예물을 드립니다. 저들에게도 감사의 조건이 끊이지 않도록 인도하시고 특별히 감사할 수 없는 상황에서도 약속의 말씀을 의지하고 감사하는 성숙한 성도들을 기억하여 주옵소서. 구역 헌금과 건축 헌금과 선교 헌금과 여러 가지 모양으로 헌신하는 영혼들의 아름다운 향기를 받아 주시고 마르지 않는 복으로 채워 주옵소서. 예물을 준비할 때마다 액수를 따지기보다는 성숙한 믿음의 넓은 헤아림으로 살게 하옵소서. 우리 주 예수 그리스도의 이름으로 기도하옵나이다. 아멘
위탁의 말씀	"보라 네가 잉태하여 아들을 낳으리니 그 이름을 예수라 하라" 하나님의 말씀대로 이루어지기를 순종한 마리아의 믿음을 본받아서 우리도 우리를 구원해주실 구세주 예수 그리스도의 오심을 기도하며 기다리는 성도가 되어야 합니다.
축도	지금은 우리를 죄악 가운데서 구원하신 예수 그리스도의 크신 은혜와 우리를 자녀 삼아 주신 하나님 아버지의 극진하신 사랑과 성령의 감동·감화하심이 대림절 네 번째 주일을 맞아 예수님의 오심이 온 인류의 축복이며 희망임을 깨닫고 그분과 함께 변화와 기적의 삶을 살고자 결단하며 삶을 향해 출발하는 모든 성도에게 영원히 함께하시기를 간절히 축원하옵나이다. 아멘

오늘의 설교를 위하여

오늘의 설교를 위한 복음적 조명 주제 : 하나님 아들

제목 : 예수님의 탄생 예고 | 본문 : 누가복음 1:26-38

주제 : 가브리엘 천사가 예수님의 탄생을 마리아에게 미리 알렸다. 세상에서 처녀가 잉태한다는 사실은 인간으로는 불가능하지만, 주의 여종이오니 하나님의 말씀대로 이루어지기를 순종한 마리아의 믿음을 본받아서 예수님의 탄생을 축하하는 성도가 되도록 하자.

논지 : 하나님의 아들이신 예수님의 탄생은 예고된 기적이라는 사실을 전하자.
 1. 하나님이 파송한 천사의 예고
 2. 하나님의 은혜와 평안을 예고
 3. 거룩한 하나님의 아들을 예고
 4. 순종할 때 이루어진다는 예고

    성탄절은 아무것도 아닌 상태, 아무것도 없는 처지, 빈 모습에서 시작되었다. 빈 마구간과 같이 낮아져 있어야 주님이 아기 예수의 모습으로 오신다. 선물을 주고받는 것? 좋다. 즐거운 파티를 여는 것? 그것도 한 해를 보내면서 필요할지 모른다. 그러나 그런 호화판과 들뜬 마음에는 아기 예수님께서 오시지 않는다. 지나가는 행사에 불과하다. 대림절이 무엇인가? 주님의 강림을 기다리는 절기이다. 주님을 모시는 것이다. 아기 예수님이 없는 성탄은 성탄이 아니다. 요즘 세상의 성탄절에는 아기 예수가 없다. 타 종교인이 싫어하니까 트리에 아기와 십자가를 없애야 한다고 한다. 세상은 이렇게 아기 예수를 싫어하고 있다. 성탄절에 대하여 분명히 말하면 아기 예수님의 탄생이 예고되었다. 보통 아이의 출생은 엄마와 아빠의 육체적인 결합으로 이루어진다. 그러니까 출생하는 아이에게는 미안하지만, 예고도 없이 그냥 태어난다고 할 수 있다. 어떤 청소년은 "나는 쓸 데도 없이 태어난 사람이다"라고 불평한다. 하지만 예수님은 불가능을 가능하게 하시는 하나님의 성령에 의해서 처녀 마리아에게 예고된 후에 탄생하셨다. 또한 하나님의 무한한 능력을 믿은 처녀 마리아의 순교적인 순종이 아기 예수님의 탄생을 아름답게 만들었다.

1. 하나님이 파송한 천사의 예고

    가브리엘 천사는 하나님의 명령으로 다니엘에게 가서 숫양과 숫염소 환상을 설명하고 '70주간'에 대한 예언을 알려준 하늘의 전령이다(단 8:16). 또한 사가랴에게 나타나 늙고 나이가 많은 아내가 잉태하여 세례 요한의 출생을 예고하였다(눅 1:19). 그리고 동정녀 마리아에게는 예수님의 탄생을 예고하는 일을 맡았다. 유대교와 그리스도교 저술가들의 대부분이 가브리엘을 천사 대장이라고 하는 이유는 그가 하나님의 앞에 서 있었기 때문이다. 에녹서에는 미가엘 · 우리엘 · 수리엘(라파엘) · 가브리엘 등의 이름을 가진 4명의 위대한 천사 대장이 나온다. 로마 가톨릭교회에서 가브리엘 축일은 수태고지 축일 바로 전날인 3월 24일이다. 이슬람교는 가브리엘의 이름과 직무를 유대교와 그리스도교의 전통에서 이어받았다. 가브리엘이라는 이름이 코란에 나오는 것은 단지 3번뿐이지만, 다른 여러 가지 별칭이 바로 그를 가리키는 것으로 이해하고 있다. 여섯째 달에 천사 가브리엘이 하나님의 보내심을 받아 갈릴리 나사렛이란 동네에 갔다(:26). 나사렛에는 다윗의 자손 요셉이라 하는 사람과 약혼한 처녀 마리아가 살고 있었는데, 그녀에게 상상할 수 없이 놀라운 예고를 하였다. 하나님의 메시지는 우리가 보통 생각할 수 없는 특별한 내용을 담아서 말씀하신다.

2. 하나님의 은혜와 평안을 예고

어느 날 갑자기 천사 가브리엘이 마리아를 찾아왔다. 그리고는 대뜸 "은혜를 받은 자여 평안할지어다 주께서 너와 함께 하시도다"(:28) 하는 말씀을 했다. 이 말은 쉽게 말해서 '임신했다'라는 뜻이다. 처녀가 어떻게 임신할까? 말로 안 되는 소리다. 부정한 방법으로 결혼식을 올리기 전에 남자하고 몸을 섞었으면 몰라도, 찬물을 먹고서야 절대 임신하지 못한다. 아무리 천사라도 결혼을 앞 둔 처녀에게 할 말은 아니다. 그런데도 천사가 이 말을 했다. 마리아는 천사의 이 말을 듣고 놀랐다. '황당해라. 이런 인사가 어찌함인고?' 생각하며 고민을 했다. 있을 수 없는 일이 일어났다는 것 자체도 놀랍지만, 그 일이 다른 사람도 아니고 자신에게 일어났다니. 세상에서 이상한 사건은 다른 사람에게만 일어나는 것이 아니다. 바로 나에게도 일어날 수 있다. 우리는 매일 뉴스를 시청한다. 그 숱한 무섭고도 끔찍한 사건들이 매일 매시에 일어난다. 명심하고 정신을 차릴 것은, 그런 사건이 나와 상관없고 다른 사람에게만 생기라는 법이 없다는 사실이다. 하나님의 은혜와 평안은 예고 없이 오직 하나님의 섭리와 뜻대로 나타난다는 사실을 믿고 신앙생활을 하자. 우리가 항상 깨어 기도하면 어느 순간에 하나님의 은혜와 평안을 받게 된다.

3. 거룩한 하나님의 아들을 예고

마리아는 당황했다. 약혼자 요셉과 자기를 길러준 부모님의 얼굴도 볼 수 없었다. 아는 사람들이 뭐라고 하겠는가? '그 얌전하던 것이 그랬구나!' 많은 사람의 입방아가 무서웠다. 아니 율법대로 하면 돌에 맞아 죽게 생겼다. 그래서 천사가 놀란 마리아의 마음을 다독이며 자세히 설명했다. "마리아여 무서워하지 말라 네가 하나님께 은혜를 입었느니라 보라 네가 잉태하여 아들을 낳으리니 그 이름을 예수라 하라 그가 큰 자가 되고 지극히 높으신 이의 아들이라 일컬어질 것이요 주 하나님께서 그 조상 다윗의 왕위를 그에게 주시리니 영원히 야곱의 집을 왕으로 다스리실 것이며 그 나라가 무궁하리라"(:30-33). 하나님은 거룩하시다. 또한 하나님은 영이시기에 사람의 눈에 보이지 않는다. 그런데 '하나님의 아들'이라? 하나님은 인간이 아니신데 아들이 있다는 말도 쉽게 이해되지 않는다. 그러나 하나님을 의인화(擬人化)해서 표현하면 인간의 몸을 입고 세상에 오셔서 우리를 구원하시려고 처녀 마리아의 몸을 통하여 세상에 오셨다. 천사가 "성령이 네게 임하시고 지극히 높으신 이의 능력이 너를 덮으시리니 이러므로 나실 바 거룩한 이는 하나님의 아들이라 일컬어지리라"(:35)라고 말씀했다. 결국 마리아는 천사의 거룩한 하나님의 아들 예고를 따를 수밖에 없었다.

4. 순종할 때 이루어진다는 예고

세상 사람들 보기에 이상한 이 사건은 보통 사건이 아니다. 성령이 마리아에게 임하신 것이다. 지극히 높으신 하나님의 능력이 마리아를 덮은 사실이다. 일반적으로 아기는 남자와 여자가 한몸 되어 낳는 것이다. 그러나 하나님의 아들은 그게 아니다. 마리아에게 나실 바 아기 예수님은 하나님의 아들이라 불릴 것이다. 마리아의 친족 가운데 엘리사벳은 늙어서 임신할 수 없는데, 그가 이미 잉태하여 6개월이 되었다. 천사가 "대저 하나님의 모든 말씀은 능하지 못하심이 없느니라"(:37)라고 말씀했다. 마리아는 천사의 말에 굴복할 수밖에 없었다. 아니 약혼자 요셉에게 오해를 받고 사람들이 비난해도 믿음으로 하나님의 말씀에 순종하기로 마음먹었다. 그래서 천사의 말을 그대로 받아 "주의 여종이오니 말씀대로 내게 이루어지이다"(:38) 아멘. 마리아는 천사의 말에 순응하기로 했다. 이 마리아의 대답에 큰 은혜를 받았다. 우리는 이 말씀에 감화를 받아야 한다. "주의 여종이오니 말씀대로 내게 이루어지이다"(:38). 우리는 주님의 종이다. 종은 천한 사람이다. 신분이 가장 밑바닥이다. 주권도 없고 권리도 없고 주장도 있을 수 없다. 재산이 없는 것은 말할 것도 없다. 오직 주인이 하라고 말씀하시는 데로 순종해야 한다. 주님께 오직 순종만 축복이다.

2025년 12월 25일, 성탄절

성 경	누가복음 2:1-14	예전색상	흰색

예배의 부름	"이는 한 아기가 우리에게 났고 한 아들을 우리에게 주신 바 되었는데 그의 어깨에는 정사를 메었고 그의 이름은 기묘자라 모사라 전능하신 하나님이라 영존하시는 아버지라 평강의 왕이라 할 것임이라"(사 9:6)
	세상 모든 사람을 구원하시기 위하여 독생자를 이 땅에 태어나게 하신 하나님 아버지! 길이요 진리요 생명으로 오신 구세주 예수를 통해서 불화가 있는 곳에 평화를 주시며, 슬픔이 깃든 곳에 기쁨 주심을 감사드립니다. 구세주 나신 밤 천군 천사들의 찬양이 잠든 베들레헴을 깨웠듯이 오늘 예배드리는 저희 심령을 깨워 주옵소서. 아기 예수님께서 겸손하게 말구유에서 나신 것처럼 저희도 낮은 곳에서 섬기면서 성탄의 기쁨을 전하게 하옵소서. 예수님의 이름으로 간절히 기원하옵나이다. 아멘
회개를 위하여	성탄절의 주인은 하늘 보좌를 떠나 죄인을 구속하기 위해서 구유에 태어나신 예수 그리스도입니다. 그러나 예수님의 탄생을 기념하는 것이 아닌 오로지 선물을 주고받으며 북적거리는 세상과 더불어 춤을 추는 어리석은 행동을 하진 않았는지 반성하며 회개하는 기도를 계속합니다.
고백의 기도	가난하고 소외되고 억눌린 자의 친구가 되어주시기 위해서 예수를 이 땅에 보내주신 하나님 아버지! 영원히 멸망 받아 소망의 빛을 잃어버리고 어두운 세상을 살아야 할 죄인들에게 성탄의 기쁨과 감격을 노래할 수 있는 은혜를 주시니 감사드립니다. 예수님은 가장 낮은 곳으로 오셨는데, 가장 높은 곳을 차지하려고 발버둥 쳤던 저희를 불쌍히 여겨 주옵소서. 예수님은 겸손함으로 순종하셨는데 교만함으로 불순종의 길을 헤맨 저희의 잘못도 용서하여 주옵소서. 이제 성탄절에는 아기 예수님을 본받아 더욱 낮아지게 하시고 섬기는 삶을 살게 하옵소서.
	예수님은 우리를 용서하고 사랑하기 위해 오셨지만 우리는 용서하지 못하고 살아갑니다. 예수님처럼 겸손한 마음으로 용서하고 사랑의 마음으로 섬기며 살겠다고 다짐합니다. 예수님처럼 의로운 길을 걷겠습니다. 예수님처럼 자기를 희생하며 짊어져야 하고 안고 가야 할 십자가를 외면하지 않겠습니다. 주님의 발자취를 따르겠노라 결심했지만, 말만 하면서 실천으로 옮긴 적은 많지 않았습니다. 저희의 모든 죄와 허물을 용서하여 주옵소서. 이제부터는 오신 예수님의 삶을 본받아 하나님이 기뻐하시는 삶을 살게 하옵소서. 예수님의 이름으로 간절히 회개하며 기도드립니다. 아멘
사함의 확인	"구하옵나니 주의 인자의 광대하심을 따라 이 백성의 죄악을 사하시되 애굽에서부터 지금까지 이 백성을 사하신 것 같이 사하옵소서 여호와께서 이르시되 내가 네 말대로 사하노라"(민 14:19-20)
성시교독	119. 성탄절(1)
설교 전 찬 송	103장 (우리 주님 예수께) 109장 (고요한 밤 거룩한 밤)
설교 후 찬 송	122장 (참 반가운 성도여) 115장 (기쁘다 구주 오셨네)

금주의 성가	고요한 밤 참된 빛 오시네 – R. Kevin Boesiger 성탄 종 울려라 – Earlene R. Turner 우리를 위해 나셨다 – G. F. Handel
목회기도	지극히 높은 곳에서는 하나님께 영광이요, 땅에서는 기뻐하심을 입은 사람 중에 평화가 넘치게 하시는 하나님 아버지! 구세주 예수 이 땅에 오심으로 구원의 역사에 주인공으로 삼아 주신 은혜를 감사드립니다. 성탄절 오늘 저희 마음속에 임하여 주시는 줄 믿습니다. 가정에 사랑으로 오심을 믿습니다. 기업에는 번영의 감격으로 오심을 믿습니다. 그러나 저희는 저희에게 오신 주님 앞에서 너무나 많은 배은망덕한 삶을 살아왔음을 고백합니다. 그런 저희 가운데 메시야 예수가 임하시는 이날, 떨리는 심정으로 주님 앞에 무릎을 꿇었나이다. 지난 삶을 뒤돌아보면 주님 보시기에 아름답지 않았던 모습들이 많이 있습니다. 그리스도의 사랑을 받은 자녀로서 본을 보여주지 못하고 무절제 속에 살아온 저희가 참으로 부끄럽기만 하옵나이다. 이제라도 경건과 말씀 위에 삶의 기둥을 세워나가도록 하겠습니다. 늘 회개의 눈물로 강림하실 주님을 모시어 드릴 수 있는 준비된 생활을 살겠습니다. 교회가 교회 되는 의미를 새롭게 하는데 사용되는 한 영혼이 되겠습니다. 이날이 매년 돌아오는 하나의 행사가 되지 않게 하렵니다. 고개 숙인 자녀들 위에 축복하여 주옵소서. 이 땅에 오신 주 예수 그리스도의 이름으로 간절히 기도드렸습니다. 아멘
헌금을 위한 성구	"네 재물과 네 소산물의 처음 익은 열매로 여호와를 공경하라 그리하면 네 창고가 가득히 차고 네 포도즙 틀에 새 포도즙이 넘치리라"(잠 3:9-10)
헌금기도	하늘에는 영광, 땅에는 평화! 소망과 기쁨과 평화를 주실 독생자 예수의 탄생을 기뻐하게 하시는 하나님 아버지! 예수 그리스도의 은혜로 새로운 생명을 얻고 삶의 행복을 누리게 됨을 감사드립니다. 많은 재물을 얻었을지라도 하나님께서 누리게 하시는 축복을 허락하지 않으시면 아무것도 할 수 없습니다. 하나님의 도를 지키는 것이 저희의 행복이요, 하나님께 헌신하는 삶이 우리의 본분임을 알게 하여 주옵소서. 지난 한 주간에도 저희의 모든 필요를 채워 주시고 일용할 양식을 공급해 주심을 감사하여 드리는 예물을 받아 주시옵소서. 영혼을 구하는 하나님 일의 도구로 쓰임받기를 바라는 마음으로 십일조와 여러 가지 모양으로 탄생하신 아기예수께 동방박사들이 드린 예물처럼 봉헌합니다. 이 예물이 쓰이는 곳마다 고난과 고통을 인내하며 홍해 길이 열리는 축복의 길이 열리게 하옵소서. 찬양하며 헌신하는 성가대, 헌신하는 교사들의 수고와 섬기며 봉사하는 손길들도 있습니다. 주님, 저들의 수고를 기억하여 주옵시고 주님 나라 생명책에 기록하여 주옵시고 예비된 생명의 면류관을 주옵소서. 이 땅에서 건강과 장수의 축복을 주옵시고 저들의 자녀들이 형통하고 복된 축복을 받기를 간절히 기도드리오며 예수님 이름으로 기도드리옵나이다. 아멘
위탁의 말씀	"지극히 높은 곳에서는 하나님께 영광이요 땅에서는 하나님이 기뻐하신 사람들 중에 평화로다 하니라" 탄생하신 아기 예수가 천사들에게는 찬송을, 목자들에게 경배받았던 것처럼 우리 주변에 있는 분들에게 섬김으로 기쁨을 나누는 한 주간을 살아야 합니다.
축도	지금은 우리를 끝없이 사랑하셔서 인간의 모습을 입고 이 땅에 오신 예수 그리스도의 은혜와 인류의 구원을 계획하시고 이루시는 하나님의 사랑하심과 이러한 놀라운 사실을 우리의 심령에 믿어지게 하시는 성령의 역사하심이 성탄절을 통하여 예수님을 다시 기억하고 성탄을 기뻐하고 다시 오실 예수님을 소망하며 살아가겠노라 다짐하고 돌아가는 성도들 머리 위에 그리고 저들의 가정과 교회 위에 영원토록 함께 계시기를 축원하옵나이다. 아멘

오늘의 설교를 위하여

오늘의 설교를 위한 복음적 조명 주제 : 예수님 탄생

제목 : 아기 예수님의 탄생 | 본문 : 누가복음 2:1-14

주제 : 아기 예수님은 하나님의 아들이시지만 아주 열악한 환경에서 탄생하셨다. 하지만 들에서 양을 치는 목자들에게 알려졌고, 천사들의 찬송을 받으셨으며, 목자들에게 경배를 받았다. 올해 성탄절에는 이 사실을 실제적인 사건으로 믿는 성도가 되게 하자.

논지 : 환경을 초월하셔서 탄생하신 아기 예수님을 사실적으로 전파하도록 하자.
1. 다윗 족속으로 탄생하신 예수님
2. 열악한 환경에서 탄생하신 예수님
3. 목자에게 탄생이 알려지신 예수님
4. 천사들의 찬송을 받으신 예수님

베들레헴은 요단 강 서쪽에 있는 예루살렘에서 남쪽으로 약 8km 떨어져 있는 작은 마을이다. '베들레헴'이라는 이름은 집을 뜻하는 '베드'와 빵을 뜻하는 '레헴'의 합성어로 그대로 풀이하면 '빵집'이다. 또한 '나의 불안을 진정시켜주세요'라는 뜻도 있는데, 이 말은 배고픈 사람들이 많이 살아서 생긴 말이라고 한다. 이곳 베들레헴에서 예수님께서 탄생하셨다. 예수님의 탄생은 인류 역사상 최대의 사건이다. 그래서 인류의 역사는 예수 그리스도의 탄생을 기점으로 B.C.와 A.D.로 구분이 되어 있다. B.C.는 'Before Christ'의 약자로, '그리스도 이전', 곧 주전(主前)을 뜻하고, A.D.는 라틴어 'Anno Domini'의 약자로 'The year of our Lord', 즉 '우리 주님의 해'라는 뜻이다. 예수님의 성탄 이야기는 신약에서 시작되지 않았다. 구약에 메시야의 탄생을 예언하는 말씀이 350번이나 기록되어 있다. 그리스도의 탄생은 구약에서 이미 예언되었고, 신약에서 성취되었다. 구약의 선지자 미가가 예수님보다 700여 년 전에 살았지만, 메시야의 탄생이 유대 땅 베들레헴에서 이루어질 것을 예언했다(미 5:2). 그의 예언대로 로마 황제 가이사 아구스도가 호적의 명령으로 갈릴리 나사렛에 살았던 요셉과 마리아가 고향인 베들레헴에 와서 아기 예수님을 탄생시켰다.

1. 다윗 족속으로 탄생하신 예수님

하나님께서 죄악 가운데서 죽을 수밖에 없는 인간을 구원하기 위해 마지막 수단이요, 절대적인 방법으로 자신이신 독생자 예수 그리스도를 세상에 보내시기로 작정하셨다. 하나님의 아들이신 예수님은 사람을 대신하여 속죄의 제물이 되기 위해서는 사람으로 세상에 오셔야 했고, 동시에 사람의 원죄를 입지 않기 위해서 사람의 혈통이 아니라 성령의 역사로 탄생하셨다. 이 문제를 해결하기 위해 세상에 오신 분이 바로 우리가 믿는 예수님이시다. 또 한 사람이 더 있다. 나이 어린 처녀의 몸으로 하나님께 택함을 받고 성령으로 잉태되신 예수님을 낳으신 예수님의 어머니 마리아가 바로 그분이다. 마리아는 순수한 처녀였다. 처녀 마리아가 나이가 차서 다윗의 후손인 요셉이라는 청년과 결혼을 약속하고 정혼을 했다. 처녀 마리아가 요셉과 육체적인 관계를 하시지는 않았어도 요셉이 다윗의 족속이라는 사실이 중요하다. 사도 바울이 "그의 아들에 관하여 말하면 육신으로는 다윗의 혈통에서 나셨고"(롬 1:3) 말씀했다. 다윗은 예수님의 고향인 베들레헴에 살았던 이새의 아들로, 들에서 양을 치다가 사무엘 선지자에게 기름 부음을 받고 유대의 왕이 되었다. 이는 장차 구세주로 오실 메시야이신 예수님의 탄생과 관련이 있다. 따라서 다윗 족속으로 탄생하신 예수님을 전파하자.

2. 열악한 환경에서 탄생하신 예수님

예수님이 탄생하신 곳에 대하여 성경에 기록되지 않았으나 좋은 환경이 아닌 건 틀림없다. 본문은 "마리아가 이미 잉태하였더라 거기 있을 그 때에 해산할 날이 차서 첫아들을 낳아 강보로 싸서 구유에 뉘었으니 이는 여관에 있을 곳이 없음이라"(:5-7)라고 적혀있다. 본문에 "구유에 뉘었으니"라는 표현이 세 번이나 나오는데(:7, 12, 16), 아기 예수님을 낳아 짐승의 밥통인 구유에 뉘어야 했던 마리아의 마음이 얼마나 아팠을까? 그때를 지금의 분만 과정과 비교하면 아기 예수님이 신생아 패혈증이나 파상풍에 걸리지 않은 것은 기적에 가까운 일이다. 아기 예수님이 출생할 시간이 다가왔으나 여관에 있을 곳이 없고 마구간밖에 없었다니 하나님께서 실수하신 것일까? 하나님은 예수님의 오심에 대해서 이미 창세기 3장에서부터 말씀하셨다. 예수님께서 오시기 700여 년 전에 이사야 선지자는 예수님의 탄생을 "만군의 여호와의 열심이 이를 이루시리라"로 말씀했다(사 9:7)라고 예언하였다. 그토록 오래 전부터 예수님을 보내시려는 하나님께서 결단코 실수하지 않으신다. 여기에는 분명히 하나님의 뜻과 예정이 있다. 예수님을 가장 낮은 자리에서 태어나도록 결정하신 하나님의 뜻에 예수님께서 순종하셨다. 또한 우리도 겸손하게 낮아져서 순종해야 한다.

3. 목자에게 탄생이 알려지신 예수님

예수님께서 탄생하실 때 목자들이 밤에 밖에서 자기 양 떼를 지키고 있었다. "목자들이 밤에 밖에서 자기 양 떼를 지키더니"(:8). 목자들은 자신의 직업에 충실한 사람들이었다. 이런 목자들이 하나님의 마음에 들어 좋아하시고 기뻐하셨다. 오늘날도 마찬가지다. 누구에게 아기 예수님의 탄생이 기쁨의 소식으로 전해지겠는가? 자신의 직분에 충성하는 사람에게 아기 예수님의 탄생이 전해진다. 목자들에게 천사들이 나타났다. "주의 영광이 그들을 두루 비추매"(:9). 목자들이 몹시 두려워했다. 목자들이 천사와 주의 영광을 보고 두려워한 것은 '공포심'의 두려움이 아니라, 하나님의 찬란한 영광을 바라보는 '경외심'의 두려움이었다. 우리는 하나님께 두려움과 경외심을 가져야 한다. 쉬운 말로 표현하면 하나님 무서운 줄 알아야 한다는 말씀이다. 목자들이 두려워할 때 천사가 "무서워하지 말라 보라 내가 온 백성에게 미칠 큰 기쁨의 좋은 소식을 너희에게 전하노라"(:10) 말씀했다. 우리가 죄에 물들지 않아 하나님을 경외하면 "무서워 말라"고 위로하시고, "온 백성에게 미칠 큰 기쁨의 좋은 소식"을 전해 주신다. 그러나 죄악에 깊이 빠져 있는 사람들에게는 "무서워 말라"는 위로가 없고, "온 백성에게 미칠 큰 기쁨의 좋은 소식"을 전하시지도 않는다.

4. 천사들의 찬송을 받으신 예수님

하나님의 아들 예수님께서 세상에 탄생하시는 날, 새벽에 수많은 천군이 천사들과 함께 하나님께 찬양을 드렸다. "지극히 높은 곳에서는 하나님께 영광이요 땅에서는 하나님이 기뻐하신 사람들 중에 평화로다"(:14). 천사들의 찬송은 예수님의 탄생으로 하늘에 계신 하나님께 영광 돌리는 동시에 아기 예수님의 탄생을 찬송하는 것이다. 또한 예수님의 탄생이 땅에 있는 모든 사람에게 기쁨이 된다는 것을 선포하며, 아울러 예수님의 탄생에 대한 의미가 그대로 나타나 있다. 첫째로 예수님은 자신의 영광인 하늘의 자리를 버리셨다. 둘째로 예수님은 사람의 몸을 입기까지 지극히 자신을 낮추셨다. 셋째로 예수님은 세상에서 버림받은 사람들, 가난한 자들과 병든 자들과 함께 지내시기 위한 것이다. 넷째로 예수님께서 마침내는 자신의 몸과 피 그리고 생명까지 주셨다. 그래서 천사들은 예수님의 탄생으로 하나님께 영광을 돌리고, 땅에 있는 모든 사람, 특별히 하나님이 기뻐하시는 사람들에게 평화를 심으셨다. 예수님은 세상에 평화를 만들기 위하여 하늘의 영광을 버리시고 이 땅에 오셨다. 이 사실을 알고 있는 천사들이 예수님의 탄생을 찬송하고, 지극히 높은 곳에 계신 하나님께 찬송으로 영광을 돌리고 세상에 탄생하신 아기 예수님을 찬송하였다.

2025년 12월 29일, 성탄절 후 1번째 주일

성 경	이사야 61:10-11	예전색상	흰색

예배의 부름	"그 날에 이새의 뿌리에서 한 싹이 나서 만민의 기치로 설 것이요 열방이 그에게로 돌아오리니 그가 거한 곳이 영화로우리라"(사 11:10)
	하늘 은혜로 2025년을 저희 인생에 가장 기억되는 한 해로 살게 하신 하나님 아버지! 날마다 십자가 밑에 나아가 전날의 한숨 소리가 찬송이 되게 하신 은혜를 감사드립니다. 주의 섭리를 망각하고 믿음의 길에서 벗어났던 날들을 용서하여 주옵소서. 예배드리면서 한 해를 마무리하려고 나온 저희 믿음을 받아 주시고 주 예수만 우리의 힘이 되고 만족함이 되게 하옵소서. 성삼위 하나님께 존귀와 영광이 충만하옵시기를 소망하오며, 예수님의 이름으로 기원하옵나이다. 아멘

회개를 위하여	오늘은 2025년 마지막 주일입니다. 송구영신 예배를 드릴 때 주님 앞에서 우리는 많은 약속을 했습니다. 주일을 지키고, 십일조 생활을 하며, 올해는 성경을 일독하겠다는 약속도 했습니다. 한 영혼이라도 전도하겠다는 결심도 했습니다. 실천하지 못한 잘못을 성찰하고 회개하는 기도를 계속합니다.

고백의 기도	아무리 크고 무거운 잘못도 눈물로 회개할 때 기쁨으로 반겨주시는 하나님 아버지! 한 해의 마무리를 주님 안에서 결산할 수 있는 은혜 주심을 감사드립니다. 2025년 한 해 주님과 교회와 가정을 위해서 헌신한 흔적이 없는 볼품없는 저희를 용서하여 주옵소서. 믿음을 키워가는 영적인 양식을 먹기에 게을렀던 저희였습니다. 육신적으로, 세상적으로 먹고, 입고, 보여주는 것에만 신경을 쓰면서 헛되고 헛된 일에 땀방울을 흘렸던 저희를 불쌍히 여겨 주옵소서. 올해 마지막 주일 죄악의 과거를 떠나게 하시고 새로운 마음으로 새해를 준비하게 하옵소서.
	이제 한 해를 시작하면서 나의 잘못은 뒤로 한 채 다른 사람들의 허물과 잘못만 들추어내는 어리석은 자가 되지 않기를 결심합니다. 옛사람은 없애고 새사람이 될 결심을 새롭게 합니다. 주시는 말씀으로 믿음을 키워 모든 죄악을 넉넉히 이길 수 있게 하렵니다. 세상의 유혹을 이길 수 있도록 영혼의 양식을 풍성히 먹겠습니다. 별로 중요하지 않은 일에 힘과 시간을 허비하지 않겠습니다. 믿음 생활을 방해하는 그 어떤 유혹도 기도와 찬송과 성령님이 주시는 능력으로 물리치며 살겠다고 다짐하오니 사죄의 말씀을 주시어서 눈과 같이 깨끗해지는 저희가 되게 하옵소서. 예수님의 이름으로 기도합니다. 아멘

사함의 확인	"주께 범죄한 백성을 용서하시며 주께 범한 그 모든 허물을 사하시고 그들을 사로잡아 간 자 앞에서 그들로 불쌍히 여김을 얻게 하사 그 사람들로 그들을 불쌍히 여기게 하옵소서"(왕상 8:50)
성시교독	120. 성탄절(2)
설교 전 찬 송	1장 (만복의 근원 하나님) 308장 (내 평생 살아온 길)
설교 후 찬 송	123장 (저 들 밖에 한밤중에) 445장 (태산을 넘어 험곡에 가도)

금주의 성 가	오 거룩한 밤 – Dudly Buck 베들레헴, 갈릴리, 겟세마네 – William J. Gaither 구속자에게 드리는 찬미 – Arr. by Max Spiker
목 회 기 도	**광**야와 같이 메마른 땅에 생수로 탄생하신 아기 예수를 경배하게 하시는 하나님 아버지! 탄생하신 독생자 예수님이 흘리신 보혈의 은혜가 넘치는 이 교회를 통하여 주님을 영접하고 신앙의 감동과 기쁨을 살게 하심을 감사드립니다. 그러나 저희는 지난 한 주간에도 정의의 강물처럼 살지 못했습니다. 이 땅에 먼저 하나님의 나라와 의가 건설되게 하는 일꾼으로 살지 못했습니다. 인권을 짓밟고 경제를 착취하며 선한 사람들을 핍박하는 사람들이 회개하게 하시고 하나님 앞에서 겸손한 자세로 고개 숙이게 하옵소서. 연약하고 배경 없는 사람들이 고통받고 있습니다. 주님 그중에 하나가 혹시 저희 자신은 아닌지 심히 떨리는 심정으로 주님 앞에 나왔습니다. 용서하여 주옵소서. **구**하옵나니 병든 자가 이 교회를 통하여 주의 은혜로 치유받게 하옵소서. 마음이 곤한 영혼, 근심과 걱정 속에서 삶의 방향 감각을 회복하게 하옵소서. 골짝 밭 같은 마음의 소유자가 말씀으로 흙갈이 되면서 옥토로 변하는 기적을 보게 하옵소서. 교회를 이루고 있는 각 부서와 기관들을 기억하여 주시옵소서. 주님의 사업을 위하여 각자의 맡은 사명에 충성하게 하옵소서. 어려움을 당할 때 힘을 주시고 지혜가 부족할 때에 주님께서 채워주시옵소서. 교인들의 가정과 사업을 보호하옵소서. 가정에서 직장에서, 사회에서 일터에서 주님의 이름을 걸고 열심과 충성을 다할 수 있게 하옵소서. 우리 주 예수님의 이름으로 기도하옵나이다. 아멘
헌금을 위 한 성 구	"내가 어려서부터 늙기까지 의인이 버림을 당하거나 그의 자손이 걸식함을 보지 못하였도다 그는 종일토록 은혜를 베풀고 꾸어 주니 그의 자손이 복을 받는도다" (시 37:25-26)
헌 금 기 도	**각**자가 씨를 뿌린 대로 열매를 얻게 하시는 하나님 아버지! 2025년 한 해 동안 부족함이 없는 보살핌으로 살아온 은혜와 사랑에 감사드립니다. 적게 뿌렸지만, 항상 풍성한 것을 얻게 하신 그 많은 사랑을 생각하면서 오늘 주님 앞에 십일조와 주정헌금, 감사와 선교 및 여러 가지 모습의 예물을 봉헌하오니 받아 주옵소서. 첫날 2026년에는 받는 감격을 주는 기쁨으로 이어가는 사랑의 전달꾼으로 살기를 다짐합니다. 오늘 이런 결심마저도 주님 앞에 예물로 드리오니 보이지 않지만, 주님께서 이 마음의 중심을 보시고 받아 주시옵소서. **지**난 1년 동안 주신 것을 감사하는 마음으로 십일조의 예물과 감사 예물과 여러 가지 모습으로 드리는 예물이 천하보다도 귀한 영혼들을 구하는 역사가 일어나게 하는 징검다리가 되게 하여 주옵소서. 교회 여러 장소에서 서로 다른 모습으로 활동하고 봉사하는 손과 발이 있습니다. 하늘 생명록에 칭찬받을 사랑의 순교자로 기록되는 감격을 믿음 안에서 보게 하여 주옵소서. 오늘도 드려진 예물이 쓰일 때 저희의 드린 모습은 사라지고 하나님의 크신 역사가 새롭게 확장되는 기적이 일어나는 출발이 되게 하여 주옵소서. 우리 주 예수님의 이름으로 기도드립니다. 아멘
위탁의 말 씀	"주 여호와께서 공의와 찬송을 모든 나라 앞에 솟아나게 하시리라" 영원히 지옥에 갈 수밖에 없는 죄인이 하늘 백성이 되고 구원을 받게 된 것은 그 무엇과도 바꿀 수 없는 기쁨입니다. 그 감동과 기쁨을 찬송하며 사는 한 주간이 되어야 합니다.
축 도	지금은 세상의 기쁨과 소망이 되어 죄인을 의인 되게 하시려고 이 땅에 오신 예수 그리스도의 은혜와 독생자까지도 아낌없이 보내 주신 하나님의 사랑하심과 늘 함께하시는 성령님의 교통하심이 머리 숙인 모든 성도와 가정과 기업과 이 나라와 민족 위에 항상 함께하시기를 축원하옵나이다. 아멘

오늘의 설교를 위하여

오늘의 설교를 위한 복음적 조명 주제 : 영혼의 기쁨

제목 : 영혼이 기쁜 성도 | 본문 : 이사야 61:10-11

주제 : 인간들은 죄악으로 인하여 영원히 죽을 수밖에 없는데 하나님의 사랑으로 구원을 받게 되었다. 이는 세상의 그 무엇과도 바꿀 수 없는 기쁨이다. 영혼의 기쁨을 누리기 위해서 공의의 겉옷을 입고 믿음으로 단장하고 하나님을 찬송하는 삶을 살도록 하자.

논지 : 영혼이 기쁜 성도는 죄악을 버리고 오직 하나님을 찬송해야 한다.
1. 하나님으로 말미암은 기쁨
2. 구원을 받은 성도의 기쁨
3. 공의의 겉옷을 입은 기쁨
4. 성도의 공의, 찬송의 기쁨

인간은 영과 혼과 육으로 구성되어 있다. 육신은 술을 마시거나 세상의 재미를 맛보면 기뻐한다. 그러나 육신의 기쁨은 오래 지속되지 못하고 오히려 허탈한 마음이 되고 만다. 하지만 영과 혼, 즉 영혼의 기쁨은 하나님의 말씀을 읽고 묵상할 때 또는 하나님을 찬송하고 섬겼을 때 찾아온다. 그리고 영혼이 기쁨은 오랫동안 계속되며 천국에 갈 때까지 이어진다. 사랑의 결핍은 영혼을 고독하게 한다. 사랑의 상처는 영혼을 아프게 한다. 그러나 사랑의 충만은 영혼을 기쁘고 행복하게 한다. 사랑의 치유는 영혼을 유쾌하게 한다. 하나님은 우리의 영혼을 사랑해주셨다. 하나님은 우리의 영혼을 행복하게 하신다. 하나님의 사랑은 우리의 영혼을 유쾌하게 하신다. 하나님의 사랑은 우리의 영혼을 상쾌하게 하신다. 하나님의 사랑은 우리의 영혼을 통쾌하게 하신다. 이 하나님의 사랑을 다른 사람에게 나누어주고 싶다. 하나님의 사랑을 나누면 그들도 영혼의 기쁨을 느낀다. 하나님의 사랑이 이렇게 좋은 것인 줄 예전에는 미처 몰랐다. 사랑은 신비한 묘약이다. 신비한 사랑의 묘약은 전염성이 강하다. 우리를 뜨겁게 사랑한다. 따라서 영혼이 기쁜 성도는 죄악을 버리고 오직 하나님을 찬송해야 한다.

1. 하나님으로 말미암은 기쁨

성도의 기쁨은 어디서 오는가? 정상적인 생각이 있는 사람이라면 인생을 살아가면서 현실적인 문제를 고민하는 갈등이 있을 것이다. 어린이에게도 어른이 알지 못하는 자신만의 고민이 있다고 한다. 학생은 학생대로, 젊은이는 젊은이대로, 노인은 노인대로 고민이 있다. 돈이나 재산이 많은 부자나 많이 배운 학자나 세상에서 갖출 것을 다 갖춘 사람도 그들대로의 고민이 있고 남모르는 어려움을 겪고 살아가는 것이 현실이다. 세상에서 갖가지 어려움과 근심과 걱정, 질병과 고통, 고민과 갈등이 없는 사람은 한 사람도 없다. 덴마크의 유명한 철학자 키르케고르는 "세상에 태어나지 않는 사람이 가장 행복한 사람이다. 세상에 태어났으면 빨리 죽는 사람일수록 더욱 행복한 사람이다"라는 말을 했다. 그렇듯. 세상을 힘들게 살아가는 사람은 현실에 지쳐 "인생살이 너무너무 힘들다. 빨리 죽었으면 좋겠다"라는 생각을 자주 한다. 우리는 세상에서 어떻게 해야 기뻐할 수 있을까? 사람은 누구나 기쁨을 원한다. 그렇다고 그 기쁨이 누구에게나 찾아오지는 않는다. 하지만 살아계신 하나님을 믿는 성도의 기쁨은 불가불 하나님으로 말미암아 온다. 그러므로 성도는 하나님을 기뻐해야 한다.

2. 구원을 받은 성도의 기쁨

믿음은 현재의 삶에서 하나님의 살아 계심과 예수님의 구원을 시작하여 종말론적인 신앙, 즉 오늘 예수님께서 재림하시면 천국에 갈 수 있다고 믿는 것이다. 히브리서 기자가 "믿음은 바라는 것들의 실상이요 보이지 않는 것들의 증거니 선진들이 이로써 증거를 얻었느니라"(히 11:1-2) 말씀했다. 믿음은 바라는 소망의 실상이요, 보이지 않는 미래의 증거이다. 우리가 현재 주어진 상황에서 도저히 일어날 가능성이 없을지라도 앞으로 일어날 사실을 믿는 일이다. 지금 사람의 눈에 보이지 않는 소망을 미리 보는 사실로 믿는 신앙이다. 성도가 믿음으로 산다는 의미가 무엇일까? 성도가 믿음으로 산다는 신앙생활은 하나님을 자기 삶의 근원으로 삼는 태도이다. 믿음으로 산다는 태도는 자기 마음속에 있는 어떤 독백이 아니다. 또한 막연한 종교의식으로 사는 삶도 아니다. 성도가 믿음으로 산다는 삶은 천지와 만물을 지으신 하나님을 자기 생명의 근본으로 삼는 태도이다. 믿음으로 산다는 삶은 절대적인 하나님을 자기 삶의 무한한 가능성으로 삼고 사는 신앙생활이다. 예수님을 생명의 구주로 믿고 구원을 얻어 거듭난 성도에게는 세상을 따라서 살지 않는다. 예수님을 믿고 구원받은 성도는 절대자이신 하나님을 믿고 따르며 살기 때문에 무한한 기쁨이 있다.

3. 공의의 겉옷을 입은 기쁨

살아계신 하나님을 믿고 구원을 받은 성도에게 하나님께서 공의의 겉옷을 입게 하신다. 구원의 속옷은 그리스도인 예수를 믿는 모든 성도들에게 똑같이 지급하신다. 그러나 공의의 겉옷은 자기가 마련해야 한다. 우리는 오직 믿음으로 구원을 받았기에 자신이 행한 행위에 따라 천차만별의 색깔과 아름다움에 질적 차이가 나게 되어 있다. 그런데 하나님께서 공의의 겉옷을 입는 성도들에게 면류관을 주면서 하늘나라에서의 신분과 영광이 정해지는 것이다. 성경에는 여러 가지 면류관이 있는 것을 말씀하였다. 첫째로 금 면류관이 있다. 이 금 면류관(계 4:4)은 하늘의 24 장로들이 쓰는 면류관으로 최고의 면류관이다. 둘째로 영광의 면류관이 있다. 이 영광의 면류관을 받으려면 자신의 이해관계 때문에 일하지 않고 또 부득이함으로, 어쩌지 못해서 하는 것이 아니라 자원하는 마음으로, 즐거운 마음으로 하나님의 일을 하며 성도들에게 폭군이나 제왕처럼 군림하는 자세로 일하는 것이 아니라, 그리스도의 본을 따라 본을 보이면서 일하는 성도에게 주신다(벧전 5:4). 셋째로 생명의 면류관이 있다. 이 면류관을 쓰는 성도들은 예수님을 믿기 어려운 환경에서 믿고 승리할 때 주신다. 이렇게 공의의 겉옷을 입은 성도들은 세상에서 누릴 수 없는 최고의 기쁨을 갖는다.

4. 성도의 공의, 찬송의 기쁨

성도의 공의와 찬송은 서로 연관성이 있다. 성도가 악한 세상에서도 공의를 행하면 기쁨의 찬송을 부를 수 있다. 하지만 이름은 하나님을 믿는 성도라고 할지라도 공의를 행하지 않고 불의를 행하면 마음에 기쁨이 없어서 진정으로 찬송을 부르지 못한다. 믿음으로 구원을 받은 성도는 마음속에서 기쁨이 샘솟듯 하며 입에서 찬송이 터져 나온다. 바로 이것이다. 성도에게 믿음이 생긴다. 용기가 생긴다. 변화된다. 거듭난다. 이것이 바로 큰 기쁨으로 찬송하는 믿음의 축복이다. 우리에게 기쁨의 축복이 필요하다. 큰 기쁨이 큰 축복이다. 이 기쁨은 세상이 주는 기쁨이 아니다. 하나님께서 주시는 기쁨이다. 이런 공의의 기쁨이 없으면 신앙생활이 힘들어진다. 공의의 기쁨이 있을 때 예배를 기쁨으로 드리고, 봉사도 헌신도 기쁨으로 한다. 공의의 기쁨이 가정과 부부생활에 있어야 한다. 공의의 기쁨이 일터에도 있어야 한다. 공의의 기쁨이 교회의 신앙생활에 나타나야 한다. 교회의 신앙생활에 공의의 기쁨이 없으면 교회에 다니기가 힘들어진다. 아무도 없이 혼자 있어도 예수님께서 함께하시면 항상 공의의 기쁨으로 성도가 행복한 사람으로 변화한다. 예수님께서 주시는 공의의 기쁨을 누리는 성도들이 하나님께 축복을 받고 가정이 행복하며 자손이 복을 받게 된다.

1월의 예배와 설교를 위하여

일	요일		본문	설교제목	기타 (예화, 참고자료)
4	주일	낮			
		밤			
7	수				
11	주일	낮			
		밤			
14	수				
18	주일	낮			
		밤			
21	수				
25	주일	낮			
		밤			
28	수				

2026년 1월 4일, 성탄절 후 2번째 주일 / 신년주일 / 주현절(6일)

성 경	민수기 6:22-27	예전색상	흰색

01 04

예배의 부름	"여호와 우리 주여 주의 이름이 온 땅에 어찌 그리 아름다운지요 주의 영광이 하늘을 덮었나이다"(시 8:1)
	주의 자녀들에게 하늘의 신령한 복과 땅의 기름진 복으로 채워주시는 하나님 아버지! 새로운 한 해 2026년 첫 주일 예배에 거룩한 성산으로 불러 주시고 예배드리게 하심을 감사드립니다. 지난 한 해를 살면서 죄로 인하여 얼룩지고 상하고 찢긴 심령을 십자가 보혈로 깨끗이 씻음 받는 은혜의 자리가 되게 하옵소서. 올해도 주일마다 저희의 정성과 마음을 드려 성삼위 하나님께 존귀를 드리는 거룩한 예배가 되게 하옵소서. 우리 주 예수 그리스도의 이름으로 기원하옵나이다. 아멘
회개를 위하여	우리는 살든지 죽든지 내 몸에 그리스도의 흔적을 가지고 살면서 생각과 말과 행동에서 그리스도가 나와 함께 사심을 나타나게 살아야 합니다. 혹 그렇게 살지 못하고 예수 대신에 내 생각을 주인 삼고 사는 어리석은 그가 나는 아닌지 성찰하고 회개하는 기도를 계속합니다.
고백의 기도	상한 갈대도 꺾지 않으시고 꺼져 가는 등불도 끄지 않으신 하나님 아버지! 영원히 죽음의 길로 향하던 죄인들을 독생자 보혈의 피로 씻어 하늘 백성 되게 하심을 감사드립니다. 그러나 우리는 헤아릴 수조차 없는 큰 은혜에 감격하면서도 육신으로는 주님을 멀리하고 주님과 등진 생활을 했던 잘못을 용서하여 주옵소서. 주 예수 그리스도의 흔적은 사라지고 온통 내 생각대로 한 어리석은 저희입니다. 그뿐만 아니라 지난 한 해 동안 주일 불성수, 거짓말, 탐심, 십일조 안 낸 것, 교만과 오만, 자존심과 화냄, 조급함과 성급함, 혈기와 성냄, 신경질 등 셀 수 없는 잘못을 고백합니다. 불쌍히 여겨 주옵소서.
	우리가 살아온 2025년을 되돌아보면 하나님 주신 은혜를 망각하고 산 잘못이 너무 큽니다. 불쌍히 여겨 주옵소서. 옛사람을 버리지 못하고 급한 성격 때문에 많은 사람에게 상처를 주었습니다. 형제자매들과 가진 것을 나누면서 섬기는 일에 인색했습니다. 생육하고 번성하라고 하시는 복을 누리지 못했습니다. 무엇보다도 하나님의 말씀에 순종하지 못했습니다. 이런 저희 죄를 고백합니다. 이 모든 죄를 회개하는 저희에게 사죄의 말씀으로 새롭게 변화시켜 주옵소서. 예수 그리스도의 이름으로 기도드립니다. 아멘
사함의 확인	"우리의 죄를 따라 우리를 처벌하지는 아니하시며 우리의 죄악을 따라 우리에게 그대로 갚지는 아니하셨으니 이는 하늘이 땅에서 높음 같이 그를 경외하는 자에게 그의 인자하심이 크심이로다"(시 103:10-11)
성시교독	93. 새해(1)
설교 전 찬 송	621장 (찬양하라 내 영혼아) 360장 (행군 나팔 소리에)
설교 후 찬 송	292장 (주 없이 살 수 없네) 338장 (내 주를 가까이 하게 함은)

금주의 성가	시온의 새 아침 – 이선우 주는 나의 목자 – Pepper Choplin 이 세상 빛된 예수 – Peter Ritter
목회기도	벅찬 믿음의 감격을 안고 2026년 새해를 살게 하시는 하나님 아버지! 지난 1년을 눈동자처럼 지켜 주시고 한 해가 시작되는 거룩한 주일 성도들과 함께 예배드리게 하심을 감사드립니다. 그러나 저희는 지난 한 해에도 복잡하고 험한 세상살이에 시달려 상처 난 믿음을 안고 왔습니다. 불쌍히 여겨 주시고 보혈로 말끔히 씻어 하늘의 능력을 채워 가게 하옵소서. 우리 교회가 하나님 나라를 확장하는 복음 전파의 특공대원들이 되어서 주님의 지상명령을 충성스럽게 이행할 힘을 주시옵소서. 병든 자가 회복되고, 염려하는 문제들이 해결되는 말씀을 사모합니다. 2026년에는 성도들의 사업장마다 불황을 모르는 번창을 하여 주님 주신 많은 물질로 차고 넘침에 감격하여 주님의 나라를 확장하는 헌신의 재물 드림에 소홀함이 없는 기업들이 되게 하옵소서. 교회에 속한 여러 단체가 하나님의 뜻을 이루어드리는 공동체가 되게 하시옵소서. 여러 가지 이름으로 주신 직분을 잘 지켜 갈 지혜를 더해 주시고, 교회를 위해서 여러 가지 모양으로 헌신하는 손과 발과 마음들을 기억해 주옵소서. 고통도 지나고 보면 기쁨이 된다는 신앙을 가지고 승리하는 한 해를 살게 인도하여 주시옵소서. 우리 주 예수님의 이름으로 기도합니다. 아멘
헌금을 위한 성구	"하나님이 능히 모든 은혜를 너희에게 넘치게 하시나니 이는 너희로 모든 일에 항상 모든 것이 넉넉하여 모든 착한 일을 넘치게 하게 하려 하심이라"(고후 9:8)
헌금기도	과분한 물질에 대한 욕심으로 죄짓지 않게 도와주시는 하나님 아버지! 지난해처럼 올해 2026년에도 주님과 물질을 겸하여 섬기지 않을 결심으로 예물을 준비하여 나올 수 있게 하심을 감사드립니다. 거룩하신 주님 앞에 나올 때 주님의 은혜에 감사하여 빈손으로 나오지 아니하고 정성스러운 마음으로 물질을 바칩니다. 주님께서 저희에게 값없이 쏟아부어 주시는 은혜에 비하면 저희가 하나님 아버지께 드리는 헌물은 보잘것없는 약소한 것이지만 이 헌상품 속에는 저희의 눈물과 땀과 정성이 들어 있사오니 기쁘게 받아 주시옵소서. 오늘 드리는 예물이 쓰이는 곳마다 영혼이 구원되는 역사가 일어나게 하시옵소서. 우리 교회에 속한 성도들의 가정에서 자녀들의 머리에 얹고 기도할 때 하늘 능력이 칠 배나 더해지는 감격을 주옵소서. 다양한 모습으로 새해 첫 번째 맞이하는 예배에 예물을 드립니다. 교회를 위해서 봉사하는 시간과 가르침의 은사로, 성가대와 반주자로 지휘자로, 지금도 교회 친교실에서 몸으로 봉사하는 손까지도 주님 가장 아름다운 예물로 받아 주옵시기를 간절히 소원합니다. 올 한 해를 사는 동안 어떤 어려움이 와도 감사하면서 주실 은혜를 바라보는 소망을 믿음으로 보는 저희가 되려 하오니 주님, 동행하여 주옵소서. 예수님의 이름으로 기도합니다. 아멘
위탁의 말씀	"여호와는 네게 복을 주시고 너를 지키시기를 원하며 여호와는 그의 얼굴을 네게 비추사 은혜 베푸시기를 원하며 여호와는 그 얼굴을 네게로 향하여 드사 평강 주시기를 원하노라" 올 한 해 2026년에는 날마다 하늘 축복을 누리며 감동의 한 해를 사는 저와 여러분이 되어야 합니다.
축도	이제는 인류의 죄를 그 몸에 친히 짊어지신 우리 주 예수 그리스도의 구속의 은혜와 우리와 온 세계의 주인이신 아버지 하나님의 깊고 크신 사랑하심과 날마다 말씀과 진리 안에 살게 하시는 성령님의 인도하심이 신년 새 해를 말씀과 기도로 거룩하게 살기를 결단하며 나아가는 사랑하는 성도들 가운데 영원토록 함께 계시옵기를 간절히 축원하옵나이다. 아멘

오늘의 설교를 위하여

오늘의 설교를 위한 복음적 조명 주제 : 새해의 축복

제목 : 하나님의 축복 | 본문 : 민수기 6:22-27

주제 : 하나님께서 제사장인 아론과 그의 아들에게 백성들을 축복하라고 말씀하셨다. 이를 오늘날에 적용하면 목회자를 통해서 성도들에게 축복하라는 하나님의 지시이다. 그러므로 목회자는 하나님의 권위를 대신하여 새해에 성도들에게 축복하는 말씀을 전하자.

논지 : 하나님의 권위를 대신한 목회자는 겸손하게 성도들에게 축복의 말씀을 선포한다.
 1. 제사장의 축복
 2. 하나님의 축복
 3. 얼굴에서 축복
 4. 자손에게 축복

대망의 2026년 새해가 시작되었다. 지구촌에 사는 모든 사람을 극심하게 고통을 준 다양한 종류의 전염병도 이제 거의 소진되고 모두가 건강을 회복하며 행복하게 살 기회를 주신 하나님께 감사한다. 새해가 시작되면 누구나 축복받기를 원한다. 축복은 좋은 것이다. 축복은 사람에 따라서 다르게 나타난다. 진정한 축복이란 무엇일까? 성도가 하나님의 축복을 받는 통로는 오직 주님 안에있다. 주님 안에서만 하나님의 축복을 받을 수 있다. 아무리 많은 축복이 있다 하더라도 그 축복을 받는 방법을 모르면 아무 소용이 없다. 우리는 하나님께서 예비하신 새해의 축복을 받는 방법을 알아야 한다. 그것은 바로 주님 안에서다. 주님 안에 있다는 말은 하나님과 계약적 결합 관계에 있다는 말인데, 이는 하나님께서 인간을 그의 백성으로 택하여 구속하신 신비적 결합을 말한다. 예수 그리스도 안에 있다는 말은 주님과의 신비적 결합이요, 생명의 결합을 말한다. 그 결과 주님의 사랑 안에 거하게 된다. 그렇다. 주님 안에 있는 삶이 하나님의 축복이다. 예수님께서 "너희가 내 안에 거하고 내 말이 너희 안에 거하면 무엇이든지 원하는 대로 구하라 그리하면 이루리라"(요 15:7)라고 말씀하셨다. 이 말씀대로 새해에 주님 안에서 놀라운 축복을 받는 성도가 되자.

1. 제사장의 축복

오늘 본문은 제사장의 축복에 관한 말씀이다. 여호와 하나님께서 모세에게 이스라엘의 제사장 가문을 이룬 아론과 아론의 아들들에게 말하라고 말씀하셨다(:23). 제사장들이 비록 인간이지만, 백성들에게 빌 축복의 권한을 주셨다. 그리고 제사장들이 하나님께서 말씀하신 대로 여호와의 이름으로 이스라엘 백성들을 축복하면 하나님께서 실천하셨다. 신구약 성경을 푸는 중요한 열쇠 가운데에 하나는 그림자와 실상이다. 구약은 신약의 실상을 보여주는 그림자고, 신약은 구약의 그림자가 보여주는 실상이다. 그런 차원에서 본다면 이스라엘이라는 공동체에 주시는 말씀은 이 시대의 교회에 주시는 말씀이고, 구약의 이스라엘 백성들에게 주시는 메시지는 이 시대의 성도에게 주시는 목회자의 설교 메시지다. 그러므로 오늘 설교는 구약 시대의 이스라엘을 축복하게 하신 하나님의 축복을 우리에게 적용하였다. 따라서 오늘날 목회자가 구약 시대의 제사장처럼 성도들에게 설교 말씀을 통해서 축복한 권위가 있다. 하나님께서 주시는 축복을 받으면 놀라운 일들이 일어난다. "네가 네 하나님 여호와의 말씀을 삼가 듣고 내가 오늘 네게 명령하는 그의 모든 명령을 지켜 행하면 네 하나님 여호와께서 너를 세계 모든 민족 위에 뛰어나게 하실 것이라"(신 28:1). 새해에 이런 축복을 받자.

2. 하나님의 축복

그러면 2026년 새해에 우리가 받고자 하는 하나님의 축복은 무엇일까? 하나님의 축복은 세상에서 돈을 많이 벌어서 부자가 되고, 공부를 잘해서 대기업에 입사하거나 대학교 교수나 학자가 되고 출세하고, 정치를 잘해서 대통령이나 국회의원 또는 장관이 되는 게 아니다. 또한 하나님의 축복은 한 번 베풀면 다시 베풀 수 없는 일회성이 아니다. 하나님의 축복은 아무나 공짜로 받는 게 아니라, 하나님의 예정과 섭리 가운데 베풀어지는 것이다. 자기가 하나님의 축복을 받겠다고 몸부림쳐도 하나님의 뜻과 섭리가 없으면 불가능하다. 그러므로 우리는 하나님 앞에 겸손하게 하나님의 뜻을 이루어드리고, 하나님의 섭리에 순종해야 한다. 사도 요한은 "사랑하는 자여 네 영혼이 잘됨 같이 네가 범사에 잘되고 강건하기를 내가 간구하노라"(요삼 1:2)라며 하나님께 기도했다. 이는 하나님의 축복으로 영혼이 잘되고 범사가 잘되며 강건한 것이라는 뜻이다. 예수님께서 "그런즉 너희는 먼저 그의 나라와 그의 의를 구하라 그리하면 이 모든 것을 너희에게 더하시리라"(마 6:33)라고 말씀하셨다. 2026년 새해에 교회공동체와 가정에서 하나님의 뜻을 이루어드리고 섭리에 순종하여, 하나님께서 예정하신 축복을 받는 성도가 되도록 하나님께 기도하시기를 바란다.

3. 얼굴에서 축복

하나님께서 성도에게 얼굴을 통하여 축복을 베풀어주신다. "여호와는 그의 얼굴을 네게 비추사 은혜 베푸시기를 원하며 여호와는 그 얼굴을 네게로 향하여 드사 평강 주시기를 원하노라"(:25-26). 아멘! 그런데 여호와 하나님이 얼굴을 이스라엘 백성들에게 향하여 드신다? 하나님이 과연 사람처럼 얼굴이 있으실지 의문이 생길 수 있다. 분명히 말하면 하나님은 영이시기에 사람처럼 얼굴이 없으시다. 하지만 여기서 '하나님의 얼굴'을 말씀하신 건 하나님의 중심을 표현하기 위해서이다. '얼굴'은 하나님 인격의 중심이다. 하나님은 만복의 근원이시다. 하늘과 땅의 모든 축복은 하나님에게 나온다. 사도 바울이 "찬송하리로다 하나님 곧 우리 주 예수 그리스도의 아버지께서 그리스도 안에서 하늘에 속한 모든 신령한 복을 우리에게 주시되"(엡 1:3)라고 말씀했다. 이 말씀은 축복을 주시는 주체가 누구인지를 분명하게 선언하고 있다. 그러면 하나님께서 왜 축복의 근원이 되는가? 그 이유는 우리가 하나님의 축복을 바르게 구하게 하려는 것이다. 사람들은 다급하면 우상이나 다른 사람들에게 도움을 구하고 복을 구한다. 그러나 참된 복을 받지 못한다. 그러므로 우리가 마땅히 하나님의 축복을 구하고 의지하고 경외해야 할 분은 오직 여호와 하나님이시다.

4. 자손에게 축복

우리가 세상을 살아가면서 재산이나 명예 또는 권세도 좋지만, 제일 귀중한 보배는 역시 자손이다. 요즘은 시대가 달라져서 결혼했어도 자식을 낳지 않고 애완동물을 키우는 젊은이들이 많지만, 그래도 자손은 돈이나 명예와 권력과 바꿀 수 없는 존재이다. "그들은 이같이 내 이름으로 이스라엘 자손에게 축복할지니 내가 그들에게 복을 주리라"(:27). 시인은 "보라 자식들은 여호와의 기업이요 태의 열매는 그의 상급이로다"(시 127:3)라고 노래했다. 부모의 생명은 자식의 생명에 연장된다고 생각한다. 그러므로 부모는 자식이 잘되면 기뻐하고 자랑스러워한다. 그리고 자녀가 하나님을 잘 섬겨서 의롭고 선한 행실로 사람들의 칭찬을 받으면, 그 또한 부모의 면류관이 된다. 그리고 자녀들이 지혜를 주셔서 모든 일을 잘 처리하면, 그러한 자녀를 낳은 부모는 여간 자랑스럽고 기쁘지 않다. 그때는 실로 자손을 낳은 보람을 느끼고 하나님께 감사하게 된다. 자랑스러운 자손을 두기 위해서는 축복의 씨앗을 뿌려야 한다. 인생의 축복과 은혜는 노력만으로 얻어지지 않는다. 우리가 지금 누리는 축복과 은혜는 스스로 만든 것이 아니다. 우리의 부모가 전수해준 것도 있지만 대부분은 하나님께서 주신다. 부모는 자손에게 재물의 유산을 남겨주기도 하지만 하나님께서 허락하셔야 가능하다.

2026년 1월 11일, 주현절 후 1번째 주일 / 주님의 수세일

성 경	마가복음 1:7-11	예전색상	흰색

예배의 부름	"너희는 유혹의 욕심을 따라 썩어져 가는 구습을 따르는 옛 사람을 벗어 버리고 오직 너희의 심령이 새롭게 되어 하나님을 따라 의와 진리의 거룩함으로 지으심을 받은 새 사람을 입으라"(엡 4:22-24)
	세례를 통해서 죄인을 하늘 백성으로 거듭나게 하시는 하나님 아버지! 영원히 죽을 수밖에 없었던 저희 무리를 용서와 자비로 속량하시어서 새 하늘과 새 땅을 바라보게 하심을 감사드립니다. 독생자 예수께서 세례를 받으심을 기념하는 오늘 저희가 세례받을 때 결심했던 처음 사랑을 회복하게 하옵소서. 올해 2026년을 살아갈 때 생각과 말과 행실이 주님을 닮게 하옵소서. 이 예배가 성삼위 하나님께만 영광이 되게 하옵소서. 예수 그리스도의 이름으로 기원하옵나이다. 아멘
회개를 위하여	하나님은 우리가 모두 세상에서 빛과 소금으로 살아가기를 원하십니다. 그러나 빛의 자녀 된 우리가 도리어 어둠에 몸담고 살아오지는 않았는지 반성해 봅시다. 어둠에 살았다면 자신이 만든 어리석음을 고백하고 회개하는 기도를 계속합니다.
고백의 기도	**헤**아릴 수조차 없는 큰 사랑을 베풀어주시는 하나님 아버지! 지난 한 주간에도 죄와 벗 삼아 살아온 어리석은 저희를 거룩한 성산에 나와 죄악의 때를 벗을 기회 주심을 감사드립니다. 지난 한 주간을 살면서 입으로는 빛과 소금처럼 살겠다고 다짐하면서도 저주를 말하고 사랑을 말하지 못한 잘못을 용서하여 주옵소서. 아직도 세상에 대한 미련을 청산하지 못한 어리석음을 불쌍히 여겨 주옵소서. 오늘 다시 한번 회개하는 저희에게 사죄의 말씀을 주시어서 세례를 받을 때 모든 죄가 용서받고 거듭났던 감동을 회복하는 천국 잔치가 되게 하여 주옵소서.

올해 2026년에는 어둠과 세상과 타협하지 않을 결심을 드립니다. 이웃을 내 몸과 같이 사랑하면서 가진 것을 나누어 사는 섬김의 도를 가겠다고 약속합니다. 죄에서 해방하사 죄와 싸워 승리하게 하옵소서. 그리하여 내 주님의 선하시고 온전한 뜻이 무엇인지 분별하며 살게 하옵소서. 죄가 먹물같이 검을지라도 이렇게 고백하오니 다시는 어리석은 고백을 반복하지 않게 성령님의 능력으로 인도하여 주시옵소서. 하늘 축복은 인간의 재주에 있지 않고 주님의 손길 아래 있음을 알게 하옵소서. 이렇게 회개의 눈물을 흘리는 이 시간이 실패를 딛고 일어서는 재기의 발판이 되게 하옵소서. 예수님의 이름으로 기도하옵나이다. 아멘 |
사함의 확인	"만일 악인이 그 행한 악을 떠나 정의와 공의를 행하면 그 영혼을 보전하리라 그가 스스로 헤아리고 그 행한 모든 죄악에서 돌이켜 떠났으니 반드시 살고 죽지 아니하리라"(겔 18:27-28)
성시교독	88. 세례(침례) (1)
설교 전 찬 송	2장 (찬양 성부 성자 성령) 370장 (주 안에 있는 나에게)
설교 후 찬 송	311장 (내 너를 위하여) 309장 (목마른 내 영혼)

금주의 성가	내 마음 정결케 하소서 - G. F. Mueller 나를 정결케 하소서 - Arr. by Tom Keene 구원의 주 예수 - John W. Peterson
목회기도	**죄**인을 보혈로 씻어 하늘 축복의 통로로 사용해 주시는 하나님 아버지! 지난 한 주간도 세상에서 승리의 감동으로 살지 못하고 패잔병이 되어 용서를 구하게 하심을 감사드립니다. 불쌍히 여겨 주옵소서. 예수 그리스도께서 십자가 위에서 흘리신 보혈의 피로 모든 죄악을 소멸하시어 아름다운 처음 믿음을 회복하게 하옵소서. 함께 예배하는 저희 가운데 물질 때문에 눈물 흘리는 분이 있습니다. 실직의 아픔 속에 말 못 하는 흐느낌 속에 있는 영혼을 위함입니다. 자녀 문제로 가슴 태우는 부모가 있습니다. 가난 때문에 눈물 흘리는 분들을 위함입니다. 병석에서, 원치 않는 고통 때문에 마음 졸이는 성도들이 있습니다. 사별의 아픔 속에 사는 분들을 위함입니다. **온** 성도들이 하나님 중심, 말씀 중심, 교회 중심으로 살아갈 수 있게 하옵소서. 정의가 강물처럼 흘러넘쳐 불의로 치부하는 사람들이 없게 하옵소서. 남을 속이고 모함하고 술수를 쓰는 사람들이 출세하고 배경을 찾아 방황하는 무리 중에 저희가 끼어 있지 않게 하옵소서. 우리 교회에 속한 기관들이 복음적인 사명을 감당할 수 있게 인도하여 주옵소서. 올해는 하나님의 임재와 하나님의 영광으로 충만한 영광스러운 교회가 되게 하여 주시옵소서. 하늘 복으로 넘쳐나서 이곳을 찾는 모든 사람이 하나님이 충만하시고 사랑하심을 경험하게 도와주시옵소서. 예수님의 이름으로 기도합니다. 아멘
헌금을 위한 성구	"또 정한 기한에 나무와 처음 익은 것을 드리게 하였사오니 내 하나님이여 나를 기억하사 복을 주옵소서"(느 13:31)
헌금기도	**물**질이 일만 악의 뿌리가 됨을 알게 하시는 하나님 아버지! 물질이 우리 생활에 다만 통용된 수단으로 여기게 하사 물질을 사모함이 하나님을 사모함보다 우위에 두지 않게 하심을 감사드립니다. 지난 한 주간에도 주신 은혜에 감사해서 작은 정성을 주님께 드리려고 합니다. 주님 작은 정성의 예물을 받아 주시고, 이 헌물이 쓰이는 곳곳마다 주님의 영광이 드러나게 하시고 십원짜리 동전 하나라도 인간의 생각으로 쓰이지 않게 도와주시옵소서. 모든 것이 하나님의 것인데 그중의 십분의 구는 사용할 것을 허락받았다고 여기게 하옵시며 십분의 구를 사용할 때도 성경에 벗어나는 처소에는 사용하지 않게 하옵소서. **십**일조를 드리고 감사헌금을 드립니다. 수고하는 일들이 100배, 60배, 30배 열매를 맺는 축복도 주옵소서. 주님께 드릴 작정 헌금을 드립니다. 성미와 주정 헌금, 구역 헌금도 드립니다. 드리는 손길들이 믿음의 축복받아 궁핍한 자를 외면하지 않고 나누며 사는 넉넉한 마음을 축복하여 주옵소서. 오늘도 물질이 없어 안타까워하는 주의 자녀들을 기억하여 주옵소서. 항상 하나님께 예물을 준비할 때마다 한결같은 믿음으로 드리게 하옵소서. 이 헌금들이 온전히 하나님의 계획대로 귀하게 쓰이게 하옵소서. 복의 근원 되시는 예수님 이름으로 기도드리옵나이다. 아멘
위탁의 말씀	"하늘로부터 소리가 나기를 너는 내 사랑하는 아들이라 내가 너를 기뻐하노라 하시니라" 모든 권위를 내려놓고 겸손하게 세례 요한에게 세례를 받으신 예수님처럼 누군가를 섬기면서 사는 한 주간이 되어야 합니다.
축도	지금은 구원자 되신 우리 구주 예수 그리스도의 무한하신 사랑과 주의 백성들을 보살펴 주시는 하나님 아버지의 은혜와 주의 백성의 심령 가운데 새 힘을 공급해 주시는 성령님의 역사하심이 주님의 수세일을 맞이하여 세례받았던 감격을 회복하고 돌아가는 주의 백성들과 그의 가정과 생업 위에 이제로부터 영원토록 함께 하옵시기를 간절히 축원하옵나이다. 아멘

오늘의 설교를 위하여

오늘의 설교를 위한 복음적 조명 주제 : 주님의 수세

제목 : 겸손하신 예수님 | 본문 : 마가복음 1:7-11

01
11

주제 : 예수님은 하나님의 아들로 죄가 없으시다. 그러나 하나님의 공의를 위하여 세례를 받으셨다. 예수님이 하나님의 권위를 내려놓고 겸손하게 죄인인 인간 세례 요한에게 세례를 받으신 사실을 확인하고 성도들도 겸손한 삶을 살아가야 한다.

논지 : 예수님은 하늘의 권세를 내려놓는 겸손으로 요한에게 세례를 받으셨음을 말씀한다.
1. 능력을 인정하는 겸손
2. 성령의 세례받는 겸손
3. 하늘이 갈라지는 겸손
4. 사랑하는 아들의 겸손

하나님께서 예수님의 길잡이로 세례 요한을 보내셨다. 세례 요한의 때가 되매 광야에서 사역하였다. 유대 광야는 이스라엘 백성들이 출애굽하여 40년을 살았던 빈들과 같이 사람이 전혀 살고 있지 않은 곳은 아니다. 적어도 대여섯 개 정도의 작은 촌락들이 여기저기 흩어져 있는 거로 추정되는 지역이다. 세례 요한이 유대인들이 오랫동안 기다려온 메시야가 가까이 오셨으니 회개를 촉구한 곳이 유대의 광야였다. 세례 요한의 메시지는 유대인들과 이방인들에게 회개를 촉구하는 "광야에서 외치는 자의 소리"(마 3:3, 사 40:3)였다. 세례 요한은 하나님의 아들이신 예수님 앞에서 겸손하게 행동하였다. 신앙생활 가운데 최고의 덕목은 겸손이다. 성도에게 겸손이 없다면 세상 사람과 다름이 없거나, 또한 가장 비루하고 못된 인간이 될 수밖에 없다. 예수님께서 하늘의 권세를 내려놓고 우리에게 겸손의 본을 보이셨다. 예수님께서 "너희 중에 누구든지 으뜸이 되고자 하는 자는 너희의 종이 되어야 하리라 인자가 온 것은 섬김을 받으려 함이 아니라 도리어 섬기려 하고 자기 목숨을 많은 사람의 대속물로 주려 함이니라"(마 20:27-28)라고 말씀하셨다. 성도는 예수님의 겸손을 배워야 한다. 아무리 교회에 오랫동안 다녔고, 직분이 높아도 겸손하게 교회와 성도들을 섬겨야 한다.

1. 능력을 인정하는 겸손

"회개하라 천국이 가까이 왔느니라"(마 3:2). 세례 요한의 메시지는 이사야 선지자의 예언을 이루었다. 이사야 선지자의 예언은 이스라엘의 선지자가 끊어지고 400년 만에 선포된 말씀이다. 이스라엘에서 말라기가 마지막 선지자였다. 말라기 선지자를 끝으로 400년 동안 기다려 온 이스라엘 백성들에게 세례 요한의 메시지는 엄청난 충격을 주었다. 세례 요한은 일반 대중과 바리새인들과 제사장들과 사두개인들을 향해 회개를 외쳤다. 세례 요한이 외친 "광야에서 외치는 자의 소리"(마 3:3)는 세 가지의 메시지였다. 첫째는 회개하라는 말씀이고, 둘째는 천국이 가까웠다는 말씀이고, 셋째는 오신 예수 그리스도 주님의 길을 준비하라는 말씀이다. "광야에서 외치는 자의 소리"는 타락하여 세속에 빠진 군중들에게 아주 적절한 메시지였다. 회개하지 않으면 예수님을 만날 수 없다. 회개하지 않으면 새 사람으로 변화될 수 없다. 천국은 주님이신 예수님께서 오심으로 이미 가까이 도래했다. 이제 오신 예수님을 영접하기 위해서 주님의 능력을 인정해야 한다. 세례 요한이 "나보다 능력 많으신 이가 내 뒤에 오시나니 나는 굽혀 그의 신발끈을 풀기도 감당하지 못하겠노라"(:7)라고 말씀했다. 세례 요한은 군중들에게 인기가 좋은 사람이지만, 겸손하게 주님의 능력을 인정했다.

2. 성령의 세례받는 겸손

세례 요한은 요단 강에서 물로 세례를 베풀었다. 우리는 세례를 받아야 주님을 영접할 수 있다. 그런데 지금 여기 세례 안 받은 분은 거의 없다. 모든 교인이 물로는 거의 다 세례를 받았다. 그러나 중요한 것은 물세례가 아니다. 아주 중요한 것이 성령의 세례이다. 성령의 불로 세례를 받고 지금까지 지은 모든 죄를 깨끗이 소멸해버리고, 완전히 새 사람으로 돌이켜 거듭난 사람이 되어야 한다. 그래야 다시 오시는 주님을 영접하여 만날 수 있다. 그런데 물세례만 받으면 완전히 거듭나서 변화된 성도의 삶을 살 수 없다. 그러므로 성도는 성령의 불로 세례를 받아야 한다. 세례 요한이 "나는 너희에게 물로 세례를 베풀었거니와 그는 너희에게 성령으로 세례를 베푸시리라"(:8)라고 말씀했다. 당시에 세례 요한은 백성들에게 절대적인 지지를 받았다. 검소한 생활에 입에서 나오는 말씀이 칼과 같이 날카로웠다. 사람들의 마음을 꿰뚫을 정도로 회개를 촉구했다. 사람들은 변화되어 너도나도 앞다투어 세례를 받았다. 하지만 세례 요한은 백성들에게 예수님을 통하여 성령으로 세례를 받으라고 강조하였다. 왜냐하면 물세례는 초보적인 신앙생활을 이끈다면 성령의 세례는 완전히 거듭난 성도의 신앙생활이기 때문이다. 성도는 모든 죄를 겸손하게 고백하고 성령으로 세례를 받아야 한다.

3. 하늘이 갈라지는 겸손

자연적으로는 하늘이 갈라지지 않는다. 하지만 자연을 창조하신 하나님의 능력으로는 가능하다. 인간들의 과학이 발전하고 우주를 여행하거나, 달이나 다른 행성에 갈 수는 있을지라도 하늘을 갈라지게 할 수는 없다. 그런데 하늘이라도 하나님 앞에서 겸손하다면 그분의 명령에 순종하여 갈라지기도 한다. 예수님께서 요한에게 세례를 받으시고 물에서 뭍으로 올라오실 때 하늘이 갈라졌다(:9). 여기서 우리는 하늘에게 배워야 한다. 인간들은 세상에 살면서 무슨 수를 써서라도 하늘처럼 높아지고자 한다. 이집트의 바로 왕은 자신이 하늘처럼 높은 권력자로 착각했다. 요셉의 후손인 이스라엘 백성들이 이집트에 이주하여 살 때 하나님을 무시하고 마음대로 다스렸다. 심지어 히브리 민족의 여인들이 출산할 때 남자아이면 무조건 죽였다. 하나님께서 진노하셔서 모세를 통하여 경고하고 출애굽을 요청했으나 거절하였다. 결국에는 10가지 재앙을 내렸고, 마지막에는 이집트인의 장자들이 죽는 피바람으로 징계를 받고 이스라엘 백성들을 해방할 수밖에 없었다. 우주에서 제일 높은 하늘도 하나님 앞에서 겸손하게 갈라진다는 사실을 따라서 우리도 하나님 앞에서 겸손해야 한다. "여호와께서는 자기 백성을 기뻐하시며 겸손한 자를 구원으로 아름답게 하심이로다"(시 149:4).

4. 사랑하는 아들의 겸손

아버지는 아들을 사랑한다. 세상에 아들을 미워하는 아버지는 하나도 없을 것이다. 아버지의 아들이 세상에 태어나자마자 양육을 책임지고 유치원, 초등학교, 중학교, 고등학교, 대학교 그 이상까지 교육을 도와준다. 아들이 장성해서 성인이 되었을지라도 항상 염려하고 가능하다면 무엇이든지 주고 싶어 한다. 이게 아들을 향한 아버지의 사랑이다. 하나님도 아들이신 예수님을 사랑하셨다. 그런데 사람들이 죄악으로 영원히 멸망하여 죽을 수밖에 없어 최후의 수단으로 하나님의 아들이신 예수님을 세상에 보내셨다. 그 예수님께서 죄는 전혀 없으시지만, 하나님의 공의를 위해서 요한에게 세례를 받으시는 사랑하는 아들의 겸손을 목격하셨다. 이때 다음과 같은 말씀이 들렸다. "하늘로부터 소리가 나기를 너는 내 사랑하는 아들이라 내가 너를 기뻐하노라 하시니라"(:11). 남편이 아내에게 "사랑한다"라는 말을 듣거나, 아내가 남편에게 "사랑한다"라는 말을 들으면 행복하다. 또 아들이 아버지에게 "사랑한다"라는 말을 들으면 자신감이 생긴다. 그런데 최고로 좋은 건 성도가 하나님 아버지에게 "사랑한다"라는 말씀을 듣는 것이다. 이런 말씀을 듣는 성도가 되자. 성도가 겸손해야 하나님 아버지에게 '사랑한다'라는 말씀을 들을 수 있다는 걸 명심하자.

2026년 1월 18일, 주현절 후 2번째 주일

성 경	고린도전서 6:12-20	예전색상	초록색
예배의 부름	"오직 우리 주 곧 구주 예수 그리스도의 은혜와 그를 아는 지식에서 자라 가라 영광이 이제와 영원한 날까지 그에게 있을지어다"(벧후 3:18)			
	죄악으로 흩어진 백성들을 거듭나게 하시고 거룩한 성전에서 예배하게 하시는 하나님 아버지! 오늘도 하나님의 말씀으로 굶주린 영혼들이 생명의 말씀으로 채워지게 하심을 감사드립니다. 한 주간을 살아갈 때 마음을 다하고 뜻을 다하여 섬기는 삶을 살아갈 지혜를 더하여 주옵소서. 말씀 듣고 찬송가 부를 때 걱정이 변하여 기쁨이 되게 하시고, 병든 몸이 치유되는 감동을 허락하여 주옵소서. 이 시간 하나님께서 저희에게 바라시는 것이 무엇인지를 깨닫게 하옵소서. 예수님의 이름으로 기원하옵나이다. 아멘			
회개를 위하여	하나님의 말씀은 우리 신앙의 길이요 생명입니다. 말씀을 듣기만 하고 행하지 않음은 자기를 속이고 성령님을 속이는 것과 같습니다. 지난 한 주간에도 어리석게도 하나님의 말씀에 둔함이 하면서 어둠의 길을 걸은 그가 나는 아닌지 성찰하고 회개하는 기도를 계속합니다.			
고백의 기도	생명의 길을 잃고 어둠 속에서 방황하던 저희에게 말씀의 빛을 주신 하나님 아버지! 지난 한 주간에도 하나님 앞과 형제와 자매 앞에서 생각과 말과 행위로 지은 죄를 회개할 기회 주심을 감사드립니다. 용서의 횟수를 기억조차 하지 않으시는 하나님께서 죄와 실수, 나약하고 비겁하고 위선적이었던 잘못을 불쌍히 여겨 주옵소서. 작은 어려움이 올 때 기도하고 말씀 안에서 해결하려고 하지 못하고 원망하고 걱정하고 근심하면서 밤잠을 설친 어리석음도 용서하여 주옵소서. 고통이 오고 원하는 일이 저희 뜻대로 풀리지 않는다고 불평했던 어리석음도 고백합니다.			
	입으로는 사랑을 말하면서도 사랑하는 사람에게는 먼저 손 내밀지 못했습니다. 이제 솔선수범하는 마음으로 먼저 그 앞에 나아가 사랑의 말을 걸어 보겠습니다. 살아가는 매일매일 저희 앞에 고난과 역경이 닥쳐올 때 원망하기보다는 기도하고 말씀 안에서 해결자이신 주님을 만나겠습니다. 다음 한 주간에는 죄악과 동고동락하는 어리석음이 저희 몫이 되지 않기로 작정합니다. 말씀만을 저희가 살아갈 기준으로 삼고 살 것을 다짐합니다. 곳곳에서 기다리는 죄악의 유혹들을 슬기롭게 헤쳐나갈 수 있게 하여 주시옵소서. 우리 주 예수 그리스도의 이름으로 기도드립니다. 아멘			
사함의 확인	"그런즉 왕이여 내가 아뢰는 것을 받으시고 공의를 행함으로 죄를 사하고 가난한 자를 긍휼히 여김으로 죄악을 사하소서 그리하시면 왕의 평안함이 혹시 장구하리이다 하니라"(단 4:27)			
성시교독	121. 주현절(1)			
설교 전 찬 송	3장 (성부 성자와 성령) 539장 (너 예수께 조용히 나가)			
설교 후 찬 송	357장 (주 믿는 사람 일어나) 324장 (예수 나를 오라 하네)			

금주의 성가	오 신실하신 주 – William M. Runyan 예수님의 선물 – Ronn Haff 주는 나의 빛 – F. G. Walter
목회기도	**어**제나 오늘이나 영원토록 변함없이 같은 사랑으로 돌봐 주시는 하나님 아버지! 한없이 연약하고 부족한 죄인에게 거룩한 날 하나님 앞에 먼저 예배하게 하여 주심을 감사드립니다. 고난 속에서 저희를 잊지 않고 은혜를 베풀어 주셨지만, 저희는 세상 속으로 하나님 백성답게 살지 못한 것을 용서하여 주옵소서. 예배드리는 저희 모두가 주를 위한 작은 충성이 모이고 모여 이 사회의 어둠을 물리치는 불기둥과 구름 기둥이 되게 하옵소서. 저희의 말과 행실에서 그리스도의 향기가 나타나게 하옵소서. 물질보다 주님의 나라와 의를 구하는 길이 우선순위임을 알고 실천해서 잘했다 칭찬받는 한 주간이 되게 하여 주옵소서. **하**나님께서 교회에 베푸시는 은혜를 따라 성장하며 부흥하는 교회가 되게 하시고 세워진 교회의 목표를 이룰 수 있도록 은혜 주시기를 원합니다. 더욱이 저희 교회에 주신 복음적인 사명을 감당할 수 있도록 함께하여 주시고 또한 성도 개개인의 놀라운 믿음의 성숙함이 나타나는 해로 역사하여 주시옵소서. 각 기관이 살아있는 기관들이 되어 서로 합심하여 기도하고 섬기는 마음으로 일하게 하옵소서. 교회를 위해서 여러 가지 모양으로 헌신하는 손과 발과 마음들을 기억하여 주실 줄 믿습니다. 오직 주님을 위해서 주신 십자가 든든히 붙잡고 승리의 나팔 소리를 울리는 저희 성도들이 되게 하여 주옵소서. 예수님의 이름으로 기도합니다. 아멘
헌금을 위한 성구	"여호와께 감사하라 그는 선하시며 그의 인자하심이 영원함이로다 너희는 이르기를 우리 구원의 하나님이여 우리를 구원하여 만국 가운데에서 건져내시고 모으사 우리로 주의 거룩한 이름을 감사하며 주의 영광을 드높이게 하소서 할지어다" (대상 16:34-35)
헌금기도	**긍**휼과 인자로 죄인에게도 한없는 물질의 복으로 기쁨을 주시는 하나님 아버지! 지난 한 주간에도 세상에 살면서 게으르지 않게 하시고 열심히 일하여 모은 물질을 바르게 사용하고 성경대로 헌금하게 하심을 감사드립니다. 모든 것이 주님께서 주신 것인 줄 입으로는 고백하면서 저희의 수고와 땀으로 이루어낸 물질의 풍요를 자랑삼았음도 용서하여 주시옵소서. 기쁨으로 드린 예물이 더 큰 기쁨이 있게 하시고 가난 중에 드린 예물은 더욱 풍요롭게 하옵소서. 주님께 드릴 예물을 준비할 때, 기도를 앞세우는 믿음을 주옵소서. **주**실 많은 복을 기억하면서 준비한 십일조 예물이 있습니다. 감사드리는 손길이 있습니다. 남이 하기 싫은 일들을 봉사의 이름으로 땀흘리는 사랑의 순교 현장에서 흘린 땀방울의 주인공들도 있습니다. 드린 가정과 사업장과 자녀를 축복하시고 풍성한 은혜가 넘치게 하여 주옵소서. 예물을 드린 손과 가정과 사업장에서 하루도 빠짐없이 순간순간 감사의 찬송이 끊이지 않는 복을 내려 주시옵소서. 하나님을 위해서 기쁨으로 드리는 이 모든 물질을 받아 주시고 풍성한 하늘 은혜를 골고루 아침 이슬비처럼 내려 주옵소서. 우리 주 예수 그리스도의 이름으로 기도하옵나이다. 아멘
위탁의 말씀	"음행을 피하라 사람이 범하는 죄마다 몸 밖에 있거니와 음행하는 자는 자기 몸에 죄를 범하느니라" 우리 몸은 하나님이 거하시는 거룩한 성전입니다. 명심하고 몸을 거룩하게 구별하여 경건하게 사는 한 주간이 되어야 합니다.
축도	지금은 우리를 만 가지 죄에서 구원하시기 위하여 십자가를 지신 예수 그리스도의 은혜와 구원의 역사를 계획하시고 섭리하시는 하나님 아버지의 사랑하심과 이를 믿고 전하도록 도우시는 성령의 역사와 교통하심이 예배를 드리고 돌아가는 주의 백성들과 가정과 세워 주신 기업 위에 영원히 함께 계시기를 축원하옵나이다. 아멘

오늘의 설교를 위하여

오늘의 설교를 위한 복음적 조명 주제 : 몸으로 영광

제목 : 하나님의 영광을 위한 성도 | 본문 : 고린도전서 6:12-20

01 / 18

주제 : 성도는 세속적인 욕망을 피해야 한다. 음란한 세상은 성도들을 유혹하여 성적으로 타락하게 한다. 항상 몸을 거룩하게 구별하여 경건하게 생활해야 한다. 주님께서 피의 값으로 사셨으니 몸으로 하나님께 영광을 돌리는 성도가 되어야 한다.

논지 : 음란한 행위를 멀리하고 거룩한 성도의 삶을 통하여 하나님께 영광을 돌리게 하자.
  1. 음란한 행위를 멀리할 몸
  2. 그리스도의 지체가 된 몸
  3. 하나님께 선물로 받은 몸
  4. 하나님의 영광을 위한 몸

하나님께서 사람의 몸을 흙으로 빚어서 만드셨다. 그러니까 사람의 몸은 하나님의 선물이다. 그런데 하나님의 선물인 몸을 깨끗하게 구별하여 거룩하게 쓰는 사람이 있는가 하면 더럽게 타락하여 음란하게 쓰는 사람도 있다. 그런데 역사적으로 볼 때 성적 쾌락 욕구를 완전히 극복한 사람은 아무도 없었다. 사람들은 (성직자를 포함하여) 성적 만족을 위해 자신의 재산과 에너지를 아낌없이 탕진해 왔다. 그리고 사랑(섹스)을 하는데 절친한 친구가 연적(戀敵)일 경우, 그를 죽이거나 자신이 그에게 패(敗)하여 목숨까지 잃는 행동까지도 서슴지 않았다. 타락한 성욕은 임질, 매독, 헤르페스(포진), 후천성 면역 결핍증(AIDS) 같은 성병을 낳았다. 그런데도 사람들은 성병에 의한 죽음을 무릅쓰고서 몸을 함부로 썼다. 음악가 슈베르트가 일찍 죽은 것도 성병 때문이었고, 철학자 미셸 푸코가 죽은 것도 성병 때문이었다고 한다. 종교적 교리나 철학적 신념에 따라 성욕을 억누르려고 애쓴 사람도 적지 않다. 그러나 그들의 노력은 결국 실패로 끝났다. 보카치오의 소설 『데카메론』은 기독교 성직자들이 뒷구멍으로는 섹스에 엄청 방탕했다는 사실을 폭로하였다. 간디와 원효대사와 한용운에게까지 그런 사실을 쉽게 발견할 수 있다. 그러므로 성도는 몸을 깨끗하고 거룩하게 써야 한다.

1. 음란한 행위를 멀리할 몸

간디가 37세에 힌두교 의식으로 금욕을 맹세한 후 평생 독신생활을 해왔는데 주위 사람들에게 "성적으로 몸을 깨끗하게 산다는 것은 마치 칼날 위를 걸어 다니는 것과 같다"라고 하소연했다. 계속되는 몽정과 수면 가운데 발기하는 현상으로 인해 수치심을 겪어오던 간디는, 돌연 60대 후반부터 79세에 생을 마감할 때까지, 구차하게 건강상의 이유를 들어 밤마다 발가벗은 젊은 여성들에게 자신의 몸을 어루만져달라고 요구했다고 전한다. 유명한 색정광을 꼽으라면 사람들은 카사노바, 변강쇠, 클레오파트라, 어우동 등을 꼽을 것이다. 하지만 평범한 사람들도 수시로 성적 망상에 사로잡힌다. 한 연구 결과에 따르면, 사춘기 소년 소녀들은 깨어 있는 동안 평균 5분에 한 번씩 성적 충동을 느낀다. 성호르몬이 줄어들어 성욕 감퇴기에 접어든 50대 남녀들도 하루에 몇 번씩 섹스하고 싶은 욕구에 시달린다. 심지어 자궁 안에 있는 태아의 자위행위가 목격되었다는 의학계의 보고도 있다. 인간이 이토록 강력한 성욕을 갖게 된 것은 역시 종족 보존의 본능 때문일 것이다. 그러나 성도는 인간의 본능을 멀리하고 음란한 행위를 멀리해야 하나님이 기뻐하신다. "몸은 음란을 위하여 있지 않고 오직 주를 위하여 있으며 주는 몸을 위하여 계시느니라"(:13).

2. 그리스도의 지체가 된 몸

우리가 다니는 교회를 예수 그리스도 주님이 몸이라고 부른다. 왜 그럴까? 사도 바울이 "너희 몸이 그리스도의 지체인 줄을 알지 못하느냐"(:15)라고 말씀했기 때문이다. 사도 바울이 "성도를 온전하게 하여 봉사의 일을 하게 하며 그리스도의 몸을 세우려"(엡 4:12)라고 말씀했는데 그 일은 결코 쉬운 일이 아니다. 엄청난 고난과 희생과 노력이 따라야 하는 일이다. 목사는 이 일을 '거룩한 일'이라고 말하고 싶다. 보통 사람은 이 일을 엄두도 못 낸다. 세상에는 친한 사람들끼리 모이는 계가 있고, 같은 학교를 졸업한 사람들이 모이는 동창회가 있고, 학문을 연구하는 사람들이 모이는 학회가 있고, 영업이익을 위하여 만든 주식회사가 있고, 무슨 정치적인 목적을 가지고 결성한 정당이 있다. 이런 것을 만드는 일은 별로 어렵지 않다. 사람이 있고 돈만 있으면 가능하다. 그러나 성도를 온전하게 하여 봉사의 일을 하게 하며 그리스도의 몸을 세우려고 하는 일은 사람과 돈만 있다고 되는 것이 아니다. 이는 신령한 일이기에 하나님께서 함께하시고 성령님께서 역사해야 가능하다. 그러므로 예수 그리스도의 지체가 된 몸을 함부로 쓰지 말고 경건하게 죄악을 멀리하고 올바른 삶을 살아야 한다. 성도는 우선 몸을 깨끗이 씻고, 술이나 담배로 몸을 더럽히지 말아야 한다.

3. 하나님께 선물로 받은 몸

선물은 누구에게 받든지 귀중하다. 물론 자기의 유익을 위한 뇌물의 성격을 가진 선물은 하나의 수단이기에 받지 않는 게 좋다. 하지만 진실한 마음을 담은 선물은 정성이 깃들어 있기에 아름답다. 목회자가 성탄절이나 명절에 성도들에게 선물을 받으면 감사한 마음이 넘친다. 그래서 목회자도 그냥 있지 못하고 선물을 답례로 보낸다. 선물은 단순한 물건이 아니기에 서로의 인정과 존경심이 있다. 그런데 참으로 놀라운 건 우주와 세상의 모든 만물을 창조하신 하나님께 선물을 받으면 무어라 말로 표현할 수 없는 은혜와 축복이다. 사도 바울이 "너희 몸은 너희가 하나님께로부터 받은 바 너희 가운데 계신 성령의 전인 줄을 알지 못하느냐 너희는 너희 자신의 것이 아니라"(:19)라고 말씀했다. 이 말씀은 우리의 몸은 하나님께 선물로 받았다는 뜻이다. 그러므로 성도는 하나님께 선물로 받은 몸을 더럽게 쓰지 말고 깨끗하게 써야 한다. 성도는 음란이나 쾌락을 위하지 말고 순결을 지켜서 세속과 구별된 삶을 살아야 한다. 일각에서는 동성 간의 관계나 일부 극단적인 성적 행위를 문제 삼는 목소리도 있다. 성도는 어떠한 이유로도 음란한 생활하지 말고, 하나님께 선물로 받은 몸을 거룩하게 생각하며 구별된 신앙생활을 해야 하나님께서 기뻐하신다.

4. 하나님의 영광을 위한 몸

사람의 몸은 색깔이 있다. '사람이 흐리멍덩해서는 안 된다.', '사람이 예일 때 예하고, 아닐 때 아니다 해야 한다.', '사람이 희면 희고 검으면 검어야지, 흰색도 아니고 검은색도 아닌 회색이 되어서는 안 된다.', '사람은 태도가 분명해야 한다.', '예수님을 믿는 사람이 언제 어디서나 예수님을 믿는 사람의 행세를 해야지, 적당하게 믿는 사람의 흉내를 내다가 어떤 경우에는 안 믿는 사람처럼 행동해서는 안 된다.', '사람은 자신의 색깔과 냄새까지도 분명해야 한다.', '그리스도인은 마땅히 그리스도의 향기를 나타내야 한다.', '성도는 몸으로 하나님의 영광을 위해야 한다.' 사람에게는 자신의 특유한 냄새가 있다. 어린아이는 제 엄마의 냄새를 안다. 아내는 자기 남편의 냄새를 알고, 남편은 자기 아내의 냄새를 안다. 사람이 자신의 냄새를 감추기 위해서 지나치게 방향제를 사용한다거나, 자신의 참모습을 속이기 위해서 화장을 너무 진하게 하면 다른 사람에게 오히려 혐오감을 줄 수 있다. 젊은이는 냄새가 싱그럽게 나지만, 늙은이의 냄새는 다른 사람을 불쾌하게 한다. 그런데 중요한 건 냄새가 아니라 삶으로 하나님께 영광을 돌려야 한다. "그런즉 너희 몸으로 하나님께 영광을 돌리라"(:20). 성도는 말과 행동으로 하나님께 영광을 돌리는 몸을 가져야 한다.

2026년 1월 25일, 주현절 후 3번째 주일

성 경	요나 3:1-5,10	예전색상	초록색

01 25

예배의 부름	"너희는 유혹의 욕심을 따라 썩어져 가는 구습을 따르는 옛 사람을 벗어 버리고 오직 너희의 심령이 새롭게 되어 하나님을 따라 의와 진리의 거룩함으로 지으심을 받은 새 사람을 입으라"(엡 4:22-24)
	상한 심령을 치유하시고 지치고 깨어진 마음을 말씀으로 위로해주시는 하나님 아버지! 지난 한 주간에도 측량할 수 없는 사랑의 축복으로 하늘에 소망을 두고 살게 하심을 감사드립니다. 세상이 주는 헛된 것임을 알면서도 속으로는 은근히 세상 것을 반기는 어리석음을 살았던 저희를 용서하여 주옵소서. 거룩한 주님의 날 아침 하나님 앞에 나온 성도들을 말씀의 품에 안겨 걱정이 변하여 기쁨이 되고 문제가 해결되고 건강을 회복하게 하옵소서. 예수님의 이름으로 기원하옵나이다. 아멘
회개를 위하여	하나님이 원하시는 성도는 자신의 마음에 구원의 감격과 기쁨으로 살아가는 것입니다. 혹시 지난 한 주간에도 부정적으로 현실을 보고 하나님의 섭리를 의심하고 자신의 힘으로 해결하려고 한 어리석은 그 한 사람은 아닌지 성찰하고 진심으로 회개하는 기도를 계속합니다.
고백의 기도	**죄** 때문에 어둠에서 영생의 빛이신 예수께 소망을 두고 살게 하시는 하나님 아버지! 세상일과 사업의 실패보다는 하나님과의 관계에서 실패가 더 크다는 것을 알고 회개할 기회 주심을 감사드립니다. 세상에서 많은 사람과 더불어 살면서 저희가 실패한 것이 우리의 죄 때문인지를 모르고 그 원인을 남의 탓으로 돌리고 있는 저희의 이기심을 용서하여 주옵소서. 때를 따라서 말씀으로 어려움을 딛고 일어설 수 있는 지혜와 기회를 주셨건만 저희가 붙잡지 못한 것도 불쌍히 여겨 주옵소서. 죄 때문임을 알면서도 말씀과 기도의 힘으로 도려내지 못한 저희 약함까지도 용서하여 주시옵소서. **이**제 다음 한 주간에는 오늘 주시는 말씀의 전신 갑주와 날선 검으로 저희를 실수로 몰고 가는 악의 세력을 물리치면서 살겠습니다. 실패와 좌절과 낙심보다는 희망과 사랑만을 말하면서 살겠습니다. 언제나 주님 앞에서 '아멘'만 넘치게 하겠습니다. 하나님을 거역하는 욕심에서 해방된 하나님의 사람이 되어 세상에 나아가 빛과 소금이 되어 이 세상을 변화시키며 살아갈 수 있는 저희가 되게 하여 주시옵소서. 오늘도 자신의 영혼을 돌아보며 기도하는 사랑하는 주의 백성들을 위로하여 주시고 다시는 실패하지 않고 하늘의 기쁨을 누리며 살게 하옵소서. 우리 주 예수 그리스도의 이름으로 기도합니다. 아멘
사함의 확 인	"모든 은혜의 하나님 곧 그리스도 안에서 너희를 부르사 자기의 영원한 영광에 들어가게 하신 이가 잠깐 고난을 당한 너희를 친히 온전하게 하시며 굳건하게 하시며 강하게 하시며 터를 견고하게 하시리라"(벧전 5:10)
성시교독	122. 주현절(2)
설교 전 찬 송	20장 (큰 영광 중에 계신 주) 200장 (달고 오묘한 그 말씀)
설교 후 찬 송	204장 (주의 말씀 듣고서) 134장 (나 어느 날 꿈속을 헤매며)

금주의 성가	하늘이여 노래하라 – William Baiens 시온의 영광이 빛나는 아침 – German hymn 놀라운 주의 은혜 – H. Lillenas
목회기도	**역**사를 주관하시고 마무리하시는 하나님 아버지! 거룩한 날 주일 아침 원근 각처에 흩어져 살던 믿음의 권속들을 주의 제단으로 불러주심을 감사드립니다. 지난 한 주간 저희는 세상에서 부르심에 불타는 복음 전도의 사명감으로 살지 못했음을 고백합니다. 교회의 일에는 등한시하며, 나서려 하지 않으면서도 개인적인 문제 앞에는 밤과 낮을 가리지 않고 헛된 땀을 흘린 것을 용서하여 주시옵소서. 고백의 기도를 드리는 저희는 지난 잘못을 인정하고 회개하고 용서받아 주님의 권능을 받아 담대히 주님 사역의 선봉장이 되기를 다짐합니다. **건**강의 문제, 봉사의 문제, 학업의 문제, 가정의 문제를 겸손히 주님 앞에 내려놓습니다. 수고하고 무거운 짐진 자들아 다 내게로 오라 내가 너희를 쉬게 하리라고 했사오니 편히 쉴 수 있는 축복을 주시옵소서. 어려운 형편 속에서도 하나님의 교회를 위해서 헌신하며 봉사하신 주의 신실한 일꾼들에게 크신 은혜를 베풀어 주시옵소서. 오늘 이 예배를 통하여 보통 사람이 들을 수 없었던 하나님의 세미한 음성을 듣는 귀를 열어주시옵소서. 믿음 없는 사람이 보지 못하는 하늘의 신비를 보는 눈을 열어주옵소서. 믿음 없는 사람이 말할 수 없는 오묘한 하늘의 진리를 말할 수 있는 입을 열어주옵소서. 예수님의 이름으로 기도드립니다. 아멘
헌금을 위한 성구	"아브라함은 시험을 받을 때에 믿음으로 이삭을 드렸으니 그는 약속들을 받은 자로되 그 외아들을 드렸느니라"(히 11:17)
헌금기도	**우**리들의 삶의 조건들을 따지지 않으시고 무조건 사랑으로 채워 주시는 하나님 아버지! 그 크신 은혜에 감사하여 주의 백성들이 즐거운 마음으로 예물을 드리오니 받아 주시옵고, 하나님의 뜻을 따라 복음을 모르는 가난한 이웃들을 구원하는 일에 쓰이게 하옵소서. 물질을 사용하면서 하나님 뜻이 아닌 우리 생각대로 사용한 잘못을 도말하시고 새로운 영으로 거듭나는 삶을 살 수 있게 인도하여 주시옵소서. 드리는 손길의 정성과 믿음을 보옵시고 쓰이는 일에 하나님의 거룩한 뜻이 이루어지는 역사가 있게 하여 주옵소서. **오**늘도 이렇게 하늘 보좌에 하나님의 것을 심기 위하여 정성을 다해 준비한 물질을 가지고 왔습니다. 주님, 받아 주시옵소서. 십일조를 드리는 손길에는 약속하는 주의 복이 가정마다 넘치게 하여 주실 줄 믿습니다. 이 모양 저 모습으로 드리는 감사 예물이 있습니다. 이 예물을 드린 손과 가정과 사업장에서 하루도 빠짐없이 순간순간 감사의 찬송이 끊이지 않는 복을 내려 주시옵소서. 하나님을 위해서 기쁨으로 드리는 이 모든 물질을 받아 주시고 풍성한 하늘 은혜를 골고루 아침 이슬비처럼 내리게 하여 주시옵소서. 우리 주 예수 그리스도의 이름으로 기도하옵나이다. 아멘
위탁의 말씀	"하나님이 뜻을 돌이키사 그들에게 내리리라고 말씀하신 재앙을 내리지 아니하시니라" 하나님의 말씀은 무한한 능력이 있습니다. 말씀을 듣고 회개하면 우리 앞에 닥친 어떤 재앙이나 어려움도 능히 이길 수 있다는 믿음으로 한 주간을 살아야 합니다.
축도	지금은 죄인에게 자유함을 주시기 위하여 십자가를 지신 예수 그리스도의 은혜와 소망과 우리의 전부가 되시는 하나님 아버지의 사랑하심과 생명을 바쳐 주님만을 사랑하게 하시는 성령의 역사하심이 오늘 성전에 나와 예배드리면서 오직 주님만이 삶의 첫 번째가 됨을 고백하고 돌아가는 성도들과 저들의 가정과 사업장 위에 그리고 교회 위에 이제부터 영원토록 함께하시기를 축원하옵나이다. 아멘

오늘의 설교를 위하여

오늘의 설교를 위한 복음적 조명 주제 : 회개의 말씀
제목 : 말씀으로 회개한 사람들 l 본문 : 요나 3:1-5,10

01
25

주제 : 하나님의 말씀은 무한한 능력이 있다. 죄악으로 심판의 재앙을 받을 수밖에 없던 백성들이었다. 그러나 선지자가 선포한 하나님의 말씀을 듣고 회개하여 하나님의 뜻을 돌이켜 그들에게 내리라고 말씀하신 재앙을 피할 수 있었다.

논지 : 회개의 말씀은 무서운 재앙을 피할 수 있다는 논지로 하나님의 말씀을 증언하자.
  1. 회개를 선포하라는 말씀
  2. 사흘 동안에 전파한 말씀
  3. 백성이 듣고 회개한 말씀
  4. 재앙을 내리지 않은 말씀

말씀이 육신이 되어 세상에 오신 예수 그리스도를 믿고 구원받을 수 있는 길은 항상 우리 앞에 열려있다. 말씀이 생명의 빛으로 오신 예수 그리스도를 믿고 영원한 생명을 얻을 기회는 누구에게나 있다. 그런데 문제는 '자신이 예수 그리스도를 믿고 영접하느냐, 믿지 않고 영접하지 않느냐, 믿느냐'에 달려있다. 사람이 말씀으로 오신 예수 그리스도를 믿어야 구원을 받을 수 있다. 예수 그리스도를 믿어야 영생한다. 무슨 이유로도 예수 그리스도를 믿지 않으면 죽는다. 차라리 그냥 죽기만 하면 좋지만, 그냥 죽지 않고 지옥에 간다. 예수 그리스도를 믿지 않고 죽으면 영원히 꺼지지 않는 유황불 못에서 영원토록 고통을 당하게 된다. 니느웨 성에 살아가고 있는 온 백성들이 죄악으로 어두워져 있었다. 그들의 양심이 화인 맞아 죄를 짓고 양심의 가책을 조금도 느끼지 않고 있었다. 부끄러운 죄를 범하고도 뻔뻔하게 살고 있었다. 윤리와 도덕은 땅에 떨어지고 정의와 원칙은 사라지고 무질서와 혼란만이 세상에 판치고 있었다. 사회의 지도자가 갖가지 부정으로 부패해지고 종교마저 타락하고 말았다. 비록 이방인이지만 하나님께서 그들을 구원하시기 위해서 요나 선지자를 파송하셨다. 처음에는 요나가 불순종했으나 돌이키고 가서 회개하라는 말씀을 선포하였다.

1. 회개를 선포하라는 말씀

하나님의 말씀이 요나 선지자에게 두 번째 임했다. "일어나 저 큰 성읍 니느웨로 가서 내가 네게 명한 바를 그들에게 선포하라"(:2). 이 말씀은 요나 선지자가 니느웨 성에 살아가고 있는 백성들에게 지금까지 지은 모든 죄악을 회개하라는 선포의 메시지다. 선지자는 백성들에게 회개를 선포할 의무가 있다. 백성들이 선지자가 회개를 선포하면 별로 좋아하지 않고 언짢게 생각한다. 누구든지 회개하라고 말하면 화부터 낸다. 목사가 설교하면서 회개를 말씀하면 교인들 가운데 싫어하는 사람들이 많다. 그래서 보통 목사들은 회개를 말씀하지 않고 그저 좋은 말로 무조건 축복을 받으라고 선포한다. 그러나 진정한 사명감이 있는 목사는 교인들이 싫어해도 담대하게 회개를 선포하는 말씀을 설교한다. 오늘날 우리에게 회개가 왜 필요한가? 목회자를 비롯하여 누구든지 회개하지 않으면 하나님께 기도하지 못하며, 어쩌다 기도할지라도 하나님에게 전해지지 않는다. 회개는 하나님께 나아가는 통로이다. 통로가 막히면 교통이 불가능하고 서로 오거나 갈 수가 없어서 교제할 수 없다. 하나님과 교제가 끊긴 사람은 타락해서 죄악을 물먹듯 해도 회개하지 않아 영원히 마귀의 백성이 되고 만다. 마귀의 백성은 하나님의 축복을 받지 못하고 오히려 저주를 자초하는 삶을 살게 될 것이다.

2. 사흘 동안에 전파한 말씀

'사흘'이라는 단어를 4일인지 3일인지 헷갈리는 분들이 많다. 사흘은 3일을 뜻하는 순우리말이다. 그런데 사흘은 기독교에서 특별한 의미가 있다. 창세기에서는 사흘을 이렇게 기록하였다. "하나님이 이르시되 천하의 물이 한 곳으로 모이고 뭍이 드러나라 하시니 그대로 되니라 하나님이 뭍을 땅이라 부르시고 모인 물을 바다라 부르시니 하나님이 보시기에 좋았더라 하나님이 이르시되 땅은 풀과 씨 맺는 채소와 각기 종류대로 씨 가진 열매 맺는 나무를 내라 하시니 그대로 되어 땅이 풀과 각기 종류대로 씨 맺는 채소와 각기 종류대로 씨 가진 열매 맺는 나무를 내니 하나님이 보시기에 좋았더라 저녁이 되고 아침이 되니 이는 셋째 날이니라"(창 1:9-13). 그러니까 사흘은 지구가 본격적으로 창조된 날이고 사람들이 먹을 수 있는 모든 만물이 만들어진 날이다. 그리고 예수님께서 인간들의 죄악을 대신하여 십자가에서 죽었다가 사흘만에 부활하셨다. 그런 의미에서 오늘날 우리는 주일 후 사흘에 수요기도회를 모여서 하나님께 예배를 드린다. 요나 선지자는 사흘 동안 걸을 만큼 큰 성읍에 들어갔다. 그러니까 상당히 큰 성읍에서 요나 선지자가 하루 동안 걸으며 백성들에게 회개하라는 하나님의 말씀을 전파하였다. 우리도 사흘을 소중히 여기고 복음을 전파하자.

3. 백성이 듣고 회개한 말씀

요나 선지자가 성읍에 들어가서 하루 동안 다니며 "사십 일이 지나면 니느웨가 무너지리라"(:4)라고 외쳤다. 이는 그들에게 회개를 선포한 말씀이다. 그랬더니 놀라운 일이 벌어졌다. 우상을 숭배하던 이방인들이 하나님을 전혀 알지 못하지만, 요나 선지자의 말씀을 듣고 회개하였다. "니느웨 사람들이 하나님을 믿고 금식을 선포하고 높고 낮은 자를 막론하고 굵은 베 옷을 입은지라"(:5). 그들이 요나 선지자의 말씀을 듣고 하나님을 믿었다. 이런 일이 어떻게 가능한지 우리는 알 수가 없다. 하지만 하나님은 가능하다. 왜냐하면 하나님은 이스라엘 백성들만 사랑하는 게 아니고 온 인류를 사랑하기 때문이다. 우리는 종종 하나님을 믿을 가망이 없는 사람에게는 복음을 전하지 않는다. 그래서는 안 된다. 우리는 누구에게나 복음을 전파해야 할 것이다. 하나님의 구원을 받는 건 신분이나 인종, 빈부귀천을 초월하며 누구든지 받게 되어 있다. 누구든지 주님의 이름을 부르는 자는 구원을 얻는다. 하나님께서 나사렛 예수 그리스도로 큰 권능과 기사와 표적을 베푸셨다. 예수 그리스도가 십자가에 못 박혀 죽었으나 하나님께서 사망의 고통을 풀어 살리셨다. 그런즉 우리는 사람들이 듣고 자기의 모든 죄악을 회개하고 예수님을 믿고 구원을 받도록 복음을 전파하는 게 당연하다.

4. 재앙을 내리지 않은 말씀

'재앙(災殃)'의 사전적인 의미는 '뜻하지 아니하게 생긴 불행한 변고, 또는 천재지변으로 인한 불행한 사고'를 뜻하는 한자어다. 국립국어원에 따르면 재앙과 재난이 의미론적으로 다르진 않으나, 재앙이 재난보다 좀 더 심각하고 복합적인 상황을 의미하는 걸로 보인다. 이집트의 바로 왕이 이스라엘 백성들에게 잔혹한 일을 시켜서 하나님께서 이집트 전역과 사람들에게 10가지의 재앙을 내리셨다. 사람들은 누구나 죄악을 범하면 재앙을 받는다. 니느웨 성의 백성들도 무서운 죄악을 범하여 하나님의 재앙이 예정되었다. 그런데 요나 선지자가 회개를 촉구했을 때 모든 사람이 하나님을 믿고 금식을 선포하고 높은 자나 낮은 자를 막론하고 굵은 베 옷을 입고 회개하였다. 이렇게 되니 하나님도 감화를 받으셨다. "하나님이 그들이 행한 것 곧 그 악한 길에서 돌이켜 떠난 것을 보시고 하나님이 뜻을 돌이키사 그들에게 내리리라고 말씀하신 재앙을 내리지 아니하시니라"(:10). 우리도 모든 죄악을 회개하면 하나님께서 용서하시고 뜻을 돌이켜 재앙을 내리지 않으신다. 하나님은 사랑이시다(요일 4:8). 하나님은 누구에게나 재앙을 내리지 않고자 하신다. 문제는 우리가 얼마나 회개하고 하나님의 사랑으로 용서를 받을지에 달려있다. 한 사람도 무서운 재앙을 받지 말자.

2월의 예배와 설교를 위하여

일	요일		본문	설교제목	기타(예화, 참고자료)
1	주일	낮			
		밤			
4	수				
8	주일	낮			
		밤			
11	수				
15	주일	낮			
		밤			
18	수				
22	주일	낮			
		밤			
25	수				

2026년 2월 1일, 주현절 후 4번째 주일

성 경	고린도전서 9:16-23	예전색상	초록색

예배의 부름	"아버지께 참되게 예배하는 자들은 영과 진리로 예배할 때가 오나니 곧 이 때라 아버지께서는 자기에게 이렇게 예배하는 자들을 찾으시느니라 하나님은 영이시니 예배하는 자가 영과 진리로 예배할지니라"(요 4:23-24)
	보혈의 피로 세우신 교회를 통해서 하늘 축복을 받게 하시는 하나님 아버지! 거룩한 주일 아침 저희를 세상에서 구별하여 불러내사 몸과 마음을 드려 예배하게 하심을 감사드립니다. 예배를 통하여 주시는 생명의 말씀을 들을 때 영이 치유되고 마음이 치유되고 저희의 헝클어진 삶도 치유되게 하옵소서. 믿음의 생수로 영혼이 치유되고 가지고 나온 문제들이 해결되는 은혜의 시간이 되게 하여 주옵소서. 한 주간 세상에서 복음의 빛을 비추는 하늘 백성이 되게 하여 주옵소서. 예수님의 이름으로 기원하옵나이다. 아멘
회개를 위하여	하나님께서 먼저 손 내밀어 구세주 예수를 보내주신 그 큰 하늘 사랑을 받은 우리입니다. 그래서 사랑은 주는 것입니다. 내가 먼저 주는 것입니다. 어려움을 겪고 있는 형제자매와 이웃에게 나누지 못하고 사랑의 반신불수로 사는 장본인이 나는 아닌지 회개하는 기도를 계속합니다.
고백의 기도	진심으로 회개하는 성도들이 흘리는 눈물을 어루만져 주시는 하나님 아버지! 말씀으로 지은 죄를 생각나게 하시고 회개하는 눈물이 저희의 심령 골수를 쪼개는 날선 검이 되게 하심을 감사드립니다. 오늘도 거룩한 예배를 드리기 전에 주의 제단 앞에서 하나님의 교회를 위하여 헌신하지 못한 죄를 고백합니다. 지난 한 주간을 반성해 볼 때 허물 크고 지은 죄로 만신창이가 된 모습을 생각할 때 너무나 가증스러운 모습입니다. 부끄러워 감히 고개 들고 하나님을 우러러 바라볼 수조차 없는 죄인이 이렇게 회개의 기도를 드리오니 불쌍히 여겨 주옵소서.
	이제라도 솔선수범하는 마음으로 먼저 시간을 내어 교회에 나와 하나님을 만나는 시간을 가지려고 노력하겠습니다. 저희 앞에 고난과 역경이 닥쳐올 때 원망보다는 오늘 눈물을 흘리면서 잘못을 고백하는 마음으로 기도하는 저희가 되기로 작정합니다. 고통이 오고 원하는 일이 저희 뜻대로 풀리지 않는다고 불평하기에 앞서서 그 일을 그르친 장본인이 바로 저희 자신이라는 마음을 가지고 하루를 성찰하는 생활을 살겠습니다. 다시는 죄악과 동고동락하는 어리석음이 저희 몫이 되지 않기로 작정하오니 회개를 받아 주시고 거듭남의 말씀을 선포하여 주옵소서. 예수님의 이름으로 기도합니다. 아멘
사함의 확인	"내가 산의 뿌리까지 내려갔사오며 땅이 그 빗장으로 나를 오래도록 막았사오나 나의 하나님 여호와여 주께서 내 생명을 구덩이에서 건지셨나이다"(욘 2:6)
성시교독	122. 주현절(2)
설교 전 찬 송	8장 (거룩 거룩 거룩 전능하신 주님) 528장 (예수가 우리를 부르는 소리)
설교 후 찬 송	435장 (나의 영원하신 기업) 351장 (믿는 사람들은 주의 군사니)

금주의 성 가	주는 반석 – Michael Barrett 은혜의 구주 – Arr. by Mark Andrews 주님의 크신 은혜 – H. Lillenas
목 회 기 도	**죄**악의 어두운 길에서 방황할 때 생명의 길로 인도해 주신 하나님 아버지! 하나님의 은혜 주심이 아니면 하루도 그 목숨을 이어갈 수 없는 한 주간을 살게 해주심을 감사드립니다. 모두가 즐거워해야 하는 거룩한 주님의 날 가정의 문제와 자녀들의 문제뿐만 아니라 크고 작은 갈등 때문에 괴로운 눈물을 흘리는 성도들이 있습니다. 직장이 없는 성도들에게 기도의 응답을 주시고, 원치 않는 병마로 고생하는 성도가 있으면 치료의 손으로 안수하여 주옵소서. 특히 대학 입시문제로 깊은 고뇌의 늪에 빠진 젊은 영혼들을 위로하여 주시고 오늘의 실패가 내일을 향한 새로운 발전의 출발점이 되는 결단을 주시옵소서. **교**회 여러 곳에서 헌신해야 할 곳에서 배회만 하던 저희가 이제는 그곳에 동참하여 땀을 흘리는 사역자가 되기를 원합니다. 가정에서 가정 예배의 뿌리가 내려지게 하렵니다. 내가 먼저 심령의 부흥이 일어나도록 성령으로 충만케 하여 주시고 예수님을 더 깊이 깨달아 갈 수 있도록 말씀을 통한 은혜가 있게 하여 주시옵소서. 오늘도 성가대로, 교회학교 교사로 수고하는 분들을 생명록에 기록하시어서 그들이 하늘 응답의 창고를 두드릴 때 오늘의 헌신이 천국 문을 여는 열쇠 되게 하여 주옵소서. 실패의 어두운 그림자 때문에 한숨 쉬는 분들에게 주님 안에서 형통의 하늘 감각을 가지고 도전하는 의욕이 넘치게 하옵소서. 예수님의 이름으로 기도합니다. 아멘
헌금을 위한 성구	"여호와를 경외하는 것은 사람으로 생명에 이르게 하는 것이라 경외하는 자는 족하게 지내고 재앙을 당하지 아니하느니라"(잠 19:23)
헌 금 기 도	**주**의 자녀들에게 만복의 근원이 되시는 하나님 아버지! 한 주간 동안 크신 은혜로 함께하셔서 범사에 형통하게 하시고 소득을 주심에 감사하는 마음으로 물질들을 드립니다. 그러나 만복의 근원되시는 하나님의 은혜 안에 살면서도 항상 감사를 잊고 살아온 저희의 잘못을 용서하여 주옵소서. 올해가 시작된 지 두 달째입니다. 예물을 준비할 때마다 아까워하는 마음과 억지로 드리지 않고 하나님의 도우심에 대한 감사의 예물로 드려지게 하옵소서. 쓰일 때도 귀하게 하나님의 영광을 위한 일에만 사용될 수 있게 하옵소서. **오**늘도 물질이 없어 맘껏 드리지 못한 손길들도 있습니다. 그러나 과부의 렙돈 두 잎을 기뻐하신 하나님, 그 마음의 정성을 받아 주시고 하나님 앞에 예물 드린 모든 손길에 복을 주시되 그들에게 더욱 더하여 주시고 우리 각자의 삶에 필요한 것으로 풍성하게 넉넉히 갚아 주시옵소서. 십일조와 주일 헌금이 있습니다. 교회학교 어린 영혼들이 드립니다. 몸으로 봉사하는 성도들의 헌신이 있습니다. 오늘 드리는 물질이 쓰일 때 얼어붙은 세상을 녹여서 훈훈한 주의 평화가 이 땅에 임하는 사랑의 화롯불로 쓰이게 하옵소서. 예수님 이름으로 기도드리옵나이다. 아멘
위탁의 말 씀	"내가 복음을 위하여 모든 것을 행함은 복음에 참여하고자 함이라" 사도 바울은 복음을 전하면서 자랑하지 않았고 오직 사명으로 값없이 모든 사람에게 구원하는 복음을 전파했습니다. 우리도 전도하지 않으면 자신에게 화가 있을지도 모른다는 소명 의식을 가지고 살아가야 합니다.
축 도	이제는 말씀대로 오셔서 약속을 성취하시사 인류를 구원하신 우리 구주 예수 그리스도의 은혜와 믿음을 선물로 주신 하나님의 사랑하심과 믿음 안에서 살도록 인도하시며 충만하게 하시는 성령님의 역사하심이 오늘 주님 전에 나와 말씀 듣고 나아가 세상을 변화시키기를 다짐하는 성도들 가운데 영원토록 함께하시기를 축원하옵나이다. 아멘

오늘의 설교를 위하여

오늘의 설교를 위한 복음적 조명 주제 : 겸손한 전도

제목 : 복음 전도의 자세 l 본문 : 고린도전서 9:16-23

주제 : 사도 바울은 복음을 전하면서 자랑하지 않았다. 오직 사명으로 값없이 모든 사람에게 구원하는 복음을 전파했다. 여기에는 사도 바울의 신앙적인 겸손과 부득불 전도하지 않으면 자신에게 화가 있을지도 모른다는 소명 의식으로 최선을 다하였다.

논지 : 사도 바울이 복음을 전도하는 자세를 구체적으로 표현하는 말씀을 설교하자.
1. 자랑하지 않는 전도
2. 값없이 전하는 전도
3. 모든 사람에게 전도
4. 구원하는 복음 전도

우리가 복음을 전도하기는 쉽지 않다. 일단 하나님을 믿지 않는 사람들은 복음을 전도하는 말을 듣기 싫어하고 거부한다. 때로는 복음을 전도하기 위해서 다가가면 거절하며 돌아선다. 그러면 어떻게 복음을 전도할 수 있을까? 우선 친절하게 인사하고 상대방에게 다가가 의견을 물어야 한다. 이때 중요한 태도는 겸손이다. 허리를 90도 이상으로 굽혀서 인사하고 친절하게 웃는 얼굴로 미소를 띠고 호감을 사도록 해야 한다. 만일에 그래도 거절하면 다시 인사하고 다음 기회를 노려야 한다. 사람의 마음은 자주 변한다. 처음에는 복음 전도를 듣지 않으려고 한 사람도 전도자가 겸손하게 대하고 무엇이든지 필요한 게 있어 선뜻 도와주면 아무리 마음이 굳은 사람도 감화받는다. 그런데 복음을 전도하는 사람이 교만하여 뻣뻣한 자세로 인사도 하지 않고 전도하면 100%는 실패한다. 사도 바울은 당시에 최고의 학부를 나오고, 율법 학자이며, 훌륭한 가문에서 태어난 이른바 '금수저' 출신이다. 하지만 그는 모든 걸 내려놓고 겸손하게 예수 그리스도의 복음을 전도하였다. 그래서 사도 바울이 가는 데마다 많은 사람이 복음을 받아들이고 믿었다. 겸손한 자세의 복음 전도가 죄악으로 죽어가는 사람들을 구원할 수 있으니, 항상 낮은 자세로 복음을 전도하는 성도가 되자.

1. 자랑하지 않는 전도

사도 바울이 "내가 복음을 전할지라도 자랑할 것이 없음은 내가 부득불 할 일임이라 만일 복음을 전하지 아니하면 내게 화가 있을 것이로다"(:16)라고 말씀했다. 이 말씀에는 네 가지의 중요한 복음 전도의 자세가 기록되어 있다. 첫째는 "내가 복음을 전할지라도"로 주어는 사도 바울 자신이지만, 목적어는 복음을 전하는 것이다. 사도 바울은 자기가 복음을 전하지만 어디까지나 복음 전도에 자신의 생애를 몽땅 소비하였다. 둘째는 "자랑할 것이 없음은"이다. 사람들은 자기 자랑을 좋아한다. 세상에는 아무리 못난 사람도 자랑거리 하나쯤은 있다. 하지만 사도 바울은 자랑거리가 많아도 자랑할 게 없다고 고백하였다. 셋째는 "내가 부득불 할 일이라" 말씀했다. '부득불'이라는 말은 '하지 않으면 되지 않다'라는 의미로 반드시 해야 한다는 말이다. 무슨 말인가? 구원받은 성도들이 주님의 복음을 전도하는 일은 해도 되고 안 해도 되는 선택 사항이 아니라는 뜻이다. 넷째는 "내게 화가 있을 것이로다"이다. 화는 다른 말로 '저주'를 의미한다. 사랑이 많으신 하나님은 성도에게 저주를 원하시지 않는다. 그런데 사도 바울은 자기가 만일 복음을 전도하지 않으면 저주를 받을까 두려웠다. 이는 항상 두려운 마음으로 복음을 전도해야 할 성도의 신앙생활을 강조하는 의미이다.

2. 값없이 전하는 전도

누구든지 일하면 노동의 대가를 바란다. 흔히 노동자들이 사업주에게 노동의 대가로 임금을 올려달라고 파업하고 시위한다. 어떤 의미에서 타당하지만, 반드시 옳은 행동은 아니다. 왜냐하면 노동자들도 일터가 있어야 임금을 받고 생활할 수 있기 때문이다. 요즘은 나이가 많은 노인들이 자원봉사로 대가를 바라지 않고 값없이 일하는 경우가 있다. 이처럼 값없이 복음 전도하면 하나님께서 기뻐하신다. 사도 바울도 값없이 복음을 전도하였다. "내가 내 자의로 이것을 행하면 상을 얻으려니와 내가 자의로 아니한다 할지라도 나는 사명을 받았노라 그런즉 내 상이 무엇이냐 내가 복음을 전할 때에 값없이 전하고 복음으로 말미암아 내게 있는 권리를 다 쓰지 아니하는 이것이로다"(:17-18). 오늘날 목회자들은 복음을 전도할지라도 교회에서 생활비를 받는다. 그런데 사도 바울은 누구에게 생활비를 받지 않고 복음을 전도했다. 이는 사도 바울의 사명감이었다. 그는 누가 시켜서 복음을 전도한 게 아니라 스스로 사명감에 따라서 값없이 전도했다. 여기서 우리는 배워야 한다. 만일 값을 바라고 전도하면 삯을 받고 일하는 꼴이 되고 만다. 하나님은 그런 일꾼을 바라지 않으신다. 자원하여 손해를 볼지라도 값을 받지 않고 복음을 전도하는 성도에게 하나님께서 축복하신다.

3. 모든 사람에게 전도

복음 전도는 누구에게 해야 할까? 세상에 복음 전도의 대상자는 따로 없다. 왜냐하면 모든 사람이 하나님 앞에 죄인이기 때문이다. 양심적으로 올바르게 살았다고 자신하는 사람도 하나님에게는 죄인이다. 사도 바울이 "모든 사람이 죄를 범하였으매 하나님의 영광에 이르지 못하더니"(롬 3:23)라고 말씀했다. 인간은 본래 하나님의 영광에 이르도록 창조되었다. 그러나 아담과 하와가 하나님께서 금지하신 열매를 따서 먹고 죄를 범하여 그의 후손인 모든 인간이 죄악으로 죽어가게 되었다. "하나님이 세상을 이처럼 사랑하사 독생자를 주셨으니 이는 그를 믿는 자마다 멸망하지 않고 영생을 얻게 하려 하심이라 하나님이 그 아들을 세상에 보내신 것은 세상을 심판하려 하심이 아니요 그로 말미암아 세상이 구원을 받게 하려 하심이라"(요 3:16-17). 우리는 이 말씀대로 모든 사람에게 하나님의 사랑을 전하고 복음을 전도하여 그들이 구원을 받도록 해야 한다. 사도 바울은 "내가 모든 사람에게서 자유로우나 스스로 모든 사람에게 종이 된 것은 더 많은 사람을 얻고자 함이라"(:19)라고 말씀했다. 사도 바울은 모든 사람에게 자유로웠다. 그러나 그는 스스로 모든 사람에게 종이 되었다. 그 이유는 모든 사람에게 복음을 전도하여 더 많은 사람을 얻고자 함이었다.

4. 구원하는 복음 전도

우리가 복음을 전도하는 목적은 무엇일까? 혹시 복음을 전도하여 교인의 수를 늘리고 대교회로 만들고자 함일까. 그건 분명히 아니다. 교인의 수가 많고 대교회가 되었다고 하나님께서 기뻐하시지는 않을 것이다. 복음을 전도하는 목적은 사람을 구원하기 위해서이다. 사도 바울은 사람을 구원하기 위하여 수시로 변했다. "유대인들에게 내가 유대인과 같이 된 것은 유대인들을 얻고자 함이요 율법 아래에 있는 자들에게는 내가 율법 아래에 있지 아니하나 율법 아래에 있는 자 같이 된 것은 율법 아래에 있는 자들을 얻고자 함이요 율법 없는 자에게는 내가 하나님께는 율법 없는 자가 아니요 도리어 그리스도의 율법 아래에 있는 자이나 율법 없는 자와 같이 된 것은 율법 없는 자들을 얻고자 함이라 약한 자들에게 내가 약한 자와 같이 된 것은 약한 자들을 얻고자 함이요 내가 여러 사람에게 여러 모습이 된 것은 아무쪼록 몇 사람이라도 구원하고자 함이니"(:20-22). 사도 바울이 어떻게 보면 절제가 없는 걸로 보일 수 있으나, 그의 목적은 모든 사람에게 복음을 전도하여 구원의 길로 인도하는 것이다. 주님의 몸 된 교회는 자주 변해야 한다. 로마 가톨릭교회처럼 고정되지 말고 변화되는 사회에 적응하여 변화될 때 수많은 사람을 구원의 길로 인도할 수 있다고 믿어라.

2026년 2월 8일, 주현절 후 5번째 주일

성 경	마가복음 5:21-43	예전색상	초록색

예배의 부름

"다만 그들이 항상 이같은 마음을 품어 나를 경외하며 내 모든 명령을 지켜서 그들과 그 자손이 영원히 복 받기를 원하노라"(신 5:29)

성도들에게 예수님의 성품을 닮아 주님처럼 살 기회를 주시는 하나님 아버지! 지난 한 주간 저희가 하늘 은혜로 이 세상에서 승리하게 하심을 감사드립니다. 그러나 가끔 성결한 영으로 살지 못한 잘못을 용서하여 주옵소서. 오늘도 말씀 듣고 기도하고 찬송가를 부를 때 하나님의 영광이 나타나고 성령의 역사가 체험되게 하옵소서. 성령의 임재하심 안에서 내적인 충만을 찬양하고 주님을 섬기고 싶은 열망이 불꽃처럼 타오르게 하옵소서. 모든 영광 성삼위 하나님께 드리오며 예수님의 이름으로 기원하옵나이다. 아멘

회개를 위하여

하나님께서는 우리 모두를 위한 계획을 세우고 계십니다. 기도하는 사람만이 그 계획을 알고 말씀으로 힘입어 성공하는 한 주간을 살아갈 수 있습니다. 기도하지 않고 시작하는 한 주간은 하나님의 계획을 무시하고 자기 계획대로 살아가는 그 한 사람이 나는 아닌지 성찰하고 회개하는 기도를 계속합니다.

고백의 기도

영생에 대한 소망을 가진 성도들에게 하늘의 권세와 능력을 가득히 내려 주시는 하나님 아버지! 거룩한 주님의 날 우리를 불러 주시고 사망에서 구원함을 얻은 기쁨을 경배하고 찬양하게 하심을 감사드립니다. 그러나 저희는 지난 한 주간에도 갖가지 잘못된 생각에 사로잡혀 살았음을 용서하여 주시옵소서. 옛 습관을 벗지 못하고 감사가 생활화되는 멋진 신앙의 모범을 살지 못했음을 고백합니다. 부끄러운 저희의 연약함을 고백하오니 죄악의 옛사람에서 새로운 사람으로 바꾸어 주옵시고 과거를 부끄러워하는 마음을 허락하여 주옵소서.

무참한 패배의식에서 벗어나 하나님 앞에 무릎 꿇고 하나님의 계획을 아는 한 주간을 살게 하옵소서. 내 생각대로 살겠다고 고집을 부리던 그 용기가 방향 전환되어 기도하는 하늘 백성이 되게 하옵소서. 성령의 능력 속에서 인도될 줄로 믿고 일어서렵니다. 이제 다시는 똑같은 실수는 저희의 앞날에서 도말되고 사라질 것을 믿습니다. 붙잡아 주시고 이끌어 주옵소서. 진리와 생명의 길인 믿음의 등불을 따르는 사람이 되기를 결심합니다. 세상을 의지하고 바라보지 않게 하옵소서. 엎드려 눈물로 회개하는 종들에게 크신 위로와 은총을 더하여 주시옵소서. 예수님의 이름으로 기도합니다. 아멘

사함의 확인	"그러므로 너희 죄를 서로 고백하며 병이 낫기를 위하여 서로 기도하라 의인의 간구는 역사하는 힘이 큼이니라"(약 5:16)
성시교독	123. 주현절(3)
설교 전 찬 송	40장 (찬송으로 보답할 수 없는) 442장 (저 장미꽃 위에 이슬)
설교 후 찬 송	438장 (내 영혼이 은총입어) 441장 (은혜 구한 내게 은혜의 주님)

금주의 성가	주는 우리 등대 – Carth Edmundson 은혜의 구주 – Mark Andrews 주께로 갑니다 – J.B Swenney
목회기도	우리 교회를 부흥시켜 주시고 말씀 위에 굳건히 서 있게 하시는 하나님 아버지! 부족한 저희를 자자손손 누리고 살 복의 통로가 되게 해주심을 감사드립니다. 그러나 저희는 지난 한 주간 주시는 지혜로 승리하지 못하고 죄와 가까이하고 생각과 말과 행동으로 실수한 흔적을 부둥켜안고 눈물 흘리오니 저희 어리석음 용서하여 주옵소서. 복잡하고 험한 세상살이의 번뇌에 있는 영혼을 보혈로 말씀히 씻어 주옵소서. 하늘의 능력을 채워 가는 예배가 되게 하옵소서. 저희가 믿음으로 살아갈 때 교회에 유익이요, 이 나라와 이 민족을 하나님께로 인도하는 지름길임을 고백합니다. 온 성도들이 하나님 중심, 말씀 중심, 교회 중심으로 살아가게 하옵소서. 우리 교회에 여러 기관이 있습니다. 먼저 그 나라와 의를 세워나가는 일꾼이 될 것을 다짐합니다. 저희 힘과 시간이 필요할 때 어정쩡한 구경꾼이 되기보다는 땀 흘리면서 앞장서는 일꾼이 될 것을 약속합니다. 이제 한 주간을 살러 세상으로 나아갑니다. 구름 기둥과 불기둥 같은 섭리로 세상 삶을 승리 가운데 살게 하셨다가 주님의 날 주의 제단 앞에 승리의 기쁨을 안고 오게 하옵소서. 맡겨 주신 기업과 앞에 가로놓여 있는 문제들을 향하여 왕 같은 제사장이요, 택함 받은 주의 백성답게 성령의 능력으로 이기게 하옵소서. 한 주간 동안 주님께서 함께하여 주실 줄 믿사옵고 예수님의 이름으로 기도합니다. 아멘
헌금을 위한 구성	"감사함으로 그의 문에 들어가며 찬송함으로 그의 궁정에 들어가서 그에게 감사하며 그의 이름을 송축할지어다"(시 100:4)
헌금기도	독생자를 아끼지 아니하시고 선물로 주신 하나님 아버지! 거룩한 주님의 날 예배를 드리면서 봉헌하는 손길마다 하늘의 신령한 은혜와 땅의 기름진 축복으로 채워 주신 은혜를 감사드립니다. 저희의 정성으로 드리는 이 헌금이 주의 일에 더욱 귀하게 쓰이게 하옵시고 감사한 마음으로 드린 모든 이들에게 항상 주의 일에 동역하며 헌신하려는 불타는 가슴을 주옵소서. 오늘도 십일조로, 감사 헌금으로, 각각 그 마음에 정한 바대로 주님 앞에 이 모양 저 모양으로 감사한 손길을 가지고 나왔습니다. 주님, 이들의 손길을 기억하여 주시고 축복하여 주옵소서. 무엇보다 경제적 여건이 허락지 않아 도움을 요구하는 손길을 보면서도 도움을 주지 못하여 안타까워하는 주님의 선한 일꾼들이 많습니다. 그들에게 필요한 물질들이 풍성하게 공급되어 그들의 선한 봉사 활동을 지속할 수 있게 하옵소서. 이 헌금이 복음을 전파하는 동력으로 사용되기를 원합니다. 드려지는 예물들이 축복의 못자리가 되어 들어와도 복을 받고 나가도 복을 받는 축복의 통로가 되게 하옵소서. 교회학교 학생들이 봉헌한 예물이 있습니다. 지혜와 믿음이 자라 기도할 때마다 꿈이 현실로 이루어지는 기적을 체험하는 삶을 살게 하옵소서. 예수님 이름으로 기도드리옵나이다. 아멘
위탁의 말씀	"무리 가운데 끼어 뒤로 와서 그의 옷에 손을 대니 이는 내가 그의 옷에만 손을 대어도 구원을 받으리라 생각함일러라" 주님의 옷자락에 손만 대도 치유되는 기적을 믿고 말씀으로 영혼과 육신의 질병도 치유된다는 확신으로 사는 한 주간이 되시기 바랍니다.
축도	지금은 선한 목자가 되셔서 저희의 삶을 선하고 복된 길로 인도하시는 예수 그리스도의 은혜와 독생자 예수 그리스도를 이 땅에 보내시고 저희의 치유자가 되게 하신 하나님의 사랑과 지금도 저희의 앞길을 바르게 이끌어 주시고 삶을 풍성하게 하시는 성령의 충만하심과 감화·감동·교통하심이 지금부터 영원토록 함께 하시기를 축원하옵나이다. 아멘

오늘의 설교를 위하여

오늘의 설교를 위한 복음적 조명 주제 : 주님의 치유

제목 : 믿음으로 구원받는 치유 l 본문 : 마가복음 5:21-43

주제 : 주님의 옷자락에 손만 대도 치유되는 기적을 통해서 우리는 주님의 능력을 확신한다. 따라서 주님을 믿으면 영혼과 삶이 구원을 받게 된다. 비록 죽을 수밖에 없을지라도 다시 살아날 수 있다. 치유를 체험할 수 있다는 복음을 하나님의 말씀으로 증언하자.

논지 : 주님은 병든 사람을 치유하시고, 죽은 사람을 살리시는 복음을 전파하자.
 1. 주님께 손만 대도 치유
 2. 주님의 능력으로 치유
 3. 믿음에 구원받는 치유
 4. 죽었다 살아나는 치유

02
08

　사람들은 질병을 싫어한다. 그러나 질병은 사람들의 주변을 얼씬거리고 있다. 사람들이 사는 곳에 질병이 많아서 그런지 사람들은 질병에 익숙해져 있다. 인생을 많이 산 노인들은 질병에 대해서 익숙해졌는지 어느 정도 체념해 버리고 사는 것 같다. 그게 우리를 슬프게 한다. 세상에 아무리 질병이 많다고 해도 누구도 질병을 즐기는 사람은 없다. 왜냐하면 질병은 인간을 망가뜨리기 때문이다. 질병은 인간의 기쁨과 평안을 빼앗아 간다. 질병은 인간을 불행하게 한다. 사람이 절망에 깊이 빠지면 최후로 극단적인 선택을 한다. 이는 인생의 비극이다. 우리는 하나님 앞에서 좀 솔직해져야 한다. 우리가 오늘 하나님 앞에 나온 것은 은혜와 평강을 얻기 위함이다. 성령님이 베푸시는 위로와 평화를 누리고 싶다. 주님의 은혜로 모든 죄에서 해방되어 영혼의 치유, 양심의 치유, 나아가서 치유되고 싶다. 정신적인 평안과 육신의 질병까지 치유와 해방을 얻고 싶다. 우리는 어떠한 질병의 고통에서도 치유되기를 소원한다. 그런데 우리는 질병의 실제를 알아야 한다. 질병은 어떻게 생기며 어떻게 해방될 수 있을까? 물론 질병이 생기면 병원의 의사에게 찾아가서 치료를 받고 약을 먹어야 한다. 하지만 영혼까지 치유되지는 못한다. 그러므로 주님 앞에 나아가야 한다.

1. 주님께 손만 대도 치유

　12년 동안 혈루증으로 고통받던 여인이 예수님을 만났다. 우리는 12년 동안 질병으로 고통받던 여인이 어떻게 무슨 방법으로 예수님에게 치유를 받았는지를 알아야 한다. 여기에 질병에서 구원받는 길이 있다. 그 방법이 말씀에 자세히 기록되어 있다. 그 여인이 "예수의 소문을 듣고"(:27). 이 말씀이 치유의 출발점이다. '소문'이란 지나가는 소식으로 근거가 미약한데 좋은 소식과 나쁜 소식도 있다. 그런데 "예수의 소문"은 다르다. "예수의 소문"은 좋은 소식(good news)으로 복음이다. 하나님의 아들이 오셨다는 소문을 듣는 건 축복이다. 그 여인이 "뒤로 와서 그의 옷에 손을 대니"(:27). 예수님을 만지고 기적이 일어났다. 누구나 할 수 없는 신비로운 체험으로 감히 상상할 수 없다. 혈루증을 앓고 있던 더러운 여인이 감히 예수님 앞으로 나아갈 수 없었기에 최후의 수단으로 무리 가운데 끼어 예수님의 옷에 손을 댔다. 여기에는 순수한 믿음이 있었다. 예수님의 옷자락에 손만 대어도 병이 나을 것이라는 믿음이다. 아마 그 여인은 떨리는 손으로 예수님의 옷자락을 움켜쥐고 "주여!" 하고 부르짖었을 것이다. 이때 뜨거운 성령의 역사 일어났다. 성령이 예수님으로부터 여인의 손길로 전류처럼 짜릿하게 흘러 여인의 전신을 휩쓸었다. 여기서 치유의 기적이 일어났다.

2. 주님의 능력으로 치유

우리는 여기서 이성으로 생각할 필요가 있다. 수많은 사람이 예수님의 앞뒤에서 예수님을 밀치고 부딪치며 지나갔을 것이다. 그러나 다른 사람들에게는 아무런 일이 일어나지 않았다. 평범한 접촉은 기적이 일어나지 않는다. 비상한 접촉, 간절히 사모하는 심정으로 만났을 때 기적이 일어난다. 수많은 사람이 교회에 나온다. 교인들이 기도하고 하나님의 말씀을 듣고 찬송을 한다. 그러나 아무 일도 일어나지 않는다. 그냥 스치며 지나갈 뿐이다. 우리는 예수님을 만나야 한다. 예수님을 그냥 생각만 할 게 아니라 특별히 만나야 한다. 간절히 사모하는 열정으로 만나야 한다. 뜨겁게 기도하며 만나야 한다. 떨리는 마음으로 만나야 한다. 가슴으로 만나야 한다. 자신만의 고통을 가지고 예수님과 만나서 접촉해야 한다. 회개하고 기도하는 믿음으로 예수님께 떨리는 손을 내밀어야 한다. 그러면 기적이 일어난다. 고통의 문제가 해결된다. 고칠 수 없는 질병에서 치유된다. 이게 믿음이다. 예수님께서 "딸아 네 믿음이 너를 구원하였으니 평안히 가라 네 병에서 놓여 건강할지어다"(:34)라고 말씀하셨다. 이 예수님의 말씀이 질병에서 치유되는 비법이다. 군중들에게 떠밀려가시던 예수님께서 이상한 느낌을 깨달으셨다. 주님의 능력으로 12년 동안 혈루증으로 앓던 여인이 치유되었다.

3. 믿음에 구원받는 치유

예수님께서 능력이 나간 줄을 아시고 무리를 돌아보시면서 "누가 내 옷에 손을 대었느냐"(:30)라고 말씀하셨다. 제자들은 주님의 말씀이 이상했다. 주님을 빈정대듯이 "무리가 에워싸 미는 것을 보시며 누가 내게 손을 대었느냐 물으시나이까"(:31)라고 물었다. 우리도 가끔 이렇게 실수한다. 우리는 자신이 신령한 영적 세계를 알지도 못하는 무지에 이렇게 실수한다. 기도하지 않은 교인, 성령을 받지 못한 교인, 치유의 은혜를 체험하지 못한 교인이 범하는 실수이다. 예수께서 치유를 받은 여자를 찾으시려고 둘러보셨다. 그때 그 여인이 자기에게 이루어진 기적을 깨닫고 신비한 체험을 숨길 수 없었다. 두려움이 몰려왔다. 이는 거룩한 두려움이다. 그 여인은 떨면서 예수님 앞에 엎드리며 자신이 몸에 떨림과 성령의 역사가 일어난 치유의 사실을 아뢰었다. 예수님께서 "딸아 네 믿음이 너를 구원하였으니 평안히 가라 네 병에서 놓여 건강할지어다"(:34)라고 말씀하셨다. 문제의 해결은 믿음이다. 오직 믿음이다. 예수님의 옷에 손길만 대어도 치유될 것이라는 믿음은 이 여인이 고통에서 해방되게 했다. 우리도 믿음으로 주님과 뜨겁게 부딪혀야 한다. 오직 믿음의 손길로 주님을 붙잡아야 한다. 오직 믿음으로 주님의 가슴과 자신의 간절한 믿음으로 구원받을 수 있다.

4. 죽었다 살아나는 치유

예수님께서 베드로와 야고보와 요한만을 대동하시고 죽은 아이가 누워 있는 집에 들어가셨다. 이 세 제자는 예수님께서 행하시는 기적에 대해서 증인으로서 소임을 감당할 수 있는 자들이다. 예수님께서 열두 제자 가운데 세 제자만 택하신 이유는 신학적인 논의가 있지만 그 중에 가장 중요한 것은 아무나 기적을 볼 수 없고 특별한 성도만 가능하다는 것을 의미한다. 하나님께 특별한 성도는 큰 은총과 기적에 참여할 수 있다. 예수님께서 "이 아이가 죽은 것이 아니라 잔다"(:39)라고 말씀하셨다. 여기서 우리는 '죽음'과 '잠'의 관점을 배울 수 있다. 사람들은 죽음을 끝이라고 생각하지만, 주님은 죽음을 잠으로 말씀하셨다. 예수 그리스도 안에서 죽은 성도는 다시 살 수 있다. 예수께서 죽은 아이를 한마디 말씀으로 살리셨다. "그 아이의 손을 잡고 이르시되 달리다굼 하시니 번역하면 곧 내가 네게 말하노니 소녀야 일어나라 하심이라"(:41). 죽었던 소녀가 예수님의 말씀 한마디로 살아났다. "소녀가 곧 일어나서 걸으니"(:42). 우리도 불신앙의 죽음에서 일어나 주님 앞에 나가야 한다. 신앙적으로 걸으며 주님의 이름과 능력을 여기저기에 전파해야 한다. 우리의 영적인 생명이 살아나야 한다. "나이가 열두 살이라"(:42). 우리도 소녀와 같이 살아난 기쁨으로 복음을 전해야 한다.

\[2026년 2월 15일, 주현절 후 6번째 주일 / 주님의 산상변모주일 / 설날(17일)\]	

성 경	마태복음 17:1-8	예전색상	흰색
예배의 부름	"…홀연히 빛난 구름이 그들을 덮으며 구름 속에서 소리가 나서 이르시되 이는 내 사랑하는 아들이요 내 기뻐하는 자니 너희는 그의 말을 들으라 하시는지라"(마 17:5)		
	죄인을 불러 의인으로 변화시켜 하늘 백성삼아 주신 하나님 아버지! 변화 산에서 영롱한 빛의 현존과 함께 성삼위 하나님의 실체를 볼 수 있게 해주신 산상변모주일 아침 거룩한 성산으로 저희를 인도해 주심을 감사드립니다. 우리도 주님처럼 변화되어 하나님께 영광을 돌리게 하시옵소서. 하늘의 찬란한 영광의 빛을 통하여 저희 영혼에 묻어 있는 모든 불순물이 사라지고, 변화된 감격을 안고 가정과 일터에서 승리하는 힘을 얻게 하옵소서. 예수님의 이름으로 기원하옵나이다. 아멘		
회개를 위하여	하나님은 우리가 그리스도의 마음을 품고, 그리스도의 사랑을 닮아 남을 섬기면서 변화된 하루하루를 살기를 바라십니다. 그렇게 살지 못하게 우리의 발목을 붙잡고 있는 것이 무엇인가를 성찰하고 회개하는 기도를 계속합니다.		
고백의 기도	우리가 세상을 등지고 십자가를 짊어지고 하늘나라를 소망하며 살게 하시는 하나님 아버지! 죄인이었던 저희에게 하늘 사랑을 알게 하시고 깨닫게 하시니 감사드립니다. 그 사랑을 바로 알고 실천해야 함에도 우리의 욕심 때문에 나누는 삶을 살지 못한 어리석음을 불쌍히 여겨 주옵소서. 항상 큰 하늘 사랑을 받았으면서도 부족한 것이 많다고 원망하며 산 것을 용서하여 주옵소서. 육신을 위해서 시간과 물질을 허비하면서도 영적인 아름다움을 위해서 시간과 물질을 투자하지 못한 저희를 불쌍히 여겨 주옵소서.		
	오늘 변화 산상에서 보여주신 그 모습이 저희의 갈 길에 함께하사 세상이 주는 아름다운 것이 주의 변화된 모습에 비길 수 없는 추한 것들이 되게 하는 눈을 가질 것을 다짐합니다. 이렇게 주님 지난날들의 허물을 용서하여 주옵소서. 오늘의 결심하고 열등감에 빠지지 않게 살겠습니다. 마음대로 말하고 판단하고 행동하는 일이 없도록 성령님의 인도를 받도록 노력하겠습니다. 이제 다시 한 주간을 시작하면서 만나는 사람 안에 계시는 주님의 형상을 생각하고 말하고 행동하는 자세를 가질 수 있기를 결심하오니 사랑으로 안아 주시고 지난날들의 잘못을 지워 없애 주시옵소서. 우리 주 예수 그리스도의 이름으로 기도하옵나이다. 아멘		
사함의 확인	"내가 나를 위하여 그를 이 땅에 심고 긍휼히 여김을 받지 못하였던 자를 긍휼히 여기며 내 백성 아니었던 자에게 향하여 이르기를 너는 내 백성이라 하리니 그들은 이르기를 주는 내 하나님이시라 하리라 하시니라"(호 2:23)		
성시교독	123. 주현절(3)		
설교 전 찬 송	21장 (다 찬양하여라) 405장 (주의 친절한 팔에 안기세)		
설교 후 찬 송	347장 (허락하신 새 땅에) 524장 (갈길을 밝히 보이시니)		

금주의 성 가	하나님의 나팔소리 - 진선미 태산을 넘어 험곡에 가도 - Mary McDonald 다 나와 찬양하라 주의 자녀들아 - Michael Barret
목 회 기 도	**신**비로운 삼위일체의 믿음을 주시는 성부 하나님, 성자 하나님, 성령 하나님! 구름 기둥과 불기둥으로 주의 백성들을 진리로 인도해 주시고 세상의 어려움과 고통 속에서 주 은혜의 날개 밑에 보호해 주심을 감사드립니다. 죄인이었던 불쌍한 저희를 의인으로 만들어 의의 병기로 사용하시기를 원했지만, 저희가 하나님의 뜻대로 살지 못하고 때로는 원수 마귀의 도구가 되었던 것을 회개하오니 불쌍히 여겨 주시옵소서. 주님의 산상변모주일에 세상 쾌락에 눈먼 자와 죄악에 사로잡힌 저희에게 성삼위일체께서 주시는 은혜로 죄악의 굴레에서 벗어나 하늘 상속자로 살아갈 자격을 회복하는 거룩한 날이 되게 하여 주시옵소서. **한** 주님, 한 믿음, 한 말씀, 한 세례로 하나 되게 하셨듯이 이 교회에 속한 모든 성도가 의지할 상대가 오직 성삼위 하나님이심을 알고 살게 하옵소서. 나의 행복과 편한 생활을 생각하면서 설계했던 계획이 하나님과 교회를 위하여 무엇을 할 것인가로 변하게 하여 주옵소서. 병중에 있는 성도를 기억하시고, 저희 자신과 가정과 나의 기업만을 위해서 걱정하고 기도하던 태도가 바뀌어 하나님의 의와 저희 모두를 위하여 기도하고 섬기는 마음으로 봉사하는 하나님의 자녀 되게 인도하여 주옵소서. 우리 주 예수 그리스도의 이름으로 기도합니다.
헌금을 위한 한 구성	"무릇 여호와를 의지하며 여호와를 의뢰하는 그 사람은 복을 받을 것이라 그는 물 가에 심어진 나무가 그 뿌리를 강변에 뻗치고 더위가 올지라도 두려워하지 아니하며 그 잎이 청청하며 가무는 해에도 걱정이 없고 결실이 그치지 아니함 같으리라"(렘 17:7-8)
헌 금 기 도	**엄**청난 값을 주고도 살 수 없는 하늘 은총을 거저주신 하나님 아버지! 지난 한 주간에도 우리의 생명을 붙드시고 주관하여 주신 은혜에 감사하는 마음으로 정성을 다한 예물을 바칠 믿음 주심을 감사드립니다. 빈손으로 온 사람에게 많은 복을 주신 것을 헤아리지 못하고 충분한 감사 생활을 하지 못한 잘못을 용서하여 주옵소서. 부요하고 넉넉한 살림은 아니지만 주신 은혜를 생각하여 주님만 섬기겠다는 결심을 예물에 담아 드립니다. 복음의 황무지와 같은 세상을 변화시켜 복음의 푸른 초장이 되는 작은 씨앗이 되게 하옵소서. **십**일조를 드리고 범사를 책임져주시는 하나님 은혜를 감사하며 드리는 감사 예물이 있습니다. 구역 헌금과 주일 헌금을 드립니다. 예물을 드리는 자녀들 가정이 하늘의 풍성한 기름과 땅의 충만한 결실로 채워 주옵소서. 실패한 사람들이 하나님을 만나면 축복의 문이 열리는 믿음을 주시고 재기의 새 힘을 부어 주옵소서. 우리가 드리는 예물이 하늘에 귀하게 기록될 때 땅에서는 오병이어의 기적으로 만족하게 하옵소서. 어두운 그늘에서 고달픈 마음을 안고 사는 자녀들과 병마로 고통받는 성도들에게 치유의 기적을 허락하여 주옵소서. 예수님 이름으로 기도하옵나이다. 아멘
위탁의 말 씀	"이는 내 사랑하는 아들이요 내 기뻐하는 자니 너희는 그의 말을 들으라 하시는지라" 주님의 모습이 변모 사건을 통하여 우리는 자신의 신앙 변화와 함께 신령한 영적인 체험으로 한 주간을 어떻게 살아야 하나님을 기쁘시게 할까를 생각하면서 살아야 합니다.
축 도	지금은 교회의 머리가 되시는 예수 그리스도의 은혜와 세상을 구원하시기 위해서 독생자를 보내 주신 하나님의 사랑하심과 진리와 생명으로 인도하시는 성령님의 감화·감동·교통하심이 주님 산상변모주일을 기념하고, 또 우리 민족의 명절인 설 명절을 앞두고 성전에 모여 하나님을 예배하는 모든 가정 위에 영원히 함께하시기를 간절히 축원하옵나이다. 아멘

오늘의 설교를 위하여

오늘의 설교를 위한 복음적 조명 주제 : 주님의 변모

제목 : 주님께서 변모하신 가치 | 본문 : 마태복음 17:1-8

주제 : 주님은 세 제자와 함께 높은 산에 올라가셔서 변모되셨다. 이 사실은 주님의 능력과 함께 하나님의 사랑을 받으신다는 증거다. 우리는 이 사건을 통하여 자신의 신앙 변화와 함께 신령한 영적인 체험으로 하나님을 기쁘시게 하는 신앙생활을 배워야 한다.

논지 : 주님께서 높은 산에서 변모하신 사건은 성도들에게 신앙의 변화를 촉구하신다.
  1. 높은 산에 올라가신 주님
  2. 빛과 같이 변모하신 주님
  3. 하나님의 사랑 받은 주님
  4. 두려워하지 말라는 주님

교회력에 따르면 오늘은 주님의 변모 주일이다. 주님의 산상 변모 사건을 베드로 사도가 "지극히 큰 영광 중에서 이러한 소리가 그에게 나기를 이는 내 사랑하는 아들이요 내 기뻐하는 자라 하실 때에 그가 하나님 아버지께 존귀와 영광을 받으셨느니라 이 소리는 우리가 그와 함께 거룩한 산에 있을 때에 하늘로부터 난 것을 들은 것이라"(벧후 1:17-18)라고 증언하였다. 교회력을 중요하게 다루지 않는 교회는 주님의 산상변모주일을 지키지 않지만, 대부분의 개신교 교회들이 행사에 이날을 포함하여 예배에서 기념하고 있다. 그 날짜가 주현절 후 마지막 주일이자 재의 수요일 바로 직전 주일이다. 그러므로 주님의 산상변모주일은 본격적인 사순절과 부활절을 위한 준비단계라고 볼 수 있다. 그런데 주님께서 열두 제자 가운데에 베드로와 야고보와 요한을 구별하여 데리고 높은 산에 오르셨다. 왜 예수님은 세 제자만 데리고 높은 산에 오르셨는지 우리가 정확히 알 수는 없지만, 어쩌면 선택된 제자, 즉 주님을 올바로 믿고 따르며 순종하는 제자를 구별하신 걸로 보인다. 우리는 여기서 자신의 믿음을 돌아보아야 한다. 구태의연한 믿음은 변화가 없다. 변화가 없는 믿음은 낡은 부대와 같다. 새 술은 새 부대에 넣어야 하는 것처럼 우리의 믿음도 새롭게 변화되어야 한다.

1. 높은 산에 올라가신 주님

주님께서 높은 산에 올라가셨다. '높은 산'은 평지보다 높은 곳으로 사람들이 많이 다니지 않는 데이다. 그곳은 기도하기에 좋고 하나님을 만날 수 있는 장소이다. 우리는 평소에 성전에서 하나님께 기도를 드리지만, 가끔 높은 산에 올라가서 기도하면 하나님께 응답을 받을 수 있다. 주님께서 높은 산에 올라가신 이유는 본문에 기록되지 않았으나, 주님이 십자가에서 죽은 다음에 세상에 남겨질 세 제자를 훈련하실 목적으로 올라가신 것이다. 그런데 주님이 좀 야박하시다는 생각을 했다. 주님의 제자들은 모두 12이었다. 그런데 왜 "베드로와 야고보와 그 형제 요한을 데리시고"(:1) 따로 높은 산에 올라가셨을까? 나머지 9제자는 왜 빼놓고 가셨을까? 주님은 제자들을 차후차박하셨는가? 이때 산에 못 올라간 제자들은 서운했을 것이다. 주님의 제자들에 대한 불평등이라고 생각할 수 있다. 하지만 주님의 일은 아무나 하는 것이 아니다. 주님은 모든 사람을 공평하게 대하시지만, 사람의 능력에 따라서 일을 맡기신다. 온 교인이 다 장로이고 다 안수집사이고, 다 권사이면 좋을 것이다. 그러나 그럴 수는 없다. 주님의 일에는 자신의 믿음과 섬기는 자세에 따라서, 일의 분량에 따라서 달라질 수밖에 없는 것이다. 그러므로 능력이 있는 성도가 되도록 하자.

2. 빛과 같이 변모하신 주님

주님께서 베드로와 야고보와 요한을 따로 데리시고 높은 산에 올라가셨을 때 모습이 빛과 같이 변하셨다. "그들 앞에서 변형되사 그 얼굴이 해 같이 빛나며 옷이 빛과 같이 희어졌더라"(:2). 우리도 변형되신 주님을 보아야 한다. 주님의 얼굴이 해 같이 빛을 내고 옷이 빛과 같이 하얗게 되셨다. 앞을 바라보시라. 지금 성도에게 주님의 모습이 보이는가? 만약 안 보인다면 문제가 있다. 지금 여기에 주님께서 계신다. 여기에 주님께서 계시는데 주님이 안 보이는 사람이 있다면 왜일까? 자신의 영적 눈이 어두워져 있기 때문이다. 왜 영적 눈이 어두운가? 죄가 앞을 가렸다. 불신앙이 앞을 가렸다. 탐욕이 앞을 가렸다. 세상이 앞을 가렸다. 부모나 자식들이 앞을 가렸다. 죄를 회개해야 주님이 보인다. 믿음을 가져야 주님이 보인다. 욕심을 버려야 주님이 보인다. 세상을 뒤로 하고 십자가를 바라보아야 주님이 보인다. 성도는 부모나 지식을 버릴 수 없다. 그러니 정말 주님을 보고 싶다면 좀 옆으로 비켜 놓으시라. 그러면 주님이 보일 것이다. 주님을 보아야 변화될 수 있다. 주님은 빛으로 세상에 오셨다. 주님이 계신 데는 어두움이 물러간다. 주님께서 "너희는 세상의 빛이라"(마 5:14) 말씀하셨으니, 우리도 주님과 함께하면서 어두운 세상을 빛으로 밝혀야 할 것이다.

3. 하나님의 사랑 받은 주님

주님께서 세 제자와 높은 산에서 변모하셨을 때 모세와 엘리야가 나타나서 주님과 대화하고 계셨다. 이 광경을 바라보던 베드로는 너무나 감격하여 주님께 이렇게 간구하였다. "주여 우리가 여기 있는 것이 좋사오니 만일 주께서 원하시면 내가 여기서 초막 셋을 짓되 하나는 주님을 위하여, 하나는 모세를 위하여, 하나는 엘리야를 위하여 하리이다"(:4). 베드로는 주님을 핍박하고 괴롭히는 유대인들이 있는 곳보다 높은 산에서 초막을 짓고 주님과 선지자들과 함께 사는 게 좋다고 생각했다. 좀 엉뚱한 생각인데, 그때 홀연히 빛난 구름이 그들을 덮으며 구름 속에서 소리가 나서 "이는 내 사랑하는 아들이요 내 기뻐하는 자니 너희는 그의 말을 들으라"(:5) 하시는 말씀이 들렸다. 하나님은 주님을 사랑하셨다. 하나님께서 영원하듯이 사랑도 끝이 없고 영원하다. 영원한 가치를 지닌 사랑을 배우고 알기 위해서 얼마만의 시간과 정력을 소비하는가가 우리에게 중요하다. 학습이 없으면 진전도 없다. 진전이 없으니 성장도 없다. 성장이 없으면 결과도 없다. 삶이 허망해진다. 살 가치를 못 느낀다. 삶의 가치는 사랑에서만이 발견할 수 있다. 하나님께서 주님을 사랑하신 것처럼 우리도 하나님과 주님을 사랑해야 한다. 하나님 사랑의 본질을 찾아서 삶에 실천하는 성도가 되자.

4. 두려워하지 말라는 주님

베드로와 요한과 야고보 세 제자가 하나님의 음성을 듣고 엎드려 심히 두려워하였다. 그도 그럴 것이 감히 죄인인 인간이 지엄하신 하나님의 음성을 듣고 살아남을 수 없기 때문이다. '두려움'에는 두 종류가 있다. 하나는 하나님께 죄를 짓고 심판을 두려워하는 공포와 다른 하나는 거룩하신 하나님을 섬기는 경외심으로의 두려움이다. 지금 우리는 어떤 처지에 있는가? 만일 여러 가지 죄를 짓고도 아직 회개하지 않았으면 지옥 형벌의 두려움을 당할 것이다. 그러나 지금까지 지은 모든 죄를 회개하고 용서를 받아 믿음으로 의인이 되었으면 하나님을 경외하는 마음으로 찬양할 수 있을 것이다. 베드로와 요한과 야고보 세 제자가 하나님의 음성을 듣고 엎드려 심히 두려워하고 있을 때 주님께서 그들에게 손을 대시며 "두려워하지 말라"(:7) 말씀하셨다. 이는 주님의 놀라운 은총이다. 우리는 지금 두려운 세상에 살고 있다. 암을 비롯한 각종 질병, 언제 당할지 모르는 교통사고, 무모한 북한의 핵무기, 날로 치솟는 물가 등의 두려움으로 걱정하고 있다. 그런데 주님께서 "두려워하지 말라"(:7) 말씀하셨다. 이 말씀을 믿으면 마음에 근심 걱정은 사라지고 평안함을 얻게 된다. 문제는 자기 자신의 믿음이다. 확실한 신앙고백과 믿음이 있으면 담대하게 살아갈 수 있다.

2026년 2월 22일, 사순절 1번째 주일

성 경	베드로전서 3:18-22	예전색상	보라색

예배의 부름	"그가 찔림은 우리의 허물 때문이요 그가 상함은 우리의 죄악 때문이라 그가 징계를 받으므로 우리는 평화를 누리고 그가 채찍에 맞으므로 우리는 나음을 받았도다"(사 53:5)
	변함없는 사랑과 은혜로 성도들을 위로해 주시는 하나님 아버지! 험한 인생길에서 지치고 곤한 저희 영혼을 은혜의 동산인 OO교회 제단에 나와 경배와 찬양을 드리게 인도해 주신 은혜를 감사드립니다. 2026년 사순절 첫 번째 주일 늘 어리석고 부족하고 허물 많은 저희의 지난 한 주간의 고달픔을 내려놓습니다. 성삼위 하나님의 크신 역사가 저희 가운데 임하시어 그리스도의 남은 고난에 동참하리라는 믿음으로 굳어지는 감격을 맛보는 예배가 되게 하여 주옵소서. 예수님의 이름으로 기원하옵나이다. 아멘

회개를 위하여	오늘부터 2026년 사순절 첫 번째 주일입니다. 그동안 환경이 어렵고 고난이 오고 힘든 일들이 앞길을 가로막을 때 하나님을 원망한 적이 있었다면 이제 그 어려움이 그리스도의 남은 고난에 동참할 기회로 삼지 못한 어리석음을 성찰하고 회개하는 기도를 계속합니다.

고백의 기도	**상**심한 심령에 위로를 주시고 그 상처를 싸매 주시는 좋으신 하나님 아버지! 어려움이 올 때마다 해결할 힘도 함께 주셨음을 감사드립니다. 그러나 지난 한 주간 말씀의 인도를 따르지 않고 죄악 속에서 방황했던 잘못을 용서하여 주옵소서. 악한 자는 항상 우는 사자와 같이 두루 다니며 삼킬 자를 찾고 있음을 부인하고 살았습니다. 하나님을 알되 하나님을 영화롭게 하지 못했습니다. 하나님께서 은혜 주심을 알지만, 하나님께 감사를 드리지도 못하였습니다. 형식적인 감사는 하지만 감사가 생활화되어 있지 못합니다.
	믿음의 연단을 통하여 하나님 중심으로, 말씀 중심으로 살겠다고 다시 다짐합니다. 사랑해야 할 사람끼리 갈등하고 말다툼을 하면서 상처를 주는 어리석음은 삶을 살지 않겠습니다. 인생 동반자인 부부간에도 서로 감싸 주고 이해하기보다 해서는 안 될 말을 하며 상처를 주었던 잘못을 반복하지 않으려 결심합니다. 비록 억울함을 당했어도 먼저 화해의 손을 내밀겠습니다. 십자가의 사랑이 저희 안에서 샘이 되고 저희 가정에서 푸른 초장이 되게 하옵소서. 지금은 비록 연약하지만, 하루하루 하나님의 자녀답게 성숙하는 저희가 되게 하옵소서. 우리 구주 예수님의 이름으로 기도드립니다. 아멘

사함의 확인	"여호와의 말씀이니라 그 날 그 때에는 이스라엘의 죄악을 찾을지라도 없겠고 유다의 죄를 찾을지라도 찾아내지 못하리니 이는 내가 남긴 자를 용서할 것임이라"(렘 50:20)

성시교독	124. 사순절(1)

설교 전 찬 송	618장 (나 주님을 사랑합니다) 143장 (웬말인가 날 위하여)

설교 후 찬 송	330장 (어둔 밤 쉬 되리니) 544장 (울어도 못하네)

금주의 성가	누군가 기도하네 – Lanny Wolfe 큰 죄에 빠진 날 위해 – John Carter 예수의 보혈로 씻겼네 – Warren M. Angell
목회기도	**죄**인의 구원을 위해서 독생자 예수를 십자가에서 죽게 하신 하나님 아버지! 십자가의 공로로 영원한 사망에서 영원한 생명으로 옮겨 주신 은혜를 감사드립니다. 지난 한 주간 성령님의 인도하심대로 살지 못한 것을 회개하는 탄식을 들으시고 새 힘과 용기를 주시옵소서. 하나님의 뜻을 고하지 않고 자기 생각의 함정에 빠져 각박한 세상 풍파에 휩쓸려 떠밀려 살던 잘못을 회개합니다. 주님만이 저희 삶의 길이요, 진리요, 생명임을 고백하는 마음으로 모인 저희입니다. 고개 숙인 성도들의 기도 제목이 말씀을 들으면서 응답으로 이어져 감사의 찬송이 넘치는 산 제사가 되게 하여 주옵소서. **오**늘 우리는 2026년 주님께서 고난의 길을 걸으셨던 사순절 첫 번째 주일 예배를 드립니다. 한량없으신 주의 은총 앞에 저희의 어리석음과 나약함을 고백합니다. 한 주간 믿음으로 살 힘 주시고 소망과 믿음을 더해 주옵소서. 이 시간 예배를 돕는 성가대, 예배 위원과 함께하시고 가정과 사업장마다 같은 은혜를 내려 주옵소서. 우리 교회가 이번 사순절에는 온 성도들이 마음을 같이 하는 교회, 성전에 모이기를 힘쓰는 교회, 모든 것을 함께 나누는 초대교회처럼 지내게 하여 주옵소서. 예배에 나오지 못한 성도와 병으로 고생하는 성도들의 기도를 들어주시옵소서. 우리 주 예수 그리스도의 이름으로 기도하옵나이다. 아멘
헌금을 위한 성구	"이것이 곧 적게 심는 자는 적게 거두고 많이 심는 자는 많이 거둔다 하는 말이로다 각각 그 마음에 정한 대로 할 것이요 인색함으로나 억지로 하지 말지니 하나님은 즐겨 내는 자를 사랑하시느니라"(고후 9:6-7)
헌금기도	**드**리는 영혼에 하늘의 평안을 더해 주시는 하나님 아버지! 이 시간 주님의 은혜에 감사하여 몸과 마음과 뜻과 정성을 다하여 받아주심을 감사드립니다. 감사하는 성도들의 손길을 기억하여 주시고 축복하시되 그 가정에, 그리고 그 자손 대대로 물질의 어려움을 당하지 아니하는 하늘 복을 내려주시옵소서. 오늘처럼 드릴 때마다 구별하여 드릴 수 있게 하여 주시고, 더 큰 믿음을 주셔서 온전히 헌신하며 살게 하옵소서. 오늘도 주님의 것을 잊지 않고 구별하여 드린 십일조의 예물이 있습니다. 힘든 환경과 눈물 속에서도 감사할 조건을 찾아서 감사 헌금으로 드린 손길이 있습니다. **선**교사역을 감당하기 위하여 바쳐진 선교 헌금이 있습니다. 주님을 위하여 땀흘리는 시간의 봉사로 드려진 정성도 있습니다. 주님께 바쳐진 보이는 예물과 보이지 않는 예물 위에 축복하시고 주님을 위하여 충성을 드릴 수 있는 영광을 주옵소서. 각자에게 주신 재능과 능력을 따라 하나님과 교회를 위하여 헌신하는 성도들이 많습니다. 손과 발로 그리고 아는 지식으로 영광 드리는 헌신하는 성도들도 있습니다. 이런저런 모습으로 드린 예물이 쓰일 때 오직 주의 크신 영광이 나타나게 하옵소서. 예수 그리스도의 이름으로 기도합니다. 아멘
위탁의 말씀	"그가 또한 영으로 가서 옥에 있는 영들에게 선포하시니라" 주님께서 십자가에서 단번에 돌아가심은 지옥에 있는 영들에 선포하시고 지상에 있는 사람들의 죄를 세례로 더러움을 깨끗하게 제하시기 위함임을 믿고 그리스도의 남은 고난에 동참하는 마음으로 한 주간을 살아가야 합니다.
축 도	지금은 인류를 구원하시기 위하여 인간의 몸을 친히 입으시고 오셔서 고난 당하신 우리 구주 예수 그리스도의 은혜와 개인과 역사의 주관자 되시는 하나님 아버지의 지극하신 사랑하심과 날마다 은혜 안에 살도록 도우시는 성령님의 인도하심이 하나님의 병기로 쓰임받기를 소원하며 2026년 사순절 첫 번째 주일 예배를 드리고 나아가는 성도들 위에 이제로부터 영원토록 함께하옵시기를 간절히 축원하옵나이다. 아멘

오늘의 설교를 위하여

오늘의 설교를 위한 복음적 조명 주제 : 주님의 죽음

제목 : 주님의 죽음과 사역 | 본문 : 베드로전서 3:18-22

주제 : 주님께서 십자가에서 단번에 죽은 사실은 단순한 사망이 아니다. 지옥에 있는 영들에게 선포하시고 지상에 있는 사람들의 죄를 세례로 더러움을 깨끗하게 제하시기 위함이다. 주님은 하나님의 보좌 우편에서 우리를 위하여 기도하신다는 걸 말씀으로 증언한다.

논지 : 주님께서 죽은 사실을 말씀하고, 그 후의 사역을 조리 있게 선포한다.
 1. 죄를 위해 단번에 죽으신 주님
 2. 영으로 옥에서 선포하신 주님
 3. 세례로 더러움을 제하신 주님
 4. 하나님의 우편에 앉으신 주님

    사순절과 주님의 죽음은 성도의 신앙생활에 가장 소중한 교훈이다. 교회에서는 본격적인 신앙생활을 열어가기 위해서 통과하는 절기가 있는데, 그것은 주님의 고난과 죽음을 기리는 사순절이다. 주님께서 죽음의 권세를 이기신 부활의 영광과 생명을 맞이하고 참여하기 위한 준비 작업이자, 우리 신앙과 삶을 새롭게 하기 위한 가장 중요한 과정이다. 학교에서 아무리 열심히 지식을 쌓아도, 막상 사회 현장에 들어가면 할 수 있는 게 별로 없다. 배운 지식이 필요 없기 때문이 아니라, 배운 지식이 원론이기 때문이다. 사회 현장에서는 책에서 배우지 못한 예외적이며 다양한 수많은 상황에 직면해야 한다. 이런 경험을 통해서 총체적으로 사고하고 판단하고 행동하며 원론을 제대로 적용할 줄 안다. 마찬가지로 사순절에 주님의 고난을 체험하고 말씀과 기도로 올바른 신앙생활의 기초를 확보해야 승리할 수 있다. 베드로 사도는 여러 지역에 흩어져 있는 성도들에게 편지하면서 그들이 당하는 신앙적인 고통을 위로하고, 주님의 고난을 통하여 극복하라고 당부하였다. 우리도 어려움이 많은 세상에서 믿음을 올바로 지키기 위해서는 주님의 고난을 잊지 말고 불철주야 주님의 십자가와 고난을 생각해야 한다. 따라서 어떠한 유혹과 시험이 있어도 믿음으로 승리해야 한다.

1. 죄를 위해 단번에 죽으신 주님

    모든 죄는 단번에 없어지지 않는다. 또한 죄는 이어지는 속성이 있기에 바늘 도둑이 소 도둑이 되고 마침내는 살인범이나 강도로 변하고 드디어 용서받을 수 없는 흉악한 죄인이 되고 만다. 그래서 야고보는 "욕심이 잉태한즉 죄를 낳고 죄가 장성한즉 사망을 낳느니라"(약 1:15)라고 말씀했다. 그런데 인간이 지금까지 지은 모든 죄를 고백하고 회개하면 주님께서 용서해주신다. 인간에 대한 주님의 십자가 은혜는 값없이 거저 주시는 선물이다. 인간의 공로에 의하지 않고, 또 어떤 대가를 바라지 않고 그냥 공짜로 주시는 은혜이다. 무엇보다도 주님의 은혜는 구속적인 의미가 있다. 내 죄가 아무리 커도 주님이 십자가에서 흘리신 피로 단번에 깨끗이 씻어 소멸해버리는 절대적인 구원의 은총이다. "그리스도께서도 단번에 죄를 위하여 죽으사 의인으로서 불의한 자를 대신하셨으니 이는 우리를 하나님 앞으로 인도하려 하심이라 육체로는 죽임을 당하시고 영으로는 살리심을 받으셨으니"(:18). 우리는 이 은혜로 구원을 받았다. 이 주님의 은혜는 모든 축복을 우리에게 흘려보내는 원천이다. 주님의 은혜가 막히면 아무것도 우리게 들어오지 않는다. 그러나 주님의 은혜가 열리면 마치 댐이 터지고 큰 물줄기가 쏟아져 내려오는 것처럼 하나님의 모든 축복이 내게 흘러들어 온다.

2. 영으로 옥에서 선포하신 주님

사람이 죽으면 어떻게 될까? 주님을 믿고 죽은 성도는 구원을 받아 천국에 가지만, 주님을 믿지 않고 죽은 사람은 지옥에 간다. 그런데 로마 가톨릭교회에서는 '연옥'설을 주장한다. 연옥이란 하나님의 은총과 사랑 안에서 죽었기 때문에 영원한 구원을 보장받았으나 완전히 정화되지 못했으면 하늘의 기쁨으로 들어가기에 필요한 거룩함을 얻기 위해 일시적인 정화를 거치는 상태를 말한다. 그가 세상에서 지은 경죄나 용서받은 사죄(死罪)에 대한 벌을 미처 보상하지 못하고 죽은 사람들의 영혼은 지옥에 가지 않고 연옥에 가서 일정한 기간에 단련을 받는다. 그리고 연옥에서의 단련 기간을 채우고 영혼의 정화가 이루어지면 천국에 들어가게 된다. 이러한 신학적 개념은 고대로부터 내려온 전통에 뿌리를 두고 있으며, 초기 그리스도교 문학에서도 입증되었다. 하지만 지리학적으로 존재하는 장소로서의 연옥에 대한 시적 개념은 대체로 중세 그리스도 신자들의 경건함과 상상력이 빚어낸 산물이다. 그래서 개신교에서는 믿지 않으나 베드로 사도는 비슷한 말씀을 했다. "그가(주님) 또한 영으로 가서 옥에 있는 영들에게 선포하시니라"(:19). 이 말씀은 해석에 따라 다르지만, 일단 주님께서 죽은 사람을 위해 지옥에까지 가서서 복음을 선포하셨다는 사실은 부인하지 않는다.

3. 세례로 더러움을 제하신 주님

세례는 문자대로 '죄악을 물로 씻는 예식'이다. 사람은 누구나 죄인이고, 죄로 말미암아 저주를 받아 하나님의 형벌을 피할 수 없어서 지옥에 갈 수밖에 없다. 그런데 "하나님이 세상을 이처럼 사랑하사 독생자를 주셨으니 이는 그를 믿는 자마다 멸망하지 않고 영생을 얻게 하려 하심이라 하나님이 그 아들을 세상에 보내신 것은 세상을 심판하려 하심이 아니요 그로 말미암아 세상이 구원을 받게 하려 하심이라"(요 3:16-17)라고 말씀했다. 사람이 비록 죄인일지라도 하나님의 사랑을 공유하고 예수 그리스도를 믿으면 심판을 받지 않고 구원을 받는다. 이렇게 구원을 받기 위해서는 필수적으로 세례를 받아야 한다. 베드로 사도가 "물은 예수 그리스도께서 부활하심으로 말미암아 이제 너희를 구원하는 표니 곧 세례라 이는 육체의 더러운 것을 제하여 버림이 아니요 하나님을 향한 선한 양심의 간구니라"(:21)라고 말씀했다. 물은 여러 가지의 용도가 있는데, 그 가운데 가장 많이 쓰이는 용도는 씻는 일이다. 우리가 물로 세례를 받은 건 지금까지 지은 더러운 죄를 씻는 데 목적이 있다. 그런데 물로 씻는 세례는 하나의 의식으로 완전히 죄가 씻겨지지 않는다. 진짜로 죄를 씻기 위해서는 성령의 불로 세례를 받아야 한다. 모든 죄를 고백하고 성령의 불로 세례를 받는 성도가 되자.

4. 하나님의 우편에 앉으신 주님

지금 주님은 어디에 계실까? 십자가에서 죽었다가 사흘 만에 부활하신 주님은 하나님과 같이 계시지 않는 데가 없다. 그런데 주님께서 특별히 우리를 위하여 기도하시는 곳이 있는데 그곳은 하나님 우편이다. "그는 하늘에 오르사 하나님 우편에 계시니 천사들과 권세들과 능력들이 그에게 복종하느니라"(:22). 하나님은 우주 만물을 창조하시고 자연을 다스리시고 인간의 역사와 국가의 흥망성쇠를 결정하신다. 하나님의 보좌 우편에 앉으신 주님은 하나님과 똑같은 권세를 가지고 계시기에 하늘의 천사들과 세상의 권세들과 능력이 주님에게 복종한다. 여기서 우리가 알아야 할 건 우리도 세상의 모든 권세를 내려놓고 주님에게 복종해야 한다. 세상의 권력을 가진 왕이나 대통령도, 돈과 재물이 많은 재벌도, 최고의 학문을 가르치는 대학 교수도, 뛰어난 재능으로 연기를 잘하는 연예인도, 이름이 알려진 스포츠맨도 주님에게 복종해야 한다. 그런데 자세히 보면 세상에서 유명한 사람들보다 소박한 농부들이 하나님에게 순종하고 섬긴다. 이제는 우리의 생각과 주장을 바꾸어야 한다. 지금까지는 세상의 권력자나 재벌을 따랐고, 돈이나 명예를 높이 여겼을지라도, 이제부터는 하나님의 우편에 앉으신 주님을 따르고 순종하며 복종하는 성도가 되어야 하나님의 축복을 받는다.

3월의 예배와 설교를 위하여

일	요일		본문	설교제목	기타 (예화, 참고자료)
1	주일	낮			
		밤			
4	수				
8	주일	낮			
		밤			
11	수				
15	주일	낮			
		밤			
18	수				
22	주일	낮			
		밤			
25	수				
29	주일	낮			
		밤			

2026년 3월 1일, 사순절 2번째 주일 / 3 · 1절

성 경	창세기 22:1-14	예전색상	보라색

예배의 부름	"여호와께서는 자기에게 간구하는 모든 자 곧 진실하게 간구하는 모든 자에게 가까이 하시는도다"(시 145:18) 믿음 생활을 하는 기독인들이 충성스러운 종처럼 깨어 있을 때 나라가 변함을 알게 하시는 하나님 아버지! 오늘 사순절 둘째 주일입니다. 우리가 잊을 수 없는 삼일운동을 기념하는 예배를 드리게 하심을 감사드립니다. 신령과 진정으로 예배하는 저희의 영혼에 성령님의 강한 역사로 뜨겁게 하여 주시옵소서. 세상과 인간의 마음으로 가득했던 저희를 변화시켜 주셔서 하나님과 구원의 감격으로 가득하게 하여 주옵시기를 소원합니다. 우리 주 예수님의 이름으로 기원하옵나이다. 아멘
회개를 위하여	오늘 우리는 3 · 1절 기념 예배를 지냅니다. 우리나라 대한민국은 하나님께서 우리에게 주신 큰 은혜의 나라입니다. 나라를 위해서 기도하지 못하는 것은 주님께서 주신 선물을 더럽히는 어리석은 일입니다. 그 중에 혹시 내가 끼었다면 회개하고 나라을 위해 기도할 결심을 새롭게 해야 합니다.
고백의 기도	우리 민족이 한 핏줄 한 겨레로 이어져 살게 하시는 하나님 아버지! 항상 저희의 마음을 사랑으로 감찰하시고 "너희 길을 여호와께 맡기라"는 말씀에 따라 거룩한 주일 아침 예배드리게 하심을 감사드립니다. 조상들이 이 나라를 지키기 위해서 귀한 목숨을 내걸고 헌신했지만, 저희는 나라를 위하여 기도하지 못했던 잘못을 용서하여 주옵소서. 때로는 우상을 섬기는 곳에서 침묵으로 일관했던 어리석었던 저희를 불쌍히 여겨 주옵소서. 나라를 위해 헌신하는 군인, 경찰 소방대원들을 위해서 감사하는 마음 품지 않았던 것도 용서하여 주옵소서. 이제 우리 민족이 서로 존경하고 사랑하게 하사 평화 통일을 위한 초석으로 삼게 하여 주옵소서. 온 겨레가 주님을 믿어 이 땅에 주님의 나라가 확장되게 하시고 분단의 깊은 상처가 아물게 하여 주옵소서. 이 나라 민족 중에는 아직 하나님의 그 크신 사랑을 알 수 없는 신앙의 문맹자가 많습니다. 그들이 하나님 나라 백성이 될 수 있도록 전도하고 기도할 마음을 드립니다. 이제 신앙을 가진 저희 성도가 먼저 하나님의 사랑의 깃발 아래 하나 되어 이 땅에 구원의 기쁜 소식을 전할 수 있도록 하겠사오니 그동안의 모든 잘못을 용서하옵시고 다시 한번 사함의 말씀을 선포하여 주옵소서. 예수님의 이름으로 기도합니다. 아멘
사함의 확인	"그러므로 너의 이 악함을 회개하고 주께 기도하라 혹 마음에 품은 것을 사하여 주시리라"(행 8:22)
성시교독	125. 사순절(2)
설교 전 찬 송	27장 (빛나고 높은 보좌와) 516장 (옳은 길 따르라 의의 길을)
설교 후 찬 송	521장 (구원으로 인도하는) 623장 (주님의 시간에)

금주의 성가	일어나라 찬양하라 – Dennis Allen 내 주 되신 주를 참 사랑하고 – Arr. by A. J. Gordon 만방에 알리세 – Arr. by Paul Ferrin
목회기도	**합**심하여 눈물로 간구할 때마다 응답으로 화답하시는 하나님 아버지! 36년간 일제의 총칼 앞에서 나라를 잃고 고통당할 때 눈물로 간구한 저희 민족의 간구를 들어주심을 감사드립니다. 나라를 잃고 나서야 주님의 음성에 귀를 기울이기보다 사람들의 음성에 귀를 기울였던 잘못을 회개한 민족의 잘못을 용서하여 주옵소서. 오늘 3·1절 기념 주일에 사랑하는 우리 조국 대한민국이 하나님의 뜻대로 세워지기 위해 기도합니다. 주님의 위엄으로 다스려 주옵시고 숨겨진 불의가 드러나고 가리워진 정의가 빛을 발하게 하옵소서. 통일을 염원하는 이 민족의 소망을 열납하여 주옵소서. **기**도하는 교회가 되어 충성과 사랑이 넘치기를 바라시는 주님! 독생자 예수님께서 이 땅에 거하시는 동안 머리 두실 곳도 없으셨습니다. 인생이 겪는 수고와 고통을 달게 당하시고, 끝내는 십자가에 매달려 죽으시면서까지 저희 영혼을 극진히 사랑하셨습니다. 저희 심령이 선한 마음과 남을 먼저 생각하는 너그러움으로 채움받게 하옵소서. 비록 세상에 속하여 살고 있지만 세상이 주는 재욕과 허영과 야망의 올무에 걸리지 않게 하옵소서. 역경에 빠진 이웃을 저희 자신을 돌보는 마음으로 도와주며 살게 하옵소서. 예수님의 이름으로 기도합니다. 아멘
헌금을 위한 성구	"형제들아 내가 하나님의 모든 자비하심으로 너희를 권하노니 너희 몸을 하나님이 기뻐하시는 거룩한 산 제물로 드리라 이는 너희가 드릴 영적 예배니라" (롬 12:1)
헌금기도	**측**량할 수 없는 은혜를 베푸시는 하나님 아버지! 온 지면의 씨 맺는 모든 채소와 씨 가진 열매를 값없이 주신 것을 감사드립니다. 감사하는 이 시간 우리가 하나님께 속하여 있음을 느끼고 하나님을 향한 신뢰가 더욱 견고해지고 아벨의 제물을 열납하신 것처럼 저희와 저희 제물을 기쁘게 받아주시옵소서. 주님께서 저희 삶의 주인이라 여기며 십일조, 주일 헌금, 구역 헌금, 성미를 드립니다. 드리는 예물들이 넉넉하고 여유 있는 삶을 가꾸는 복의 씨앗이 되게 하여 주옵소서. 이 물질이 하나님께 드리는 거룩한 예물로 구별되게 하여 주옵소서. **정**성을 다하여 드린 손길에 복 주시고 영·육간에 궁핍함이 없도록 은혜와 함께 물질 축복의 하늘 문이 열리는 감격을 안고 가게 하여 주옵소서. 이름도 빛도 없이 물질 관리를 위해서 수고하는 종들이 있습니다. 헛된 봉사가 아니라 천국의 천사도 흠모하는 충성이 되게 하옵소서. 가진 물질이 다소 부족하여 안타까운 마음으로 고개 숙인 성도가 있습니까? 주님께서 함께할 때 불가능이 없다는 소망의 힘을 얻어 가는 시간이 되게 하여 주옵소서. 드리는 이 물질이 사용될 때 오직 주님의 영광이 나타나게 하옵소서. 우리 주 예수 그리스도의 이름으로 기도합니다. 아멘
위탁의 말씀	"그가 이르되 내가 여기 있나이다" 사랑하는 아들을 죽여 번제를 드리려는 아버지의 믿음을 보신 하나님께서는 그들의 순종을 보시고 예비해 놓으신 양으로 제사를 지내게 한 것처럼 하나님은 순종을 가장 기뻐하심을 알고 살아가야 합니다.
축도	지금은 사랑으로 율법을 만족시키시고 완성하신 우리 구주 예수 그리스도의 은혜와 주의 이름으로 나오는 자들에게 복 주시고 보호하여 주시는 하나님 아버지의 사랑하심과 큰 능력을 주사 선한 싸움에서 승리를 주시는 성령님의 인도 교통하심이 삼일절 기념 예배를 드리고 나라와 민족을 위해 기도하며 공의와 정의를 행하는 성도가 되기를 결심하고 세상으로 나아가는 성도들 가운데 이제로부터 영원토록 함께 계시기를 축원하옵나이다. 아멘

오늘의 설교를 위하여
오늘의 설교를 위한 복음적 조명 주제 : 이삭의 희생
제목 : 죽음을 무릅쓰는 희생 | 본문 : 창세기 22:1-14

주제 : 이삭은 번제의 나무를 지고 가다가 하나님께 드릴 어린양이 어디 있냐는 질문을 했다. 실은 자기가 희생의 제물이었다. 하지만 산에 올라가 아버지가 자기를 죽이려 하자 무조건 순종했다. 하나님께서 숫양을 준비하여 이삭은 살아날 수 있었다.

논지 : 죽음을 무릅쓰고라도 희생하면 다시 살 수 있다는 구원의 메시지를 설교한다.
1. 희생하는 나무를 지는 이삭
2. 어린양이 어디 있냐는 이삭
3. 아버지에게 순종하는 이삭
4. 죽었다가 다시 살아난 이삭

이삭은 하나님의 약속으로 아브라함이 낳은 맏아들이자 독자다. 아브라함은 하나님의 언약을 무려 25년이나 기다렸다. 물론 하나님의 약속을 기다리다가 아내 사라의 요청으로 그녀의 몸종과 동침하여 이스마엘을 낳았지만, 아브라함은 하나님의 약속을 기다렸고 마침내 100세에 이삭을 낳았다. 이삭이 17세 정도의 청소년이 되었을 때 어느 날, 하나님께서 기도하고 있는 아브라함에게 나타나셔서 이렇게 말씀하셨다. "네 아들 네 사랑하는 독자 이삭을 데리고 모리아 땅으로 가서 내가 네게 일러 준 한 산 거기서 그를 번제로 드리라"(:2). 아브라함이 100세에 겨우 낳은 외아들 이삭을 모리아 땅으로 데리고 가서 번제로 드리라는 청천벽력과도 같은 하나님의 말씀이었다. 아브라함이 하나님의 말씀을 듣고 얼마나 고민했을까? 그런데 아브라함은 아내에게 말하지도 않고, 또한 지체하지 않고 아침에 일찍이 일어나서 나귀에 안장을 지우고 두 종과 이삭을 데리고 번제에 쓸 나무를 쪼개서 하나님께서 일러준 곳으로 향하여 갔다. 이렇게 하루도 아니고 삼일을 아들을 데리고 두 종과 함께 걸어서 갔다. 이틀 저녁을 아들과 함께 노숙하면서 아버지의 마음이 얼마나 아팠겠는가? 아마 외아들을 죽이려는 아버지 아브라함의 가슴이 찢어지는 것 같았을 것이다.

1. 희생하는 나무를 지는 이삭

모리아 산 아래까지 도착했을 때 아브라함이 종들에게 나귀와 함께 여기서 기다리라고 한 후 이삭을 데리고 산 정상을 향하여 오르고 있었다. 이때 번제에 쓸 나무는 나이가 117세 가까운 노인 아브라함이 짊어지지 않고 젊은 이삭이 지고 올라갔다. 참으로 아이러니한 장면이다. 아직은 아무 일도 모르는 이삭은 자신이 불에 타서 죽을 나무를 지고 가는 것이다. 지금까지 세상에 이런 일은 없었고, 앞으로도 없을 일이다. 하지만 이삭이 나뭇짐을 지고 산에 올라가는 모습은 십자가를 지시고 골고다 언덕을 향하여 올라가시는 예수님의 모습과 일치한다. 아버지 아브라함에게 순종하는 이삭은 하나님 아버지에게 순종하신 예수님의 그림자였다. 나무는 식물로 땅에 심어 있는데, 상당히 자라서 몸통이 굵어지면 잘라서 목재로 사용한다. 나무로 집을 짓고 사람들이 살게 하고, 옛날에는 다리를 만들어 사람들이 건너다니게 했다. 그러니까 나무는 사람들을 편하게 살게 하는 도구이다. 이삭이 나무를 지고 모리아 산에 오른 건 자신을 희생하여 하나님께 제물이 되려는 일이고, 예수님께서 나무 십자가를 지시고 골고다 언덕에 오르신 건 온 인류를 죄악에서 구원하시려는 목적이다. 이렇게 볼 때 희생하는 나무를 지는 이삭이 예수님의 모습으로 우리에게도 순종하는 모범이다.

2. 어린양이 어디 있냐는 이삭

이삭이 나무를 지고 산에 오르다가 아버지의 낌새가 수상했던지 이런 질문을 했다. "불과 나무는 있거니와 번제할 어린 양은 어디 있나이까"(:7). 이삭의 질문에 아브라함은 더 이상 할 말이 없어서 "내 아들아 번제할 어린 양은 하나님이 자기를 위하여 친히 준비하시리라"(:8)라고만 대답했다. 이삭은 아버지가 하시는 그 말을 듣자 그는 다시 말이 없었다. 여기서 '어린양'이란 무엇인가? 세례 요한이 예수님께서 자기에게 나아오심을 보고 "보라 세상 죄를 지고 가는 하나님의 어린 양이로다"(요 1:29)라고 말씀했다. 예수님은 "세상 죄를 지고 가는 하나님의 어린양"이시다. 모리아 산에서 이삭이 어린양과 같은데, 그는 자기의 죽음을 향하여 올라가고 있다. "여호와께서 모세에게 말씀하여 이르시되 이스라엘 자손에게 명령하여 그들에게 이르라 내 헌물 내 음식인 화제물 내 향기로운 것은 너희가 그 정한 시기에 삼가 내게 바칠지니라 또 그들에게 이르라 너희가 여호와께 드릴 화제는 이러하니 일 년 되고 흠 없는 숫양을 매일 두 마리씩 상번제로 드리되 어린 양 한 마리는 아침에 드리고 어린 양 한 마리는 해 질 때에 드릴 것이요"(민 28:1-4). 어린양은 하나님의 뜻대로 아주 중요한 예물이다. 이는 장차 예수님께서 인류를 구원하기 위한 예물로 희생의 제물이다.

3. 아버지에게 순종하는 이삭

모든 아버지는 아들을 사랑하고, 아들은 아버지를 존경하고 따른다. 부전자전(父傳子傳)이란 말처럼 아버지의 성품을 아들이 그대로 닮는 게 보통이다. 아브라함이 하나님 아버지에게 순종한 믿음을 따라서 이삭도 아버지 아브라함에게 순종하였다. "하나님이 그에게 일러 주신 곳에 이른지라 이에 아브라함이 그 곳에 제단을 쌓고 나무를 벌여 놓고 그의 아들 이삭을 결박하여 제단 나무 위에 놓고"(:9). 이는 아브라함을 통해 이삭을 죽여서 하나님에게 제물로 바치려는 태도였다. 이삭은 아버지가 자기를 죽이려는 행동을 뻔히 보면서도 거절하지 않고 순종하였다. 17세 정도의 청소년이 117세가 넘은 노인에게 순종한 사실은 불가능하지만, 이삭은 순응하였다. 인간이 타락하고 부패하는 이유는 첫째로 하나님의 말씀에 순종하지 않기 때문이고, 둘째는 자신의 유익과 방탕을 조장하기 때문이고, 셋째는 하나님을 두려워하지 않고 경외하지 않기 때문이다. 사도 바울이 "너희 자신을 종으로 내주어 누구에게 순종하든지 그 순종함을 받는 자의 종이 되는 줄을 너희가 알지 못하느냐 혹은 죄의 종으로 사망에 이르고 혹은 순종의 종으로 의에 이르느니라"(롬 6:16)라고 말씀했다. 의의 종이 되는 선택은 자신에게 달려있다. 하나님에게 순종하는 믿음이 산 믿음이다.

4. 죽었다가 다시 살아난 이삭

보통 사람은 한번 죽으면 다시 살아날 수 없다. 그래서 사람들은 안 죽으려고 무진 애를 쓴다. 건강에 좋다는 보약을 먹고 심지어 뱀이나 개구리, 굼벵이도 먹는다. 요즘은 종합비타민과 오메가3를 먹지 않는 사람이 거의 없다. 그런다고 몸에 병이 들거나 죽지 않을 사람은 하나도 없다. 신약성경에는 예수님께서 능력으로 죽었지만, 살린 사람(나사로, 무명의 청년, 관원의 딸)이 있다. 예수님도 인류의 죄악을 위하여 십자가에서 죽었으나 사흘 만에 부활하셨다. 구약성경에서 이삭은 거의 죽을 지경에서 다시 살아났다. 이는 놀라운 기적이다. 아브라함이 "손을 내밀어 칼을 잡고 그 아들을 잡으려 하니 여호와의 사자가 하늘에서부터 그를 불러 이르시되 아브라함아 아브라함아 하시는지라"(:10-11). 아브라함이 깜짝 놀랐다. 그래서 아브라함이 "내가 여기 있나이다"(:11)라고 대답하였다. 사자가 "그 아이에게 네 손을 대지 말라 그에게 아무 일도 하지 말라 네가 네 아들 네 독자까지도 내게 아끼지 아니하였으니 내가 이제야 네가 하나님을 경외하는 줄을 아노라"(:12)라고 말씀했다. 아브라함이 눈을 들어 살펴본즉 한 숫양이 뒤에 있는데 뿔이 수풀에 걸려 있었다. 아브라함이 가서 그 숫양을 가져다가 아들을 대신하여 하나님께 번제로 드렸다. 그래서 이삭은 죽었다가 다시 살아났다.

2026년 3월 8일, 사순절 3번째 주일

성 경	요한복음 2:13-25	예전색상	보라색

예배의 부름	"주 여호와 앞에서 잠잠할지어다 이는 여호와의 날이 가까웠으므로 여호와께서 희생을 준비하고 그가 청할 자들을 구별하셨음이니라"(습 1:7)
	환난이 오고 핍박이 와도 주님만을 섬기며 살 능력을 주시는 하나님 아버지! 예수님의 위대하신 희생으로 죄인을 속량시켜주신 은혜를 감사드립니다. 오늘 거룩한 주일에 믿음으로 거룩한 성전에 나아와 예배를 드립니다. 죄인을 위해 고난받으신 예수님의 사랑을 본받아 저희도 가장 낮은 곳에서 교회를 섬기게 하시고, 아직도 하나님을 믿지 않는 사람들에게 삶으로 희생의 모범을 보여 그들도 예수님을 믿어 구원의 길로 인도하게 하시옵소서. 예수님의 이름으로 기원하옵나이다. 아멘

회개를 위하여	성도는 주님을 만난 후부터 생각과 말과 행동이 주님처럼 바뀌는 삶을 살아야 참 신앙생활이 됩니다. 이렇게 생각과 말과 행동뿐만 아니라 삶 전체를 변화시키려는 결단을 품고 살지 못한 원인을 성찰하고 회개하는 기도를 계속합시다.

고백의 기도	**회**개하는 영혼들의 심령에 구원의 능력으로 채워 주시는 하나님 아버지! 생명의 주인이신 하나님 아버지께서 오늘도 저희가 회개할 기회를 주신 그 은혜와 사랑을 감사드립니다. "악인에게는 평안함이 없다"(사 48:22)라고 하신 말씀을 알면서도 지난 한 주간을 성찰해 보면 죄악이 저희의 마음을 아프게 하나이다. 용서하여 주옵소서. 저희 자신이 보기에도 부끄럽기만 함을 고백합니다. 지난 한 주간에도 힘들고 어렵다고 쉬운 길을 찾았습니다. 기도한 것이 빨리 응답하지 않는다고 조급하게 보챘습니다. 이 시간 저희의 고백을 들으시고 잘못을 용서하여 주옵소서.
	저희 몸과 마음을 정결케 하사 고통의 멍에를 벗어 버리고 주님께서 이 제단을 통해서 주시는 생명의 생수로 거듭나는 감격을 허락하여 주옵소서. 오늘 주님 앞에 지난날들의 모든 죄를 고백하고 새로운 사람으로 거듭나기를 원합니다. 이제 죄악을 회개하고 주님이 주시는 새 힘으로 살겠습니다. 매일매일의 삶에서 좌절과 낙심, 불안과 걱정이 일어날 때마다 마음을 새롭게 하겠습니다. 부족한 믿음이지만 다시 한번 일어나 빛을 발하려는 의지를 보시고 지난 모든 잘못을 지워 없애 주옵시고 새 사람 되는 감격을 선언하여 주옵소서. 우리 주 예수 그리스도의 이름으로 기도하옵나이다. 아멘

사함의 확인	"내 형제들아 너희가 여러 가지 시험을 당하거든 온전히 기쁘게 여기라 이는 너희 믿음의 시련이 인내를 만들어 내는 줄 너희가 앎이라 인내를 온전히 이루라 이는 너희로 온전하고 구비하여 조금도 부족함이 없게 하려 함이라"(약 1:2-4)

성시교독	126. 사순절(3)

설교 전 찬 송	5장 (이 천지간 만물들아) 515장 (눈을 들어 하늘보라)

설교 후 찬 송	96장 (예수님은 누구신가) 542장 (구주 예수 의지함이)

금주의 성가	구원의 주 예수 – John. W. Peterson 찬양하라 속죄받은 기쁨을 – 이태희 주의 빛을 보내소서 – C. Gounod
목회기도	**십**자가의 공로로 영원한 사망에서 영원한 생명으로 옮겨 주신 하나님 아버지! 십자가에서 흘리신 주님의 보혈과 사도들의 순교의 피 위에 세우신 교회를 통해 구원의 감격을 주심을 감사드립니다. 정의가 사라지고 불법과 편견이 난무하는 세상에서 우리 교회가 성도들을 위한 방파제 역할을 잘 감당하지 못한 잘못을 용서하여 주옵소서. 저희의 힘만으로는 세상을 이길 수 없습니다. 하나님께서 능력주시고 은혜를 주시어서 세상을 이기고 죄를 이기는 믿음의 삶을 살게 하여 주시옵소서. 이 땅의 위정자들을 하나님의 정의를 이루는 도구로 세우셨으니 먼저 겸손한 마음을 주옵소서. **교**회 공동체를 통해서 하늘 뜻 펴시기를 원하시는 주님! 세상에서 살아갈 때 빛과 소금의 역할을 감당하게 하옵소서. 교회의 여러 기관들이 하나님을 섬김에 있어 평온한 환경을 주옵소서. 선교를 위해 도전하며 복음을 땅 끝까지 전파하는 일에 헌신하게 하옵소서. 하나님의 뜻을 따르지 않고 저희 자신의 경험과 판단을 앞세우다 하나님의 성업을 그르치고 낭패가 되지 않을 결심을 드립니다. 모든 교회 공동체 일원과 조화를 이루며 하나님의 뜻을 이루어 가는 겸손한 마음이 강물처럼 저희 교회와 가정에 넘치게 하옵소서. 예수님의 이름으로 기도하옵나이다. 아멘
헌금을 위한 성구	"내가 여호와께 아뢰되 주는 나의 주님이시오니 주 밖에는 나의 복이 없다 하였나이다 땅에 있는 성도들은 존귀한 자들이니 나의 모든 즐거움이 그들에게 있도다"(시 16:2-3)
헌금기도	**이**웃에게 베풀어주는 삶을 통해서 사랑을 실천하며 살게 하시는 하나님 아버지! 하나님께서 주신 물질이 주님의 진리와 사랑의 징검다리가 될 수 있게 해 주심을 감사드립니다. 저희가 오늘 드린 예물은 각자 성도들이 그들의 중심에서 드리는 믿음의 예물임을 하나님께서는 아실 줄 믿습니다. 예물의 많고 적음을 보지 않으시고 드리는 사랑하는 성도들의 믿음의 손길을 보시고 저희의 드림이 하나님의 마음에 흡족함을 드릴 수 있는 예물이 되게 하옵소서. 경제가 어려울 때 도우시는 하나님의 사랑이 저희의 모든 삶 안에 머물러 있게 하여 주시옵소서. **가**난을 이겨낼 수 있는 길은 물질 자체에 있는 것이 아니라 강건한 믿음의 회복인 줄로 믿습니다. 칭찬받는 믿음, 반석 같은 믿음의 부자들이 먼저 되게 하옵소서. 그 믿음으로 드리는 십일조 예물과 주일헌금, 선교 예물을 드립니다. 성미와 드릴 수 없어 몸과 마음으로 봉사하는 손길들도 있습니다. 아름다운 꽃으로 헌신하는 영혼들도 있습니다. 합하여 선으로 이루는 아름다움이 이 제단을 아름답게 하고 있사오니 열납하여 주옵소서. 이 감동으로 한 주간도 승리하게 하시고 어두운 밤에 영혼의 노래를 부르는 주인공들이 다 되게 하여 주옵소서. 예수님의 이름으로 기도합니다. 아멘
위탁의 말씀	"너희가 이 성전을 헐라 내가 사흘 동안에 일으키리라" 인자하신 주님께서 시장처럼 타락한 성전을 보시고 진노하시고 진노하셨습니다. 우리 몸과 우리 가정이 하나님의 전이고 거룩한 교회이며 성전입니다. 그 성전을 더럽히는 그 한 사람이 되지 말아야 합니다.
축도	지금은 우리를 구원하시기 위하여 십자가의 모진 고통을 당하시고 돌아가셨다가 부활하신 우리 구주 예수 그리스도의 은혜와, 하나밖에 없는 아들의 생명도 아끼지 아니하시고 우리들에게 주신 아버지 하나님의 망극하신 사랑하심과 지금 이 시간에도 우리와 함께하셔서 깨닫고 결단하게 하시는 성령의 감화·감동·역사하심이 사랑하는 믿음의 자녀들 위에 항상 함께하시기를 축원하옵나이다. 아멘

오늘의 설교를 위하여

오늘의 설교를 위한 복음적 조명 주제 : 주님의 진노

제목 : 성전을 청결케 하신 주님 I 본문 : 요한복음 2:13-25

주제 : 인자하신 주님께서 시장처럼 타락한 성전을 보시고 진노하셨다. 하나님의 성전을 사모하시는 주님께서, 누가 만일 성전을 헐면 사흘 만에 다시 일으키시리라고 말씀하셨다. 사람들에게 결단코 의탁하지 않으시는 주님의 신앙을 본받아야 한다.

논지 : 하나님께서 임재하신 성전에서 타락한 모습을 보신 주님께서 진노하셨음을 전파하자.
1. 시장이 된 성전에 진노하신 주님
2. 하나님의 성전을 사모하시는 주님
3. 성전을 사흘 만에 일으키신 주님
4. 사람들에게 의탁하지 않으신 주님

하나님의 성전은 일반 건축물과 전혀 다르다. 성전은 하나님께서 임재하여 거하시는 공간을 뜻한다. 예수님께서 성전을 "내 아버지의 집"(눅 2:49)이라고 말씀하셨다. 다윗은 "주의 궁정에서의 한 날이 다른 곳에서의 천 날보다 나은즉 악인의 장막에 사는 것보다 내 하나님의 성전 문지기로 있는 것이 좋사오니"(시 84:10)라고 고백했다. 성경은 여러 곳에 '여호와의 집', 즉 성전에 대해서 말씀을 기록했다. "의인은 종려나무 같이 번성하며 레바논의 백향목 같이 성장하리로다 이는 여호와의 집에 심겼음이여 우리 하나님의 뜰 안에서 번성하리로다 그는 늙어도 여전히 결실하며 진액이 풍족하고 빛이 청청하니 여호와의 정직하심과 나의 바위 되심과 그에게는 불의가 없음이 선포되리로다"(시 92:12-15), "여호와의 집 우리 여호와의 성전 곧 우리 하나님의 성전 뜰에 서 있는 너희여"(시 135:2), "너는 여호와의 집 문에 서서 이 말을 선포하여 이르기를 여호와께 예배하러 이 문으로 들어가는 유다 사람들아 여호와의 말씀을 들으라"(렘 7:2). 이렇게 성경에 성전은 여호와 하나님의 집이라고 기록되어 있다. 성전은 하나님께서 임재하신 가장 성스러운 장소다. 그런데 이렇게 거룩한 하나님의 성전이 장사하는 시장으로 타락했을 때 주님께서 참을 수 없이 진노하셨다.

1. 시장이 된 성전에 진노하신 주님

성전에는 주일날에 여러 사람이 모인다. 가난한 사람과 부자, 못 배운 사람과 지식인, 상공인과 농부, 선생님와 학생, 남자와 여자, 노인과 젊은이 등등 수많은 사람이 하나님께 예배하려고 모인다. 그런데 그 많은 사람 가운데는 바람직하지 않지만, 자기의 이익을 위하여 오는 사람도 있다. 심지어는 계를 만들고 곗돈을 받기 위해서 교회에 가는 사람도 있다. 이렇게 되면 하나님의 성전이 돈 받는 장소로 타락한다. 유대인의 최대 명절인 유월절이 가까이 왔다. 그때 예수님께서 예루살렘으로 올라가셨다. 그런데 하나님의 성전 안에서 소와 양과 비둘기를 파는 사람들과 돈 바꾸는 사람들이 앉아 있었다. 예수님께서 그들을 보시고 몹시 진노하셨다. 그래서 노끈으로 채찍을 만드사 양이나 소를 다 성전에서 내쫓으시고 돈 바꾸는 사람들의 돈을 쏟으시며 상을 엎으셨다. 그리고 비둘기를 파는 사람들에게 "이것을 여기서 가져가라 내 아버지의 집으로 장사하는 집을 만들지 말라"(:16) 말씀하셨다. 여기서 주의 깊게 봐야 할 점이 있다. 예수님께서 양이나 소를 성전에서 내쫓으시고 돈 바꾸는 상을 엎으셨으나 비둘기를 파는 사람들에게는 말씀하셨을까? 이는 비둘기는 가난한 사람이 제물로 바치는 예물이기에 주님께서 말씀으로 권고하셨다.

2. 하나님의 성전을 사모하시는 주님

시편(84편)에 기록된 고라의 자손은 하나님의 성전을 사모하며 살았다. 시인은 하나님의 성전을 너무나 사모한 나머지, 하나님의 성전 가까이에 집을 짓고 사는 참새와 제비를 부러워했다. 그는 악인들과 함께 좋은 곳에서 보내는 100날보다, 하나님의 집 문지기로 있는 게 더 낫다고 고백했다. 그는 눈물 골짜기 같은 인생을 살고 세월이 흘러 노쇠해가면서도, 지치기보다는 점점 힘을 얻고 더 얻는 사람이다. 하나님께서 그의 인생을 따뜻하게 비추어주시는 해가 되시며, 모든 위험으로부터 보호하는 방패가 되어주시기 때문이다. 하나님께서 그를 위해서 모든 좋은 걸 아끼지 않고 베풀어주셨다. 그래서 그의 인생은 샘이 흘러넘치는 곳이 되도록 변화시키면서 살아갈 수 있었다. 그가 가는 곳에는 하나님께서 은혜로 입혀주셨다. 그리고 그는 결국 하나님을 뵙게 될 것이다. 주님께서도 하나님의 성전을 사모하였다. "주의 전을 사모하는 열심이 나를 삼키리라 한 것을 기억하더라"(:17). 우리는 수많은 생각에 사로잡혀 살아간다. 사업, 경제적 필요, 자녀들의 장래, 기타 많은 생각이 우리의 마음을 지배한다. 그런데 주님은 예루살렘에 있는 하나님의 성전을 사모하셨다. 여기서 우리는 주님에게 배워야 한다. 아무리 세상에 귀한 게 많아도 하나님의 성전을 사모해야 한다.

3. 성전을 사흘 만에 일으키신 주님

솔로몬이 건축한 예루살렘 성전은 역사적으로 두 번 무너졌다. 처음은 BC 586년에 바벨론의 침공으로 무너졌고, 두 번째는 AD 70년에 로마제국에 의하여 무너졌다. 유대인들은 하나님의 성전을 목숨처럼 귀히 여기고 살았다. 유대인들은 성전에 올라가 하나님께 기도드리며 하나님을 만나고, 죄 사함을 받아 하나님의 성민이라는 확신으로 일어섰다. 이스라엘에 예루살렘 성전이 무너진 날을 기억하는 '티샤바브'라는 날이 있다. 이날이 다가오면 한 주간은 결혼을 금한다. 기쁜 축제가 모두 금지된다. 고기를 먹지 않고 포도주도 마시지 않는다. 새 옷을 입는 것도 금지된다. 그래도 이날이 안식일과 겹치면 하나님 앞에 나아가기 위해 새 옷을 꺼내어 입는다. 이날은 전 국민이 온종일 금식하며 속죄일보다도 비탄 가운데에 보내는 하루가 된다. 그리고 무거운 마음으로 예레미야 애가를 읽으면서 자기 민족에게 다시는 그러한 비참한 날이 오지 않기를 위하여 기도한다. 그런데 주님께서 "너희가 이 성전을 헐라 내가 사흘 동안에 일으키리라"(:19) 말씀하셨다. 주님의 말씀에 깜짝 놀란 유대인들이 "이 성전은 사십육 년 동안에 지었거늘 네가 삼 일 동안에 일으키겠느냐"(:20) 물었다. 그러나 주님은 성전이 된 자기가 죽었다가 사흘 만에 부활할 육체를 가리켜 말씀하셨다.

4. 사람들에게 의탁하지 않으신 주님

사람은 본래 연약하다. 동물들은 생존을 위하여 털가죽으로 입고 날카로운 발톱으로 살아간다. 그러나 사람은 벌거숭이로 태어나 부모의 보호를 받으며 자란다. 사람이 장성했어도 가족이나 친구, 또는 국가와 사회의 보호를 받지 않으면 세상에 생존하기 어렵다. 주님은 육신으로 마리아의 몸을 통하여 세상에 탄생하셨다. 하지만 하나님의 아들로 성령과 함께하시기에 사람들에게 의탁하지 않고 독자적으로 복음을 말씀하셨다. 유월절에 주님께서 예루살렘에 계신다는 소문에 수많은 사람이 찾아와서 말씀을 들었다. 그리고 주님께서 행하시는 표적을 보고 주님을 믿었다. 이쯤 되면 보통 사람이나 정치인들은 그 기회를 이용하여 자기를 지지하는 사람들을 모아서 출세하려고 했을 것이다. 하지만 주님은 절대로 그렇게 하지 않으셨다. "예수는 그의 몸을 그들에게 의탁하지 아니하셨으니 이는 친히 모든 사람을 아심이요 또 사람에 대하여 누구의 증언도 받으실 필요가 없었으니 이는 그가 친히 사람의 속에 있는 것을 아셨음이니라"(:24-25). 이 말씀에서 우리가 배워야 할 교훈은 가족이나 사람들과 더불어 살아갈 필요는 있을지라도, 그들을 의탁하지 말고 오직 주님을 믿고 의지하며 살아야 한다. 사순절에 성도는 세상을 의탁하지 말고 고난의 주님을 의지해야 한다.

2026년 3월 15일, 사순절 4번째 주일

성 경	에베소서 2:1-10	예전색상	보라색

예배의 부름	"오호라 나는 곤고한 사람이로다 이 사망의 몸에서 누가 나를 건져내랴" (롬 7:24) 주예수 십자가에서 흘린 보혈의 피로 만백성의 죄를 흰 눈보다 더욱더 희게 씻어주신 하나님 아버지! 주 십자가를 지심으로 죄인을 속량하시어 죄인을 향한 진노를 면하게 하심을 감사드립니다. 사순절 네 번째 주일이지만 다른 때와 다르게 살지 못한 저희를 용서하여 주옵소서. 신령과 진정으로 예배하는 저희에게 십자가의 도를 깨닫고 주님이 주신 십자가를 지고 그리스도의 남은 고난에 동참하는 2026년 사순절이 되게 하옵소서. 우리 주 예수 그리스도의 이름으로 기도하옵나이다. 아멘
회개를 위하여	말씀과 기도를 통하지 않고는 절대로 큰 믿음을 소유할 수 없습니다. 믿음 없는 사람과 하나님은 동역하지 않습니다. 믿음 없는 사람이 하늘 은혜의 통로가 될 수 없습니다. 그런 빈 믿음의 소유자가 나는 아닌지 성찰하고 회개하는 기도를 계속합니다.
고백의 기도	독생자 예수 그리스도의 고난과 죽음을 통하여 천국 소망을 주신 하나님 아버지! 지난 한 주간에도 세상에서 죄악과 더불어 살면서 사망의 올무에 걸려 영원한 지옥 불에 태워져야 할 저희에게 회개하고 거듭날 기회 주심을 감사드립니다. 하나님께서는 비천한 저희를 만나시기 위해서 말씀과 기도라는 징검다리를 주셨지만 활용하지 못하고 산 잘못을 불쌍히 여겨 주시옵소서. 저희가 원하는 것을 얻지 못하는 이유가 초라한 믿음 때문이었음을 고백합니다. 하늘 아버지의 사랑을 받기보다는 사탄의 유혹이 많은 이 세상의 죄악 된 사랑에 더 애착을 느끼며 살아온 어리석음을 회개합니다. 이제부터는 내 생각대로 살아가려는 어리석은 고집불통의 길에서 방향을 전향하겠습니다. 가끔 새벽을 깨워 하루를 하나님의 뜻에 맡겨드리는 완전한 헌신을 살도록 하겠습니다. 세상에서 살아가면서 다소간의 어려움이 있고 감당할 수 없다고 느껴지는 고난의 장벽을 만날 때 겸손히 먼저 무릎 꿇고 하나님께서 저희를 위해 보내 주신 성령님을 만나도록 하겠습니다. 원수 마귀의 위협이 아무리 많고 커도 믿는 자 안에서 능치 못함이 없는 완전하고 확실한 영적인 힘이 있다고 자부하고 살겠다는 결심을 보시고 사죄의 말씀으로 믿음을 회복하게 하옵소서. 우리 주 예수 그리스도의 이름으로 기도합니다. 아멘
사함의 확인	"모든 사람이 죄를 범하였으매 하나님의 영광에 이르지 못하더니 그리스도 예수 안에 있는 속량으로 말미암아 하나님의 은혜로 값 없이 의롭다 하심을 얻은 자 되었느니라"(롬 3:23-24)
성시교독	127. 사순절(4)
설교 전 찬 송	9장 (하늘에 가득 찬 영광의 하나님) 147장 (거기 너 있었는가)
설교 후 찬 송	154장 (생명의 주여 면류관) 171장 (하나님의 독생자)

금주의 성 가	하나님께 찬송을 드리세 – G. F. Handel 나의 생명 드리니 – W. H. Jude 소리 높여 찬양 – Douglas E. Wagner
목 회 기 도	세상이 주는 환난을 믿음으로 승리하게 하시는 하나님 아버지! 지난 한 주간도 세상에서 절망을 경험하고 낙심될 때마다 주신 말씀으로 이겨내고 오늘 거룩한 예배에 불러 회복의 기회를 주신 것을 감사드립니다. 구하오니 복을 받을 궁리를 하기보다는 우리에게 주어진 고난을 회피하지 않고 초대교회의 성도들처럼 주님의 고난에 동참하는 삶을 살게 하시옵소서. 오늘도 저희 삶에 곤비한 짐을 지고 능력 많으신 하나님 앞에 나왔습니다. 세상을 사는 지혜를 구합니다. 저희에게 어떻게 살 것인지를 일러 주시고, 재앙과 난리 가운데서 안전하게 피할 피난처를 일러 주옵소서. 고난당할 때 위로의 성령을 보내주신 하나님 아버지! 우리가 고난 중에 위로를 받고 새힘을 얻었던 것처럼 어려움을 겪고 있는 이웃을 말씀으로 위로하고 구원의 길로 인도하게 하시옵소서. 직장의 근심, 가정의 마음고생이 변하여 기쁨이 되는 소망의 눈을 뜨게 하여 주옵소서. 낙심하지 않고 하나님의 긍휼히 여기심을 바라보게 하여 주시옵소서. 교회를 위해서 수고하는 여러 단체들이 많습니다. 함께 기도하고 선을 이루어 우리 교회를 통해서 이루고자 하시는 하나님의 뜻을 실천하는 하늘 일꾼들이 되게 하여 주옵소서. 예수님 이름으로 기도드리옵나이다. 아멘
헌금을 위 한 성 구	"우리 주 예수 그리스도의 은혜를 너희가 알거니 부요하신 이로서 너희를 위하여 가난하게 되심은 그의 가난함으로 말미암아 너희를 부요하게 하려 하심이라" (고후 8:9)
헌 금 기 도	감사하는 영혼이 하늘 축복의 통로가 되게 하시는 하나님 아버지! 은혜와 사랑에 감사하며 우리의 가진 물질만 아니라 우리 자신을 주께 드릴 믿음 주심을 감사드립니다. 사순절 네 번째 주일 아침 우리 교회에 속한 주의 백성들이 한 주간 동안 땀흘려 만든 분깃 중의 일부를 예물로 드립니다. 드리는 가정과 일터와 사업장을 주님께서 아시오니 이제 새로운 능력의 역사가 함께하여 날마다 많아지는 감격이 있게 하여 주시옵소서. 십일조와 각종 감사의 예물을 드립니다. 주일 예물과 구역의 예물을 드립니다. 하나님의 나라를 위하여 애쓰는 선교사님들을 돕기 위하여 선교 예물을 드립니다. 하나님의 전에서 봉사하는 마음도 하나님의 은혜에 대한 표시인 줄 믿습니다. 하나님께서 집을 세우지 아니하시면 세우는 자의 수고가 헛되다고 말씀하셨습니다. 저희의 가정과 사업장을 돌보시지 아니하시면 수고가 헛된 것임을 아오니 필요에 따라 하늘의 단비와 햇빛을 주시고 풍성한 수확을 허락하시어 저희에게는 기쁨이 되게 하옵소서. 이 예물이 쓰이는 곳마다 저희의 이름은 사라지고 오직 하나님의 크신 이름이 나타나는 쓰임이 되게 하여 주시옵소서. 우리 주 예수 그리스도의 이름으로 기도하옵나이다. 아멘
위탁의 말 씀	"너희는 그 은혜에 의하여 믿음으로 말미암아 구원을 받았으니 이것은 너희에게서 난 것이 아니요 하나님의 선물이라" 우리는 우리의 행위가 아니라 오직 하나님이 주신 믿음으로 구원을 받은 사람이다. 믿음은 말씀을 듣고 입으로 시인할 때 배가됨을 믿고 말씀을 가까이하는 한 주간을 살아야 합니다.
축 도	지금은 죄인을 위하여 피 흘리시고 고통을 당하신 우리 구주 예수 그리스도의 은혜와 죽을 수밖에 없는 인간들을 살리기 위하여 하나밖에 없는 독생자를 이 땅에 보내신 하나님 아버지의 사랑하심과 지금도 우리 가운데 계셔서 보호하시고 인도하시는 성령님의 은혜로우신 역사하심이 하나님의 뜻에 따라 살고자 날마다 믿음을 간구하는 성도들과 교회와 가정과 삶의 터전 위에 이제부터 영원토록 함께하시기를 축원하옵나이다. 아멘

오늘의 설교를 위하여

오늘의 설교를 위한 복음적 조명 주제 : 살리신 주님
제목 : 죽었다가 살아난 사람 l 본문 : 에베소서 2:1-10

주제 : 허물과 죄악의 불순종으로 죽었으나 하나님의 사랑으로 주님께서 살리신 사람은 이미 하나님의 축복을 받았다. 이는 행위가 아니라 오직 믿음으로 구원을 받은 사람이다. 따라서 믿음으로 구원을 받은 사람은 자랑하지 못할 것이니 겸손하게 하나님을 섬기자.

논지 : 죄악의 불순종에서 하나님의 은혜로 구원을 받았으니 자랑하지 말고 감사하자.
1. 불순종으로 죽은 사람
2. 주님께서 살리신 사람
3. 믿음의 구원받은 사람
4. 자랑하지 못하는 사람

주님께서 고난의 길을 가신 사순절 4번째 주일에 주님의 긍휼에 대해 생각해야 한다. 헬라어로 '큐리에, 엘레숀 데 메나'라는 말은 '주여 긍휼히 여겨 주소서!'라는 뜻이다. 이 말은 초대교회 때부터 지켜온 예배의 신령한 정신이다. 이 말에 '우리는 하나님의 도움이 없이는 살 수 없으니 주여, 긍휼히 여겨 주소서!'라는 절박한 기도가 담겨 있다. 성도가 실제의 생활에서 자주 어려움을 당할 때가 있다. 그럴 때마다 입에서 터져 나오는 고백이 바로 "주여 긍휼히 여겨 주소서!"라는 기도이다. 한 무명 시인의 시 가운데에 이러한 제목의 기도가 있다. [주여 긍휼히 여겨 주소서!] "하나님은 나의 마음 깊은 곳에 언제나 찾아와 계시오니/ 나의 힘들고 어려운 일 모두 알고 계시네.// 나, 주님을 찬양하지 않을 수 없네./ 알렐루야 // 주여 긍휼히 여기소서!/ 알렐루야" 이 시는 주님께서 긍휼히 여기시고 찾아오셔서 위로해주시고 동행해 주시라는 간절한 기도가 담겨 있다. 우리는 여러 가지 죄로 이미 죽었던 생명인데, 주님께서 긍휼히 여기사 모든 죄를 용서하시고 구원해주셨다. 이제는 하나님의 사랑과 은혜를 잊지 말고 올바른 신앙생활을 하면서 주님 안에서 선한 일을 힘쓰며 살아야 한다. 그럴 때 신앙이 자라고 주님께서 재림하실 때 천국에 간다.

1. 불순종으로 죽은 사람

우리가 올바른 신앙생활을 위해서는 자신을 돌아보아야 한다. 우리는 하나님에게 불순종하여 이미 죽었다. 세상에는 불행하게도 하나님이 없다고 생각하는 사람들이 많다. 심지어 믿는다고 교회에 다니는 교인도 하나님의 임재를 의심하는 사람이 있다. 하나님이 안 보여 낙심하는 분들을 위하여 쓴 정호승 시인의 「내가 사랑하는 사람」이라는 시를 소개한다. "나는 그늘이 없는/ 사람을 사랑하지 않는다.// 나는 그늘을/ 사랑하지 않는 사람을/ 사랑하지 않는다.// 나는 한 그루 나무의 그늘이/ 된 사람을 사랑한다.// 햇빛도 그늘이 있어야/ 맑고 눈이 부시다.// 나무 그늘에 앉아/ 나뭇잎 사이로/ 반짝이는 햇살을 바라보면/ 세상은 얼마나 아름다운가." 나무 그늘에 있으면 태양이 안 보이듯이 사람도 세상을 살아가다 보면 하나님이 안보일 때가 있다. 그늘이 클수록 태양은 더 깊이 숨어 버리듯 우리의 세상 그늘이 크면 클수록 하나님은 사람에게 전혀 보이지 않는다. 이럴 때면 사람이 엄마를 잃어버린 어린아이처럼 불안해하고 울어버리고 만다. 하나님과 엄마가 분명히 계시는 데도 말이다. 그런데 주님께서 우리를 구원하셨다. 그래서 사도 바울이 "그는 허물과 죄로 죽었던 너희를 살리셨도다"(:1) 말씀했다. 불순종으로 죽은 우리를 살리신 주님께 감사하자.

2. 주님께서 살리신 사람

주님께서 자신이 "하늘에서 내려온 떡이라"(요 6:41) 말씀하셨다. 또한 니고데모에게 "사람이 물과 성령으로 나지 아니하면 하나님 나라에 들어갈 수 없느니라"(요 3:5) 말씀하셨다. "하나님이 세상을 이처럼 사랑하사 독생자를 주셨으니 이는 그를 믿는 자마다 멸망하지 않고 영생을 얻게 하려 하심이라"(요 3:16). 주님께서 병들어 죽은 왕의 신하의 아들과 나사로와 과부의 아들을 말씀으로 살리셨다. 주님의 살과 피가 '참된 양식'이요, '참된 음료'이다. 여기서 '참된'이란 말씀의 뜻은 '진실한', '바른', '옳은'이란 뜻보다도 '실제(real)'라는 뜻이 더 강하다. '주님의 살과 피'를 반드시 먹어야만 살 수 있다는 뜻이다. 다시 말하면 주님의 살과 피를 먹고 마시는 일이 없이는 아무도 영원히 살 수 없다는 것을 강조한다. 주님의 살을 먹고 피를 마시는 것과 같이, 주님의 말씀을 듣고 주님을 내 마음 속에 온전히 모시고 살면, 비로소 주님과 내가 하나가 되는 신비스러운 은혜의 자리에 들어가게 된다. 사도 바울이 "긍휼이 풍성하신 하나님이 우리를 사랑하신 그 큰 사랑을 인하여 허물로 죽은 우리를 그리스도와 함께 살리셨고"(:4-5)라고 말씀했다. 우리는 이미 허물과 죄로 죽은 생명인데 하나님의 큰 사랑으로 주님과 함께 살리셨다.

3. 믿음의 구원받은 사람

사람이 어떻게 구원을 받을 수 있는가? 지구상에 살아가고 있는 모든 사람이 죄악으로 죽을 수밖에 없는데 하나님께서 사람들을 불쌍히 여기사 독생자 예수 그리스도를 세상에 보내 주시고, 누구든지 주님을 믿으면 구원을 받게 하셨다. 그런데 여기서 분명히 알아야 할 건 사람이 도덕적인 행위나 자선 및 기부를 통해서는 구원을 받지 못한다. 사도 바울이 "너희는 그(하나님) 은혜에 의하여 믿음으로 말미암아 구원을 받았으니 이것은 너희에게서 난 것이 아니요 하나님의 선물이라 행위에서 난 것이 아니니 이는 누구든지 자랑하지 못하게 함이라"(:8-9) 말씀했다. 로마 가톨릭교회에서는 사람의 도덕적인 행위나 공적을 강조하지만, 개신교에서는 그런 행위로는 구원을 받을 수 없다고 가르친다. 만일 사람이 자기의 공로로 구원을 받았다면 자랑거리가 많아 교만하게 되어 하나님의 사랑과 은혜를 무시하게 된다. 사도 바울이 "복음에는 하나님의 의가 나타나서 믿음으로 믿음에 이르게 하나니 기록된 바 오직 의인은 믿음으로 말미암아 살리라 함과 같으니라"(롬 1:17)라고 말씀했다. 믿음이 믿음을 낳고, 믿음으로 의롭게 되어 하나님의 자녀가 된다. 그러므로 오직 믿음만이 구원을 받을 수 있는 황금열쇠이다. 사순절에 믿음을 성실히 지켜서 구원의 길을 가도록 최선을 다하라.

4. 자랑하지 못하는 사람

우리가 구원을 받았다고 누구에게 자랑할 수 있을까? 한마디로 대답하면 결단코 자랑할 수 없다. 왜 그럴까? 우리 자신의 힘이나 노력으로 구원을 받지 못하고 오직 하나님의 사랑과 은혜로 구원을 받았기 때문이다. 사도 바울이 구원을 받은 우리에게 "너희는 그 은혜에 의하여 믿음으로 말미암아 구원을 받았으니 이것은 너희에게서 난 것이 아니요 하나님의 선물이라 행위에서 난 것이 아니니 이는 누구든지 자랑하지 못하게 함이라"(:8-9) 말씀했다. 그렇기에 우리는 늘 두렵고 떨리는 마음으로 구원에 힘써야 한다. 하나님께서 택하신 성도는 오직 믿음의 관점에서만 생활해야 하며, 우리는 감히 구원을 자랑하지 못하는 것이다. 그것은 하나님의 값없는 선물이요, 은혜이기 때문이다. 성도는 오직 성령으로 거듭나 자기를 부인하는 믿음으로 승리한다. 그래서 사도 바울이 "항상 복종하여 두렵고 떨림으로 너희 구원을 이루라"(빌 2:12) 말씀했다. 세상에는 잘나서 똑똑한 사람이 많고, 많이 배워서 지식이 뛰어난 사람이 많고, 돈을 많이 번 부자가 많아서 자랑하는 사람들이 많을지라도, 그들이 하나님에게 구원을 받지 못했으면 자랑할 게 없어서 무가치하게 되고 만다. 하지만 우리는 주님을 믿어서 구원을 받았으니, 자랑하지 말고 겸손하게 섬기는 신앙생활을 해야 한다.

2026년 3월 22일, 사순절 5번째 주일

성 경	예레미야 31:31-34	예전색상	보라색

예배의 부름	"그러므로 형제들아 우리가 예수의 피를 힘입어 성소에 들어갈 담력을 얻었나니 그 길은 우리를 위하여 휘장 가운데로 열어 놓으신 새로운 살 길이요 휘장은 곧 그의 육체니라"(히 10:19-20)
	십자가 보혈의 공로로 힘입어 구원과 영생의 길을 열어 주신 하나님 아버지! 오늘 거룩하고 복된 날 세상에서 탕자처럼 방황하던 저희를 아버지의 집으로 오게 하심을 감사드립니다. 저희의 죄와 허물을 사하여 주시옵소서. 지금까지는 십자가가 어리석게 보였으나, 오늘의 예배를 통하여 십자가를 다시 보게 하시고 내 몫의 십자가를 지고 주님을 따라가게 하옵소서. 이 예배를 통하여 영광 받으시고 풍성한 은혜를 내려주옵소서. 우리 주 예수 그리스도의 이름으로 간절히 기원하옵나이다. 아멘
회개를 위하여	이 세상에서는 누군가와 더불어 살아가야 하므로 협력하여 선을 이루며 가야 합니다. 그러나 질투와 오해는 서로에게 상처를 주게 됩니다. 혹 상처를 입은 사람이 있다면 이번 사순절 동안 먼저 손을 내밀어 화해해야 할 사람이 나는 아닌지 성찰하고 회개하는 기도를 계속합니다.
고백의 기도	**상**한 마음을 안고 주의 제단 앞에 나와 회개로 새 사람이 되게 하시는 하나님 아버지! 벌레만도 못한 저희를 위하여 독생자 예수 그리스도를 희생제물로 바치면서까지 저희를 사랑하신 은혜를 감사드립니다. 이 시간 주님의 고난을 생각하면서 지난 한 주간의 저희 생활을 반성합니다. 사순절에도 서로 화해하지 못하고 지낸 우리가 마치 예수님을 향해 십자가에 못 박으라고 외친 군중 중의 한 사람이 우리인 것 같음을 용서하여 주옵소서. 새벽 기도, 삼일 예배, 구역 예배가 주님을 만나는 최적의 장소임을 알면서도 함께하지 못하는 저희의 어리석음이 주님을 버리고 뿔뿔이 흩어져 도망간 제자들의 모습을 닮은 것을 용서하여 주옵소서.
	이제부터라도 육신을 만족하게 하는 헛된 것을 보기 위해서 눈이 충혈된 비참한 모습을 버리도록 하겠습니다. 가야 할 곳과 가지 말아야 할 곳을 구분하지 못하는, 분별력이 없는 사람처럼 방황하면서 지내지 않도록 하겠습니다. 교만의 마음의 하수인이 되어서 남을 원망하고 불평을 일삼고 사랑을 구하는 영혼들의 하소연을 외면하며 살지 않겠다고 결심합니다. 죽어가는 영혼들의 부르짖음을 외면하지 않고 적극적으로 돕고 사랑을 나누는 일에 앞장설 것을 약속드립니다. 주님 도와주시고 오늘의 결심을 보시어서 지난날들의 죄악을 사하시는 또 한 번의 사죄 선포로 위로하여 주옵소서. 예수님의 이름으로 기도합니다. 아멘
사함의 확 인	"내가 나를 위하여 그를 이 땅에 심고 긍휼히 여김을 받지 못하였던 자를 긍휼히 여기며 내 백성 아니었던 자에게 향하여 이르기를 너는 내 백성이라 하리니 그들은 이르기를 주는 내 하나님이시라 하리라 하시니라"(호 2:23)
성시교독	128. 사순절(5)
설교 전 찬 송	23장 (만 입이 내게 있으면) 151장 (만왕의 왕 내 주께서)
설교 후 찬 송	149장 (주 달려 죽은 십자가) 202장 (하나님 아버지 주신 책은)

금주의 성가	주여, 내 죄를 사하소서 - A. S. Sullivan 대속하신 주님 - H. Kihlken 존귀하신 주 어린양 - Grig Courtney
목회 기도	**영**원한 진리의 말씀으로 만든 검으로 유혹을 물리치게 하시는 하나님 아버지! 죄의 사슬에 매여 사망의 음침한 골짜기에 빠진 저희를 구원하여 참된 예배자로 불러 주신 은혜 감사드립니다. 지난 한 주간에 세상에서 부정한 입술의 주인이 되어 험담을 말하고 감사하지 못한 잘못을 용서하여 주옵소서. 믿음의 등불은 들고 있지만, 기도와 찬양과 감사의 불이 꺼진 줄로 모르고 살았습니다. 감당할 힘을 주시겠다는 주님의 말씀을 망각하고 문제가 생겼을 때 기도하지 않고 두려워 떠는 겁쟁이로 산 것을 고백합니다. **항**상 수고한 대로 축복하시는 하나님 아버지! 세상에서 실패하고, 교만으로 허물어지고, 인간관계에서 상처받은 저희지만 오늘 말씀을 통해서 회복의 기쁨을 누리게 하옵소서. 성도 중에는 육신의 질병으로 힘들어할 때 위로자가 되어주시옵소서. 벌써 오랫동안 보이지 않은 성도가 있습니다. 교회와 멀리 있어도 믿음은 소멸되지 않게 하여 주옵소서. 주님의 날에 교회에 와서 봉사하는 성도가 있습니다. 우리가 위로자가 되게 하시고, 협력자가 되어 합하여 선을 이루어 가게 하옵소서. 예수님 이름으로 기도합니다. 아멘
헌금을 위한 성구	"그러므로 형제들아 내가 하나님의 모든 자비하심으로 너희를 권하노니 너희 몸을 하나님이 기뻐하시는 거룩한 산 제물로 드리라 이는 너희가 드릴 영적 예배니라" (롬 12:1)
헌금 기도	**천**지 만물을 지으시고 우리의 삶을 주관하시는 하나님 아버지! 지난 한 주간 동안 은혜받은 저희가 정성과 감사로 준비한 예물을 몸과 마음을 묶어 바치오니 아벨과 그 제물을 열납하심 같이 기뻐 받아주시옵소서. 2026년 사순절 다섯 번째 주일입니다. 주신 물질도 우리에게 주신 선물인 줄 알고 받은 사랑을 고난 중에 있는 백성들을 위해서 나눔을 실천할 수 있게 하옵소서. 오늘도 십일조를 드리는 가정에 하늘의 파수꾼을 세워 주시어 악한 마귀의 우환과 시험을 막아 주시옵소서. 감사 예물을 드리는 가정에 시냇가에 심어진 나무같이 형통하게 하옵소서. **감**사하는 마음이 이웃에게 나눠 줄 수 있는 풍족함의 통로가 되게 하여 주옵소서. 주일 헌금을 드립니다. 구역 헌금, 성미와 선교 헌금도 있습니다. 물질에 얽매였던 삶에서 자유하여 하나님의 나라를 위해 풍성한 자 되게 하옵소서. 병들고 실패하여 낙망했던 인생과 마음까지 주님께 드립니다. 예물이 사용되는 곳곳마다 영혼들이 살아나며 하나님의 나라가 임하는 놀라운 일들이 일어나게 하옵소서. 저희의 가정과 하는 모든 일들 위에 하나님의 복 주심이 임하게 하시어 모두 어렵다고 하는 시기이지만 더 많은 열매를 거두는 귀한 복의 사람들이 되게 하여 주시옵소서. 우리 주 예수님의 이름으로 기도드립니다. 아멘
위탁의 말씀	"내가 나의 법을 그들의 속에 두며 그들의 마음에 기록하여 나는 그들의 하나님이 되고 그들은 내 백성이 될 것이라 여호와의 말씀이니라" 우리는 하나님의 언약으로 구원을 받은 후 다시 죽을 죄를 범해도 사랑으로 용서하시는 하나님의 사랑을 전하는 한 주간이 되어야 합니다.
축 도	지금은 우리들을 위하여 온갖 고난과 십자가를 지신 예수 그리스도의 은혜와 호흡이 있는 모든 것들의 생명이신 하나님 아버지의 사랑하심과 하나님의 나라를 위하여 하나 되게 하시는 성령의 교통과 역사하심이 오직 예수 그리스도에게만 구원이 있음을 깨닫고 그분만을 섬기기로 작정하고 돌아가는 백성들의 머리와 교회 위에 이제부터 영원토록 함께 계시옵기를 축원하옵나이다. 아멘

오늘의 설교를 위하여

오늘의 설교를 위한 복음적 조명 주제 : 새로운 언약

제목 : 하나님의 새로운 언약 | 본문 : 예레미야 31:31-34

주제 : 하나님께서 선택하신 백성에게 새로운 언약을 하셨다. 성도는 하나님의 언약으로 구원을 받았다. 비록 죄를 범하여 죽게 되었으나 하나님께서 그들의 악행을 용서하시고 새로운 백성으로 생활하도록 하셨다. 이 기쁜 복음을 전파하여 모두가 소망을 가지게 하자.

논지 : 하나님에게 선택된 백성은 비록 죄악 가운데 있어도 용서받고 구원을 얻는다.
  1. 선택하신 백성에게 언약
  2. 구원하신 하나님의 언약
  3. 하나님 백성으로의 언약
  4. 악행을 용서하시는 언약

대표적인 하나님의 언약은 '십계명'이다. 하나님께서 출애굽 사건으로 이스라엘 백성들을 구원하셨다. 이스라엘 백성들이 홍해를 건너 '마라'라는 곳에 이르러 쓴 물을 단물로 바꾸시는 하나님의 언약을 체험했다. 신 광야에 이르러 하늘에서 일용할 양식 만나와 메추라기를 받아먹었다. 르비딤에 이르러 하나님의 능력으로 반석에서 물이 나오게 되고, 무기가 없는 이스라엘 백성들이 아말렉 군대를 쳐서 이기게 하셨다. 그리고 드디어 시내 광야에 이르게 되었다. 진실로 이런 모든 사건은 이스라엘 백성들이 영원히 기억할 하나님의 사랑이며 능력이고 기적들이다. 시내 광야에서 하나님께서 모세를 시내 산 정상에 부르셨다. 하나님께서 모세에게 십계명과 여러 가지 율법을 주셨다. 이는 이스라엘 백성에게 특별한 의미가 있다. 이스라엘 백성이 세계 열국의 제사장 나라가 되는 상징이다. 이스라엘 민족과 역사의 존재 의미와 목적, 즉 정체성을 찾는 기회이다. 그리고 그 직분과 역할을 감당할 구체적인 방안까지 하나님께서 말씀해주셨다. 그것은 십계명, 율법, 지혜이다. 이것은 세계와 모든 나라와 민족을 움직이는 힘이고 권세를 의미한다. 시내 산은 이스라엘의 미래를 하나님께 보장받는 축복의 장소로 자손 대대로 계승하고, 기억하고, 유지해야 할 엄청난 사건이다.

1. 선택하신 백성에게 언약

지구촌에는 수많은 민족과 백성들이 살고 있다. 그런데 그 가운데서 하나님께서 이스라엘 백성을 선택하셨다. 또한 하나님께서 선택하신 이스라엘 백성들에게 필요한 모든 것을 축복으로 주시겠다고 언약하셨다. 특히 하나님께서 선택하신 이스라엘 백성들에게 자연환경과 지역의 축복을 주셨다. 십계명은 시내 산에서 이스라엘 백성을 하나님의 제사장으로 세우신 사실과 그 사명을 감당하도록 모든 지혜와 축복을 주신 걸 기억하게 하시는 하나님의 명령이다. 십계명은 역사상 이스라엘 백성의 선택하심과 축복에 그치는 것이 아니다. 영적으로 그리스도인들에게 주신 하나님의 선택하심과 축복을 상징한다. 일찍이 죄악의 종노릇 하던 사람들이 예수 그리스도를 믿음으로 말미암아 죄악에서 구원을 받았다. 이는 하나님 나라에서 영생하게 되는 구원의 축복을 의미한다. 구약에서 이스라엘 백성들이 하나님의 명령을 받들어 십계명을 잘 지킴으로 축복을 받았듯이, 오늘날 그리스도인들이 하나님의 말씀을 성실하게 지켜야 이스라엘 백성에게 임한 하나님의 축복을 넘치게 받게 된다. 예레미야 선지자가 "여호와의 말씀이니라 보라 날이 이르리니 내가 이스라엘 집과 유다 집에 새 언약을 맺으리라"(:31) 말씀했다. "새 언약"은 십계명을 초월하는 구원의 복음 메시지를 의미한다.

2. 구원하신 하나님의 언약

우리는 예수 그리스도의 복음으로 구원을 받았다. 물론 교회는 다녀도 하나님과 예수님을 믿지 못해서 구원의 확신이 없는 분도 있지만, 그런 분을 제외하고 구원하신 하나님의 언약을 믿는다고 생각한다. 예수님께서 "누구든지 나를 따라오려거든 자기를 부인하고 자기 십자가를 지고 나를 따를 것이니라 누구든지 제 목숨을 구원하고자 하면 잃을 것이요 누구든지 나를 위하여 제 목숨을 잃으면 찾으리라"(마 16:24-25)라고 말씀하셨다. 그래서 사도 바울도 "내가 그리스도와 함께 십자가에 못 박혔나니 그런즉 이제는 내가 사는 것이 아니요 오직 내 안에 그리스도께서 사시는 것이라 이제 내가 육체 가운데 사는 것은 나를 사랑하사 나를 위하여 자기 자신을 버리신 하나님의 아들을 믿는 믿음 안에서 사는 것이라"(갈 2:20), "나는 날마다 죽노라"(고전 15:31)라고 고백하였다. 우리도 날마다 십자가에 자신을 못 박아 죽이는 삶 가운데에서 구원하신 하나님의 언약을 확인할 수 있다. 예레미야 선지자가 "이 언약은 내가 그들의 조상들의 손을 잡고 애굽 땅에서 인도하여 내던 날에 맺은 것과 같지 아니할 것은 내가 그들의 남편이 되었어도 그들이 내 언약을 깨뜨렸음이라 여호와의 말씀이니라"(:32) 말씀했다. 아울러 우리도 죄악에서 구원하신 하나님의 언약으로 성도가 되었다.

3. 하나님 백성으로의 언약

하나님의 백성은 무엇보다도 먼저 종교적이며 윤리적인 본질에 속하는 것이라는 사실이 인식되어야 한다. 성경을 통해서 하나님의 백성은 모든 적대(敵對)와 소외를 극복하며, 모든 피조물에 평화(shalom)를 주시려는 하나님의 의도에 대한 비전을 받았다. 우리의 소명은 그와 같은 하나님의 계시와 비전에 성찰하는 것이다. 성서적 신앙의 관점에서 볼 때 하나님의 백성은 종교적 문제이다. 만약 우리가 하나님의 백성이라고 주장하고자 한다면 인간의 고난에 대한 하나님의 관심과 압제와 파괴를 일으키는 사람들에게 향한 하나님의 진노에 대한 비전이 우리를 인도하는 말씀이 되어야만 한다. 예레미야 선지자가 "그 날 후에 내가 이스라엘 집과 맺을 언약은 이러하니 곧 내가 나의 법을 그들의 속에 두며 그들의 마음에 기록하여 나는 그들의 하나님이 되고 그들은 내 백성이 될 것이라 여호와의 말씀이니라"(:33) 증언했다. 이스라엘 백성들이 하나님의 은혜로 구원을 받은 후에 하나님께서 그들과 맺은 언약은 하나님의 말씀을 마음속에 두며, 하나님을 주님으로 섬기는 신앙생활을 해야 했다. 하나님의 백성은 절대로 우상을 섬기며 절하지 말아야 하고, 세상의 부귀영화보다 하늘나라의 영광을 바라보고 오직 앞만 보고 나가야 이때 하나님 백성으로의 언약이 이루어진다.

4. 악행을 용서하시는 언약

인간은 심히 연약하다. 그래서 악행을 하지 않겠다고 결심을 하지만 잠시 후에 또 악행을 한다. '조령모개(朝令暮改)', 즉 아침에 명령(命令)을 내리고서 저녁에 다시 바꾼다는 뜻으로, 아침에 정직하게 살고자 생각했을지라도 저녁에 다시 악행을 행한다는 말로 바꿀 수 있다. 따라서 모든 인간은 죄인이고 악을 행한다. 그래서 사도 바울이 "내가 원하는 바 선은 행하지 아니하고 도리어 원하지 아니하는 바 악을 행하는도다 만일 내가 원하지 아니하는 그것을 하면 이를 행하는 자는 내가 아니요 내 속에 거하는 죄니라"(롬 7:19-20) 고백하였다. 사도 바울이 이렇게 고민하면서 "오호라 나는 곤고한 사람이로다 이 사망의 몸에서 누가 나를 건져내랴"(롬 7:24) 부르짖었다. 그러나 악행을 용서하시는 하나님의 언약을 깨닫고, "우리 주 예수 그리스도로 말미암아 하나님께 감사하리로다"(롬 7:25) 말씀했다. 언제 어디나 계시는 하나님께서 과거에 이스라엘 백성의 악행도 용서하셨다. "그들이 다시는 각기 이웃과 형제를 가리켜 이르기를 너는 여호와를 알라 하지 아니하리니 이는 작은 자로부터 큰 자까지 다 나를 알기 때문이라 내가 그들의 악행을 사하고 다시는 그 죄를 기억하지 아니하리라 여호와의 말씀이니라"(:34). 우리도 악행을 용서하시는 하나님의 언약을 믿고 감사하자.

2026년 3월 29일, 사순절 6번째 주일 / 종려주일(고난주간)

성 경	마태복음 21:1-11	예전색상	빨간색

예배의 부름	"앞에서 가고 뒤에서 따르는 자들이 소리 지르되 호산나 찬송하리로다 주의 이름으로 오시는 이여 찬송하리로다 오는 우리 조상 다윗의 나라여 가장 높은 곳에서 호산나 하더라"(막 11:9-10)
	험한 십자가에서 주가 흘리신 피를 믿음으로 보게 하시는 하나님 아버지! 2026년 사순절 동안 저희를 위해 고난 겪으신 예수님의 사랑과 십자가의 은혜를 경험하게 하심을 감사드립니다. 거룩한 성 주간이 시작되는 종려주일 예배를 드리는 무리를 축복하시고 심령의 안식과 하늘의 평화를 주시옵소서. 주님께서 죄인들을 속량하기 위해서 당하신 고난을 묵상하는 한 주간 동안 진심으로 동참하게 하옵소서. 이 예배를 통해서 주님의 십자가를 마음에 새기고 흘리신 보혈로 새로워지게 하소서. 예수님의 이름으로 기원하옵나이다. 아멘
회개를 위하여	씨앗은 뿌리면 싹이 나옵니다. 가정에서 세상에서 알게 모르게 뿌려놓은 죄악의 씨는 실패와 근심과 눈물의 쓴 열매를 안겨 주기 위해서 우리 마음 밭에서 자라고 있습니다. 지난 한 주간 그런 죄의 씨앗을 생각과 행동으로 어디에 뿌렸는가를 성찰하고 회개하는 기도를 계속합니다.
고백의 기도	**죄**인을 불러 하늘 백성 삼으시고 주님 사랑의 도구로 쓰임받게 하시는 하나님 아버지! 죄인의 고백을 들어 주시고 용서해 주시는 그 사랑을 감사드립니다. 저희는 지난 주간에도 마음은 원이지만 저희의 이기심 때문에 주님의 영광을 나타내지 못한 것을 용서하여 주옵소서. 기도와 말씀과 찬양의 씨를 뿌려야 할 곳에서 원망과 불신과 미움의 씨를 뿌리고 산 것을 불쌍히 여겨 주옵소서. 실수한 것에 뉘우치고 반성해야 한다는 것을 알면서 실천하지 못했습니다. 세상의 유혹 앞에서 너무나도 쉽게 무너진 저희를 붙잡아 주시옵소서.

이제부터라도 내 생각과 반대되는 사람의 의견을 무시하고 업신여기지 않겠습니다. 시작하는 한 주간에는 어렵고 문제가 있을 때 먼저 기도하면서 성령님의 인도를 받도록 노력하겠습니다. 주님이 주시는 깨달음으로 아름다운 그리스도인의 모습으로 살아갈 수 있도록 제가 먼저 노력하겠습니다. 갖가지 잘못된 생각에 사로잡혀 살지 않겠습니다. 올해 고난주간에 옛사람을 벗어 버리도록 하겠습니다. 저희의 연약함을 고백하오니 죄악의 옛사람에서 새로운 사람으로 바꾸어 주옵시고 과거를 부끄러워하는 마음을 허락하여 주옵소서. 앞으로의 삶이 정말 하나님을 위하여 사는 생활이 되게 하여 주옵시기를 간절히 바라옵고 예수님의 이름으로 기도합니다. 아멘 |
사함의 확인	"서로 친절하게 하며 불쌍히 여기며 서로 용서하기를 하나님이 그리스도 안에서 너희를 용서하심과 같이 하라"(엡 4:32)
성시교독	129. 종려주일
설교 전 찬 송	20장 (큰 영광 중에 계신 주) 144장 (예수 나를 위하여)
설교 후 찬 송	614장 (얼마나 아프셨나) 150장 (갈보리산 위에)

금주의 성가	보라 어린 양을 – David T. Clydesdale 편곡 십자가의 칠언 – R. R. Perry 십자가상의 죽음 – J. Stainer
목회기도	**생**명의 빛으로 오신 사명을 감당시키시려고 독생자 예수를 고난의 길로 인도 하신 하나님 아버지! 이 땅에 오신 목적을 수행하실 마지막 관문인 예루살 렘으로 입성하신 날 저희도 호산나 찬송으로 주님을 경배합니다. 주님이 걸어 가신 십자가의 길은 우리가 죄악과 탐욕의 하수인이 되어 하나님과 원수 되었 던 죄인을 구원시키기 위함인 줄 믿습니다. 거룩한 성 주간 동안 예수님과 동행 하면서 마지막 주시는 교훈이 우리에게 생명의 빛이 되게 하옵소서. 특히 마지 막 3일 주님이 받으시는 고난을 내 육체에 채우는 마음으로 살게 도와주옵소서. **저**희의 고백이 헛된 것이 아님을 아시는 주님! 비록 우리가 이름도 모르는 작 은 들풀같이 보잘것없지만, 교회를 위해서 헌신할 직분을 주셨사오니 그 역할을 망각하지 않게 도와주시옵소서. 이번 고난주간 동안 교회 역사 속에 기 억될 기도의 증인, 섬김의 증인, 사랑의 증인으로 살겠다고 다짐하는 마음을 십자가에 못 박게 하옵소서. 육체의 질병으로 고생하시는 분들이 치료의 광선 으로 치유되고, 말씀의 전신 갑주로 무장되어 전도자로 거듭나게 하옵소서. 우 리 주 예수 그리스도의 이름으로 기도하옵나이다. 아멘
헌금을 위한 성구	"이제 주께서 종의 왕조에 복을 주사 주 앞에 영원히 두시기를 기뻐하시나이다 여호와여 주께서 복을 주셨사오니 이 복을 영원히 누리리이다"(대상 17:27)
헌금기도	**알**파와 오메가로 살아계셔서 인간의 생사화복을 주관하시는 하나님 아버지! 사순절 마지막 주일 아침 주님께서 주신 것 중에 주님을 뜨겁게 사랑하는 마음으로 여기 이 헌금을 주님 앞에 드리게 하심을 감사드립니다. 드린 손길 위 해 축복하시고, 한 영혼이라도 구원하는 일과 교회를 힘이 있게 하는 일에 쓰이 게 하옵소서. 받은 은혜에 감사하여 저희가 드리는 감사와 작은 예물이 아름다 운 사랑의 꽃다발이 되어 주님 앞에 드려지게 하옵소서. 복을 주시겠다고 약속 하신 말씀 따라 드리는 사랑의 십일조와 감사와 다양한 예물도 하늘에 기쁨이 되게 하옵소서. **오**늘 고난주간에 특히 우리가 모두 한 주간 동안 물질에 얽매인 미련한 삶을 살지 않게 하여 주옵소서. 주님이 오실 그날까지 내 것이 아닌 것을 내 것 이라고 주장하지 않게 하시고 하나님의 것을 내 것처럼 착각하면서 살지 않도 록 지혜의 삶을 허락하여 주시옵소서. 물질과 재능을 바르게 사용할 수 있도록 친히 간섭하시고 역사하여 주시옵소서. 이 물질이 주님의 몸 된 교회를 위하여 쓰일 때 영혼이 구원되는 기적을 나타내 주시옵소서. 다음 한 주간 성령님의 인 도하심을 기대하며 천국의 삶을 사는 성도들이 되게 하여 주옵소서. 우리 주 예 수님의 이름으로 기도드립니다. 아멘
위탁의 말씀	"호산나 다윗의 자손이여 찬송하리로다 주의 이름으로 오시는 이여 가장 높은 곳 에서 호산나 하더라" 주님은 수많은 군중이 '호산나 다윗의 자손이여'를 부르며 환영하는 길을 마다하시고 죽음의 길을 가신 것처럼 우리도 고난에 동참하는 신 앙생활을 하는 성 주간이 되어야 합니다.
축 도	지금은 우리를 온갖 죄악 가운데서 구원하시기 위해 고난을 당하신 예수 그리스 도의 은혜와 우리 죄를 독생자에게 담당시키신 하나님의 넘치는 사랑하심과 죄 사함의 확증을 주시는 성령님의 감화·감동·인도하심이 종려주일을 맞이하여 호산나 찬송 부르면서 신앙의 절개를 지키기로 다짐하며 나아가는 성도들 위에 영원히 함께하옵시기를 간절히 축원하옵나이다. 아멘

오늘의 설교를 위하여

오늘의 설교를 위한 복음적 조명 주제 : 주님의 입성

제목 : 고난의 주님을 영접하는 성도 | 본문 : 마태복음 21:1-11

주제 : 주님께서 나귀의 새끼를 타시고 예루살렘 성에 입성하실 때 수많은 군중이 '호산나 다윗의 자손이여' 찬송을 부르며 환영하였다. 하지만 주님은 환영보다 죽음을 선택하셨다. 성도는 고난의 주님을 영접하여 고난에 동참하는 신앙생활로 말씀을 증언한다.

논지 : 겸손하게 나귀 새끼를 타신 주님을 영접하여 고난에 동참하는 성도가 되도록 하자.
 1. 나귀의 새끼를 타신 주님
 2. 군중에게 환영받으신 주님
 3. 호산나 찬송 받으신 주님
 4. 예루살렘에 입성하신 주님

03 29

 고난은 우리를 힘들게 하고, 고통스럽게 하며, 심한 경우에 죽음까지 생각하게 한다. 왜 우리에게 고난의 세월이 주어지는가? 그 고난의 이유를 알 수 없을 때 우리는 더욱 힘들다. 그러나 그 고난마저 하나님께서 우리에게 주신 선물이라고 생각하면 오히려 감사할 수 있다. 고난은 참기 어려운 것이지만 그 모든 고난 가운데에는 분명히 어떤 뜻이 있으리라. 주님께서 십자가의 고통을 당하신 것처럼 하나님께서 우리에게 주시는 고난은 어쩌면 우리 속에 감추어진 가장 좋은 것을 발견하게 하려는 하나님의 채광작업이 아닐지 생각한다. 여기에 고난의 신비가 있고, 고난의 신비를 넘어 고난의 은총이 있다. 그런 의미에서 고난은 하나님의 거룩한 축복이다. 주님께서 십자가의 고통을 당하시기 위해서 예루살렘 성에 입성하셨다. 그런데 하나님의 아들로 천하를 지배하시는 왕이신데, 겸손하게 어린 나귀 새끼를 타셨다. 주님의 마음속도 모르는 군중들은 종려나무 가지를 흔들며 환영했지만, 주님은 묵묵부답으로 진행하셨다. 우리는 종려주일에 주님을 마음속에 영접하고, 십자가를 향하여 가시는 주님을 따라서 고난에 동참하면서 고난주간을 보내야 한다. 이는 형식적인 행위가 되어서는 안 되고, 가난한 이웃과 사랑을 나누면서 헌신 · 봉사하는 생활로 보답해야 한다.

1. 나귀의 새끼를 타신 주님

 주님께서 나귀 새끼를 타고 예루살렘 성에 입성하셨다. 왕은 대개 백마를 타고 당당하게 입성한다. 그런데도 주님은 나귀 새끼를 타시고 너무나 초라하게 입성하셨다. 여기에는 특별한 의미가 있다. "이는 선지자를 통하여 하신 말씀을 이루려 하심이라 일렀으되 시온 딸에게 이르기를 네 왕이 네게 임하나니 그는 겸손하여 나귀 곧 멍에 메는 짐승의 새끼를 탔도다 하라 하였느니라"(:4-5). 마태는 스가랴 선지자의 말씀을 인용했다(슥 9:9). 주님께서 나귀 새끼를 타시고 모든 사람의 이목을 집중시키신 채 예루살렘에 입성하고자 하신 것은 먼저는 선지자로 하신 말씀을 이루려 하셨다는 사실을 증명하기 위해서였다. 스가랴 선지자가 "네 왕이 네게 임하나니"라는 말씀으로 왕의 도래를 나타내고 있다. 특히 주님께서 백성들의 환호 가운데 입성하신 것은 왕의 입성을 공식적으로 나타내기 위함이었다. 주님은 평소에 자신을 드러내지 않고 말씀을 가르치셨다. 그러나 이제 마지막으로 예루살렘 성에 입성하시면서 나귀 새끼를 타신 건 너무나 초라한 모습이다. 주님은 왕이시지만 겸손의 왕이시다. 만약 예루살렘에 멸망의 날이 도래하기까지 주님이 왕 되심을 알았다면 주님을 십자가에 못 박지 않을 것이다. 하지만 겸손하신 주님은 죄인들을 향해 오랫동안 참으셨다.

2. 군중에게 환영받으신 주님

주님께서 군중들에게 자신의 왕 되심을 나타내는 방법으로 입성하셨다. 이를 통해 주님은 자신이 왕 되심을 공식적으로 만백성 앞에 선포하셨다. 그 때 제자들은 자기들의 겉옷을 벗어 나귀 새끼 위에 얹었고, 주님은 그 위에 타셨다(:7). 무리의 대부분 그들의 겉옷을 벗어 길에 폈으며, 어떤 사람들은 종려나무 가지를 베어 길에 폈다(:8-9). 이것은 왕에 대한 존경의 표시이다. 군중이 주님을 환영한 건 이사야 선지자의 예언 때문이다. "성문으로 나아가라 나아가라 백성이 올 길을 닦으라 큰 길을 수축하고 수축하라 돌을 제하라 만민을 위하여 기치를 들라 여호와께서 땅 끝까지 선포하시되 너희는 딸 시온에게 이르라 보라 네 구원이 이르렀느니라 보라 상급이 그에게 있고 보응이 그 앞에 있느니라 하셨느니라 사람들이 너를 일컬어 거룩한 백성이라 여호와께서 구속하신 자라 하겠고 또 너를 일컬어 찾은 바 된 자요 버림 받지 아니한 성읍이라 하리라"(사 62:10-12). 이사야의 이 말씀은 메시야가 파수꾼들에게 여호와 하나님께서 그의 구원 사역을 완수하시기까지 쉬시지 못하도록 쉬지 않고 간구하라고 명하시는데 이 사명을 부여하는 근거로 여호와께서 선민을 구원하신다는 맹세를 제시하고 있다. 이를 실천하기 위해 군중들이 주님을 영접하기 위해 거리로 나갔다.

3. 호산나 찬송 받으신 주님

군중들이 앞에 가고 뒤에서 따르며 소리 질러 "호산나 다윗의 자손이여 찬송하리로다 주의 이름으로 오시는 이여 가장 높은 곳에서 호산나"(:9) 하며 공식적으로 입성하시는 왕 되신 주님을 찬송했다. 그들이 주님을 바로 알고 찬송을 했는지는 알 수는 없지만 주님께서 십자가의 고난을 당하시기 위하여 예루살렘에 입성하셨고, 십자가에서 고난을 당하신 후에 부활의 영광을 받으신 것은 분명하다. 그래서 우리는 종려주일에 주님께서 가신 고난과 영광의 길을 살펴보고 은혜를 받아야 한다. 주님께서 죽음을 5일 앞두고 계셨다. 주님은 자기의 죽음을 생각하시며 십자가를 향하여 가시기를 결심하셨다. 그 길이 십자가의 길이었다. 오늘이 종려주일이고 내일부터 고난주간이 시작되는데, 우리는 '내가 5일 후에 죽을지도 모른다'라고 생각하며 주님의 십자가를 향하여 가는 성도가 되어야 한다. 주님께서 십자가를 향하여 가시는 길은 초라했다. 갈릴리 나사렛 시골 사람인 주님께서 예루살렘에 입성하실 때 거창하리라고 기대하지는 않았지만, 하나님의 아들이신 주님께서 예루살렘에 입성하시는 모습이 너무나 초라했다. 그러나 많은 사람이 모여서 찬송을 했다. 마가복음은 "많은 사람"(막 11:8)이라고 기록했는데 그들이 주님께서 가시는 고난의 길을 찬송했다는 아이러니가 있다.

4. 예루살렘에 입성하신 주님

주님의 예루살렘 입성을 한번 상상해 보시라. 세상 왕의 입성이라는 입장으로 보면 주님의 예루살렘 입성을 참으로 빈약하고 초라하고 우스꽝스러운 일이 아닐 수 없다. 이 모습은 빌라도와 로마 사람들에게는 아무런 영향도 주지 못했을 것이다. 나중에 빌라도가 주님을 심문할 때 "나는 그에게서 아무 죄도 찾지 못하였노라"(요 18:38) 말했다. 이 말은 주님의 무죄를 주장할 뿐만 아니라 선동죄도 없다는 뜻이다. 이처럼 주님의 이 초라한 입성은 빌라도와 로마에는 아무런 영향도 주지 못했다. 주님께서 "예루살렘에 들어가시니 온 성이 소동하여 이르되 이는 누구냐 하거늘 무리가 이르되 갈릴리 나사렛에서 나온 선지자 예수라 하니라"(:10-11). 주님께서 예루살렘에 입성했을 때 온 성이 소동하였다. 여기서 "소동하여"(에세이스데)이라는 뜻의 헬라어로 '땅이 흔들리는 상태', 즉 '지진(地震)'이라는 의미이다. 주님은 초라하게 나귀 새끼를 타고 입성하셨지만, 예루살렘 성의 중심 부위부터 흔들어 놓았다. 거센 흥분이 온 도성을 뒤덮었다. 당시 조사 자료에 의하면 유월절 행사 기간에 예루살렘에 운집한 사람의 수는 대략 270만 명으로 집계되었다. 이런 상황에서 주님의 예루살렘 입성 사건은 삽시간에 온 예루살렘의 초미의 관심사가 되고도 남았다.

4월의 예배와 설교를 위하여

일	요일		본문	설교제목	기타(예화, 참고자료)
1	수				
5	주일	낮			
		밤			
8	수				
12	주일	낮			
		밤			
15	수				
19	주일	낮			
		밤			
22	수				
26	주일	낮			
		밤			
29	수				

2026년 4월 5일, 부활 주일

성 경	골로새서 3:1-4	예전색상	흰색
예배의 부름	"그러나 이제 그리스도께서 죽은 자 가운데서 다시 살아나사 잠자는 자들의 첫 열매가 되셨도다 사망이 한 사람으로 말미암았으니 죽은 자의 부활도 한 사람으로 말미암는도다"(고전 15:20-21)			
	생명의 주 예수께서 죽음을 이기시고 부활하게 하신 하나님 아버지! 십자가에 처참하게 돌아가셨던 예수를 사망 권세 깨고 부활하사 만백성에게 부활의 소망을 주심을 감사드립니다. 오늘의 예배를 통해서 저희의 부활 신앙이 견고하게 되어 흔들리지 않고 주님의 사역에 더욱 힘쓰며 승리할 힘을 얻게 하옵소서. 주님 부활의 기쁨을 안고 예배하는 성도들에게 말씀으로 은혜가 충만케 하시고, 간구하는 기도에 응답하여 주소서. 예수님의 이름으로 기원하옵나이다. 아멘			
회개를 위하여	부활신앙은 모든 능력의 씨가 우리 안에 떨어져 영생에 대한 확신을 가진 새로운 사람으로 바뀜입니다. 부활하신 주님이 남겨 주신 말씀을 믿고 말씀대로 움직이지 못하는 이유가 혹시 나의 고집 때문은 아닌지 성찰하고 회개하는 기도를 계속합니다.			
고백의 기도	주 예수 그리스도의 부활로 우리에게 주신 은혜가 영생의 증거가 되신 하나님 아버지! 독생자 예수님을 죽음에서 부활하게 하시어서 새로운 생명을 받고 천국의 삶을 살 수 있는 자격을 주신 것을 감사드립니다. 그러나 어리석은 저희는 그 축복을 온전히 누리지 못하고 살았던 잘못을 고백합니다. 용서하여 주시옵소서. 영생을 얻은 사람처럼 기뻐하지 못하며, 세상 속에서 부끄러운 삶을 살았습니다. 부활하신 주님께서 살아계셔서 우리 안에 역사하신다는 사실을 알면서도 부정하며 산 잘못을 불쌍히 여겨 주옵소서. 세상에 얽매여서 어리석은 삶을 살았던 저희를 용서하여 주시옵소서.			
	저희에게 영생의 감격을 주시고, 잠잘 곳을 주셨으며, 배고프지 않도록 음식을 주셨으며, 배고프지 않도록 음식을 주셨지만 감사하며 세상에서 빛과 소금이 역할을 다하지 못한 것을 용서하여 주옵소서. 오늘 부활절 예배를 드리면서 하나님께 순종한다고 말은 하면서도 저희의 뜻을 주장했던 잘못을 반복하지 않을 결심을 합니다. 성령님의 잔잔한 인도를 거스르고 자기 뜻을 주장하다 일을 그르치는 어리석음을 범하지 않을 결심을 합니다. 은혜로우시고 크게 뉘우치는 자들의 기도를 들어주시는 아버지께서 저희의 모든 잘못을 용서하시는 말씀을 통하여 저희의 중심이 하나님께 고정되게 하시고 하나님만을 사모하게 하여 주시옵소서. 우리 주 예수 그리스도의 이름으로 기도드립니다. 아멘			
사함의 확인	"주의 크신 긍휼로 그들을 아주 멸하지 아니하시며 버리지도 아니하셨사오니 주는 은혜로우시고 불쌍히 여기시는 하나님이심이니이다"(느 9:31)			
성시교독	133. 부활절(1)			
설교 전 찬 송	164장 (예수 부활했으니) 259장 (예수 십자가에 흘린 피로써)			
설교 후 찬 송	167장 (즐겁도다 이 날) 352장 (십자가 군병들아)			

금주의 성가	할렐루야 다시 살아 나셨다 – H. Von Berge 부활의 아침 – 김연준 예수 부활했으니 – Gordon Young
목회기도	**할**렐루야! 죽음의 권세를 물리치고 부활의 능력으로 승리하신 예수님! 부활의 첫 열매가 되신 예수님을 따라 저희도 부활의 소망을 안고 모이게 하심을 감사드립니다. 부활의 참된 기쁨이 불신과 반목의 세상에 믿음과 화합의 소식이 되게 하옵소서. 부활의 예수님만이 현재와 미래와 천국을 살아가는 유일한 길과 진리와 생명이 됨을 알게 하여 주옵소서. 평균 수명은 늘어났지만 많은 사람이 병원마다 요양원마다 죽음의 공포에 시달리고 있습니다. 행여, 엄습하는 고통 때문에 믿음까지 약해지지 않게 부활의 소망으로 버틸 힘을 주시옵소서. **절**망의 죽음과 무덤 문을 열어 부활의 소망을 주신 주님! 예수를 믿고 교회를 다니면서 벌써 오랜 세월 신앙생활을 했지만, 기도와 찬송의 없는 정신지체인처럼 사는 초라한 모습이 저의 모습이 아닌지 회개합니다. 건축자들이 쓸모없다고 버린 돌이 교회의 머릿돌이 된 것처럼 우리가 부활의 힘을 얻고 변화되어 집 모퉁이의 머릿돌이 되게 하옵소서. 병마에 시달리는 성도, 믿음이 주는 소망을 잃어버리고 허탈한 심령들이 부활 신앙으로 처음 사랑을 회복하게 하옵소서. 우리 주 예수 그리스도의 이름으로 기도하옵나이다. 아멘
헌금을 위한 한 구 성	"성도를 위하는 연보에 관하여는 내가 갈라디아 교회들에게 명한 것 같이 너희도 그렇게 하라"(고전 16:1)
헌금기도	**할**렐루야! 독생자 예수가 원수를 이기고 부활하여 승리하게 하신 하나님 아버지! 영원한 지옥 형벌에서 하나님의 아름다운 나라로 옮기며 영원히 복락을 누리게 하신 하나님을 경배하며 부활절 예물을 드리게 하심을 감사드립니다. 거룩한 부활의 날 할렐루야를 외치면서 예물을 드린 모든 성도에게 부활하신 주님이 주시는 신령한 복을 누리게 하옵소서. 여러 가지 이름으로 갖가지 예물을 드렸습니다. 하나님이 날마다 순간마다 주시는 것에 대해 늘 감사를 표시하고 주님 안에서 즐거워하는 삶을 누리게 하옵소서. **이** 예물이 사용되는 곳마다 구원받은 자녀들에게 성경이 풍족하게 공급되어 주의 진리를 사모하며 살게 하옵소서. 실패하고 헤매며 방황하던 영혼들이 재기의 몸부림 속에 드리는 예물도 있습니다. 주께서 가시덤불을 불태워 주시고 시온의 대로가 활짝 열리게 하옵소서. 시련과 고난도 주님을 의지하고 가족이 함께 손을 맞잡고 기도하고 찬송가 부르면서 말씀 안에서 승리하게 하옵소서. 우리가 혼탁한 세상에 빛과 소금의 역할을 감당하며 하나님의 영광 나타내게 하여 주옵소서. 고난과 어려움을 극복하고 승리하게 하는 활력소가 되기를 바라오며 예수님 이름으로 기도하옵나이다. 아멘
위탁의 말씀	"우리 생명이신 그리스도께서 나타나실 그 때에 너희도 그와 함께 영광 중에 나타나리라" 부활하신 예수님으로부터 우리도 덤으로 받은 부활의 생명으로, 길이요, 진리요, 생명의 길을 걸어야 재림하시는 주님을 만난다는 각오로 살아야 합니다.
축 도	지금은 십자가에서 버린 돌이 되셨으나 부활하시어 교회의 머릿돌이 되신 예수 그리스도의 은혜와 하나님 아버지의 변함없으신 사랑과 저희 곁에 늘 가까이 계셔서 새 힘을 주시는 보혜사 성령의 도우심이 산소망 가운데 살아가기로 결심하는 모든 성도들에게 늘 함께 계시기를 간절히 축원하옵나이다. 아멘

오늘의 설교를 위하여

오늘의 설교를 위한 복음적 조명 주제 : 부활의 소망

제목 : 부활의 소망이 있는 성도 | 본문 : 골로새서 3:1-4

주제 : 예수님께서 죽음의 권세를 이기시고 부활하셨다. 부활하신 예수님을 믿는 성도는 땅의 것을 잊고 위의 것을 찾는 삶을 살아야 한다. 예수님에게 부활의 생명을 얻은 성도는 올바른 신앙생활을 하다가 재림하시는 주님을 만나야 한다.

논지 : 하늘과 땅의 것을 구별하여 부활의 소망으로 재림하시는 주님을 만나게 하자.
1. 위의 것을 찾는 성도
2. 땅의 것을 잊는 성도
3. 부활 생명 얻은 성도
4. 재림 주를 만날 성도

할렐루야! 죽음을 정복하신 주님의 부활을 찬양한다. 사망의 권세를 정복하신 주님께서 부활의 첫 열매가 되셔서 우리에게 부활의 소망을 주셨다. 부활의 소망이 있는 성도는 하나님께 감사하고 찬양해야 한다. 또한 부활의 소망이 있는 성도는 아직도 죽음을 두려워하는 사람들에게 복음을 전하여 부활하신 주님을 믿고 구원을 받도록 해야 한다. 우리는 '죽음과 부활'의 의미를 다시 한번 심각하게 생각할 필요가 있다. '죽음과 부활'의 의미를 제대로 알아야 올바른 신앙생활을 할 수 있다. '죽음'은 육신의 수명이 끝나는 일이다. 삶을 마치고 세상을 떠나는 게 죽음이다. 그런데 죽음에는 두 가지의 의미가 있다. 주님 안에서의 죽음과 주님 밖에서의 죽음이 있다. 주님 안에서의 죽음은 부활의 첫 열매이시고 생명의 주인이신 예수님을 믿고 구원의 확신으로 살다가 죽는 죽음을 의미한다. 사도 요한이 "지금 이후로 주 안에서 죽는 자들은 복이 있도다"(계 14:13) 말씀했다. 그러므로 주님 안에서 죽는 죽음은 결코 두려운 일이 아니다. 무서운 일도 아니다. 오히려 죽음은 천국에 들어가는 문이 열리는 것이기에 기쁘고 즐거운 일이다. 이 괴로움이 많은 세상에서 괴로움이 없는 천국으로 거주지를 옮기는 것이다. 그러므로 성도는 죽음을 축하하고 감사해야 한다.

1. 위의 것을 찾는 성도

성도는 비록 땅에 살아도 위에 있는 하늘나라를 바라보고 사는 사람이다. 성도가 주님 안에서 죽으면 부활하기에 육체적인 고통이 끝나게 된다. 성도의 죽음은 고통과 슬픔이 많고 질병과 죄악이 관영한 육신의 장막 집을 벗어버리고 하나님께서 예비하신 천국으로 옮겨가는 삶이다. 고달픈 인생 여정을 마치고 하나님께서 계시는 하늘나라, 영혼의 본향으로 돌아가는 일이다. 그때 하늘나라 천사들의 환영을 받으며 주님과 함께 하나님의 영광에 참여하게 될 것이다. 지금까지의 숱한 고통의 굴레에서 벗어나서 세상에서의 힘든 의무와 책임에서 완전히 해방되어 천국에서 새로운 삶의 시작이다. "저 좋은 낙원 이르니 내 기쁨 한이 없도다/ 그 어둔 밤이 지나고 화창한 아침 되도다/ 영화롭다 낙원이여 이 산 위에서 보오니/ 먼 바다 건너 있는 집 주 예비하신 곳일세/ 그 화려하게 지은 것 영원한 내 집이로다// 청아한 음악 소리는 내 귀에 들려오는데 흰옷을 입은 무리들 천사와 노래하도다/ 영화롭다 낙원이여 이 산 위에서 보오니/ 먼 바다 건너 있는 집 주 예비하신 곳일세/ 그 화려하게 지은 것 영원한 내 집이로다"(찬송가 245장 1, 4절). "그러므로 너희가 그리스도와 함께 다시 살리심을 받았으면 위의 것을 찾으라 거기는 그리스도께서 하나님 우편에 앉아 계시느니라"(:1).

2. 땅의 것을 잊는 성도

땅에는 수많은 것이 존재한다. 산과 바다, 동물과 식물, 지식과 재산, 명예와 권세 등이 존재하여 인간들의 삶을 풍요하게 한다. 그런데 그것들 가운데 사람을 이롭게 하는 사물이 있는가 하면 해롭게 하는 것도 있다. 물론 이것들을 사람이 어떻게 사용하느냐에 따라서 그 쓰임새가 달라질 수 있다. 그런데 인간들의 악한 본성으로 사람을 행복하게 하는 경우보다 불행하게 하는 일이 더 많이 있다. 이때 하나님을 믿는 성도는 가능하면 땅의 것을 잊어버리거나 버려야 한다. 특히 성도에게 세상에서 죽은 후에 부활하는 소망이 있다면 땅의 것보다 하늘의 것을 사모해야 한다. 그래서 사도 바울이 "위의 것을 생각하고 땅의 것을 생각하지 말라"(:2) 말씀했다. 땅에 있는 재물은 우리가 항상 조심해서 다루어야 한다. 세상에서 부하게 살고자 하시는 분들은 욕심을 버리고 성령으로 충만해야 한다. 날마다 땅의 것을 다스릴 수 있는 지혜와 능력을 구해야만 한다. 자꾸 돈이 자기에게로 몰려올 때도 마찬가지이다. 돈 버느라고 바빠서 기도하지 못하고 성경을 읽지도 못하고, 주님의 교회를 섬기지 못하면서 돈으로 대신하려고 하는 것은 자기를 망치는 행동이다. 기도하지 못하고 말씀을 읽고 듣지 못할 만큼 주님의 일을 섬기지 못할 만큼 바쁘면 장차 하늘나라에 가지 못한다.

3. 부활 생명 얻은 성도

주님의 부활은 역사적인 사실이다. 일반 종교를 믿는 사람들이나 일반 과학을 추종하는 학자들은 주님의 부활을 인정하지 않지만, 역사를 연구하는 고고학자들이나 심지어 생물학자들도 주님께서 부활하신 사실을 증언하는 학자들이 많이 있다. 특히 신약학을 전공한 신학자들이 예수님께서 죽었다가 부활하셨다는 수많은 증언을 하였다. 예수님은 십자가에서 죽은 후에 사흘 만에 분명히 부활하셔서 그의 무덤은 현재 비어있다. 세상의 모든 종교의 교주들은 자신의 무덤을 세상에 남겼다. 그러나 기독교의 예수님은 무덤을 세상에 남기지 않았다. 예수님께서 죽은 사람들 가운데서 살아나셔서 지금은 하나님의 보좌 우편에 앉아 계신다. 이는 두 가지의 의미가 있다. 첫째는 기독교는 생명과 부활의 종교라는 것이다. 둘째는 부활하신 예수 그리스도를 믿는 성도는 다시금 부활한다는 것이다. 따라서 주님의 부활로 성도는 새 생명을 얻게 된다. 그래서 사도 바울이 "이는 너희가 죽었고 너희 생명이 그리스도와 함께 하나님 안에 감추어졌음이라"(:3) 말씀했다. 우리는 모두 죽을 때가 되면 죽는다. 하지만 우리가 주님을 믿으면 부활의 생명을 얻게 된다. 그러므로 우리는 하늘나라에 소망을 품고 괴롭거나 즐겁거나 오직 믿음으로 살면서 재림하실 주님을 기다려야 한다.

4. 재림 주를 만날 성도

재림하실 주님을 만날 성도는 "그리스도 우리 주와 더불어 교제"(고전 1:9)의 신앙생활을 해야 한다. 이 교제는 사람의 의지나 뜻으로 되는 것이 아니다. 사람의 의지나 뜻으로 되는 교제는 인간적으로 흐르기 쉽다. 인간적인 교제는 감정에 얽매이기 쉽다. 인간적인 교제는 잘못하면 시험에 들 수 있다. 반드시 "그리스도 우리 주로 더불어 교제"하는 신앙 중심의 교제가 되어야 한다. 그리스도 안에서 나누는 교제가 아름답다. 여기서 신앙의 성장과 교회가 부흥되고 활성화된다. 신앙 중심의 교제가 모두에게 유익을 가져온다. 신앙생활은 혼자 하는 것이 아니다. 성도와 성도가 더불어 하는 삶이다. 사도 요한이 "태초부터 있는 생명의 말씀에 관하여는 우리가 들은 바요 눈으로 본 바요 자세히 보고 우리의 손으로 만진 바라 이 생명이 나타내신 바 된지라 이 영원한 생명을 우리가 보았고 증언하여 너희에게 전하노니 이는 아버지와 함께 계시다가 우리에게 나타내신 바 된 이시니라 우리가 보고 들은 바를 너희에게도 전함은 너희로 우리와 사귐이 있게 하려 함이니 우리의 사귐은 아버지와 그의 아들 예수 그리스도와 더불어 누림이라"(요일 1:1-3) 말씀했다. 사도 바울이 "우리 생명이신 그리스도께서 나타나실 그 때에 너희도 그와 함께 영광 중에 나타나리라"(:4) 말씀했다.

2026년 4월 12일, 부활절 2번째 주일

성 경	요한복음 20:19-31	예전색상	흰색

예배의 부름	"이제 그리스도께서 죽은 자 가운데서 다시 살아나사 잠자는 자들의 첫 열매가 되셨도다 사망이 한 사람으로 말미암았으니 죽은 자의 부활도 한 사람으로 말미암는도다"(고전 15:20-21)
	즐겁도다. 이 날 부활의 날 세세에 할 말이 되게 하신 하나님 아버지! 죽음을 이기시고 다시 살아나신 예수 그리스도의 부활로 우리도 영생의 소망을 갖게 하심을 감사드립니다. 독생자 예수를 부활의 첫 열매로 삼으셨으니 저희에게 부활의 산 소망을 주시옵소서. 하나님께 드리는 예배를 통해 부활의 신앙이 견고해져서 생명의 복음을 전하는 복음 전도의 용기로 가정에서, 세상에서, 직장에서, 이웃과 가까운 일가친척들에게 예수를 전하는 용기를 더하여 주옵소서. 예수님의 이름으로 기원하옵나이다. 아멘
회개를 위하여	가족과 사람은 속일 수 있으나 모든 것을 감찰하시는 하나님을 속인다는 것은 불가능한 일입니다. 부활 신앙의 회복은 하나님께 내 마음과 생각과 행위들을 내어놓고 회개의 눈물을 흘리면서 진실한 고백을 할 때 하나님이 인자한 아버지처럼 모든 것을 용서해 주심을 믿고 회개하는 기도를 계속합시다.
고백의 기도	**전**심으로 회개하는 자의 눈물을 닦아주시는 하나님 아버지! 수많은 말씀과 기회를 통하여 회개하게 하셨음에도 불구하고 깨닫지 못했던 어리석은 저희가 오늘 마음의 문을 열고 회개할 기회 주심을 감사드립니다. 세상에서는 비록 거짓된 삶을 살았지만, 잘못을 깨닫고 주님께 용서함을 구합니다. 거짓을 일삼고 심지어 하나님과 자기 자신을 속인 어리석음을 불쌍히 여겨 주시옵소서. 거짓을 미워하기보다는 거짓에 현혹되어 믿음을 감춘 것을 용서하여 주옵소서. 하나님께서는 저희가 감당할 수 있는 무게의 십자가를 주시고 힘을 주셨지만, 그 힘으로 세상이 주는 기쁨과 바꾸어 버린 어리석음을 용서하여 주옵소서. 이제 저희에게 숨겨진 한없는 능력을 찾아내기를 원합니다. **이** 시간에 조용히 저희와 삶과 행위를 돌아봅니다. 하루 24시간 중 잠시라도 시간을 내어 하나님 앞에 자신을 내려놓고 돌아보는 기도를 할 것을 결심합니다. 저희는 사랑의 은혜를 입은 자들입니다. 나의 배를 채우기에만 급급했던 저희를 용서하여 주시고, 나의 배가 부르기 전에 먼저 이웃을 생각하게 하고, 나눔의 삶을 살 것을 다짐합니다. 성령의 능력으로 결심을 실천할 수 있게 인도해 주옵시고, 세상 속에서 그리스도의 향기를 발하는 성도로 감사함으로 살아가게 하옵소서. 우리 주 예수 그리스도의 이름으로 기도드립니다. 아멘
사함의 확인	"내 눈에 흐르는 눈물이 그치지 아니하고 쉬지 아니함이여 여호와께서 하늘에서 살피시고 돌아보실 때까지니라 주께서 이미 나의 음성을 들으셨사오니 이제 나의 탄식과 부르짖음에 주의 귀를 가리지 마옵소서"(애 3:49-50,56)
성시교독	134. 부활절(2)
설교 전 찬 송	19장 (찬양하는 소리 있어) 552장 (아침 해가 돋을 때)
설교 후 찬 송	325장 (예수가 함께 계시니) 90장 (주 예수 내가 알기 전)

금주의 성가	주와 함께 살리라 – 김연준 부활하신 주 – H. L. Hassler 무덤에서 나오신 분 – Jim Ailor
목회기도	**죽**음에서 부활하심으로 만백성에게 새 생명과 부활의 소망을 주신 하나님 아버지! 십자가의 보혈로 저희의 모든 죄와 허물을 탕감받고 하나님 자녀가 된 것도 감사한데, 부활을 누릴 수 있는 자격까지 주심을 감사드립니다. 그 크신 하나님의 사랑을 어찌 다 감사하며 어찌 다 형언하겠습니까? 진심으로 무릎을 꿇고 머리를 숙인 채 하나님의 사랑에 감사의 눈물만 흘립니다. 오늘도 저희의 예배를 기뻐 받아 주시고 하늘의 은혜를 내려 주시옵소서. **부**활의 은총과 소망을 주시는 주님! 부활하신 주님을 본받아 저희도 이웃을 섬기는 자 되겠습니다. 어려운 일을 당한 이웃을 섬기는 마음으로 가진 것을 나누며 살겠습니다. 내가 잘 되기를 바라는 기도보다는 나의 이웃이 먼저 잘 되는 세상이 되게 해 달라는 기도를 드리는 아름다운 마음의 소유자가 되겠습니다. 하루가 괴롭고 외롭더라도 주님이 함께하심을 믿고 반석보다도 더 굳건한 믿음 생활을 하겠다는 아름다운 결심을 보시고 새 힘으로 강하게 하여 주옵소서. 예수 그리스도의 이름으로 기도하옵나이다. 아멘
헌금을 위한 성구	"또 누구든지 제자의 이름으로 이 작은 자 중 하나에게 냉수 한 그릇이라도 주는 자는 내가 진실로 너희에게 이르노니 그 사람이 결단코 상을 잃지 아니하리라 하시니라"(마 10:42)
헌금기도	**부**활의 눈을 열어 주시어서 죄악의 어두움에서 해방해 주신 하나님 아버지! 예수님의 부활을 통하여 구속의 새 역사를 이루시고 영원한 부활의 감격을 바라보게 하심을 감사드립니다. 부활하신 주님께서 우리의 선한 목자 되사 어둡고 캄캄한 골짜기를 지날 때도 시험과 재앙을 막아 주신 은혜를 감사하여 예물을 드립니다. 이 예물이 사용될 때 갈등과 분쟁이 치유되고 평화의 꽃이 피기를 원합니다. 구원의 기쁜 소식이 땅의 끝까지 전파되기를 바라며 십일조를 드립니다. 죄를 용서받고 의로운 하나님의 자녀로 탄생함을 기뻐하며 감사 예물을 드립니다. **부**활하신 주님과 함께 살아 숨 쉬는 동안에 하나님 앞에 찬양하며 예배드릴 수 있다는 사실만으로도 저희는 감격의 눈물을 흘리지 않을 수 없습니다. 이제는 더 이상 이 세상에 소망을 두지 말게 하시며 하나님 나라를 바라보며 하나님의 통치가 이 땅에 온전히 임하는 날까지 헌신하며 살게 하옵소서. 저희가 예물을 봉헌할 때마다 하나님의 계획과 뜻을 생각하게 하옵소서. 바쳐진 헌금이 사용되는 곳마다 예수님의 향기가 퍼져 나갈 수 있게 하여 주시고 마음은 간절하지만 드리지 못하는 안타까운 심정의 성도들에게 더욱 귀한 것으로 채워주시옵소서. 주 예수 그리스도의 이름으로 기도드리옵나이다. 아멘
위탁의 말씀	"너는 나를 본 고로 믿느냐 보지 못하고 믿는 자들은 복되도다 하시니라" 보지 않고 믿는 자가 복된 자라고 선언하신 것처럼 우리가 부활 신앙을 확실히 가지고 살아야 하나님이 기뻐하십니다. 한 주간 하나님을 기쁘시게 하는 예수 부활을 전하는 한 주간을 살아야 합니다.
축 도	지금은 부활이요, 생명이신 우리 구주 예수 그리스도의 은혜와 하늘의 참 생명을 선물로 주신 하나님 아버지의 극진하신 사랑과 평강 안에서 살 수 있도록 늘 인도하시며 교통하시는 성령님의 역사하심이 부활의 기쁨을 함께 나누던 믿음의 여인들과 같이 부활의 소식을 전하기를 갈망하는 성도들과 교회 위에 이제로부터 영원토록 함께 계시기를 간절히 축원하옵나이다. 아멘

오늘의 설교를 위하여

오늘의 설교를 위한 복음적 조명 주제 : 확실한 부활

제목 : 부활 신앙의 확신 | 본문 : 요한복음 20:19-31

주제 : 주님께서 부활하신 후에 제자들에게 나타나사 손과 옆구리를 보여주셨다. 이어서 성령을 받으라고 말씀하셨다. 이는 우리에게 부활 신앙을 확실히 가지라는 뜻이다. 도마는 부활하신 주님을 직접 보고 믿겠다고 했다. 우리도 주님을 만난 후에 고백한 믿음을 말씀으로 전해야 한다.

논지 : 성령을 받고 주님께서 부활 신앙의 확신을 소유하도록 증언하자.
   1. 눈으로 보는 부활 신앙
   2. 성령을 받는 부활 신앙
   3. 손으로 만진 부활 신앙
   4. 믿음 고백의 부활 신앙

'百聞이 不如一見'이란 말이 있다. 다른 사람의 입을 통해서 들려오는 소리를 백 번 듣는 것보다는, 한 번이라도 좋으니 자신의 눈으로 직접 보고 경험하는 것이 더 낫다는 의미이다. 그런데 이 말에는 함정이 있다. 세상은 눈에 보이는 것으로만 된 게 아니다. 눈에 안 보이는 세상의 일도 많다. 특히 믿음의 세계에서는 눈으로 보이는 것만으로 판단하는 것은 유치하고 초보적인 생각이다. 왜냐, 하나님은 살아 계시지만 영이시기에 사람의 눈에 보이지 않기 때문이다. 또 실제로 하나님은 영의 세계에서 보이지 않게 일하신다. 그러니 눈에 보이는 세계의 것만 추구하고 그것이 다라고 생각하는 사람은 영의 세계에 접근할 수 없고 하나님의 은혜도 받을 수 없다. 예수님께서 십자가에 달려 돌아가시는 무섭고 비참한 현장을 목격한 제자들은 두려움에 떨고 있었다. 그다음 날 안식일을 보내고 주님이 장사 된 지 사흘째 되는 주일 아침이었다. 그날 제자들은 마가의 다락방에서 비밀 모임을 하게 되었다. 제자들의 비밀 모임에 여드레 전에 부활하신 주님께서 제자들 앞에 나타나셨다. 그런데 그때 도마는 어디서 뭘 했는지 제자들과 함께 있지 않았다. 주님을 믿는 성도가 거룩한 모임에 참석하지 않으면 불신앙의 원인이 되고, 부활하신 주님을 믿지 않는 잘못에 빠진다.

1. 눈으로 보는 부활 신앙

예수님을 죽인 제사장들과 유대인들은 아직도 살기가 등등하여 제자들까지 해칠 음모를 꾸미고 있다는 소문이 들렸다. 제자들에게 아주 위태한 상황이 벌어지고 있었다. 그런데도 모여야 하느냐, 아니면 위험하니까 모임을 취소하느냐 몹시 망설여지는 순간이다. 그렇다고 모임을 안 가질 수 없는 것이다. 이는 믿음을 시험하는 계기가 될 것이니 몰래 모이기로 했다. 제자들은 문을 굳게 걸어 잠그고 숨을 죽이며 모였다. 이 두려운 상황 가운데서 아무도 먼저 입을 열지 못하고 서로 얼굴만 쳐다보고 있었다. 그런데 갑자기 예수님께서 제자들 가운데 나타나셨다. 예수님께서 무턱대고 하시는 말씀이 아주 인상적이다. "너희에게 평강이 있을지어다"(:19). 두려움과 불안에 떨고 있는 제자들에게 "너희에게 평강이 있을지어다" 아주 적절하신 말씀이다. 지금 마음이 두려운 분이 있는가? 부활하신 주님을 만나고 주님의 말씀을 들으시기를 바란다. 주님께서 "너희에게 평강이 있을지어다" 말씀하시고 제자들에게 십자가에 못박힐 때 상처 난 손과 옆구리를 보여주셨다. 제자들은 너무나도 놀랍고 또 기뻤다. 여기서 중요한 건 부활하신 주님을 눈으로 보는 신앙이다. 이는 육신의 눈이 아니라, 영혼의 눈을 의미한다. 영혼의 눈을 뜨고 부활하신 주님을 보는 성도가 되시라.

2. 성령을 받는 부활 신앙

부활하신 주님께서 주시는 두 번째 은혜가 있다. 그것은 성령의 은사이다. 제자들은 부활하신 주님을 직접 눈으로 보고, 평강의 복도 받았으나 아직도 마음속에서 두려움이 사라지지 않았다. 주님은 이 사실을 아셨다. 그래서 제자들을 향하여 숨을 내쉬면서 "성령을 받으라"(:22) 말씀하셨다. 오늘날 우리가 사는 세상은 끔찍하게 참 무섭다. 무섭고 두려운 일들이 자주 일어난다. 감당할 수 없는 일들이 끊임없이 생긴다. 어떻게 이런 두려운 세상을 편히 살 수 있겠는가? 성령을 받아야 한다. 성령은 하나님의 영이다. 이 말은 하나님이 함께하신다는 뜻이다. 하나님께서 지배하신다는 의미이다. 하나님께서 다스린다는 믿음이다. 하나님의 뜻대로 산다는 신앙생활이다. 우리는 성령을 받아야 편안하게 살 수 있다. 성령을 받아야 기쁨으로 살 수 있다. 성령을 받아야 능력 있게 살 수 있다. 성령을 받아야 모든 어려움을 이기며 살 수 있다. 더욱 놀라운 사실은 "너희가 누구의 죄든지 사하면 사하여질 것이요 누구의 죄든지 그대로 두면 그대로 있으리라"(:23)라는 말씀이다. 우리가 누군가에 사람들의 죄를 사하거나 그대로 둘 수 있겠는가? 도저히 감당할 수 없는 말씀인데, 이 말씀을 인용하여 천주교에서는 신부가 죄를 사하지만, 개신교에서는 인정하지 않는 특권이다.

3. 손으로 만진 부활 신앙

사람이 눈으로 보는 일과 손으로 만지는 건 분명한 차이가 있다. 실제로 눈으로 보는 시각보다 손으로 만지는 체감이 더욱 확실하다. 제자들이 부활하신 주님을 눈으로 보고 믿었다. 그런데 그때 현장에 없던 도마는 "내가 그의 손의 못 자국을 보며 내 손가락을 그 못 자국에 넣으며 내 손을 그 옆구리에 넣어 보지 않고는 믿지 아니하겠노라"(:25)라고 말했다. 도마는 열두제자 가운데 체험을 중요하게 생각하는 제자였다. 그래서 자기가 직접 주님의 손과 옆구리는 만져보지 않고는 믿을 수 없다고 했다. 여드레가 지나서 부활하신 주님께서 다시 제자들에게 나타나셨다. 그때 도마 제자에게 "네 손가락을 이리 내밀어 내 손을 보고 네 손을 내밀어 내 옆구리에 넣어 보라 그리하여 믿음 없는 자가 되지 말고 믿는 자가 되라"(:27) 말씀하셨다. 지금까지 자기의 체험을 중요하게 생각하던 도마가 주님에게 한 방 얻어맞는 꼴이 되었다. 오늘날, 우리도 손으로 만질 수 있는 돈이나 재산보다 믿음이 중요하다. 손으로 만지는 것은 언젠가는 없어지고 마는 일시적인 존재이다. 그러나 눈에 보이지도 않고 모양이나 색깔이 없는 믿음은 오랫동안, 아니 영원히 존재한다. 무엇보다도 손으로 만지는 부활 신앙보다도, 믿음으로 주님의 부활을 믿는 신앙으로 살아가는 게 중요하다.

4. 믿음 고백의 부활 신앙

'믿음 고백', 즉 신앙고백은 성도에게 가장 중요하다. 예수님께서 세상에 계실 때 제자들에게 "너희는 나를 누구라 하느냐"(마 16:15) 물으셨다. 그때 베드로가 "주는 그리스도시요 살아 계신 하나님의 아들이시니이다"(마 16:16) 고백하였다. 베드로의 신앙고백을 들으신 예수님께서 "바요나 시몬아 네가 복이 있도다 이를 네게 알게 한 이는 혈육이 아니요 하늘에 계신 내 아버지시니라 또 내가 네게 이르노니 너는 베드로라 내가 이 반석 위에 내 교회를 세우리니 음부의 권세가 이기지 못하리라 내가 천국 열쇠를 네게 주리니 네가 땅에서 무엇이든지 매면 하늘에서도 매일 것이요 네가 땅에서 무엇이든지 풀면 하늘에서도 풀리리라"(마 16:17-19) 말씀하셨다. 우리도 베드로와 같은 신앙고백으로 신앙생활을 해야 한다. 도마가 부활하신 주님의 손과 옆구리를 만져보고 비로소 "나의 주님이시요 나의 하나님이시니이다"(:28)라고 믿음을 고백하였다. 도마의 신앙고백을 들으신 주님께서 "너는 나를 본 고로 믿느냐 보지 못하고 믿는 자들은 복되도다"(:29) 말씀하셨다. 누구든지 부활하신 주님께 신앙고백을 하면 하나님의 축복을 받는다. 하나님의 축복은 공짜가 아니다. 다른 말로 표현하면 부활하신 주님을 믿는 신앙생활을 하면서 하나님께 영광을 돌리면 하나님께서 기뻐하신다.

2026년 4월 19일, 부활절 3번째 주일

성 경	누가복음 24:36-48	예전색상	흰색

예배의 부름	"하나님의 날이 임하기를 바라보고 간절히 사모하라 그 날에 하늘이 불에 타서 풀어지고 물질이 뜨거운 불에 녹아지려니와 우리는 그의 약속대로 의가 있는 곳인 새 하늘과 새 땅을 바라보도다"(벧후 3:12-13)
	예수 부활을 통해서 우리의 죄 사슬을 풀어주시고 자유와 영생을 주신 하나님 아버지! 부활하신 주님을 통해서 천지 만물 모두 자유로움의 새 옷을 입혀 주심을 감사드립니다. 부활의 기운으로 저희의 성품이 날마다 주님을 닮아 가게 하옵소서. 세속에 물들지 않고 믿음 안에서 승리하는 삶을 살게 하옵시고, 오늘도 저희가 드리는 기도를 들으시고 하늘 응답을 가슴에 새기고 돌아가는 감격의 무리가 되게 하옵소서. 우리 주 예수 그리스도의 이름으로 기원하옵나이다. 아멘!
회개를 위하여	십자가 보혈의 피로 씻음 받은 아름다운 영혼이 죄 때문에 일그러지면 아무도 눈길을 주지 않습니다. 관계가 단절됩니다. 외롭습니다. 불안합니다. 그런 영혼이 바로 나라면 아직도 옛 성품과 습관을 버리지 못했기 때문입니다. 새사람 되겠다는 결심을 하면서 회개하는 기도를 계속합니다.
고백의 기도	자기 고집대로 살면서 망가진 탕아에게도 재기할 기회를 주시는 하나님 아버지! 예수 그리스도를 떠나 세상과 더불어 살면서 남은 것은 공허한 마음, 허망한 인생뿐이었음을 알고 회개할 기회 주심을 감사드립니다. 지난 한 주간에도 부활의 증인처럼 살지 못하고 도리어 말과 행동으로 부활의 기쁨을 전할 사람들에게 마음에 상처를 주고 살았음을 불쌍히 여겨 주시옵소서. 인간의 무지가 영혼을 죽게 하는 것을 깨달으며 인본주의 신앙을 산 저희를 용서하여 주옵소서. 남의 눈 속에 티는 보면서 나 자신 속에 허물과 들보를 보지 못한 어리석음을 용서하여 주옵소서.
	회개하는 저희 가슴 속에 주님의 따뜻함이 스며들어 주시는 말씀을 경청하며 살 것을 다짐합니다. 움켜쥐기만 했던 이기적인 생각들이 변하여 하나님 말씀 중심으로 생각하고 말하고 행동하는 변화가 일어나게 하옵소서. 믿음의 증거가 되는 것보다는 세상에서 명예와 부를 소유하기 위해 주님을 욕되게 하지 않을 결심을 합니다. 분주한 삶 속에서도 믿음을 위한 가장 적당한 시기를 조절하며 주님과 발걸음을 맞추며 행진하게 하옵소서. 저희 결심 위에 성령의 역사가 함께하여 주옵시고, 또 한 번의 사죄 선언으로 거듭나는 감격이 이 교회와 저희 심령 속에 메아리쳐지는 기쁨이 있게 하옵소서. 죄인의 친구가 되시는 예수님의 이름으로 기도합니다. 아멘
사함의 확인	"여호와께서는 자기에게 간구하는 모든 자 곧 진실하게 간구하는 모든 자에게 가까이 하시는도다 그는 자기를 경외하는 자들의 소원을 이루시며 또 그들의 부르짖음을 들으사 구원하시리로다"(시 145:18-19)
성시교독	1. 시편 1편
설교 전 찬 송	43장 (즐겁게 안식할 날) 550장 (시온의 영광이 빛나는 아침)
설교 후 찬 송	358장 (주의 진리 위해 십자가 군기) 327장 (주님 주실 화평)

금주의 성 가	예수 부활했으니 – Dick Bolks 그리스도 주 오늘 사셨네 – Arr. by Buryl Red 오라 기쁜 부활의 아침이여 – Ken Medema
목회기도	**가**난과 질병과 죽음의 공포 속에 사는 자에게 부활의 소망을 주시는 하나님 아버지! 십자가에서 죄인들의 모든 죄를 없애 주시고, 장사된 지 사흘 만에 죽음의 권세를 이기시고 부활하심을 감사드립니다. 이렇게 기쁜 날 예배당에 나와 신령과 진정으로 예배를 드리고 싶어도 육신의 고통과 직장 일과 여러 가지 어려움 때문에 이 자리에 나오지 못한 성도들을 굽어살펴 주시옵소서. 구하옵는 것은 좀스러운 죄 때문에 굳어 버린 심령과 냉랭함이 저희 안에 뿌리를 내리고 있어도 말씀의 능력으로 뽑아내는 힘을 주시옵기를 간구하옵나이다. **주**님의 보혈로 죄인을 온전케 하시는 주님! 이제 남은 생애를 살면서 생명으로 이끌어주신 주님께 저희의 모든 것을 드릴 수 있는 헌신을 허락하여 주시옵소서. 이제 결심합니다. 시련이 오고 환난이 와도 주님의 자녀 된 기쁨이 사라지지 않도록 살겠다는 각오를 드립니다. 주변 환경이 저희를 환난과 핍박으로 내몰지라도 안심하라, 두려워 말라, 내가 너와 항상 함께한다는 말씀을 붙잡고 살려고 다짐합니다. 더 많은 기도와 섬김으로 이런저런 두려움이 저희의 신앙의 방해 거리가 되지 않게 하옵소서. 예수님의 이름으로 기도합니다. 아멘
헌금을 위한 성 구	"나를 사랑하는 자들이 나의 사랑을 입으며 나를 간절히 찾는 자가 나를 만날 것이니라 부귀가 내게 있고 장구한 재물과 공의도 그러하니라 내 열매는 금이나 정금보다 나으며 내 소득은 순은보다 나으니라"(잠 8:17-19)
헌금기도	**날**마다 넘치도록 주시는 하늘 사랑을 체험하게 하시는 하나님 아버지! 지난 한 주간에도 땅의 것을 바라보며 살지 않게 하시고 보이지 아니하나 영원한 천국을 소망하는 믿음으로 살게 하신 은혜를 감사하여 예물을 드립니다. 물질만 드리지 말게 하옵시고, 저희의 삶을 함께 드리게 하옵소서. 주님께서 주신 그 은혜와 사랑을 생각하면 심히 작고 부족한 예물입니다. 그러나 저희의 정성과 주님께서 바라시는 기쁨을 섞었사오니 한량없는 사랑으로 받아 주시옵소서. 모든 것이 주님의 것이라는 믿음의 고백과 신앙의 보자기에 싸여진 십일조의 예물을 드립니다. **감**사하는 마음의 예물을 드립니다. 교회학교 어린이들이 드리는 예물도 있습니다. 구역(속회)원들이 하나님께 감사하는 마음 확인하기 위해서 준비한 예물도 있습니다. 이 예물이 사람을 돕고 구원하는 교회의 사업과 활동에 모자람 없이 쓰이는 귀한 예물로 쓰임받게 하옵소서. 오늘 예물을 준비하는 이 믿음으로 있는 것을 나누면서 살겠습니다. 불쌍한 사람을 볼 때 사랑을 나눌 수 있는 주의 형제와 자매를 만난 기쁨으로 살겠다는 결심을 어루만져 주옵소서. 언제나 차고 넘치게 베풀어 주시는 우리 주 예수님의 이름으로 기도합니다. 아멘
위탁의 말 씀	"너희는 이 모든 일의 증인이라" 부활하신 주님께서 제자들에게 마음의 의심을 버리라고 말씀하셨습니다. 그리고 제자들과 함께 음식을 나누시면서 성경에 기록된 말씀을 깨닫고 믿으라고 하셨듯이 우리도 세상에 나가 부활의 증인으로 살겠다는 결심을 안고 가야 합니다.
축 도	지금은 우리를 눈물과 근심의 수렁에서 건져 주신 주 예수 그리스도의 은혜와 부활과 영생의 소망으로 함께하시는 하나님 아버지의 사랑하심과 주님의 약속을 믿고 새로운 삶을 살아가도록 역사하시는 성령의 능력과 교통하심이 오늘 모여 부활의 감격을 안고 성령의 역사하심에 기뻐하며 살아가기로 작정하고 돌아가는 성도들 위에 저들의 가정과 사업장과 교회 위에 영원토록 함께하옵시기를 축원하옵나이다. 아멘

오늘의 설교를 위하여

오늘의 설교를 위한 복음적 조명 주제 : 부활의 증인

제목 : 주님 부활의 증인 된 성도 | 본문 : 누가복음 24:36-48

주제 : 부활하신 주님께서 제자들에게 마음의 의심을 버리라고 말씀하셨다. 그리고 제자들에게 먹을 음식을 달라고 하시고 잡수시면서 부활한 사실을 보여주셨다. 그리고 성경에 기록된 말씀을 깨닫고 믿으라고 하셨다. 그리고 이제부터 주님 부활의 증인으로 전도하라고 말씀하셨다.

논지 : 성도가 주님께서 부활하신 사실을 실제로 깨닫고 주님 부활 증인으로 살도록 한다.
 1. 의심을 버리고 믿는 성도
 2. 먹을 음식을 드리는 성도
 3. 성경을 깨닫고 믿는 성도
 4. 주님 부활의 증인된 성도

천사들은 주님의 부활을 증언했다. "여기 계시지 않고 살아나셨느니라 갈릴리에 계실 때에 너희에게 어떻게 말씀하셨는지를 기억하라 이르시기를 인자가 죄인의 손에 넘겨져 십자가에 못 박히고 제삼일에 다시 살아나야 하리라 하셨느니라"(눅 24:6-7). 천사들은 주님의 무덤이 비어있는 확실한 이유를 증언하였다. 주님의 부활은 이론이 아니라 역사적 사실이다. 오늘도 우리는 주님께서 부활하신 사실을 증언해야 한다. 우리가 주님의 부활을 증언하면 성령님께서 이 사실을 믿게 하신다. 천사들의 증언을 듣고 그때에야 여자들은 예수님의 말씀을 기억했다. 그리고 여자들은 빈 무덤에 그대로 있을 수 없었다. "그들이 예수의 말씀을 기억하고 무덤에서 돌아가 이 모든 것을 열한 사도와 다른 모든 이에게 알리니"(눅 24:8-9). 이 말씀은 주님의 부활이 믿을 수 없는 돌발사태가 아니라 이미 예언되었다. 평소에 주님을 따랐던 여인들이 예수님의 죽음을 확인하고 확증하고자 했다. 여기서 "기억하라"라는 말씀은 주님께서 언급하신 사흘 만에 살아나리라고 하신 예언이다(눅 9:22). 마태와 마가는 빈 무덤을 말할 뿐 다른 언급이 없는데 비해서 과학자요, 의사인 누가가 치밀한 설득력을 통해서 주님께서 부활하신 사건의 역사성과 하나님의 계시가 분명히 성취되었다고 확실하게 말씀하였다.

1. 의심을 버리고 믿는 성도

죽음을 이기시고 부활하신 주님을 의심하고 있는 제자들에게 "어찌하여 두려워하며 어찌하여 마음에 의심이 일어나느냐"(:38)라고 책망하셨다. 부활하신 주님께서 우리에게도 "어찌하여 마음에 의심이 일어나느냐"라고 말씀하신다. 어찌하여 의심하는가? 어찌하여 하나님의 살아 계심을 믿지 않는가? 어찌하여 예수님께서 다시 사신 사실을 의심하는가? 어찌하여 성령님의 역사를 의심하는가? 어찌하여 교역자와 성도를 의심하는가? '의심'이라는 말은 '믿음'의 반대말이다. 의심이 일어난다는 건 상대방을 믿을 수 없다는 생각이다. 이 불신의 감정은 대개 자신의 마음속에서 일어난다. 사실은 아무것도 아닌 것을 이리저리 따져보고 재어보고 '혹시'하는 추측이 의심을 일으킨다. 믿음이 없으면 의심이 일어난다. 의심이 생기면 믿음이 없어진다. 의심은 곧 불신앙이다. 살아계신 하나님의 현존을 믿는 성도는 불신앙을 모두 버려야 한다. 하나님을 믿는 성도는 의심을 버리고 부활하신 주님을 믿어야 한다. 주님께서 부활하신 사실에 대하여 의심을 버리지 않으면, 자기도 교회는 다닐지라도 죽음 후에 다시 살 걸 믿지 못한다. 그렇다면 교회는 공연히 다니는 꼴이 되고 만다. 주님의 몸 된 교회는 공회당이나 복지관이 아니다. 의심을 버리고 주님의 부활을 믿는 성도가 되자.

2. 먹을 음식을 드리는 성도

죽은 사람은 음식을 먹을 수 없고, 살아있는 사람만이 음식을 먹을 수 있다. 죽음을 이기시고 부활하신 주님께서 제자들에게 나타나셨는데 그들은 주님의 부활을 믿지 않았다. 그래서 "어찌하여 두려워하며 어찌하여 마음에 의심이 일어나느냐 내 손과 발을 보고 나인 줄 알라 또 나를 만져 보라 영은 살과 뼈가 없으되 너희 보는 바와 같이 나는 있느니라"(:38-39) 말씀하셨다. 이 말씀처럼 죽음을 이기시고 실존하시는 주님을 제자들이 손으로 만져보고 너무나 기뻤다. 이 사실을 제자들이 믿지 못할 정도로 놀랍게 여길 때, 주님께서 더욱 확인하기 위하여 "여기 무슨 먹을 것이 있느냐"(:41)라고 물으셨다. 이에 제자 가운데 한 사람이 구운 생선 한 토막을 드렸다. 주님께서 구운 생선 한 토막을 제자들이 보는 앞에서 잡수셨다. 앞에서 언급한 대로 죽은 사람은 음식을 먹을 수 없으나, 살아 있는 사람은 음식을 먹을 수 있다. 주님은 지금도 살아계신다. 지금 우리가 무엇을 주님께 드릴 수 있을까? 우리가 주님께 떡이나 생선을 드릴 게 아니라, 우리의 몸과 마음을 드려야 한다. 또한 주님의 부활을 축하하는 예물을 넘치게 드리는 것도 하나님께서 기뻐하시고 축복하실 것이다. 그리고 아직도 먹을 게 없어서 굶주리고 있는 이웃에게 작은 먹거리를 주는 일도 좋을 것이다.

3. 성경을 깨닫고 믿는 성도

우리는 먼저 살아 계신 하나님과 주님의 말씀에 대한 믿음이 있어야 한다. 믿음으로 먼저 마음의 문을 열고 마음의 중심에 주님을 모셔드려야 한다. 주님을 모신 마음속에 성령님께서 역사하신다. 성령님의 역사가 있을 때 우리는 성경을 깨닫게 된다. 우리가 성경을 깨달아야 믿음이 생긴다. 우리에게 성경을 깨닫는 믿음이 무엇보다 중요하다. 성경은 무엇일까? 성경은 하나님의 말씀이다. 성경에는 무엇이 기록되어 있는가? 인간을 죄에서 구원하시기 위한 '복음'이 기록되어 있다. 사도 바울이 "복음에는 하나님의 의가 나타나서 믿음으로 믿음에 이르게 하나니 기록된 바 오직 의인은 믿음으로 말미암아 살리라 함과 같으니라"(롬 1:17) 말씀했다. 우리는 하나님의 말씀을 믿고 받아들이는 게 가장 중요하다. 부활하신 주님께서 두려워하고 의심하고 있는 제자들에게 예수님께서 "마음을 열어 성경을 깨닫게 하시고"(:45) 성경에 기록된 복음을 설명하셨다. "이르시되 이같이 그리스도가 고난을 받고 제삼일에 죽은 자 가운데서 살아날 것과 또 그의 이름으로 죄 사함을 받게 하는 회개가 예루살렘에서 시작하여 모든 족속에게 전파될 것이 기록되었으니"(:46-47). 이 말씀 가운데는 놀라운 복음의 핵심 내용을 밝히고 있다. 따라서 우리는 성경 말씀을 깨달아야 한다.

4. 주님 부활의 증인된 성도

우리는 부활하신 주님을 믿고, 부활의 주님을 사람들에게 알리는 증인이 되어야 한다. 주님께서 제자들에게 성경을 깨닫게 하시면서 주님의 이름으로 죄 사함을 얻게 하는 회개가 예루살렘으로부터 시작하여 모든 족속에게 전파될 걸 말씀하셨다. 아울러 우리는 주님의 복음을 땅끝까지 전파해야 하는데, 첫째는 고난받으신 예수님의 십자가를 알게 해야 한다. 십자가가 없는 전도는 복음이 아니다. 십자가 중심의 복음을 전파해야 사람들이 믿고 구원을 받는다. 둘째는 죽음을 이기신 예수님의 부활이다. 세상에는 여러 종교가 있지만, 죽었다가 다시 사는 부활은 없다. 모든 종교의 창시자는 죽어서 땅에 묻힌 무덤이 있지만, 기독교의 예수 그리스도는 무덤이 비어있다. 그러므로 복음의 중심은 주님의 부활이고, 부활 신앙만이 천국에 갈 수 있는 유일한 길이다. 셋째는 믿고 회개하는 사람의 죄 사함이다. 하나님을 믿는다고 교회는 다녀도 자기의 죄를 회개하지 않고 죄 사함을 받지 못하면 거짓으로 믿는다. 진짜 믿음은 죄를 회개하고 새사람이 되는 것이다. 넷째는 이 복음을 전파하는 일이다. 부활하신 주님의 "오직 성령이 너희에게 임하시면 너희가 권능을 받고 예루살렘과 온 유대와 사마리아와 땅 끝까지 이르러 내 증인이 되리라"(행 1:8) 말씀을 순종하는 성도가 되자.

2026년 4월 26일, 부활절 4번째 주일

성 경	사도행전 4:8-12	예전색상	흰색

예배의 부름	"온 땅이여 여호와께 노래하며 그의 구원을 날마다 선포할지어다 그의 영광을 모든 민족 중에 그의 기이한 행적을 만민 중에 선포할지어다 여호와는 위대하시니 극진히 찬양할 것이요 모든 신보다 경외할 것임이여 만국의 모든 신은 헛것이나 여호와께서는 하늘을 지으셨도다"(대상 16:23-26)
	성도들의 상처를 싸매어 주시고 심령을 살찌게 하시는 하나님 아버지! 지난 한 주간에도 말로 다 표현할 수 없는 부활의 감격을 노래할 수 있게 해 주신 그 은혜와 사랑을 감사드립니다. 거룩한 주님의 날 저희 영혼 속에 비추어진 새 생명의 빛으로 주님을 바라봅니다. 목마르고 상한 심령, 물질 때문에 고난받는 마음, 가정의 문제 때문에 눈물 흘리는 심령을 위로하시고, 말씀의 굶주림이 사라지고 하늘 은혜와 감격의 살맛이 진동하는 예배가 되게 하여 주옵소서. 예수님의 이름으로 기원하옵나이다. 아멘
회개를 위하여	말씀은 우리 신앙의 원천입니다. 말씀 위에 믿음의 집을 짓지 않으면 기도도, 헌신도 무용지물이 됩니다. 하루 세끼 육신의 밥은 먹고 힘을 얻으면서도 하루 한 번도 말씀과 함께 살지 않아 영혼을 허기지게 만드는 그가 나는 아닌지 주님과 나만이 알고 있는 잘못을 회개하는 기도를 계속합니다.
고백의 기도	주의 말씀 받은 그 날 넘치는 기쁨을 온 세상에 전하게 하신 하나님 아버지! 길이요 진리요 생명의 말씀을 주사 만사형통의 길을 걷게 하시는 은혜를 감사드립니다. 그러나 지난 한 주간 동안 세상에 살면서 불신의 기류에 휩쓸려 올바른 믿음의 자녀로 살지 못한 잘못을 용서하여 주옵소서. 성령님을 통해서 들려주시는 말씀보다는 내 생각대로 살았기에 선한 기회를 다 놓쳤던 잘못을 불쌍히 여겨 주옵소서. 땀 흘리고 애쓴 수고와 노력이 모래성같이 무너진 후 지난날을 후회하는 저희를 용서하시고 긍휼을 베풀어 주옵소서.
	주의 뜻대로 살려고 몸부림치는 저희를 불쌍히 여겨 주옵소서. 결심합니다. 세상이 주는 성공의 환상보다는 주님의 임재를 사모하며 살겠습니다. 하찮은 욕심 때문에 주의 이름을 헛되이 하지 않게 않겠습니다. 하나님의 은혜 안에 살면서도 하나님이 안 계신 것처럼 거짓과 가식으로 위장하며 살지 않겠습니다. 주님께서 저희를 위해 십자가의 고통을 참으신 것처럼 저희도 의를 행하면서도 당하는 괴로움을 참고 협력하여 선을 이루는 한 주간을 살겠습니다. 오늘 주시는 불꽃 같은 성령의 권능으로 하늘 은혜의 강물에 흠뻑 젖어 돌아가게 하옵소서. 거룩하신 예수님 이름으로 기도하옵나이다. 아멘
사함의 확인	"주는 계신 곳 하늘에서 그들의 기도와 간구를 들으시고 그들의 일을 돌보시오며 주께 범죄한 주의 백성을 용서하옵소서"(대하 6:39)
성시교독	2. 시편 2편
설교 전 찬 송	25장 (면류관 벗어서) 315장 (내 주 되신 주를 참 사랑하고)
설교 후 찬 송	321장 (날 대속하신 예수께) 523장 (어둔 죄악 길에서)

04
26

금주의 성가	부활 아침의 팡파르 – Gordon Young 부활 하셨다 그리스도 – Melchior Vulpius 영혼의 햇빛 – Arr. by John W. Peterson
목회기도	**예**수 그리스도를 통하여 하늘 축복의 창고를 열 수 있는 천국열쇠를 주신 하나님 아버지! 거친 세상이 주는 현재의 고난보다 장차 나타날 영광을 기대하는 가슴 벅찬 소망을 살게 하심을 감사드립니다. 우리가 어려움을 당할 때 원망보다는 기도와 소망의 찬송을 부르지 못한 것을 용서하여 주옵소서. 교회에서 헌신하는 성도들, 가진 것을 나누면서 섬김의 도를 실천하는 성도들을 돕기는커녕 뒤에서 비아냥거린 잘못을 용서하여 주옵소서. **십**자가에서 흘린 보혈로 씻어 천국 백성이 되게 하신 주님! 오늘도 슬픔과 탄식으로 눈물 흘리는 자녀들이 돋는 해 같은 성령의 권능 받고 기뻐 뛰는 응답의 감동이 있게 하옵소서. 우리 주변에는 아직도 주님을 모르는 분이 많습니다. 그들에게 복음을 전해서 하나님의 은혜 가운데 해결하면 받고 함께 하나가 되어 주님께 예배하는 너와 내가 되게 하여 주옵소서. 오늘도 여러 가지 사정으로 교회에 나오지 못한 성도들, 물질적인 곤경 속에서 실의에 빠진 영혼이 있다면 주님 안에서 능치 못함이 없는 확신과 새로운 출발을 위한 활력을 얻어가는 귀한 예배가 되게 하여 주옵소서. 주 예수 그리스도의 이름으로 기도합니다. 아멘
헌금을 위한 성구	"거짓되고 헛된 것을 숭상하는 모든 자는 자기에게 베푸신 은혜를 버렸사오나 나는 감사하는 목소리로 주께 제사를 드리며 나의 서원을 주께 갚겠나이다 구원은 여호와께 속하였나이다 하니라"(욘 2:8-9)
헌금기도	**물**질이 부족할 때마다 무릎을 꿇고 기도로 하늘 문을 열겠다는 믿음 주신 하나님 아버지! 세상 어떤 것으로 보답할 수 없는 그 망극하신 사랑과 은혜를 감사하기 위하여 주님 주신 것의 일부를 예물로 가지고 왔사오니 받아 주시옵소서. 드려지는 예물과 함께 저희의 결심과 거듭난 삶을 드립니다. 저희의 몸과 마음과 오늘 드려진 예물이 쓰일 때 저희의 허물 많은 모습은 감추어지고 주님의 권능이 나타나는 쓰임이 되게 하여 주시옵소서. 여러 가지 모습으로 드려진 예물이 있습니다. 많고 적음보다는 주님 앞에 드리는 아름다운 믿음이 향기가 되게 하여 주옵소서. **정**성을 다한 주일 예물을 받으소서. 약속을 믿는 십일조 예물을 받으소서. 감사가 넘치는 감사 예물을 받으소서. 건강의 축복을 믿는 생일 예물을 받으소서. 하나님 영광을 기도하는 소원 예물을 받으소서. 땅끝까지 복음이 전파되는 선교 예물을 받으소서. 가난한 자가 부자가 되게 하시고, 못 드린 자는 사랑과 자비를 받아 나누게 하시옵소서. 이 예물이 백배의 열매로 맺혀져서 많은 영혼이 살아나게 하시옵소서. 이 예물이 하나님 보좌에 상달될 때 저들의 소원이 이루어지게 하옵소서. 예수님의 이름으로 감사 봉헌기도 드리옵나이다. 아멘
위탁의 말씀	"천하 사람 중에 구원을 받을 만한 다른 이름을 우리에게 주신 일이 없음이라 하였더라" 오직 나사렛 예수 그리스도의 이름으로만 구원을 받을 수 있다고 담대하게 증언한 예수님의 말씀처럼 우리도 세상에 나아가 담대하게 "오직 예수", "불신 지옥"을 외치는 그 한 사람이 되시기 바랍니다.
축도	지금은 사망의 권세를 이기시고 영원한 승리자가 되신 예수 그리스도의 은혜와 독생자 예수 그리스도의 아낌없이 허락하신 하나님의 영원하신 사랑과, 우둔할 때 지혜를 주시고 약할 때 강한 힘을 주시는 성령의 끊임없는 교통하심이 부활의 감동을 안고 복음을 증거하기 위해서 세상으로 나아가는 모든 성도들 머리 위에 항상 함께하시기를 간절히 축원하옵나이다. 아멘

오늘의 설교를 위하여

오늘의 설교를 위한 복음적 조명 주제 : 구원의 증언

제목 : 성령이 충만한 증언 ǀ 본문 : 사도행전 4:8-12

주제 : 베드로 사도는 성령이 충만하여 공회 회원들에게 죽은 자 가운데서 살아나신 예수님의 이름으로 복음을 전했다고 증언하였다. 그리고 오직 나사렛 예수 그리스도의 이름으로만 구원을 받을 수 있다고 담대하게 증언한 내용을 말씀으로 설교했다.

논지 : 성령이 충만한 베드로의 증언으로 예수님의 이름으로만 구원받는다고 전하자.
1. 하나님의 권세로 구원
2. 성령으로 충만한 구원
3. 예수님을 증언한 구원
4. 예수님 이름으로 구원

04 26

　베드로와 요한이 기도하려고 성전에 들어가는데 나면서 못 걷게 된 걸인이 구걸했다. 그래서 베드로 사도가 "은과 금은 내게 없거니와 내게 있는 이것을 네게 주노니 나사렛 예수 그리스도의 이름으로 일어나 걸으라"(행 3:6) 말씀으로 오른손을 잡아 일으키니 발과 발목이 힘을 얻고 뛰어 서서 걸으며 성전으로 들어가면서 걷기도 하고 뛰기도 하며 하나님을 찬송하였다(행 3:7-8). 이러한 기적적인 사건을 본 사람들이 솔로몬의 행각에 모여들었다. 이때 베드로 사도가 이 일을 왜 놀랍게 여기느냐 우리 개인의 권능이나 경건으로 된 것처럼 주목하느냐고 하면서 아브라함과 이삭과 야곱의 하나님 곧 우리 조상의 하나님이 예수님을 영화롭게 하시려고 된 일이라고 증언하였다. 이어서 그들이 십자가에 달려 죽게 한 예수님을 하나님께서 살리셨다고 말하고, 그들이 예수님을 죽게 한 것은 알지 못해서 한 짓이니 회개하고 돌아와서 죄 없이 함을 받으라고 강조했다. 예수님은 구약의 선지자들이 예언한 대로 고난을 받으셨고, 모세는 장차 나타날 하나님의 종의 말을 듣지 않으면 반드시 멸망하리라 말하였다고 전하고, 예수님이 바로 아브라함에게 말씀하신 복의 근원이라고 증언했다. 사태가 이쯤 되니 제사장들과 성전경비대장과 사두개인들이 긴장하지 않을 수 없게 되었다.

1. 하나님의 권세로 구원

　예루살렘 경비대장과 장로들과 서기관들이 예루살렘 산헤드린 공회에 소집되었는데, 대제사장 안나스와 가야바와 요한 알렉산더와 및 대제사장의 문중까지 다 함께 모였다. 이렇게 많이 모인 것으로 보아서 베드로 사도의 설교가 얼마나 그들에게 치명적인가를 짐작할 수 있다. 그들은 베드로와 요한 두 사도를 공회 가운데 세워놓았다(:5-6). 산헤드린 공회는 당시에 최고의 권력기관으로 몇 달 전에 예수님을 심문하여 로마 총독 빌라도에게 사형을 언도하도록 한 권세 있는 사법부이다. 이제는 베드와 요한 두 사도를 예수님이 심문받으신 자리에 그대로 세워놓았다. 대제사장이 예수님을 죽이려고 증거를 찾은 것처럼(마 26:59), 사도들에게 "너희가 무슨 권세와 누구의 이름으로 이 일을 행하였느냐"(:7)라고 질문했다. 여기서 우리가 생각해야 할 것은 "권세"에 관한 말이다. 모든 권세는 하나님에게 나온다. 예루살렘 공회를 주도하는 그들도 원래는 하나님께 권세를 받았다. 그러나 그들은 권세를 하나님의 영광을 위하여 쓰지 않고 자신들의 영광을 위해 사용하였다. 베드로와 요한 두 사도는 하나님을 위해 복음은 전했는데, 적반하장으로 "무슨 권세"로 했냐고 물었다. 우리도 부족하지만, 직분을 받아 주님의 사역을 위한 권세를 바르게 써서 하나님께 영광을 돌려야 한다.

2. 성령으로 충만한 구원

베드로 사도는 그들의 어처구니없는 질문에 무슨 대답을 할까 망설이며 기도하다가 성령의 감화를 충만히 받아 주님의 말씀이 떠올랐다. "사람이 너희를 회당이나 위정자나 권세 있는 자 앞에 끌고 가거든 어떻게 무엇으로 대답하며 무엇으로 말할까 염려하지 말라 마땅히 할 말을 성령이 곧 그 때에 너희에게 가르치시리라"(눅 12:11-12). 그래서 베드로 사도는 담대하게 "백성의 관리들과 장로들아 만일 병자에게 행한 착한 일에 대하여 이 사람이 어떻게 구원을 받았느냐고 오늘 우리에게 질문한다면"(:8-9) 하고 대답을 했다. 그런데 베드로 사도의 답변은 엉뚱했다. 베드로 사도가 왜 그런 설교를 했냐고 하는 답변은 차치하고, 나면서 못 걷게 된 사람을 일으킨 착한 일, 즉 '그가 어떻게 구원을 받았느냐'에 대한 답변했다. 이 대답은 장로들과 서기관들과 대제사장들을 난처하게 했다. 성령의 역사는 세상 사람의 지혜를 뛰어넘는다. 우리가 잘 아는 대로 베드로 사도는 갈릴리 바다에서 물고기를 잡던 어부로 전혀 배우지 못했다. 그러나 성령이 충만한 베드로 사도는 당시에 최고의 학력을 자랑하는 사람들을 부끄럽게 했다. 성령의 지혜는 이론이나 철학에 의한 지혜를 능가한다. 성령은 하나님께서 우리에게 주신 구원을 깨닫게 하신다. 우리도 성령으로 말씀을 전하자.

3. 예수님을 증언한 구원

이제 베드로 사도는 공회의 높은 자리에 앉아서 사도들을 심문하는 세속적인 권력자들에게 복음을 전할 기회를 잡았다고 생각하고 다음과 같은 말을 했다. "너희와 모든 이스라엘 백성들은 알라 너희가 십자가에 못 박고 하나님이 죽은 자 가운데서 살리신 나사렛 예수 그리스도의 이름으로 이 사람이 건강하게 되어 너희 앞에 섰느니라 이 예수는 너희 건축자들의 버린 돌로서 집 모퉁이의 머릿돌이 되었느니라"(:10-11). 대제사장들과 서기관들과 바리새인들이 예수님을 모함하여 이스라엘 백성들을 선동시키고, 빌라도의 엉터리 재판으로 십자가에 못 박아 죽였다. 그러나 예수님은 죽은 자 가운데서 사흘 만에 부활하셨다. 베드로 사도는 나면서 걷지 못하는 사람이 나사렛 예수 그리스도의 이름으로 건강하게 되어 그들을 포함하여 예루살렘 사람들 앞에 서게 되었다고 증언했다. 베드로 사도의 증언 가운데 가장 대표적인 말은 "나사렛 예수 그리스도의 이름"이다. "나사렛"은 유대인들이 무시하는 변방에 있는 시골 마을이다. 그리고 그들이 "예수 그리스도"를 십자가에 못 박아 죽였다. 그런데 "예수님의 이름"이 선천적으로 걷지 못하는 사람을 일으켰다. 베드로 사도의 증언에는 온통 주님에 관한 말씀뿐이다. 우리도 온전히 예수님의 이름으로 복음을 전해야 할 것이다.

4. 예수님 이름으로 구원

복음의 핵심은 '구원'이다. 우리는 먼저 구원의 확신을 소유해야 하고, '구원의 복음'을 전파해야 한다. 베드로 사도가 예루살렘 산헤드린 공회에서 증언한 말씀은 오직 구원에 관한 메시지였다. "다른 이로써는 구원을 받을 수 없나니 천하 사람 중에 구원을 받을 만한 다른 이름을 우리에게 주신 일이 없음이라"(:12). 세상에 많은 종교가 있지만, 죄인을 구원할 수는 없다. 오직 하나님의 아들이시며 우리의 죄를 위해서 십자가에서 죽었다가 사흘 만에 부활하신 예수님의 이름만이 사람을 구원할 수 있다. 어떤 종교도, 어떠한 성인도, 어떠한 행위로도 죄악을 용서받고 천국에 갈 수 없다. 그러므로 우리는 예수님의 이름으로 기도해야 한다. 하나님께서 예수님의 이름으로 기도할 때 응답해 주신다. 우리는 예수님의 이름으로 치유받을 수 있다. 예수님은 치유의 하나님이시다. 예수님께서 우리의 모든 질병을 치유하시고 구원해주시기 위해 무서운 채찍에 맞으시고, 모든 죄를 십자가에서 짊어지셨다. "그가 찔림은 우리의 허물 때문이요 그가 상함은 우리의 죄악 때문이라 그가 징계를 받으므로 우리는 평화를 누리고 그가 채찍에 맞으므로 우리는 나음을 받았도다"(사 53:5). 예수님의 이름을 믿어 구원을 받고, 예수님의 이름으로 복음을 전해 죄인을 구원으로 인도해야 한다.

5월의 예배와 설교를 위하여

일	요일		본문	설교제목	기타(예화, 참고자료)
3	주일	낮			
		밤			
6	수				
10	주일	낮			
		밤			
13	수				
17	주일	낮			
		밤			
20	수				
24	주일	낮			
		밤			
27	수				
31	주일	낮			
		밤			

2026년 5월 3일, 부활절 5번째 주일 / 어린이주일

성 경	신명기 6:4-9	예전색상	보라색

예배의 부름
"어린 아이들이 내게 오는 것을 용납하고 금하지 말라 하나님의 나라가 이런 자의 것이니라 내가 진실로 너희에게 이르노니 누구든지 하나님의 나라를 어린 아이와 같이 받들지 않는 자는 결단코 그 곳에 들어가지 못하리라 하시고 그 어린 아이들을 안고 그들 위에 안수하시고 축복하시니라"(막 10:14-16)

성도들의 가정에 복 주시기를 원하시는 하나님 아버지! 저희에게 허락하신 자녀를 은혜로 양육하게 하시고 보살펴 주신 그 사랑을 감사드립니다. 굶주림과 병마로 시달리는 어린 영혼들을 기억하시고 모든 어린이가 하나님 안에서 건강하게 자랄 수 있게 섭리로 인도하여 주옵소서. 오늘 어린이주일을 맞이하여 교회 같은 가정, 천국 같은 삶의 보금자리인 가정에서 기도와 찬송과 말씀이 강물처럼 넘치게 하옵소서. 우리 주 예수 그리스도의 이름으로 기원하옵나이다. 아멘

회개를 위하여
우리 주변에는 돌봄이 필요한 소년·소녀 가장들이나 있어야 할 물질 없어서 고난받는 어린 생명이 많습니다. 평생 한 번은 사랑하는 자녀들과 함께 받은 사랑을 나누는 마음으로 그들에게 발걸음을 옮겨보지 못한 것을 회개하고 실천하겠다는 기도를 계속합니다.

고백의 기도
저희에게 사랑하는 자녀를 주신 사랑의 하나님 아버지! 오늘은 어린이주일입니다. 먼저 저희에게 주님의 형상을 닮은 자녀들을 주사 가정이라는 복된 보금자리를 허락해 주신 것을 감사드립니다. 온 가족이 함께 예배드리오니 성전에 가득한 주의 영광으로 보게 하시고, 말씀으로 가까이 오시는 음성을 듣게 하옵소서. 그러나 저희의 지난 세월을 돌이켜 보면 받은 큰 사랑은 많으나 받은 사랑을 나누기에는 소홀했습니다. 용서하여 주옵소서. 부부가 서로 손을 맞잡고 자녀들을 위해서 기도하지 못했습니다. 주변에 있는 보육원이나 어려움을 겪는 소년·소녀 가장들에게 인색했던 것을 용서하여 주옵소서.

자녀들에게 하나님의 말씀을 가르치기보다는 학교 공부를 재촉한 저희입니다. 신앙인격을 가르치며 예수님을 닮아 가는 것을 훈계하기보다 저희의 생각을 강요하였음을 불쌍히 여겨 주옵소서. 이 시간 결심합니다. 자녀들을 하나님의 방법으로 가르치며 양육하겠습니다. 저희 욕심보다는 하나님의 뜻이 무엇인가를 알고 저희 가정에 맡겨 주신 자녀들을 한나와 같이 키울 수 있게 인도해 주옵소서. 하나님과 사람 앞에 사랑스러워 하셨던 것처럼 저희의 자녀들을 양육할 수 있게 하여 주시옵소서. 말씀을 통하여 자녀들을 어떻게 양육해야 할지 지혜를 허락하여 주시옵소서. 우리 주 예수 그리스도의 이름으로 기도드립니다. 아멘

사함의 확인
"그의 입에는 진리의 법이 있었고 그의 입술에는 불의함이 없었으며 그가 화평함과 정직함으로 나와 동행하며 많은 사람을 돌이켜 죄악에서 떠나게 하였느니라"(말 2:6)

성시교독	96. 어린이주일
설교 전 찬 송	143장 (웬말인가 날 위하여) 564장 (예수께서 오실 때에)
설교 후 찬 송	560장 (주의 발자취를 따름이) 220장 (사랑하는 주님 앞에)

금주의 성가	어머니의 성경책 – 김석균 하늘나라 어린이 나라 – 황의구 어디든지 주와 함께 – Arr. by Fred B. Holton
목회기도	**저**희에게 자녀를 허락하시고 온 가족이 천국에 소망을 두고 살게 하시는 하나님 아버지! 오늘은 어린이주일입니다. 다음 세대의 주역이 될 우리 자녀들이 솔로몬과 다윗과 엘리야가 받았던 갑절의 능력을 힘입어 능력 있는 지도자로 양육될 수 있도록 인도하여 주옵소서. 교회학교 교사로 헌신하는 교사들의 가슴에 보람과 기쁨이 출렁이게 하여 주옵소서. 일찍 부모를 잃은 어린이들과 원치 않는 병마로 시달리는 어린 생명도 있습니다. 학교생활에 적응하지 못하고 방황하는 영혼들도 기억하옵소서. **어**린이를 하늘나라의 보배로 인정해 주신 주님! 하나님께서 우리 가정에 맡겨진 자녀들을 위해서 눈물로 기도의 제단을 먼저 쌓는 부모가 될 것을 다짐합니다. 함께 찬송하고, 함께 기도하고, 함께 말씀 공부하는 가풍이 땅끝까지 이어지게 하옵소서. 부모는 자식을 사랑하고, 자식은 부모를 공경하며, 형제간의 우애를 지키는 가정이 되게 하옵소서. 부모들은 어린아이들에게 말씀으로 가르칠 뿐만 아니라 몸소 믿음 생활로 모범을 보이는 부모가 되게 하옵소서. 예수님의 이름으로 기도드립니다. 아멘
헌금을 위한 성구	"네 재물과 네 소산물의 처음 익은 열매로 여호와를 공경하라 그리하면 네 창고가 가득히 차고 네 포도즙 틀에 새 포도즙이 넘치리라"(잠 3:9-10)
헌금기도	**대**접을 받고자 하는 대로 남을 대접하기를 바라시는 하나님 아버지! 오늘 어린이주일에 주신 이도 여호와시요 거두신 이도 여호와시오니 여호와의 이름이 찬송을 받으시는 믿음으로 예물을 드리게 하심을 감사드립니다. 어린이처럼 순수한 믿음으로 하나님을 섬기게 하시고, 하나님께 드리는 것을 늘 기쁘게 여기는 성도가 되게 하시옵소서. 우리가 하나님께 봉헌하기를 망설이지 않게 하시고, 우리의 삶이 먹고 마시는 데 있지 않고 하나님의 나라와 그의 의를 구하는데 목적이 되게 하소서. 한 어린이가 오병이어를 예수님께 바쳐서 남자만 무려 오천 명 이상을 배부르게 먹인 어린아이의 믿음을 배우게 하시옵소서. **옹**졸한 마음으로 망설이는 성도가 되지 않게 하시고 넉넉한 마음으로 봉헌하여 차고 넘치는 축복을 받게 하시옵소서. 지난 한 주간을 살게 하신 은혜 감사하여 소득의 십일조를 드립니다. 위기 때마다 해결의 실마리를 주신 은혜를 감사하며 감사 예물을 드립니다. 생일 예물도 있습니다. 꽃꽂이로 봉사하고, 성가대로 봉사하는 성도들도 있습니다. 주방에서 주차장에서 사람들을 섬기는 자녀들에게 희락으로 채워주옵소서. 오늘 드린 예물이 쓰이는 곳마다 정의가 강같이 흐르게 하옵시고 억울한 자들의 등을 토닥이는 위로를 손이 되게 하옵소서. 예수님의 이름으로 기도합니다. 아멘
위탁의 말씀	"네 자녀에게 부지런히 가르치며 집에 앉았을 때에든지 길을 갈 때에든지 누워 있을 때에든지 일어날 때에든지 이 말씀을 강론할 것이며" 사랑하는 자녀들이 말씀을 마음에 새기며 열심히 배우고 삶의 곁에 두고 항상 기억하여 믿음으로 자라게 하는 부모가 "복의 통로"가 됨을 명심하고 살아야 합니다.
축도	지금은 교회의 머리가 되신 우리 주님 예수 그리스도의 은혜와 우리가 아직 죄인 되었을 때 외아들까지 아끼지 아니하시고 십자가에 내어주신 아버지의 극진하신 사랑과 성령님의 내주 인도·역사하심이 오늘 어린이주일 예배를 통해 말씀을 듣고 믿음·소망·사랑으로 충만하기를 원하는 모든 어린 영혼들과 사랑하는 부모님들과 가정과 기업 위에 영원토록 함께하옵기를 간절히 축원하옵나이다. 아멘

오늘의 설교를 위하여

오늘의 설교를 위한 복음적 조명 주제 : 어린이 교육

제목 : 하나님과 말씀을 사랑하는 어린이 ǀ 본문 : 신명기 6:4-9

주제 : 하나님 여호와는 오직 유일하신 분이다. 어린이들도 하나님을 사랑하고, 말씀을 마음에 새기며 열심히 배우고 삶의 곁에 두고 항상 기억하면 믿음이 자란다. 이러한 기독교 교육이 주님의 몸 된 교회와 가정에 소망을 가져온다.

논지 : 어린이를 위한 기독교 교육은 하나님을 사랑하고 말씀을 배우게 하는 사역이다.
1. 하나님을 늘 사랑하는 어린이
2. 말씀을 마음에 새기는 어린이
3. 말씀을 열심히 배우는 어린이
4. 말씀이 곁에 있게 하는 어린이

    어린이는 가정의 새싹이며 주님의 몸 된 교회의 미래 희망이고 국가의 일꾼인데 부모가 무엇을 가르치면 좋을까? 어떤 부모는 어린이를 영어 조기 교육, 암산, 피아노, 미술, 태권도 등을 가르칠 것이다. 또는 일찍이 미국이나 캐나다 혹은 오스트레일리아나 뉴질랜드에 유학을 보내어 가르치고자 할 것이다. 하지만 하나님을 믿는 성도인 부모는 무엇보다도 어린이에게 '사랑'과 '말씀'을 가르쳐야 한다. 왜냐하면 성도의 가정에서 어린이는 사랑과 말씀을 배우고, 사랑을 실천하고 하나님의 말씀을 실천할 수 있도록 해야 하나님께서 기뻐하시고 축복하셔서 장차 위대한 인물로 성장하기 때문이다. 기독교 교육의 핵심은 하나님의 말씀이다. 부모가 어린이를 사랑한다면 최고의 선물로 하나님의 말씀을 가르쳐야 한다. 앞에서도 잠시 말씀드렸지만, 부모는 어린이에게 사랑을 가르치고 또한 하나님의 말씀을 가르쳐야 한다. 어린이에게는 유치원과 학교 교육이 중요하다. 그래서 성도의 가정에서 자라나는 어린이에게는 교회학교 교육을 받게 해야 한다. 하나님께서 "오늘 내가 네게 명하는 이 말씀을 너는 마음에 새기고 네 자녀에게 부지런히 가르치며 집에 앉았을 때에든지 길을 갈 때에든지 누워 있을 때에든지 일어날 때에든지 이 말씀을 강론할 것이며"(:6-7) 말씀하셨다.

1. 하나님을 늘 사랑하는 어린이

    부모는 어린이에게 하나님을 사랑하도록 가르쳐야 한다. 어린이는 본래 순진해서 부모를 그대로 본받으며 자라난다. 그래서 부모가 하나님을 사랑하면 따라서 어린이도 하나님을 사랑한다. 그러니까 부모는 어린이에게 사랑의 교사가 되는 셈이다. 어린이가 하나님을 사랑하면 하나님께서 어린이를 기뻐하시고 지혜와 총명을 주셔서 하나님의 나라와 세상의 나라에서 훌륭한 사람으로 자라나도록 역사하시고 미래에 위대한 인물이 되도록 하신다. 그러면 실제로 어린이가 하나님을 어떻게 사랑하도록 할 수 있을까? 첫째, 마음을 다하여 하나님을 사랑하게 해야 한다. '마음'이란 인격으로 사람의 가장 중요한 부분인 '심장'을 의미한다. 마음은 생명의 바탕이며 성령에 의해 말씀이 마음에 기록된다. 그리고 마음은 주님께 대한 믿음이 존재하는 곳이다. 어린이가 마음으로 하나님을 사랑하게 해야 한다. 둘째, 뜻을 다하여 하나님을 사랑하게 해야 한다. '뜻'이란 성품을 말한다. 성품은 '영혼' 혹은 '생명'을 의미한다. 뜻은 지성(至誠)의 자리를 말하는 것으로 전인격을 가지고 온몸으로 하나님을 사랑하라는 말씀이다. 셋째, 힘을 다하여 하나님을 사랑하게 해야 한다. '힘'은 '열렬함'을 의미하는 부사로 '심히' '대단히' '지극히' 등의 뜻이다. 힘은 '활동력'을 가리킨다. 생명과 구원을 베푸신 하나님을 향하여 온 힘을 다해 사랑하는 어린이가 되도록 가르치시기를 바란다.

2. 말씀을 마음에 새기는 어린이

부모가 어린이를 사랑한다면 최고의 선물로 하나님의 말씀을 가르쳐야 한다. 앞에서도 잠시 말씀드렸지만, 부모는 어린이에게 사랑을 가르치고 또한 하나님의 말씀을 가르쳐야 한다. 어린이에게 유치원과 학교 교육이 중요하다. 그런데 성도의 가정에서 자라나는 어린이에게는 유치원과 학교 교육과 더불어 교회학교 교육을 받게 해야 한다. 하나님께서 "오늘 내가 네게 명하는 이 말씀을 너는 마음에 새기고 네 자녀에게 부지런히 가르치며 집에 앉았을 때에든지 길을 갈 때에든지 누워 있을 때에든지 일어날 때에든지 이 말씀을 강론할 것이며"(:6-7)라고 말씀하셨다. 이 말씀은 성도의 가정에서 어린이를 가르칠 교훈이다. 어린이가 하나님의 축복을 받도록 하기 위해서는 무엇보다 하나님의 말씀을 가르쳐야 한다. 하나님께서 "오늘날 내가 네게 명하는 이 말씀을 너는 마음에 새기고"(:6)라고 말씀하셨다. 먼저 부모가 하나님의 말씀을 어린이의 마음에 새겨야 한다. '새긴다'라는 말은 '각인(刻印)', 즉 도장을 판다는 뜻으로 마음속에 파 놓는다는 의미이다. 이는 부모 자신과 자녀를 위한 일이다. 그리고 자녀에게 하나님의 말씀을 부지런히 가르치되, 그냥 가르치는 게 아니라 마음에 새기도록 해야 한다. 어린이에게 하나님의 말씀을 가르치기 위해서 말씀을 교육해야 한다.

3. 말씀을 열심히 배우는 어린이

교육은 무조건 억지로 강요해서는 안 된다. 교육은 자발적으로 스스로 배우게 해야 한다. 미국의 유명한 교육학자 존 듀이는 학생의 자발성, 독창성, 융통성, 특수한 활동들 사이의 폭넓은 상호작용에서 생길 수 있는 특성들을 가르치도록 하였다. 그러므로 부모는 어린이에게 말씀을 배우도록 강요하지 말고, 어린이가 스스로 하나님의 말씀을 열심히 배우도록 유도해야 한다. 흔히 종교 교육은 하나님의 명령에 순종하기 위하여 의무적으로 배우게 하는데, 그렇게 되면 오히려 반발심이 생겨서 배우지 않으려고 한다. 어린이는 어른보다 상상력이 뛰어나고 창의력이 강하다. 그래서 어린이에게 하나님 말씀의 중요성을 일러주면 스스로 알아서 열심히 배운다. 어린이들은 본래 자기가 모른다는 것을 잘 안다. 그러니까 열심히 배운다. 물론 어린이 가운데에도 공부하기 싫어하는 아이들이 있다. 그런 아이들이 자라서 어른이 되면 열심히 공부할까? 물론 그런 경우도 많이 있지만, 일반적으로는 그렇지 않다. 어려서 공부를 열심히 하던 사람도 고등학교나 대학교를 졸업하면 책과는 담을 쌓고 마는 경우가 비일비재하다. 그러면서도 어린이는 처음부터 배우려고 하기에 일찍이 하나님의 말씀을 스스로 배우게 하면 어김없이 하나님의 일꾼으로 성장할 수 있다고 믿어라.

4. 말씀이 곁에 있게 하는 어린이

하나님의 말씀이 어린이의 곁에 있게 기호로 삼고 늘 가까이해야 한다. "너는 또 그것을 네 손목에 매어 기호를 삼으며 네 미간에 붙여 표로 삼고 또 네 집 문설주와 바깥 문에 기록할지니라"(:8-9). 정통 유대인들은 왼쪽 팔과 이마에 테필린이라는 성구함을 묶어서 착용한다. 테필린은 양피지에 쓴 성구 두루마리를 넣은 작고 검은 가죽 상자로, 가로와 세로의 높이가 3~5cm 정도다. 그런 상자를 머리에 달고 팔에 감고 다니니 모양이 우습지만 의미가 있다. 머리에 착용한 테필린의 내부는 네 칸의 방이 있다. 각 방에는 네 종류의 두루마리가 담겨 있다. 유대인의 팔에 착용하는 테필린의 방은 하나다. 거기에는 머리에 착용하는 테필린에 있는 네 개의 말씀이 한 장에 적혀있다. 그 목적은 유대인들의 모든 행동과 생각의 기준이 하나님의 말씀이라는 것을 고백하는 신앙이다. 이스라엘 백성들이 가려고 하는 가나안은 축복의 땅이다. 그들이 하나님께서 약속하신 가나안 복지까지 가기 위해서는 하나님의 말씀을 항상 곁에 두고 기호로 삼았다. 하나님께서 우리에게 젖과 꿀이 흐르는 땅, 축복의 땅을 준비해 놓으시고 우리와 우리의 어린이가 그것을 차지하기를 바라고 계신다. 우리와 우리의 어린이가 하나님을 진심으로 사랑하고, 최선을 다하여 하나님의 말씀을 배우도록 가르쳐라.

2026년 5월 10일, 부활절 6번째 주일 / 어버이주일 / 주님의 승천일(21일)

성 경	마가복음 7:9-14	예전색상	보라색

예배의 부름	"네 부모를 공경하라 그리하면 네 하나님 여호와가 네게 준 땅에서 네 생명이 길리라"(출 20:12)
	하늘 사랑의 공동체인 가정을 허락하시고 은혜로 함께하시는 하나님 아버지! 저희 가정에 헌신과 믿음의 통로가 되시는 부모님을 주신 것을 감사드립니다. 부모에 대한 효도를 실천하지 못한 잘못을 용서하여 주옵소서. 부모님의 마음을 헤아리지 못하고 때로는 반항하고 투정했던 것을 부끄럽게 생각하며 회개합니다. 저희 부모님들이 일생을 사시는 동안 병마와 외로움이 없이 장수할 수 있는 복을 허락하여 주옵소서. 가정마다 화목한 꽃이 만발하고 행복한 웃음이 가득하길 원하오며 예수님의 이름으로 기원하옵나이다. 아멘
회개를 위하여	부모를 공경하면 하는 일이 잘 되고 이 땅에서 장수의 기쁨을 누린다는 말씀을 외면하고 부모를 공경하기보다 무시하고 말과 행동으로 상처를 주는 어리석은 아들과 딸로 살고 있지는 않은지 성찰하고 회개하는 기도를 계속합니다.
고백의 기도	저희에게 육신의 부모님을 주시고 부모 사랑 속에서 장성하게 하신 하나님 아버지! 부모님을 통하여 이 땅에 태어나게 하시고 먹이시고 입히시고 편안하게 살게 하심을 감사드립니다. 오늘 어버이주일을 맞이하여 그동안 알게 모르게 지은 저희 허물을 용서하여 주옵소서. 부모를 공경하는 것이 하나님을 사랑하는 신앙의 산 증거임을 알지 못하고 부모의 마음에 불효의 못을 박고 산 저희입니다. 자식들로부터 버려진 노인들이 있으며, 자식들로부터 소홀히 여기는 부모님들이 계십니다. 부모님의 허물이 있다면 덮어드리며 주님의 뜻 안에서 더욱 더 순종할 수 있는 믿음을 허락하여 주옵소서.
	완악한 마음으로 부모님의 말씀에 순종치 못한 잘못을 불쌍히 여겨 주옵소서. 형제자매들과 우애하지 못해 부모님의 눈에서 피눈물을 흘리게 한 불효를 용서하여 주옵소서. 하나님 말씀대로 살지 않아 가슴앓이하시는 부모님들이 계십니다. 자녀 된 저희가 부모님의 가슴에 꽂아 놓은 불효를 회개하는 저희를 용서하여 주옵소서. 부모님을 무시하고 말과 행동으로 상처를 주지 않겠다고 결심합니다. 저희를 용서하여 주시옵소서. 믿음과 사랑 안에서 주님의 말씀에 순종하며 주님과 부모님께 기쁨을 드릴 수 있는 삶을 살게 하여 주시옵소서. 우리 구주 예수님의 이름으로 기도드립니다. 아멘
사함의 확인	"여호와는 긍휼이 많으시고 은혜로우시며 노하기를 더디 하시고 인자하심이 풍부하시도다 자주 경책하지 아니하시며 노를 영원히 품지 아니하시리로다" (시 103:8-9)
성시교독	98. 어버이주일
설교 전 찬 송	14장 (주 우리 하나님) 579장 (어머니의 넓은 사랑)
설교 후 찬 송	559장 (사철에 봄바람 불어 잇고) 199장 (나의 사랑하는 책)

금주의 성가	고마우신 어머님 – 김규현 어머님의 기도 – Arr. by Roger C. Wilson 어머니처럼 – 권길상
목회기도	**부**모에게 효도함이 약속이 있는 계명처럼 만사형통의 지름길을 주신 하나님 아버지! 오늘 어버이주일을 맞이하여 육신의 아버지와 어머니를 돌아보게 하시고 어버이주일로 지키게 하심을 감사드립니다. 저희에게 하나님의 사랑과 부모의 사랑을 바닷가의 모래알보다 더 많이 받고 살았지만, 부모님께 효도에는 인색했던 잘못을 용서하여 주옵소서. 부모님들이 흘린 눈물의 기도가 자녀들에게서 열매를 맺을 수 있게 하시며, 온 가족이 기쁨과 감격의 삶을 살게 하옵소서. **부**모의 사랑을 통하여 하나님의 사랑을 알게 하시는 주님! 성도들의 가정에 몸이 불편하신 분이 있다면 온 가족이 합하여 기도하고 찬송하여서 병마가 물러가게 하옵소서. 문제가 생기고 하는 일이 잘 풀리지 않을 때 부모님과의 관계가 좋은가? 지금 성찰하고 효도를 통해 하늘 축복의 통로를 보수하게 하옵소서. 부모는 부모대로, 자식은 자식대로 말 못 할 상처와 근심들을 주님께서 위로하여 주시며 그들의 문제를 해결하여 주시옵소서. 예수님의 이름으로 기도드립니다. 아멘
헌금을 위한 성구	"그 부하게 사는 자에게 이르기를 너는 평강하라 네 집도 평강하라 네 소유의 모든 것도 평강하라"(삼상 25:6)
헌금기도	**천**국 같은 가정, 교회 같은 가정을 주신 하나님 아버지! 인생의 진정한 행복과 축복이 부모와 자식 사이에 믿음으로 하나 됨을 알게 하신 은혜를 감사드립니다. 오늘 어버이주일에 성령님의 이끌림으로 사랑하는 가족이 함께 경건하게 몸과 마음을 바치고 주신 물질 중에서 일부를 선별하여 예물로 드리게 하심을 감사드립니다. 여호와 하나님을 경외하고, 그의 계명을 크게 즐거워하는 자는 복이 있다고 하신 것처럼 가정을 주시고 믿음의 통로인 좋은 부모님을 주신 것을 감사하는 마음으로 예물을 준비해 봉헌합니다. **저**희가 무엇으로 하나님의 그 크신 은혜에 보답할 수 있겠나이까. 그저 저희의 몸과 마음을 드리나이다. 그리고 심히 부족하지만, 이 예물에 정성을 담아 드립니다. 저희가 준비한 이 예물이 쓰이는 곳에 영혼을 구원하는 향기가 되고 주님의 사랑으로 미움과 갈등을 치유하는 드림이 되게 하옵소서. 십일조, 감사 예물, 생일 예물과 소원 예물을 드립니다. 이 모든 예물이 아벨이 드린 제사처럼 피 흘림이 있게 하시고, 희생이 따른 제물이 되게 하옵소서. 이 예물이 쓰이는 곳에 기적이 일어나게 하시고 죽어가는 영혼이 살아나게 하시기를 예수님의 이름으로 축복하며 기도드립니다. 아멘
위탁의 말씀	"네 부모를 공경하라 하고 또 아버지나 어머니를 모욕하는 자는 죽임을 당하리라 하였거늘" 율법이나 윤리적인 전통을 초월하여 부모님을 공경하는 자세가 자식의 도리입니다. 무엇으로 부모를 기쁘시게 하는 한 주간을 살지를 기도하고 실천하시기 바랍니다.
축도	지금은 하나님 아버지의 뜻에 순종하여 구속의 제물로 돌아가신 우리 주 예수 그리스도의 구속의 은혜와 부모님을 공경하면 만사형통의 복을 주시겠다고 약속하신 하나님 아버지의 사랑하심과 말씀으로 훈계하시고 교훈하시는 성령님의 역사하심이 가정의 달을 말씀대로 살겠다고 다짐하고 돌아가는 사랑하는 부모님들과 성도들과 믿음의 명문 가문이 되기를 소망하며 나아가는 가족들 위에 영원토록 함께 계시기를 간절히 축원하옵나이다. 아멘

오늘의 설교를 위하여

오늘의 설교를 위한 복음적 조명 주제 : 자식의 도리

제목 : 부모님 공경은 자식의 도리 I 본문 : 마가복음 7:9-14

주제 : 율법이나 윤리적인 전통을 초월하여 부모님을 공경하는 자세가 자식의 도리이다. 효도는 주님의 명령이다. 예수님 당시에 율법에 근거한 고르반 전통을 주님께서 책망하셨다. 그리고 올바른 부모 공경을 가르치셨다.

논지 : 부모님 공경을 율법의 전통에 얽매이지 말고 진실한 마음으로 하라는 메시지이다.
1. 전통을 초월하는 자식
2. 부모를 공경하는 자식
3. 부모를 무시하는 자식
4. 말씀을 깨닫는 자식

하나님께서 자식 된 성도들에게 당부하시는 말씀이 있다. "네 부모를 공경하라 그리하면 네 하나님 여호와가 네게 준 땅에서 네 생명이 길리라"(출 20:12). "자녀들아 주 안에서 너희 부모에게 순종하라 이것이 옳으니라 네 아버지와 어머니를 공경하라 이것은 약속이 있는 첫 계명이니 이로써 네가 잘되고 땅에서 장수하리라"(엡 6:1-3). 구약과 신약성경의 부모님께 대한 교훈의 말씀은 공통점과 다른 점이 있습니다. 공통점은 "공경하라" 말씀이다. 기독교에서 공경의 대상은 오직 하나님 한 분뿐이지만 다른 공경의 대상이 있는데, 그것이 바로 나를 낳으시고 길러주신 부모님이라는 사실에 우리는 놀라지 않을 수 없다. 이는 육신의 부모님을 영혼의 부모이신 하나님과 버금가게 생각하라는 말씀이다. 구약 시대는 아버지가 가정에서 제사장 역할을 했다. 그리고 때로는 하나님의 권위를 대행한 경우를 많이 찾을 수 있다. 어머니는 자녀를 낳아서 기르는바 교회의 이미지를 가지고 있다. 그래서 비록 육신의 부모일지라도 하나님과 같은 차원에서 공경하고 섬겨야 할 것을 당부하고 있다. 부모님을 공경하는 성도에게 약속한 축복에 대해서 구약성경과 신약성경이 다른 점이 있다. 구약은 땅에서 장수를 약속만 하셨지만, 신약은 세상에서 자식이 잘되기를 약속을 하셨다.

1. 전통을 초월하는 자식

유대인들은 전통을 가장 소중하게 생각한다. 그래서 전통에 따르기 위하여 심지어 부모님 공경도 뒤로 하거나 아예 무시하는 경우가 많이 있다. 바리새인들과 서기관들이 예수님께 "당신의 제자들은 장로들의 전통을 준행하지 아니하고 부정한 손으로 떡을 먹나이까"(막 7:5) 따졌다. 이에 예수님께서는 도리어 "이사야가 너희 외식하는 자에 대하여 잘 예언하였도다 기록하였으되 이 백성이 입술로는 나를 공경하되 마음은 내게서 멀도다 사람의 계명으로 교훈을 삼아 가르치니 나를 헛되이 경배하는도다 하였느니라 너희가 하나님의 계명은 버리고 사람의 전통을 지키느니라"(막 7:6-8) 말씀하셨다. 유대인을 대표하는 바리새인들과 서기관들이 자기들의 전통을 지키려고 하나님의 계명을 잘 지키지 않았다. 이처럼 유대인들에게는 전통이 하나님께서 모세에게 말씀하신 십계명보다 우선적이었다. 그래서 예수님께서 "너희가 너희 전통을 지키려고 하나님의 계명을 잘 저버리는도다"(:9) 말씀하셨다. 하나님의 십계명 가운데 다섯 번째는 "네 부모를 공경하라 그리하면 네 하나님 여호와가 네게 준 땅에서 네 생명이 길리라"(출 20:12) 말씀이다. 유대인들을 비롯하여 우리까지 자식은 마땅히 전통을 초월하여 부모님을 공경해야 한다. 만일 부모님을 공경하지 않으면 책망을 받는다.

2. 부모를 공경하는 자식

자식은 사도 바울의 "네 아버지와 어머니를 공경하라"(엡 6:2) 말씀을 지켜야 한다. 이는 하나님의 명령이기 때문이다. 또한 자식을 낳아주시고 길러주신 아버지와 어머님께 대한 인간의 도리이고, 하나님과 부모님을 기쁘시게 하는 최고의 방법이기 때문이다. 그리고 자식이 부모님을 공경하면 잘 되고 땅에서 장수하리라는 축복이 약속되어 있다(엡 6:3). 자식이 아버지와 어머니를 공경하면 행복한 가정을 이루는 비결이다. 일반적으로 자식이 부모님을 공경하는 세 가지의 차원이 있다. 첫째는 부모님의 육신으로 편하고 쾌적하게 해드려야 한다. 사람이 늙으면 입맛이 떨어지니 철철이 맛있는 음식을 지어드리는 것이 효도이다. 계절에 맞는 의복을 지어드리고, 용돈도 넉넉하게 드려야 한다. 둘째는 부모님의 마음을 편안하고 기쁘게 해드려야 한다. 부모님의 마음이 편치 않다면 행복하다 할 수 없다. 자식들이 바르고 정직하게 열심히 살아서 사람들에게 칭찬을 듣는 것이 부모님의 기쁨이다. 자식들이 부모님에게 자주 안부를 물어 부모님의 마음을 편안하게 해드리는 게 효도이다. 셋째는 부모님의 영혼을 구원시켜 이 세상을 떠날 때 천국에 가시게 하는 것이 최고의 효도이다. 부모님의 영혼을 위해 날마다 기도하고, 이 세상을 떠나서도 천국에서 영생하시게 하라.

3. 부모를 무시하는 자식

세상에는 자기는 많이 배우고 부모는 배운 게 별로 없다고 무시하는 자식들이 많이 있다. 이런 자식은 불효자 가운데 최악의 자식이다. 부모가 세상에 계시지 않았다면 자식은 존재하지 않았으며 세상에 태어나지 않았다. 또한 어떤 자식은 부모를 무시하고 모욕하는 자들도 있다. 그래서 예수님께서 구약성경을 인용하여 "아버지나 어머니를 모욕하는 자는 죽임을 당하리라"(:10) 말씀하셨다. 이는 모세가 이스라엘 백성들에게 한 경고인데, 오늘날 우리에게도 적용할 수 있다. 지금은 민주국가에서 가능하면 '사형'을 실시하여 죄인을 죽이는 경우가 많지 않으나, 사형은 최악의 죄인에게 내리는 형벌이다. 그런데 유대인들은 이른바 '고르반' 전통에 따라서 자기에게 유익하게 하려고 부모에게 "고르반 곧 하나님께 드림이 되었다"(:11)라고 하기만 하면 그만이라 생각했다. 이는 고르반을 핑계로 자기 아버지나 어머니에게 다시 아무것도 드리기를 허락하지 아니하였다. 이처럼 부모를 무시하는 행위를 저지르고도 하나님을 믿는다고 하니 세상 사람들이 비웃을 것이다. 부모는 자식에게 아무것도 아끼지 않는다. 재산은 말할 것도 없고 심지어 자기의 몸과 생명까지 자식에게 주고 싶어 하는 게 부모의 마음이다. 이런 부모의 마음을 헤아려 부모를 무시하는 자식이 되지 말라.

4. 말씀을 깨닫는 자식

자식이 왜 성경 말씀을 읽고 깨달아야 하는가? 그 이유는 성경 말씀은 구원과 성공에 이르는 지혜의 보고이기 때문이다(시 19:7). 역사적으로 보면 위대한 사상이 담긴 책을 쓴 사람이나 위대한 사상적인 영향을 끼친 사람은 거의 다 성경 말씀의 영향을 받은 사람이다. 임마누엘 칸트의 『순수이성비판』 같은 책도 성경 말씀의 영향을 받았다. 페스탈로치의 교육사상도 성경 말씀에 근거해 있으며, 단테의 『신곡』이나 존 번연의 『천로역정』도 성경 말씀을 근거로 하여 쓰인 작품이다. 도스토예프스키가 시베리아로 유형을 가 있을 때 신약성경을 28번이나 읽었고 거기에서 착안한 것이 『악령』, 『카라마조프의 형제』 등의 유명한 소설이다. 아브라함 링컨 대통령이 학교는 9개월밖에 다녀보지 못했지만 매일 성경 말씀을 읽어 온 세계에 영향을 준 위대한 정치가가 될 수 있었다. 슈바이처, 나이팅게일, 에디슨, 맥아더 장군 등도 항상 성경 말씀을 가까이한 사람들이다. 특별히 자식이 부모님을 공경하기 위해서는 하나님의 말씀을 읽고 깨달아서 그대로 실천해야 한다. 예수님께서 전통에 포로가 되어서 부모님을 공경하지 않는 사례를 지적하시면서 사람들에게 "너희는 다 내 말을 듣고 깨달으라"(:14) 말씀하셨다. 우리도 예수님의 말씀을 깨닫고 부모를 공경해야 한다.

	2026년 5월 17일, 부활절 7번째 주일 / 가정 주일			
성 경	요한복음 15:1-8		예전색상	흰색
예배의 부름	"이스라엘아 이제 내가 너희에게 가르치는 규례와 법도를 듣고 준행하라 그리하면 너희가 살 것이요 너희 조상의 하나님 여호와께서 너희에게 주시는 땅에 들어가서 그것을 얻게 되리라"(신 4:1)			
	독생자 예수 부활의 감격을 안고 날마다 승리하게 하시는 하나님 아버지! 지난 한 주간에도 세우신 교회를 통하여 받은 은혜로 영적 전쟁에서 승리할 수 있게 하심을 감사드립니다. 그러나 저희의 하나님의 자녀답게, 때로는 부활의 감동을 망각하고 산 잘못을, 거룩한 제단 앞에 엎드려 쏟아내는 뜨거운 눈물의 고백을 들어 주옵소서. 오늘 이 예배가 성삼위 하나님께서 함께하시는 감사와 새로운 마음의 다짐이 있는 예배가 되게 하여 주옵소서. 예수님의 이름으로 기도하옵나이다. 아멘			
회개를 위하여	실패와 실수는 다릅니다. 하루에 수 없는 실수를 해도 실패한 하루가 되지 말아야 합니다. 세상일과 사업의 실패는 실패가 아닙니다. 하나님과의 관계에서 실패가 무서운 실패입니다. 거듭해서 실패하는 원인이 무엇인가를 눈을 감고 성찰하고 회개와 결단을 드리는 기도를 계속합니다.			
고백의 기도	세상사에 시달려 실수와 실패를 반복한 죄인에게도 회복의 기회를 주시는 하나님 아버지! 유혹의 장애물에 넘어지고 절망의 늪에 빠져 쇠잔해진 저희에게 회개를 통해 거듭날 기회를 주심을 감사드립니다. 지난 한 주간에도 하늘 기쁨보다는 육신의 정욕을 좇고 값없이 주시는 하늘 은혜를 헛되이 허비했던 잘못을 불쌍히 여겨 주시옵소서. 아직도 구습을 좇는 나쁜 성품을 좇아 살아가는 저희를 용서하여 주옵소서. 어리석고 우둔한 저희 경험과 지식을 앞세워 성령님을 통해서 주시는 실패를 피할 길을 외면했던 어리석음으로 동분서주했던 지난날들을 고백합니다.			
	일의 크고 작음을 막론하고 말씀을 통하여 하나님의 섭리를 깨닫고 주님을 더욱 깊이 닮아가도록 노력하겠습니다. 탐욕으로 왕성했던 마음이 예수 그리스도를 향해 헌신하는 용기로 사용되게 하옵소서. 바람에 휘날리는 갈대처럼 흔들리던 저희 믿음이 바르게 세워져서 성령님과 동행하는 한 주간을 살게 도와주시옵소서. 새벽을 깨워 하나님과 하루를 시작하려는 결심, 밤을 지새우며 세상과 어울렸던 시간을 밤새워 주님을 만나는 영혼이 되어 보겠습니다. 이 결심이 주님 안에서 주님과 함께 주님을 위해 실천되는 하루가 될 수 있도록 도와주시옵소서. 우리 주 예수 그리스도의 이름으로 기도하옵나이다. 아멘			
사함의 확인	"그것을 내 입술에 대며 이르되 보라 이것이 네 입에 닿았으니 네 악이 제하여졌고 네 죄가 사하여졌느니라 하더라"(사 6:7)			
성시교독	95. 가정주일			
설교 전 찬 송	22장 (만유의 주 앞에) 563장 (예수 사랑하심을)			
설교 후 찬 송	574장 (가슴마다 파도친다) 161장 (할렐루야 우리 예수)			

금주의 성 가	부활하신 주 - H. L. Hassler 부활주일 새벽에 - J. Brahams 주 찬양해 오 내 영혼 - M. Ippolitof-Ivanof
목 회 기 도	**죄**를 새 생명으로 바꾸시고, 악을 선으로 바꾸어 주시는 하나님 아버지! 우리가 한 주간도 사랑의 날개 아래에서 믿음을 재충전하여 모진 불황의 바람과 고난의 파도를 넘게 하심을 감사드립니다. "아버지께서 일하시기에 나도 일한다."고 말씀하신 주님을 본받아 저희도 맡겨진 일에 충성하게 하옵소서. 저희의 말과 행실에서 그리스도의 향기가 발하는 신앙생활을 하게 하옵소서. 교회에 속한 기관들이 주님의 나라와 의를 구하는 길이 우선순위임을 실천해서 잘했다 칭찬받는 한 주간을 살게 하옵소서. **믿**음이 강해진 성도에게 더 풍성한 힘을 주시는 주님! 하나님의 사역을 위해서 저희 힘과 시간이 필요할 때 어정쩡한 구경꾼이 되기보다는 땀 흘리면서 앞장서는 일꾼이 될 것을 약속합니다. 지옥에 보내서는 안 될 많은 사람이 저희 주변에 있습니다. 그중에 단 몇 명이라도 구원의 감동과 기쁨이 있는 교회에 나와 은혜의 단비에 그 영이 적셔질 수 있는 일에 최선을 다하게 하여 주옵소서. 저희 심령에 오직 예수가 만사를 형통하게 하심을 외치는 복음의 나팔수가 되게 하여 주옵소서. 우리 주 예수님의 이름으로 기도합니다. 아멘
헌금을 위한 성 구	"어떤 사람에게든지 하나님이 재물과 부요를 그에게 주사 능히 누리게 하시며 제 몫을 받아 수고함으로 즐거워하게 하신 것은 하나님의 선물이라"(전 5:19)
헌 금 기 도	**죄**인을 사랑하사 모든 좋은 것으로 채워주시는 하나님 아버지! 오늘도 주 앞에 예배드릴 때 빈손으로 나오지 아니하고 우리 소득의 십일조와 감사의 표시로 헌금을 주 앞에 바치옵니다. 우리가 바치는 생활에서 오는 축복을 알게 하시고, 바친 물질이 주님의 뜻대로 쓰여 많은 사람에게 기쁨과 축복을 가져오며 그리스도의 나라 확장을 위하여 쓰이게 하여 주시옵소서. 예물을 준비한 손길마다 사르밧 여인의 축복과 오병이어의 기적을 체험하게 하옵소서. 풍요로움 속에서 약간의 부족함이 믿음을 약하게 하는 걸림돌이 되지 않게 하옵소서. **모**두가 합하여 선을 이룰 때 핑계를 대는 어리석음을 용서하여 주옵소서. 세상일이 바쁘다는 핑계, 시간과 물질 부족의 핑계를 습관적으로 읊조렸던 어리석은 자 되지 않게 하옵소서. 가증스럽게 믿음 좋은 사람 행세를 한 바리새인 같은 신앙을 살지 않게 하옵소서. 엄청난 교만의 죄를 저지르지 않게 하옵소서. 이 시간 드린 그 마음을 보시고 영, 육 간에 궁핍함이 없도록 하늘 은혜를 풍성하게 내려주옵소서. 드린 예물이 쓰이는 곳에 하늘 능력이 백 배로 나타날 줄 믿습니다. 감사하오며 우리 주 예수 그리스도의 이름으로 기도하옵나이다. 아멘
위탁의 말 씀	"너희가 열매를 많이 맺으면 내 아버지께서 영광을 받으실 것이요 너희는 내 제자가 되리라" 말씀의 열매를 맺어가는 삶이 되면 주님의 제자가 되고 하나님께서 기뻐하시고 영광을 받으십니다. 나는 한 주간 기도, 감사, 전도, 헌신 등 어떤 것이라도 하나는 맺을 각오로 살아야 합니다.
축 도	지금은 죄와 허물로 죽은 저희들을 인하여 십자가상에서 구원을 집행하신 예수 그리스도의 은혜와 저희들의 구원을 계획하시고 이루신 하나님 아버지의 사랑하심과 지금도 성도 한 사람 한 사람에게 구원을 적용하시는 성령님의 역사하심이 믿음으로 담대히 나아가는 사랑하는 성도들과 가정과 교회 위에 이제로부터 영원토록 함께 계시기를 간절히 축원하옵나이다. 아멘

오늘의 설교를 위하여

오늘의 설교를 위한 복음적 조명 주제 : 주님의 제자

제목 : 열매를 많이 맺는 제자 l 본문 : 요한복음 15:1-8

주제 : 주님께서 말씀하신 포도나무의 비유는 주님의 제자가 된 성도들이 모든 죄를 회개하고, 주님 안에서 신앙생활을 하여 열매를 많이 맺기를 바라심이다. 성도가 주님의 제자가 되어서 신앙의 열매를 많이 맺으면 하나님께서 기뻐하시고 영광을 받으신다.

논지 : 죄를 회개하고 거듭난 제자가 열매를 맺고 하나님께 영광을 돌린다고 증언한다.
1. 죄 회개하는 제자
2. 주님 안에서 제자
3. 열매를 맺는 제자
4. 영광 돌리는 제자

주님께서 "나는 참포도나무요 내 아버지는 농부라"(:1) 말씀하셨다. 주님이 참 포도나무라고 하신 말씀을 읽으면서 알알이 달라붙은 포도송이를 연상하고 저절로 배가 불러오는 풍요로움을 느낀다. 지금의 우리는 참 좋은 시대에 살고 있다. 옛날에는 여름이 무르익어야 포도를 맛볼 수 있었다. 그런데 요즘은 온갖 과일들이 계절을 가리지 않고 재배되기 때문에 봄 여름 가을 겨울을 가리지 않고 싱싱한 과일을 먹을 수 있다. 과일은 제철에 먹어야 좋다지만 그래도 언제 어디서나 즐길 수 있는 과일 맛의 향연은 무시하지 못한다. 특히 주님께서 "내가 참 포도나무"라 말씀하셨으니 때와 장소를 가리지 않고 항상 어디나 계시는 주님 안에서 주님의 제자가 되면 풍성한 축복을 받게 된다. 포도나무는 성경에 나오는 나무 가운데 신비한 나무에 속한다. 포도의 살은 주님의 살을 의미하고, 포도즙은 주님의 피를 상징한다. 알알이 풍성히 열리는 열매는 생육하고 번성하는 하나님의 축복을 나타낸다. 구약성경에는 이스라엘이 하나님의 포도나무로 묘사되었다. 포도원은 주님의 몸 된 교회를 의미하기도 한다. 이사야 선지자는 "여호와의 포도원은 이스라엘 족속"(사 5:1-7)이라 말씀했다. 호세아 선지자도 "이스라엘은 열매 맺는 무성한 포도나무"(호 10:1)라고 가르쳤다. 그리하여 포도나무는 하나님께서 택하신 이스라엘 백성의 상징이고, 주님의 제자가 되었다.

1. 죄 회개하는 제자

성도를 주님의 제자라고 불렀을 때 전제 조건이 있다. 아무리 주님의 제자가 되었어도 하나님 앞에 모두 죄인이다. 아울러 죄인이 회개하지 않으면 주님의 제자가 될 수 없다. 인간은 결코 주님의 수준으로 올라갈 수 없다. 방법은 하나님께서 인간이 되어 세상에 내려오신 예수님을 영접하고 회개해야 한다. 예수님께서 하늘 보좌의 자리를 버리시고 죄인의 자리에 오셨다. "태초에 말씀이 계시니라 이 말씀이 하나님과 함께 계셨으니 이 말씀은 곧 하나님이시니라"(요 1:1). "말씀이 육신이 되어 우리 가운데 거하시매 우리가 그의 영광을 보니 아버지의 독생자의 영광이요 은혜와 진리가 충만하더라"(요 1:14). 이런 하나님의 말씀에 따라서 우리는 주님의 제자가 될 수 있다. 하나님께서 세례 요한을 보내셨다. 세례 요한의 광야에서 사역했다. 세례 요한이 "회개하라 천국이 가까이 왔느니라"(마 3:2) 말씀했다. 세례 요한의 메시지는 오늘날 우리에게도 적용된다. 우리가 회개하지 않으면 구원을 받을 수 없고, 구원을 받지 못하면 주님의 제자가 될 수 없다. 주님께서 "무릇 내게 붙어 있어 열매를 맺지 아니하는 가지는 아버지께서 그것을 제거해 버리시고 무릇 열매를 맺는 가지는 더 열매를 맺게 하려 하여 그것을 깨끗하게 하시느니라"(:2) 말씀했다. 이는 회개를 촉구하는 말씀이다.

2. 주님 안에서 제자

주님의 삶과 우리의 삶은 마치 여러 가지를 가지고 있는 포도나무처럼, 또 여러 지체가 있는 한몸처럼 되어 있다. 우리는 주님과 진정으로 한몸이 되어 있기에 이 세상에서 지극히 하찮은 냉수 한 컵을 주는 것은 곧 주님께 그것을 드리는 것이다. 주님께서 "내 안에 거하라 나도 너희 안에 거하리라"(:4) 말씀하셨다. 남자가 나 아닌 다른 개체인 여자와 하나로 결합한다고 하는 건 신비스러운 일이다. 주님과 우리는 질적으로 전혀 다른 존재이다. 전혀 다른 개체가 한몸이 된다고 하는 건 아무리 생각해도 불가능하다. 그런 일에도 불구하고 주님께서 "너희가 내 안에 거하고 내 말이 너희 안에 거하면"(:7)이라고 말씀하셨다. 우리는 이 말씀을 묵상할 때 내 심령 가운데에 느껴오는 어떤 진동을 느낀다. 그 진동은 우리의 가슴을 떨게 한다. 심한 때에는 온몸이 떨리는 진동을 의식한다. 그리고 알 수 없는 어떤 음성이 우리게 들려옴을 깨닫는다. 그런 일이 있은 다음에 우리는 자신이 아닌 것을 인식한다. 우리 안에 계시는 주님을 느낀다. 이러면 우리는 자기가 아닌 다른 사람에게 하는 것 모든 말과 행동을 조심한다. 주님께 제자로서 경건한 마음으로 말하고 행동한다. 이렇게 주님의 제자는 새롭게 변화된 삶으로 충성을 다하여 주님을 섬기게 된다.

3. 열매를 맺는 제자

나무의 줄기와 가지, 이는 서로 떼려야 뗄 수 없는 관계다. 그런데 문제는 줄기와 가지가 떨어져 있다는 데서부터 시작됩니다. 마땅히 가지는 줄기에 붙어 있어야 한다. 그런데 가지가 줄기에서 이탈하여 떨어져 있으면 안 된다. 왜냐하면 가지가 살려면 우선 줄기에 붙어 물을 받아야 한다. 그리고 영양소도 필요하다. 물과 영양소는 땅에서 뿌리를 통하여 올라온다. 줄기는 물관과 체관을 통하여 뿌리에서 올라온 생명을 가지에 공급한다. 가지는 물과 영양소와 햇볕을 받아서 열매를 맺는다. 나뭇잎을 자세히 보면 잎에는 잎맥이라는 것이 그물처럼 연결되어 있다. 또 포도나무는 유난히 가지가 많다. 이것이 생명의 네트워크다. 마음과 마음이 이어지는 상호 연결성이 있어야 한다는 뜻이다. 주님께서 "나는 포도나무요 너희는 가지라 그가 내 안에 내가 그 안에 거하면 사람이 열매를 많이 맺나니 나를 떠나서는 너희가 아무 것도 할 수 없음이라"(:5) 말씀하셨다. 이 말씀에 포도나무의 신비와 축복의 약속이 들어있다. 주님은 포도나무 줄기이고, 제자는 포도나무 가지이다. 주님과 제자는 한몸이 되는 신비스러운 영적 체험을 해야 한다. 그래야 많은 열매를 맺을 수 있다. 주님과 제자가 하나가 되는 은혜의 체험이 없이는 헛되이 믿고 신령한 축복도 받지 못한다.

4. 영광 돌리는 제자

주님의 제자 마땅히 열매를 많이 맺어서 하나님께 영광을 돌려야 한다. 주님의 제자가 열매를 맺지 못하고 하나님께 영광을 돌리지 못한다면 책망을 받을 수밖에 없다. 주님께서 "너희가 내 안에 거하고 내 말이 너희 안에 거하면 무엇이든지 원하는 대로 구하라 그리하면 이루리라 너희가 열매를 많이 맺으면 내 아버지께서 영광을 받으실 것이요 너희는 내 제자가 되리라"(:7-8) 말씀하셨다. 제자가 주님 안에 살고, 주님의 말씀으로 제자 안에 거하시면, 주님과 제자가 영혼으로 육신으로 하나가 되면, 주님과 제자가 원만한 교통이 이루어진다. 주님과 제자가 성령으로 소통하면, 제자의 기도가 응답받는다는 말씀이다. 우리가 주님의 제자로 하나님께 기도한다. 그 기도가 항상 이루어지는가? 미안한 말씀이오나 잘 안 되면 주님과 소통하지 않기 때문이다. 문제는 성령의 소통이다. 우리가 하나님의 영광을 위하지 않고, 자기의 유익과 출세를 위하여, 또는 자식들이 잘되고 성공하기 위하여 기도하기에 응답을 받지 못한다. 성도의 삶의 목적은 오직 하나님을 기쁘시게 하고 영광을 돌리는 생활이다. 성도가 주님 안에 거하며 한몸이 되어 주님과 함께 사시기 바란다. 그리하여 많은 열매를 맺고, 원하는 모든 소원을 이루고 하나님 아버지께 영광을 돌리기를 바란다.

2026년 5월 24일, 성령 강림 주일

성 경	에스겔 37:1-14	예전색상	빨간색

예배의 부름	"예수께서 대답하시되 진실로 진실로 네게 이르노니 사람이 물과 성령으로 나지 아니하면 하나님의 나라에 들어갈 수 없느니라"(요 3:5) 임하시는 성령님의 은혜로 새롭게 거듭나게 하시는 하나님 아버지! 성령님을 보내셔서 천국의 기쁨을 풍성하게 누리게 하심을 감사드립니다. 순간마다 우리와 동행하시면서 세미한 음성으로 들려주시는 성령님의 음성을 경청하지 못한 저희를 불쌍히 여겨 주옵소서. 오늘 성령 강림 주일에 성령의 아홉 가지 열매를 사모하는 마음 안고 거룩한 제단 앞에 무릎 꿇었습니다. 더욱 충만한 은혜를 주시어 아름다운 성령의 역사를 체험하는 예배가 되게 하여 주옵소서. 예수님의 이름으로 기원하옵나이다. 아멘
회개를 위하여	성령은 하나님이 주시는 선물입니다. 하나님을 기쁘시게 하면 어김없이 우리에게 기쁨이 될 성령을 선물로 주십니다. 그 성령님의 인도를 받는 영혼은 활기가 있습니다. 그 영혼은 기도합니다. 그 영혼은 찬양합니다. 내가 그런 영혼인지 성찰하고 아니라면 회개하는 기도를 계속합니다.
고백의 기도	성령의 일곱 가지 선물로 인생에 가장 행복한 순간을 살게 하시는 하나님 아버지! 오늘 성령 강림 주일에 백 배, 천 배로 강한 영혼이 되어 하늘 동역자로 삼아 주시기 위해서 거룩한 제단에 나와 예배하게 하심을 감사드립니다. 그러나 저희는 지난 한 주간 저희를 지켜 주시는 성령님의 마음에 슬픔을 안겨 드리는 못난이가 된 것을 불쌍히 여겨 주시옵소서. 오늘 성령 강림 주일에 마가의 다락방에 내린 성령의 불이 고개 숙인 저희에게 내려질 수 있도록 진정으로 회개하지 못하고 산 것을 용서하여 주옵소서. 원수 마귀와 대적하여 용감히 주님의 자녀임을 고백하고 말씀으로 유혹하는 손길을 끊어버리지 못한 것을 용서하여 주옵소서. 오늘 다시 한번 성령 충만, 은혜 충만으로 한 주간을 살면서 복음 전도의 사명자로 살 결심을 드립니다. 남을 정죄하고 심판하기보다는 위로하고 그들을 위해서 기도할 수 있는 마음을 살겠습니다. 누군가로부터 아픔과 상처를 받으면 바로 보복을 계획하기보다는 복을 빌어주는 기도를 한 번이라도 드리는 믿음을 살도록 하겠습니다. 주변에 있는 상처받은 영혼들의 고통을 들어주는 일에 인색하지 않겠습니다. 내가 흥하기를 바라는 마음보다는 나는 망해도 나의 이웃이 나보다 잘 되는 것을 간절히 소망하는 기도를 드리도록 하겠습니다. 저희 결심을 받아 주시고 사죄의 말씀으로 거듭나게 하옵소서. 예수님의 이름으로 기도합니다.
사함의 확인	"우리가 우리에게 죄 지은 모든 사람을 용서하오니 우리 죄도 사하여 주시옵고 우리를 시험에 들게 하지 마시옵소서 하라"(눅 11:4)
성시교독	135. 성령강림(1)
설교 전 찬 송	187장 (비둘기 같이 온유한) 185장 (이 기쁜 소식을)
설교 후 찬 송	359장 (천성을 향해 가는 성도들아) 342장 (너 시험을 당해)

금주의 성가	불같은 성령 임하셔서 - J. W. Peterson 거룩하신 주 성령 - Deborah Govenor 오소서 성령이여 - Don Besig
목회기도	**보**혜사 성령의 아홉 가지 은사로 저희 심령에 능력을 넘치게 주시는 하나님 아버지! 진리로 저희를 다스리시고 성령의 감화를 주실 약속하신 성령을 저희에게 보내 주심을 감사드립니다. 부족한 우리에게 성령세례를 베푸시어 보혜사 성령이 충만하여 삶이 변화되어 거듭나게 하시고 예수님을 닮는 성도가 되게 하옵소서. 성령 강림 주일을 맞이하여 주님 앞에 나와 예배하는 성도들에게 성령의 아홉 가지 열매가 골고루 넘치게 하여 주옵소서. 그 역사하는 성령님과 함께 교회를 위해서 충성하게 하옵소서. **지**친 몸과 상한 마음을 성령으로 치유하시는 주님! 복음의 사역자로 부름을 받은 저희가 성령에 감동되어 교회를 섬기며 소외된 자들을 찾아 섬기게 하옵소서. 크고 작은 문제를 놓고 결정할 때는 먼저 기도하며 성령의 인도를 기도로 묻게 하옵소서. 외로울 때는 곁에 성령님이 계신다는 사실을 잊지 않게 하소서. 성령의 도우심으로 행하게 하셔서 나의 자랑은 하나 없으니 오직 하나님께만 영광 드리게 하옵소서. 예수님의 이름으로 기도하옵나이다. 아멘
헌금을 위한 성구	"누가 이 세상의 재물을 가지고 형제의 궁핍함을 보고도 도와 줄 마음을 닫으면 하나님의 사랑이 어찌 그 속에 거하겠느냐 자녀들아 우리가 말과 혀로만 사랑하지 말고 행함과 진실함으로 하자"(요일 3:17-18)
헌금기도	**진**리의 성령님을 보내셔서 진리로 인도하시는 하나님 아버지! 성령 강림 주일을 맞이하여 성령의 아홉 가지 열매를 사모하는 마음 안고 거룩한 제단 앞에 예물을 드리게 하심을 감사드립니다. 교회를 섬기며 재물과 권리를 마음에 담지 않게 하옵시고, 교회에 속한 기관들에도 성령의 인도하심이 함께하기를 소원합니다. 보화가 있는 곳에 마음이 있다고 하셨으니, 예물을 드리는 마음이 천국에 있게 하시옵소서. 성령을 충만하게 받은 성도가 마음을 같이하여 성전에 모이기를 힘쓰게 하시고 음식을 먹으며 기쁨과 순전한 마음으로 교제하게 하옵소서. **십**일조를 봉헌합니다. 예물을 여러 가지 모양으로 드립니다. 드리는 성도들의 손길을 기억하셔서 가정마다 평화와 사랑을 주시옵소서. 감사와 은혜를 잊지 않는 성도들에게 더욱 풍성한 은혜를 주시옵소서. 오늘 드리는 믿음이 저희의 간증이오니 받으시고 기뻐 흠향하여 주옵소서. 이 예물들이 주님께 영광이 되게 하시고 저희에게는 주님만 소망하게 되는 하늘의 통로이게 하여 주시옵소서. 이 물질이 하나님 앞에 귀하게 쓰이게 하옵소서. 우리의 손이 이웃을 향해 따뜻한 사랑을 나누는 손이 되게 하여 주시옵소서. 우리를 위하여 산 제물이 되어 주신 우리 주 예수 그리스도의 이름으로 기도드리옵나이다. 아멘
위탁의 말씀	"생기가 그들에게 들어가매 그들이 곧 살아나서 일어나 서는데 극히 큰 군대더라" 에스겔 선지자에게 임한 성령의 역사를 오늘날에 적용하여 새 생명의 생기를 주는 하나님의 말씀을 선포하여 온 가족이 성령으로 충만한 한 주간을 살기 바랍니다.
축 도	지금은 우리의 길과 진리와 생명이 되시는 예수 그리스도의 은혜와 독생자를 통하여 죄를 속량하시고 영생의 길을 마련해주신 하나님 아버지의 사랑하심과 약속하신 대로 보내주신 성령님의 감동·감화·역사하심이 성령의 인도하심을 받으며 말씀과 기도와 찬양을 통해 성령 충만한 삶을 살고자 다짐하는 주의 백성들 머리 위에 지금부터 영원히 함께하시기를 간절히 축원하옵나이다. 아멘

오늘의 설교를 위하여

오늘의 설교를 위한 복음적 조명 주제 : 성령의 역사
제목 : 생기를 주는 성령의 역사 | 본문 : 에스겔 37:1-14

주제 : 하나님 성령의 역사는 시대를 초월한다. 주님의 제자들에게 내린 오순절 성령의 역사 이전에 에스겔 선지자의 시대에도 있었다. 에스겔 선지자에게 임한 성령의 역사는 지금도 유효하다. 새 생명의 생기를 주는 하나님의 말씀과 함께 성령이 충만한 삶을 살아야 한다.

논지 : 생기로 살리는 성령의 역사가 사방에서 소망을 내려 무덤을 부수는 능력을 전한다.
  1. 생기로 살리는 성령
  2. 사방에서 오는 성령
  3. 소망을 내리는 성령
  4. 무덤을 부수는 성령

에스겔 선지자는 소름이 끼칠 만큼 무서운 공동묘지 골짜기에 서 있었다. 오늘 말씀에 학자들 사이에 이견이 있다. 한 학자는 에스겔 선지자가 본 환상이라 주장하고, 다른 학자는 포로로 끌려간 이스라엘 백성에게 실제로 있었던 일이라 주장한다. 그러나 다수의 학자들은 에스겔이 본 환상으로 해석한다. 에스겔은 이스라엘 민족이 바벨론 포로로 끌려간 시대의 선지자였다. 나라는 이미 망했고, 수많은 백성은 머나먼 이국으로 끌려갔다. 이스라엘 백성들은 무수히 죽었고, 일부 남은 백성들은 노역으로 고통을 당하고 있었다. 지도자를 잃어버린 백성들은 포로 생활의 절망 가운데서 죽지 못해 살아가고 있었다. 그런데 어느 날, 하나님께서 권능으로 에스겔 선지자에게 임했고, 성령으로 이끌어 골짜기로 갔다. 에스겔 선지자가 골짜기 주변에 서 있는데, 자세히 보니 골짜기에는 온통 하얗게 마른 뼈들이 우글거리고 있었다. 에스겔 선지자가 얼마나 놀랐겠는가. 놀란 에스겔 선지자에게 하나님께서 이렇게 물으셨다. "인자야 이 뼈들이 능히 살 수 있겠느냐"(:3). 죽음의 골짜기에서 하나님께서 하신 말씀이다. 참으로 어처구니없는 말씀이다. 하얗게 말라버린 뼈들이 어떻게 살겠는가? 가당치 않은 말씀이지만, 성령의 역사로 다시 살아서 큰 군대를 이룬다는 뜻이다.

1. 생기로 살리는 성령

하나님께서 에스겔 선지자에게 "너는 이 모든 뼈에게 대언하여 이르기를 너희 마른 뼈들아 여호와의 말씀을 들을지어다"(:4) 말씀하셨다. 우리는 하나님의 말씀을 들어야 한다. 하나님의 말씀을 묵상해야 소망이 있다. 하나님의 말씀을 들어야 문제가 해결된다. 하나님의 말씀을 들어야 살아난다. 아무리 잘 믿는다고 할지라도 하나님의 말씀을 듣지 않으면 영혼이 죽는다. 신앙생활은 말씀을 듣는 일로부터 시작된다. 기도해도 말씀을 듣고 해야 한다. 찬양도 말씀을 듣고 해야 한다. 하나님의 말씀을 들어야 기적이 일어난다. 에스겔 선지자는 "주 여호와께서 이 뼈들에게 이같이 말씀하시기를 내가 생기를 너희에게 들어가게 하리니 너희가 살아나리라"(:5) 증언했다. 죽은 사람을 살리려면 성령을 충만하게 받아야 한다. 성령의 역사가 없이는 생명을 살릴 수 없다. 성령을 안 받으면 전도가 되지 않는다. 성령의 역사가 없이는 전도의 열매를 맺을 수 없다. 성령의 역사가 없이는 병든 자가 고침을 받을 수 없다. 성령의 역사가 없이는 죽은 자가 살아날 수 없다. "주 여호와께서 이 뼈들에게 이같이 말씀하시기를 내가 생기를 너희에게 들어가게 하리니 너희가 살아나리라"(:5) 아멘. 이 말씀을 그대로 믿고, 성령을 충만히 받아서 자신이 살고 다른 사람을 살리는 성도가 되자.

2. 사방에서 오는 성령

성령의 역사는 외길로 오지 않고 동서남북 사방에서 온다. 또한 성령은 어느 특별한 사람에게만 오지 않고 모든 성도에게 온다. 예수님의 열두 제자가 마가의 다락방에서 한마음으로 간절히 하나님께 기도할 때 수제자인 베드로 사도에게만 내리지 않고 모든 제자에게 충만하게 임했다. 성령님은 모든 사람에게 무사 공평하시다. 그러므로 우리는 모두 함께 하나님께 기도하여 성령을 충만하게 받아야 한다. 에스겔 골짜기에 있는 하얗게 마른 뼈들이 성령의 바람에 움직이기 시작했다. 하나님에게 온 생명의 생기가 불어 들어갔다. 마른 뼈들이 덜거덕덜거덕 소리를 내면서 이 뼈, 저 뼈가 서로 들어맞아 연결되더니 뼈에 힘줄이 생기고 살이 오르고 그 위에 가죽이 덮이더니 비로소 사람의 형체가 나타났다. 거기에 하나님께서 생기를 불어넣으니 호흡이 시작되면서 곧 살아나는 것이다. "또 내게 이르시되 인자야 너는 생기를 향하여 대언하라 생기에게 대언하여 이르기를 주 여호와께서 이같이 말씀하시기를 생기야 사방에서부터 와서 이 죽음을 당한 자에게 불어서 살아나게 하라 하셨다 하라"(:9). 성령이 사방에서 오니 참으로 시기했다. 죽음의 골짜기가 갑자기 환해지면서 생명력이 넘치게 되었다. 죽음의 검은 그림자는 온데간데없이 사라지고 성령으로 생명의 서광이 비쳤다.

3. 소망을 내리는 성령

성도에게 '믿음'과 '사랑'과 '소망'이 절대로 필요하다. 성도는 하나님과 예수님을 믿어야 구원을 받는다. 또한 성도는 하나님과 이웃을 사랑해야 한다. 그리고 성도는 소망이 있어야 죽은 후에 하늘나라에 갈 수 있다. 믿음이 과거라면 사랑은 현재이고, 소망은 미래이다. 누구에게나 미래의 소망이 없으면 절망하고 심하면 극단적인 선택으로 자기의 목숨을 끊는다. 이처럼 소망은 하나님을 믿는 성도나 믿지 않는 세상 사람들에게도 소중하다. 사도 바울이 "우리가 소망으로 구원을 얻었으매 보이는 소망이 소망이 아니니 보는 것을 누가 바라리요 만일 우리가 보지 못하는 것을 바라면 참음으로 기다릴지니라"(롬 8:24-25) 말씀했다. 이 말씀처럼 우리가 소망으로 구원을 받았으니, 보이지 않는 소망까지 바라보면서 참고 성령을 기다려야 한다. 특별히 현재 세상에서 고난을 당할지라도 소망을 주시는 성령님을 기다리자. 하나님께서 에스겔 선지자에게 "인자야 이 뼈들은 이스라엘 온 족속이라 그들이 이르기를 우리의 뼈들이 말랐고 우리의 소망이 없어졌으니 우리는 다 멸절되었다 하느니라"(:11) 말씀하셨다. 이스라엘 백성들이 하얀 뼈들처럼 말라 소망을 잃었다. 하지만 하나님께서 성령의 바람을 불어넣어서 이스라엘 백성들을 살리셨다. 우리도 소망의 성령을 충만히 받자.

4. 무덤을 부수는 성령

사람이 죽으면 시신을 처리하는 방법이 여러 가지가 있다. 죽은 시신을 강이나 바다에 던지는 수장(水葬)과 나뭇가지 위나 들판에 놓아두고 새나 짐승이 먹게 하는 풍장(風葬)과 땅에 묻는 매장(埋葬)이 있는가 하면 돌벽을 파서 간직하는 석장(石葬)이 있다. 일반적으로 수장이나 풍장은 자연환경을 해친다고 피하며, 보통 매장을 하지만, 중동지방에서는 돌무덤을 많이 했다. 예수님은 인간들의 죄악을 대신하여 십자가에서 죽었는데, 시신을 아리마대 요셉의 돌무덤에 안치하였다. 그런데 예수님께서 장례 후 사흘 만에 무덤을 부수고 부활하셨다. 하나님의 아들이신 예수님께서 스스로 무덤을 부수고 부활하실 수 있지만, 하나님께서 보내신 성령의 역사로 부활하신 걸로 믿는다. 이런 역사적인 사실을 오래전에 하나님께서 예언하셨다. "주 여호와께서 이같이 말씀하시기를 내 백성들아 내가 너희 무덤을 열고 너희로 거기에서 나오게 하고 이스라엘 땅으로 들어가게 하리라 내 백성들아 내가 너희 무덤을 열고 너희로 거기에서 나오게 한즉 너희는 내가 여호와인 줄을 알리라"(:12-13). 사람은 무덤을 열 수 없다. 만일 누가 무덤을 연다면 법에 저촉되어 처벌을 받는다. 그러나 하나님은 인간들을 구원하시기 위하여 예수님의 무덤을 부수고 부활하게 하셨다고 믿어라.

2026년 5월 31일, 삼위일체 주일

성 경	마태복음 28:16-20	예전색상	흰색

예배의 부름	"이는 물과 피로 임하신 이시니 곧 예수 그리스도시라 물로만 아니요 물과 피로 임하셨고 증언하는 이는 성령이시니 성령은 진리니라 증언하는 이가 셋이니 성령과 물과 피라 또한 이 셋은 합하여 하나이니라"(요일 5:6-8)
	성삼위 삼위일체의 신비로움을 통해 역사하시는 참 좋으신 하나님 아버지! 죄인을 구원하시기 위하여 은총을 베풀어주신 성삼위 하나님께 영광과 존귀와 찬양을 드립니다. 오늘 삼위일체 주일에 성자 예수님의 극진하신 사랑과 창조주이신 성부 하나님의 한량없으신 은혜와 저희와 동행하시면서 인도자가 되어주신 성령 하나님의 역사가 영과 진리로 예배하는 심령들에 가득하게 하옵소서. 저희 모든 형편을 아시는 성삼위 하나님께서 늘 보호해주실 것을 믿사옵고, 예수님의 이름으로 기원하옵나이다. 아멘

회개를 위하여	성부 하나님의 은혜와 성자 예수 그리스도의 사랑과 성령 하나님의 가르치심을 망각하고, 기도와 말씀과 섬김보다는 내 힘과 내 판단과 주변 사람들의 도움으로 만사를 해결하려는 어리석은 그가 나는 아닌지 성찰하고 회개하는 기도를 계속합니다.

고백의 기도	**성**부 하나님, 성자 하나님, 성령 하나님의 보호로 살게 하시는 성삼위 하나님! 삼위의 하나님께서 주시는 은혜에 합당한 삶을 살지 못하며 살아가는 저희에게 자비를 구하는 회개의 기도를 드릴 기회 주심을 감사드립니다. 분주한 삶 속에서 하늘 은혜와 성령님의 은사로 채움 받는 은혜의 길을 살지 못한 것을 불쌍히 여겨 주시옵소서. 성삼위 하나님께서 바라는 믿음의 길을 벗어나 세상의 헛된 것을 추구하며 살았던 어리석음을 용서하여 주옵소서. 나와 내 가정을 위해서 염려하면서 주의 몸 된 교회를 위하여 눈물을 흘리면서 기도하지 못한 저희입니다.
	이제 다음 한 주간을 살 때는 오늘 성삼위 하나님께서 여러 가지로 베풀어주시는 은혜와 말씀의 전신 갑주와 날선 검으로 저희를 실수로 몰고 가는 악의 세력을 물리치면서 살겠습니다. 아직도 묵은해의 허물과 죄악의 흔적을 씻어내지 못하고 있는 세상과 죄악의 흔적들이 오늘 들려주시는 말씀으로 깨끗함을 받겠습니다. 실패와 좌절과 낙심보다는 희망과 사랑만을 말하면서 살겠습니다. 언제나 주님 앞에서 '아멘'만 넘치게 하겠습니다. 저희의 죄를 회개하고 새롭게 살려고 하는 저희에게 성령 충만을 허락하시고 사죄의 말씀으로 거듭남을 회복시켜 주옵소서. 우리 주 예수 그리스도의 이름으로 기도합니다. 아멘

사함의 확인	"여호와께서 자기 백성의 상처를 싸매시며 그들의 맞은 자리를 고치시는 날에는 달빛은 햇빛 같겠고 햇빛은 일곱 배가 되어 일곱 날의 빛과 같으리라"(사 30:26)
성시교독	137. 삼위일체
설교 전 찬 송	38장 (예수 우리 왕이여) 182장 (강물 같이 흐르는 기쁨)
설교 후 찬 송	191장 (내가 매일 기쁘게) 337장 (내 모든 시험 무거운 짐을)

금주의 성가	주님만을 섬기리 – 김보훈 천사들의 영광노래 – Harry Rowe Shelly 여호와는 위대하다 – Joseph Haydn
목회기도	**삼**위일체이신 성부 하나님, 성자 하나님, 성령 하나님! 성삼위일체 주일에 주의 백성들이 주의 제단에 모여 신령과 진정으로 예배할 수 있도록 불러 주셨사오니 영광과 존귀를 받아 주옵소서. 오늘도 저희가 살아갈 빛과 소망의 눈을 열 수 있도록 말씀으로 채워 주시고 내일의 소망을 안고 살아갈 힘이 비축되는 감격의 예배가 되게 하여 주옵소서. 성삼위 하나님이시여, 이 예배에 임재하시어서 신령과 진정으로 예배드리는 주의 백성들에게 크신 은혜와 사랑으로 붙들어 주시옵소서. **방**황할 때마다 길이요 진리요 생명으로 인도하시는 성삼위 하나님이시여! 저희에게 굳센 믿음을 주시고, 두려움 없는 용기를 주옵소서. 상한 마음으로 안고 온 심령들이 있습니다. 원치 않는 병마로 고생하는 성도가 있습니다. 자신의 힘으로는 도저히 해결할 수 없는 여러 가지 문제의 골짜기에서 흘러내리는 눈물을 흘리는 성도가 있습니다. 감당할 수 없는 고난이지만, 오늘 바로 주시는 말씀에서 해결의 실마리를 보게 하옵소서. 우리 주 예수 그리스도의 이름으로 기도하옵나이다. 아멘
헌금을 위한 구성	"그러므로 너희도 영적인 것을 사모하는 자인즉 교회의 덕을 세우기 위하여 그것이 풍성하기를 구하라"(고전 14:12)
헌금기도	**저**희에게 성삼위일체 주일을 주시어서 하늘의 오묘한 신비를 깨달아 알 수 있게 해주신 하나님 아버지! 날마다 숨 쉬는 순간마다 저희에게 좋은 것을 주신 그 사랑을 생각에 감사하는 마음으로 빈손으로 오지 않고 예물을 드립니다. 적다고 탓하지 마시고 드리는 우리의 마음과 정성을 보시고 기쁘게 받아 주시옵소서. 날마다 감사를 잊지 않는 삶을 살아갈 결심의 예물도 드립니다. 감사로 드리는 자가 하나님을 영화롭게 하신다고 하였사오니 저희 입술에서 날마다 감사가 끊이지 않고, 그리 넉넉지 않을 때라도 늘 이웃을 돌아보는 마음을 가지게 하옵소서. **오**늘도 여러 가지 모습으로 드리는 예물이 있습니다. 비록 적은 것이지만 우리의 정성과 눈물이 있사오니 받아 열납하여 주시옵소서. 십일조의 예물이 있습니다. 선교 예물이 있습니다. 고통과 어려움 가운데서 감사할 제목들이 많아 드리는 감사의 예물이 있습니다. 아름다운 꽃으로 주의 제단을 장식한 아름다운 손길이 있습니다. 성미로 드리는 손길들도 기억해 주옵소서. 드리지 못하는 답답한 마음속에 주님 안에서 누리는 참 평안과 감동이 파도치듯 넘치게 하여 주옵소서. 드린 손길을 주님께서 어루만져 주시어서 그 손이 가는 곳마다 주님의 권능이 나타나는 기적을 보게 하여 주시옵소서. 예수님의 이름으로 기도하옵나이다. 아멘
위탁의 말씀	"내가 너희에게 분부한 모든 것을 가르쳐 지키게 하라 볼지어다 내가 세상 끝날까지 너희와 항상 함께 있으리라 하시니라" 성부와 성자와 성령은 삼위일체의 하나님이심을 믿고 믿음이 큰 자답게 살아가는 저와 여러분이 되어야 합니다.
축도	지금은 성부 · 성자 · 성령 삼위일체 하나님의 은총과 축복이 안에만 머물러있지 않고 밖을 향해, 세상을 향해 당당히 믿음으로 나아가 예수 그리스도에게만 구원이 있음을 깨닫고 그 분만을 섬기로 작정하고 돌아가는 백성들의 머리와 성도들이 경영하는 기업과 자녀들과 교회 위에 이제부터 영원토록 함께 계시옵기를 축원하옵나이다. 아멘

오늘의 설교를 위하여

오늘의 설교를 위한 복음적 조명 주제 : 삼위 하나님
제목 : 삼위일체 하나님의 이름 | 본문 : 마태복음 28:16-20

주제 : 성부와 성자와 성령은 삼위일체의 하나님이시다. 우리는 유일하신 하나님을 믿지만, 그 하나님의 사역은 창조주와 구속의 주님과 감화시키는 성령님을 공유한다. 그러므로 삼위일체 주일을 맞이서 우리는 성삼위 하나님을 잘 깨달아 아는 믿음을 공유해야 한다.

논지 : 인간의 지식으로는 알 수 없는 삼위일체의 하나님의 이름을 증언하자.
1. 아버지 하나님 이름
2. 아들 예수님의 이름
3. 영인 성령님의 이름
4. 삼위일체의 하나님

하나님의 이름은 단순한 칭호 이상으로 중요한 의미가 있다. 하나님의 이름은 인간의 발명품이 아니라 하나님에게서 기원했으며, 하나님의 계시에 근거한다. 하나님의 이름에 대한 존경은 십계명 가운데 하나로 적절하게 사용되었고, 하나님의 이름을 높이며 찬송하는 의도로 불러야만 했다. 이런 점은 주기도문에서 "하늘에 계신 우리 아버지여 이름이 거룩히 여김을 받으시오며"(마 6:9)에서도 나타났다. 대표적인 하나님의 이름은 '엘', '엘로힘', '엘로아', '엘 엘리온', '아도나이' 등이 있다. '엘'이라는 명사와 '엘리온'(높은)이라는 수식어가 합성되었다. '위로 올라간다'라는 의미의 '엘' 동사에서 '엘리온'이 되었다. 동격 문구인 하늘과 땅의 주재(창 14:19, 22)와 함께 쓰였다. 한편 '엘리온'은 숭고한 자, 곧 존귀와 예배의 대상으로서의 하나님의 매우 거룩하신 분임을 보여주는 이름이다. 또한 이 명칭 '엘 엘리온'은 높임을 받는 존칭이기에, 상대적으로 다른 것들은 낮은 것을 의미한다. 하나님의 신적인 권세와 능력이 '절대적'임을 강조하는 이름으로 사용되었다(민 24:16). 최고의 절대적으로 높으신 삼위일체 하나님의 이름은 그 어떤 세력도 범할 수 없으며, 대적할 수 없는 지극히 높임을 받으시는 강한 분이시므로 우리도 경배해야 한다.

1. 아버지 하나님 이름

성부 하나님과 성자 예수님과 성령님은 항상 '한 분(ONE)'이시다. 성부 하나님은 말씀으로 계시고, 성자 예수님은 육신을 입으시고 세상에 오셔서 우리를 죄악에서 구원하시고, 성령님은 비둘기와 같은 모습으로 임하셨다. 사람의 영과 혼과 육이 하나인 것처럼, 성부·성자 성령의 하나님도 하나이시다. 우리는 언제 어디서나 삼위일체 하나님과 함께하고 있다. 그래서 우리가 삼위일체 하나님과 동행하면 어떠한 일이 있어도 외롭지 않다. 특히 성부 하나님 아버지는 예수님과 동행하시며 위로하셨지만, 오늘날 우리에게도 하나님 아버지로 함께하시며 괴로울 때 힘을 주시고, 슬플 때 위로하신다. 또한 하나님 아버지의 이름은 언제 어디서나 그리고 영원히 우리를 지키시고 힘을 주신다. 다윗이 외로울 때 "나의 힘이신 여호와여 내가 주를 사랑하나이다"(시 18:1) 고백하였다. 하나님 아버지의 이름은 육신의 아버지보다 능력이 많으시고, 우리를 죄악에서 구원하신다. 우리가 자기의 힘으로 감당할 수 없는 어려운 일을 당할 때 육신의 아버지도 도우려고 하지만 사람이기에 불가능할 때 우주 만물을 창조하시고 인간의 생사화복을 주장하시는 하나님 아버지가 이름을 걸고 도와주신다. 그러므로 우리는 하나님 아버지의 이름을 거룩하게 하고 영원히 찬양해야 한다.

2. 아들 예수님의 이름

예수님은 하나님의 아들로 세상에 오셨다. 세상에 오신 예수님께서 "나는 세상의 빛이니"(요 8:12)라고 말씀하셨다. 우리는 빛이라고 부르는 예수님을 믿는다. 빛이 태양으로부터 나오든, 아니면 발광체로부터 나오든지 간에. 그러나 우리는 빛의 본질이나 그 빛이 흘러나오는 방식에 대해서는 이해하지 못한다. 빛은 어떻게 해서 8분 만에 목성에서 지구까지 오는가? 또 빛은 어떻게 해서 1초에 약 20만 마일을 가는가? 촛불은 어떻게 해서 방으로 들어와 구석구석에까지 퍼지는가? 빛은 오직 하나이다. 이것을 설명해 보라. 그러면 나도 삼위일체 하나님을 설명해 보겠다. 삼위일체 하나님에 대한 지식은 모든 진정한 기독교 신앙, 그리고 모든 생동력이 있는 종교와 밀접히 관계되어 있다(존 웨슬리). "예수께서 세례를 받으시고 곧 물에서 올라오실새 하늘이 열리고 하나님의 성령이 비둘기 같이 내려 자기 위에 임하심을 보시더니 하늘로부터 소리가 있어 말씀하시되 이는 내 사랑하는 아들이요 내 기뻐하는 자라 하시니라"(마 3:16-17). 하나님의 아들 예수님이 요단 강에서 세례를 받으실 때, 하나님께서 이는 내 사랑하는 아들이요, 내 기뻐하는 자라고 말씀하셨다. 하나님 아버지께서 아들을 사랑하셨기에 우리는 예수님의 이름으로 하나님 아버지께 기도하면 응답해 주신다.

3. 영인 성령님의 이름

하나님의 영이신 성령의 이름은 하나님께 정신과 마음을 갖게 하는 일을 한다. 성령의 이름에 의해서 영감을 받은 기도를 통해 우리를 하나님께 들어 올리는 동작으로 넘치게 되며 모든 명상을 떨어버리게 된다. 명상은 기도의 중요한 전제(前提)이기는 하지만 기도는 아니다. 기도란 내적인 행위를 하나님께 바치는 일일 뿐만 아니라 우리 자신을, 즉 우리의 인격과 우리의 모든 상황을 바치는 것이다. 성령의 이름이 행하는 일은 부유한 집에 입양된 양자(養子)에게 새집에서 어떻게 처신해야 할 것인가를 가르치는 숙달된 양육법에 비유되어서는 안 된다. 우리는 거리에서 데리고 와 우아한 식당의 연회 좌석에 앉혀진 부랑아처럼 적절한 식탁예절을 배우고 연습하는 데 많은 시간이 필요하다. 우리는 세상에 있었기에 진흙투성이의 발을 가지고 있으며, 더러운 죄악으로 타락하여 하나님과 너무 멀리 있다. 그런데 성령의 이름으로 예수 그리스도를 믿고 하나님의 자녀가 되었다. 성령의 이름은 우리의 행실을 고쳐 주는 가운데도 언제나 격려하고 있다. 성령의 이름은 결코 우리를 비난한다든지 결단코 심판하지 않으며 항상 생활을 고쳐 나가도록 우리를 독려하신다. 명상적 기도는 성령님의 이름에서 행하시는 교육이다. 따라서 우리는 성령의 이름으로 신앙생활을 해야 한다.

4. 삼위일체의 하나님

성부 하나님과 성자 예수님과 성령님은 항상 같이 계신다. 요단 강에서 예수님께서 세례를 받으실 때처럼 말이다. 성부 하나님은 말씀으로, 성자 예수님은 육신을 입으시고, 성령님은 비둘기와 같은 모습으로 임하셨다. 영과 혼과 육이 하나인 것처럼 성부·성자·성령의 하나님도 하나이시다. 우리는 언제 어디서나 그 삼위일체 하나님과 함께하시고 있다. 삼위일체의 하나님은 실재이시고, 알 수 없는 신비이시다. 우리는 그래서 삼위일체의 하나님을 믿는다. 죽음을 이기시고 부활하신 예수님께서 하늘로 승천하시기 전에 제자들에게 "하늘과 땅의 모든 권세를 내게 주셨으니 그러므로 너희는 가서 모든 민족을 제자로 삼아 아버지와 아들과 성령의 이름으로 세례를 베풀고 내가 너희에게 분부한 모든 것을 가르쳐 지키게 하라 볼지어다 내가 세상 끝날까지 너희와 항상 함께 있으리라"(:18-20) 말씀하셨다. 이 말씀 가운데 "아버지와 아들과 성령의 이름"이 있는데, 이는 바로 성부와 성자와 성령, 즉 삼위일체의 하나님이 기록되어 있다. 삼위일체의 하나님께서 성도들의 심령과 가정과 생업에 하늘의 문이 열려서 축복하시기를 바란다. 그뿐만 아니라 하나님의 사랑을 받고 주님의 기쁨이 되시는 성도가 되시기를 바란다. 성도들의 가정이 하늘의 신령한 은혜를 넘치게 받기를 바란다.

6월의 예배와 설교를 위하여

일	요일		본문	설교제목	기타(예화, 참고자료)
3	수				
7	주일	낮			
		밤			
10	수				
14	주일	낮			
		밤			
17	수				
21	주일	낮			
		밤			
24	수				
28	주일	낮			
		밤			

2026년 6월 7일, 오순절 후 2번째 주일 / 목회자 주일

성 경	로마서 5:5-8	예전색상	초록색

예배의 부름	"나는 선한 목자라 선한 목자는 양들을 위하여 목숨을 버리거니와 삯꾼은 목자가 아니요 양도 제 양이 아니라 이리가 오는 것을 보면 양을 버리고 달아나나니 이리가 양을 물어 가고 또 헤치느니라"(요 10:11-12)
	교회를 세워주시고 선한 목자로 우리를 구원의 길로 인도해 주시는 하나님 아버지! 십자가 보혈의 터에 ○○년 전에 ○○교회를 세워 주시고 목회자를 보내주셔서 하나님의 말씀으로 쉴만한 물가와 생명강가로 인도하심을 감사드립니다. 오늘 목회자 주일에 저희 모두가 목회자를 통해서 주시는 하나님의 말씀대로 살도록 인도하여 주시옵소서. 목회자를 통해서 우리의 영혼이 거듭나게 하시고 말씀의 푸른 초장에서 쉼을 얻게 하옵소서. 예수님의 이름으로 기원하옵나이다. 아멘
회개를 위하여	2026년 한 해를 시작하던 날, 우리는 하나님 앞에 말씀대로 성령님의 인도를 따라 살겠다고 다짐했지만 6개월이 지난 지금 우리 안에 죄악의 뿌리, 쾌락의 뿌리가 남아 괴롭힘을 당하고 사는 어리석은 그가 나는 아닌지 주님과 나만이 알고 있는 마음을 성찰하고 회개하는 기도를 계속합니다.
고백의 기도	**고**백하는 모든 죄악과 허물을 용서하시고 싱싱한 하늘 생기를 넣어 주시는 하나님 아버지! 우리가 살아온 6개월 동안의 잘못을 성찰할 수 있는 시간을 허락해 주심을 감사드립니다. 벌써 새해를 시작한 지 6개월이 지났습니다. 지금 생각해보면 저희가 두려워해야 할 것은 가난도 아니요, 궁핍함도 아닙니다. 세상과 짝하여 살면서 하나님이 원치 않는 것을 얻고 누리려고 큰 노력을 기울인 지난날들의 부끄러움입니다. 용서하여 주옵소서. 답답한 마음, 딱한 마음, 그렇게는 절대 살 수 없음을 고백하오니 불쌍히 여겨 주시옵소서. 이 시간 회개의 눈물을 흘립니다. "제 탓입니다"라고 회개의 가슴을 치며 부르짖습니다. **이**제 남은 6개월 동안에는 다른 사람에 대한 적대심을 성령의 은혜로 불태우겠습니다. 절제하지 못한 분노 때문에 감정의 노예가 되어 하나님의 성품을 훼손시키지 않겠습니다. 예수님을 의지하지 않고는 저희 안에 깊이 뿌리 내린 악을 도저히 이길 수 없음을 알고 저희의 속 사람을 강건하게 하여 생각과 말과 행동이 주님을 닮아갈 수 있도록 노력하겠습니다. 맡겨진 직분을 감당하면서 성취하고 열매를 맺어 하나님께 영광 돌리는 삶을 살겠다고 다짐하는 저희 위에 용서와 사죄의 말씀과 함께 은혜 넘치는 예배가 되게 하여 주시옵소서. 우리를 구원해주신 예수 그리스도의 이름으로 기도하옵나이다.
사함의 확인	"내가 그들을 내게 범한 그 모든 죄악에서 정하게 하며 그들이 내게 범하며 행한 모든 죄악을 사할 것이라"(렘 33:8)
성시교독	13. 시편 23편
설교 전 찬 송	195장 (성령이여 우리 찬송 부를 때) 569장 (선한 목자 되신 우리 주)
설교 후 찬 송	595장 (나 맡은 본분은) 380장 (나의 생명 되신 주)

금주의 성가	하나님은 사랑이시라 - Harry Rowe Shelley 주님의 사랑 - 김보훈 내가 주를 찬양하리 - Bill Pursell
목회기도	**하**늘 사랑으로 주의 백성들을 은혜의 보좌로 불러 주시는 하나님 아버지! 세상에서 죄악과 더불어 살면서 믿음의 생기를 잃어버린 저희를 불러 회개할 기회 주시고 정결한 마음으로 예배드리게 하심을 감사드립니다. 믿음으로 의롭게 되었으나 생각과 말과 행동이 의롭지 못하게 살아온 한 주간을 용서하여 주옵소서. 육신의 만족을 채우기 위해서 흘린 땀과 물질로 천국을 알리고 섬김의 징검다리로 사용할 의지를 더하여 주옵소서. 복음을 증거해야 할 때 입도 뻥끗 못 하는 얼간이가 되지 않게 깨우쳐 주옵소서. **저**희에게 항상 가장 좋은 것으로 베풀어 주시는 하나님! 우리 교회 여러 단체가 하나님 나라 확장을 위해서 여러 가지 모양으로 헌신하는 손과 발과 마음들을 기억하여 주옵소서. 충성하는 영혼들이 안고 있는 문제가 해결되고 앓던 병마도 치유되는 기쁨을 더하여 주옵소서. 이 나라와 민족에게 통일의 소망에 감격하여 감사하는 찬송이 산천초목과 함께 온 누리를 채우게 하옵소서. 다음 한 주간을 살 때 허황한 생각은 버리고 주님을 만난 처음 사랑의 감동으로 용감하게 사랑을 전하게 하옵소서. 우리 주 예수 그리스도의 이름으로 기도하옵나이다. 아멘
헌금을 위한 성구	"네 재물과 네 소산물의 처음 익은 열매로 여호와를 공경하라 그리하면 네 창고가 가득히 차고 네 포도즙 틀에 새 포도즙이 넘치리라"(잠 3:9-10)
헌금기도	**교**회와 주의 종들을 통해서 구속의 은혜를 맛보게 하시는 하나님 아버지! 지금까지 건강하게 지켜 주시고, 일할 수 있는 직장 주시고, 의식주를 넉넉하게 공급하여 주심을 감사하는 마음으로 우리에게 주신 물질의 일부를 거룩하게 구별하여 바치오니 기쁨으로 받아 주시옵소서. 이 예물은 부름을 받은 주님의 자녀들이 주님을 위하여 드리는 것입니다. 은총을 베풀어 주셔서 하나님을 두려워할 줄 알며, 사람을 사랑할 줄 알며, 화해와 조화를 이뤄가면서도 하나님의 말씀에 굳게 서는 요셉과 같은 신앙인이 되게 하옵소서. **십**일조와 감사의 이름으로 선교 헌금과 소원하는 이름으로 드립니다. 이 모든 저희의 눈물 섞인 희생들이 죄악과 어둠의 세력이 물러가게 하는 하나님의 거룩한 뜻으로 이 땅에 실현되는 도구가 되게 하옵소서. 주님이 주신 것임을 알고 있으면서도 사용할 때는 주님의 뜻보다는 오히려 저희 마음대로 사용하였던 죄가 깨끗이 씻어지게 하옵소서. 이제부터라도 물질을 사용할 때 내 생각과 나의 뜻대로 쓰기보다는 먼저 주님의 뜻을 구하는 생활을 살도록 노력하겠다는 다짐을 보시고 위로하여 주시고 물질이 차고 넘치는 기쁨이 있게 하여 주옵소서. 예수님의 이름으로 기도합니다. 아멘
위탁의 말씀	"그리스도께서 우리를 위하여 죽으심으로 하나님께서 우리에 대한 자기의 사랑을 확증하셨느니라" 의인과 선인을 위해서 죽는 사람이 세상에서는 쉽지 않지만, 우리 주님은 죄인을 위하여 죽는 사랑을 본받아 우리도 가족과 공동체를 위해서 내가 죽은 사랑의 순교자 정신으로 한 주간을 살아봅시다.
축도	지금은 우리의 길과 진리와 생명이 되시는 예수 그리스도의 은혜와 그의 독생자를 보내어 우리의 죄를 속량하여 영생으로 옮겨 주신 하나님 아버지의 사랑하심과 성령의 감동과 감화하심이 목회자 주일 예배를 드리고 돌아가는 하나님의 백성들 위에 항상 함께해 주시기를 간절히 축원하옵나이다. 아멘

오늘의 설교를 위하여

오늘의 설교를 위한 복음적 조명 주제 : 주님의 사랑
제목 : 죄인을 위한 주님의 사랑 | 본문 : 로마서 5:5-8

주제 : 하나님께서는 죄인에게도 성령으로 주님 죽으심이 사랑 때문이라고 알려주신다. 의인과 선인을 위해서 죽는 사람이 세상에서도 쉽지 않은 일이다. 성령을 받으면 주님은 죄인을 위하여 죽는 사랑을 알게 해 주신다.

논지 : 주님께서 죄인들을 위하여 죽은 사랑의 가치를 복음적으로 전파하자.
   1. 성령을 통한 하나님 사랑
   2. 경건하지 않은 자를 사랑
   3. 의인과 선인을 위한 사랑
   4. 죄인을 위한 주님의 사랑

　성서에서 호세아는 사랑의 극치를 보여주었다. 호세아는 선지자다. 하지만 하나님의 지시로 윤락녀, 고멜을 아내로 맞았다. 호세아의 가정은 순탄치 않았다. 빈번한 아내의 가출로 가슴에 상처를 입었다. 그러나 그녀를 용서하고 다시 맞아들였다. 수없는 사랑의 배신에도 호세아의 사랑은 끝이 없었다. 용서하고 또 용서했다. 하나님께서 죄인인 사람을 사랑하듯이 끊임없이 사랑했다. 호세아 선지자가 보인 사랑의 중심은 하나님이다. 하나님의 사랑을 알아야 한다. 그래서 호세아 선지자는 하나님의 사랑을 알게 하려고 이렇게 "오라 우리가 여호와께로 돌아가자 여호와께서 우리를 찢으셨으나 도로 낫게 하실 것이요 우리를 치셨으나 싸매어 주실 것임이라 여호와께서 이틀 후에 우리를 살리시며 셋째 날에 우리를 일으키시리니 우리가 그의 앞에서 살리라 그러므로 우리가 여호와를 알자 힘써 여호와를 알자 그의 나타나심은 새벽 빛 같이 어김없나니 비와 같이, 땅을 적시는 늦은 비와 같이 우리에게 임하시리라 하니라"(호 6:1-3) 말씀했다. 하나님의 사랑을 알아야 한다. 사랑을 실천해야 한다. 하나님은 사랑이시다. 하나님이 영원하듯이 사랑도 끝이 없고 영원하다. 영원한 가치를 가지고 있는 하나님의 사랑을 알기 위해서 얼마만큼의 노력을 소비하는가가 우리에게 중요하다.

1. 성령을 통한 하나님 사랑

　성경 66권에 있는 1,189장과 31,102절을 압축해서 단 한 절로 요약한다면 요한복음 3장 16절이다. 이 말씀을 우리에게 자세히 알게 하려고 여러 가지 말씀으로 펼쳐서 설명한 것이 성경 66권이다. 성경에 기록된 모든 말씀이 우리에게 생명의 양식이지만, 그 가운데에서 오직 한 절만 뽑으라고 하면 그것은 단연 요한복음 3장 16절 말씀이다. 우리 다 같이 이 귀한 말씀을 큰 소리로 읽어보자. "하나님이 세상을 이처럼 사랑하사 독생자를 주셨으니 이는 그를 믿는 자마다 멸망하지 않고 영생을 얻게 하려 하심이라"(요 3:16). 아멘. 그런데 이 말씀으로 겉으로 아무리 많이 읽어도 성령으로 감화를 받지 못하면 신문을 읽는 일과 아무런 차이가 없다. 우리는 오직 성령의 역사로 하나님의 사랑을 깨달아야 한다. 우리는 하나님과 사람들 앞에 죄인인 것을 깨닫고 인정해야 한다. 우리는 구원을 받아야만 한다. 아니 우리가 구원받지 못하면 소망이 없다. 구원받으려면 예수님을 믿어야 한다. 예수님을 믿으려면 하나님의 사랑을 깨닫고 알아야 한다. 하나님의 사랑을 깨닫고 알았으면 하나님의 사랑을 실천해야 한다. 하나님의 사랑을 실천하려면 성령을 충만히 받아야 가능하다. 성령으로 하나님의 사랑을 깨닫는 비결을 배우고 실천하도록 기도하는 성도가 되시기를 바란다.

2. 경건하지 않은 자를 사랑

사도 바울이 "그런즉 믿음 소망 사랑 이 세 가지는 항상 있을 것인데 그 중의 제일은 사랑이라"(고전 13:13) 말씀했다. 믿음으로 구원을 받고, 소망으로 천국을 바라보며, 사랑으로 하나님과 이웃을 모시는데, 이는 경건하지 않은 우리를 사랑하신 하나님의 은혜임을 알아야 한다. 사도 바울이 본문에서 "소망이 우리를 부끄럽게 하지 아니함은 우리에게 주신 성령으로 말미암아 하나님의 사랑이 우리 마음에 부은 바 됨이니 우리가 아직 연약할 때에 기약대로 그리스도께서 경건하지 않은 자를 위하여 죽으셨도다"(:5-6) 말씀했다. 우리는 이미 죄인으로 죽어서 지옥에 갈 수밖에 없었는데 성령으로 말미암아 하나님의 사랑이 우리에게 소망을 주었다. 이 소망으로 하나님의 사랑이 우리의 마음에 부어져서 우리가 연약할 때 약속하신 주님 예수 그리스도께서 경건하지 않은 우리를 대신하여 십자가에서 운명하셨다. 서론에서 언급한 대로 호세아 선지자가 윤락녀를 사랑한 일처럼 우리는 영적으로 간음죄를 짓고 타락했는데 예수님은 그따위를 생각하지 않으시고 사랑으로 무조건 용서하셨다. 가만히 들어 온 이단자, 경건하지 않은 사람들, 하나님의 은혜를 색욕으로 바꾸는 사람들, 예수 그리스도를 부인하는 사람들, 하나님의 권위를 업신여기는 사람들을 예수님께서 사랑하셨다.

3. 의인과 선인을 위한 사랑

하나님의 사랑과 인간의 사랑은 질적으로 다르다. 하나님의 사랑은 아가페의 사랑으로 아무런 대가를 바라지 않고 주지만, 인간의 사랑은 계산적이거나 한계가 있다. 하나님의 사랑은 독생자 예수 그리스도를 세상에 보내시어 죄인들을 대신하여 십자가에서 죽게 하기까지 한 사랑이고 한계가 없다. 하나님은 아무리 흉악한 죄를 지은 사람이라도 무조건 용서하는 사랑이다. 사도 바울이 "의인을 위하여 죽는 자가 쉽지 않고 선인을 위하여 용감히 죽는 자가 혹 있거니와"(:7)라고 말씀했다. 의인은 정의를 추구하는 사람이다. 그러나 항상 정의만 외치면서 동정이 없는 사람은 시민들에게 존경을 받지 못한다. 선인은 정의를 뛰어넘어 측은지심을 가진 사람이다. 유교에서는 사랑이 무엇이냐고 물을 때 "측은지심(惻隱之心)"이라고 말한다. 불쌍히 여기는 마음이라는 뜻이다. 불쌍히 여기는 마음은 상대방의 마음을 동감할 때 생긴다. 말하는 게 사랑이 아니라 경청하는 게 사랑이다. 상담자가 찾아오는 사람의 말을 들어 주는 것이 최고의 상담이라고 말한다. 듣는 것은 경청하는 것이고, 경청하는 것은 공감하려는 것이고, 공감하는 것은 사랑하려는 태도로, 하나님의 사랑이다.

4. 죄인을 위한 주님의 사랑

사도 바울이 "우리가 아직 죄인 되었을 때에 그리스도께서 우리를 위하여 죽으심으로 하나님께서 우리에 대한 자기의 사랑을 확증하셨느니라"(:8) 말씀했다. 우리가 주님을 사랑한 것이 아니라 주님께서 먼저 우리를 사랑하셨다. 주님의 사랑이 끌어드리는 성령의 힘으로 우리 영혼을 휘감아서 불러주시는 것이다. 그래서 우리는 주님께서 발하신 은혜와 사랑의 향기에 취해 주님 곁으로 오게 되었다. 처음에는 자기가 결단해서 주일성수와 십일조 예물이나 봉사를 하는 것처럼 생각한다. 그렇지만 믿음이 성숙해지면 그것이 내 선택이 아니라 주님의 사랑이 은혜의 끌림으로 이루어졌음을 고백하지 않을 수 없다. 주님의 사랑은 향기로운 꽃과 같다. 주님은 백합화와 같은 사랑의 향기를 발하여 오늘도 성도들을 하나하나 이끌어드린 걸로 믿으시기를 바란다. 우리는 분명히 죄인들이다. 죄인들은 주님의 사랑을 받을 자격이 없지만, 주님께서 십자가의 사랑으로 용납하셨으니 감사한 마음으로 섬겨야 한다. 그러나 반대로 자신이 먼저 주님을 사랑했다고 생각하는 사람들이 있다. 주님의 사랑과 은혜보다 자기주장, 자기 주도, 자기결정, 자기 의지를 앞세운다. 그래서 주님의 사랑이 아닌, 자기의 바벨탑을 쌓고 공로를 앞세운다. 이런 사람은 주님의 사랑을 배신한 불신자이다.

	2026년 6월 14일, 오순절 후 3번째 주일
성 경	고린도후서 4:13-5:1　　예전색상　　초록색
예배의 부름	"내가 여호와를 항상 송축함이여 내 입술로 항상 주를 찬양하리이다 내 영혼이 여호와를 자랑하리니 곤고한 자들이 이를 듣고 기뻐하리로다"(시 34:1-2) 언제나 말씀으로 저희의 심령을 깨우치시고 믿음을 더하여 주시는 하나님 아버지! 지난 한 주간에도 세상에서 만유 위에 계시고 만유를 통일하시고 만유 가운데 계신 여호와 하나님의 백성이요 기르시는 양으로 살게 하심을 감사드립니다. 거룩한 주일 아침 오늘 주시는 말씀으로 은혜를 충만하게 받고 건강의 복과 정결한 마음을 허락하여 주옵소서. 문제를 안고 온 성도들의 기도에 응답해 주시어서 해결의 감동을 안고 가게 하옵소서. 예수님의 이름으로 기원하옵나이다. 아멘
회개를 위하여	눈에 보이지 않는 작은 병균 하나가 만물의 영장이라는 우리 몸을 상하게 만듭니다. 작은 죄가 하나님과 멀어지게 합니다. 고통의 원인이 됩니다. 기도와 찬송과 말씀을 우리에게서 멀어지게 하는 죄목들을 성찰하고 회개하는 기도를 계속합니다.
고백의 기도	보잘것없는 죄인을 구원 성업의 동역자로 삼아 주신 좋으신 하나님 아버지! 거룩한 날, 죄인을 불러 생명수와 말씀의 푸른 초장인 교회에 나와 회개의 기도를 드릴 기회 주심을 감사드립니다. 하나님의 성품을 입었던 모습은 온데간데없이 사라지고 영성은 메말라가고 영적인 감각이 무디어지는 저희를 불쌍히 여겨 주시옵소서. 지난 한 주간에도 이웃에게 상처를 주고 사랑하는 가족을 위해 기도하지 못했습니다. 잠깐 주는 세상의 기쁨이 알고 보니 작은 신기루였고 저희를 속박하는 올가미였다는 것을 인정합니다. 찰거머리처럼 저희 곁을 떠날 줄 모르고 괴롭히는 죄의 올가미를 끊어내지 못한 죄를 불쌍히 여겨 주옵소서. 이제 한 주간 섬김을 받기보다는 내가 먼저 손을 내밀고 내가 가진 것으로 남을 섬기는 자로 살아보려고 노력하겠습니다. 주신 은혜 가슴에 안고 환경이 주는 위험을 극복하며 승리하여 주의 영광 나타내는 삶을 살겠습니다. 저희 가정과 나 자신의 안일함만을 위해 살았던 지난날을 청산하겠습니다. 주님께서 명하신 선교를 위해 헌신하는 마음으로 작은 것으로나마 보내는 선교사가 되어 보겠습니다. 혹시 허물과 죄를 지었을 때도 주님으로부터 도망치기보다는 주의 발 앞에 무릎 꿇고 자복하고 회개하여 용서받고 새로운 삶을 살기를 다짐하는 저희 위에 사죄의 말씀을 선포하여 주옵소서. 예수님 이름으로 기도하옵나이다. 아멘
사함의 확인	"주께서 우리에게 영원히 노하시며 대대에 진노하시겠나이까 주께서 우리를 다시 살리사 주의 백성이 주를 기뻐하도록 하지 아니하시겠나이까 여호와여 주의 인자하심을 우리에게 보이시며 주의 구원을 우리에게 주소서"(시 85:5-7)
성시교독	3. 시편 4편
설교 전 찬 송	26장 (구세주를 아는 이들) 428장 (내 영혼에 햇빛 비치니)
설교 후 찬 송	508장 (우리가 지금은 나그네 되어도) 183장 (빈 들에 마른 풀같이)

금주의 성 가	불같은 성령 – Arr. by Tom Ferrke 물이 바다 덮음 같이 – 고형원 기쁨의 찬송 – S. Porterfield
목 회 기 도	**상**한 영혼을 치료하시고 절망하는 심령을 위로해주시는 하나님 아버지! 급변하는 세상의 격랑 속에서 믿음이 좌초당하지 않고 견딜 힘을 주신 것을 감사드립니다. 지난 한 주간에도 저희의 출입을 지켜주시고 필요한 은혜를 주셨지만, 말씀대로 살지 못한 잘못을 용서하여 주옵소서. 하나님 나라의 증거자가 되고자 다짐하오니 감당하기에 부족함이 없는 힘을 주옵소서. 담대히 나아가 어둠의 세력과 당당히 맞서 싸워 이길 수 있는 복음의 특공대원처럼 살게 하옵소서. 주님과 함께할 때 승리는 우리 것이 됨을 믿게 하옵소서. **한**결같은 사랑과 신실함으로 성도들을 천국 길로 인도해 주시는 주님! 이 교회에 허락하신 여러 기관에 속한 저희가 충성스러운 일꾼으로 살 것을 다짐합니다. 물질로 섬길 수 없다면 건강한 몸으로 봉사하는 일꾼이 되겠습니다. 기도하고 말씀으로 무장된 저희가 가는 곳마다 정의가 강물처럼 흐르게 하는 물고랑이 되고, 교회가 새롭게 빛을 발하는 사랑의 발광체 구실을 하게 하옵소서. 성도 서로가 사랑을 나누고 고통과 기쁨과 슬픔을 나누면서 닮아가는 감동이 있게 하옵소서. 예수 그리스도의 이름으로 기도드립니다. 아멘
헌금을 위한 성 구	"그러므로 너희도 영적인 것을 사모하는 자인즉 교회의 덕을 세우기 위하여 그것이 풍성하기를 구하라"(고전 14:12)
헌 금 기 도	**믿**음과 희망과 사랑으로 성도들을 기쁘게 하시는 하나님 아버지! 초대교회 성도들이 성령을 받고 참된 신앙의 공동체를 이루었던 것처럼 서로 교제하기를 힘쓰며 나누는 사랑을 실천하는 일에 힘쓰는 성도들이 되기를 간절히 원하며 이 예물을 바칩니다. 세상의 어떤 것보다도 교회 공동체에서 이루는 일들이 귀한 것임을 이 시간 깨닫게 하여 주옵소서. 물질로 세상에서 기죽지 않고 살게 하심을 감사하며 십일조를 드리는 손길이 있습니다. 감사 예물을 드립니다. 드리는 손길 위에 축복하사 허물어진 곳을 재건하는 축복을 주옵소서. **주**일 헌금을 드립니다. 구역 헌금과 성미도 드립니다. 어린 자녀들이 드린 예물도 있습니다. 자녀들의 건강을 지켜주시고 하나님께서 기뻐하시는 믿음과 지혜로 양육되게 하옵소서. 다음 한 주간에는 받은 복을 더 받으려고 노력하기보다는 받은 것을 나누어 줄 수 있는 사랑을 실천하는 감동을 살게 하옵소서. 이 예물이 쓰일 때 주님의 능력이 나타나게 하시고, 남아 있는 주님의 것을 잘 관리하여 백 배의 이익으로 주님께 보답하는 쓰임이 될 수 있도록 한없는 지혜와 놀라운 물질 관리의 복을 내려 주옵소서. 우리 주 예수님의 이름으로 기도드립니다. 아멘
위탁의 말 씀	"감사로 말미암아 은혜가 더하여 넘쳐서 하나님께 영광을 돌리게 하려 함이라" 우리는 현재를 살다가 죽은 후에 '영원한 나라', 곧 천국에 간다는 믿음으로 세상에 너무 집착하지 않고 살아가는 믿음의 대장부처럼 한 주간을 살아보시기 바랍니다.
축 도	지금은 신앙과 생활의 모범이 되신 예수 그리스도의 은혜와 인간의 행복을 위하여 규례와 법도를 허락하신 하나님의 극진하신 사랑과 말씀에 대한 깨달음과 실천할 수 있는 능력을 부여하시는 성령님의 감동·감화하심이 예배를 드리고 구원의 기쁨을 얻어 삶의 예배자로 나아가는 모든 심령들에게 영원토록 함께하시기를 간절히 축원하옵나이다. 아멘

오늘의 설교를 위하여

오늘의 설교를 위한 복음적 조명 주제 : 영원한 나라

제목 : 죽음 후에 가는 나라 l 본문 : 고린도후서 4:13-5:1

주제 : 하늘나라의 현주소는 시간과 공간을 초월해 영원히 존재한다. 우리가 현재를 살다가 죽은 후에 '영원한 나라', 곧 천국에 간다. 그러므로 현재를 살아가면서 신앙생활이 힘들고 어려울지라도 성령을 충만히 받아서 극복할 수 있는 신앙을 가져야 한다.

논지 : 하늘나라는 시간과 공간을 초월하여 성도의 마음속에 있다는 사실을 증언하자.
1. 믿음 후에 소유하는 나라
2. 성도를 위해 준비된 나라
3. 보이지 않는 영원한 나라
4. 하늘에 있는 영원한 나라

'시간의 개념'은 인간들의 편의에 따라서 만들었다는 주장이 있다. 모든 학자가 그 개념에 전적으로 동의하지는 않지만, 신학적으로는 일리가 있다. 하나님은 시간에 얽매이시지 않고 영원히 존재하신다. 그런데 인간이 하나님께서 주신 시간을 과거와 현재와 미래로 나누어서 사용할 뿐이다. 인간은 과거라는 지나간 시간을 돌이켜 반성해야 하며, 현재는 과거를 거울 삼아 바르게 생활해야 하며, 미래에 장차 올 시간, 즉 영원한 하늘나라를 소망하면서 믿음으로 살아야 한다. 하늘나라는 현재와 미래를 공유하는 영원한 것이다. 지금 여기서(here and now) 우리가 하나님을 믿고 영접하면 마음의 평화와 함께 현재의 하늘나라를 누릴 수 있다. 그리고 예수님을 성실히 잘 믿다가 죽으면 영원히 사는 하늘나라에 갈 수 있다. 바리새인들이 예수님에게 "하나님의 나라가 어느 때에 임하나이까"라고 물었다. 예수님께서 "하나님의 나라는 볼 수 있게 임하는 것이 아니요 또 여기 있다 저기 있다고도 못하리니 하나님의 나라는 너희 안에 있느니라"(눅 17:20-21) 말씀하셨다. 우리는 이 말씀에서 현재로부터 영원을 잇는 하늘나라를 발견할 수 있다. 오늘, 즉 현재에 고난이 있을지라도 믿음으로 '보이지 않는 천국'을 바라고 승리의 삶을 살아서 언제든지 천국에 가는 성도들이 되도록 하자.

1. 믿음 후에 소유하는 나라

우리가 어떻게 하늘나라에 갈 수 있는가? 답변은 간단하다. 하나님의 아들이신 예수님을 믿어야 한다. 그 내용을 사도 요한이 "영접하는 자 곧 그 이름을 믿는 자들에게는 하나님의 자녀가 되는 권세를 주셨으니 이는 혈통으로나 육정으로나 사람의 뜻으로 나지 아니하고 오직 하나님께로부터 난 자들이니라 말씀이 육신이 되어 우리 가운데 거하시매 우리가 그의 영광을 보니 아버지의 독생자의 영광이요 은혜와 진리가 충만하더라"(요 1:12-14) 말씀했다. 예수님을 영접하면 주님과 하나가 된다. 우리가 주님과 하나가 되면 하나님의 자녀가 된다. 하나님의 자녀가 되는 것은 혈통이나 육정이나 사람의 의지로 되는 것이 아니다. 다른 말로 하면 부모가 잘 믿는다고 자식이 하늘나라에 가는 것이 아니고, 육체적인 욕망이나 정욕으로 하늘나라에 가는 것도 아니다. 그리고 사람의 의지로 구원받고 하늘나라에 갈 수 없다. 오직 하나님에게서 난 자, 즉 예수님을 믿어서 은혜와 진리를 충만하게 체험한 자만이 천국에 갈 수 있다. 사도 바울은 "우리가 같은 믿음의 마음을 가졌으니 우리도 믿었으므로 또한 말하노라 주 예수를 다시 살리신 이가 예수와 함께 우리도 다시 살리사 너희와 함께 그 앞에 서게 하실 줄을 아노라"(:13-14) 말씀했다. 하늘나라는 믿음으로 소유한다.

2. 성도를 위해 준비된 나라

바리새인들은 다른 민족은 하늘나라에 들어갈 수 없고 유대인들만 들어갈 수 있다고 주장했다. 그러면서도 예수님을 믿으려고 하지 않았다. 예수님은 그러한 바리새인들을 깨우치시기 위해 잔치에 대한 비유를 말씀하셨다. "이르시되 어떤 사람이 큰 잔치를 베풀고 많은 사람을 청하였더니"(눅 14:16). 하늘나라는 마치 잔칫집과 같이 즐거운 곳이지만 아무나 잔치에 참여할 수 없고 반드시 주인의 초대를 받아야만 참석할 수 있다. 그런데 하나님은 유대인들에게 잔치에 참여하도록 수많은 선지자를 보내어 초대하였지만, 그들은 번번이 거절하였다. 잔치의 초대에 거절한 사람들은 밭을 샀으매 나가 보아야 한다는 사람과 소를 샀으매 시험해야 한다는 사람과 장가를 들었으니 가지 못하겠다는 사람들이었다(눅 14:18-20). 여기서 잔치가 준비되었다는 말씀은 예수님께서 세상에 오신 때를 가리킨다. 하늘나라 잔치의 주인이신 예수님께서 세상에 오셨을 때 유대인들은 거절하였다. 그러나 준비된 잔치를 위해서 주인은 다시 종들을 재촉하여 거리와 골목으로 보내어 잔치에 참여할 자격이 갖추어지지 않은 사람들을 초대하였다. 사도 바울은 천국은 "모든 것이 너희를 위함이니 많은 사람의 감사로 말미암아 은혜가 더하여 넘쳐서 하나님께 영광을 돌리게 하려 함이라"(:15) 말씀했다.

3. 보이지 않는 영원한 나라

하늘나라는 현재이며 미래이지만 사람의 눈에는 보이지 않는다. 하늘나라는 보이는 나라가 아니고 보이지 않는 나라이다. "우리가 주목하는 것은 보이는 것이 아니요 보이지 않는 것이니 보이는 것은 잠깐이요 보이지 않는 것은 영원함이라"(:18). 보이는 실체는 보이지 않는 것의 그림자이다. 모세가 지은 장막, 곧 성전은 보이지 않는 하나님 장막의 그림자이다. 모세가 "내가 그들 중에 거할 성소를 그들이 나를 위하여 짓되 무릇 내가 네게 보이는 모양대로 장막을 짓고 기구들도 그 모양을 따라 지을지니라"(출 25:8-9) 하신 말씀과 같은 의미이다. 모세로 말미암아 이집트의 종에서 해방된 이스라엘 백성 가운데 거하시겠다고 하신 성소는 참 것의 그림자인 성소이었음이 분명하다. 사도 바울은 "없어질 것도 영광으로 말미암았은즉 길이 있을 것은 더욱 영광 가운데 있느니라"(고후 3:11)라고 하신 증거의 말씀과 같은 뜻이다. 히브리서 기자는 "그리스도께서는 참 것의 그림자인 손으로 만든 성소에 들어가지 아니하시고 바로 그 하늘에 들어가사 이제 우리를 위하여 하나님 앞에 나타나시고"(히 9:24)라고 말씀했다. 하늘나라는 하나님의 뜻을 따라 예수 그리스도 안에서 벌써 하늘에서 이루어졌다. 그러므로 우리는 믿음으로 보이지 않는 하늘나라를 이미 소유하고 있다.

4. 하늘에 있는 영원한 나라

우리는 땅에 있는 나라, 즉 대한민국의 국민이다. 하지만 언제까지 영원토록 세상 나라에 살 수 없다. 교통사고로 죽을 수 있으며, 질병으로 고생하다가 죽기도 하고, 오랫동안 장수할지라도 언젠가는 세상을 떠나게 된다. 하지만 살아계신 하나님과 우리의 구주이신 예수님을 믿으면 하늘에 있는 영원한 나라에 들어가게 된다. 그래서 베드로 사도는 우리를 향하여 "너희는 택하신 족속이요 왕 같은 제사장들이요 거룩한 나라요 그의 소유가 된 백성이니 이는 너희를 어두운 데서 불러 내어 그의 기이한 빛에 들어가게 하신 이의 아름다운 덕을 선포하게 하려 하심이라"(벧전 2:9) 말씀했다. 이 말씀은 우리는 특별한 백성이요, 하나님께서 귀히 쓰실 그릇이라는 뜻이다. 따라서 우리는 하나님의 나라와 그의 의를 위하여 쓰임받도록 신앙생활을 해야 한다. 사도 바울이 "만일 땅에 있는 우리의 장막 집이 무너지면 하나님께서 지으신 집 곧 손으로 지은 것이 아니요 하늘에 있는 영원한 집이 우리에게 있는 줄 아느니라"(5:1)라고 말씀했다. 이 말씀에서 "땅에 있는 우리의 장막 집"은 세상에 있는 나라이고, "하나님께서 지으신 집"은 사람의 손으로 지은 집이 아니라, 하나님께서 건축하신 영원한 나라, 즉 하늘나라라는 의미이다. 우리는 하늘에 있는 영원한 나라를 사모하자.

2026년 6월 21일, 오순절 후 4번째 주일

성 경	창세기 18:1-15	예전색상	초록색

예배의 부름	"내가 네게 명령한 것이 아니냐 강하고 담대하라 두려워하지 말며 놀라지 말라 네가 어디로 가든지 네 하나님 여호와가 너와 함께 하느니라 하시니라"(수 1:9)
	굳건한 믿음 주시어서 죄의 어두움이 되살아나지 않을 힘 주시는 하나님 아버지! 죄악의 흑암 속에서 부르짖을 때도 외면치 않으시고 응답해 주시는 은혜 감사드립니다. 오늘도 진정과 신령으로 드리는 예배를 받아 주시옵소서. 기쁨과 감사를 안고 세상으로 나아가 믿는 자들에게 따르는 표적을 행하며 복음의 말씀으로 성숙하여 가는 신실한 한 주간을 살게 하옵소서. 소원하는 기도 제목을 안고 온 성도들을 말씀으로 위로하시고 응답의 선물을 주옵소서. 예수님의 이름으로 기원하옵나이다. 아멘
회개를 위하여	인간이 하나님을 인격적으로 만날 수 있는 곳이 예배의 현장입니다. 혹시 예배 시간보다 늦게 오거나 옷차림보다 더 중요한 마음가짐의 준비 없이 형식적으로 예배에 참석하는 그가 나는 아닌지 성찰하고 바른 예배 생활에 걸리적거리는 것을 없애겠다는 회개의 기도를 계속합니다.
고백의 기도	**온**전한 예배를 통해서 온전한 하늘 은혜 속에 살게 하시는 하나님 아버지! 부족하고 연약한 인간들이지만 다시 한번 회복의 삶을 살고자 하여 주님 앞에 고개를 숙여 회개하는 영혼 되게 하심을 감사드립니다. 온전한 예배, 즉 기도와 찬송과 말씀과 감사로 예배를 드리지 못한 저희였음을 고백합니다. 교회 안에서의 저희의 삶과 교회 밖에서의 저희의 삶의 모습들이 너무도 달랐음을 불쌍히 여겨 주옵소서. 교회 안에서는 경건의 모습이 있는 것처럼 보이지만 교회 밖에서의 저희 모습은 불신자들과 별 차이가 없음을 용서하여 주시옵소서. **앞**으로 예배를 드릴 때마다 저희가 진정으로 하나님을 만날 수 있는 감격의 만남의 때로 알고 살겠습니다. 기도하면서 예배를 준비하지 못한 못된 버릇을 버리겠습니다. 찬송하면서 설레는 마음으로 교회에 오지 않고 온갖 세상 만사와 더불어 부끄러운 마음으로 주의 전에 고개 숙이는 버릇을 버리겠습니다. 육신의 볼 일을 위해서 육신의 질병을 고치기 위한 의사를 만날 때는 오랜 시간 먼저 가서 기다리지만 나약한 인간인지라 예배 시간에 미리 와서 기도하는 마음은 소홀히 했습니다. 못난 이 마음을 성령의 불로 태워 주시고 예배를 진정으로 준비하고 참여할 수 있는 새로운 결단으로 거듭나는 이 시간이 되게 하여 주옵소서. 오늘의 결심을 보시고 지난날의 예배에 관한 모든 잘못을 지워 없애 주옵소서. 우리 주 예수님의 이름으로 기도합니다. 아멘
사함의 확인	"구하옵나니 주의 인자의 광대하심을 따라 이 백성의 죄악을 사하시되 애굽에서부터 지금까지 이 백성을 사하신 것 같이 사하시옵소서 여호와께서 이르시되 내가 네 말대로 사하노라"(민 14:19-20)
성시교독	4. 시편 5편
설교 전 찬 송	44장 (지난 이레 동안에) 261장 (이 세상의 모든 죄를)
설교 후 찬 송	184장 (불길 같은 주 성령) 365장 (마음속에 근심있는 사람)

금주의 성가	사랑의 목자 – Albert Simpson Reitz 여호와를 찬양하라 – E. L. Tussing 주님께 영광 – J. E. Parks
목회기도	**진**리의 말씀에 순종하는 자에게 복 주시기를 기뻐하시는 하나님 아버지! 수고하고 무거운 짐 진 자들에게 말씀의 생명수로 새 힘을 주시어 유혹을 이기고 승리하게 하심을 감사드립니다. 지난 한 주간 마음은 원이로되 실제 저희의 삶은 세상과 어울려 방황하며 살았습니다. 교회의 일에는 등한시하면서도 작은 이권을 위해서 동분서주하면서 헛되이 땀을 흘리면서 살아온 지난날들이 부끄럽습니다. 주신 재능과 힘을 갈고닦아 하늘 백성답게 살아갈 수 있도록 인도하여 주옵소서. **우**리를 헤아릴 수 없는 사랑으로 천국의 상속자가 되게 하신 주님! 우리 교회에 속한 성도들을 한 날 한순간이라도 죄악으로 믿음의 대열에서 낙오되지 않게 붙잡아 주옵소서. 이제 결심합니다. 기도하고 찬송하면서 주님과 동행하는 하루를 살겠습니다. 생각과 말과 행실이 달랐던 지난날들을 반복하지 않겠습니다. 교회의 모든 기관을 성령의 띠로 묶어서 하나님 나라 확장을 위한 땀 흘리는 사랑의 순교자가 되겠습니다. 믿음 약한 자들이 말씀을 듣고 신앙심이 무럭무럭 자라서 믿음에 해당하는 능력의 소유자가 될 수 있게 하옵소서. 예수님의 이름으로 기도합니다. 아멘
헌금을 위한 성구	"우리 주 예수 그리스도로 말미암아 우리에게 승리를 주시는 하나님께 감사하노니 그러므로 내 사랑하는 형제들아 견실하며 흔들리지 말고 항상 주의 일에 더욱 힘쓰는 자들이 되라 이는 너희 수고가 주 안에서 헛되지 않은 줄 앎이라" (고전 15:57-58)
헌금기도	**짓**누르는 괴로움을 사랑의 햇살로 해결해 주시는 하나님 아버지! 슬픔이 변하여 기쁨이 되게 하시고 걱정되던 일들이 형통해져서 마음의 평안을 누릴 수 있는 은혜 주심을 감사드립니다. 저희가 행한 것 아무것도 없을 때라도 끊임없이 배려하시고 사랑으로 보살펴 주심에 감사하는 예물을 드립니다. 예물과 함께 드리는 온전한 저희의 신앙 고백을 받아 주시옵소서. 십일조를 드리고 감사의 예물을 드리고 선교 헌금을 드립니다. 드린 손길들의 삶이 더욱더 풍족하게 하시고, 넉넉히 쓰고 남아서 또한 많은 이들에게 아낌없이 나눠 주는 복된 삶이 되도록 하여 주시옵소서. **믿**음이 적다는 핑계로 주님의 것을 감추거나 일부를 떼어서 하나님의 마음을 아프게 하는 일들이 생기지 않도록 저희 마음을 믿음으로 강건케 하여 드림의 순간마다 저희의 믿음도 따라 자라는 은혜가 임하게 하옵소서. 저희가 알고 있는 소중한 그 한 영혼이 예수 그리스도를 믿어 구원받을 수 있도록 은혜를 베풀어 주시옵소서. 금과 은보다도 하나님의 자녀가 되는 기쁨을 얻을 수 있도록 도와주시옵소서. 함께 구원의 소망을 가지고 기쁨으로 살아가게 하옵소서. 우리 주 예수님의 이름으로 기도합니다. 아멘
위탁의 말씀	"여호와께 능하지 못한 일이 있겠느냐 기한이 이를 때에 내가 네게로 돌아오리니 사라에게 아들이 있으리라" 아브라함과 사라 부부가 늙어서 아이를 낳을 수 없으나 하나님께서 그들이 아들을 낳으리라 약속하셨듯이 우리도 불가능도 가능하다는 믿음을 전하는 한 주간을 살아야 합니다.
축도	지금은 우리에게 참 믿음의 길을 보여주신 예수 그리스도의 은혜와 지혜의 파장을 넓히시는 하나님의 한결같은 사랑과 하나님의 놀라우신 지혜를 온몸으로 체험하도록 영적 눈을 뜨게 하시는 성령의 도우시는 능력이 믿음과 지혜를 가지고 한 사람, 한 영혼을 주께로 인도하기 위하여 세상으로 나아가는 모든 성도들 위에 늘 함께하시기를 축원하옵나이다. 아멘

오늘의 설교를 위하여

오늘의 설교를 위한 복음적 조명 주제 : 여호와 약속

제목 : 전능하신 하나님의 약속 l 본문 : 창세기 18:1-15

주제 : 전능하신 여호와 하나님에게 불가능은 없다. 아브라함과 사라 부부가 늙어서 아기를 낳을 수 없으나 하나님께서 그들이 아들을 낳으리라 약속하셨다. 성도의 신앙은 가능성보다 불가능한 사실도 믿어야 한다.

논지 : 여호와 하나님의 불가능을 가능하게 하는 능력의 약속을 증언하자.
 1. 아들이 있으리라는 약속
 2. 감당하기 불가능한 약속
 3. 여호와 하나님께서 약속
 4. 너무 두려워 부인한 약속

100세가 다 된 아브라함은 무더운 팔레스타인 지방에서 그것도 한낮에 여행자들을 보자 달려 나가 영접했다(:1-5). 그렇다면 아브라함은 그 여행자들이 처음부터 하나님의 사자라는 사실을 알고 있었을까? 그렇게 생각하지는 않는다. 히브리서 기자는 아브라함이 부지중에 천사를 대접했다고 말씀했다(히 13:2). 아브라함은 처음에 그들이 누구인지를 몰랐을 거다. 그저 이웃을 접대하라는 하나님의 말씀에 순종했을 뿐이다. 평소에 하나님의 말씀에 순종하는 것이 습관화되어 있었기 때문에 아주 자연스럽게 그들을 영접할 수 있었다. 사실 아브라함은 한 부족의 족장이었다. 상대방의 나이나 지위도 모르는 생면부지의 나그네들에게 "몸을 땅에 굽혀 이르되 내 주여 내가 주께 은혜를 입었사오면 원하건대 종을 떠나 지나가지 마시옵고"(:2-3)라고 간청하였다. 마치 시종이 상전에게 하듯이 최대의 예우를 다했다. 그리고 그들을 대접하는데 기름지고 좋은 음식을 준비했다. 물론 그 당시의 풍습이 나그네를 대접하는 것이라고 하지만 아브라함의 대접은 단순한 손님 대접 이상의 이웃 사랑의 모습이었다. 아브라함이 급히 장막으로 가서 사라에게 손님을 위하여 떡을 만들라 하고 짐승 떼 있는 곳에 달려가서 기름지고 좋은 송아지를 잡아 하인에게 주어 요리하게 하였다(:6-7).

1. 아들이 있으리라는 약속

흐뭇하게 대접을 받은 천사들이 아브라함에게 놀라운 약속을 했다. "그들이 아브라함에게 이르되 네 아내 사라가 어디 있느냐 대답하되 장막에 있나이다 그가 이르시되 내년 이맘때 내가 반드시 네게로 돌아오리니 네 아내 사라에게 아들이 있으리라"(:9-10). 아브라함에게 한평생의 소원이 무엇이었나? 아들을 보는 것이었다. 그 소원이 나그네를 극진히 대접하고 이루어지는 것이다. 여기에 소원을 이루는 비결이 있다. 성도에게 무슨 소원이나 해결되어야 할 문제가 있는가? 그 해결 방법이 있다. 사람을 대접해 보시기 바란다. 아무런 조건 없이 무슨 기대도 하지 말고 그냥 있는 그대로 나그네를 대접하고, 언제 또 만날지 모르는 지나가는 사람을 대접해 보고, 가난하고 어려운 이웃을 대접해 보고, 병들고 마음에 상처를 입은 사람을 위로하고 대접해 보시기 바란다. 주님의 몸 된 교회를 대접하는 마음으로 섬기고 봉사해 보시라(예 : 주일날 교인들에게 점심 대접하기). 성도의 생애에 참으로 놀라운 복스러운 일이 일어날 것이다. 아브라함의 소원인 아들을 얻는 일이 이루어진 것처럼 말이다. 아버지에게 아들은 대를 잇는 상속자로 가장 소중한 존재다. 만일 아버지에게 아들이 없다면 씨족이 끊기는 비극이 될 수밖에 없다. 아버지에게 아들은 하나님의 축복이다.

2. 감당하기 불가능한 약속

아무리 하나님의 약속이라도 감당하기 어려운 게 있다. 예를 들어서 아직 준비가 안 되었는데 복음을 위하여 순교하는 일이든지, 교회 건축을 위하여 자기의 전 재산을 바치는 일이다. 물론 극단적인 상황에서 북한 공산주의자들 앞에서 순교할 수 있고, 주님의 몸 된 교회의 발전과 하나님의 영광을 위하여 자기의 전 재산을 봉헌할 수 있다. 아브라함과 사라가 나이가 많이 늙었고 사라에게는 여성의 생리가 끝났다(:11). 그런데 천사가 사라의 몸에서 아들을 낳을 거라고 증언하니 이는 사라가 감당하기 불가능한 약속이었다. 하지만 이는 인간 사라의 생각이었다. 보통 사람의 생각으로는 여자가 생리가 끝나면 더는 아이를 낳을 수 없다. 이는 자연적인 일로 누구도 거역할 수 없다. 요즘은 의학이 발전하여 남자의 정자와 여자의 난자를 냉동고에 넣었다가 필요할 때 해동하여 임신하기도 한다. 그렇다고 해도 나이가 100세에 가까운데 아이를 생산할 수는 없다. 그런데 하나님의 능력은 인간의 생각과 상상을 초월하신다. 하나님은 불가능을 가능으로 바꾸시고, 우리가 감당하기 어려운 일도 감당할 수 있게 역사하신다. 문제는 우리의 믿음이다. 하나님의 초자연적인 능력을 믿으면 우리가 도저히 감당할 수 없는 일일지라도 능히 감당할 수 있도록 만들어주신다.

3. 여호와 하나님께서 약속

하나님께서 우리를 구원하시겠다고 약속하셨다. 우리가 하나님을 육신의 눈으로는 보지 못했다. 그러나 하나님께서 우리를 사랑하시는 줄로 믿는다. 우리가 하나님의 사랑을 눈으로 보지 못하지만 믿고 말할 수 없는 영광스러운 즐거움으로 기뻐한다. 따라서 믿음의 결국은 우리의 영혼이 구원의 약속을 받았다는 확신으로 충만하여 어떠한 시련이나 고통이 동반할지라도 흔들리지 않고 담대하게 살아갈 것이다. 1917년 레닌은 러시아에서 공산 혁명을 일으키고 1000년이 넘도록 지속돼 오던 러시아 교회의 문을 모두 닫아 버렸다. 그리고 그곳을 공산당 당사와 노동자 숙소, 심지어 스케이트장 등으로 만들었다. 북한은 동양의 예루살렘이라고 불리던 평양을 비롯하여 북한 전역의 교회를 다 폐쇄하였다. 우리나라는 한때 코로나19로 교회의 문이 닫혔다. 하지만 하나님께서 우리에게 구원을 약속하셨기 때문에 과거에 잘했거나 잘못했거나 따지지 않으신다. 우리가 착한 사람이었던 악한 사람이었던 십자가 밑에 나아와 자신의 죄를 회개하고 주님을 영접하고 믿으면 구원하시겠다고 약속하셨다. "여호와께 능하지 못한 일이 있겠느냐 기한이 이를 때에 내가 네게로 돌아오리니 사라에게 아들이 있으리라"(:14). 이 말씀은 여호와 하나님의 약속이다. 아브라함은 하나님의 약속을 믿었다.

4. 너무 두려워 부인한 약속

"사라가 두려워서 부인하여 이르되 내가 웃지 아니하였나이다 이르시되 아니라 네가 웃었느니라"(:15). 사라가 하나님의 약속을 믿지 않은 건 아니었다. 사라도 아브라함과 함께 여호와 하나님을 의지하고 한평생을 살았다. 그런데 늙은 나이에 아들을 낳을 거라는 천사의 말이 너무나 두려웠다. 사라가 아직 젊다면 두려워하지 않았을 것이다. 하지만 이렇게 늙은 나이에 아들을 낳는다면 주변에 있는 사람들이 비웃거나 조롱할 것이다. 그래서 하도 어이가 없어서 웃을 수밖에 없는데 사라가 너무 두려워서 부인하며 "내가 웃지 아니하였나이다" 대답했다. 이때 천사가 "아니라 네가 웃었느니라" 말씀했다. 여기서 사라와 천사는 이상한 언쟁을 하고 있다. 하나님의 약속은 변함이 없다. 하나님께선 한번 약속하셨으면 반드시 지키신다. 사람은 약속했을지라도 자기가 불리하면 우기지만, 하나님은 절대로 어기지 않으신다. 우리는 세상을 살면서 두려운 일이 있을지라도 겁내지 말고 믿음을 지켜야 한다. 특별히 하나님께서 약속하신 축복과 은혜를 받기 위해는 신앙생활을 올바르게 하며, 주일을 거룩하게 지키고, 십일조 예물과 봉사와 섬김을 성실히 해야 한다. 그렇게 할 때 하나님께서 아브라함과 사라에게 아들을 주신 일처럼 우리도 하나님의 은혜와 축복을 받을 수 있다.

2026년 6월 28일, 오순절 후 5번째 주일

성 경	고린도후서 5:14-17	예전색상	초록색

예배의 부름	"수고하고 무거운 짐 진 자들아 다 내게로 오라 내가 너희를 쉬게 하리라 나는 마음이 온유하고 겸손하니 나의 멍에를 메고 내게 배우라 그리하면 너희 마음이 쉼을 얻으리니 이는 내 멍에는 쉽고 내 짐은 가벼움이라 하시니라" (마 11:28-30)
	죄악의 무거운 짐을 지고 방황하던 죄인을 구원하여 자녀 만들어주신 하나님 아버지! 한 주간도 저희의 삶을 지켜주시고 언행 심사를 주관해 주신 은혜를 감사드립니다. 오늘도 주님의 날 저희가 드리는 예배가 하나님이 기뻐하시는 산 제사가 되게 하옵소서. 세상에서 수고하고 무거운 짐을 지고 살던 저희가 주께 가까이 나아가 십자가 앞에 짐을 내려놓습니다. 새 힘과 능력 주시어서 오직 주님만이 나의 산성 나의 요새임을 고백하는 예배가 되게 하옵소서. 예수님의 이름으로 기원하옵나이다. 아멘
회개를 위하여	날마다 청소를 해도 방에는 또 먼지가 내려앉습니다. 그렇습니다. 우리 육신과 영혼도 날마다 주님의 보혈로 씻어 주지 아니하시면 죄라는 먼지가 가득 찹니다. 그래서 날마다 순간마다 성찰하는 시간을 가져야 합니다. 그렇게 살지 못하는 원인을 고백하면서 회개하는 기도를 계속합니다.
고백의 기도	세상이 뿌려놓은 유혹의 먼지로 더럽혀진 영혼을 보혈의 피로 깨끗하게 하시는 하나님 아버지! 하늘 사랑으로 저희와 늘 동행하여 주시고 그 십자가의 사랑으로, 세상을 살게 하여 주심을 감사드립니다. 그러나 어리석은 저희는 빛과 소금의 사명을 감당해야 할 때 힘이 든다는 이유로 성도의 본분을 망각하고 살아온 저희입니다. 용서하여 주시고 불쌍히 여겨 주옵소서. 주님의 은혜를 받고 살면서도 위선과 가식으로 진실을 외면한 저희의 죄악을 용서하여 주옵소서. 말씀과 기도와 찬송을 부를 때마다 잔잔히 들려주시는 하나님의 음성을 듣지 않고 애써 외면하기까지 했던 잘못을 고백합니다.
	자기의 십자가를 지고 자기를 부인하고 예수님을 따르는 한 주간을 살겠습니다. 영적으로 앞서가는 성도들처럼 이제 저희가 세상과 하나님의 백성들과 더불어 살아갈 때 예수님의 품성을 입어 순수하고 진실한 언행 심사가 되기를 원합니다. 쓸데없이 언짢아하고 성질을 부리고 불친절했던 지난날들이 되풀이되지 않기를 또 한 번 주님 앞에 결심합니다. 이웃과 함께 주님의 형상을 생각하고 말하고 행동하는 자세를 가질 수 있기를 결심하오니 사랑으로 안아 주시고 지난날들의 잘못을 지워 없애 주시옵소서. 우리 주 예수 그리스도의 이름으로 기도하옵나이다. 아멘
사함의 확인	"너희의 죄가 주홍 같을지라도 눈과 같이 희어질 것이요 진홍 같이 붉을지라도 양털 같이 희게 되리라"(사 1:18)
성시교독	5. 시편 8편
설교 전 찬 송	15장 (하나님의 크신 사랑) 531장 (자비한 주께서 부르시네)
설교 후 찬 송	190장 (성령이여 강림하사) 425장 (주님의 뜻을 이루소서)

06
28

금주의 성가	전능의 성령 - S. Caleb 저 산을 넘어오는 자여 - William B. Bradbury 복의 근원 강림하사 - David M. Hines
목회기도	구원받을 자격 없는 죄인에게 구속의 은총을 값없이 받아 누릴 기쁨을 주시는 하나님 아버지! 지난 이레 동안 괴롭고 어지러운 삶의 언저리에서 지친 영혼을 거룩한 제단 앞으로 인도하시어 예배드리게 하심을 감사드립니다. 세상이 주는 일시적인 즐거움에 빠져 하늘의 영광을 놓쳐 버리는 미련한 저희가 되지 않게 하여 주시옵소서. 병으로 고생하는 성도들에게 치유의 감격을 주시고 믿음이 약해져 길을 잃고 방황하는 영혼이 주님의 말씀으로 생기를 회복하게 하시옵소서. 죄악으로 점철된 고달픈 인생길의 동반자가 되시는 주님! 성도들이 꾸려나가는 기업들이 있습니다. 주님께서 직접 경영자가 되시어서 주님과 함께 주님 안에서 주님을 위한 기업으로 발전될 수 있게 하옵소서. 오늘 하루도 후회 없는 삶을 살기를 원합니다. 오늘 하루가 주님 보시기에 잘했다 칭찬받는 하루로 평가받게 하옵소서. 교회에 속한 기관들이 하나님의 의와 나라 확장을 위한 계획을 하고 있습니다. 주님께서 계획하신 일인 줄 믿습니다. 주님께서 원하신 결실을 얻게 도와주시옵소서. 우리 주 예수 그리스도의 이름으로 기도하옵나이다. 아멘
헌금을 위한 성구	"자기의 육체를 위하여 심는 자는 육체로부터 썩어질 것을 거두고 성령을 위하여 심는 자는 성령으로부터 영생을 거두리라"(갈 6:8)
헌금기도	기도로 간구할 때마다 차고 넘치는 응답으로 채워 주시는 하나님 아버지! 우리들의 생활에 생기를 부어 주신 은혜를 감사하여 예물을 준비하였습니다. 이 예물이 쓰일 때 죽어가는 영혼이 예수 그리스도의 은혜를 입어 새로운 생명을 얻고 삶의 행복을 누리게 하옵소서. 주실 하늘 은혜를 소망하며 십일조를 드립니다. 지난 한 주간도 가족들의 건강을 지켜주시고 믿음으로 하나가 된 행복을 감사드리며 감사헌금을 드립니다. 하나님의 뜻을 실현하는 기쁨이 자자손손 계승되게 하옵시고 나가도 복을 받고 들어가도 복을 받게 하옵소서. 주일 헌금, 구역 헌금, 성미를 드립니다. 사업장의 번성을 위해 기도하며 예물을 드리는 자녀들도 있습니다. 교사들의 헌신이 있습니다. 이름 없이 청소하고 교회를 돌보는 수고들이 하나님의 생명록에 기록되게 하옵소서. 드리고 싶은 마음은 간절하지만, 가진 것이 적어 적은 것을 가지고 온 심령들도 있습니다. 차고 넘치는 하늘 은혜가 가정마다 기업마다 풍요를 감사하게 하옵소서. 헌신에 인색지 않게 하옵시고, 적은 수고와 드림이 모아졌을 때 천하보다도 귀한 한 영혼을 살리는 징검다리가 되게 하옵소서. 우리 주 예수님의 이름으로 기도합니다. 아멘
위탁의 말씀	"누구든지 그리스도 안에 있으면 새로운 피조물이라 이전 것은 지나갔으니 보라 새 것이 되었도다" 우리는 육신으로는 아무것도 모르지만, 하나님의 자녀가 된 믿음으로 변화된 감동을 이웃에게 전하는 한 주간을 살아야 합니다.
축도	지금은 교회의 머리되시는 예수 그리스도의 은혜와 주의 몸 된 교회를 통해 홀로 영광 받으시기에 합당하신 하나님 아버지의 극진하신 사랑과 성령님의 감화·감동·교통하심이 보혈의 피 흘려 사신 교회를 사랑하고 봉사하며 헌신하기를 원하는 믿음의 성도들과 흩어진 모든 주의 권속들 위에 이제로부터 영원토록 함께 하시기를 축원하옵나이다. 아멘

오늘의 설교를 위하여

오늘의 설교를 위한 복음적 조명 주제 : 새로운 사람

제목 : 그리스도 안에서 새 사람 | 본문 : 고린도후서 5:14-17

주제 : 사람은 모두 죄인인데 예수 그리스도께서 대신하여 십자가에서 죽어 새로운 사람으로 구원하셨다. 사람이 육신으로는 아무것도 모르지만, 예수님을 믿음으로 말미암아 하나님의 자녀가 되었으며 예수 그리스도 안에서 새로운 사람이 되었다.

논지 : 죄인은 죽을 수밖에 없을지라도 예수 그리스도 안에서 새로운 사람이 될 수 있다.
1. 죄로 말미암아 죽은 사람
2. 죄인을 대신해 죽은 사람
3. 육신으로 알지 않는 사람
4. 그리스도 안에 있는 사람

올바른 사람은 대략 네 가지가 있다. 첫째는 사람에게 거짓말을 하지 않는다. 둘째는 법을 어기지 않는다. 셋째는 자기 자신을 속이지 않는다. 넷째는 하나님 앞에서 바르게 산다. 지금은 많이 변했지만, 청교도의 후예인 미국 사람들은 지금도 정직하지 못한 걸 최고의 죄로 간주하고 있다. 왜 청교도들이 삶의 자리에 하나님 앞에서 바르게 사는 삶을 중요한 덕목으로 삼았을까? 청교도들은 자신들이 항상 '하나님 앞에 있다'라는 삶의 목표로 삼았기 때문이다. 그들은 어떤 말을 하든지 무슨 일이든지 하나님 앞에 있다는 생각으로 살았다. 그래서 그들은 하나님의 눈길 앞에서 거짓말이나 거짓 행동을 할 수 없었다. 그들은 사업을 해도 사람답게, 정치를 해도 사람답게 했다. 일찍이 기독교 교육의 영향을 받은 일본사람도 비교적 사람답게 산다. 그런데 불교와 유교의 영향을 받은 한국 사람들은 사람답지 못한 것 같다. 오늘날 우리 사회에서 올바른 사람을 찾아보기 어렵다. 거짓말이란 얼핏 생각하면 아무것도 아니고, 큰 죄라고 생각하지 않는 경향이 있다. 사람은 형편에 따라서 거짓말을 식은 죽 먹듯 한다. 어떤 사람은 거짓말을 잘해서 위기를 모면하면 박수를 받기도 한다. 이런 사람은 모두 죄인이다. 예수 그리스도께서 죄인들을 대신하여 십자가에서 죽으셨다.

1. 죄로 말미암아 죽은 사람

우리는 죄로 말미암아 죽은 사람들이다. 사람에게는 세 가지의 죽음이 있다. 첫째는 영혼의 죽음이다. 죄로 말미암아 속 사람이 죽어 있는 상태이다. 뿌리가 잘린 꽃은 아무리 아름답게 보이고 진한 향기를 내며 살아 있는 듯이 보여도 이미 죽은 생명이다. 멀지 않아 시들어버리면 쓰레기통에 버려져 썩을 것이다. 영혼이 죽은 인간도 똑같은 신세가 된다. 둘째는 육신의 죽음이다. 사람은 누구나 다 죽는다. 하나님을 믿는 사람이나 안 믿는 사람이나 육체의 죽음을 면할 수 없다. 셋째는 영원한 죽음이다. 영원한 죽음은 영혼이 죽은 사람에게 하나님께서 내리시는 형벌이다. 성경은 이를 둘째 사망이라고 했다. 한번 죽은 사람은 예수님께서 재림하실 때 모두 살아난다. 그리고 자신의 행위대로 심판을 받는다. 믿고 죽은 성도는 천국에 들어가 영원히 산다. 그러나 안 믿고 죽은 사람은 영원히 꺼지지 않는 지옥 불에 들어가 고통을 당하게 된다. 이를 영원한 죽음이라고 한다. "너는 흙이니 흙으로 돌아갈 것이니라"(창 3:19), "한번 죽는 것은 사람에게 정해진 것이요 그 후에는 심판이 있으리니"(히 9:27). 사람이 죽음을 면하는 길은 오직 한 길밖에 없다. 생명이신 예수 그리스도를 영접하여 믿어야 한다. 예수 그리스도의 생명을 받으면 죽은 사람의 영혼이 살아난다.

2. 죄인을 대신해 죽은 사람

사람이 사람을 위하여 죽기는 쉽지 않다. 그러나 죄인을 위하여 죽은 사람이 있다. 그는 하나님의 아들이신 예수 그리스도이다. 하나님은 거룩한 사랑의 완전함에 마음이 움직여서, 예수 그리스도 안에서 죄인을 위해 자신을 속죄의 제물로 내주셨다. 이것이 예수 그리스도 십자가의 핵심이다. 이것은 이제 우리를 그 사건의 결과로 이끈다. 즉, 십자가에서 벌어진 일에서부터 그것이 성취한 결과를 믿게 한다. 예수 그리스도는 왜 죄인을 대신해 죄를 담당하셨는가? 예수 그리스도께서 자기희생으로, 자기를 속죄의 제물로 주셔서 이루신 것은 무엇인가? 신약성경은 이런 질문에 대해서 세 가지 주된 답변을 제시하는데, 이것을 요약하면 '구원', '계시', '믿음'이다. 하나님께서 예수 그리스도 안에서 십자가를 통해 이루신 일은 죄인을 구원하시고 믿음을 주셨다. 만약 하나님께서 예수 그리스도가 죄인을 대신해 죽지 않으셨다면 화해도, 구속도, 칭의도, 화목도 있을 수 없다. 구약에서 시작된 생명은 신약에서, 특히 예수 그리스도와 십자가에 정교하게 되었다. 그래서 사도 바울이 "그가 모든 사람을 대신하여 죽으심은 살아 있는 자들로 하여금 다시는 그들 자신을 위하여 살지 않고 오직 그들을 대신하여 죽었다가 다시 살아나신 이를 위하여 살게 하려 함이라"(:15) 말씀했다.

3. 육신으로 알지 않는 사람

흔히 사람을 육신과 얼굴을 보고 판단한다. 육신이 건강하고 얼굴이 잘생기면 좋아한다. 하지만 육신이 허술하고 얼굴이 못생기면 무시한다. 그러나 이는 사람에 대한 잘못된 판단이다. 육신과 얼굴이 잘생겼다고 좋은 사람이 아니고, 육신과 얼굴이 못생겼다고 나쁜 사람이 아니다. 우리가 사람을 판단할 때 외모를 보지 말고 마음을 알아야 한다. 성화에서 예수님의 얼굴을 미남으로 그렸다. 화가가 예수님을 존경한 나머지 아주 잘생긴 미남으로 그렸을 것이다. 동양화에서 예수님을 시골 농부로 그렸으며, 또 흑인으로 표현한 그림도 있다. 당시의 사진이 없기에 제자들과 여인들을 제외하고 예수님의 모습은 아무도 모른다. 오늘날 우리는 단순히 믿음으로 예수님의 모습을 상상할 뿐이다. 아울러 우리는 사람을 육신으로 알려고 하지 말고 속사람의 마음으로 알아야 한다. 그래서 사도 바울이 "그러므로 우리가 이제부터는 어떤 사람도 육신을 따라 알지 아니하노라 비록 우리가 그리스도도 육신을 따라 알았으나 이제부터는 그같이 알지 아니하노라"(:16) 말씀했다. 예수님은 육신으로 마리아의 아들이다. 하지만 하나님의 아들이신 예수님께서 육신으로 마리아의 몸을 빌렸을 뿐이고, 성령을 통하여 탄생하셨다. 그러므로 우리는 육신으로 알려고 하지 말아야 한다.

4. 그리스도 안에 있는 사람

'그리스도 안에' 있는 사람은 하나님의 자녀이다. 또한 그리스도를 마음 가운데 모시는 삶은 신앙고백으로 성도의 생활 철학이 되도록 해야 한다. 그리스도 안에 있는 사람은 신앙고백이 자기가 업고 가는 어떤 것이라고 깨닫는 것, 이것이 바로 믿음이다. 그리스도 안에 있는 사람은 모든 죄악에서 해방이요 자유이며 마음속에서 우러나오는 끊임없이 찬양하는 삶이다. 그리고 그것은 생명이 계속되는 동안 우리 안에 있는 느낌이요 사랑의 전능자를 모시고 가는 힘이다. 그래서 우리가 죽게 될 때 하나님의 영원하신 팔을 체험하는 영생이다. 사도 바울이 "그런즉 누구든지 그리스도 안에 있으면 새로운 피조물이라 이전 것은 지나갔으니 보라 새 것이 되었도다"(:17) 말씀했다. 우리가 그리스도 밖에 있을 때는 죄악 가운데 있는 악한 피조물이었다. 그러나 하나님의 사랑과 은혜로 예수님을 영접하고 그리스도 안에 있으니 성령으로 거듭난 새로운 피조물이 되었다. 따라서 새로운 피조물은 세상을 따라가지 말고, 악한 마귀를 좇지 말며, 하나님의 나라와 그의 의를 위하여 살아야 한다. 세상의 오락이나 술과 담배 또는 마약 등은 그리스도 안에 있는 사람이 할 짓은 아니다. 그리스도 안에 있는 사람은 하나님을 섬기고 봉사와 헌신으로 하나님을 기쁘시게 해야 한다.

7월의 예배와 설교를 위하여

일	요일		본문	설교제목	기타 (예화, 참고자료)
1	수				
5	주일	낮			
		밤			
8	수				
12	주일	낮			
		밤			
15	수				
19	주일	낮			
		밤			
22	수				
26	주일	낮			
		밤			
29	수				

2026년 7월 5일, 오순절 후 6번째 주일 / 맥추감사주일

성 경	시편 89:20-32	예전색상	초록색

예배의 부름	"여호와께 감사하고 그의 이름을 불러 아뢰며 그가 하는 일을 만민 중에 알게 할지어다"(시 105:1)
	교회에 주신 절기의 축제가 성삼위 하나님께 영광이요 우리에게는 축복의 기회가 되게 하신 하나님 아버지! 2026년 반년 동안에도 영혼과 육신의 양식을 주시고 오늘을 맥추감사주일로 지키게 하심을 감사드립니다. 하나님께 감사하는 성도들에게 하늘의 신령한 복과 땅의 기름진 복을 예배하는 백성들의 심령과 가정과 우리 교회에 충만하도록 넘치게 채워주시옵고 어둡고 힘든 이 세상에서 희망과 기쁨으로 살게 하옵소서. 우리 주 예수 그리스도의 이름으로 기도하옵나이다. 아멘
회개를 위하여	오늘은 맥추감사주일입니다. 2026년 6개월 먹고 자고 쉴 수 있었다면 그것은 분명 내 삶을 눈동자처럼 지켜 주신 하나님의 은혜입니다. 그런데도 우리는 이 모든 것이 나의 수고와 나의 노력으로 된 것처럼 착각하고 살지는 않았는지 돌아보며 회개하는 기도를 계속합니다.
고백의 기도	심으면 자라게 하시고 거두는 기쁨을 주시는 하나님 아버지! 올해 반년 동안 저희에게 임한 주님의 은혜가 너무 큰데 그 은혜를 망각하고 살아온 것을 성찰하고 회개할 기회 주심을 감사드립니다. 헤아릴 수조차 없이 많은 것을 받았으면서도 감사하기는커녕 은혜를 배반하고 교만하게 산 저희를 용서하여 주옵소서. 받을 줄만 알고 나눌 줄은 몰랐습니다. 받는 것을 당연하게 생각하면서 나눔에 인색했던 저희를 불쌍히 여겨 주옵소서. 교회의 절기가 돌아올 때면 절기의 의미와 주시는 은혜에 집중하기보다 드리는 헌금이 부담스럽게 느껴져 짜증을 낸 그가 제가 아닌지 모릅니다. 정성을 다해 드려야 함에도 아무런 생각 없이 마지못해 드리는 믿음 적은 불충을 용서하여 주옵소서. 소외된 사람들을 돌보지 못했으며, 주님을 알지 못하는 사람들에게 사랑을 전하지 못했습니다. 어려움을 겪고 있는 이웃에게 위로하지 못했으며, 그들의 아픔을 함께 나누지 못했습니다. 이제 올해 남은 6개월을 살면서 고통과 어려움이 있는 곳에 위로와 기쁨을 나누겠습니다. 분노와 시기가 있는 곳에 평화와 하나가 됨이 있게 노력하겠습니다. 썩어가는 한 알의 밀이 되어서 가정에서, 직장에서, 학교에서 각자가 맡은 위치에서 희생하고 헌신하고 섬기면서 나는 죽고 너는 살게 하렵니다. 이 회개와 결심을 받으시는 주님께서 우리의 모든 죄를 눈같이 희고 맑게 하사 주님의 모습이 우리 안에서 빛을 발할 수 있게 하옵소서. 예수님의 이름으로 기도드립니다. 아멘
사함의 확인	"내가 너희에게 이르노니 이와 같이 죄인 한 사람이 회개하면 하늘에서는 회개할 것 없는 의인 아흔아홉으로 말미암아 기뻐하는 것보다 더하리라"(눅 15:7)
성시교독	105. 감사절(1)
설교 전 찬 송	626장 (만민들아 다 경배하라) 313장 (내 임금 예수 내 주여)
설교 후 찬 송	588장 (공중 나는 새를 보라) 50장 (내게 있는 모든 것을)

금주의 성가	감사와 찬송드리세 – Negro Spiritural 논밭에 오곡백과 – M. Nuernberg 주님께 감사하라 – Arr. by Louis Victor Sear
목회기도	**씨**를 뿌린 사람에게 수확의 열매와 추수의 기쁨을 주시는 하나님 아버지! 농사의 씨, 눈물로 기도하는 소원의 씨, 최선을 다하려는 노력의 씨를 뿌린 자에게 무르익은 열매를 안겨 주심을 감사드립니다. 우리는 오늘 맥추감사주일 감사예배를 드립니다. 농사를 짓는 마음으로 맥추절을 맞이하여 하나님께 첫 열매를 드리는 심정으로 왔나이다. 소득의 첫 것은 모두 하나님의 것이라는 사실을 깨달아 알게 하옵소서. 수입의 첫 열매, 하루의 첫 시간이 하나님의 것인줄 알고 하나님과 함께하는 아름다운 삶을 살게 하여 주옵소서. **해**가 뜰 때부터 해가 질 때까지 감사찬양을 받으시기에 합당하신 주님! 지난 반년 동안에도 영혼과 육신의 열매를 맺게 하신 은혜를 잊을 수 없습니다. 이 감사의 마음으로 하나님께 영광이 되게 하시고 우리에게는 축복의 기회가 되는 절기가 되게 하옵소서. 이제 남은 6개월을 살면서 하나님의 은혜를 망각하지 않게 하옵소서. 감사하는 심정으로 이 세상에서 실패하거나 낙담한 영혼들을 위로하고 섬기며 살게 하옵소서. 우리 주 예수 그리스도의 이름으로 기도드립니다. 아멘
헌금을 위한 성구	"감사로 하나님께 제사를 드리며 지존하신 이에게 네 서원을 갚으며 환난 날에 나를 부르라 내가 너를 건지리니 네가 나를 영화롭게 하리로다"(시 50:14-15)
헌금기도	**감**사하는 자에게 만복의 근원이 되어주시는 하나님 아버지! 2026년 한 해 상반기를 지켜주시고 땀 흘려 얻은 귀중한 결실을 주님 앞에 올리며 맥추감사예배를 드리게 하심을 감사드립니다. 행여 없는 것, 부족한 것으로 인하여 불평하고 원망하였음을 용서하여 주옵소서. 우리의 진솔한 감사가 오늘로 그쳐지지 않게 하시고 이 생명 다하도록 주님이 다시 오실 때까지 감사하는 제사가 그쳐지지 않게 하옵소서. 우리 교회가 물질 부족으로 하나님의 일에 지장이 없도록 물질로도 넘치는 복을 더하여 주시옵소서. **모**든 것이 다 주님한테서 왔음을 인정하며 소득의 십일조를 드립니다. 삶의 창고에 채우시고 지키시는 축복을 허락하여 주옵소서. 오늘 드리는 맥추절 감사 예물이 복음이 전파되는 연결 통로가 되게 하옵소서. 주정헌금을 드립니다. 구역의 가족들이 모여 구역헌금을 드리며 성미도 정성으로 모아 드립니다. 이 모든 예물 위에 축복하시고 예물을 드린 성도들에게 믿음에 믿음을 더하여 주옵소서. 가정과 자녀가 잘되고 직장과 사업이 번창하며 날마다 주님을 찬양하게 하옵소서. 드린 영혼들의 형편을 돌봐주시고 새 힘을 얻는 계기를 허락하옵소서. 예수님의 이름으로 봉헌기도 드립니다. 아멘
위탁의 말씀	"주는 나의 아버지시요 나의 하나님이시요 나의 구원의 바위시라 하리로다" 하나님께서 선택하신 백성들에게 맥추절을 지키면 축복하시겠다는 언약을 믿고 감사하는 신앙으로 베풀어 주시는 하늘 복을 누리고 살아가는 저와 여러분이 되시기 바랍니다.
축도	지금은 우리의 죄를 위해 십자가에서 피 흘리신 예수 그리스도의 은혜와 하나님 아버지의 무한하신 사랑과 우리와 함께하시어 인도해 주시고 힘을 주시며 용기를 주시며 충성된 일꾼으로 일할 수 있도록 도와주시는 성령의 역사하심이 맥추감사 절기를 믿음 안에서 보내고 감사의 기쁨을 안고 돌아가는 성도들에게 영원히 함께하시기를 간절히 축원하옵나이다. 아멘

오늘의 설교를 위하여

오늘의 설교를 위한 복음적 조명 주제 : 축복의 규례

제목 : 맥추절 규례의 축복 | 본문 : 시편 89:20-32

주제 : 맥추절은 하나님께서 선택하신 백성들에게 규례를 지키면 축복하시겠다는 하나님의 언약이다. 우리가 보리농사를 짓지 않았지만 감사하면 지금까지 대적을 이기게 하셨다. 인자한 은혜를 베풀어주신 하나님의 계명을 지키면 더 많은 하늘 축복을 받는다.

논지 : 험한 세상에서 지금까지 지켜주신 하나님께 감사하면 축복을 받게 된다.
1. 대적을 이기는 축복
2. 인자한 언약의 축복
3. 규례를 행하면 축복
4. 계명을 지키면 축복

　맥추절은 유월절, 수장절과 함께 이스라엘의 삼대 절기의 하나로, 이스라엘의 설날과 같은 유월절부터 50일을 지난날에 지키는 절기이다. 이스라엘 백성은 10을 일순으로 치기 때문에 오순절이라고 한다. 또한 일주 칠일을 일곱 번 지낸 다음 날이기에 칠칠절(七七節)이다. 또한 이때는 보리농사의 첫 수확을 하나님께 제물로 드리기에 맥추절이라고 한다. 맥추절은 이스라엘 민족의 출애굽 역사와 관련이 있다. 기나긴 흉년으로 이집트에 정착한 이스라엘 백성이 430여 년간 이집트의 종살이를 했다. 그때 이스라엘 백성이 번성하고 창성하여 강대해지자 이집트의 백성들에게 공포의 대상이 되었다. 전쟁이 일어나면 이집트의 적과 합세하지 않을까 하는 두려움 때문이었다. 그래서 이집트의 바로 왕이 고역과 함께 민족 말살정책을 썼다. 이에 이스라엘 백성들은 하나님께 고통을 호소하고 그 부르짖음이 하나님께 상달되었다. 하나님은 이스라엘의 조상 아브라함과 이삭과 야곱에게 세운 언약을 기억하셨다. 맥추절은 역사상 이스라엘 백성의 택하심과 축복에 그치는 게 아니다. 영적으로 그리스도인들에게 주신 하나님의 택하심과 축복을 상징하는 것이다. 일찍이 죄악의 종노릇 하던 사람들이 예수 그리스도를 믿음으로 말미암아 죄에서 구원을 받은 성도가 지키는 절기이다.

1. 대적을 이기는 축복

　세상을 살아가는 우리에게 수많은 적이 있다. 우리의 믿음을 파괴하는 악한 마귀와 우리를 타락하게 유혹하는 정욕과 우리의 몸을 괴롭히는 질병과 우리를 못살게 하는 가난 등이 우리의 대적이다. 그런데 하나님께서 지난 6개월 동안 우리를 지켜주셨다. 우리가 스스로 대적을 이기기는 힘들고 어렵다. 하지만 하나님께서 성령으로 지키시고, 천사를 보내셔서 안전하게 보호해주셨다. 하나님께서 그분의 종 다윗을 찾아내어 거룩한 기름을 부었다. 그리고 하나님의 손이 다윗과 함께하여 견고하게 하고 하나님의 팔이 다윗을 힘 있게 하셨다. 따라서 원수가 다윗에게서 강탈하지 못하며 악한 자가 그를 힘들게 하지 못하도록 하셨다. "내가 그의 앞에서 그 대적들을 박멸하며 그를 미워하는 자들을 치려니와 나의 성실함과 인자함이 그와 함께 하리니 내 이름으로 말미암아 그의 뿔이 높아지리로다"(:23-24). 다윗은 분명하게 열방 가운데 많은 원수가 있다고 말했다. 오늘날 모든 아랍 국가들은 이스라엘의 적이다. 이스라엘이 아직도 하나님께 돌이키지 않은 것은 유감이지만, 성경에는 이스라엘이 비록 국가로 재건되었어도 그리스도께서 다시 오실 때까지는 그들이 하나님께로 돌이키지 않을 것임을 말씀하셨다(슥 12:10). 우리는 맥추절에 대적을 물리치신 하나님께 감사하자.

2. 인자한 언약의 축복

인자하신 하나님의 언약은 축복으로 이어진다. 하나님의 인자는 참으로 놀랍다. 우리가 곤궁에 처해 있을 때, 우리가 환란과 핍박을 받고 있을 때, 앞으로 가지도 뒤로 가지도 못할 때, 밑이 안 보이는 절벽에 서 있을 때, 정말 죽고 싶어도 죽지 못하고 있을 때, 끝없는 절망의 나락에 빠져 있을 때 하나님은 우리를 일단 하나님께서 마련하신 바위틈에 숨기시고 거기 머물게 하신다. 큰 바위 밑 안전한 곳에 내 영혼을 숨기시고 적들의 공격을 피하게 하신다. 우리가 메마른 땅을 종일 걸어가도 피곤치 않게 하신다. 우리가 위험한 곳에 이를 때면, 하나님은 큰 바위에 숨기시고 주님의 손으로 덮으시어 위기를 막아주신다. 하나님의 인자는 우리가 측량할 수 없을 만큼 크고 놀랍다. 시시때때로 하나님의 인자로 채우시고, 늘 성령의 감화와 감동으로 힘을 주신다. 성령의 큰 기쁨으로 찬송을 부르게 하신다. 성령으로 우리의 믿음을 도우신다. 그러니 어떤 위기에서도 두려워하거나 겁낼 것 없다. 하나님께서 "내가 또 그(다윗)를 장자로 삼고 세상 왕들에게 지존자가 되게 하며 그를 위하여 나의 인자함을 영원히 지키고 그와 맺은 나의 언약을 굳게 세우며"(:27-28)라고 말씀하셨다. 이 말씀처럼 하나님의 인자하신 언약은 영원히 변함이 없으며, 우리를 구원으로 축복하신다.

3. 규례를 행하면 축복

하나님께서 스가랴 선지자를 통하여 "내 도를 행하며 내 규례를 지키면 네가 내 집을 다스릴 것이요 내 뜰을 지킬 것이며 내가 또 너로 여기 섰는 자들 가운데에 왕래하게 하리라"(슥 3:7) 말씀하셨다. 성도에게 행함이 없는 믿음은 참다운 믿음이 아니다. 하나님께서는 말씀을 귀로만 듣는 것으로 그치지 말고 이를 삶 가운데서 실행하라고 하셨다. 하나님의 말씀을 삶을 통해 실행하면서 사는 것은 바로 하나님의 규례를 지키는 삶을 사는 것을 의미한다. 바로 이러한 삶을 살 때, 우리는 우리와 동행하시는 하나님을 체험할 수 있다. 하나님은 말씀대로 살 때, 우리 자신과 집안의 대소사 모두를 책임져주시고 축복하신다. 하나님께서 다윗에게 그의 후손을 영구하게 하여 그의 왕위를 하늘의 날과 같게 하리로다 말씀하셨다(:29). 그런데 "만일 그의 자손이 내 법을 버리며 내 규례대로 행하지 아니하며"(:30)라는 경우에는 그들을 보호하시지 않고, 또한 이미 주신 축복까지 거두실 걸 말씀하셨다. 이처럼 하나님의 규례는 소중하다. 물론 지금은 구약 시대가 아니기에 꼭 규례를 지켜야 할지 고민할 수 있어도, 우리는 복음을 하나님의 현대적인 규례로 공유하고 지켜야 축복을 받는다. 하나님의 규례는 시간과 공간을 초월하여 모든 인간이 지켜야 넘치는 축복을 받게 된다.

4. 계명을 지키면 축복

예수님께서 "너희가 나를 사랑하면 나의 계명을 지키리라 내가 아버지께 구하겠으니 그가 또 다른 보혜사를 너희에게 주사 영원토록 너희와 함께 있게 하리니"(요 14:15-16) 말씀하셨다. 이 말씀에는 삼위일체 하나님이 기록되어 있다. "내가"는 예수님을 뜻하고, "아버지"는 하나님을 의미하며, "보혜사"는 성령님을 지칭한다. 예수님께서 삼위일체 하나님을 거론하시면서 제자들에게 말씀하셨다. 제자들이 말씀을 지키기 위해서 두 가지 조건과 두 가지 약속이 있는데 '사랑'과 '계명을 지킴'이다. 그런데 실제로 '사랑'과 '계명을 지킴'은 두 가지가 아니라 한 가지로 봐야 한다. 예수님께서 "새 계명을 너희에게 주노니 서로 사랑하라 내가 너희를 사랑한 것 같이 너희도 서로 사랑하라 너희가 서로 사랑하면 이로써 모든 사람이 너희가 내 제자인줄 알리라"(요 13:34-35) 말씀하셨다. 우리가 주님을 사랑하면 계명을 지켜야 한다. "내 율례를 깨뜨리며 내 계명을 지키지 아니하면 내가 회초리로 그들의 죄를 다스리며 채찍으로 그들의 죄악을 벌하리로다"(:31-32). 이 말씀은 맥추절에 성도가 계명을 지키지 않으면 하나님께서 징계하신다는 경고이다. 우리는 하나님의 징계와 경고가 무서워서가 아니라, 기쁜 마음으로 맥추절을 지키고 감사의 예물을 드려야 축복을 받는다.

2026년 7월 12일, 오순절 후 7번째 주일

성 경	마가복음 6:7-13	예전색상	초록색

예배의 부름	"할렐루야 그의 성소에서 하나님을 찬양하며 그의 권능의 궁창에서 그를 찬양할지어다 그의 능하신 행동을 찬양하며 그의 지극히 위대하심을 따라 찬양할지어다"(시 150:1-2)
	항상 천국을 소망하고 세상에서도 아름답게 살게 하시는 하나님 아버지! 지난 한 주간에도 허락해 주신 하늘 평안을 힘입고 샬롬의 삶을 살게 하심을 감사드립니다. 이 예배가 하나님을 향한 사랑과 감사의 내용을 담은 예배가 되게 하여 주시옵소서. 한 주간 살아갈 때 세상의 바쁜 일보다 먼저 하나님의 사역에 충성하게 하시옵소서. 주시는 말씀이 저희 성도들에게 젖과 꿀이 흐르는 축복이 되게 하시고 무슨 일을 당하든지 하나님의 보살피심에 감사하며 살게 하옵소서. 예수님의 이름으로 기원하옵나이다. 아멘

회개를 위하여	몸이 아플 때 우리는 모든 것을 멈추고 병원으로 급히 발걸음을 옮깁니다. 검사와 치료를 위해서 많은 돈을 지출합니다. 영혼이 병들고 쇠약해질 때 그렇게 하지 못하는 원인이 무엇인지 말씀의 진찰대 위에 내 영혼을 누이고 영혼이 어떤 병에 걸렸는지 진단하는 기도를 계속합시다.

고백의 기도	세상에 오신 독생자가 맞으신 채찍으로 인하여 저희에게 나음의 은혜를 주시는 하나님 아버지! 예수님께서 흘리신 보혈의 능력으로 죄인이었던 저희에게 영원한 생명 주심을 감사드립니다. 그런 엄청난 은혜를 의지하여 지난 한 주간의 허물을 고백하오니 용서하여 주시옵소서. 그러나 어리석은 저희는 또다시 죄를 범하여 주님께 다시 한번 채찍질을 한 어리석음을 불쌍히 여겨 주시옵소서. 하나님의 뜻은 아랑곳하지 않고 저희의 배와 욕심만을 채우려 했던 저희였습니다. 습관적으로 회개하고 다시 죄를 범하는 어리석음의 굴레에서 과감히 벗어나기를 소원하는 저희 기도를 들어 응답해 주시옵소서.
	세상 연락을 즐기는 저희 손과 발이 쓸쓸한 인생길을 가는 사람을 하나님 앞으로 인도하는 손과 발이 되기로 작정합니다. 불의를 꾀했던 저희 입술이 열릴 때 감사와 찬송이 함께하기로 다짐합니다. 저희는 주님 주시는 크신 소망과 사랑의 열정을 가지고 저희를 괴롭히는 원수 마귀의 유혹을 물리칠 힘으로 비축하고 싶습니다. 이 시간 주님께 회개하는 영에 사하심의 은총을 부어 주옵소서. 저희가 죄를 지을 때보다도 더 강한 마음으로 저희 죄어지는 가슴을 찢으며 크게 뉘우치오니 다시 한번 사하심의 말씀을 선포하여 주옵소서. 우리 주 예수 그리스도의 이름으로 기도하옵나이다. 아멘

사함의 확인	"우리 조상들의 죄악을 기억하지 마시고 주의 긍휼로 우리를 속히 영접하소서 우리가 매우 가련하게 되었나이다 우리 구원의 하나님이여 주의 이름의 영광스러운 행사를 위하여 우리를 도우시며 주의 이름을 증거하기 위하여 우리를 건지시며 우리 죄를 사하소서"(시 79:8-9)

성시교독	6. 시편 10편

설교 전 찬 송	26장 (구세주를 아는 이들) 254장 (내 주의 보혈은)

설교 후 찬 송	401장 (주의 곁에 있을 때) 393장 (오 신실하신 주)

금주의 성가	깊은 지혜와 사랑 – C. D. Jone 우리 주님 친히 널 찾으시니 – Ralph Camicheel 주님을 찬양하세 –고덕환
목회기도	**주**님의 보혈로 더러운 죄를 씻어 하늘 백성이 되게 하신 하나님 아버지! 지난 한 주간 세상에서 상처 난 마음과 지친 마음으로 나온 종들을 품에 안아 주시고 예배드리게 하심을 감사드립니다. 이 엄청난 사랑은 우리가 다시 한 주간 세상을 살아갈 힘과 용맹으로 저희를 무장시켜 주시기 위함인 줄 믿습니다. 우리 교회 성도들이 서로 모여 합심으로 기도할 때 성령의 뜨거움으로 재무장되게 하옵소서. 생색을 내지 않고 주님만 바라보며 변함없는 믿음과 하늘 소망의 감격을 안고 충성하게 하옵소서. **믿**음, 소망, 사랑 안에서 날마다 승리하게 하시는 주님! 옳은 것을 분별할 줄 아는 분별력 주시기를 원합니다. 옳은 것을 말하기 위해서는 목숨도 아까워하지 않는 용기로 살렵니다. 남을 판단하기 이전에 먼저 자기 자신을 판단하고 비판할 줄 아는 사람들이 되겠습니다. 서로 격려받고 위로받고 싸매 주는 교회가 되게 하여 주옵소서. 믿지 않는 많은 사람이 저희의 모습을 보고 교회에 대한 부정적인 생각이 긍정적으로 변하여 구원으로의 초청에 응할 수 있도록 복 내려주시옵소서. 각 기관이 먼저 믿음 안에서 하나가 되는 뿌리를 내리고 활동의 열매가 사랑과 믿음 속에 탐스럽게 맺혀지게 하옵소서. 예수님의 이름으로 기도합니다. 아멘
헌금을 위한 성구	"내게 토단을 쌓고 그 위에 네 양과 소로 네 번제와 화목제를 드리라 내가 내 이름을 기념하게 하는 모든 곳에서 네게 임하여 복을 주리라"(출 20:24)
헌금기도	**육**신의 필요를 공급해 주시고 고단한 마음까지 어루만져 주시는 하나님 아버지! 지난 한 주간 동안 먹고 마시고 입고 편히 잠잘 수 있는 은혜를 감사하는 마음 담아 주님께 예물을 가지고 나왔습니다. 이 물질이 하나님께 드리는 거룩한 예물로 성별 되게 하여 주옵소서. 저희 삶이 잇대어지는 가정과 몸담은 직장과 나라를 축복하시사 풍성한 하나님의 의로 넘치는 복이 강물처럼 흐르게 하여 주옵소서. 가진 것으로 하나님께 기쁨을 드리고 싶지만, 가진 것 없어서 애태우는 심령이 있습니다. 그 마음을 헤아리시어 위로하시고 더 많은 복을 내려 주옵소서. **하**나님의 영광을 위해 살게 하신 은혜를 감사하여 예물을 드립니다. 영혼 구원을 삶의 최우선 순위로 세우며 살아가는 자녀들이 십일조를 드립니다. 감사 예물과 구역에서 예배를 드리고 바치는 구역 헌금을 드립니다. 굶주린 이웃과 나누며 살겠다는 마음으로 성미를 드립니다. 바치는 예물들이 물질이 부족하여 병마와 굶주림으로 고통받는 자들의 손을 잡아주는 예수 그리스도의 팔이 되게 하옵소서. 우리 교회 성도들을 눈동자처럼 보살펴 주옵시고 병든 자를 고쳐 주시고 상심한 자를 위로하시고 낙심한 이들에게 소망을 주옵소서. 예수 그리스도의 이름으로 기도하옵나이다. 아멘!
위탁의 말씀	"제자들이 나가서 회개하라 전파하고 많은 귀신을 쫓아내며 많은 병자에게 기름을 발라 고치더라" 예수님께서 열두 제자를 둘씩 파송하시면서 그들에게 능력을 주신 것처럼 우리도 예수 능력으로 사람들에게 회개를 전파하는 한 주간을 살아야 할 것입니다.
축도	지금은 인류를 위한 유일한 구속자이신 예수 그리스도의 은혜와 우리들의 삶을 사랑의 빛으로 영원하게 하시는 하나님 아버지의 극진하신 사랑과 삶의 미래를 은혜의 빛기둥으로 인도하시는 성령의 역사하심이 말씀의 능력을 받아 복음의 증인된 삶의 길을 가겠다고 다짐하며 나아가는 성도들의 머리 위에 영원토록 함께하옵기를 간절히 축원하옵나이다. 아멘

오늘의 설교를 위하여

오늘의 설교를 위한 복음적 조명 주제 : 제자의 능력

제목 : 제자의 능력과 삶의 목표 l 본문 : 마가복음 6:7-13

주제 : 예수님께서 열두 제자를 둘씩 파송하시면서 그들에게 능력을 주셨다. 또한 제자들은 아무것도 소유하지 말라고 하셨다. 또 어디서든지 그곳을 떠날 때까지 소유하다가 영접하지 않으면 발의 먼지까지 떨어버리고 떠나라고 하셨다.

논지 : 귀신을 제어하는 제자들의 능력과 회개의 복음을 전파하는 성도가 되게 하자.
1. 귀신을 제어하는 제자
2. 가능한 무소유의 제자
3. 어디든지 머무는 제자
4. 회개를 전파하는 제자

예수님께서 열두 제자를 3년 동안 교육하셨다. 이제 제자들의 능력을 시험해보고 싶으셨고, 실제로 예수님께서 혼자 복음을 전하는 것보다는 제자들을 보내서 복음을 전하는 게 좋을 것 같아 제자들을 둘씩 짝을 지어 전도에 파송하셨다. 여기서 우리가 주의 깊게 읽어야 할 말씀은 "열두 제자를 부르사 둘씩 둘씩 보내시며"(:7) 라는 말씀이다. 예수님께서 제자들을 둘씩, 둘씩 짝을 지어서 복음 전파에 보내셨다. 왜 그랬을까? 여기에 교훈적인 깊은 뜻이 있었다. 기본적으로는 제자들이 아직 미숙했다. 마치 어린양을 이리 떼에게 보내는 것 같았다. 그래서 혼자 보내는 것보다는 둘씩 짝을 지어서 보내면 좋을 것 같았다. 또 혼자는 시험에 들 가능성도 있다. 두 제자가 함께했을 때 시험과 유혹을 물리칠 수 있다. 그리고 서로 지혜를 나누면서 주님의 일을 할 수 있다. 이후로 전도자는 필수적으로 둘이 함께 복음을 전하는 것을 최선으로 생각한다. 목사가 신학대학에서 목회학을 배울 때, 교수님이 철저하게 당부한 말씀이 있다. 앞으로 전도사나 목사가 되면 혼자 가정 방문하지 말라는 것이다. 반드시 여전도사와 동행하는 것을 원칙으로 하고 만일 여전도사가 없으면 목사 부인과 동행해야 한다는 것이다. 이것이 교역자가 시험에 안 드는 조건이 된다는 교훈이다.

1. 귀신을 제어하는 제자

"열두 제자를 부르사…더러운 귀신을 제어하는 권능을 주시고"(:7). 예수님께서는 열두 제자를 파송하시기 전에 더러운 귀신을 제어하는 능력을 주셨다. 귀신이 있느냐 없느냐에 대해서는 많은 논란이 있지만, 성경은 귀신이 있다고 가르치고 있다. 현대인들은 "에이, 이 첨단과학 세상에 무슨 귀신이 있어?"라고 말하지만, 성경적으로 볼 때 귀신은 분명히 있다. 귀신은 영적인 존재이다. 만일 귀신이 없다고 한다면 예수님이 거짓말하셨다는 말인데 진리이신 예수님은 거짓말을 하시지 않는다. 귀신은 있기만 한 것이 아니라 사람 속에 역사하고 있다. 요즘 TV나 세상 돌아가는 모습을 보면 귀신을 따르는 사람들이 많다. 정치인을 비롯하여 귀신에 미친 사람들이 많다는 말이다. 귀신은 사람 속에 들어가 그를 무너뜨리고 고통스럽게 한다. 마가복음에서 "귀신이 어디서든지 그를 잡으면 거꾸러져 거품을 흘리며 이를 갈며 그리고 파리해지는지라"(막 9:18)라고 말씀했다. 실제로 귀신이 있지만, 예수님을 믿는 성도는 귀신을 무서워할 필요가 없다. 왜 그럴까? 귀신은 예수님을 무서워하기 때문이다. "이에 데리고 오니 귀신이 예수를 보고…땅에 엎드러져 구르며 거품을 흘리더라"(막 9:20). 귀신은 예수님을 두려워했다. 예수님은 제자들에게 귀신을 제어하는 능력을 주셨다.

2. 가능한 무소유의 제자

예수님께서 제자를 둘씩 보내시면서 "여행을 위하여 지팡이 외에는 양식이나 배낭이나 전대의 돈이나 아무 것도 가지지 말며 신만 신고 두 벌 옷도 입지 말라"(:8-9) 말씀하셨다. 이 말씀을 한마디로 표현하면 '무소유(無所有)'로 복음 전도 여행하라는 뜻이다. 좀 난감하다. 여행자가 돈지갑이나 아무것도 가지지 말고, 신만 신고 두 벌 옷도 입지 말고 가라니 어처구니가 없다고 생각할 수 있다. '무소유'를 말하면 불교의 법정 스님이 떠오르는데, 그는 가족이 없고 혼자 살기에 가능할지 몰라도 보통 사람에게는 합당하지 않다. 하지만 예수님께서는 법정 스님보다 더 먼저 가능한 무소유를 말씀하셨다. 우리가 여기서 배울 교훈은 세상의 재물이나 육신을 위한 노력보다도 오직 하나님의 나라와 그의 의를 위하여 복음을 전파하고, 오직 하늘나라만 바라보면서 신앙생활을 하는 데 목적이 있다. 신발은 매우 간편한 여행용 도구이다. 두 벌 옷은 여벌 옷, 즉 겉옷이라는 뜻이다. 여행자는 노숙(露宿)할 때 밤의 한기를 막아주는 겉옷이 필요하다. 그러나 예수님은 그것조차 금하셨다. 이는 최소한의 것을 가지라는 명령이다. 또 복음을 전파할 제자들은 신발과 한 벌의 옷과 지팡이를 보장받으면서 전능하신 하나님을 절대로 의존하는 삶의 자리에 서 있기를 바라는 주문이다.

3. 어디든지 머무는 제자

예수님께서 제자들을 복음 전도에 파송하시면서 "어디서든지 누구의 집에 들어가거든 그곳을 떠나기까지 거기 유하라 어느 곳에서든지 너희를 영접하지 아니하고 너희 말을 듣지도 아니하거든 거기서 나갈 때에 발 아래 먼지를 떨어버려"(:10-11)라고 말씀하셨다. 이 말씀은 제자들이 여행자이지만, 일정한 장소에 정착하지 말고 또 누구의 집에 들어가든지 떠날 때까지만 거하고, 만일 배척하면 미련도 없이 떠나라는 교훈이다. 주님의 제자, 즉 성도나 목회자는 한곳에 붙박이로 생활하지 말고, 언제든지 하나님의 뜻이면 떠날 수 있어야 한다. 사실 목회자는 한곳에서 오랫동안 목회할 생각을 하지 않는다. 목회자는 마치 야전 병사와 같이 주님께서 명령하시면 곧바로 이삿짐을 챙겨서 다른 교회로 전출할 마음이 있다. 한 목사님은 시무하던 교회에서 장기근무하고 70세가 되면 원로 목사가 될까 봐 미리 은퇴하였다. 그런데 유감스럽게도 한 목사님은 호적등본의 나이를 속이고 70세가 넘도록 목회하여 원로 목사가 되었고, 자기의 아들을 후임 담임 목사로 만들어서 그 교회의 터줏대감으로 권력을 잡기도 했다. 예수님께서 복음을 전파하는 제자는 한 곳에 오랫동안 있지 말고 발아래 먼지까지 떨어버리고 떠나라고 말씀하셨다. 아울러 제자는 세상에 미련을 두지 않아야 한다.

4. 회개를 전파하는 제자

사람들은 세상에서 먹고살기 풍성하고, 입을 의복도 좋고, 살기도 좋고 아름다운 아파트에서, 친구도 많고 나날이 살기가 즐겁고 재미있는 곳을 찾아다닌다. 이런 곳은 절대로 광야가 아니다. 미안하지만 이런 세상에서는 하나님을 만날 수 없다. 왜 그럴까? 세상 살기가 좋으니 하나님을 그리워하지 않기 때문이다. 하늘나라보다 세상 나라가 더욱 좋다. 그러니 하나님이 무슨 필요가 있겠는가? 하나님이 소용없으니 만날 필요도 없는 것이다. 그들은 하나님을 찾지 않는다. 하나님보다도 장차 망할 세상이 더 좋아 세상과 짝하여 살다가 세상이 망할 때 함께 망할 것이다. 이럴 때 주님의 제자들이 할 일은 회개를 전파는 일이다. "세례 요한이 광야에 이르러 죄 사함을 받게 하는 회개의 세례를 전파하니 온 유대 지방과 예루살렘 사람이 다 나아가 자기 죄를 자복하고 요단 강에서 그에게 세례를 받더라"(막 1:4-5). 예수님께서 죄를 회개하는 성도에게 찾아오신다. 우리는 회개해야 주님을 영접할 수 있다. 사람이 회개했다는 증거가 무엇인가? 회개는 속으로 하기에 겉으로 잘 나타나지 않는다. 그런데 겉으로 나타나는 증거는 믿음과 겸손이다. 예수님의 명령으로 "제자들이 나가서 회개하라 전파하고 많은 귀신을 쫓아내며 많은 병자에게 기름을 발라 고치더라"(:12-13).

2026년 7월 19일, 오순절 후 8번째 주일

성 경	예레미야 23:1-6	예전색상	초록색
예배의 부름	"그런즉 너희는 먼저 그의 나라와 그의 의를 구하라 그리하면 이 모든 것을 너희에게 더하시리라 그러므로 내일 일을 위하여 염려하지 말라 내일 일은 내일이 염려할 것이요 한 날의 괴로움은 그 날로 족하니라"(마 6:33-34)		
	할렐루야! 지난 한 주간에도 실체의 암초를 피해 승리하게 하신 하나님 아버지! 거룩한 주님의 날 지친 영혼에 성령의 생기로 영적 권능을 회복하게 하시려고 불러 주심을 감사드립니다. 오늘도 생명의 말씀과 성령의 감로수를 맛보게 하옵소서. 이 예배를 흠향하시고, 믿음의 걸림돌을 제거해 주시고, 인생의 닫힌 빗장문을 열어주옵소서. 백부장 같은 담대한 믿음으로 주님께 예배하오니 믿음의 날갯짓으로 하늘로 치솟아 풍성하고 넉넉한 인생을 살게 하옵소서. 예수님의 이름으로 기원하옵나이다. 아멘		
회개를 위하여	하나님은 이곳에 OO교회를 세우시고 선한 목자이신 예수님을 닮은 담임 목사님을 보내 주셨습니다. 양은 목자의 음성을 따라 살고 순종해야 하건만 혹 좋은 관계가 아니라면 찾아가 용서하고 사랑의 대화를 통해 관계를 회복하리라는 기도를 계속합니다.		
고백의 기도	영생의 감동을 안고 살아가는 성도들에게 하늘 은혜로 채워 주시는 하나님 아버지! 저희에게 생명의 푸른 초장인 OO교회와 예수님을 닮은 주의 종들을 보내주신 은혜를 감사드립니다. 주의 종은 말씀을 통해서 우리의 믿음이 자라게 하시건만 말씀을 받을 때마다 "아멘"으로 응답하지 못한 것을 용서하여 주옵소서. 저희 안에 아직 회개하지 못한 죄가 남았다면 나로 인하여 청결하신 주님의 성전이 더러워진 것을 용서하여 주옵소서. 지난 한 주간에도 저희는 죄와 탐욕의 벌판에서 하나님을 등지고 살아왔습니다. 용서하여 주시옵소서.		
	아침에는 그럴듯한 계획을 세웠지만 무엇 하나도 내놓을 수 없는 하루를 살기도 합니다. 해 기우는 밤에는 하루를 돌아보며 헛된 한숨을 쉬면서 눈물 흘린 가증스러운 모습을 산 저희를 불쌍히 여겨 주옵소서. 세우신 종을 통해 주시는 말씀을 들을 때 묵은 땅을 갈아엎고 하늘 축복이 촉촉이 저희 가슴을 적시기를 소원합니다. 한 주간 세상에서 살 때 연약한 모습을 보이지 않겠습니다. 기도와 찬송의 목소리를 높이겠습니다. 이웃의 고통과 괴로움을 위해 희생하겠습니다. 쉬지 않고 기도하여 하나님의 응답을 받아 놀라운 기적을 체험하는 성도가 되겠다는 결심에서 나오는 회개를 받아 주옵시고 사죄의 말씀으로 거듭나는 감동을 허락하여 주옵소서. 예수님의 이름으로 기도합니다. 아멘		
사함의 확 인	"그러므로 그가 범사에 형제들과 같이 되심이 마땅하도다 이는 하나님의 일에 자비하고 신실한 대제사장이 되어 백성의 죄를 속량하려 하심이라 그가 시험을 받아 고난을 당하셨은즉 시험 받는 자들을 능히 도우실 수 있느니라"(히 2:17-18)		
성시교독	7. 시편 13편		
설교 전 찬 송	24장 (왕 되신 주) 268장 (죄에서 자유를 얻게 함은)		
설교 후 찬 송	391장 (오 놀라운 구세주) 336장 (환난과 핍박 중에도)		

07
19

금주의 성가	온 교회여 주 찬양 - Joseph M. Martin 찬양해 내 혼아 - 김은석 주가 계시면 - Arr. by Joseph Linn and Tom Fettke
목 회 기 도	**선**한 목자의 음성을 따라 말씀의 은혜의 강가에서 살게 하시는 하나님 아버지! 한 주간 동안 목자의 인도하심을 벗어나 음침한 죄악의 골짜기를 헤매다가 생명수가 흐르는 교회로 인도해 주시고 말씀의 생수를 마실 기회 주심을 감사드립니다. 이 갈증은 영적인 목마름의 갈증입니다. 이제 주님 안에서만 오직 삶의 기쁨이 있고 목마름이 없는 갈증 해소의 길이 있음을 고백합니다. 저희의 출발점은 언제나 믿음이었습니다. 그러나 믿음 없이도 살 수 있다는 허황한 생각의 지배를 받았기에 어리석은 인생길을 방황하고 말았음을 용서하여 주옵소서. **낙**심한 자에게 소망을 주시고 약한 자를 강하게 하시는 하나님 아버지! 주님께서 보잘것없는 저희를 기대하고 믿어 주시기에 충성을 다짐합니다. 나만의 유익보다는 다른 사람의 유익과 행복을 위해 기도와 가진 것으로 섬기는 삶을 살겠습니다. 고통을 만날 때 원망보다는 그리스도의 남은 고난을 채워 가는 신앙의 발전적 계기로 삼게 하옵소서. 교회에 속한 여러 가지 기관을 축복하시고 주님의 나라 확장을 위한 충성된 종이 되는 감동이 있게 하여 주시옵소서. 우리 주 예수 그리스도의 이름으로 기도하옵나이다. 아멘
헌금을 위한 성구	"그러므로 우리는 예수로 말미암아 항상 찬송의 제사를 하나님께 드리자 이는 그 이름을 증언하는 입술의 열매니라"(히 13:15)
헌 금 기 도	**남**에게 꾸지 않고 베풀고도 남음이 있는 물질을 주시는 하나님 아버지! 주님을 사랑하는 성도들이 감사와 찬양과 회개와 믿음의 고백을 드리고 이 시간 헌신을 다짐하며 물질을 봉헌케 하심을 감사드립니다. 땀과 기도와 믿음과 정성이 담긴 저희의 물질을 받아 주시고 보물을 하늘 창고에 쌓는 성도들 되게 하시옵소서. 반드시 복 주고 복 주며, 번성케 하고 번성케 하리라는 하나님의 축복 말씀이 저희에게도 이루어지게 하옵소서. 믿음이 약하여 얼마를 드려야 할지 갈팡질팡하는 약한 심령에 주님께서 함께하시어서 예물이 믿음의 분량임을 깨닫는 담대함을 허락하여 주옵소서. **주**님의 것을 구별할 줄 알기에 드리는 십일조의 손길들이 있습니다. 여러 가지 다양한 예물들이 있습니다. 드린 영혼마다 복의 근원이 되는 복된 손이 되게 하옵시고 저들의 손에 하늘의 상급과 땅의 축복이 쥐어지게 하옵소서. 받은 것이 많으면서도 아직도 받을 것만을 계수하고 있었던 저희가 부끄럽습니다. 오늘의 반성이 새로운 출발이 될 수 있도록 지혜를 허락하여 주옵소서. 받은 것보다 없는 것이 많다고 칭얼거리고 남의 것과 비교하면서 패자 된 우울한 마음까지도 하늘 은총으로 말갛게 하사 거듭난 기쁨으로 매사를 감사하며 살게 하옵소서. 우리 주 예수님의 이름으로 기도합니다. 아멘
위탁의 말씀	"내가 그들을 기르는 목자들을 그들 위에 세우리니 그들이 다시는 두려워하거나 놀라거나 잃어버리지 아니하리라 여호와의 말씀이니라" 하나님께 부름을 받은 목자처럼 구원의 복음을 전하는 하나님의 사역자답게 한 주간을 살아가야 합니다.
축 도	지금은 심판보다 은혜를 베푸시기를 기뻐하시는 은혜의 하나님 아버지와 우리를 위해 기도하시는 구속의 주예수 그리스도와 회개와 부흥을 경험하게 하시는 성령의 인도하심이 복음의 전달자로 보내는 선교사가 될 각오를 안고 돌아가는 모든 성도들 머리 위에 영원토록 함께하옵시기를 간절히 축원하옵나이다. 아멘

오늘의 설교를 위하여

오늘의 설교를 위한 복음적 조명 주제 : 양들의 목자

제목 : 양 떼들이 구원받게 하는 목자 l 본문 : 예레미야 23:1-6

주제 : 하나님께서 예레미야 선지자를 통해서 그 시대의 타락한 목자들을 책망하였다. 그러나 하나님께 부름을 받은 진실한 목자의 사역을 통하여 흩어진 양 떼를 다시 모아서 돌아오게 하셨다. 그리고 생육하고 번성하게 하셨다.

논지 : 목자가 하는 사역을 조목조목 설명하면서 구원의 메시지를 전하자.
1. 하나님의 백성을 기르는 목자
2. 양 떼들이 돌아오게 하는 목자
3. 의로운 가지들을 세우는 목자
4. 양 떼들이 구원받게 하는 목자

목자란 누구인가? 목자는 문자대로 말하면 양 떼를 치는 사람이다. 목자를 영적으로 표현하면 양과 같은 우리를 구원하시는 예수님이시다. 그런데 예수님께서 "선한 목자는 양들을 위하여 목숨을 버리거니와 삯꾼은 목자가 아니요 양도 제 양이 아니라 이리가 오는 것을 보면 양을 버리고 달아나나니 이리가 양을 물어 가고 또 헤치느니라 달아나는 것은 그가 삯꾼인 까닭에 양을 돌보지 아니함이나"(요 10:11-13) 말씀하셨다. 이 말씀에서 "선한 목자"와 "삯군 목자"가 대조적으로 설명되어 있다. 선한 목자는 양들을 사랑한다. 양을 위하여 우리를 마련해 놓았다. 양을 위하여 새벽같이 일어난다. 아침 일찍부터 양을 푸른 초장으로 인도하여 살진 꼴을 먹인다. 시냇가로 인도하여 맑은 물을 마시게 한다. 그늘이 있는 데로 인도하여 쉬게 한다. 혹시 이리와 같이 무서운 맹수가 나타나면 목숨을 내놓고 싸워 양을 지킨다. 만일 이리가 양을 해치려고 하면 목숨을 버리면서까지 싸우다 죽는다. 예수님께서 "나는 선한 목자라 선한 목자는 양들을 위하여 목숨을 버리거니와"(요 10:11)라고 말씀하셨다. 이 선한 목자이신 예수님이 함께하는 성도가 안전하고 편안하다. 선한 목자를 떠나는 양은 생명이 위험하다. 예수님을 떠나 세상 사람을 따르는 사람은 목자를 잃은 양과 같이 되고 만다.

1. 하나님의 백성을 기르는 목자

예수님께서 목자는 양을 사랑하고, 양은 목자의 음성을 안다고 하셨다(요 10:4). 양들은 목자의 음성을 알기에 따라오되 타인의 음성을 알지 못하는 고로 타인을 따르지 않고 도리어 도망한다고 말씀하셨다(요 10:5). 여기서 우리가 알 수 있는 것은 목자와 양의 관계이다. 목자는 양들을 귀중히 여기고, 양들은 목자를 존중한다. 만일 목자와 양의 이 관계가 깨지면 양자의 관계를 유지할 수 없다. 왜 그런가? 양은 목자 없이 살 수 없고, 목자도 양들이 없으면 무가치한 존재가 되기 때문이다. 특별히 여기서 우리가 유의해야 할 것은 목자가 양들을 기르고 있다는 것이다. 이 생각을 실제 현장에 적용한다면, 목자, 즉 목회자는 성도들인 하나님의 백성들을 기르고 있다는 것이다. 다른 말로 하면 하나님의 백성인 성도들은 목회자가 없이는 생존하기 어렵다. 예레미야 선지자 시대에 하나님의 목장에서 양 떼를 멸하며 흩어지게 하는 거짓 목자들이 있었다. 그들은 하나님의 화를 자초하였다. 그때 예레미야 선지자가 "그러므로 이스라엘의 하나님 여호와께서 내 백성을 기르는 목자에게 이와 같이 말씀하시니라 너희가 내 양 떼를 흩으며 그것을 몰아내고 돌보지 아니하였도다 보라 내가 너희의 악행 때문에 너희에게 보응하리라 여호와의 말씀이니라"(:2) 증언하였다.

2. 양 떼들이 돌아오게 하는 목자

예수님께서 '탕자의 비유'(눅 15:11-32)에서 집 나간 둘째 아들이 방탕한 생활을 접고 집으로 돌아온 것은 '아버지의 사랑'을 잊지 못했기 때문이라고 말씀하셨다. 사람은 누구나 곁길로 갈 수 있다. 그러나 자신이 잘못된 길을 가다가 다시 돌이키는 경우는 자신의 잘못을 깨닫고 회개하기 때문이다. 그런데 회개는 아무 때나 무조건 되는 것이 아니다. 반드시 어떤 동기가 주어져야 가능한데, 그 역할은 부모님이나 친구, 과거의 선생님이 하는 경우가 많다. 교회에 잘 다니던 교인이 타락하여 세상에 나갔을 때 누가 그를 하나님께 돌아오게 할 수 있을까? 교회는 잘 다녀도 불신앙에 빠져서 영적으로 방황하고 있는 성도를 누가 하나님께로 돌아오게 할 수 있을까? 그는 분명히 목자, 즉 목사이다. 예레미야 선지자는 본문에서 하나님의 말씀을 이렇게 예언하였다. "내가 내 양 떼의 남은 것을 그 몰려 갔던 모든 지방에서 모아 다시 그 우리로 돌아오게 하리니 그들의 생육이 번성할 것이며"(:3). 하나님께서 목자의 심정으로 타락하여 세상으로 몰려갔던(끌려갔던) 이스라엘 백성들을 각 지방(이방 바벨론)에서 모아 다시 그 우리(예루살렘과 유대)로 돌아오게 할 것이라고 말씀하셨다. 그리고 그들의 생육이 번성하게 하신다고 하셨다. 이것이 바로 목자의 심정이다.

3. 의로운 가지들을 세우는 목자

우리, 오늘 여기서 피차 냉정하게 생각해 보자. 우리는 모두 의인(義人)인가? 그 답은 부정적인 면이 지배적이다. 하나님을 믿는다고 하면서도 의롭지 못한 사람들이 많이 있다. 그러면 누가 우리를 의롭게 만들 수 있을까? 물론 회개하고 예수님을 믿으면 의롭게 된다. 하지만 엄격히 말해서 자력으로는 불가능하다. 그러면 누가 우리를 의로운 사람이 되도록 도와줄 수 있을까? 그 일을 하는 사람이 바로 목자이신 예수님이다. 사도 바울은 "네가 만일 네 입으로 예수를 주로 시인하며 또 하나님께서 그를 죽은 자 가운데서 살리신 것을 네 마음에 믿으면 구원을 받으리라 사람이 마음으로 믿어 의에 이르고 입으로 시인하여 구원에 이르느니라"(롬 10:9-10) 말씀했다. 그러면 누가 예수님을 주로 시인하고, 마음에 믿게 하는가? 그 일을 도와주는 사람은 역시 목자이다. 목자는 성도의 믿음을 키워준다. 목자는 성도가 예수님을 주로 시인하도록 협조한다. 어린아이가 젖을 사모하지만, 엄마가 없으면 젖을 먹을 수 없다. 어린아이와 같은 교인이 하나님의 말씀을 먹을 수 있도록 하는 일을 목자가 한다. 예레미야 선지자는 "한 의로운 가지를 일으킬 것이라 그가 왕이 되어 지혜롭게 다스리며 세상에서 정의와 공의를 행할 것이며"(:5) 말씀했다. 목자는 양 떼가 돌아오게 도와준다.

4. 양 떼들이 구원받게 하는 목자

"네가 네 하나님 여호와의 말씀을 삼가 듣고 내가 오늘 네게 명령하는 그의 모든 명령을 지켜 행하면 네 하나님 여호와께서 너를 세계 모든 민족 위에 뛰어나게 하실 것이라"(신 28:1). 하나님께서 인간들을 죄악에서 구원하시고 독생자 예수 그리스도를 세상에 보내셨다. 예수님은 선한 목자로 세상에 오셔서 사람들의 죄악을 대신하여 십자가에서 죽었다가 사흘 만에 부활하셨다. 목자는 양 떼를 푸른 초장으로 인도하여 좋은 풀을 먹게 하고 잔잔한 시냇가에서 깨끗한 물을 마시게 한다. 또한 이리 떼가 오면 싸워서 물리치기도 한다. 그러나 목자가 양을 대신하여 죽기는 어렵다. 하지만 선한 목자이신 예수님은 인간들을 대신하여 죽었다. 이는 인간들을 모든 죄악에서 구원하시기 위해서다. 예레미야 선지자는 하나님께서 이스라엘 백성들이 포로가 된 나라에서 인도하시어 자기의 땅, 곧 예루살렘과 유대 지역으로 돌아와 살게 하실 것이라고 예언하였다. 이는 하나님께서 이스라엘을 구원하시겠다는 언약이다. "그의 날에 유다는 구원을 받겠고 이스라엘은 평안히 살 것이며 그의 이름은 여호와 우리의 공의라 일컬음을 받으리라"(:6). 양 떼들이 구원받게 하는 목자의 사명을 예수님께서 감당하셨으니, 우리도 예수 그리스도를 믿어 구원을 받는 신앙생활을 하자.

2026년 7월 26일, 오순절 후 9번째 주일

성 경	요한복음 6:1-15	예전색상	초록색
예배의 부름	"내가 여호와의 이름을 전파하리니 너희는 우리 하나님께 위엄을 돌릴지어다 그는 반석이시니 그가 하신 일이 완전하고 그의 모든 길이 정의롭고 진실하고 거짓이 없으신 하나님이시니 공의로우시고 바르시도다"(신 32:3-4)			
	죄악과 허물을 독생자 예수 그리스도의 보혈로 거듭나게 하신 하나님 아버지! 오늘도 믿음으로 하나 된 저희가 하나님과 맺은 언약을 새롭게 하고자 모여 예배하게 하시니 감사드립니다. 저희가 드리는 이 예배가 천사들도 흠모하는 하늘 잔치가 되게 하옵시고 가지고 나온 모든 문제와 고민이 해결되는 은혜의 동산이 되게 하여 주옵소서. 말씀을 통해서 낡은 옛사람의 모습이 변하여 오직 하나님이 쓰시기에 합당하게 준비된 영혼이 되게 하옵소서. 우리 주 예수 그리스도의 이름으로 기원하옵나이다. 아멘			
회개를 위하여	우리가 살아가는 세상은 모두가 자기의 유익을 위해서라면 남을 짓밟는 것을 죄로 생각하지 않습니다. 지난 한 주간을 살면서 혹시 내가 그런 부류에 속한 한 사람은 아니었는지 주님과 나만이 아는 잘못을 반성하고 회개하는 기도를 계속하시기 바랍니다.			
고백의 기도	각 사람의 형편과 처지를 따라 필요한 하늘 복을 내려주시는 하나님 아버지! 지난 한 주간 세상 풍파에 시달린 저희를 평안과 소망의 쉼터로 인도해 주신 은혜를 감사드립니다. 믿음은 바라는 것들의 실상임을 알면서도 믿음을 위해 말씀을 가까이하지 못한 잘못을 용서하여 주옵소서. 실수한 것에 뉘우치고 반성해야 한다는 것을 알면서 실천하지 못했습니다. 주님의 전에서 몸으로 봉사하지 못하고 입으로만 떠들었습니다. 저희의 자랑거리와 교만을 드러내기를 좋아했습니다. 이웃의 실수를 바라보며 눈물을 흘려야 한다는 것을 알지만 이웃의 실수를 소문내기를 좋아했던 저희를 불쌍히 여겨 주옵소서.			
	이제 성령님의 인도하심을 따라 이웃의 작은 실수를 용서하기에 인색했던 잘못을 버리겠습니다. 섬김받기보다는 먼저 그 안에 계신 주님의 형상을 바라보면서 섬기는 종의 도를 걷도록 하겠습니다. 내 생각과 판단의 기준으로 다른 사람을 평가하지 않겠습니다. 가진 모든 것을 사랑으로 내어준 주님을 본받아 마음의 문을 활짝 열고 내 것부터 내어주면서 사마리아 사람이 강도 만난 자에게 상처를 싸매 준 길을 닮고자 합니다. 이렇게 진솔한 마음으로 주님께 자복하여 지난날의 잘못을 뉘우치고 모든 조건을 축복으로 허락하신 하나님을 언제나 기억하면서 살아갈 결심을 새롭게 하오니 용서의 말씀을 주시옵소서. 예수님의 이름으로 기도하옵나이다. 아멘			
사함의 확인	"오라 우리가 여호와께로 돌아가자 여호와께서 우리를 찢으셨으나 도로 낫게 하실 것이요 우리를 치셨으나 싸매어 주실 것임이라"(호 6:1)			
성시교독	8. 시편 14편			
설교 전 찬송	29장 (성도여 다 함께) 279장 (인애하신 구세주여)			
설교 후 찬송	304장 (그 크신 하나님의 사랑) 80장 (천지에 있는 이름 중)			

금주의 성가	나를 붙드소서 - W. C. Jorden 의로운 자여 즐거워하라 - F. B. Holton 주께서 나를 온전하게 하시니 - M. Sullivan Lacour
목회기도	**영**혼과 육체가 갈피를 못 잡고 허둥댈 때마다 말씀의 생수로 새 힘 주시는 하나님 아버지! 거룩한 주일 아침 모든 세상일을 멀리하고 먼저 회개의 기도를 들어 주시고 사죄의 선포를 통하여 성결케 해주심을 감사드립니다. 오늘도 여러 가지 상한 마음을 안고 온 심령들이 있습니다. 목자같이 저희를 지키시고 주시는 말씀의 생수로 영성이 회복되게 하옵소서. 세상 풍조는 항상 부조리와 정치의 불협화음, 마약, 퇴폐가 인간의 힘으로는 어찌할 수 없는 한계점에 이르렀사오니 간섭하시어 개혁되게 하옵소서. **어**둡고 절망한 때에 의지할 어깨를 내어주시는 주님! 이럴 때일수록 우리는 교회를 섬길 때 충성을 다할 수 있게 하옵소서. 직장 일과 교회 일 사이에서 시험당하지 않게 하시고 인간적인 생각으로 무분별한 행동을 하여서 교회나 주님의 영광을 가리는 일이 없게 하여 주시옵소서. 여러 가지 모양으로 헌신하는 성도들에게 복을 주시어서 빈궁한 자들이 없게 하시옵소서. 마음은 원이지만 질병으로 예배에 함께하지 못한 성도들을 기억하시고 모든 병이 떠나가게 하시고 건강하여 함께 주를 위하여 헌신하는 자들이 되게 하여 주시옵소서. 예수님의 이름으로 기도드립니다. 아멘
헌금을 위한 성구	"환난의 많은 시련 가운데서 그들의 넘치는 기쁨과 극심한 가난이 그들의 풍성한 연보를 넘치도록 하게 하였느니라"(고후 8:2)
헌금기도	**구**하고 두드릴 때 응답으로 화답하시는 하나님 아버지! 예수님을 닮고 싶어 드리기를 기뻐하고 산 제물이 되고 싶은 마음으로 몸과 마음과 물질을 드릴 기회 주심을 감사드립니다. 그러나 우리는 공중의 새와 들녘의 꽃들을 보면서도 일용할 양식과 옷 걱정을 했던 어리석음을 용서하여 주옵소서. 구하고 두드릴 때마다 거저 주신 것을 망각하고 우리 힘으로 얻어진 것처럼 마음대로 처분하고, 마음대로 사용했던 것을 후회합니다. 이 모든 것이 아버지 하나님께서 거저 주셨다는 사실을 잊고 살았던 것을 용서하여 주시옵소서. **십**일조를 드렸습니다. 항상 기뻐하라는 주님 말씀에 따라서 감사헌금을 드렸습니다. 구역헌금과 강단을 아름답게 장식하거나 눈에 보이지 않는 정성과 땀과 수고를 바친 자녀들을 기억하여 주시옵소서. 식당에서 봉사로, 가르치는 교사로, 성가대로, 시간으로 주님께 아름다운 헌신의 꽃다발을 드렸습니다. 드린 예물이 쓰일 때마다 하나님의 나라가 크게 확장되는 결실이 있게 하옵소서. 아직도 있어야 할 물질이 없어서 눈물 흘리는 사람들이 있거든 차고 넘치게 주시는 주님을 모시고 사는 감격으로 그 염려를 덮게 하옵소서. 예수님의 이름으로 봉헌하오며 기도드리옵나이다. 아멘
위탁의 말씀	"이에 거두니 보리떡 다섯 개로 먹고 남은 조각이 열두 바구니에 찼더라" 어린아이의 보리 떡 다섯 개와 물고기 두 마리가 남자만 5,000명이 먹고도 열두 바구니나 남는 기적은 지금도 작은 것을 드린 자에게 항상 일어난다는 믿음을 실천하며 살아가는 저와 여러분이 되시기 바랍니다.
축 도	지금은 우리를 위해 친히 고난의 길을 택하신 예수 그리스도의 은혜와 고난 뒤에 감추어진 영광의 면류관을 준비하시는 하나님 아버지의 극진하신 사랑과 고난은 유익이요, 축복임을 일깨워주면서 이기게 도우시는 성령님 역사하심이 똑같이 고난을 받아도 고난 뒤의 영광을 바라보며 감사함으로 끝까지 승리하기를 결단하며 나아가는 주의 백성들에게 지금부터 영원토록 함께하시기를 간절히 축원하옵나이다. 아멘

오늘의 설교를 위하여

오늘의 설교를 위한 복음적 조명 주제 : 기적의 양식

제목 : 기적의 양식과 생명의 말씀 | 본문 : 요한복음 6:1-15

주제 : 예수님께서 말씀을 전하시다가 굶주린 사람들에게 먹일 양식을 요구하셨다. 그때 어린아이가 예수님에게 드린 것은 보리떡 다섯 개와 물고기 두 마리였다. 예수님은 그것으로 남자만 5,000명이 먹고 열두 바구니나 남는 기적을 행하셨다.

논지 : 오천 명이 먹고도 열두 바구니가 남은 기적의 말씀을 복음적으로 증언하자.
1. 사람들에게 먹일 양식
2. 어린아이가 바친 양식
3. 오천 명이나 먹은 양식
4. 열두 바구니 남은 양식

사람이 살아가려면 없어선 안 되는 것 세 가지가 있다. 이른바 '衣食住'로 '입을 옷, 먹을 음식, 살 곳'이다. 첫째로 사람의 체면과 위신을 살려주는 의복이 있어야 한다. 사람에게 자신의 속살이 보이지 않도록 예의를 갖춘 의복이 필요하다. 요즘 여자들이야 일부러 속살을 드러내 놓고 다니는 것을 자랑으로 여기지만, 실제로 의복은 인간이 범죄 한 후에 자신의 부끄러움을 가리기 위한 수단으로 생겨난 것이다. 둘째로 사람이 활동할 힘을 얻고 몸의 건강을 유지하기 위해서 양식을 먹어야 한다. 음식을 즐기는 식도락가도 있지만, 기본적으로 양식은 사람의 생존을 위해서 필수적인 요소이다. 그러나 너무 많이 먹으면 비만에 허덕이고 각종 질병에 걸릴 수 있다. 음식물은 적당하게 먹어야 건강하게 살 수 있다. 또한 너무 안 먹으면 몸이 허약해져 죽을 수 있고, 너무 많이 먹어도 병에 걸린다. 셋째로 사람의 몸을 눕히고 편히 쉴 수 있는 주택이 있어야 한다. 인간의 사생활을 가려주고 삶을 아늑하게 하는 공간으로 주택이 사람에게 필요하다. 衣食住 외에도 사람이 살아가는데 필요한 것이 많이 있지만, 기본적으로 세 가지만 있으면 살 수 있다. 하지만 이 세 가지보다 더욱 필요한 게 있는데, 그것은 살아 있는 하나님의 말씀이다. 하나님의 말씀을 먹어야 영혼이 살 수 있다.

1. 사람들에게 먹일 양식

일반적으로 사람들은 자기가 먹을 양식을 위하여 노동하고 번 돈으로 먹거리를 만들어 먹는다. 하지만 아직 능력이 없는 어린아이나 미숙한 청소년은 부모의 도움으로 양식을 먹는다. 또한 아주 지나치게 가난한 사람은 국가에서 최저생활비를 주어서 살아가게 한다. 예수님 시대에도 가난한 사람들이 많아서 몹시 굶주렸다. 그렇다고 로마의 속국이 된 유대 나라에서 돈이나 양식을 주지 않았기에 수많은 사람이 허기를 참고 견딜 수밖에 없었다. 그때 예수님께서 말씀을 전파하시니 너도나도 함께 몰려들어서 말씀을 들었다. 어느 날, 예수님께서 종일 말씀을 가르치시다가 해가 어느덧 서산으로 뉘엿뉘엿 지고 있었다. 이제는 무리를 집으로 돌려보내야 할 시간이다. 그러나 인자하신 예수님의 마음에 걸렸다. 온종일 말씀을 듣기 위해 양식도 제대로 먹지 못한 굶주린 무리를 그냥 돌려보낼 수는 없었다. 예수님께서 빌립에게 "우리가 어디서 떡을 사서 이 사람들을 먹이겠느냐"(:5) 물으셨다. 제자들이 "이 곳은 빈 들이요 때도 이미 저물었으니 무리를 보내어 마을에 들어가 먹을 것을 사 먹게 하소서"(마 14:15) 하고 부탁드렸다. 참으로 인정이 없는 제자들이었다. 순간 예수님의 마음이 아프셨다. 우리는 여기서 사람들에게 먹일 양식을 염려하시는 주님의 마음을 배우게 하자.

2. 어린아이가 바친 양식

 한 어린아이가 예수님께 간다고 하니까 엄마가 점심으로 보리떡 다섯 개와 물고기 두 마리를 싸주었다. 그런데 그 어린아이는 점심에 그것을 안 먹었다. 왜 안 먹었는지 알 수 없지만 추측하건대 점심을 먹을 기회를 놓친 것 같다. 주변에 있는 사람들이 아무도 점심을 안 먹으니 혼자만 먹을 수 없어 못 먹었을 것이다. 또한 어린이가 예수님의 말씀에 심취하여 밥 먹을 겨를도 없었을 수도 있다. 아니면 하나님께서 그것을 요긴하게 쓰시려고 못 먹게 하셨는지 모르겠다. 일단 어린아이가 보리떡 다섯 개와 물고기 두 마리를 예수님께 바쳤다. 여기서부터 은혜의 기적이 나타났다. 적은 물질이 그것을 소유한 사람의 손에서 떠나는 순간부터 기적의 떡이 만들어졌다. 어린아이가 바친 양식은 심히 적은 것이었다. 안드레가 말한 것처럼 "그것이 이 많은 사람에게 얼마나 되겠사옵나이까"(:9). 그러나 기적은 아주 적은 것으로부터 시작된다. 여기서 우리는 하나님의 능력을 믿어야 한다. 하나님은 무(無)에서 유(有)를 창조하시고, 아주 적은 데서 많은 것을 만드신다. 그러므로 우리는 없다고 낙심하지 말고, 모자란다고 근심하지 말고 무한한 능력이 많으신 하나님을 믿어야 한다. 어린아이가 보리떡 다섯 개와 물고기 두 마리를 예수님께서 기적의 양식을 만드신 것처럼 말이다.

3. 오천 명이나 먹은 양식

 한 어린아이가 보리떡 다섯 개와 물고기 두 마리의 적은 음식을 받으신 예수님께서 사람들을 명하여 잔디에 앉게 하셨다. 사람들의 수효를 세어보니 남자만 5,000명쯤 되었다고 했다. 그 시절에는 여자와 어린아이는 사람 취급하지 않았고 숫자에도 넣지 않았다. 이를 현대에는 성차별과 약자인 어린아이를 무시한다고 비판하는 평가를 받게 된다. 예수님께서 어린아이가 보리떡 다섯 개와 물고기 두 마리를 손 위에 올려놓고 하늘을 우러러 하나님께 감사의 축복기도를 하셨다. 그리고 제자들을 통하여 사람들에게 나누어 주셨다. 보리떡과 물고기를 그렇게 주셨다. 사람들이 원하는 대로 주셨다. 그들이 다 배불리 먹었다. 어린아이의 적은 양식인 음식을 남자만 오천 명을 배불리 먹이는 기적이 일어난 것이다. 이것이 바로 기적의 양식이다. 우리는 여기서 기적에 대하여 세밀하게 살펴볼 필요가 있다. 기적은 '혼자 먹는 양식'과 '더불어 먹는 양식'에서 차이가 생긴다. 보리떡 다섯 개와 물고기 두 마리는 어린아이가 겨우 '혼자 먹을 양식'이다. 그러나 혼자 먹지 않고 '더불어 먹을 양식'으로 생각하고 그것을 예수님의 손에 맡겼다. 그랬더니 5,000명 이상이 배불리 먹었다. 욕심으로 5,000명 이상이 먹을 양식을 혼자만 먹으려고 하는 사람은 비만이나 고혈압으로 곧 죽는다.

4. 열두 바구니 남은 양식

 '바구니'는 파피루스, 버들, 갈대, 대추야자 잎 등을 엮어 만든 둥근 그릇을 말한다. 버들로 만든 '살'에는 떡(창 40:16)을 담았다. 이보다 큰 바구니에는 무화과(렘 24:2)나 벽돌(시 81:7)을 담았으며, '실을 짜다'에서 유래된 단어 '테네'에는 하나님께 드릴 토지 소산의 맏물(신 26:2)을 담았다. 신약성경에서는 버들로 엮은 손바구니로서 남은 떡 열두 바구니를 담을 때에만 이 단어가 사용되었다(마 14:20, 마 16:9, 막 6:43, 막 8:19, 눅 9:17, 요 6:13). 이에 비해 '씨를 뿌리다'에서 유래된 일곱 광주리의 떡을 담을 때(마 15:37, 마 16:10, 막 8:8, 막 8:20)와 사울이 다메섹 성에서 탈출할 때 타고 내려 온 광주리로 나온다. 예수님께서 바구니와 광주리를 정확하게 구분하여 말씀하셨다. "너희가 아직도 깨닫지 못하느냐 떡 다섯 개로 오천 명을 먹이고 주운 것이 몇 바구니며 떡 일곱 개로 사천 명을 먹이고 주운 것이 몇 광주리였는지를 기억하지 못하느냐"(마 16:9-10). 여기에서 우리는 바구니가 유대인들이 정결 양식을 담는 도시락 바구니임을 알 수 있다. 예수님은 왜 사람들이 먹기에 알맞도록 기적을 행하지 않고 양식이 남도록 하셨을까? 예수님께서 왜 남은 양식을 거두도록 하셨을까? 우리는 먹고 남은 여유 있는 양식을 이웃들과 나누도록 해야 할 것이다.

8월의 예배와 설교를 위하여

일	요일		본문	설교제목	기타 (예화, 참고자료)
2	주일	낮			
		밤			
5	수				
9	주일	낮			
		밤			
12	수				
16	주일	낮			
		밤			
19	수				
23	주일	낮			
		밤			
26	수				
30	주일	낮			
		밤			

2026년 8월 2일, 오순절 후 10번째 주일

성 경	에베소서 4:17-24	예전색상	초록색

예배의 부름	"온 땅이여 여호와께 노래하며 그의 구원을 날마다 선포할지어다 그의 영광을 모든 민족 중에 그의 기이한 행적을 만민 중에 선포할지어다"(대상 16:23-24) 어려운 일을 당할 때마다 새 힘 주시고 성도들의 눈물을 닦아주시는 하나님 아버지! 주님의 사랑 안에서 한 주간을 보내고 신령과 진정으로 예배하는 자리에 불러 주신 은혜를 감사드립니다. 받은 것 많으면서도 항상 더 달라고 원망하는 저희의 불신앙을 용서해주옵소서. 주님의 날, 육신의 질병과 사정으로 이 예배에 참석치 못한 성도들을 긍휼히 여기시고 말씀으로 새로운 힘을 얻어 근심이 변하여 기쁨이 되는 한 주를 살게 하옵소서. 우리 주 예수 그리스도의 이름으로 기원하옵나이다. 아멘
회개를 위하여	일 년 중 한 번쯤은 영적 부흥의 갱신을 위해 노력하는 시간을 만들어야 합니다. 그렇게 영혼이 잘되지 않으면 만사가 어그러지고 신앙생활이 삶의 액세서리처럼 빛을 잃고 초라하게 됩니다. 그렇게 사는 무리 중에 혹 내가 끼어 있지 않은지 성찰하고 회개하는 기도를 계속합니다.
고백의 기도	우리 영혼이 잘 됨 같이 범사가 잘 되기를 바라시는 하나님 아버지! 지난 한 주간에도 주님의 형상대로 말하고 생각하고 행동하지 못한 저희에게 회개할 기회 주시려고 불러 주심을 감사드립니다. 하나님의 사랑을 받기에 너무 강퍅한 마음을 가진 그가 저희입니다. 주님의 형상을 입었으면서도 마치 원수 마귀의 길동무인양 죄악 된 습관과 육신의 욕망을 떨쳐 버리지 못하고 살았음을 불쌍히 여겨 주시옵소서. 죄 때문에 많은 질고와 육신의 고통이 온 것도 모르고 주님을 원망하면서 살아온 잘못을 용서하여 주옵소서. 영혼이 잘 되기를 바라는 하나님의 뜻을 따라 항상 하나님과 관계가 바른지를 성찰하며 살겠습니다. 청결한 영혼을 소유하여 "두드리라 그리하면 열리리라"라고 하신 말씀처럼 말씀과 함께 길이요, 진리요, 생명의 길을 걷겠습니다. 평화의 영혼을 소유하여서 불화와 미움이 있는 곳에 화평하게 만드는 평화의 사도가 되겠습니다. 비록 영성의 기력이 탈진되어 있지만, 환경을 탓하지 않겠습니다. 남을 원망하고 불평하지 않겠습니다. 죽음의 앓는 소리가 변하여 성령님과 함께 춤을 추게 만들도록 노력하겠습니다. 이 결심을 받아 주시고 사죄의 말씀으로 거듭남의 감격을 안고 살게 하여 주옵소서. 예수님의 이름으로 기도합니다. 아멘
사함의 확인	"악인은 그의 길을 불의한 자는 그의 생각을 버리고 여호와께로 돌아오라 그리하면 그가 긍휼히 여기시리라 우리 하나님께로 돌아오라 그가 너그럽게 용서하시리라"(사 55:7)
성시교독	9. 시편 15편
설교 전 찬 송	14장 (주 우리 하나님) 212장 (겸손히 주를 섬길 때)
설교 후 찬 송	216장 (성자의 귀한 몸) 289장 (주 예수 내 맘에 들어와)

금주의 성가	새 노래로 주 찬양하라 - W. J. Kirkpatrick 주를 보라 - Jimmy Owens 주 이름 높고 크도다 - Arr. by Elizabeth
목회기도	**자**유가 상실된 속박에서 죄인을 해방해 주신 아버지 하나님! 하나님의 은혜 주심이 아니면 하루도 그 목숨을 이어갈 수 없는 저희에게 지난 한 주간도 하나님의 사랑하심을 받으며 살게 하여 주심을 감사드립니다. 하나님과 세상 두 주인을 섬기지 않도록 붙잡아 주시옵소서. 저희에게 주신 많은 재능과 물질을 육신의 만족을 위해서만 다 써 버리고 하나님과 거룩한 교통을 위해서는 쓸 것이 하나도 없는 알거지 같은 모습이 저희임을 고백합니다. 용서하여 주옵소서. 주님의 나라 확장을 위해서 일꾼으로 불림을 받았지만 무엇을 어떻게 해야 할지 몰라 방황하고 있사오니 이제 멈추게 하옵소서. **하**나님의 비밀스러우신 일들을 깨달아 알게 하시는 주님! 결심합니다. 봉사해야 할 곳을 배회만 하던 저희는 이제는 그곳에 동참하여 땀을 흘리겠습니다. 복음이 증거가 돼야 할 때 언어장애인 노릇을 한 지난날이 되풀이되지 않게 하렵니다. 가정에서 가정 예배의 뿌리가 내려지는 끈기를 보이겠습니다. 예배가 주님을 가장 확실히 만나는 지름길임을 알고 참석하는 신앙을 살겠습니다. 헌신하면서 참된 평화와 안식을 찾아 가슴 벅찬 마음으로 말씀 중심의 삶을 살게 하옵소서. 예수님의 이름으로 기도합니다. 아멘
헌금을 위한 성구	"흩어 구제하여도 더욱 부하게 되는 일이 있나니 과도히 아껴도 가난하게 될 뿐이니라 구제를 좋아하는 자는 풍족하여질 것이요 남을 윤택하게 하는 자는 자기도 윤택하여지리라"(잠 11:24-25)
헌금기도	**풍**성한 하늘 은혜로 성도들의 삶을 윤택하게 하시는 하나님 아버지! 지난 한 주간에도 필요한 물질을 채워주시고 부족한 저희를 하나님 나라 확장의 일꾼으로 쓰임받게 하시니 감사를 드립니다. 이 시간 하나님의 자녀로 권세를 얻고 주님의 백성 된 저희가 믿음과 사랑과 소망으로 정성스럽게 준비한 예물을 드리오니 받아 주시옵소서. 세상 여기저기에서 땀흘리고 눈물을 흘린 대가로 얻은 소득의 일부를 십일조로 드립니다. 걱정과 근심 가운데서도 주님의 사랑을 체험하여 감사헌금으로 드립니다. 어려움에 부닥쳐있는 교회를 위하여, 선교사들을 위하여, 목회자를 위하여 선교헌금으로 드립니다. **지**난날 주님을 위하여, 교회를 위하여, 봉사를 위하여 물질을 사용할 때는 아까워하는 생각이 들었습니다. 용서하여 주옵소서. 주님께 드리는 물질보다도 저희의 믿음을 더 기쁘시게 받으시는 주님을 기억하게 하옵소서. 이 땅 위에서의 물질적인 축복보다는 주님 앞에서의 상급이 훨씬 더 영원하고 큰 축복이라는 것을 깨닫게 하여 주시옵소서. 이 물질이 쓰이는 곳마다 주님의 역사가 왕성하게 하옵소서. 다시는 세상에서 물질의 종이 되지 않고 주신 것을 오직 주님만 섬기고 살며 보시기에 아름다운 일에도 아낌없이 지출할 수 있게 하옵소서. 예수님의 이름으로 기도합니다. 아멘
위탁의 말씀	"구습을 따르는 옛 사람을 벗어 버리고 오직 너희의 심령이 새롭게 되어 하나님을 따라 의와 진리의 거룩함으로 지으심을 받은 새 사람을 입으라" 허망한 것 때문에 목숨을 걸지 말고 의와 진리에 모든 것을 걸고 사는 한 주간이 되시기 바랍니다.
축도	지금은 인류를 구원하시기 위하여 이 땅에 오셔서 우리의 모든 죄와 허물을 담당하신 예수 그리스도의 은혜와 하나님 아버지의 사랑하심과 속 사람이 강건하도록 날마다 능력을 주시는 성령의 역사와 도우심이 오늘 성전에 나와 예배하며 구원 얻은 기쁨을 다시 한번 느끼고 감격하여 돌아가는 주님의 백성들 위에 그리고 저들의 가정과 교회 위에 영원토록 함께 계시기를 축원하옵나이다. 아멘

오늘의 설교를 위하여

오늘의 설교를 위한 복음적 조명 주제 : 거룩한 사람

제목 : 의와 진리로 거룩한 성도 | 본문 : 에베소서 4:17-24

주제 : 우리는 예수님을 믿고 구원받기 전에는 허망한 것을 실행하여 하나님의 생명을 잃는 사람들이었다. 하지만 예수님을 믿고 하나님의 자녀가 된 후부터는 영혼의 심령이 새롭게 되어 의와 진리로 거룩한 신앙생활을 하는 새사람이 되었다.

논지 : 구원을 받기 이전의 사람과 구원을 받은 후의 성도를 비교하여 증언하자.
1. 허망한 것을 실행하는 사람
2. 하나님의 생명을 잃은 사람
3. 영의 심령이 새롭게 된 사람
4. 의와 진리로 거룩한 새사람

사람이란 어떤 존재인가? 신앙적인 사람은 어떤 우상을 받들고 숭배하지 않는다. 흔히 우리는 어떤 위대한 사람을 숭배하고 믿고 따르는 것으로 생각한다. 그런다고 그가 판에 박힌 신앙적인 사람은 아니다. 신앙적인 사람은 무엇이 참이고 무엇이 거짓인지를 끊임없이 질문한다. 무엇이 진짜고 가짜인지 스스로 묻는 사람이다. 그런 사람이 진정한 신앙인이다. 신앙인은 어디에 머물거나 안주하지 않는다. 신앙적인 사람은 온갖 불안과 두려움으로부터 자기 자신을 해방한다. 자기중심주의로부터, 이기심과 욕심으로부터 자기를 풀어놓은 사람이다. 신앙적인 사람은 물질적인 빈부와는 상관없이 마음이 가난하다. 마음이 가난하다는 것은 탐욕을 부리지 않는 맑은 상태이다. 마음이 사회로부터 자유로울 때, 가난은 미덕이 된다. 흔히 우리는 가난을 악덕으로 생각하는데, 마음이 어디에도 매이지 않고 자유로울 때 가난은 미덕이 된다. 여기에서 우리는 반드시 물질적인 빈부를 연상하지 말자. 이것은 맑은 마음을 말하는 것이다. 분수 밖의 욕심을 부리지 않는 마음을 이야기하고 있다. 특히 신앙인들은 무엇보다도 내면적으로 가난해야 한다. 그래야 아무 욕구도 욕망도 없다. 내면적인 가난을 통해서 삶의 진실을 볼 수 있고, 그때 거기에는 아무 갈등이 없이 하나님의 축복을 받는다.

1. 허망한 것을 실행하는 사람

예수님께서 기도하시기 위해서 따로 산으로 올라가시고, 제자들이 배를 타고 갈릴리 바다를 건너가고 있었다. 배가 이미 육지에서 수리나 떠났을 때 세찬 바람이 불어 어려움을 당하고 있었다. 그때 예수님께서 바다 위로 성큼성큼 걸어오고 계셨다. 제자들은 예수님을 유령으로 착각하고 무서워하며 소리를 질렀다. 그래서 예수님께서 "안심하라 나니 두려워하지 말라"(마 14:27) 말씀하셨다. 즉시 베드로가 "주여 만일 주님이시거든 나를 명하사 물 위로 오라 하소서"(마 14:28) 외치니 예수님께서 오라고 대답하셨다. 그런데 바람을 보고 무서워 빠져 가는지라 소리 질러 "주여 나를 구원하소서"(마 14:30) 부르짖었다. 예수님께서 즉시 손을 내밀어 베드로를 붙잡으시며 "믿음이 작은 자여 왜 의심하였느냐"(마 14:31) 말씀하셨다. 바람은 자연의 한 요소지만, 영적으로는 '허망한 것'이다. 또한 믿음은 내가 어렵사리 붙잡은 것을 놓아버리는 것이다. 그걸 놓으면 죽는데 어떻게 놓아 버릴 수 있는가. 놓으면 죽는다. 그러나 죽어야 산다는 복음의 진리는 붙잡아야 산다. 사도 바울이 "그러므로 내가 이것을 말하며 주 안에서 증언하노니 이제부터 너희는 이방인이 그 마음의 허망한 것으로 행함 같이 행하지 말라"(:17) 말씀했다. 성도는 바람과 같은 세상의 허망한 것을 놓아야 한다.

2. 하나님의 생명을 잃은 사람

하나님께서 사람에게 생명을 주셨지만, 그 생명이 영원토록 계속되지는 않는다. 언제일지는 몰라도 하나님께서 부르시면 세상을 떠나야 한다. 그렇다면 사람이 하나님의 생명을 어떻게 해야 아름답고 풍성하게 축복의 세월을 누릴 수 있겠는가? 생명에게 축복의 세월이 열리는 비결이 있다. 지금까지 우리가 예수님을 믿는다고 생각했는데 바로 믿고 바로 따랐는지 세밀하게 검토해보고, 혹 잘못 믿었으면 이제부터는 선한 목자이신 예수님을 바로 믿고 진실하게 섬겨서 따르는 삶으로 올바르게 신앙생활을 하는 성도가 되도록 기도하시기를 간절히 바란다. 사람은 예수님의 말씀을 들어야 한다. "문지기는 그를 위하여 문을 열고 양은 그의 음성을 듣나니 그가 자기 양의 이름을 각각 불러 인도하여 내느니라"(요 10:3). 예수님께서 오늘도 주님의 몸 된 교회의 문을 열고 양인 사람을 부르셨다. 사람의 이름을 각각 불러 세상에서 나오게 하셨다. 그런데 사람들은 세상에서 교회에 나오지 않는다. 그리하여 사도 바울이 "그들의 총명이 어두워지고 그들 가운데 있는 무지함과 그들의 마음이 굳어짐으로 말미암아 하나님의 생명에서 떠나 있도다"(:18) 책망하였다. 부르시는 음성을 아는 성도는 예수님께서 자기의 이름을 부르실 때 세상의 모든 일을 뒤로하고 이곳에 와야 한다.

3. 영의 심령이 새롭게 된 사람

예수님께서 죄악으로 말미암아 영혼이 죽어가는 사람들을 구원하시기 위하여 세상에 오셨다. 사람들이 하나님께 죄를 짓기 전에는 영혼이 깨끗했는데, 죄를 지은 후부터 영혼이 죽게 되었다. 사람을 크게 세 가지로 나눌 수 있다. 하나는 영이고, 둘은 혼이고, 셋은 육신이다. 사람이 하나님 앞에 죄를 지으면 영이 병들게 된다. 사람이 정서적으로 부족하면 혼이 나빠진다. 사람이 건강관리를 제대로 하지 않으면 육신이 병들게 된다. 우리가 예수님을 믿는 목적은 영과 혼과 육신이 치유되기 위해서이다. 또한 예수님께서 우리의 믿음을 보시고 모든 영과 혼과 육신을 치유해주신다. 예수님의 치유가 사람들에게 일어날 수 있는 가장 아름다운 일이다. 예수님께서 "사람이 만일 온 천하를 얻고도 자기를 잃든지 빼앗기든지 하면 무엇이 유익하리요"(눅 9:25)라고 말씀하신 것처럼, 사람의 영혼이 병들어 있으면 의미 있는 인생을 살 수 없다. 그래서 인간에게 가장 위대한 일은 예수님을 통해 하나님을 믿어 죽은 영혼이 치유 받는 일이다. 사도 바울이 "너희는 유혹의 욕심을 따라 썩어져 가는 구습을 따르는 옛 사람을 벗어 버리고 오직 너희의 심령이 새롭게 되어"(:22-23)라고 말씀했다. 이 말씀처럼 우리는 영의 심령이 새롭게 된 성도로 신앙생활을 해서 하나님을 기쁘시게 하자.

4. 의와 진리로 거룩한 새사람

'성령을 받는 것'과 '성령을 충만히 받는 것'은 다르다. 성령을 받는다는 것은 일부 그리스도인들이 말하는 것과 같이 무슨 특별한 신비한 체험이나 느낌이 아니다. 그것은 우리가 예수님을 우리 인생의 구세주로 모실 때 동시에 일어나는 평생에 단 한 번 있는 사건이다. 그러므로 우리는 우리 안에 성령이 들어오시도록 요구할 필요가 없다. 예수 그리스도를 나의 주(主)로, 나의 하나님으로 인정하고 그분에 대한 믿음을 결단하는 순간에 성령님은 이미 우리 안에 들어와 계신다. 사도 요한은 "볼지어다 내가 문 밖에 서서 두드리노니 누구든지 내 음성을 듣고 문을 열면 내가 그에게로 들어가 그와 더불어 먹고 그는 나와 더불어 먹으리라"(계 3:20) 선언하여 믿는 성도에게 성령님이 임재하셨다고 기록했다. 예수님은 진리로 세상에 오셨다. "예수께서 이르시되 내가 곧 길이요 진리요 생명이니 나로 말미암지 않고는 아버지께로 올 자가 없느니라"(요 14:6). 우리는 본래 죄인이기에 하나님이나 사람 앞에서 의롭지 못했다. 하지만 우리가 예수님을 믿음으로 칭의(稱義), 곧 의롭다고 인정을 받게 되었다. 그래서 의와 진리로 거룩한 새사람이 되었다고 믿는다. 따라서 사도 바울이 우리에게 "하나님을 따라 의와 진리의 거룩함으로 지으심을 받은 새 사람을 입으라"(:24) 말씀했다.

2026년 8월 9일, 오순절 후 11번째 주일 / 광복절감사주일(15일)

성 경	출애굽기 12:1-14	예전색상	초록색

예배의 부름	"너희는 먼저 그의 나라와 그의 의를 구하라 그리하면 이 모든 것을 너희에게 더하시리라 그러므로 내일 일을 위하여 염려하지 말라 내일 일은 내일이 염려할 것이요 한 날의 괴로움은 그 날로 족하니라"(마 6:33-34)
	연약하고 미련한 백성들을 은혜의 손길로 거룩한 하늘 백성이 되게 하신 하나님 아버지! 8월 15일 광복절 기념 주일에 드리는 예배를 통하여 세상에서 구별하여 불러내시고 하나님의 제단에 나와 예배드리게 하심을 감사드립니다. 아직도 남북으로 분단된 우리 민족이 하나로 통일되어 국가적인 자유를 누리게 하옵소서. 우리는 하나님의 백성이요, 하나님께서 기르시는 어린양이오니 말씀으로 은혜를 베풀어주셔서 거룩한 삶을 살게 하옵소서. 우리 주 예수님의 이름으로 기원하옵나이다. 아멘
회개를 위하여	세상 사람들은 문제가 생기면 돈과 권력으로 해결하려는 심보가 있습니다. 믿음의 문제는 세상이 해결할 수 없습니다. 말씀과 기도와 찬송만이 해결할 수 있습니다. 아직도 세상이 해결사인 것처럼 세상을 의지하고 사는 그가 바로 나는 아닌지 성찰하고 회개하는 기도를 계속합니다.
고백의 기도	**힘**든 일을 만날 때마다 기도의 통로를 통해서 해결할 방법을 알려 주시는 하나님 아버지! 어려움이 다가올 때마다 기도와 말씀으로 해결하려고 하지 못한 저희의 어리석음을 용서하여 주옵소서. 특히 우리는 광복절 기념 예배를 드리면서 나라와 민족을 위해서 기도하지 못한 것을 고백합니다. 이 나라와 민족을 불쌍히 여겨 주시어 참된 해방의 감동을 감사하지 못했습니다. 하나님을 배반하고, 악을 일삼던 이스라엘 백성들을 두고 옷을 찢으며 기도하던 선지자들의 눈물을 저희가 압니다. 주님 앞에 무릎 꿇고 기도하지 않은 저희의 영적 둔함과 게으름을 용서하여 주시옵소서.
	우리 민족이 서로 존경하고 사랑하게 하사 평화 통일을 위한 초석으로 삼게 하여 주옵소서. 온 겨레가 주님을 믿어 이 땅에 주님의 나라가 확장되게 하시고 분단의 깊은 상처가 아물게 하여 주옵소서. 우리 민족 중에는 아직도 하나님의 그 크신 사랑을 알 수 없는 신앙의 문맹자가 많습니다. 그들이 회개할 수 있는 중보의 기도꾼이 저희가 먼저 되게 하옵소서. 이제 신앙을 가진 저희 성도가 먼저 하나님의 사랑의 깃발 아래 하나 되어 이 땅에 구원의 기쁜 소식을 전할 수 있도록 하겠사오니 그동안의 모든 잘못을 용서하옵시고 다시 한번 사함의 말씀으로 위로하여 주옵소서. 예수님의 이름으로 기도합니다. 아멘
사함의 확인	"내 이름으로 일컫는 내 백성이 그들의 악한 길에서 떠나 스스로 낮추고 기도하여 내 얼굴을 찾으면 내가 하늘에서 듣고 그들의 죄를 사하고 그들의 땅을 고칠지라"(대하 7:14)
성시교독	99. 나라 사랑(1)
설교 전 찬 송	85장 (구주를 생각만 해도) 419장 (주 날개 밑 내가 편안히 쉬네)
설교 후 찬 송	580장 (삼천리 반도 금수강산) 302장 (내 주 하나님 넓고 큰 은혜는)

금주의 성가	놀라운 주의 은혜 – H. Lillenas 감사로 주를 찬양 – Lloyd Larson 주님의 손 – Mosie Lister
목회기도	눈물로 기도하는 백성들의 간구에 응답해 주시는 하나님 아버지! 일본의 악랄한 식민지배라는 고통 속에서 믿음의 선혈들이 피 끓는 마음으로 드린 간구를 들어주심을 감사드립니다. 오늘 우리나라 교회들이 광복절 기념 예배를 드립니다. 억압과 무서운 감시를 받으면서도 목숨을 걸고 "대한 독립 만세!"를 외치면서 자유와 독립을 소망하는 외침의 힘을 주심에 다시 감사드립니다. 모두가 애국애족의 정신으로 태극기를 흔들면서 외친 그 심정으로 저희 대한민국 삼천리 금수강산이 기도와 찬양 소리가 진동하는 나라가 되게 하옵소서. 진리와 정의의 주관자가 되시는 하나님 아버지! 그러나 아직도 우리나라는 세계에서 유일하게 남은 두 동강 난 분단의 나라로 남아있습니다. 북한 땅에 있는 백성들은 자유를 누리지 못하고 있습니다. 마음 놓고 찬송가 부르고, 기도하고, 말씀을 가까이할 수 없는 믿음의 흑암 속에 살고 있습니다. 불쌍히 여겨 주옵소서. 일제에 항거하여 부르짖던 그 심정으로 기도하오니 긍휼히 여기시어 우리나라가 통일되어 주님 안에서 참 자유를 누리게 하옵소서. 예수님의 이름으로 기도하옵나이다. 아멘
헌금을 위한 성구	"우리 중에 누구든지 자기를 위하여 사는 자가 없고 자기를 위하여 죽는 자도 없도다 우리가 살아도 주를 위하여 살고 죽어도 주를 위하여 죽나니 그러므로 사나 죽으나 우리가 주의 것이로다"(롬 14:7-8)
헌금기도	나라의 위기 앞에서 눈물로 금식하며 기도하는 조상을 주신 하나님 아버지! 대한민국 우리 조국에 정의가 물같이, 공의가 하수같이 흐르게 하심을 감사드립니다. 이 나라에 광복의 기쁨을 주신 것을 감사하는 마음으로 예물을 봉헌합니다. 믿음의 선배들처럼 나라가 어려울 때 기도로 물질로 애국하는 우리 민족이 되게 하여 주옵소서. 성도들을 미혹시키는 이단 세력, 뇌물을 받고 눈감아주는 정치세력, 불법과 불의를 밥 먹듯이 저지르는 어둠의 세력과 싸울 수 있는 담대한 의지와 결단을 허락하여 주옵소서. 오늘 광복절 기념 예배를 드리면서 소득의 십일조를 드리오니 받으시고 삶의 창고에 넘치도록 채워주옵소서. 감사헌금을 드립니다. 더 큰 감사를 허락하옵소서. 주정헌금을 드립니다. 선교헌금을 드립니다. 구역헌금과 성미를 드립니다. 이 모든 예물을 열납해 주시고 드린 손길과 심령 위에 한량없는 주님의 복으로 내려주옵소서. 주님의 예물을 관리하는 재정부원들에게도 함께하여 주시옵소서. 오늘 드린 예물이 오직 주님 영광을 위하여, 교회를 위하여, 사회를 위하여 이 예물들이 쓰일 때 주님의 사랑이 전파되게 하시며 구원의 역사가 일어나게 하여 주시옵소서. 예수님 이름으로 기도합니다. 아멘
위탁의 말씀	"허리에 띠를 띠고 발에 신을 신고 손에 지팡이를 잡고 급히 먹으라 이것이 여호와의 유월절이니라" 우리는 결코 일제의 압제에서 신음했던 선혈들과 그들의 만행을 거울삼아 해방을 주시고 자유민주주의 국가가 된 그것을 감사하면서 살아가야 할 것입니다.
축 도	지금은 우리 주 예수 그리스도의 은혜와 하나님 아버지의 사랑하심과 성도들의 필요를 늘 돌아보시는 성령님의 인도하심이 나라를 잃었던 슬픔의 눈물을 해방의 감격 때문에 환희의 눈물로 바꾸어 주심을 감사하는 마음으로 나라를 위해 기도하겠다는 결심의 믿음과 함께 변함없이 하나님과 대한민국을 사랑하기로 다짐하며 나아가는 성도들과 주님의 몸 된 교회 가운데 이제로부터 영원토록 함께 계시기를 축원하옵나이다. 아멘

오늘의 설교를 위하여

오늘의 설교를 위한 복음적 조명 주제 : 유월절 해방

제목 : 유월절 역사에 의한 해방 | 본문 : 출애굽기 12:1-14

주제 : 하나님께서 고통을 당하는 이스라엘 백성들을 출애굽 역사로 구원하셨다. 우리 민족도 하나님께서 일제의 압제에서 광복하는 해방을 주셔서 자유민주주의 국가가 되었다. 하나님께서 행하신 이 두 가지 사건을 공유하여 하나님의 은혜에 감사하는 민족이 되어야 한다.

논지 : 하나님의 어린양이신 예수님의 희생을 해방의 말씀으로 증언하자.
   1. 어린양의 희생에 해방
   2. 문에 피 바른 후 해방
   3. 출애굽, 역사적인 해방
   4. 신들을 심판하는 해방

   유월절(逾越節)은 하나님께서 출애굽 전야(니산월 14일)에 이집트 땅의 사람이든 가축이든 처음 태어난 생명을 모두 치실 때 이스라엘은 그냥 '넘어간 것' 또는 '살려둔 것'을 기념하는 절기다. 이스라엘 백성들은 하나님께서 모세를 통해 명령하신 대로 모든 집마다 문설주에 어린 양의 피를 발라 하나님의 백성임을 표시하였다. 이스라엘과 개혁파 유대인들은 유월절을 7일 동안 기념하며, 다른 곳에서는 8일 동안 기념한다. 또한 그때는 7일간 이스라엘 백성들의 고난을 상징하는 '누룩을 넣지 않은 빵'(무교병)을 먹기 때문에 무교절이라고도 한다. 유대인들은 유월절에 가족끼리 특별한 식사를 하는 것으로 시작하며, 음식마다 부여된 상징적인 의미를 되새기면서 먹는다. 그 식사에는 기도와 전승의 내용을 암송하는 의식도 포함된다. 유대인들의 회당에서는 안식일에 예배의 한 순서로 〈아가〉(솔로몬의 노래)를 낭독한다. 유월절은 유대 역사에서 가장 큰 사건을 회상하며 즐거움을 누리는 절기이지만, 엄격하게 식사법을 지켜야 하고, 절기의 시작과 끝에는 특별한 규정에 따라서 노동을 제한한다. 유대인의 민족 문학서에는 민족 역사라고 할 수 있는 문서가 있다. 이 문서에는 유대인들의 최대 축제인 유월절에 대한 언급이 있다. 우리는 8월 15일 광복절을 해방일로 지킨다.

1. 어린양의 희생에 해방

   이스라엘 백성이 이집트에서 430년 동안 노예 생활을 하다가 하나님의 특별한 은혜로 해방을 얻게 되었다. 이때 모세는 이스라엘 백성들에게 명하여 흠 없고 1년 된 어린양을 잡아 희생시켰다. 어린양은 하나님께 드리는 속죄 제물이다. 사람이 죄를 범하면 흠 없는 어린양을 끌고 제사장에게 갔다. 제사장은 죄인에게 고백받은 죄를 어린양의 머리에 손을 얹어 하나님께 고하고 죄인에게 회개의 기도를 시킨다. 이는 그 사람이 지은 죄를 어린양에게 옮기는 의식이다. 그리고 어린양을 잡아 피를 제단에 뿌리고 고기는 불에 태워 향기로운 냄새가 되게 한다. 이는 죄를 씻는 속죄의 제사다. "이같이 제사장이 그가 범한 죄에 대하여 그를 위하여 속죄한즉 그가 사함을 받으리라"(레 4:35). 모세가 이스라엘 백성들의 해방을 위하여 각 가족대로 또는 식구를 위하여 어린양을 계산하여 취하라고 명령하였다. "그 어린 양에 대하여 식구가 너무 적으면 그 집의 이웃과 함께 사람 수를 따라서 하나를 잡고 각 사람이 먹을 수 있는 분량에 따라서 너희 어린 양을 계산할 것이며 너희 어린 양은 흠 없고 일 년 된 수컷으로"(:4-5). 어린양은 사람을 죄악에서 해방하는 매체인데, 각 사람에게 분양을 따르되 반드시 흠 없는 수컷(죄가 없는 남자 예수님)으로 결정하라고 말씀했다.

2. 문에 피 바른 후 해방

이집트 전역에 날이 저물어 어두움이 서서히 몰려와 밤이 깊어 가는데 어디선가 음산한 안개가 땅거미를 타고 밀려오고 있었다. 바로 그 시각에 이스라엘 백성들은 모세의 지시에 따라 흠 없고 일 년 된 어린양을 잡아 양의 피를 자신들이 사는 집 문설주에 바르고, 고기는 구워 무교병과 쓴 나물과 아울러 먹고(:7-8) 먼 길을 떠날 채비를 하고 있었다. 그러나 아무것도 모른 채 무방비 상태에 놓여 있던 이집트 사람들의 집에 죽음의 사자가 갑자기 들어갔다. 그리고는 다짜고짜 처음 난 사람이나 짐승을 막론하고 모두 죽이는 처절한 재앙이 내려졌다. 장자들을 잃은 슬픈 곡성이 집집에서 터져 이집트 전역으로 무섭게 퍼졌다. 이때 놀라운 것은 어린양의 피를 문설주에 바른 이스라엘의 백성들은 무사했다. 죽음이 그냥 지나가 버리기에 이를 유월절이라고 한다. 이 사건을 지켜보던 세상 사람들이 "아, 다르구나! 이스라엘은 뭐가 달라도 달라"하며 탄성을 발했다. 이게 바로 문에 피 바른 후 해방이다. 피로 말미암은 해방은 세상에서 찾을 수 없다. "염소와 송아지의 피로 하지 아니하고 오직 자기의 피로 영원한 속죄를 이루사 단번에 성소에 들어가셨느니라"(히 9:12). 오직 하나님의 아들이신 예수님이 십자가에서 흘리신 피가 사람을 구원하고 해방하는 사건이다.

3. 출애굽, 역사적인 해방

출애굽 역사는 구원과 해방의 징표이다. "그 밤에 그 고기를 불에 구워 무교병과 쓴 나물과 아울러 먹되 날것으로나 물에 삶아서 먹지 말고 머리와 다리와 내장을 다 불에 구워 먹고 아침까지 남겨두지 말며 아침까지 남은 것은 곧 불사르라 너희는 그것을 이렇게 먹을지니 허리에 띠를 띠고 발에 신을 신고 손에 지팡이를 잡고 급히 먹으라 이것이 여호와의 유월절이니라"(:8-11). 유월절 어린양의 피가 이스라엘 백성들을 해방했다. 어린양의 피는 우리의 구주이신 예수 그리스도의 피를 상징한다. 예수 그리스도의 피가 인간을 해방한다. "염소와 황소의 피와 및 암송아지의 재를 부정한 자에게 뿌려 그 육체를 정결하게 하여 거룩하게 하거든 하물며 영원하신 성령으로 말미암아 흠 없는 자기를 하나님께 드린 그리스도의 피가 어찌 너희 양심을 죽은 행실에서 깨끗하게 하고 살아 계신 하나님을 섬기게 하지 못하겠느냐"(히 9:13-14). 오직 예수 그리스도의 피만이 영원한 속죄를 이루는 능력이 있다. 구약시대에 짐승의 피를 제단에 뿌리면서 속죄의 제사로 의식을 행했다. 그러나 이제 짐승의 피로는 완전히 속죄할 수 없다. 그러므로 예수님께서 갈보리 십자가 위에서 못 박혀 피를 흘려주심으로써 우리의 모든 죄를 담당하셨고 그 피로 죄에서 해방되는 길을 열어놓으셨다.

4. 신들을 심판하는 해방

세상에는 여러 신들이 있고, 그 신에게 경배하고 간구하면 소원을 이룬다는 사람들이 많다. 그러나 신, 즉 우상이 사람의 죄를 속하지 못하고 또 어떤 소원을 이루어주지 못한다. 우상은 사람이 만든 형상으로 돌이나 나무, 또는 금붙이로 만들었기에 생명이 없다. 생명이 없는 우상은 절대로 인간들을 해방하지 못한다. 그런데 유감스럽게도 세상에는 여러 가지 모양의 신들이 많이 있다. 그리고 왕을 섬기는 나라의 백성들이 왕을 신으로 섬겼다. 이집트에서 바로 왕은 바로 그들의 신이었다. "내가 그 밤에 애굽 땅에 두루 다니며 사람이나 짐승을 막론하고 애굽 땅에 있는 모든 처음 난 것을 다 치고 애굽의 모든 신을 내가 심판하리라 나는 여호와라"(:12). 모세가 바로 왕에게 최후로 심판을 말했다. 여호와 하나님께서 밤중에 이집트 가운데로 들어가시리니 모든 처음 난 것은 왕위에 앉아 있는 바로의 장자로부터 맷돌 뒤에 있는 몸종의 장자와 모든 가축의 처음 난 것까지 죽으리니 이집트 온 땅에 전무후무한 큰 부르짖음이 있으리라 그러나 이스라엘 자손에게는 사람에게나 짐승에게나 개 한 마리도 그 혀를 움직이지 아니하리라고 말했다. 이렇게 말씀을 전하고 심히 노하여 바로 왕에게서 나왔다. 이는 바로 왕과 이집트 백성에 대한 하나님의 최후 심판을 경고였다.

2026년 8월 16일, 오순절 후 12번째 주일

성 경	요한복음 6:51-58	예전색상	초록색

예배의 부름	"너희는 이르기를 우리 구원의 하나님이여 우리를 구원하여 만국 가운데에서 건져내시고 모으사 우리로 주의 거룩한 이름을 감사하며 주의 영광을 드높이게 하소서 할지어다"(대상 16:35)
	영원부터 영원까지 살아 계셔서 실의와 절망에 빠진 자에게 용기와 희망을 주시는 하나님 아버지! 환난과 핍박이 그치지 않는 세상에서 저희를 지켜 보호해주시고 오늘 복되고 거룩한 날에 예배하게 하심을 감사드립니다. 이 예배를 통해서 은혜를 사모하는 성도들의 기도를 들으시고 응답하옵소서. 말씀 듣고 기도하고 찬송가를 부를 때 주님을 향한 믿음이 날로 충만하게 하시고 믿음의 감각이 회복되게 하여 주시옵소서. 우리 주 예수 그리스도의 이름으로 기원하옵나이다. 아멘
회개를 위하여	욕심이 커지면 사망에 이르게 할 정도의 힘이 생긴다고 합니다. 아직도 내 힘과 내 노력으로 무엇인가를 이루려는 욕심을 부리는 것은 겸손보다는 교만이 장성하고 있다는 증거입니다. 그가 바로 나는 아닌지 주님과 성령님이 아시는 죄를 반성하고 회개하는 기도를 계속합니다.
고백의 기도	**쓸**모없는 인간을 하늘 백성 삼아 주신 것을 확인하는 거룩한 예배에 불러 주신 하나님 아버지! 습관적으로 회개하는 무지몽매한 저희의 가슴에 구원의 감격을 안겨 주시기 위해서 주님의 날 거룩한 성전에 나와 예배하게 하심을 감사드립니다. 지난 한 주간에도 구원의 감격은 이제 어디로 갔는지, 사라져 버리고 여전히 세상의 가치와 욕심을 좇아 허둥대기만 했던 잘못을 용서하여 주옵소서. 종처럼 헌신하고 섬겨야 할 교회 안에서도 대접받고 높아지려는 마음을 가진 못난 저희를 불쌍히 여겨 주시옵소서. 저희 주장과 아집으로 인하여 사랑이 식어가게 함을 용서하여 주옵소서.
	지은 죄를 회개하고 고백하는 마음으로 한 주간을 살아갈 때 하나님을 경외하고 이웃을 사랑하며 살 것을 다짐합니다. 선한 양심을 소유하며 겸손한 자가 바로 저희임을 입증하는 삶을 살겠습니다. 욕심의 간구보다는 먼저 하나님의 의를 구하는 자가 되겠습니다. 모든 원망과 근심에서 벗어나 주님을 의지하며 주님 말씀대로 살아가는 믿음의 능력과 지혜를 내려주옵소서. 거칠고 힘든 세상에서도 길이 참고 견디며 주님을 기다리는 믿음으로 살겠다고 다짐하오니 사죄의 말씀으로 모든 상처가 치유되는 감격을 내려주옵소서. 예수님의 이름으로 기도합니다. 아멘
사함의 확인	"십자가의 도가 멸망하는 자들에게는 미련한 것이요 구원을 받는 우리에게는 하나님의 능력이라"(고전 1:18)
성시교독	10. 시편 16편
설교 전 찬 송	16장 (은혜로신 하나님 우리 주 하나님) 88장 (내 진정 사모하는)
설교 후 찬 송	197장 (은혜가 풍성한 하나님은) 205장 (주 예수 크신 사랑)

금주의 성가	한마음으로 주 경배하세 – Jay Althouse 여호와를 찾으라 – J. Varley Robert 한 마음으로 주 경배하세 – Jay Althouse
목회기도	**생**명의 말씀으로 더럽혀진 성도들의 심령을 정결케 하시는 하나님 아버지! 비록 죄인이었지만 말씀의 권능으로 지난 한 주간 죄의 웅덩이에서 빠지지 않고 승리한 개선장군처럼 살다가 오늘 예배당에 나와 신령과 진정으로 경배하게 하심을 감사드립니다. 주님께 간절히 비옵기는 우선 우리부터 심령의 부흥이 일어나도록 성령으로 충만케 하여 주시고 예수님을 더 깊이 깨달아 갈 수 있도록 말씀을 통한 은혜가 있게 하여 주시옵소서. 말씀이 풍성하여 늘 물댄 동산 같은 성도들의 영혼이 되게 하여 주시옵소서. **승**리의 날을 약속하신 하나님 아버지! 우리에게 확실하고 투철한 사명감으로 채워주시고, 구원의 기쁜 소식을 전하기 위해서 최선을 다하여 한 영혼이라도 교회로 인도할 수 있는 능력을 허락해 주옵소서. 우리 교회에 속한 기관들이 서로 유기적으로 기도로 하나가 되어 주님의 나라와 의를 구하는 길이 우선순위임을 말하고 실천하게 하옵소서. 온 성도들은 하나님 중심, 말씀 중심, 교회 중심으로 살아갈 수 있게 하옵소서. 어떤 경우에라도 낙심하지 않고 하나님의 긍휼히 여기심을 바라보게 하여 주시옵소서. 가정과 자녀들의 문제들과 염려가 하나님의 응답을 받게 하여 주시옵소서. 우리 구주 예수님의 이름으로 기도드립니다. 아멘
헌금을 위한 한 구성	"나의 하나님이 그리스도 예수 안에서 영광 가운데 그 풍성한 대로 너희 모든 쓸 것을 채우시리라"(빌 4:19)
헌금기도	**꾸**어 줄지언정 꾸러 다니지 않을 복을 주시기를 기뻐하시는 하나님 아버지! 이 시간 주님 앞에 나올 때 빈손으로 나오지 않고 주님께서 베풀어주신 은혜에 감사하여 정성스러운 마음으로 물질을 드릴 수 있게 하신 주님께 감사를 드립니다. 가난한 과부의 두 렙돈을 그 무엇보다도 소중히 여기셨던 주님! 저희가 드린 예물 속에 저희의 마음과 노력과 정성을 묶어 드리오니 소중하게 받으시고 영광 받아주시옵소서. 믿음과 정성으로 드리는 귀한 예물 위에 주님께서 축복하시고 차고 넘쳐 흐르게 하옵시고 더욱더 귀한 것을 드릴 수 있는 믿음으로 허락하여 주시옵소서. **주**님과 저만 알고 있는 눈물의 기도가 있습니다. 저희의 바람이 들어 있습니다. 물질을 위해서 땀을 흘리면서도 물질의 지배를 받기보다는 물질을 다스리면서 살아갈 것을 다짐합니다. 야곱의 축복이 바로 저희의 축복임을 믿습니다. 예물을 준비하고 봉헌하는 OO교회 성도들의 손길이 머무는 곳마다 이제 주님의 더 큰 역사가 일어나게 하옵소서. 손들고 기도할 때 하늘의 새 역사를 보게 하옵소서. 물질이 없어 드림에 동참치 못하는 심령들에 더 많은 보살핌을 간구하오니 저희 기도를 들어 주시옵소서. 봉사하는 분들에게 많은 하늘 은혜를 소망하며 예수 그리스도의 이름으로 기도합니다. 아멘
위탁의 말씀	"내 살은 참된 양식이요 내 피는 참된 음료로다" 하늘에서 내려온 예수님의 살과 피는 우리를 구원하는 생명의 양식입니다. 말씀으로 주시는 생명의 양식을 먹고 하나님의 자녀가 되도록 열심히 전파하는 한 주간을 살아가야 합니다.
축 도	지금은 십자가의 사랑으로 우리를 사망에서 생명으로 인도하시는 아버지 하나님의 극진하신 사랑과 의로운 사람되게 하시려고 십자가에서 피흘려 죽으신 예수님의 은혜와 성령의 감동·감화·역사하심이 머리 숙여 간구하는 성도들 머리 위에 영원토록 함께하옵기를 간절히 축원하옵나이다. 아멘

오늘의 설교를 위하여

오늘의 설교를 위한 복음적 조명 주제 : 생명의 양식

제목 : 영원한 생명의 양식 | 본문 : 요한복음 6:51-58

주제 : 하늘에서 내려온 예수님의 살과 피는 우리를 구원하는 생명의 양식이다. 따라서 우리는 인자이신 예수님께서 주시는 양식으로 영혼과 육신이 구원을 받고 영생을 누리도록 해야 한다. 성도는 주님께서 주시는 생명의 양식을 먹는 하나님의 자녀이다.

논지 : 성도를 살리는 생명의 양식은 예수님의 살과 피라고 말씀을 증언하자.
1. 생명을 위한 양식
2. 인자가 주는 양식
3. 참살과 피의 양식
4. 주님을 먹는 양식

 생명의 양식은 예수님의 살과 피다. 우리가 생명의 양식을 먹으면 죽을지라도 예수님께서 다시 살린다. 이는 영생을 의미하는데 인간의 최후 소원이다. 영원히 사는 것이 인간의 영원한 소망이다. 세상은 마지막을 향하여 달려가고 있다. 역사의 종말이 가까이 다가오고 있다. 우리 인생의 마지막 날도 얼마 남지 않았다. 우리는 언제 죽을지 모른다. 그런데 역사의 종말이나 내 인생의 종점에서 예수님께서 나를 다시 살리시겠다고 약속하시니 얼마나 좋은가? 내 인생의 끝 날에 나를 다시 살리시겠다고 약속하시니 얼마나 감사한 일인가? 이것이 기독교의 복음이다. 이것이 기독교의 믿음이요, 소망이요, 사랑이다. 이것이 믿는 성도가 하늘나라의 영생에 들어가는 관문이다. 예수님의 살과 피가 생명의 양식이다. 따라서 우리는 생명의 양식인 예수님의 살과 피를 실제로 먹어야만 한다. 예수님의 살과 피를 먹고 마시지 않는 사람은 아무도 영생을 얻을 수 없다. 성찬 예식은 예수님의 살과 피를 먹고 마시는 거룩한 행사다. 이는 우리 일생일대에 가장 중요한 일이다. 예수님의 살과 피를 먹고 마시는 것처럼, 예수님의 말씀을 듣고 예수님을 내 마음속에 온전히 모시고 살면, 비로소 예수님과 내가 하나가 되는 신비스러운 은혜의 자리에 들어가게 된다는 사실을 믿어야 한다.

1. 생명을 위한 양식

 예수님께서 "나는 하늘에서 내려온 살아 있는 떡이니 사람이 이 떡을 먹으면 영생하리라 내가 줄 떡은 곧 세상의 생명을 위한 내 살이니라"(:51) 말씀하셨다. 우리가 참으로 세상 어디에서도 들을 수 없는 아주 귀한 생명의 말씀이 선포되었다. 그렇지만 생명의 말씀을 깨닫지 못하는 답답한 인간들이 있었다. 매사에 시비 걸고, 트집 잡고, 수군거리기를 즐기는 사람은 어쩔 수 없다. "그러므로 유대인들이 서로 다투어 이르되 이 사람이 어찌 능히 자기 살을 우리에게 주어 먹게 하겠느냐"(:52). 유대인들이 예수님의 살이 생명의 양식이라고 하신 말씀을 놓고 토론이 벌어졌다. 서로 다투었다. 사실 이것은 절대로 다툴 일이 아니지만, 유대인들은 다툴 일도 아닌 걸 가지고 다투었다. 그런데 오늘 우리도 마찬가지다. 교인들 가운데에는 사실은 다툴 것도 아닌데 다투려고 도전하는 사람이 있다. 그는 부끄러운 줄 알아야 한다. 공연히 시비 걸려는 마음을 버려야 한다. 다툼과 시기와 질투를 하지 않아야 은혜와 축복을 받을 수 있다. 하나님의 말씀을 트집 잡는 잘못된 의식을 버려야 은혜를 받고 구원받는다. 그런 성도에게 영생이 주어진다. 예수님은 수군거리고 다투고, 시비하고, 두런거리고, 트집 잡는 사람을 가장 싫어하신다. 우리는 겸손하게 생명의 양식을 먹어야 한다.

2. 인자가 주는 양식

'인자(人子)'는 요한복음에서 나타나는 예수님의 칭호들 가운데에서 특이한 위치를 차지한다. 인자는 요한복음 외의 문서들에서도 통용되던 말씀이며, 요한 기자 고유의 용어가 아니므로 주변 사상과 기독교 전승의 영향을 강하게 반영한다. 따라서 예수님은 하나님의 독생자로 세상에 오셨지만, 요셉과 마리아의 육신을 임시로 사용하여 세상에 오신 순수한 사람이라는 의미이다. 예수님께서 "인자의 살을 먹지 아니하고 인자의 피를 마시지 아니하면"(:53) 말씀하셨다. 사람이 사람의 살을 먹고 피를 마신다는 말씀이 섬뜩해서 소름이 끼칠 것 같다. 사람이 어떻게 맨정신으로 사람의 살을 먹고 사람의 피를 마실 수 있겠는가? 그래서 초대교회에서는 이 말씀에 오해가 생긴 적도 있었다. 핍박을 피하여 카타콤이라는 지하 동굴 속에 성도들이 숨어 살면서 공동체를 강화하기 위해서 성찬 예식을 거행했다. 예수님의 살을 먹고 피를 마시는 의식을 행하니 '아! 기독교도들은 사람의 살과 피를 먹고 마시는 식인종들이다.' 오해한 것이다. 그러나 본뜻은 "인자의 살"과 "인자의 피"를 먹고 마신다는 것은 예수님과 한몸이 된다는 의미이다. 이 말씀을 달리 표현하면 예수님과 자신이 신령한 관계로 하나가 된다는 뜻으로 신령하게 결혼하여 영적 부부가 된다는 교훈이다.

3. 참살과 피의 양식

'참살'이란 참다운 예수 그리스도의 살을 의미한다. 사람이 죄를 지으면 마음이 어둡게 되며 그의 살마저 더럽게 된다. 예수님을 믿는 성도는 사람의 살을 먹는 식인종이 아니다. 성도가 예수님의 참다운 살을 먹는다고 했을 때, 이는 예수님과 영적으로 하나가 된다는 의미이다. 남자와 여자가 결혼하여 부부가 되면 성관계를 통하여 한몸이 된다. 따라서 성도가 남녀 구별이 없이 예수 그리스도를 주님으로 영접하면 영적으로 한몸이 되어 신부가 되는 신비를 체험한다. 교회는 오랫동안 다녔을지라도 예수님을 믿지 않고 영접하지 않으면 주님과 한몸이 될 수 없다. 따라서 성도는 참살을 생명의 양식으로 먹어야 영생할 수 있다. 또한 성도는 피의 양식이 필요하다. 사람이 피를 먹는다니 좀 섬뜩하게 무섭지만, 이는 신령한 의미로 예수님께서 십자가에서 흘린 피를 생명의 양식으로 먹어야 한다는 뜻이다. 예수님께서 "내 살을 먹고 내 피를 마시는 자는 영생을 가졌고 마지막 날에 내가 그를 다시 살리리니 내 살은 참된 양식이요 내 피는 참된 음료로다 내 살을 먹고 내 피를 마시는 자는 내 안에 거하고 나도 그의 안에 거하나니 살아 계신 아버지께서 나를 보내시매 내가 아버지로 말미암아 사는 것 같이 나를 먹는 그 사람도 나로 말미암아 살리라"(:54-57) 말씀하셨다.

4. 주님을 먹는 양식

예수 그리스도는 하늘에서 내려온 떡(양식)이다. 파리 루브르박물관에 렘브란트의 「엠마오의 저녁 식사」(1648년, 68x65cm)라는 명화가 있다. 그림의 배경은 성경적이다. 그림을 자세히 보면 묘한 표현으로 예수님이 손에 들고 있는 것이 떡일 텐데, 떡이겠거니 하고 한참 봐야 떡인 줄 알게 된다. 예수님의 왼손은 보이지 않고 마치 떡이 왼손처럼 보인다. 얼른 보면 떡과 몸의 구분이 없다. 떡이 몸의 한 부분인 것 같기도 하고, 몸이 떡인 것 같다. 예수님께서 잡히시던 전날 밤에 최후의 만찬에서 떡을 떼어주시면서 "이것은 너희를 위하여 주는 내 몸이라"(눅 22:19) 말씀하셨다. 렘브란트는 예수님의 이 말씀을 그림으로 표현하고자 떡과 몸을 하나인 듯 그린 것 같다. 예수님께서 "나는 하늘에서 내려온 살아 있는 떡이니 사람이 이 떡을 먹으면 영생하리라 내가 줄 떡은 곧 세상의 생명을 위한 내 살이니라 하시니라"(:51), "이것은 (예수님의 몸) 하늘에서 내려온 떡이니 조상들이 먹고도 죽은 그것과 같지 아니하여 이 떡을 먹는 자는 영원히 살리라"(:58) 말씀하셨다. 앞에 제시한 두 말씀은 주님을 먹는 양식을 의미한다. 우리는 육신을 위한 양식을 먹어야 하지만, 영혼을 위한 양식으로 주님의 살과 피를 먹어야 구원을 받고, 죽은 후에 하늘나라에 갈 수 있다고 믿으라.

2026년 8월 23일, 오순절 후 13번째 주일

성 경	여호수아 24:14-18	예전색상	초록색
예배의 부름	"너희 몸은 너희가 하나님께로부터 받은 바 너희 가운데 계신 성령의 전인 줄을 알지 못하느냐 너희는 너희 자신의 것이 아니라 값으로 산 것이 되었으니 그런즉 너희 몸으로 하나님께 영광을 돌리라"(고전 6:19-20)		
	목소리 높여서 영광과 존귀를 받으시기에 합당하신 하나님 아버지! 무더위 속에서도 육신의 약함을 이기고 주님 앞에 나와 예배할 수 있는 신앙의 결단을 주심을 감사드립니다. 거룩한 주일에 저희에게 성령 충만함과 사명을 감당할 수 있는 믿음을 주시기를 원합니다. 저희의 삶이 주님을 닮아 가게 하시며 주님의 뜻을 이루게 하옵소서. 오직 주님만이 저희가 가지고 나온 기도의 제목들을 해결할 수 있음을 아는 믿음으로 재무장시켜 주옵소서. 우리 주 예수 그리스도 이름으로 기원하옵나이다. 아멘		
회개를 위하여	작은 실수가 거듭될 때는 길이요, 진리요, 생명 되신 주님의 뜻을 전달해 주는 성령님의 말씀을 경청하는 시간을 보내는지를 성찰해 보아야 합니다. 성령님께 말씀하실 기회를 드리는 것은 침묵입니다. 침묵 대신에 내 뜻대로 되지 않는다고 투정을 부리지 않았나 회개하는 기도를 계속합니다.		
고백의 기도	죄때문에 마귀의 손아귀에서 갇힌 우리에게 해방의 감격을 주시는 하나님 아버지! 하나님의 뜻을 펴는 삶을 살 믿음의 등불을 들고 살게 해 주신 은혜를 감사드립니다. 이 시간 회개하고 돌아오기를 기다리시는 하나님께 팔에 안겨 눈물로 지난 한 주간 잘못 살아온 잘못을 고백합니다. 죄에 대한 미련, 죄악 가운데 거하고 싶은 욕망을 버리고, 죄악의 땅에서 일어나 본래의 자리로 발걸음을 옮기고자 하는 회개의 기도를 드립니다. 우리의 기도를 들으시고 자비와 긍휼을 베풀어주시옵소서. 지난 한 주간 세상이 쳐놓은 덫에 걸려 만신창이가 되었지만, 오늘 이렇게 쇠사슬을 끊고자 결단하며 회개하는 결단을 드립니다.		
	남을 정죄하고 판단하는 기준을 저희 자신을 위해서는 축소하는 못된 버릇을 고쳐보겠습니다. 성령님께서 주시는 사랑과 능력을 덧입어 믿음의 제정신을 회복하고자 합니다. 성령의 불 칼로 저희가 묶여 있는 육신의 정욕 쇠사슬이 끊어지게 하옵소서. 이제 한 주간 세상에서 살면서 만나는 영혼들과 섬김의 마음으로 대화하고 저희 안에 넘치는 사랑이 있음을 증거가 되면서 살렵니다. 인내와 친절이 넘치는 변한 모습을 보여주면서 살렵니다. 저희를 위해서 십자가에서 보혈의 피를 흘리신 예수님의 이름으로 고백하고 다짐하오니 이 기도를 들으시고 저와 주님만이 아시는 모든 지난날의 죄과를 지워 없애 주옵소서. 우리 주 예수 그리스도의 이름으로 기도합니다. 아멘		
사함의 확인	"이러므로 내가 네게 말하노니 그의 많은 죄가 사하여졌도다 이는 그의 사랑함이 많음이라 사함을 받은 일이 적은 자는 적게 사랑하느니라"(눅 7:47)		
성시교독	11. 시편 17편		
설교 전 찬 송	37장 (주 예수 이름 높이어) 135장 (어저께나 오늘이나)		
설교 후 찬 송	540장 (주의 음성을 내가 들으니) 214장 (나 주의 도움 받고자)		

금주의 성가	여호와를 찾으라 - J. Varley Robert 전능하신 여호와 - Benton Price 주 하나님 크시도다 - Arr. by Roger C. Willson
목회기도	**죄**악으로 일그러진 저희를 구하시어 굳센 믿음의 장수로 거듭나게 하신 하나님 아버지! 지난 한 주간 세상 유혹이 요동치는 갈등의 파도에 휩쓸리지 않고 거룩한 주일 주님 앞에 나와 예배하게 하심을 감사드립니다. 넘어지지 않았다고 자만하지 말고, 나태해지지 않게 도와주시옵소서. 비록 어려움이 오고 하는 일이 잘 풀리지 않아도 다시 주님 품에서 시들어가는 풀이 생기를 얻듯 회복된다는 확신을 깨닫게 하옵소서. 주님께서 주신 직분에 충성을 다하는 저희가 되기를 다짐합니다. 주님 앞에 갔을 때 잘했다 칭찬받을 수 있는 열심의 열매가 저희 몫이 되게 하옵소서. **심**령의 무거운 짐을 내려놓고 쉼 속에 새 힘을 얻게 하시는 주님! 사랑하는 성도 중에 병마로 신음하거나, 사업의 문제로 고통 가운데 있고, 부부간, 그리고 자녀의 문제로 근심하며 걱정하고 있다면 주님 앞에 내려놓게 하여 주시옵소서. 주님께서 "수고하고 무거운 짐 진 자들아 다 내게로 오라 내가 너희를 쉬게 하리라"라고 했사오니 편히 쉴 수 있는 축복을 주시옵소서. 항상 시간을 내어 교회를 위해서 헌신하며 봉사하신 주의 신실한 일꾼들에게 크신 은혜를 베풀어 주시고, 기도하는 것들마다 다 응답을 받게 하옵소서. 예수님의 이름으로 기도드립니다. 아멘
헌금을 위한 성구	"또한 모든 나라를 진동시킬 것이며 모든 나라의 보배가 이르리니 내가 이 성전에 영광이 충만하게 하리라 만군의 여호와의 말이니라 은도 내 것이요 금도 내 것이니라 만군의 여호와의 말이니라"(학 2:7-8)
헌금기도	**힘**들고 지친 생활 속에서도 감사를 알고 실천하게 하시는 하나님 아버지! 무더위 때문에 육신은 지쳐도 영혼만은 하나님의 형상을 잃지 않으리라는 믿음으로 승리한 한 주간을 생각하면서 감사 예물을 준비해 드립니다. 봉헌하는 우리의 정성을 보시고 기쁨으로 받아주옵소서. 우리가 더욱 주를 위해 헌신하게 하시고 주님 나라를 확장하는데 귀히 쓰임받게 하옵소서. 굶주리고 헐벗은 백성들이 세계 곳곳에서 신음하는 소리를 듣게 하사 주어진 재물을 절제하며 아끼고 모아 구제하는 일에도 아낌없이 쓰게 하소서. **저**희의 삶이 그리 넉넉지 않을 때라도 늘 이웃을 돌아보는 마음을 가집니다. 주님처럼 그들을 돌아보는 마음을 가집니다. 이 예물을 드린 손길 위에 복을 주어서 그들의 삶이 더욱더 풍성하여서 넉넉히 쓰고 나눠 줄 수 있게 하옵소서. 저희의 십일조와 감사의 예물, 선교헌금과 구제 헌금과 주일 헌금을 받아주시옵소서. 주신 제물을 아끼고 절제하며 구제하는 일에 앞장서서 주의 사랑의 증거가 되는 사랑의 사도가 될 것도 약속드립니다. 드리고 싶어도 물질이 없어 빈손으로 온 안타까운 심령에도 넘치는 하늘 복을 풍성하게 내려주시옵소서. 우리 주 예수 그리스도의 이름으로 봉헌하오며 기도하옵나이다. 아멘
위탁의 말씀	"우리도 여호와를 섬기리니 그는 우리 하나님이심이니이다" 모세의 후계자인 여호수아가 오직 여호와를 섬기겠다고 결단한 것처럼 우리도 세상과 돈을 섬기지 않고 오직 하나님만을 섬기고 살아가는 한 주간이 되어야 합니다.
축도	지금은 우리들을 위하여 온갖 고난과 십자가를 지신 예수 그리스도의 은혜와 호흡이 있는 모든 것들의 생명이신 하나님 아버지의 사랑하심과 하나님의 나라를 위하여 하나 되게 하시는 성령의 교통과 역사하심이 오늘 예수 그리스도에게서 구원이 있음을 깨닫고 그 분만을 섬기기로 작정하고 돌아가는 백성들의 머리와 교회 위에 이제부터 영원토록 함께 계시기를 축원하옵나이다. 아멘

오늘의 설교를 위하여

오늘의 설교를 위한 복음적 조명 주제 : 신앙의 결단

제목 : 가족의 신앙적인 결단 | 본문 : 여호수아 24:14-18

주제 : 여호수아를 모세의 후계자로 삼으셨다. 여호수아는 이스라엘 백성들을 지도하면서 자신과 가족이 오직 여호와를 섬기겠다고 결단하였다. 그리고 백성들에게 다른 신을 섬기지 말고 하나님만을 섬기라고 강조하면서 여호와가 하나님이라는 신앙을 살라고 선포했다.

논지 : 유일하신 여호와 하나님을 섬기겠다는 신앙을 복음으로 전파하자.
   1. 오직 여호와를 섬기는 신앙
   2. 나와 내 집이 결단하는 신앙
   3. 다른 신을 섬기지 않는 신앙
   4. 여호와가 하나님이라는 신앙

  이스라엘 백성들이 애굽에서 해방되어 바란 광야까지 왔을 때, 모세가 정탐꾼을 뽑아서 가나안 땅을 정탐하라고 했다. 여호수아와 장수들이 40일 동안 가나안 땅의 형편을 살펴보았다. 가나안 땅에는 이미 철 무기를 갖춘 강력한 일곱 족속이 살고 있었다. 40일 동안 가나안 땅을 정탐한 장수들은 백성들 앞에서 보고했다. 가나안에서 가져온 과일들을 보이면서 정말 좋은 땅이라고 극찬했다. 하지만 그들은 이미 가나안 땅에 정착하고 있는 너무 강하고 견고하여 자신들로서는 도무지 감당하기 어렵고 자신들은 마치 메뚜기처럼 보였다고 했다. 이때 여호수아가 "우리가 두루 다니며 정탐한 땅은 심히 아름다운 땅이라 여호와께서 우리를 기뻐하시면 우리를 그 땅으로 인도하여 들이시고 그 땅을 우리에게 주시리라 이는 과연 젖과 꿀이 흐르는 땅이니라 다만 여호와를 거역하지는 말라 또 그 땅 백성을 두려워하지 말라 그들은 우리의 먹이라"(민 14:7-9)라고 백성들을 격려했다. 그러자 흥분한 백성들이 여호수아를 돌로 죽이려고 했으나 하나님께 살리셨다. 여호수아는 모세의 뒤를 이어서 이스라엘의 지도자가 되어 성공적으로 가나안 땅을 정복하게 되었다. 그렇게 오직 하나님을 향한 신앙으로 살았던 여호수아는 "오직 나와 내 집은 여호와를 섬기겠노라"(:15) 결단했다.

1. 오직 여호와를 섬기는 신앙

  과거에 유교사상의 가정에서는 자식이 부모님을 섬겨야 한다고 가르쳤다. 그런데 기독교에서는 그것을 반대한다. 부모는 자녀들이 존경할지라도 하나님처럼 섬겨서는 안 된다. 자칫 자녀가 부모를 섬기면 우상이 되기에 하나님께서 싫어하신다. 이제는 우리가 생활의 패러다임을 바꿔야 한다. 여호수아는 이스라엘 백성들 앞에서 이렇게 결단했다. "그러므로 이제는 여호와를 경외하며 온전함과 진실함으로 그를 섬기라 너희의 조상들이 강 저쪽과 애굽에서 섬기던 신들을 치워 버리고 여호와만 섬기라 만일 여호와를 섬기는 것이 너희에게 좋지 않게 보이거든 너희 조상들이 강 저쪽에서 섬기던 신들이든지 또는 너희가 거주하는 땅에 있는 아모리 족속의 신들이든지 너희가 섬길 자를 오늘 택하라 오직 나와 내 집은 여호와를 섬기겠노라"(:14-15). 여호수아가 오직 나와 내 집은 여호와를 섬기겠다는 결단은 그의 신앙고백이다. 우리가 오직 여호와 하나님만을 섬기면 세상의 유혹을 물리칠 수 있고, 마귀가 가까이하지 못한다. 하나님께서 주시는 사랑과 은혜를 누리는 축복을 받기 위해서는 분명한 신앙고백으로 살아가야 한다. 여호수아는 오직 여호와를 섬기는 신앙으로 승리하였다. 또한 이스라엘 백성들을 광야에서 이끌어 그들이 바라는 가나안 복지까지 성공적으로 이끌었다.

2. 나와 내 집이 결단하는 신앙

나와 내 집이 주님만을 섬기는 신앙의 예로 가장 모범적인 것은 신약성경의 나사로와 마리아 자매라고 할 수 있다. 예수님께서 그들의 가정을 특별히 사랑하셨다. 이들은 예수님을 진심으로 사랑하고 섬겼다. 예수님께서 선교 여행을 하시다가 오시면 따뜻한 보금자리와 음식을 대접했다. 이들에게는 오직 예수밖에 없었다. 막내 마리아는 예수님께서 오셨을 때 귀한 향유가 들어있는 옥합을 깨트려 바쳤다. 마리아는 예수님이 자기 집에 오실 때면 발 밑에 앉아서 말씀 듣기를 사모했다. 그리고 마리아는 어디를 가든지 늘 예수님을 따라다녔다. 예수님께서 마지막 십자가를 지시는 최후의 순간까지도 따랐고, 부활하신 날 새벽에 무덤까지 찾아갔다. 그리고 예수님께서 자기의 집에 오셨을 때 귀한 음식을 대접하였다. 나사로와 마리아 자매도 세상에서 좋아하며 섬기는 게 있을 것이다. 그러나 오직 예수님만을 섬기는 결단의 신앙이 있었다. 여호수아는 "오직 나와 내 집은 여호와를 섬기겠노라"(:15) 하는 결단했다. 나와 내 집은 과연 누구를 섬겨야 할까? '섬긴다'라는 말은 아름답다. 하지만 사람이나 돈이나 권세나 명예를 섬기면 그게 우상으로 바뀐다. 하나님은 우상을 가장 싫어하시는데, 만일 누구든지 우상을 섬기면 저주를 받고 망한다는 사실을 잊지 않는 성도가 되시라.

3. 다른 신을 섬기지 않는 신앙

다른 신은 우상을 뜻한다. 모세가 십계명에서 "너는 나 외에는 다른 신들을 네게 두지 말라 너를 위하여 새긴 우상을 만들지 말고 또 위로 하늘에 있는 것이나 아래로 땅에 있는 것이나 땅 아래 물 속에 있는 것의 어떤 형상도 만들지 말며 그것들에게 절하지 말며 그것들을 섬기지 말라 나 네 하나님 여호와는 질투하는 하나님인즉 나를 미워하는 자의 죄를 갚되 아버지로부터 아들에게로 삼사 대까지 이르게 하거니와 나를 사랑하고 내 계명을 지키는 자에게는 천 대까지 은혜를 베푸느니라"(출 20:3-6) 말씀했다. 이 말씀은 이스라엘 백성들에게만 해당하지 않고, 오늘날 우리에게도 적용된다. 마음의 우상, 재물의 우상, 지식의 우상, 명예와 권세의 우상 따위를 섬기지 말고 오직 여호와 하나님만을 섬기는 성도가 되자. 여호수아가 하나님 여호와만 섬기자고 강요하니, 백성들도 "우리가 결단코 여호와를 버리고 다른 신들을 섬기기를 하지 아니하오리니 이는 우리 하나님 여호와께서 친히 우리와 우리 조상들을 인도하여 애굽 땅 종 되었던 집에서 올라오게 하시고 우리 목전에서 그 큰 이적들을 행하시고 우리가 행한 모든 길과 우리가 지나온 모든 백성들 중에서 우리를 보호하셨음이며"(:16-17)라고 고백하였다. 우리도 다른 신을 섬기지 않는 신앙으로 생활하도록 하자.

4. 여호와가 하나님이라는 신앙

우리가 세상을 살아가다 보면 귀하게 여겨지는 게 많이 있다. 부모와 자식, 직장과 돈, 친구와 취미, 오락과 게임 등이 때로는 하나님처럼 생각되기도 한다. 따라서 "여호와 그는 하나님이시로다"(왕상 18:39)라는 말씀이 마음에 들어오지 않은 분들이 적지 않을 것이다. 이는 이상하지 않다. 엘리야 선지자 시대에 이스라엘 백성들도 마찬가지였다. 여호와의 불이 내려와 번제물을 다 태운 것 같은 선정적이고 자극적인 현상이 있어야만 약간의 감화를 느꼈다. 그런 감화도 잠시뿐이고 다시 모든 삶이 여호와 하나님과는 아무런 상관없는 차원으로 떨어졌다. "여호와 그는 하나님이시로다"(왕상 18:39)라는 말씀이 도대체 무슨 뜻일까? 엘리야 선지자는 왜 그 말씀을 그렇게 강조했을까? 왜 우리 마음에는 그 말씀에 대한 공명이 턱없이 부족할까? 이런 질문에 대한 대답은 여호와가 누군지를 실질적으로 이해하고 경험하는 데서만 주어진다. 여호수아는 "여호와께서 또 모든 백성들과 이 땅에 거주하던 아모리 족속을 우리 앞에서 쫓아내셨음이라 그러므로 우리도 여호와를 섬기리니 그는 우리 하나님이심이니이다"(:18) 고백하였다. 여호와는 구약성경이 증언하는 하나님이시고, 궁극적으로 예수 그리스도를 나타내신 분이시다. 따라서 우리는 예수님을 주님으로 신앙해야 한다.

2026년 8월 30일, 오순절 후 14번째 주일

성 경	마가복음 7:1-8	예전색상	초록색
예배의 부름	"사람을 두려워하면 올무에 걸리게 되거니와 여호와를 의지하는 자는 안전하리라 주권자에게 은혜를 구하는 자가 많으나 사람의 일의 작정은 여호와께로 말미암느니라 불의한 자는 의인에게 미움을 받고 바르게 행하는 자는 악인에게 미움을 받느니라"(잠 29:25-27)		
	회개하는 자에게 소망이 되고 구하는 자에게 기쁨이 되시는 하나님 아버지! 지난 한 주간에도 마음이 아플 때 큰 위로가 되고 악마의 계교를 물리치며 살게 하신 은혜를 감사드립니다. 성도들에게 믿음 안에서 더욱 주님을 바라보는 시간이 되게 하사 세상 풍조에 물들어 믿음이 흔들리지 않도록 인도하여 주옵소서. 우리의 삶이 곧 예배가 되게 하시며 언제 어디서나 주님을 증거가 되는 복음의 충성스러운 배달부가 되게 하옵소서. 우리 주 예수 그리스도 이름으로 기원하옵나이다. 아멘		
회개를 위하여	아담의 자손인 우리는 누구를 막론하고 날마다 죄를 짓고 삽니다. 다른 것이 있다면 죄를 범한 후의 태도입니다. 지은 죄를 인정하고 회개하면 용서받고 다시 하늘 은혜를 누릴 수 있는 자격을 회복할 수 있습니다. 그렇게 살고 있는지 반성하고 회개하는 기도를 계속합니다.		
고백의 기도	죄로 인해 약해졌을 때 새 힘 주시어 강한 믿음의 보루가 되게 하시는 하나님 아버지! 지난 한 주간 세상에 살면서 지은 죄를 눈물로 탄식하며 주의 제단 앞에서 회개하고 다짐하게 하심에 감사를 드립니다. 저희는 말씀과 기도인 지팡이와 막대기가 있으면서도 한 주간 살면서 세상과 춤추며 산 전과자임을 고백하오니 불쌍히 여겨 주시옵소서. 성령님을 통해서 주시는 말씀을 무시하고 청각장애인이 되어 살았음을 용서하여 주옵소서. 사망의 음침한 골짜기 같은 세상에서 방황하는 많은 영혼을 위해서 흘려야 할 눈물샘이 말라버린 저희를 용서하여 주옵소서.		
	회개하면서 고백하는 저희의 죄와 부족함을 용서하여 주시고 다시 한번 주께 대한 감사를 회복하게 도와주시옵소서. 감사하는 마음, 사랑하는 마음, 섬기는 마음이 회복되고 되게 하옵소서. 마음을 고쳐 이웃을 생각하게 하시고 먼저 교회를 생각하게 하시고 먼저 내가 아닌 다른 사람을 생각하는 넉넉함을 저희 마음에 허락하여 주시옵소서. 이제부터라도 나를 위해서 십자가에서 피 흘려 돌아가신 주님께서 들려주시는 청아한 음성을 듣고 살겠다고 다짐합니다. 회개하는 저희를 받아 주시고 다시 한번 사죄의 말씀을 선포하여 주시어서 거듭남의 감격이 저희 몫이 되게 하여 주옵소서. 예수님의 이름으로 기도합니다. 아멘		
사함의 확인	"너는 이와 같이 여호와께서 보시기에 정직한 일을 행하여 무죄한 자의 피 흘린 죄를 너희 중에서 제할지니라"(신 21:9)		
성시교독	12. 시편 19편		
설교 전 찬 송	28장 (복의 근원 강림하사) 250장 (구주의 십자가 보혈로)		
설교 후 찬 송	384장 (나의 갈길 다 가도록) 53장 (성전을 떠나가기 전)		

금주의 성가	새날이 오리라 – Greg Gilpin 여호와가 다스리시니 – Kent A. Newbery 우리에게 일용할 양식을 주소서 – Jay Althouse
목회기도	**불**경기라는 찬바람 속에서도 주의 백성들을 위로하시는 하나님 아버지! 낙심한 자를 일으키시고 힘과 소망을 주시고자 주일 아침 저희를 예배당으로 인도해 주심을 감사드립니다. 시대가 악해지면서 사람들은 서로를 믿지 못하고 서로를 속이는 일들이 많아지고 있습니다. 방송이나 신문에는 날마다 사건과 사고의 소식을 전합니다. 위정자들이 입으로만 자유와 정의를 외쳐대지 말고 말과 행동으로 모범을 보이게 하옵소서. 관료들은 부정과 부패를 아무런 가책도 없이 자행합니다. 불쌍히 여겨 주옵소서. **십**자가 사랑으로 얼어붙은 마음을 녹여 주시는 주님! 공의가 서는 나라, 정직과 질서가 서는 나라가 되게 하여 주시옵소서. 하나님을 두려워하여 하나님의 뜻을 구하는 정치인들과 관료들과 영적 지도자들이 되게 하여 주시옵소서. 이 시간 질병의 무거운 짐, 고통의 무거운 짐, 환난과 역경의 무거운 짐을 주여, 거두어 주시옵소서. 온 국민이 하나님을 향한 선량한 양심을 가지고 무엇이든 구하는 자에게 주시는 하나님의 은혜를 알게 하시고 기도하게 하옵소서. 오늘도 하나님의 성품을 사모하며 하나님의 뜻을 추구하면서 영원을 준비하는 삶을 살게 하옵소서. 예수 그리스도의 이름으로 기도하옵나이다. 아멘
헌금을 위한 성구	"또 정한 기한에 나무와 처음 익은 것을 드리게 하였사오니 내 하나님이여 나를 기억하사 복을 주옵소서"(느 13:31)
헌금기도	**천**지 만물의 주인께 옥합을 깬 여인의 심정으로 드릴 믿음 주신 하나님 아버지! 우리가 죄인으로 이 세상에 태어났지만, 우리를 구원하시기 위해 독생자는 물론 쓸 것을 아낌없이 내어주신 하나님의 그 은혜에 감사, 감격하며 소중한 물질을 드립니다. 기뻐 받으시고 이 물질 쓰이는 곳에 영혼 구원, 천국 확장이 이뤄지게 하옵소서. 드리는 심령과 가정과 권속들이 관리하는 모든 일마다 하늘 복을 내리시사 천 배 만 배의 복을 받게 하여 주옵소서. 이 물질과 저희의 헌신이 하나님의 손에 들린 예리한 도구가 되어 세상의 환부를 도려내고 치유하는 데 사용될 수 있도록 복을 허락하여 주시옵소서. **오**늘 드리는 구별된 예물과 함께 주님께서 저희를 위해 생명까지 희생하신 것과 같이 저희도 주님을 위해 모든 것을 아낌없이 바칠 수 있도록 저희의 마음과 생각을 주장하여 주옵소서. 저희의 건강을 지켜 주시고, 아침부터 저녁에 이르기까지 혹은 저희가 잠들어 있을 때도 지켜 주실 줄 믿습니다. 감사하는 가정, 십일조를 드리는 가정에는 차고 넘치는 하늘 복을 감당할 수 없을 만큼 주시어서 언제나 하나님의 것을 사용하는데 가슴 벅찬 기쁨이 있기를 소원합니다. 빈손 들고 온 성도들도 주님 품 안에서 평화를 맛보게 하옵소서. 예수 그리스도의 이름으로 기도하옵나이다. 아멘
위탁의 말씀	"입술로는 나를 공경하되 마음은 내게서 멀도다" 바리새인들과 서기관들은 하나님의 계명을 버리고 낡아빠진 전통의 잣대로 예수님의 제자들을 책망하며 시비를 걸었던 것을 기억하고 전통보다 하나님의 계명을 지키는 복음적인 삶을 사는 저와 여러분이 되어야 합니다.
축도	지금은 우리의 목자가 되신 예수 그리스도의 은혜와 우리의 머리카락 하나까지 헤아리시는 아버지 하나님의 극진하신 사랑하심과 날마다 능력을 체험하게 하시는 성령님의 인도·역사하심이 복음을 들고 기쁨으로 세상에 신바람의 진원지가 되기로 다짐하고 돌아가는 온 성도들과 함께하옵시기를 간절히 축원하옵나이다. 아멘

오늘의 설교를 위하여

오늘의 설교를 위한 복음적 조명 주제 : 전통의 오류
제목 : 하나님의 계명을 지키는 성도 | 본문 : 마가복음 7:1-8

주제 : 바리새인들과 서기관들은 하나님의 계명을 버리고 낡아빠진 장로들의 전통을 지키기에 여념이 없었다. 그리고 전통을 지키지 않는 예수님의 제자들을 책망하며 시비를 걸었다. 이런 사례를 통하여 성도는 전통보다 하나님의 계명을 지키는 복음적인 신앙을 가져야 한다.

논지 : 낡아빠진 전통에 얽매이지 말고 복음적인 하나님의 계명을 지키도록 하자.
  1. 손 씻고 먹는 전통
  2. 오랜 장로들의 전통
  3. 외식하는 자의 전통
  4. 계명을 버리는 전통

예수님 시대에 유대인들은 장로들의 전통에 따라서 성전에 들어가서 제사할 때나 음식을 먹을 때는 반드시 손을 씻는 규례가 있었다. 어느 모로나 나쁜 습관은 아니다. 그런데 그 전통이 대단히 미묘하다. 손을 씻되 손 전체를 씻는 것이 아니라 손가락 끝과 팔꿈치에 물 한 방울을 살짝 찍어 바르면 끝난다. 지극히 형식적으로 손을 씻는다. 그런데 그들은 거기에 멈추지 않고, 손가락에 물 한 방울을 적시지 않는 사람은 불결하다고 헐뜯었다. 장로들이 전통인 '미시나'가 '토라'보다 더 권위가 위에 있었다. 유대인들은 장로들의 전통을 지키기 위해서 진정한 신앙생활을 하지 않고 형식적인 의식에 빠졌다. 그래서 이사야 선지자가 "주께서 이르시되 이 백성이 입으로는 나를 가까이 하며 입술로는 나를 공경하나 그들의 마음은 내게서 멀리 떠났나니 그들이 나를 경외함은 사람의 계명으로 가르침을 받았을 뿐이라"(사 29:13) 책망하였다. 이 말씀에서 "사람의 계명"이 유대인 장로들의 전통이 되었다. 그래서 장로들의 전통이 하나님을 더 잘 믿고 섬기며 그분을 위한다고 전부 굴레가 되었다. 문제는 이스라엘 사람들이 장로들의 전통을 율법과 똑같아 생각하였다는 것이다. 생각은 전통과 율법을 똑같이 생각하지만, 전통을 하나님의 말씀보다 우선하는 일들이 있었다.

1. 손 씻고 먹는 전통

바리새인들과 서기관들 가운데에 몇이 예수님께 모여들었다. 그들이 예수님의 제자 가운데 몇 사람이 손을 씻지 않은 손으로 떡을 먹는 것을 보았다고 예수님에게 어찌하여 당신의 제자들은 장로들의 전통을 지키어 손을 잘 씻지 않고 부정한 손으로 음식을 먹느냐고 시비를 했다(:3). 예수님께서 제자들이 씻지 않은 손으로 음식을 먹는 것이 장로들의 전통을 범했다는 비난에 대하여 말씀으로 입증하셨다. "무리를 다시 불러 이르시되 너희는 다 내 말을 듣고 깨달으라 무엇이든지 밖에서 사람에게로 들어가는 것은 능히 사람을 더럽게 하지 못하되 사람 안에서 나오는 것이 사람을 더럽게 하는 것이니라"(막 7:14-16). 이 말씀에서 예수님은 그들 자체가 악이었던 어떤 일을 행한 걸로 비난을 받지 않았음을 보여주셨다. 그래서 예수님은 율법의 권위를 전복시키셨으며, 그 추론을 따르지 않게 하셨다. 장로들의 전통으로 성경을 무시하고 업신여기며 죄를 범하고도 자신들이 진정한 의인으로 착각하는 바리새인들과 서기관들에게 예수님께서 일침을 말씀하셨다. 이 말씀은 죄악으로 사는 인간의 본성을 드러내셨다. 사람이 겉으로는 신사요 숙녀로 보이지만, 속으로는 부패하고 타락하여 자연에 비교할 수 없을 정도로 악하게 되었다. 우리는 손을 씻기보다 마음을 씻어야 한다.

2. 오랜 장로들의 전통

 오래된 장로들의 전통 따라서 성경을 무시하고 업신여기며 죄를 짓고도 자신들이 진정한 의인으로 착각하는 바리새인들과 서기관들을 향하여 예수님께서 "어찌하여 당신의 제자들은 장로들의 전통을 준행하지 아니하고 부정한 손으로 떡을 먹나이까"(:5) 하고 반문하셨다. 예수님의 이 질문은 사람이 더럽히는 것은 먹는 음식이 아니라 마음속에서 우러나오는 음행, 도둑질, 살인, 간음, 탐욕, 악독, 속임수, 방탕, 악한 눈, 비방, 교만, 어리석음이라는 의미이다. 우리가 이 말씀을 묵상하기 전에도 예수님께서 말씀하신 교훈을 행동으로 살아가는 모습을 보면 인간이 얼마나 추하고, 악하고, 교만하고, 더러우며, 때로는 짐승보다도 더 못한 악한 삶을 살아갈 수 있다는 사실을 접하고 있다. 이에 대한 예레미야 선지자를 통한 하나님의 말씀에 정신을 차리게 된다. "만물보다 거짓되고 심히 부패한 것은 마음이라 누가 능히 이를 알리요마는 나 여호와는 심장을 살피며 폐부를 시험하고 각각 그의 행위와 그의 행실대로 보응하나니 불의로 치부하는 자는 자고새가 낳지 아니한 알을 품음 같아서 그의 중년에 그것이 떠나겠고 마침내 어리석은 자가 되리라"(렘 17:9-11). 따라서 우리는 고리타분한 장로들의 오래된 전통을 버려야 새로운 삶으로 하나님께서 기뻐하시는 신앙생활을 할 수 있다.

3. 외식하는 자의 전통

 사람들은 무엇에 길들어 살아가고 있다. 어떤 사람은 돈, 성공, 오락, 영화, 술, 섹스에 길들어가고 있다. 사람들은 그따위를 위해서 시간과 돈과 열정을 바친다. 그러나 그것들이 사람들을 불행하게 한다. 그것들이 사람들의 영혼을 만족시킬 수 없기 때문이다. 그것들에 매여 있는 한 초라한 외로움으로 살아야 한다. 심지어 교회에 다니는 사람도 세상에 속된 것에 매여 있으면서 겉으로는 거룩한 외식을 하고 있다. 진정한 신앙인이라면 외식을 버려야 한다. 그런가 하면 어떤 성도는 예배, 사랑, 봉사, 섬김, 나눔, 희생, 독서, 음악, 교양에 길들어지고 있다. 그것들이 어쩌면 사소해 보여도 그들을 행복하게 한다. 그것들이 그의 영혼을 만족하게 하고 기쁨을 준다. 우리는 이제부터라도 말씀을 묵상함으로 내 속에서 나오는 온갖 더러운 요소들이 마음과 생각과 몸을 지배하지 못하도록 성령님이 강력히 역사해 주시기를 간구해야 한다. 예수님께서 바리새인들과 서기관들에게 "이사야가 너희 외식하는 자에 대하여 잘 예언하였도다 기록하였으되 이 백성이 입술로는 나를 공경하되 마음은 내게서 멀도다 사람의 계명으로 교훈을 삼아 가르치니 나를 헛되이 경배하는도다"(:6-7) 책망하셨다. 우리는 거짓으로 외식하는 신앙생활을 버리고, 진실한 믿음으로 하나님을 섬겨야 한다.

4. 계명을 버리는 전통

 하나님의 계명, 즉 십계명을 간단히 말하면 첫째는 하나님을 사랑하고 둘째는 사람을 사랑하라는 교훈이다. 그러나 장로들의 전통은 하나님의 계명을 잘 지키는 일을 돕기 위해 만들어진 인간의 가르침이다. 이는 하나님의 계명에 인간의 교훈이 덧붙여진 것이다. 따라서 장로들의 전통이 아무리 그럴싸해도 하나님의 계명이 먼저이다. 그러므로 장로들의 전통은 나중이다. 그런데 우선순위가 바뀌었다. 하나님의 말씀 위에 장로들의 전통이 있다. 바리새인들과 서기관들은 인간인 장로들의 전통을 지키려고 하나님의 계명을 버렸다. 따라서 율법의 정신과 내용은 사라지고, 종교적인 형식만 남았다. 사람을 살리려고 하나님께서 제정하신 계명이 사람을 죽이는 도구가 되었다. 그런데 바리새인들과 서기관들은 자기들이 하나님을 섬긴다고 주장했다. 예수님께서 바리새인들과 서기관들의 위선과 신앙 왜곡 현상을 책망하셨다. "너희가 하나님의 계명은 버리고 사람의 전통을 지키느니라"(:8). 우리도 예수님의 말씀을 명심해야 한다. 교회에는 여러 가지 전통이 있다. 교회의 장로들이 정한 전통이 모두 나쁘지는 않아도 하나님의 말씀이 더욱 중요하다. 장로들의 전통을 지키느라 하나님의 말씀을 소홀히 하지 말고 십계명과 형제를 사랑하라는 예수님의 새 계명을 지키는 성도가 되자.

9월의 예배와 설교를 위하여

일	요일		본문	설교제목	기타(예화, 참고자료)
2	수				
6	주일	낮			
		밤			
9	수				
13	주일	낮			
		밤			
16	수				
20	주일	낮			
		밤			
23	수				
27	주일	낮			
		밤			
30	수				

2026년 9월 6일, 오순절 후 15번째 주일

성 경	야고보서 2:1-9	예전색상	초록색

예배의 부름	"여호와의 인자와 긍휼이 무궁하시므로 우리가 진멸되지 아니함이니이다 이것들이 아침마다 새로우니 주의 성실하심이 크시도소이다"(애 3:22-23) 악을 선하게 하시고 모든 소망을 이루어주시기를 기뻐하시는 여호와 하나님 아버지! 가을이 시작되는 절기에 힘찬 결실의 시기에 저희를 생명수 강가로 인도하사 예배드리게 하심을 감사드립니다. 오늘도 좌절과 실망의 늪에 빠진 영혼, 실직의 고통을 안고 있는 영혼, 문제 앞에 눈물 흘리면서 아픈 사연을 가지고 온 주의 백성들을 말씀으로 감싸 주옵소서. 오직 주님 많이 새로운 소망과 위로됨을 고백하는 마음을 기쁘게 흠향하옵시고 홀로 영광 받아 주옵소서. 예수님의 이름으로 기원하옵나이다. 아멘
회개를 위하여	게으름은 우리를 깊이 잠들게 하고 주릴 것이라는 하나님의 말씀을 무시하면 기도가 멈춥니다. 입으로는 찬양의 향기 대신에 원망과 불평만 토해냅니다. 나태한 생활을 하게 만드는 원인조차 모르고 살아가는 못난이가 바로 나는 아닌지 주님과 나만이 알고 있는 죄를 회개하는 기도를 계속합니다.
고백의 기도	제한 없는 사랑으로 성도들에게 한없는 사랑을 베풀어주시는 하나님 아버지! 지난 한 주간 동안도 택하신 주의 백성들을 은혜의 방패와 사랑의 보금자리로 인도해 주신 그 은혜를 감사드립니다. 지난 한 주간에도 어김없이 저희는 게으름에 빠져 말씀을 멀리하고 살았습니다. 기도하는 시간을 가지지 않았습니다. 찬송의 향기를 발하지 못했습니다. 이런 못난 저희를 불쌍히 여겨 주시옵소서. 한없는 용서를 통하여 무한한 사랑을 회복하기를 원합니다. 어리석은 죄악을 회개하기보다는 형편과 처지를 원망하고 살았던 저희를 용서하여 주옵소서. 이제 다시 한번 결심합니다. 모든 것을 현실의 탓으로만 돌리려는 타성적인 신앙에서 벗어나 보겠습니다. 갈 길을 몰라 우왕좌왕할 때 성령님과 함께 기도와 찬양의 춤을 추겠습니다. 가진 재능과 성품을 하나님 나라에 유용하게 쓸 곳을 찾고 실천해 보겠습니다. 구원의 감격을 망각하고 제 기분대로 살지 않겠습니다. 저를 필요로 할 때 핑계를 대고 뒤로 물러나며 요령을 피우지 않겠습니다. 하루를 기도로 시작하고 기도로 마치면서 하루 전체의 삶이 주님의 힘으로 유지되기를 결단하는 저희 위에 사죄의 말씀을 선포하여 주옵소서. 예수님의 이름으로 기도하옵나이다. 아멘
사함의 확인	"내가 이르기를 내 허물을 여호와께 자복하리라 하고 주께 내 죄를 아뢰고 내 죄악을 숨기지 아니하였더니 곧 주께서 내 죄악을 사하셨나이다"(시 32:5)
성시교독	14. 시편 24편
설교 전 찬 송	95장 (나의 기쁨 나의 소망 되시며) 433장 (귀하신 주여 날 붙드사)
설교 후 찬 송	255장 (너희 죄 흉악하나) 218장 (네 맘과 정성을 다하여서)

금주의 성가	나의 계명을 지키라 – W. H. Monk 이 시간이 귀중하다 – J. T. White 정의와 진리 위하여 – R. M. Stuits
목회기도	**독**생자 예수의 보혈로 죄에서 자유를 얻게 하신 하나님 아버지! 고난과 역경을 이기고 승리의 기쁨을 누리면서 하나님 앞에 나아와 찬양과 경배를 드리게 하심을 감사드립니다. 예수 그리스도께서 흘리신 보혈의 능력을 망각하고 죄와 함께했던 저희를 불쌍히 여겨 주옵소서. 오늘 이 예배를 통하여 하나님의 세미한 음성을 듣는 귀를 열어주시옵소서. 믿음 없는 사람이 보지 못하는 하늘의 신비를 보는 눈을 열어주옵소서. 아직도 거저 왔다가 거저 가는 형식적이고 가식적인 믿음을 용서하여 주시고 강한 주님의 힘을 칠 배나 더하여 주옵소서. **하**나님의 비밀스러우신 일들을 깨달아 알게 하시는 주님! 그 어린양의 매우 귀중한 피로 세우신 이 교회와 기관이 주님의 일에 우선순위를 두는 마음이 있게 하여 주옵소서. 죽음과 절망이 지배하는 땅에 생명을 전하게 하옵소서. 오늘도 우리가 가지고 나온 문제를 놓고 기도할 때마다 하나님의 살아 계심과 함께하심이 증거되게 하옵소서. 병든 몸이 회복되고, 직장 때문에 기도하는 자녀들에게 기름진 기업으로 인도하여 주옵소서. 모든 직분자마다 새로운 각오와 용기로 충성하는 마음이 넘치게 하옵소서. 예수님의 이름으로 기도하옵나이다. 아멘
헌금을 위한 성구	"그러므로 내가 이 형제들로 먼저 너희에게 가서 너희가 전에 약속한 연보를 미리 준비하게 하도록 권면하는 것이 필요한 줄 생각하였노니 이렇게 준비하여야 참 연보답고 억지가 아니니라"(고후 9:5)
헌금기도	**죄**인을 천국 백성 되게 하시고 필요를 채워주시는 하나님 아버지! 지금까지 지내온 것 주의 크신 은혜이며 앞날에도 변함없는 사랑으로 인도하시오니 감사와 찬양을 드립니다. 우리에게 주신 귀한 물질도 하나님이 주셨음을 믿어, 주신 것 가운데 선별하여 드립니다. 드린 손길과 가정과 사업이 더욱 큰 주님의 돌보심을 받게 하시고, 이 교회가 이 헌금으로 인하여 더욱 발전하게 하옵소서. 모든 것이 주로부터 온 것을 아는 믿음으로 결실의 십분의 일을 바치는 성도들에게 하늘 축복의 문이 열림을 보게 하여 주옵소서. **감**사 예물을 바칩니다. 저들의 감사와 행복을 보고 많은 사람들이 주님께서 내미는 구원의 팔에 안기는 역사가 있게 하옵소서. 귀한 시간을 주님께 바치고 헌신하는 저들을 기억하여 주옵소서. 성가대와 교회학교에서 주방에서 헌신하고 빛도 없이 이름 없이 봉사하는 사람들이 있기에 몸 된 교회가 여기까지 왔습니다. 주님께서 모두 기억하여 주시고 하늘의 이슬 같은 은혜와 땅의 기름진 축복을 내려주시옵소서. 물질이 부족하여 하나님의 사업에 기쁨으로 동참할 수 없는 성도들이 있습니다. 저들의 안타까운 심령을 위로하시고, 저들의 창고를 채워주시옵소서. 예수님의 이름으로 기도하옵나이다. 아멘
위탁의 말씀	"네 이웃 사랑하기를 네 몸과 같이 하라" 하나님께서 인간을 평등하게 창조하셨는데, 사람들은 자기의 주견으로 사람을 차별합니다. 차별의식은 가정과 세상을 혼란하게 만드는 죄악임을 알고 평등하게 대하고 사랑하는 한 주간을 살아야 합니다.
축도	지금은 우리에게 힘과 생명이 되시는 예수 그리스도의 은혜와 풍성하심으로 복 주시는 하나님 아버지의 사랑하심과 믿음 위에 굳게 설 수 있도록 도우시는 성령의 역사하심이 오늘 성전에 모여 예배드리고 하나님 앞에 자기의 부족을 고백하고 겸손하게 살아가기로 작정하고 돌아가는 종들의 머리 위에 그리고 저들의 가정과 교회 위에 영원토록 함께하시기를 축원하옵나이다. 아멘

오늘의 설교를 위하여

오늘의 설교를 위한 복음적 조명 주제 : 차별은 악행

제목 : 인간의 가치에 대한 차별 l 본문 : 야고보서 2:1-9

주제 : 하나님께서 인간을 평등하게 창조하셨다. 그러나 사람들은 자기의 주견으로 사람을 차별한다. 사람이 입은 의복이 명품인지, 사람의 생각이 자기와 같은지에 대한 차별의식으로 우리가 사는 사회를 혼란하게 만든다. 이런 사고는 분명히 하나님께 죄악이다.

논지 : 사람을 외모로 차별하여 하나님께 죄를 짓지 않도록 말씀을 전파하자.
1. 사람에 대한 차별
2. 의복에 대한 차별
3. 생각에 대한 차별
4. 죄악을 짓는 차별

시대와 또는 사람들이 사는 사회마다 사람을 차별하고 나누어 생각하는 못 된 병폐가 있다. 옛날에는 양반과 상놈을 구별했다. 한번 양반이면 평생 양반이고, 한번 상놈이면 죽을 때까지 상놈이다. 상놈은 죽어도 양반이 못 된다. 이것이 세상의 악습이다. 지금은 부자와 가난한 사람을 나누는 시대이다. 배운 사람과 못 배운 사람을 구별하는 시대이다. 출신 지역에 따라서 인간이 차별되기도 한다. 이런 인간 차별이 얼마나 많은 사람의 눈에서 눈물을 흘리게 하는지 모른다. 그런데 오늘날 교회에도 이런 인간 차별의 악습이 남아 있다. '누구는 되고 누구는 안 된다'라고 하는 생각이 얼마나 주님을 괴롭게 하고 있으며 교회를 어렵게 하고 있는가? 이런 인간 차별을 버려야 한다. 과거는 지나갔다. 옛날에 잘했으면 무엇이 좋고, 지금 못하면 어떤가? 우리는 지금 잘해야 한다. 우리에게는 현재와 미래가 있다. 하나님 앞에서 모든 성도는 동등하다. 차별이 있을 수 없다. 목사나 장로나, 권사나 집사나, 평신도까지 모두 똑같다. 우월 의식을 버리고 차별의식도 버리자. 자기를 비하하는 의식도 버려야 한다. 그래야 교회가 평안하고 든든히 부흥한다. 모든 걸 보시는 하나님 앞에서 사람을 차별하는 죄악을 범하지 말고, 누구나 사랑하는 성도들이 되어야 주님께서 기뻐하신다.

1. 사람에 대한 차별

사람에 대한 차별을 생각하기 전에 먼저 인간의 본질을 알아야 한다. 분명히 사람에게는 자유가 있으나 그렇게 해서 이로운 것은 없다. 사람은 하나님과 맞서서 오랫동안 대항하는 것이 실현 가능하리라고 생각했다. 하나님의 사람이 나타나고 실현되는 하나님 나라 주위에 있는 모든 것은 '반-왕국', 즉 '악'과 '이간하는 자 사탄', 그리고 '거짓말쟁이'가 통치하는 영역이다. 그것은 너무 무시무시해서, 사람 개인적인 의견을 말한다면, 어느 사람도 악의 지배 아래에 있거나, 영원히 그곳에 머무르기를 자유의사로 선택하는 사람은 없을 것이다. 사람이 하나님을 대항할 수 있겠는가? 하나님께서 자유 하신 것처럼 사람도 자유하다. 하나님께서 각 사람에게는 자유를 주셨기 때문이다. 사람은 하나님께 순종할 수도 있고 하나님을 대항하여 불순종할 수도 있다. 그것은 사람의 자유이다. 그 자유를 자신이 원하는 대로 사용할 수 있다. 그 자유를 사용하는 것은 어디까지나 한시적이다. 그러나 그리스도 예수 안에서의 자유는 영원하다. 그러므로 사람에 대한 차별을 버려야 한다. 사도 바울이 "내 형제들아 영광의 주 곧 우리 주 예수 그리스도에 대한 믿음을 너희가 가졌으니 사람을 차별하여 대하지 말라"(:1) 말씀했다. 사람에 대한 차별은 스스로 사람인 자신을 비천하게 만든다.

2. 의복에 대한 차별

의복은 최초로 아담과 하와가 입었다. 하와가 하나님께서 먹어서는 안 된다는 선악을 알게 하는 과일을 먹고 인류 최초로 죄를 지었다. 죄의 삯은 사망(롬 6:23)이다. 하나님께 죄를 지은 아담과 하와는 당연히 죽어 마땅하나 하나님은 차마 그들을 죽일 수 없으셨다. 하나님은 사랑이시기 때문이다. 아담과 하와가 살 수 있는 길은 누군가가 그들의 죄를 대신하는 것이었다. 그래서 하나님은 아무 흠이 없는 어린양을 잡아서 그 피를 흘리고 그의 살과 기름으로 속죄의 의식을 행하셨다. 그리고 하나님께서 양가죽으로 벌거벗어 부끄러워하는 아담과 하와의 수치를 가려주시고 세상으로 내보내셨다. 이게 역사적으로 최초의 의복이 되었다. 그런데 사람들은 의복으로 다른 사람을 차별한다. 돈이 많아서 명품 옷을 입으면 귀하게 여기고, 돈이 없어서 허름한 의복을 입으면 천하게 생각한다. 야고보가 "만일 너희 회당에 금가락지를 끼고 아름다운 옷을 입은 사람이 들어오고 또 남루한 옷을 입은 가난한 사람이 들어올 때에 너희가 아름다운 옷을 입은 자를 눈여겨 보고 말하되 여기 좋은 자리에 앉으소서 하고 또 가난한 자에게 말하되 너는 거기 서 있든지 내 발등상 아래에 앉으라 하면 너희끼리 서로 차별하며 악한 생각으로 판단하는 자가 되는 것이 아니냐"(:2-4) 말씀했다.

3. 생각에 대한 차별

수많은 사람의 생각은 모두 다르다. 한 사람이 이렇게 생각하면, 다른 사람은 저렇게 생각한다. 심지어 한솥밥을 먹고 한 이불 속에 사는 부부도 서로 생각이 다를 때가 많다. 사람의 선과 악, 정의와 불의 등에 관한 생각은 오른쪽과 왼쪽을 구별하는 것처럼 애매하고 모호하다. 사람이 北을 향하여 설 때는 東이 오른쪽이 되고 西가 왼쪽이 된다. 사람이 南을 향하여 서 있으면 西가 오른쪽이 되고 東이 왼쪽이 된다. 결국 사람이 어느 입장이냐에 따라서 생각이 달라질 수 있다는 말이다. 이는 옳고 그름에 대한 절대적 판단이 있을 수 없다는 말이다. 하나님께서 사람에게 절대 생각의 권한을 준 일이 없다는 말도 된다. 그러니 사람이 자기의 생각으로 다른 사람을 차별한다는 게 얼마나 위험한가 하는 말이다. 사람이 자기의 생각으로 다른 사람을 차별하는 것은 하나님의 권한을 빼앗는 결과를 가져오는 것이다. 앞에서 인용했지만, 야고보가 "너희끼리 서로 차별하며 악한 생각으로 판단하는 자가 되는 것이 아니냐"(:4) 말씀했다. 사람의 생각에 대한 차별은 하나님께서 기뻐하시지 않고 오히려 사람의 인권을 무시하는 죄가 될 수 있다. 그러므로 우리는 다른 사람의 생각을 인정하고, 필요하면 생각을 공유하는 아름다운 인간관계와 바람직한 공동체를 만들게 된다.

4. 죄악을 짓는 차별

영어로 Sin이라고 표현하는 '죄악'은 추상명사다. 좀 더 구체적으로 말한다면 행위로 범한 죄악이 아니라 마음으로 지은 죄악을 말하는 것이다. 예수님께서 "나는 너희에게 이르노니 음욕을 품고 여자를 보는 자마다 마음에 이미 간음하였느니라"(마 5:28) 말씀하셨다. 마음으로 짓는 죄악이다. 그러나 이 죄악은 사함이 필요한 게 아니고 다만 그 죄악에서 벗어나기만 하면 된다. 아담의 피를 이어받은 모든 사람은 죄악을 가지고 태어나므로 죄를 지을 수밖에 없다. 왜냐하면 인간은 하나님의 말씀을 거역해서 이미 마귀에게 속한 자가 되어버렸기 때문이다. 마귀는 사람이 죄를 짓게 하려고 끊임없이 속삭이며 유혹한다. 마귀가 사람의 마음 속에서 정욕의 길로 가도록 강요하며 유혹할 때 죄를 짓는 사람이 바로 죄인이다. 죄악은 사람의 육체 안에서 지배하는 악한 영의 역사다. 그런데 마귀는 항상 우리가 끊임없이 죄악을 짓는 차별로 유혹한다. 그래서 야고보가 "너희가 만일 성경에 기록된 대로 네 이웃 사랑하기를 네 몸과 같이 하라 하신 최고의 법을 지키면 잘하는 것이거니와 만일 너희가 사람을 차별하여 대하면 죄를 짓는 것이니 율법이 너희를 범법자로 정죄하리라"(:8-9) 말씀했다. 사람이 죄악을 짓는 차별은 혼자 최고라고 하는 위선에서 비롯되는 고집에서 생긴다.

2026년 9월 13일, 오순절 후 16번째 주일

성 경	잠언 1:20-33	예전색상	초록색

예배의 부름	"영접하는 자 곧 그 이름을 믿는 자들에게는 하나님의 자녀가 되는 권세를 주셨으니 이는 혈통으로나 육정으로나 사람의 뜻으로 나지 아니하고 오직 하나님께로서 난 자들이니라"(요 1:12-13)
	주의 발자취를 따르면 맘에 맑은 하늘이 열리는 기쁨을 주시는 하나님 아버지! 죄와 허물로 수치를 당할 때도 용서와 관용으로 잘못을 용서하여 주심을 감사드립니다. 오늘도 거룩한 주일을 지키게 하시고 주님의 성소를 사모하오니 말씀을 통하여 저희 모두가 은혜의 통로가 되게 하옵소서. 신령과 진정으로 드리는 예배를 받으시고 우리가 가지고 나온 기도의 제목들이 풍성한 열매로 응답하는 감격을 보게 하여 주옵소서. 예수님의 이름으로 기원하옵나이다. 아멘
회개를 위하여	복음을 전하는 것은 예수님의 마지막 말씀이자 명령입니다. 은혜를 받고 살면 지옥으로 보내서는 안 될 사람들에게 천국을 알리려는 마음이 자연스럽게 생깁니다. 구원의 기쁜 소식을 듣고 상대방의 운명이 역전될 때의 말할 수 없는 감동을 받으며 살고 있는지 성찰하고 회개하는 기도를 계속합니다.
고백의 기도	**날**마다 최선의 영적 소득을 위해서 하늘 은혜로 채워 주시는 하나님 아버지! 지난 한 주간에도 옛 습관이 남아 있는 저희에게 구원을 받은 감동과 생명의 길을 회복할 회개의 기회 주심을 감사드립니다. 복음 안에서 예수님처럼 살겠다는 결심을 망각하고 산 쭉정이 믿음을 불로 태워 주시고 정결한 영으로 새롭게 거듭나게 하옵소서. 하나님께서는 저희를 위해 독생자 예수님의 목숨을 내어주셨건만 저희는 교회를 위해 전도할 대상자를 위해서 아무것도 내어놓지 못하고 움켜쥐고만 살았습니다. 가난으로 고통받는 형제와 이웃의 하소연에 귀를 막아버리고 산 것을 불쌍히 여겨 주옵소서.
	이제 한 주간을 살면서 요셉과 다니엘이 꿈을 통해 어려운 문제들을 이길 수 있었던 지혜 얻기를 간구합니다. 전도할 대상자를 위해서 시간을, 그리고 가진 물질로 섬기면서 예수의 마음을 전할 수 있게 노력해 보겠습니다. 인간관계의 문제로 인하여 좌절하며 주님을 원망하지 않겠습니다. 주변에 외롭고 괴로움 속에 사는 분들에게 위로를 주는 그것이 무엇인가를 찾으려 애쓰는 한 주간을 살아보겠습니다. 성령의 능력으로 강건함을 주시고 세상 속에서 그리스도의 향기를 발하는 한 주간을 살겠다고 결심하는 저희에게 용서의 말씀으로 위로하여 주옵소서. 예수님의 이름으로 기도드립니다. 아멘
사함의 확인	"내 눈에 흐르는 눈물이 그치지 아니하고 쉬지 아니함이여 여호와께서 하늘에서 살피시고 돌아보실 때까지니라 주께서 이미 나의 음성을 들으셨사오니 이제 나의 탄식과 부르짖음에 주의 귀를 가리지 마옵소서"(애 3:49-50,56)
성시교독	15. 시편 27편
설교 전 찬송	32장 (만유의 주재) 526장 (목마른 자들아)
설교 후 찬송	252장 (나의 죄를 씻기는) 382장 (너 근심 걱정 말아라)

금주의 성가	믿음으로 가리라 – Cindy Berry 하늘나라 가기 원하면 – Lloyd Larson 크신 일을 이루신 하나님 – R. J. Hughes
목회기도	**태**산이 많은 험곡에서도 빛 가운데로 인도해 주시는 하나님 아버지! 우리 성도들이 한 주님, 한 믿음, 한 말씀, 한 세례로 하나 되게 하시고 하늘의 영광이 차고도 넘치게 하심을 감사드립니다. 지난 한 주간의 저희 삶을 돌아보면 하늘의 영광이 우리 맘속에 차고도 넘치는 줄도 모르고 하나님 은혜의 품을 떠나 세상이 주는 흑암 속에 헤맨 저희를 용서하여 주옵소서. 갈등과 상처와 절망의 사람들이 오늘 주님을 만나 평안과 치유를 체험하며 절망의 발걸음이 희망을 안고 돌아가는 발걸음이 되게 하옵소서. **심**은 대로 거두게 하시고 뿌린 대로 모으게 하시는 주님! 우리 교회에 부흥의 불길이 불타오르기를 원합니다. 말씀의 부흥과 신앙의 부흥이 일어나게 하시고 심령이 새로워지게 하옵소서. 경제 한파로 인하여 어려움을 당하고 있는 성도들이 낙심하지 말고 믿음으로 견딜 힘을 주옵소서. 교회 안에는 많은 기관이 있습니다. 당회와 제직회, 남전도회, 여전도회가 그 맡은바 본분을 다 할 수 있게 하옵소서. 주의 복음을 전하게 하려고 세우신 저희 모두가 하나님의 택하신 그릇으로 깨끗하고 유용하게 하시옵소서. 우리 구주 예수님의 이름으로 기도드립니다. 아멘
헌금을 위한 성구	"우리 하나님이여 이제 우리가 주께 감사하오며 주의 영화로운 이름을 찬양하나이다 나와 내 백성이 무엇이기에 이처럼 즐거운 마음으로 드릴 힘이 있었나이까 모든 것이 주께로 말미암았사오니 우리가 주의 손에서 받은 것으로 주께 드렸을 뿐이니이다"(대상 29:13-14)
헌금기도	**구**할 때마다 분에 넘치는 은총과 긍휼을 베푸시는 하나님 아버지! 저희가 이 시간 주님께 영광과 찬양을 돌려 예배를 드리고 주님이 주신 것 중에서 선별하여 제물을 드립니다. 몸과 마음과 뜻을 다해 정성으로 드리는 제물을 받으시고 주님의 영광과 거룩한 사업을 위해 넉넉히 쓰이게 하옵소서. 드리는 손길마다 주님이 친히 축사하시사 오병이어의 기적 축복이 영육 간에 임하게 하옵소서. 넉넉한 생활은 아니지만 약속된 십분의 일을 드리는 가정마다 역경을 이기고 승리의 깃발을 휘날리는 축복을 주옵소서. **감**사 예물을 드립니다. 감사하는 마음이 이웃에게도 전파되어 역경을 이기는 능력이 감사임이 증거되게 하옵소서. 주일 헌금을 드립니다. 구역헌금, 성미를 드립니다. 주님께서 힘난한 인생길을 동반해 주시고 힘들고 어려울 때 따뜻하신 사랑의 손길로 붙들어 주옵소서. 어린 자녀들이 드리는 예물도 있습니다. 항상 좋은 스승을 만나게 하옵소서. 이 모든 것이 주님의 은혜임을 고백합니다. 적은 예물들이 이 땅에 오시는 주님을 위한 사랑의 예물로 기억되게 하옵소서. 이 예물이 쓰이는 곳마다 놀라운 하나님의 생명력이 나타나게 하옵소서. 예수 그리스도의 이름으로 기도하옵나이다. 아멘
위탁의 말씀	"어리석은 자의 퇴보는 자기를 죽이며 미련한 자의 안일은 자기를 멸망시키려니와" 우리는 항상 지혜로운 하나님의 말씀을 경청하고, 하나님의 책망을 깨닫고, 재앙을 만날 때 지혜롭게 피하며 승리하는 한 주간을 살아야 합니다.
축도	지금은 말씀의 씨앗이 되어주신 예수 그리스도의 은혜와 말씀을 우리에게 뿌려주시는 하나님 아버지의 고마우신 사랑과 척박한 마음 밭임에도 말씀으로 날마다 새롭게 해주시는 성령님의 함께하심이 풍성한 열매를 맺으려는 소망을 가지고 말씀을 듣고 깨닫고 실천하고자 결단하며 세상을 향해 출발하는 주님의 백성들에게 지금부터 영원토록 함께하시기를 간절히 축원하옵나이다. 아멘

오늘의 설교를 위하여

오늘의 설교를 위한 복음적 조명 주제 : 지혜가 호출

제목 : 하나님 말씀의 지혜 | 본문 : 잠언 1:20-33

하나님의 말씀은 믿음으로 이끄는 지혜이다. '지혜가 호출'한다는 주제에 따라서 성도는 지혜로운 하나님의 말씀을 경청한다. 하나님의 책망을 깨닫고, 재앙을 만날 때 지혜롭게 피하고, 하나님 말씀의 지혜로 승리하는 신앙생활을 해야 한다.

논지 : 성도가 광장에서 부르는 하나님 말씀의 지혜로 때마다 일마다 승리하게 하자.
  1. 광장에서 부르는 지혜
  2. 책망을 알아듣는 지혜
  3. 재앙을 만날 때의 지혜
  4. 교훈을 받아들이는 지혜

하나님께서 우리에게 지혜의 말씀을 주셨다. 지혜의 말씀은 모든 은사를 총괄한다. 사도 바울이 하나님께 받은 지혜의 말씀으로 복음을 전파하였다. 우리 성도들도 지혜의 말씀으로 신앙생활을 하며, 또한 하나님을 믿지 않는 사람들에게 지혜의 말씀을 전파해야 한다. 일반적으로 지혜의 말씀에 대하여 상당히 제한적인 생각을 하는 경향이 있다. 대표적으로 평신도는 지혜의 말씀을 받지 않았고, 또한 전혀 모른다고 생각한다. 하지만 지혜의 말씀은 특별한 성직자나 성령의 은사를 받는 사람에게만 있지 않다. 하나님께서 지혜의 말씀을 모든 성도에게 주셨다. 문제는 성경을 읽고 지혜의 말씀을 깨닫는 데 있다. 성직자나 성령의 은사를 받은 사람도 성경을 읽고 그 의미를 모르면 하나님께서 주신 지혜의 말씀을 알지 못한다. 다윗의 아들 이스라엘 왕 솔로몬은 지혜의 잠언을 말씀하였다. "이는 지혜와 훈계를 알게 하며 명철의 말씀을 깨닫게 하며 지혜롭게, 공의롭게, 정의롭게, 정직하게 행할 일에 대하여 훈계를 받게 하며 어리석은 자를 슬기롭게 하며 젊은 자에게 지식과 근신함을 주기 위한 것이니 지혜 있는 자는 듣고 학식이 더할 것이요 명철한 자는 지략을 얻을 것이라"(잠 1:2-5). 오늘은 '하나님 말씀의 지혜'를 배워서 승리하는 성도의 삶을 살도록 하자.

1. 광장에서 부르는 지혜

'광장(廣場)'이란 명사로 많은 사람이 모일 수 있도록 거리에 만들어놓은 너른 공간을 이른다. 반대로 골목은 매우 좁은 길로 그저 한두 사람이 오가는 곳이다. 사람들은 골목보다 광장을 좋아한다. 그 이유에는 여러 가지가 있는데 광장은 공개된 장소로 많은 사람이 있기에 거기서 죄악을 짓지 않지만, 골목은 사람들이 별로 없어서 은밀하게 죄악을 짓는다. 요즘은 광장에서 여러 종류의 사람들이 자기의 이익을 위해서 시위를 하기에 시끄럽고 혼란하여 사람들이 피하는 경우가 많다. 우리나라가 민주화되기 전에는 대학생들이 '민주, 자유, 평화'를 외치며 목숨을 걸고 시위하여 민주주의 국가를 만들기도 했다. 그런 의미에서 광장은 여러 가지로 유익할 수 있다. 솔로몬이 "지혜가 길거리에서 부르며 광장에서 소리를 높이며 시끄러운 길목에서 소리를 지르며 성문 어귀와 성중에서 그 소리를 발하여 이르되 너희 어리석은 자들은 어리석음을 좋아하며 거만한 자들은 거만을 기뻐하며 미련한 자들은 지식을 미워하니 어느 때까지 하겠느냐"(:20-22)라고 말씀했다. 이 말씀의 의미는 하나님의 지혜로운 말씀이 광장에서 소리를 높여 어리석은 사람들은 어리석음을 좋아하고, 거만한 사람이 거만을 기뻐하며, 미련한 사람이 지식을 미워하는데, 이를 버리라는 교훈이다.

2. 책망을 알아듣는 지혜

하나님의 말씀은 여러 가지의 능력이 있는데, 그 가운데 책망하는 지혜가 있다. 사도 바울이 "모든 성경은 하나님의 감동으로 된 것으로 교훈과 책망과 바르게 함과 의로 교육하기에 유익하니 이는 하나님의 사람으로 온전하게 하며 모든 선한 일을 행할 능력을 갖추게 하려 함이라"(딤후 3:16-17) 말씀했다. 사람들은 자기가 잘했든지 못했든지 무조건 책망을 기분 나쁘게 생각하고 싫어한다. 세상에 완전한 사람은 하나도 없다. 사람은 모두 죄인이다. 그래서 사도 바울이 "모든 사람이 죄를 범하였으매"(롬 3:23)라고 설파했다. 그런 일에도 불구하고 대개 사람은 의인인 척하고 누가 책망하면 불쾌하게 여긴다. 심지어 부모가 자식에게 책망할지라도 순종하지 않고 반항하는 자녀도 있다. 심지어는 목회자가 말씀으로 교인을 책망하면 기분이 나쁘다고 교회를 안 나오기도 한다. 그래서 일반적으로 목회자는 책망하는 설교는 피하고, 그저 축복을 받으라는 설교를 많이 한다. 솔로몬이 "나의 책망을 듣고 돌이키라 보라 내가 나의 영을 너희에게 부어 주며 내 말을 너희에게 보이리라"(:23) 말씀했다. 성도에게는 하나님 말씀의 책망을 알아듣는 지혜가 있어야 한다. '마이동풍'(馬耳東風)이라는 말처럼, 하나님께서 말씀하시는 책망을 듣지 않는 교인은 구원을 받지 못할 것이다.

3. 재앙을 만날 때의 지혜

이스라엘 백성들은 약 430년 동안 이집트에서 노예로 살았다. 노예로 사는 것이 너무나 괴로워서 하나님께 고통을 호소했더니, 하나님께서 마침내 그들의 고통에 응답하시어 모세를 보내주셨다. 하나님의 능력을 받은 모세가 10가지의 재앙을 바로 왕과 이집트 전역에 내리고 마지막에 처음 난 것을 죽이는 재앙으로 이스라엘 백성들을 극적으로 출애굽 시켰다. 이집트 사람들이 재앙을 만날 때 이스라엘 백성들은 지혜롭게 어린양의 피를 문설주에 발라서 구원을 받게 되었다. 사람은 누구나 재앙을 싫어하고 만나지 않으려고 한다. 그렇다고 재앙이 사람을 피하지는 않는다. 재앙은 여러 종류가 있는데, 질병, 교통사고, 사업 실패, 이혼, 죽음 등이 있다. 이따위의 재앙이 자기의 잘못으로 오는 경우가 있고, 때로는 전혀 생각하지 않은 엉뚱한 데서 오기도 한다. 특히 하나님을 믿는 사람은 재앙을 자기의 마음대로 안 된다. 그래서 솔로몬이 "내가 불렀으나 너희가 듣기 싫어하였고 내가 손을 폈으나 돌아보는 자가 없었고 도리어 나의 모든 교훈을 멸시하며 나의 책망을 받지 아니하였은즉 너희가 재앙을 만날 때에 내가 웃을 것이며 너희에게 두려움이 임할 때에 내가 비웃으리라"(:24-26) 말씀했다. 그러므로 성도는 재앙을 만날 때 하나님 말씀의 지혜가 절대로 필요하다.

4. 교훈을 받아들이는 지혜

성도는 하나님의 말씀을 교훈으로 받아들이는 지혜가 있어야 한다. 하나님의 말씀은 우리에게 참된 회개를 불러일으키고 동시에 참된 위로를 가져다준다. 유대의 백성들이 바벨론 포로가 되었다가 해방되어 커다란 회개 운동을 할 수 있었던 것은 하나님의 말씀 때문이었다. "하나님의 말씀은 살아 있고 활력이 있어 좌우에 날선 어떤 검보다도 예리하여 혼과 영과 및 관절과 골수를 찔러 쪼개기까지 하며 또 마음의 생각과 뜻을 판단하나니"(히 4:12). 이러한 하나님의 말씀 앞에서 우리는 우리의 모습을 비추어보아야 할 것이다. 그리고 과연 자신의 믿음과 생활이 하나님께서 바라시는 요구에 합당한지 살펴보아야 한다. 이때 비로소 하나님의 말씀을 받아들이는 지혜가 생긴다. 지혜는 지식과 비슷한 말일지라도 서로 다른 의미가 있다. 지혜는 하나님의 뜻과 이치를 빨리 깨우치고 사리를 정확하게 처리하는 신앙적인 능력이다. 지식은 과학적으로 얻을 수 있는 사실을 발전하여, 현재의 사리를 분별하며 적절히 처리하는 능력이다. 솔로몬이 "내 아들아 만일 네 마음이 지혜로우면 나 곧 내 마음이 즐겁겠고"(잠 23:15)라고 말씀했고, 반대로 "나의 교훈을 받지 아니하고 나의 모든 책망을 업신여겼음이니라"(:30) 말씀했다. 성도는 말씀의 교훈을 받아들이는 지혜가 있어야 한다.

2026년 9월 20일, 오순절 후 17번째 주일 / 추석(25일)

성 경	요한계시록 14:13-16	예전색상	초록색

예배의 부름	"내가 환난 중에 다닐지라도 주께서 나를 살아나게 하시고 주의 손을 펴사 내 원수들의 분노를 막으시며 주의 오른손이 나를 구원하시리이다 여호와께서 나를 위하여 보상해 주시리이다 여호와여 주의 인자하심이 영원하오니 주의 손으로 지으신 것을 버리지 마옵소서"(시 138:7-8)
	항상 따스한 마음으로 주의 백성들을 품어주시는 하나님 아버지! 어지러운 세상에 살면서 실족하지 않고 믿음의 군병으로 승리한 저희가 거룩한 주님의 날 하나님 앞에 엎드려 감사의 예배를 드리게 하심을 감사드립니다. 추석 명절에 저희 믿음도 더도 말고 덜도 말고 지금과 같이만 살게 해 달라고 자신 있게 말할 수 있는 신앙을 살게 하옵소서. 우상을 멀리하고 보혈로 구속함을 얻은 감격을 찬송하며 살아가는 새로운 한 주간을 살게 하옵소서. 우리 주 예수 그리스도의 이름으로 기원하옵니다. 아멘
회개를 위하여	믿음의 가족이 천국 백성이라면 서로 사랑해야 합니다. 가진 것을 나누어야 합니다. 고통을 나누고, 기쁨을 나눌 때 가족은 하나님을 닮아갈 수 있습니다. 무거운 짐을 나눠서 지고 서로 섬기는 형제라고 인정받는 그가 내가 아니라면 눈물로 회개하는 기도로 거듭나야 합니다.
고백의 기도	**주**홍같이 붉은 죄도 사해 주시고 위로해 주시는 하나님 아버지! 죄인의 잘못을 기억하지 않으시고 오히려 구한 것보다 더 많은 하늘 은혜로 채워 주심을 감사드립니다. 지난 한 주간 말씀하신 대로 순종하지 못하고 깨달아 알지 못하고 귀중한 시간을 헛되게 보낸 잘못을 회개하오니 불쌍히 여겨 주시옵소서. 저희가 주님을 선택한 것이 아니라 저희가 주님의 부름을 받은 것임도 고백합니다. 오늘도 이 예배를 통하여 예수 그리스도의 사랑을 본받아 인내하고 화해를 이루는 십자가의 능력을 배우는 시간이 되기를 원합니다. 그럴듯한 속임수로 유혹하는 마귀의 시험에 빠지지 말게 하옵소서.
	언약으로 영생을 거저 주신 하나님 아버지! 시련을 극복하기에는 저희 믿음이 너무 나약함을 고백합니다. 하나님을 의지하지 않고 인간의 힘만으로 만사를 해결하려고 발버둥쳤던 저희입니다. 이제는 문제가 생겼을 때 새벽을 깨워 기도하는 일에 열중하겠습니다. 저희 자신과 가정과 교회를 위해서도 기도하는 아름다운 영혼이 되겠습니다. 진솔한 믿음으로 기도하고 섬기면서 살면 사랑이 회복되고 마음이 치유되며 행복이 충만한 천국 같은 가정이 될 줄 믿습니다. 일을 결정할 때에 주님께 묻지 않고 앞서 나가는 신앙을 살지 않겠다고 결심하는 저희 위에 사죄의 말씀을 선포하여 주옵소서. 예수님의 이름으로 기도하옵나이다. 아멘
사함의 확인	"자기의 죄를 숨기는 자는 형통하지 못하나 죄를 자복하고 버리는 자는 불쌍히 여김을 받으리라"(잠 28:13)
성시교독	67. 잠언 3장
설교 전 찬 송	287장 (예수 앞에 나오면) 310장 (아 하나님의 은혜로)
설교 후 찬 송	270장 (변찮는 주님의 사랑과) 277장 (양떼를 떠나서)

금주의 성가	영광의 주님 찬양하세 – Arr. by Joseph Linn 언제나 주를 찬양 – Grace Balson 어디든지 예수 나를 이끌면 – 서은정
목회기도	**우**리 민족의 명절인 추석날을 허락하신 사랑 많으신 하나님 아버지! 지난 한 주간에도 주님의 날개 밑에서 평안을 누리게 하심을 감사드립니다. 이 나라 백성들이 생명의 소망을 갖게 하시고 죄악의 권세로부터 구원받아 세상에서 피할 곳이 교회임을 알게 하여 주옵소서. 세상에서 더불어 살면서 상처받은 사람들이 오직 주님께 위로받고 육신의 고통과 걱정 근심을 해결받게 하옵소서. 마음은 원이로되 인간의 속성 때문에 온갖 유혹을 받을 때가 있습니다. 주님의 능력을 받아 세상의 것들을 세상 속에 버릴 수 있도록 믿음을 더하여 주시옵소서. **영**생으로 인도하는 생명 길을 보여 주신 주님! 죄악 벗은 영혼이 되어 복음 전파의 도구로 사용하여 주시옵소서. 오직 저희는 주님께서 지으신 피조물이오니 주님께서 원하시는 곳에, 원하시는 방법대로 쓰임받게 하옵소서. 우리 교회에 오는 자마다 젊은 사람은 꿈을 꾸고 노인들은 환상을 보게 하여 주옵소서. 저희 모두가 이웃을 돌보고 봉사하며 교회를 사랑의 공동체로 겸손하게 섬기게 하옵소서. 사랑하는 성도들이 주님을 위하여 충성을 다할 때 주님은 저희의 사업을 돌보시고, 저희의 직장을 책임져 주시고, 모든 저희 가정의 주인이 되어 주시옵소서. 주님께 모든 것을 맡기오며 예수님의 이름으로 기도드립니다. 아멘
헌금을 위한 성구	"그러므로 내가 이 형제들로 먼저 너희에게 가서 너희가 전에 약속한 연보를 미리 준비하게 하도록 권면하는 것이 필요한 줄 생각하였노니 이렇게 준비하여야 참 연보답고 억지가 아니니라"(고후 9:5)
헌금기도	**각**자에게 주신 달란트로 기름진 열매를 맺기를 바라시는 하나님 아버지! 하늘의 신령한 은혜와 땅의 기름진 은혜로 부요함과 기쁨을 주시는 사랑에 감사드립니다. 하나님께서 주신 여러 가지 은사로 큰 열매를 맺는 삶을 살지 못한 잘못을 용서하여 주옵소서. 선교사역을 위해서 가는 선교사 역할도 제대로 못한 저희였음을 고백합니다. 주변에 있는 소외되고 병든 자들을 위해 기도하며 주신 물질로 이웃을 섬길 줄 몰랐습니다. 오늘은 우리 민족이 추석 명절로 지냅니다. '더도 말고 덜도 말고 오늘만 같으면 좋겠다'라는 마음처럼 감사하는 마음이 우리 심령에 출렁이게 하옵소서. **감**사로 정성을 다해 예배드릴 때마다 마르지 않고 드릴 수 있는 믿음을 살게 하옵소서. 재물의 양보다 드리는 손길을 더 축복하며 위로해 주옵소서. 수고하고 열심히 땀 흘려 거둔 재물로 제사를 드리오니 받아 주시옵소서. 십일조 예물과 감사 예물과 생일 예물과 소원 예물과 선교 예물에 축복하시어 더욱 가득 차고 넘침으로 많은 사람에게 베풀게 하옵소서. 교회를 위해서 충성하는 헌신도 받으시고 이 예물이 쓰이는 곳마다 은총의 기적이 일어나게 하옵소서. 드리지 못한 자에게 더 많은 것을 주시옵소서. 예수님의 이름으로 기도합니다. 아멘
위탁의 말씀	"구름 위에 앉으신 이가 낫을 땅에 휘두르매 땅의 곡식이 거두어지니라" 사도 요한의 '마지막 수확'에 관한 말씀은 심판이 임박했다는 것을 알고 날마다 "오늘이 그날, 주님 오시는 날"이라는 각오로 죄를 멀리하고 살아가야 합니다.
축도	지금은 깊은 관심과 사랑으로 우리를 돌보시고 구원하시는 구주 예수님의 구속의 은총과, 무한한 사랑으로 우리에게 따뜻함을 주시는 하나님 아버지의 극진하신 사랑하심과 우리를 새롭게 하시고 우리 곁에 계셔서 위로와 힘과 능력이 되시는 성령님의 감화·감동·교통하심이 민족 명절인 추석을 통하여 주 안에서 화목한 가정을 이루고 믿음의 명문 가문이 되기를 소망하며 돌아가는 성도들에게 함께하시기를 간절히 축원하옵나이다. 아멘

오늘의 설교를 위하여

오늘의 설교를 위한 복음적 조명 주제 : 종말의 말씀
제목 : 주님께서 심판하시는 말씀 | 본문 : 요한계시록 14:13-16

주제 : 종말론적인 신앙은 때가 없다. 언제든지 주님께서 재림하시면 그때가 종말이다. 사도 요한의 '마지막 수확'에 관한 말씀을 주제로 하늘에서 들린 말씀과 주님께서 심판하시는 말씀과 거둘 때가 임박했다는 사실을 믿고 살아야 한다.

논지 : 역사의 종말이 가까운 때, 성도들이 항상 깨어서 기도하도록 말씀을 전파하자.
1. 하늘에서 들린 말씀
2. 주님께서 심판 말씀
3. 거두기 임박한 말씀
4. 종말에 관하여 말씀

  하나님을 믿는 성도를 비롯하여 모든 사람은 죽는다. 사람이 죽으면 하나님의 심판을 받는데, '심판의 부활'과 '생명의 부활'이 있다. 그런데 그 기준은 믿음이다. 우리가 하나님을 믿고, 예수님의 말씀을 실천하면 '생명의 부활'로 나올 수 있지만, 하나님을 믿지 않고, 예수님의 말씀을 실천하지 않으면 '심판의 부활'로 나올 수밖에 없다. 그래서 예수님께서 "그러므로 누구든지 나의 이 말을 듣고 행하는 자는 그 집을 반석 위에 지은 지혜로운 사람 같으리니 비가 내리고 창수가 나고 바람이 불어 그 집에 부딪치되 무너지지 아니하나니 이는 주추를 반석 위에 놓은 까닭이요 나의 이 말을 듣고 행하지 아니하는 자는 그 집을 모래 위에 지은 어리석은 사람 같으리니 비가 내리고 창수가 나고 바람이 불어 그 집에 부딪치매 무너져 그 무너짐이 심하니라"(마 7:24-27) 말씀하셨다. 이 말씀은 종말론적인 신앙을 가지는 데 도움을 주셨다. 성도는 종말론적 신앙으로 살아야 한다. '종말론적 신앙'이란 쉽게 표현하여 주님께서 오늘 재림하실 것이라는 믿음으로 사는 믿음이다. 주님께서 재림하실 때는 아무도 모른다. 그러므로 성도는 주님께서 곧 오신다는 믿음으로 항상 깨어서 기도하다가, 주님께서 천사장의 나팔 소리로 재림하실 때 담대하게 영접할 수 있는 준비를 해야 한다.

1. 하늘에서 들린 말씀

  '하늘'은 우주 공간이지만 성경에서는 '하늘나라', 즉 천국을 의미한다. 사람들은 하늘에서 비가 내리지 않으면 살 수 없다. 또한 하늘에서 비가 조금만 많이 내려도 사람들은 물난리로 죽겠다고 아우성친다. 그렇다고 하나님께서 섭리하시는 하늘의 우로지택(雨露之澤)을 사람이 마음대로 할 수 없다. 우리는 비가 오나 오지 않으나 하나님의 뜻대로 살아야 한다. 세상 살기가 어려워질수록, 세상에서 재난과 질병이 이어질수록, 걱정과 근심이 앞을 가로막을수록, 세상의 어려운 문제가 가정과 사업에 있을수록 우리는 전능하신 하나님 아버지께 기도하면서 믿음으로 살아야 한다. 사도 요한이 하늘에서 들린 말씀을 이렇게 표현했다. "또 내가 들으니 하늘에서 음성이 나서 이르되 기록하라 지금 이후로 주 안에서 죽는 자들은 복이 있도다 하시매 성령이 이르시되 그러하다 그들이 수고를 그치고 쉬리니 이는 그들의 행한 일이 따름이라 하시더라"(:13). 사도 요한이 하나님께 받은 계시는 주님 안에서 죽은 사람들이 복이 있는데, 그들이 이제는 육체적인 수고를 그치고 쉴 것인데 이는 그들이 세상에서 주님의 몸 된 교회와 성도들과 이웃을 위하여 행한 봉사에 따름이라고 말씀했다. 그러므로 성도는 최선을 다해 봉사해야 축복을 받는다.

2. 주님께서 심판 말씀

주님께서 재림하시는 징조는 성경에 자세하게 소개되었다(마 24:3-14). 이곳저곳에서 거짓 그리스도가 나타나서 성도들을 미혹한다. 곳곳에서 난리와 소문이 난다. 민족이 민족을, 나라가 나라를 대적한다. 이곳저곳에 기근과 지진이 있다. 사람들이 성도를 환란에 넘겨준다. 성도가 예수님의 이름 때문에 미움을 받는다. 사람들이 시험에 빠지며, 불법이 성하고 많은 사람의 사랑이 식는다. 이게 주님께서 재림하시는 징조다. 주님의 재림은 약속의 기일이 없다. 주님은 언제 오실지 모른다. 도적처럼 갑자기 오신다. 그러니 성도는 정신을 차리고 깨어 기도하며 다시 오시는 재림의 주님을 기다려야 한다. 그런데 주님께서 재림하시면 반드시 심판이 있다. 주님의 심판은 사람의 지식이나 재산 또는 인물에 관계가 없이 오직 믿음에 기준을 두신다. 아무리 많이 배웠어도, 엄청난 재산이 있고 잘생겼어도 확실한 믿음이 없으면 심판을 받아 지옥에 갈 수밖에 없다. 사도 요한이 "또 내가 보니 흰 구름이 있고 구름 위에 인자와 같은 이가 앉으셨는데 그 머리에는 금 면류관이 있고 그 손에는 예리한 낫을 가졌더라"(:14) 말씀했다. 흰 구름 위에 앉으신 인자(주님)께서 머리에 금 면류관을 쓰고 계시는데 손에는 예리한 낫을 가지시고 죄인들을 심판하신다고 말씀했다.

3. 거두기 임박한 말씀

예수님의 비유다(마 21:33-46). 어느 주인이 포도원을 만들고 농부들에게 소작으로 맡기고 타국에 오랫동안 여행을 떠났다. 얼마 후에 포도 거둘 때가 되어서 주인은 소출 가운데서 상당한 열매를 자기에게 바치게 하려고 자기의 종들을 농부들에게 보냈다. 그런데 농부들은 그 종들을 잡아 하나는 심히 때리고, 하나는 죽이고, 하나는 돌로 쳤다. 그래서 주인이 다른 종들을 처음보다 많이 보내면서 전과 같이 요구하였다. 그랬더니 농부들은 그 종들도 폭행했다. 그래서 포도원 주인은 외아들을 농부들에게 보냈다. 그러나 농부들은 주인의 외아들을 보고 이렇게 말했다. "이 사람은 상속자다. 그를 죽여 버리자. 그래서 유산이 우리 차지가 되게 하자."면서 그들은 포도원 주인의 외아들을 포도원 바깥으로 끌고 가서 죽여 버렸다. 예수님의 이 비유는 '거두기 임박한 말씀'이다. 곡식을 거두기 임박한 시기는 영적으로 종말을 의미하는데, 누구든지 주님께서 재림하실 종말에는 하나님의 심판을 받는다. 그래서 사도 요한이 "또 다른 천사가 성전으로부터 나와 구름 위에 앉은 이를 향하여 큰 음성으로 외쳐 이르되 당신의 낫을 휘둘러 거두소서 땅의 곡식이 다 익어 거둘 때가 이르렀음이니이다 하니"(:15)라고 말씀했다. 성도들은 거두기 임박한 말씀을 들으면 회개해야 한다.

4. 종말에 관하여 말씀

인간에게는 시작과 끝이 있다. 그러나 하나님에게는 시작과 끝이 없다. 하나님은 시작과 끝이 없이 영원한 가운데에서 자유로운 존재로 살아 계신다. 그러나 인간은 시작과 끝이 있는 유한한 존재로 살고 있다. 역사의 끝, 곧 종말에 대한 절박감이 우리를 긴장시킨다. 그리고 우리에게 내일을 준비하게 한다. 하나님의 나라가 어느 때에 임하느냐고 하는 궁색한 물음을 갖기보다는, 하나님의 나라가 이미 여기에 임했다고 하는 안도의 마음을 가지는 것이 오히려 우리를 행복하게 한다. 종말, 그 시간은 결코 우리를 두렵게 하지 않고 우리를 즐겁게 한다. 왜냐하면 그 시간 이후는 우리에게 영원한 생명으로 삶이 주어지기 때문이다. 하나님께서 목적하시는 영광 안에서 성서적 종말론의 중심주제는 소망이다. 역사의 끝에 관한 관심이 성경에는 미약하게 나타난 반면, 역사의 종말에 관한 관심은 두드러지게 나타나는 주제이다. 종말은 완전한 계획을 이루고 계시는 하나님의 목표이다. 종말에 관한 말씀이다. "구름 위에 앉으신 이가 낫을 땅에 휘두르매 땅의 곡식이 거두어지니라"(:16). 주님께서 종말에 대해 사용하신 용어는 "낫을 땅에 휘두르매 땅의 곡식이 거두어지니라"이다. 신앙적인 종말에 우리는 모두 알곡으로 거두어지기 위하여 하나님께 기도하는 성도가 되자.

	2026년 9월 27일, 오순절 후 18번째 주일		

성 경	마가복음 9:38-50	예전색상	초록색
예배의 부름	"우리는 하나님께 속하였으니 하나님을 아는 자는 우리의 말을 듣고 하나님께 속하지 아니한 자는 우리의 말을 듣지 아니하나니 진리의 영과 미혹의 영을 이로써 아느니라"(요일 4:6)		
	거룩한 성전에 모인 저희를 주님의 은총 받은 자로 여기시는 하나님 아버지! 한 주간 동안 세상에서 시달리고 지친 몸과 영혼을 가지고 나왔나이다. 용납하시고 주님의 품에 안으시어 위로와 평안을 주시고, 하나님의 은총을 체험하게 하옵소서. 우리를 오늘 주시는 말씀으로 새사람으로 거듭나게 하시고 세상에 나가 지난 한 주보다는 다른 복음의 삶을 살게 하옵소서. 은혜를 사모하는 영혼들을 말씀으로 위로해 주시고 하늘의 은총을 충만하게 부어 주옵소서. 예수님의 이름으로 기원하옵나이다. 아멘		
회개를 위하여	주님의 성도들이 등지고 살아야 대상은 죄와 탐욕이지만, 막상 한 주간을 살면서 하나님과 교회와 예배와 감사를 등지고 살아가는 반쪽짜리 믿음을 살아간다면 무엇이 우리를 이렇게 만들고 있는지 나와 하나님만 아시는 그것을 찾아 고백하고 주님의 이름으로 회개하는 기도를 계속합니다.		
고백의 기도	지은 죄 때문에 지옥의 형벌을 받을 죄인을 예수님의 공로로 용서하시는 하나님 아버지! 거룩한 날 주님의 날 저희에게 은혜를 주시어 회개하고 기도하는 심령에 하늘의 소망과 기쁨을 허락하여 주심을 감사드립니다. 지난 한 주간에도 영혼과 육신에 필요한 것을 주셨건만 허물과 실수로 탕진하고 살 것을 용서하여 주옵소서. 주님을 증거로 제시해야 할 때 침묵했던 저희였습니다. 이 시간 모든 죄를 고백하오니 예수 그리스도의 피로 정결케 씻어 주시옵소서. 생각과 말과 행동으로 지은 모든 죄를 들으시고 불쌍히 여겨 주시옵소서. 거칠어진 마음을 주님의 손길로 어루만져 소생의 기쁨을 주옵소서.		
	이제 다시 결심합니다. 말씀이 사라진 죽은 막대기처럼 살았던 지난날들이 반복되지 않기를 결심합니다. 남에게 과시하고 싶은 마음, 시기하는 마음으로 가득 찬 먹구름을 걷어내겠습니다. 질병으로 고통받고 있는 주변 사람이 나의 섬김을 받게 하려고 하나님이 주신 기회로 알고 나눔과 위로를 실천하겠습니다. 이웃이 울 때 함께 울어 주고 기뻐할 때 함께 기뻐하는 이웃이 되겠습니다. 시험에 드는 것은 저희가 주님을 떠나 있기 때문임을 회개하고 신령과 진정으로 예배하는 자가 되겠다고 결심하는 저희의 회개를 받아 주시고 사죄의 말씀으로 처음 신앙을 회복하게 하옵소서. 예수님의 이름으로 기도하옵나이다. 아멘		
사함의 확인	"여호와는 긍휼이 많으시고 은혜로우시며 노하기를 더디 하시고 인자하심이 풍부하시도다 자주 경책하지 아니하시며 노를 영원히 품지 아니하시리로다" (시 103:8-9)		
성시교독	68. 이사야 40장(1)		
설교 전 찬 송	22장 (만유의 주 앞에) 213장 (나의 생명 드리니)		
설교 후 찬 송	545장 (이 눈에 아무 증거 아니 뵈어도) 54장 (주여 복을 구하오니)		

09 27

금주의 성가	여호와를 찬양하라 – 조병우 더욱 굳센 믿음으로 – Don Besig 주님께 감사 드리세 – Roy E. Nolte
목회기도	**보**혈의 능력으로 죄인을 의인 되게 하시고 그리스도의 몸을 세우는 일에 동참하게 하시는 하나님 아버지! 지난 한 주간에도 불신이 가득한 세상에 실족하지 않고 믿음으로 승리하게 하신 은혜를 감사드립니다. 감당할 수 없는 큰 하늘 은혜와 말씀의 힘을 사용하지 못하고 주님 뜻을 거역하면서 헛고생한 우리입니다. 불쌍히 여겨 주옵소서. 이 예배를 통해서 변화의 역사가 저희 모든 성도의 심령 속에 일어나기를 원합니다. 가정에서 변화의 물결이 파도치기를 원합니다. 이 예배에 참석한 교인들의 영혼에 성령의 불이 붙어 교회가 부흥되게 하옵소서. **밤**에 속하지 않고 낮에 속하여 살게 하시는 하나님 아버지! 주시는 말씀의 전신 갑주를 입고 세상에서 밤과 같은 어둠 속에 살지 않겠습니다. 하나님의 의를 이루고 하나님을 섬기는 자녀로서 살겠습니다. 주님 외에 다른 것에 한 눈을 팔지 않고 살겠습니다. 주님의 말씀을 들을 때에 치유함의 역사가 일어나게 하옵소서. 주님께 찬송할 때에 주님의 얼굴을 보게 하여 주시옵소서. 주님께 부르짖어 기도할 때에 놀라운 성령의 역사가 이 자리 위에 물결칠 수 있게 하옵소서. 예수님 이름으로 기도합니다. 아멘
헌금을 위한 성구	"여호와께서 우리에게 이 모든 규례를 지키라 명령하셨으니 이는 우리가 우리 하나님 여호와를 경외하여 항상 복을 누리게 하기 위하심이며 또 여호와께서 우리를 오늘과 같이 살게 하려 하심이라"(신 6:24)
헌금기도	**모**든 것이 주님의 것임을 고백하는 믿음을 기뻐하시는 하나님 아버지! 저희에게 생명을 주시고, 삶의 터전을 주신 것을 감사드립니다. 드리는 손길에 드리는 자에게 주어지는 참된 기쁨과 감사가 더욱 크게 하셔서 저희로 축복되게 하옵소서. 오늘도 성삼위 하나님께 영광 드리는 거룩한 주일 예배의 순서를 따라 받은바 은혜를 감사하는 마음으로 정성스럽게 준비한 예물을 봉헌합니다. 십일조, 감사헌금, 그리고 성미로 드리는 아름다운 손길이 있습니다. 이 드림이 주님을 향한 믿음과 헌신의 고백이오니 이를 받아 주옵소서. **"환**난 날에 나를 부르라 내가 너를 건지리니 네가 나를 영화롭게 하리로다…" 하신 대로 저희를 어려움 가운데서 건지시기 위함임을 믿습니다. 지금 북한 동포들은 심한 굶주림으로 고통을 받고 있습니다. 저들에게 영과 육의 양식을 허락하셔서 굶주림에서 해방되게 하옵소서. 봉사하는 아름다운 손과 발이 있습니다. 아름다운 꽃으로 강단을 장식한 정성이 있습니다. 교회학교에서 가르치는 헌신하는 교사들과 성가대원들이 있습니다. 이 모든 충성된 저희 마음을 받으시고 교회와 당신의 나라가 확장되게 하옵소서. 우리 주 예수 그리스도의 이름으로 기도드리옵나이다. 아멘
위탁의 말씀	"만일 소금이 그 맛을 잃으면 무엇으로 이를 짜게 하리요" 교회에서 우리가 해야 할 주님의 사역은 다양합니다. 헌신과 섬김으로 '주님을 해하는 성도'가 되지 말고 '주님을 위하는 성도'로 살아가는지 성찰하고 주님과 교회가 필요로 하는 그 한 사람으로 살아가야 합니다.
축도	지금은 길이요, 진리요, 생명이 되시는 예수 그리스도의 은혜와 하나님 아버지의 크신 사랑과 성령님의 교통하시는 은총이, 택하여 불러주시고 사명을 맡겨주신 주님의 사랑하는 성도들과 저들의 가정과 일터와 삶 속에 영원히 함께하여 주시기를 간절히 축원하옵나이다. 아멘

오늘의 설교를 위하여

오늘의 설교를 위한 복음적 조명 주제 : 주님의 성도

제목 : 주님을 위한 성도들 | 본문 : 마가복음 9:38-50

주제 : 교회에서 주님의 사역을 하는 성도는 다양하다. 주님의 제자는 아니지만 알게 모르게 주님을 돕는 사역을 한다. 주님의 이름으로 귀신을 내쫓는 사람들을 제자들이 비난했을 때 주님께서는 '주님을 위하는 성도'에 대한 말씀을 주셨다.

논지 : 여러 가지 모양으로 주님을 위하여 사역하는 성도들에 대하여 말씀을 전하자.
 1. 주님의 일을 위하는 성도
 2. 실족하게 하지 않는 성도
 3. 철저하게 회개하는 성도
 4. 서로 화목하게 하는 성도

우리는 종종 '나'만 혹은 '우리'만이라는 '아집(我執)'에 빠질 수 있다. 내가 아니면 안 되고, 꼭 우리만 해야 한다는 집념이 좋은 것 같아도 공동체의 화합과 발전에는 아무런 도움이 되지 않는다. 공동체는 개인이 할 수 있는 문제는 개인에게 맡기되, 다만 개인이 할 수 없는 문제 혹은 개인이 해도 비효율적인 결과가 나오는 문제에 대해서는 서로 보완하여 사회를 이끌어 가야 한다. 이러한 것을 '보완성의 원리'라고 한다. 이것은 개인 혹은 작은 단위가 할 수 있는 것을 스스로 책임을 짐과 동시에 나아가 개인을 인정하면서 협력하기보다 좋은 발전을 추구한다는 원칙이다. 예수님을 따르는 사람들은 수없이 많았다. 그들이 모두 주님의 제자라는 칭호를 받지 못했지만 나름대로 주님을 위해서 많은 일을 한 것으로 전해지고 있다. 특별히 주님은 그들 가운데 70인을 따로 세워서 친히 가시려는 각 동네와 각 지역으로 둘씩 보내시며 "추수할 것은 많되 일꾼이 적으니 그러므로 추수하는 주인에게 청하여 추수할 일꾼을 보내주소서"(눅 10:2)라고 말씀하셨다. 우리가 이 말씀에서 알 수 있는 것은 주님의 열두 제자 외에도 주님의 복음 사역을 위해서 많은 사람이 일했다는 것이다. 다른 말로 하면 주님의 시대에 복음 전도사역을 위한 '신앙공동체'가 이루어져 있었다는 것이다.

1. 주님의 일을 위하는 성도

사도 요한이 주님의 제자가 아닌 사람이 "주의 이름으로 귀신을 내쫓는 것을"(:38) 보았다고 말했다. 요한 자신이 귀신을 내쫓는 능력이 있었는지는 모르지만 매우 언짢게 생각이 되었다. 그래서 예수님에게 "우리를 따르지 아니하므로 금하였나이다"(:38) 말씀을 드렸다. 그런데 예수님의 말씀은 엉뚱하게 "금하지 말라 내 이름을 의탁하여 능한 일을 행하고 즉시로 나를 비방할 자가 없느니라 우리를 반대하지 않는 자는 우리를 위하는 자니라"(:39-40)라고 말씀하셨다. 예수님은 분명하고 단호하게 요한과 다른 제자들의 생각이 독선적인 것을 지적하셨다. '나'만 혹은 '우리'만이라는 독선은 주님과 복음 전도에 아무런 도움이 되지 않는다는 뜻으로 해석할 수 있다. 왜냐하면 그 사람이 직접 예수님을 따르지 않고, 제자들의 집단에 소속되지 않았다 해도 예수님의 이름을 위하여 일한다면 복음 전도에 도움이 된다는 말씀이다. 그리고 더 나아가 주님은 자기의 이름을 의탁하여 귀신을 내쫓는 사람을 금하지 말라 하셨다. 특별히 주님은 '나'가 아닌 '우리'라는 공동체적인 말씀을 사용하셨다. 이처럼 우리를 반대하지 않는 사람은 우리를 위할 뿐만 아니라, 우리 편에서 일하는 사람이다. 교회에서도 드러내놓고 일하는 사람이 있으면 숨어서 일하는 성도가 있다는 것을 명심하자.

2. 실족하게 하지 않는 성도

성도에게 중요한 것은 '내가 누구인가?' 하는 '자아의식(自我意識)'이다. 성도는 "그리스도에게 속한 자"(:41)이다. 그리스도의 성도라는 뜻이다. 모든 섬김은 여기서부터 시작되어야 한다. 이는 자신의 이름이 아니라 예수 그리스도 주님의 이름이다. 소속감은 자신의 신분을 드러내는 자신감이다. '최소한 나는 그리스도의 성도'라는 자부심이 있는 사람은 주님의 사랑으로 섬기지 않을 수 없다. 이 정신으로 적은 것부터 섬겨야 한다. 그래서 주님은 "그리스도에게 속한 자라 하여 물 한 그릇이라도 주면 내가 진실로 너희에게 이르노니 그가 결코 상을 잃지 않으리라"(:41) 말씀하셨다. 내 것을 남에게 준다는 것은 쉬운 일이 아니다. 큰 것만을 많이 주려는 생각을 버리기를 바란다. 그러면 아무에게 아무것도 주지 못한다. 욕심을 버리고 아주 적은 것, 미미한 것, 사소한 것, 물 한 그릇이라도 주님의 이름으로 줄 줄 알아야 한다. 그런데 주님은 물 한 그릇이라도 주지 않으면 그를 실족하게 하는 것이라고 하셨다. 이게 무슨 뜻인가? "실족하게 하면"의 헬라어는 '스칸달리세'인데, 함정이나 덫에 쓰이는 '막대기'를 의미한다. 결국 주님의 일을 하는 사람을 실족하게 하면 멸망하게 하는 것이니 절대로 삼가야 한다는 말씀이다. 그 결과는 무서워서 말을 삼가겠다.

3. 철저하게 회개하는 성도

작은 사람에게 물 한 그릇도 주지 않고 실족하게 하는 사람의 결과에 대해서는 무서워서 말하지 않았는데, 그러한 결과에 빠지지 않기 위해 먼저 철저히 회개해야 한다. 예수님께서 "만일 네 손이 너를 범죄하게 하거든 찍어버리라 장애인으로 영생에 들어가는 것이 두 손을 가지고 지옥 곧 꺼지지 않는 불에 들어가는 것보다 나으니라 만일 네 발이 너를 범죄하게 하거든 찍어버리라 다리 저는 자로 영생에 들어가는 것이 두 발을 가지고 지옥에 던져지는 것보다 나으니라 만일 네 눈이 너를 범죄하게 하거든 빼버리라 한 눈으로 하나님의 나라에 들어가는 것이 두 눈을 가지고 지옥에 던져지는 것보다 나으니라"(:43-47) 말씀하셨다. 이 말씀을 구체적으로 설명하기는 무섭고 두렵다. 그만큼 철저하게 회개해야 한다. 성도가 신앙의 순수성을 지키기 위해서는 날마다 회개해야 한다. 왜 그렇게 자주 많이 회개해야 하느냐고 불평을 털어놓는 사람도 있다. 그러나 성도가 회개하지 않으면 구원받을 수 없고 지옥에 갈 수밖에 없다. "거기에서는 구더기도 죽지 않고 불도 꺼지지 아니하느니라"(:48)라고 말씀하셨다. 무서운 지옥에 가지 않기 위해서는 울며 통회 자복하고 회개해야 한다. 회개만이 자신이 구원받고 천국에 가는 지름길이다.

4. 서로 화목하게 하는 성도

그러면 주님을 따르는 성도와 주님을 따르지 않는 성도가 아름다운 신앙공동체를 만들 방법은 무엇일까? 서로 하나가 되는 '화목 공동체'를 만들어야 한다. 모든 사회에서나 마찬가지이겠지만, 특별히 신앙공동체 안에서는 서로 화목하게 지내야 한다. 그러나 신앙공동체 안에서도 갈등을 빚는 경우를 종종 볼 수 있다. 그런데 미움과 시기로 이어지는 갈등은 일방적인 경우는 많지 않다. 내가 그 사람을 미워하면 그 사람도 나를 미워하게 되고, 내가 그 사람을 시기하면 그 사람도 나를 경계하고 시기하게 된다. 그러다가 보면 '내 편'과 '네 편'으로 갈리게 된다. 그래서 내가 그를 미워하면 결국 나만의 문제가 아니라 공동체의 문제로 번져간다. 마치 독사에게 물린 내 발의 독이 온몸으로 퍼져나가듯이 말이다. 그래서 예수님께서 "사람마다 불로써 소금 치듯 함을 받으리라 소금은 좋은 것이로되 만일 소금이 그 맛을 잃으면 무엇으로 이를 짜게 하리요 너희 속에 소금을 두고 서로 화목하라"(:49-50) 말씀하셨다. 이 말씀에서 '불'은 태워 정결케 하고, '소금'은 부패를 막는 요소이다. 결국 공동체에서 우리가 화목하면 서로의 부족이나 허물을 덮어주고, 깨끗하게 할 때 가능하다는 말씀이다. 주님을 위해서 일하는 성도는 서로 화목한 신앙공동체를 완성해야 한다.

10월의 예배와 설교를 위하여

일	요일		본문	설교제목	기타(예화, 참고자료)
4	주일	낮			
		밤			
7	수				
11	주일	낮			
		밤			
14	수				
18	주일	낮			
		밤			
21	수				
25	주일	낮			
		밤			
28	수				

2026년 10월 4일, 오순절 후 19번째 주일

성 경	욥기 1:1-12	예전색상	초록색

예배의 부름	"여호와는 나의 힘이요 노래시며 나의 구원이시로다 그는 나의 하나님이시니 내가 그를 찬송할 것이요 내 아버지의 하나님이시니 내가 그를 높이리로다"(출 15:2) **불**의로 만연된 세상을 광명의 새 나라로 변화시켜 주신 하나님 아버지! 거룩한 주님의 날 믿음으로 경배와 찬송하게 하심을 감사드립니다. 한 주간 동안 세상에서 지치고 피곤한 몸과 마음으로 상하고 깨어진 영혼도 오늘 주시는 말씀으로 새롭게 변화되는 기적의 날이 되게 하옵소서. 어둠이 있는 곳에 빛을 비추게 하시고 절망이 있는 곳에 희망을 심게 하옵소서. 말씀 듣고 찬양하는 가운데 기도 제목들이 응답하게 하옵소서. 예수 그리스도의 이름으로 기원하옵나이다. 아멘
회개를 위하여	원수 마귀가 우리를 유혹할 때 사용하는 수법 중 하나가 주님의 음성보다는 세상의 소리를 좇게 유혹하는 것입니다. 주님의 말씀보다는 세상의 실리를 좇아가게 합니다. 혹 그렇게 사는 나는 아닌지 자신이 살아가는 삶의 모습을 주님 앞에 내려놓고 회개하는 기도를 계속합니다.
고백의 기도	**어**떤 유혹이 와도 승리하는 힘을 주시는 좋은 하나님 아버지! 하나님의 권능을 가졌으면서도 승리를 내 것으로 삼지 못하고 적의 포로가 되어 살아온 저희를 용서하여 주시옵소서. 지난 한 주간에도 반복되는 죄악의 올무에 걸려 구원의 감격을 도둑맞고 산 잘못을 용서하여 주옵소서. 저희에게 맡겨 주신 사명을 감당하지 못하고 맡은 자들에 구할 것은 충성이라는 것을 알면서도 충성하지 못했음을 불쌍히 여겨 주시옵소서. 마음의 욕심을 억제하지 못하고 불평과 불만이 가득한 채 살아왔습니다. 수고와 섬김보다 뒷짐을 지고 모르는척 했던 잘못을 용서하여 주옵소서. **하**나님께 드려야 할 감사를 원수 마귀에게 준 어리석은 저희가 이렇게 무릎을 꿇고 눈물 흘립니다. 입술로는 매일 회개를 외치면서도 몸 따로 마음 따로 겉돌고 말았습니다. 스스로가 높아지기를 탐하기보다는 낮은 곳에서 겸손을 실천하는 저희가 되겠습니다. 욕심에 질질 끌려다니는 어리석음에서 과감히 일어나 절제와 근면 절약이 생활 속에 배어나게 살겠습니다. 기도할 때 기도로 충성하고, 감사할 때 온전히 감사하며 살 것을 다짐합니다. 아직도 저희를 노려보고 있는 세상의 모든 악에서 허우적거리지 않게 회개하는 저희에게 사함의 말씀으로 거듭난 감격으로 한 주간을 살아가게 하여 주옵소서. 우리 주 예수님의 이름으로 기도드립니다. 아멘
사함의 확인	"하나님을 가까이하라 그리하면 너희를 가까이하시리라 죄인들아 손을 깨끗이 하라 두 마음을 품은 자들아 마음을 성결하게 하라"(약 4:8)
성시교독	69. 이사야 40장(2)
설교 전 찬 송	262장 (날 구원하신 예수님) 280장 (천부여 의지 없어서)
설교 후 찬 송	369장 (죄 짐 맡은 우리 구주) 543장 (어려운 일 당할 때)

금주의 성 가	여호와여 누가 주의 장막에 거하리이까 – 박재훈 주님과 함께 – Eugene Butler 하늘 나는 새를 보라 – 백선용
목 회 기 도	죄악의 상처로 일그러진 영혼도 깨끗하게 하시는 하나님 아버지! 추한 모습으로 온 저희를 의롭게 변화시켜 주시어서 은혜가 넘치는 예배에 참여하는 자 되게 하심을 감사드립니다. 지난 한 주간도 성도들이 세상의 많은 유혹을 이기고 승리하게 하시고 바른길을 걷게 하셨습니다. 오늘 그렇게 많은 은혜를 감사하는 마음으로 주님 앞에 모였습니다. 주님께 감사하는 백성들 위에 한없는 하늘 자비를 이슬비처럼 내려 주옵시기를 간구하옵나이다. 저희 모두가 세상에서 빛과 소금의 역할을 감당하면서 주위 사람들에게 하늘 복의 통로 같은 역할을 감당하게 하옵소서. 모든 성도가 어둠을 밝히는 등불이 되기를 원하시는 하나님 아버지! 자녀와 이웃들에게 빛의 통로 역할을 못 하는 저희입니다. 나 자신과 우리 교회가 먼저 예수 그리스도의 보혈로 순결한 소금이 되어 진리가 오염되고 혼탁한 세상을 순결하게 하는 소금의 사명을 감당하기를 원합니다. 순박한 사람을 속여서 이익을 취하는 거짓의 문화가 예수 그리스도의 순결하신 보혈로 거듭난 자녀들을 통해 진실이 범람하고 진리가 거짓을 몰아내게 하옵소서. 예수님 이름으로 기도하옵나이다. 아멘
헌금을 한 위성 구	"오직 너희를 위하여 보물을 하늘에 쌓아 두라 거기는 좀이나 동록이 해하지 못하며 도둑이 구멍을 뚫지도 못하고 도둑질도 못하느니라"(마 6:20)
헌 금 기 도	성도들의 가정마다 영육 간에 강건함을 주시는 참 좋으신 하나님 아버지! 지난 한 주간에도 복음의 전신 갑주를 입고 주 안에서 넉넉히 승리하는 삶이 되도록 은총을 베풀어주신 은혜를 감사하는 마음으로 여기 정성을 드립니다. 이 헌금은 물질로 표현된 저희의 모든 것입니다. 이 헌금과 함께 저희의 모든 것을 다 드리오니 받으셔서 주님의 뜻대로 쓰시옵소서. 헌금을 드린 이들에게 평안과 넘치는 은혜를 주옵소서. 우리의 사는 날을 복 주사 풍성케 하시고 구름 기둥과 불기둥으로 인도하시고 순간순간마다 눈동자같이 지켜 주시옵소서. 오늘 저희가 봉헌한 물질마다 감사의 제목들이 있습니다. 주님의 약속을 믿고 드리는 십일조 예물이 약속보다도 더 많은 응답으로 저희 가정과 기업을 바꾸어놓는 방향타가 되게 하여 주옵소서. 자녀들에게는 지혜와 총명으로 언제나 머리가 되고 꼬리가 되지 않게 하여 주옵소서. 주님 주신 은사로 여러 가지 장소에서 하나님의 나라 확장을 위한 일꾼으로 봉사하는 손길이 있습니다. 성도 중에 직장을 잃고 고통의 올무에 허덕이는 영혼이 있사오니 믿음으로 고통을 이길 수 있는 믿음을 허락하여 주옵소서. 우리 주 예수 그리스도의 이름으로 기도합니다. 아멘
위탁의 말 씀	"내가 그의 소유물을 다 네 손에 맡기노라 다만 그의 몸에는 네 손을 대지 말지니라 사탄이 곧 여호와 앞에서 물러가니라" 정직한 욥이 사탄의 유혹을 받았습니다. 재물과 질병과 사탄의 유혹을 받았지만, 오직 믿음으로 승리한 것처럼 우리도 믿음으로 승전보를 울리는 한 주간을 살아야 합니다.
축 도	지금은 풍성한 삶을 이루어 주시기 위해서 오신 예수 그리스도의 은혜와 언제나 변함없는 사랑으로 우리를 붙들어 주시는 하나님의 사랑과 지혜와 용기와 인내를 주셔서 승리하며 살게 하시는 성령님의 교통하심이 더욱 풍성한 열매를 맺어 나누고 베풀며 살아가기를 원하는 머리 숙인 모든 성도들과 가정과 기업과 이 나라와 민족 위에 항상 함께하시기를 축원하옵나이다. 아멘

오늘의 설교를 위하여

오늘의 설교를 위한 복음적 조명 주제 : 사탄의 유혹

제목 : 사탄의 유혹을 물리치는 성도 | 본문 : 욥기 1:1-12

주제 : 욥은 정직하여 하나님을 경외하여 악에서 떠났지만, 사탄의 유혹을 받았다. 욥이 자녀들로 인하여 유혹을 받았고, 거대한 재물로 인하여 사탄의 유혹을 받았고, 육신의 질병으로 인하여 사탄의 유혹을 받았으나 오직 믿음으로 승리할 수 있었다.

논지 : 성도들이 욥과 같이 사탄의 유혹을 받을지라도 믿음으로 물리치게 하자.
   1. 의인이 받는 유혹
   2. 자녀가 받는 유혹
   3. 재물로 받는 유혹
   4. 영으로 이긴 유혹

    역사적으로 최초로 사탄의 유혹을 받는 사람은 하와이다. 사탄은 본래 천사였으나 교만하여 하나님을 거역하고 타락했다. 사탄이 순진한 하와를 방문했을 때 갖가지 감언이설을 늘어놓았다. 사탄의 말을 들은 하와가 "그 나무를 본즉 먹음직도 하고 보암직도 하고 지혜롭게 할 만큼 탐스럽기도 한 나무"(창 3:6)였다. 문제는 사탄의 유혹을 받은 하와의 감각이다. 죄는 여기서부터 시작되었다. 첫째로 "본즉"이라는 시각(視覺)이다. 눈에 보이는 색깔이 죄를 짓게 한다. 둘째로 "먹음직"한 식욕(食慾)이다. 식욕은 음식물과 섹스까지 포함하여 죄를 짓게 한다. 셋째로 "지혜롭게"하는 지식욕(知識慾)이다. 많이 알려고 하는 짓이 불신앙에 빠지게 한다. 아는 것 자체는 죄가 아니지만, 그것이 지나치면 하나님의 존재까지 부인하게 한다. 넷째로 "탐스럽게"하는 욕심(慾心)이다. "욕심이 잉태한즉 죄를 낳고 죄가 장성한즉 사망을 낳느니라"(약 1:15). 결국 하와는 사탄의 유혹을 받아 나무를 본즉 억제할 수 없이 죄를 하고 말았다. 인류 최초로 하와를 유혹한 사탄이 온전하고 정직하여 하나님을 경외하여 악에서 떠난 욥을 유혹하고자 찾아왔다. 그리고 광야에서 40일 동안 금식 기도하신 예수님까지 유혹하였다. 오늘날 성도들도 사탄의 유혹을 받을 수 있으니 믿음으로 대처해야 할 것이다.

1. 의인이 받는 유혹

    세상에서 의인이라고 사탄의 유혹을 피할 수는 없다. 우리는 본래 죄인들인데 사도 바울이 "우리가 믿음으로 의롭다 하심을 받았으니 우리 주 예수 그리스도로 말미암아 하나님과 화평을 누리자"(롬 5:1)라고 말씀했다. 주님께서 우리를 구원하시고 '믿음으로 의롭다'라고 인정하셨다. 믿음에도 종류가 있다. 첫째, '구원받는 믿음'이다. 사도 요한은 "영접하는 자 곧 그 이름을 믿는 자들에게는 하나님의 자녀가 되는 권세를 주셨으니 이는 혈통으로나 육정으로나 사람의 뜻으로 나지 아니하고 오직 하나님께로부터 난 자들이니라"(요 1:12-13) 말씀했다. 둘째, '의롭게 되는 믿음'이다. 따라서 우리는 죄인지만, 믿음으로 의인이 되었다. 그러면 다시는 사탄의 유혹을 받지 않을까? 아니다. 의인이라도 항상 사탄의 유혹을 받는다. 서론에서 말씀했지만, 하나님의 아들이신 예수님도 사탄에게 '먹는 유혹', '명예 유혹', '권세 유혹'을 받으셨다. 예수님도 역사를 초월하여 최고의 의인일지라도 사탄의 유혹을 받으셨는데, 연약한 우리가 의인이라도 사탄의 유혹을 피할 수 없다. 욥은 동방의 의인으로 하나님을 경외하는 진실한 신앙인이었다. 그런 욥도 사탄의 유혹을 받았으니, 우리도 정신을 똑바로 차리고 기도하며 신앙생활 해야 한다. 특히 말씀으로 무장하면 승리할 수 있다.

2. 자녀가 받는 유혹

자녀는 하나님께서 주신 최고의 선물이다. 자녀들은 모두 아름답고 귀하다. 그런데 자녀들이 유혹이 많은 세상에서 죄를 짓거나 술이나 담배, 마약 등으로 나쁜 짓을 할 수 있다. 그래서 부모는 자녀들이 사탄의 유혹을 받지 않도록 기도해야 한다. 욥은 하나님 앞에 제단을 쌓고 기도하는 일을 게으르게 하지 않았다. 자신을 위하여 그리고 무엇보다도 자신의 자녀들을 위하여 날마다 아침에 일찍 일어나서 하나님께 번제를 드렸다. 시제 말로 하면 욥이 자녀들을 위하여 새벽기도 제단을 쌓았다는 말씀이다. "욥이 그들을 불러다가 성결하게 하되 아침에 일어나서 그들의 명수대로 번제를 드렸으니 이는 욥이 말하기를 혹시 내 아들들이 죄를 범하여 마음으로 하나님을 욕되게 하였을까 함이라 욥의 행위가 항상 이러하였더라"(:5). 이보다 더 아름다운 경건 생활은 없다. 날마다 기도하는 생활, 특별히 자칫 죄악에 물들기 쉬운 자녀들을 위하여 날마다 새벽에 기도하는 경건 생활이 자신과 가정을 지킬 수 있었다. 이런 신앙생활이 자녀들을 위한 욥의 생명이고, 힘이요, 능력이었다. 언제 어떤 모양으로 닥칠지 모르는 사탄의 유혹을 미리 대비하여 평소에 경건하게 살며, 새벽마다 깨어 자녀들이 시험에 빠지지 않도록 기도하는 성도가 되도록 기도하시기를 간절히 바란다.

3. 재물로 받는 유혹

재물은 양면성이 있다. 자본주의 사회에서는 자신이 노력한 대로 재물을 모아 부자가 되고, 공산주의 사회에서는 정권을 가진 자가 소유하여 사람들에게 공평하게 나누어준다. 그런데 하나님의 창조를 믿는 신앙 사회에서는 재물을 하나님의 축복이라고 믿고 선하게 사용한다. 욥이 온전하고 정직하여 하나님을 경외하여 악에서 떠난 신앙생활을 했다. 그래서 하나님의 축복으로 많은 재물을 모았다. "그의 소유물은 양이 칠천 마리요 낙타가 삼천 마리요 소가 오백 겨리요 암나귀가 오백 마리이며 종도 많이 있었으니 이 사람은 동방 사람 중에 가장 훌륭한 자라"(:3). 하지만 욥이 많은 재물을 소유하고 하나님을 경외하는 모습이 사탄에게는 꼴사납게 보였다. 그래서 사탄이 "욥이 어찌 까닭 없이 하나님을 경외하리이까 주께서 그와 그의 집과 그의 모든 소유물을 울타리로 두르심 때문이 아니니이까 주께서 그의 손으로 하는 바를 복되게 하사 그의 소유물이 땅에 넘치게 하셨음이니이다"(:9-10)라고 빈정거리면서 항의했다. 여기서부터 욥이 재물로 유혹을 받도록 허락을 받았다. 하나님의 허락을 받은 사탄이 역사하여 7,000마리의 양과 3,000마리의 낙타와 500마리의 소와 500마리의 암나귀의 재물을 잡아가게 하였다. 이렇게 욥이 재물로 유혹을 받았어도 믿음을 잃지 않았다.

4. 영으로 이긴 유혹

수많은 사람이 여러 가지의 유혹을 받는다. 남자는 아름다운 여성의 유혹을 받고, 여자는 명품 옷과 가방의 유혹을 받으며, 사업자는 재물의 유혹을 받는다. 청소년은 술과 담배 또는 마약의 유혹을 받고, 직장인은 승진과 연봉의 유혹을 받으며, 정치인은 권력의 유혹을 받는다. 특히 성도는 이단, 사이비종교의 유혹을 받게 된다. 이러한 갖가지의 유혹을 이기는 방법은 영, 즉 성령으로 기도하는 길밖에 없다. 사탄이 욥을 의인이라고 유혹했으며, 자녀로 유혹했고, 재물로 유혹을 했지만, 욥은 무너지지 않았다. 욥이 여러 가지 유혹에도 믿음을 잃지 않은 이유는 욥의 영혼이 살아 있었기 때문이다. "여호와께서 사탄에게 이르시되 내가 그의 소유물을 다 네 손에 맡기노라 다만 그의 몸에는 네 손을 대지 말지니라 사탄이 곧 여호와 앞에서 물러가니라"(:12). 이 말씀에서 욥의 몸은 단순한 육체가 아니라 영, 혼, 육이 합쳐진 깨끗한 사람이라는 의미가 있다. 다시 말하면 욥은 영혼이 살아 있는 거룩한 성도이다. 이렇게 거룩한 성도는 세상에서 사탄의 유혹을 받을지라도 믿음으로 이길 수 있다. 따라서 성도는 "하나님의 전신 갑주를 취하라 이는 악한 날에 너희가 능히 대적하고 모든 일을 행한 후에 서기 위함이라"(엡 6:13)라는 말씀을 명심하고 신앙생활을 해야 한다.

2026년 10월 11일, 오순절 후 20번째 주일

성 경	히브리서 4:12-16	예전색상	초록색

예배의 부름	"너희는 여호와께 감사하며 그의 이름을 불러 아뢰며 그가 행하신 일을 만민 중에 알릴지어다 그에게 노래하며 그를 찬양하고 그의 모든 기사를 전할지어다 그의 성호를 자랑하라 여호와를 구하는 자마다 마음이 즐거울지로다" (대상 16:8-10)
	죄악이 넘치는 세상에서 구원의 빛이신 예수 그리스도를 볼 수 있게 하신 하나님 아버지! 사랑하는 성도들이 거룩한 주님의 날 교회에 모여 성삼위 하나님께 예배드리게 하심을 감사드립니다. 지난 한 주간 동안 세상에서 피곤한 성도들이 안식을 얻게 하시고, 오늘 하나님께서 주시는 말씀으로 위로받게 하시옵소서. 날마다 응답을 바라고 기도하는 여러 가지 문제들이 오늘 말씀 들을 때 해결되는 흡족한 은혜를 베풀어주옵소서. 예수님의 이름으로 기원하옵나이다. 아멘

회개를 위하여	김치를 만들 때 어떤 양념을 넣는가에 따라 맛이 달라진다고 합니다. 성숙한 신앙생활도 기도, 감사, 말씀, 찬송이 섞일 때 신앙이 자라게 됩니다. 매운 고추가 들어가듯 때로는 고통과 슬픔도 신앙 성숙을 위한 자극입니다. 혹 불평하면서 산 것은 아닌지 뒤돌아보고 회개하는 기도를 계속합니다.

고백의 기도	예수님의 십자가 죽음으로 진정한 사랑은 죽음을 초월한다는 것을 알게 해 주신 하나님 아버지! 하나님의 뜻을 따라 살지 못하고 얄팍한 기교를 부리면서 허송세월한 저희에게 회개의 기회를 주신 것을 감사드립니다. 회개를 반복하면서 주님의 은혜를 놓치면 방탕의 샛길로 빠지는 반항아처럼 사는 저희를 불쌍히 여겨 주시옵소서. 하나님의 은혜로 살면서도 하나님을 거부하는 타락한 인생길을 걸었음을 용서하여 주시옵소서. 믿고 의지해야 할 하나님의 능력을 이 세상의 돈의 능력과 권력의 능력보다 값어치 없는 것으로 여기며 살아왔음을 고백합니다.
	이 시간 이 모든 잘못을 회개하오니 받아 주옵소서. 내일 일은 내일 걱정하라고 하신 말씀대로 오늘 하루를 충성스러운 종의 모습으로 거듭나게 하옵소서. 세상의 어려운 환경에 쉽게 좌절하는 연약한 인생처럼 살지 않겠다고 결심을 새롭게 하고 싶습니다. 하나님과 이웃에게 인색하지 않고 넉넉한 삶을 살게 이끌어 주옵소서. 무엇보다도 하나님 나라 확장을 위해서 맡겨 주신 사명을 잘 감당할 일을 주옵소서. 하나님에게서 그 무엇을 바라기 전에 하나님을 기쁘시게 해드리려는 노력이 앞서게 하시고 따라서 남에게서 무엇을 바라기 전에 베푸는 사람이 되게 하옵소서. 예수님의 이름으로 기도합니다. 아멘

사함의 확 인	"또 새 영을 너희 속에 두고 새 마음을 너희에게 주되 너희 육신에서 굳은 마음을 제거하고 부드러운 마음을 줄 것이며 또 내 영을 너희 속에 두어 너희로 내 율례를 행하게 하리니 너희가 내 규례를 지켜 행할지라"(겔 36:26-27)
성시교독	70. 이사야 42장
설교 전 찬 송	35장 (큰 영화로신 주) 278장 (여러 해 동안 주 떠나)
설교 후 찬 송	305장 (나 같은 죄인 살리신) 549장 (내 주여 뜻대로)

금주의 성가	보라 하나님의 사랑을 – Felix Mendelssohn 내가 산을 향하여 – Allen Pote 머리 숙여 운명하신 주 – J. H. Maunder
목회기도	**흑**암의 세상에서 방황하는 죄인에게 빛으신 예수를 만나게 하시는 하나님 아버지! 세상이 주는 평화보다 주님이 주시는 평화가 최고인 것을 경험케 하심을 감사드립니다. 지난 한 주간 세상에서 하나님만을 주로 믿고 의지하지 못하고 세상과 어울려 정직과 진실을 살지 못한 잘못을 용서하여 주옵소서. 병든 생명을 구하기 위해서 독생자를 희생시켜 주셨지만, 우리는 복음 전파의 사명을 망각하고 십자가의 사랑을 증거하지 못하고 살았습니다. 불쌍히 여겨 주옵소서. 시련이 올 때 기도하면서 하나님의 뜻을 묻고 발견하려고 노력조차 하지 않은 저희였음을 고백합니다. **구**하는 이마다 받을 것이요 찾는 이는 찾아내는 복을 주시는 하나님 아버지! 저희가 세상에서 방황할 때 주님의 길을 저희가 늘 깨닫고 그 길 위에 서게 하사 하나님의 뜻을 올바르게 실천하게 하옵소서. 주님 말씀이 내 길이요, 등불임을 믿습니다. 고통받은 자의 아픔을 위로하면서 살겠습니다. 믿음의 관용함이 저희 마음에 가득 차게 노력하겠습니다. 주님의 나라 확장을 위하여 수고하는 교회의 기관들을 기억하시어서 하늘의 은혜로 구석구석 비춰 주옵소서. 빛을 보고 간직하며 살아가게 하옵소서. 예수 그리스도의 이름으로 기도하옵나이다. 아멘
헌금을 위한 성구	"예수께서 제자들을 불러다가 이르시되 내가 진실로 너희에게 이르노니 이 가난한 과부는 헌금함에 넣는 모든 사람보다 많이 넣었도다 그들은 다 그 풍족한 중에서 넣었거니와 이 과부는 그 가난한 중에서 자기의 모든 소유 곧 생활비 전부를 넣었느니라 하시니라"(막 12:43-44)
헌금기도	**무**에서 유를 창출하시고 우리의 모든 것이 되시고 모든 것을 아낌없이 주시는 하나님 아버지! 예배를 드리면서 물질을 바칩니다. 적은 물질과 함께 저희 삶도 바치오니 받으옵소서. 하나님께 바쳐진 인생만이 거룩하며 축복받음을 믿습니다. 그리하여 저희 인생을 살되 하나님께 바쳐진 인생, 하나님께 속한 인생을 살게 하여 주옵소서. 살아가면서 물질에 대한 욕심을 자제하기는커녕 서로 많은 것을 차지하려고 심지어 형제자매간에도, 이웃 간에도, 교우 간에도 욕심의 싹이 날까 두렵습니다. 늘 남에게 지식으로 물질로 마음으로 부담을 주지 않는 사람으로 살게 하옵소서. **항**상 가진 것 없는 빈손으로 이 땅에 태어난 저희에게 살아갈 수 있는 모든 조건을 허락하신 그 사랑을 망각하지 않게 하옵소서. 여러 가지 모양으로 물질을 드립니다. 기쁘게 받아 주시옵소서. 오늘도 하나님의 나라 확장의 일터에서 교사와 안내와 성가대와 장식과 봉사의 일터에서 수고한 주의 백성들을 기억하시고, 저 수고한 손을 들고 기도할 때 하늘 문이 열리시고, 수고한 발걸음이 닿는 곳마다 "나는 네 편이라 너는 나를 찬송하게 하려고 택한 백성이라" 칭하는 하늘의 음악으로 충만함이 가득하게 하옵소서. 예수님의 이름으로 기도하옵나이다. 아멘
위탁의 말씀	"때를 따라 돕는 은혜를 얻기 위하여 은혜의 보좌 앞에 담대히 나아갈 것이니" 우리는 하나님의 말씀으로 믿음의 도리는 굳게 붙잡고 살면 반드시 승리는 우리의 것이 됩니다. 승리하는 기쁨을 나누러 복음의 날선 검으로 들고 세상으로 나아갑시다.
축도	지금은 인류를 위한 유일한 구속자이신 예수 그리스도의 은혜와 우리들의 삶을 사랑의 빛으로 영원하게 하시는 하나님 아버지의 극진하신 사랑과 삶의 미래를 은혜의 빛 기둥으로 인도하시는 성령의 역사 하심이 복음 안에서 참된 구원과 생명의 길을 가겠다고 다짐하는 성도들의 머리 위에 영원토록 함께하옵기를 간절히 축원하옵나이다. 아멘

오늘의 설교를 위하여

오늘의 설교를 위한 복음적 조명 주제 : 주님의 말씀
제목 : 말씀으로 승리하는 성도 | 본문 : 히브리서 4:12-16

주제 : 살아 있는 하나님의 말씀으로 살아가는 성도는 반드시 승리한다. 왜냐하면 하나님의 말씀으로 모든 게 드러나기 때문이다. 그러므로 성도는 하나님의 말씀으로 믿음의 도리는 굳게 붙잡고 하나님의 긍휼하심으로 은혜의 보좌에 나아갈 수 있다.

논지 : 살아 있는 하나님의 말씀으로 때마다 일마다 승리하는 성도가 되게 하자.
  1. 하나님의 살아 있는 말씀
  2. 모든 것이 드러나는 말씀
  3. 믿음의 도리를 잡는 말씀
  4. 은혜의 보좌에 가는 말씀

하나님의 말씀은 무언(無言)의 언어(言語)이다. 그래서 다윗이 "하늘이 하나님의 영광을 선포하고 궁창이 그의 손으로 하신 일을 나타내는도다 날은 날에게 말하고 밤은 밤에게 지식을 전하니 언어도 없고 말씀도 없으며 들리는 소리도 없으나 그의 소리가 온 땅에 통하고 그의 말씀이 세상 끝까지 이르도다"(시 19:1-4)라고 시를 읊었다. 하나님께서 하늘과 땅 그리고 그 가운데 있는 모든 사물을 통하여 하나님의 말씀을 들을 수 있게 하셨다. 하나님께서 지나가는 미미한 바람 소리와 날아가는 새들과 풀벌레들을 통해서 하나님의 숨결을 느낄 수 있게 하셨다. 하나님께서 말씀으로 세상 돌아가는 모습을 알려주는 뉴스들을 통해서 하나님의 뜻을 깨달을 수 있게 하셨다. 하나님의 말씀이 기록된 성경을 읽고 묵상하며 그 깊고 오묘한 의미를 터득할 수 있게 하시는 주님께 감사한다. 이 모두는 하나님의 영광을 선포하는 천사들의 찬양이다. 이 모든 것들을 통하여 하나님의 말씀은 온 땅에 통하고 세상 끝까지 미치게 하시니 주님의 하시는 일에 머리를 조아린다. 오늘은 주님의 날이다. 성령의 충만한 영감이 주님에게 내리기를 기도한다. 성전에 들어가 제단에 무릎을 꿇고 나 자신을 돌아보며 깊은 명상에 들어간다. 주님께서 계시는 은혜의 보좌를 바라보고 예배를 드리자.

1. 하나님의 살아 있는 말씀

사람의 말은 잠시 후에 허공에 사라지지만, 하나님의 말씀은 영원히 살아 있다. 우리는 망망대해와 같은 세상에서 허우적거리며 익사할 위험에 처해 있을 때 하나님의 말씀이 우리에게 던져진 루프 사다리로서 우리를 구원하신다. 하나님의 말씀은 우리를 향하여 펼쳐져 있는 카페트로 우리를 하나님 은혜의 보좌에 이르게 하신다. 하나님의 말씀은 침묵을 지키며 자신의 모습을 드러내기를 거부하는 이 세상의 어둠 속에 비치는 랜턴이다. 하나님의 말씀은 우리를 괴롭히는 수수께끼 위에 더 부드러운 빛을 비추어 주어서 우리가 계속 전진해 나갈 수 있도록 격려하신다. 하나님의 말씀은 신성하고 거룩하다. 우리가 일상에서 쉽게 접할 수 있는 신문 기사나 TV 앵커의 말은 잠시 필요하지만, 우리의 영혼은 구원하지 못한다. 그러나 하나님의 말씀은 우리의 신앙생활에 중요한 길잡이가 되고, 우리의 영혼을 구원한다. 그래서 히브리서 기자가 "하나님의 말씀은 살아 있고 활력이 있어 좌우에 날선 어떤 검보다도 예리하여 혼과 영과 및 관절과 골수를 찔러 쪼개기까지 하며 또 마음의 생각과 뜻을 판단하나니"(:12)라고 말씀했다. 따라서 우리는 살아 있고 활력이 있는 하나님의 말씀으로 회개하고 거듭나서 하나님께서 보시기에 아름다운 성도가 되도록 신앙생활을 하자.

2. 모든 것이 드러나는 말씀

　세상에 비밀은 없다. 꾀와 재주가 많은 사람이 일시적으로 비밀을 숨길지라도 언젠가는 반드시 드러나고 만다. 특히 요즘은 사람들이 살아가고 있는 모든 장소에 CCTV가 설치되어서 하루 24시간 동안 녹화하기에 누가 어디서 무슨 짓을 해도 경찰이 수사하면 드러나고 만다. 어떤 학자는 자기의 논문을 쓰면서 다른 학자의 논문을 표절하여 발표한다. 그러다 다른 학자에게 의심을 받아서 조사하면 그의 불의가 발표되어 망신을 당하고 만다. 사람들은 거짓말을 잘한다. 거짓말은 다른 사람을 속인다. 거짓말은 습관이 된다. 한번 거짓말을 하면 정말로 상대방이 속은 줄로 알고 마음에 고소함을 느낀다. 그 고소함은 일종의 쾌감을 갖게 하고 또 다른 거짓말을 하게 만든다. 그래서 거짓말은 자신을 마귀로 만든다. 거짓말은 마음의 평화와 자신의 인격을 깨뜨린다. 습관적인 거짓말은 인간관계를 깨뜨린다. 거짓말을 하는 사람의 마음을 알 수 없지만, 하나님은 아신다. 그래서 히브리서 기자가 "지으신 것이 하나도 그(하나님의 말씀) 앞에 나타나지 않음이 없고 우리의 결산을 받으실 이의 눈 앞에 만물이 벌거벗은 것 같이 드러나느니라"(:13) 말씀했다. 이 말씀은 하나님의 말씀에 세상의 모든 사실이 드러난다는 의미이다. 그러므로 우리는 하나님 앞에서 솔직해야 한다.

3. 믿음의 도리를 잡는 말씀

　'도리(道理)'란 사람이 마땅히 행해야 할 삶의 이치를 의미한다. 국민은 국가에 대한 도리로 4대 의무가 있는데, 첫째는 국방의 의무, 둘째는 납세의 의무, 셋째는 교육의 의무, 넷째는 근로의 의무가 있다. 부모는 부모의 도리, 자식의 도리, 스승은 스승의 도리, 학생은 학생의 도리가 있다. 군인은 군인의 도리, 경찰은 경찰의 도리, 소방관은 소방관의 도리가 있다. 세상에 온전한 사람이라면 도리가 없는 사람은 없다. 특별히 성도에게는 믿음의 도리가 있다. 따라서 성도는 정한 신앙 법규를 지켜야 한다. 성경에 어긋나는 언행을 삼가고 금연·금주하면서 믿음의 도리를 제대로 지켜야 한다. 이런 신앙 법규를 어기면 하늘나라에 못 갈 수 있다는 사실을 명심하시기를 바란다. 그러면 믿음의 도리를 지키기 위해서 어떻게 해야 할까? 그것은 오직 한가지 하나님의 말씀을 지켜야 한다. 히브리서 기자가 "그러므로 우리에게 큰 대제사장이 계시니 승천하신 이 곧 하나님의 아들 예수시라 우리가 믿는 도리를 굳게 잡을지어다"(:14) 말씀했다. 우리에게 있는 큰 대제사장은 예수 그리스도로 우리의 모든 죄악을 대신하여 십자가에서 죽었다가 사흘 만에 부활하셨고, 하늘로 승천하셨다. 우리가 구원을 받아 하늘나라에 가기 위해서는 믿음의 도리를 굳게 잡고 신앙생활을 해야 한다.

4. 은혜의 보좌에 가는 말씀

　'은혜의 보좌'는 어디에 있는가? 은혜의 보좌는 하늘나라와 지상에 있다. 하늘나라에 있는 은혜의 보좌는 우리가 구원을 받고 주님 안에서 죽었다가 가는 곳이다. 미안하지만, 교회는 오랫동안 다녔고, 교회에 헌금을 많이 바치고, 장로나 안수집사나 권사가 되었어도 구원의 확신이 없이 죽으면 하늘나라에 있는 은혜의 보좌에 도착할 수 없다. 지상에 있는 은혜의 보좌는 성전에 있다. 우리가 하나님께 예배를 드리는 성전 강단이 은혜의 보좌이다. 우리가 성전 강단에 생화로 꽃장식을 하는데, 이는 사람들이 보라는 게 아니라 하나님을 기쁘시게 하려는데 목적이 있다. 그리고 강단에서 목회자가 하나님의 말씀을 선포할 때 영적 귀가 열려서 말씀을 들으면 은혜의 보좌가 열린다. 하지만 예배 시간에 스마트폰을 보거나 세상의 다른 생각을 하는 교인에게는 은혜의 보좌가 열리지 않는다. 히브리서 기자가 "그러므로 우리는 긍휼하심을 받고 때를 따라 돕는 은혜를 얻기 위하여 은혜의 보좌 앞에 담대히 나아갈 것이니라"(:16) 말씀했다. 하나님은 은혜와 사랑과 긍휼하심이 풍부하고 넘치신다. 그리고 하나님은 때마다 일마다 우리를 도우신다. 그러므로 세상에서 아무리 바쁘고 분주한 일이 많아도, 모두 뒤로하고 주님의 몸 된 교회에 나오면 은혜의 보좌에서 말씀을 들을 수 있다.

2026년 10월 18일, 오순절 후 21번째 주일

성 경	시편 53:1-6	예전색상	초록색

예배의 부름	"우리로 하여금 빛 가운데서 성도의 기업의 부분을 얻기에 합당하게 하신 아버지께 감사하게 하시기를 원하노라 그가 우리를 흑암의 권세에서 건져내사 그의 사랑의 아들의 나라로 옮기셨으니 그 아들 안에서 우리가 속량 곧 죄 사함을 얻었도다"(골 1:12-14)
	심령이 청결한 영혼과 함께하시어서 늘 승리하게 하시는 하나님 아버지! 오직 주님만이 저희의 유일한 경배와 신앙의 대상이 되심을 고백하는 마음으로 경건하게 예배드리게 하심을 감사드립니다. 지난 한 주간 동안 잘못한 것을 고백하오니 정결한 영을 새롭게 하여 주옵소서. 뼈를 녹이는 마음의 근심과 육신의 질고를 가지고 나온 성도를 말씀으로 치유하시고 영과 육이 건강하게 하옵소서. 이 예배가 성삼위 하나님께만 영광이 있게 하옵소서. 우리 주 예수님의 이름으로 기원하옵나이다. 아멘
회개를 위하여	건강한 육체를 유지하려면 밥을 먹어야 합니다. 마찬가지로 건강한 믿음을 유지하려면 영혼도 밥을 먹어야 합니다. 그 밥이 바로 말씀과 기도와 찬송과 감사입니다. 육신의 밥은 하루 3끼를 먹으면서도 건강한 믿음 유지를 위해 어떻게 하는지 성찰하고 회개하는 기도를 계속합니다.
고백의 기도	**계**수할 수조차 없는 풍성한 자비와 사랑을 주시는 하나님 아버지! 지난 한 주간에도 세상의 유혹을 이길 수 있도록 영혼의 양식을 풍성히 먹여 주심을 감사드립니다. 세상의 유혹을 이기는 힘 있는 믿음을 가지게 하시려고 강단에서 부어 주시는 영혼의 양식을 먹기에 소홀했던 잘못을 용서하여 주옵소서. 육신을 위해서는 돈과 시간을 투자해서 비만을 걱정하면서도 영혼을 위해서 아무 것도 하지 않아 빈혈 증상을 가진 어리석음을 불쌍히 여겨 주시옵소서. 금방 없어질 세상이라는 것을 알면서도 어리석고 우둔하게 세상의 것을 붙잡고 정신 없이 살아온 미련함을 꾸짖어 주옵소서.
	이 고백과 함께 마음의 고통이 사라지게 하겠습니다. 깨끗하고 환한 마음으로 살겠습니다. 밝은 얼굴로 이 세상을 보면서 찬송하면서 살겠습니다. 믿음의 장부들이 되어서 믿음 없는 졸장부들에게 주님의 놀라우신 사랑을 입증하는 삶을 살겠습니다. 교회에서 맡겨 주신 직분을 행할 때도 인간의 자존심을 내세우지 않고 주님께 영광을 돌리고 이웃에게 봉사하는 자리에 가장 먼저 달려갈 수 있는 믿음을 허락하여 주옵소서. 저희 믿음이 허기져 쭉정이가 되어 사탄의 먹이가 되지 않겠다고 결심하오니 용서하여 주옵시고 사죄의 말씀으로 거듭남의 감격을 안고 살게 하옵소서. 예수님의 이름으로 기도하옵나이다. 아멘
사함의 확인	"여호와여 내게 응답하옵소서 내게 응답하옵소서 이 백성에게 주 여호와는 하나님이신 것과 주는 그들의 마음을 되돌이키심을 알게 하옵소서"(왕상 18:37)
성시교독	71. 이사야 55장
설교 전 찬 송	41장 (내 영혼아 주 찬양하여라) 527장 (어서 돌아오오)
설교 후 찬 송	411장 (아 내 맘속에) 94장 (주 예수보다 더 귀한 것은 없네)

금주의 성 가	여호와는 위대하다 - Dr. J. B. Herbert 나 주께 기도 드리리 - 이혁주 여호와 우리 주님 - 최덕신
목회기도	**하**늘 섭리로 죄 사함을 받고 천국 백성으로 살게 하신 하나님 아버지! 죄악으로 일그러진 추한 모습인 죄인의 허물을 아시면서도 거룩한 보좌 앞에 나와 찬송하고 기도할 수 있는 은혜를 베풀어주심을 감사드립니다. 세상이 여러 가지 방법으로 저희를 유혹할 때 말씀으로 무장된 모습으로 당당히 맞서 예수님의 자녀로 살게 하신 줄 믿습니다. 교회를 위하여 헌신하고 수고한 성도들의 아름다운 헌신을 통하여 주의 도구로 사용받게 하신 줄 믿습니다. 그 아름다운 마음이 꿈이 이루어지는 교회로 성장하고 생명력 넘치는 교회가 되게 하옵소서. **구**속의 은혜를 받아 강건한 신앙의 보루 되게 하신 하나님 아버지! 이 교회가 주변 사람들에게 천국으로 가는 이정표가 되게 하옵소서. 우리 교회를 통해서 내려 주신 은혜를 통해 하나님을 아는 지식이 자라고 진리를 깨닫는 영안이 열리게 하옵소서. 저희가 전한 구원의 기쁜 소식을 통해서 하늘의 기쁨을 맛보며 하나님을 경배하고 찬양하며 모이기를 힘쓰는 무리가 많아지게 하옵소서. 하나님의 자녀들이 주님을 만나 구원의 감격과 영생의 기쁨으로 행복하게 살아가는 모습을 바라보고 예수 그리스도를 영접하게 하옵소서. 예수님 이름으로 기도하옵나이다. 아멘
헌금을 위한 성구	"너희가 모든 일에 넉넉하여 너그럽게 연보를 함은 그들이 우리로 말미암아 하나님께 감사하게 하는 것이라 이 봉사의 직무가 성도들의 부족한 것을 보충할 뿐 아니라 사람들이 하나님께 드리는 많은 감사로 말미암아 넘쳤느니라"(고후 9:11-12)
헌금기도	**없**는 것을 원치 아니하시고, 있는 것을 통하여 역사하시는 하나님 아버지! 가지고 있는 것보다 드려진 것을 통하여 축복하시는 하나님이심을 알고 이 시간 믿음과 감사로 봉헌하는 예물을 드리게 하심을 감사드립니다. 드리는 손길을 축복하사 저들의 손에 하늘의 상급과 땅의 축복이 쥐어지게 하옵소서. 나누는 손길을 축복하사 손끝에서 예수의 향기가 묻어나게 하옵소서. 이 예물과 함께 저희의 생명과 삶도 주님 받으셔서 하나님의 자녀로서의 권세와 능력을 갖추고 살게 하옵소서. 우리의 십일조를 받으시며 감사와 그 밖의 예물에 복을 내려주옵소서. **이** 물질이 천하보다도 귀한 영혼을 구원하는데 도구로 쓰임받는 하나님의 것이 되기를 소원합니다. 이 예물을 봉헌할 때 저희의 삶의 헌신이 함께 있습니다. 과거와 단절을 선언한 믿음의 약속이 있습니다. 나누면서 살리라는 굳은 열망이 섞여 있습니다. 우리 교회가 하나님의 나라 확장을 위하여 여러 가지 계획을 세운 줄 압니다. 어려운 생활 속에서도 더욱더 하나님의 것을 구별하여 드리는 백성들이 되게 하여 주시옵소서. 저희의 믿음이 말씀과 물질 위에 굳건하게 설 수 있게 하시옵소서. 우리 주 예수님의 이름으로 기도드립니다. 아멘
위탁의 말씀	"하나님이 그들을 버리셨으므로 네가 그들에게 수치를 당하게 하였도다" 악한 사람들은 하나님을 믿지 않기에 버림을 받지만, 하나님을 믿는 우리는 악을 멀리하고, 기도와 말씀과 찬송이 있는, 악인과 구별되는 한 주간을 살아야 합니다.
축 도	지금도 오늘도 말씀 속에 새 역사를 이루어 주시기를 원하는 예수님의 크신 은혜와 십자가의 사랑으로 우리를 사망에서 생명으로 인도하시는 아버지 하나님의 극진하신 사랑과 성령의 감동·감화·역사하심이 복음의 능력을 가지고 세상에 나아가 소금과 빛의 사명을 감당하기를 소망하며 나아가는 성도들과 가정과 사업장 위에 항상 함께하옵시기를 간절히 축원하옵나이다. 아멘

오늘의 설교를 위하여

오늘의 설교를 위한 복음적 조명 주제 : 세상의 악인

제목 : 세상의 악인 l 본문 : 시편 53:1-6

주제 : 세상의 사람들 가운데는 선인과 악인이 있다. 선인은 하나님을 믿고 구원을 받지만, 악인은 하나님을 믿지 않기에 버림을 받을 수밖에 없다. 성도는 선을 행하며 더러운 일을 행하지 말고 하나님을 불러서 악인과 구별되는 거룩한 삶을 살아야 한다.

논지 : 선을 행하지 않고 더러운 일을 행하는 악인을 닮지 않는 성도가 되도록 하자.
 1. 선을 행하지 않는 악인
 2. 더러운 일 행하는 악인
 3. 주님을 안 부르는 악인
 4. 하나님이 버리시는 악인

　세상에 하나님의 말씀대로 의인으로 사는 성도가 있고 반대로 세상의 물욕을 좇아 살아가는 악인이 있다. 많은 것을 가지고 있어도 믿음으로 살지 않으면 악인으로 살아가고, 많은 것을 가지지 못했어도 믿음으로 하나님의 빛으로 살면 의인으로 살아간다. 하나님께서 사람을 창조하셨을 때 의롭게 살기를 바라셨다. 그러나 하나님께서 아담에게 "생육하고 번성하여 땅에 충만하라 땅을 정복하라 바다의 물고기와 하늘의 새와 땅에 움직이는 모든 생물을 다스리라"(창 1:28) 축복을 베풀어주셨지만, 하나님께서 금하신 에덴동산 중앙에 있는 나무의 열매를 먹고 죄를 범하여 악인의 길을 선택하였다. 하지만 "하나님께서 세상을 이처럼 사랑하사 독생자(예수님)를 주셨으니 이는 그를 믿는 자마다 멸망하지 않고 영생을 얻게"(요 3:16) 하셨다. 그러므로 예수님을 믿는 성도가 의의 삶을 살 수 있다. 세상에 첫째로 하나님께 죄인으로 사는 사람들이 있고, 둘째로 도덕적으로 사람들에게 본이 되지만 하나님과 예수님을 부인하거나 믿지 않는 사람들이 있고, 셋째로 잘못된 길을 가면 회개하고 예수님을 믿어 죄 사함을 받은 의로운 사람들이 있다. 자신은 지금 어떤 사람인가를 돌아보고 하나님께서 보시기에 악인으로 살지 말고, 의인으로 사는 성도가 되시기를 바란다.

1. 선을 행하지 않는 악인

　예수님께서 길을 가실 때에 한 부자 청년이 예수님 앞에 무릎을 꿇고 최대한의 예의를 표하며 이렇게 물었습니다. "선한 선생님이여 내가 무엇을 하여야 영생을 얻으리이까" 이런 그의 행동은 예수님의 권위에 지대한 존경심을 나타내 보이면서, 아울러 자신의 겸손과 선을 외면으로 나타내 보여 사람들에게 인정을 받으려고 하는 속마음이 있었다. 예수님은 한눈에 그 청년의 본심을 읽었다. 그래서 예수님께서 "네가 어찌하여 나를 선하다 일컫느냐 하나님 한 분 외에는 선한 이가 없느니라"(막 10:18) 말씀하셨다. 이 말씀을 잘못 생각하면 오해가 생길 수 있다. 예수님은 선하지 않다는 말씀인가? 그렇지는 않다. 예수님은 하나님과 더불어 선하시다. 하지만 예수님께서 하나님의 선하심을 강조하신 말씀이다. 선이란 '좋은 것', '착한 것'이란 뜻이지만, 다른 의미로 '유용한', '적합한', '유능한', '유익한 것'이라는 뜻도 있다. 그런데 세상의 수많은 사람이 좋은 일을 하지 않고, 착한 일도 하지 않으며, 다른 사람에게 유용한 일과 적합한 일 또는 유익한 일을 하지 않는 악인의 삶을 살아가고 있다. 그래서 다윗이 "어리석은 자는 그의 마음에 이르기를 하나님이 없다 하도다 그들은 부패하며 가증한 악을 행함이여 선을 행하는 자가 없도다"(:1) 말씀했다.

2. 더러운 일 행하는 악인

다윗은 "하나님이 하늘에서 인생을 굽어살피사 지각이 있는 자와 하나님을 찾는 자가 있는가 보려 하신즉 각기 물러가 함께 더러운 자가 되고 선을 행하는 자 없으니 한 사람도 없도다"(:2-3) 말씀했다. 이 말씀처럼 우리는 본래 더러운 일을 행하는 인간으로 육체의 욕심을 따라 행한 본질상 진노의 자식이었다. 그러나 하나님의 사랑하심으로 더러운 옛사람을 벗어버리고 새 사람으로 거듭나게 하셨다. 이것은 순전히 하나님의 사랑과 은혜이다. 이 하나님의 사랑과 은혜는 우리를 죄악에서 구원하신 하나님의 실재에 바탕을 두고 있다. 하나님은 우리를 더는 이상 죄악에 빠지지 않게 보호하신다. 하나님은 우리의 더러운 본질을 바꾸시기 위하여 모든 것을 갖추고 계신다. 일용할 양식을 주시고 선한 일감을 주시고 하나님의 영광을 위하여 살게 하신다. 이것이 하나님의 실제적이고 구체적인 은혜이다. 이 하나님의 은혜가 궁휼히 여기심이다. 하나님에 대한 우리의 경험과 하나님의 형상을 회복하고자 할 때 우리는 하나님에 대한 우리의 관계의 본질에 침투해 우리가 더러운 일을 행하는 악인의 길에서 떠나게 하신다. 이제는 하나님의 말씀에 순종하여 더러운 일을 회개하고 버리고, 성령을 충만히 받아 거듭나서 깨끗하고 거룩한 성도로 아름다운 신앙생활을 해야 한다.

3. 주님을 안 부르는 악인

성도는 일상생활에서 주님, 곧 하나님을 부르며 기도하는 삶을 살아가고 있다. 성도가 평안할 때나 괴로울 때, 기쁠 때나 슬플 때, 성공할 때나 실패할 때, 가족이 생겼을 때나 심지어 세상을 떠났을 때도 하나님을 부른다. 그러나 악인은 어떤 일에도 하나님을 부르지 않는다. 그 이유는 자기 자신을 믿거나 세상의 권력인 돈이나 재산, 유명한 사람을 찾아가기 때문이다. 하지만 자신이나 세상의 권력, 즉 돈이나 재산, 유명한 사람은 유한한 존재로 언젠가는 사라지고 만다. 다윗이 "죄악을 행하는 자들은 무지하냐 그들이 떡 먹듯이 내 백성을 먹으면서 하나님을 부르지 아니하는도다"(:4) 말씀했다. 이 말씀에서 죄악을 행하는 자, 즉 악인은 무지하다고 지적하였다. 속담에 '무식이 사람 잡는다'라는 말이 있다. 무식한 사람은 상식에도 무지하다. 그는 세상이 돌아가는 원리도 모르고, 심지어 하나님의 뜻을 전혀 모른다. 자신이 죄악을 짓고 있으면서도 그 결과 하나님의 심판에 관하여 관심이 없다. 다윗이 악인, 즉 당시의 관리가 떡 먹듯이 백성들을 먹으면서도 하나님을 부르지 않는다고 지적하였다. 성도는 타락한 정치인을 따르지 말고 오직 하나님을 찾아서 불러 기도해야 한다. 언제 어디서나 하나님을 부르며 기도하는 성도는 만사형통하고 모든 일에 승리할 줄 믿으시라.

4. 하나님이 버리시는 악인

하나님의 심판은 모든 인간에게 있다. 그런데 우리는 너무 자주 '하나님은 사랑이시다'라고 하는 '사랑의 환상'에 빠질 때가 있다. 무조건 하나님의 사랑에 취하여 뉘우침이나 진정한 회개도 없이 그저 모든 죄를 눈감아 주시는 하나님의 관용과 용서에 매달리는 경우가 있다. 그러나 그것은 커다란 착각이다. 하나님은 공의 하나님이시고 죄를 용납하지 않으시는 분이시다. 무엇보다 하나님의 심판은 먼 데서부터, 스스로 죄인임을 인정하는 죄인부터 심판하시는 것이 아니라는 사실을 간과해서는 안 된다. 하나님의 심판은 성전 안에서부터 시작된다. "늙은 자와 젊은 자와 처녀와 어린이와 여자를 다 죽이되 이마에 표 있는 자에게는 가까이 하지 말라 내 성소에서 시작할지니라 하시매 그들이 성전 앞에 있는 늙은 자들로부터 시작하더라"(겔 9:6). 누구보다도 "늙은 자" 장로(목사)부터 심판한다는 말씀에 두려움이 앞선다. 나도 장로(목사)다. 성전 안에 있는 나부터 심판하실 하나님의 준엄하심이 두렵다. 그래서 날마다 순간마다 회개하기를 게을리하지 말아야 한다. 다윗이 "그들이 두려움이 없는 곳에서 크게 두려워하였으니 너를 대항하여 진 친 그들의 뼈를 하나님이 흩으심이라 하나님이 그들을 버리셨으므로 네가 그들에게 수치를 당하게 하였도다"(:5) 말씀했다.

2026년 10월 25일, 오순절 후 22번째 주일 / 종교개혁주일

성 경	디모데후서 3:14-17	예전색상	초록색

예 배 의 부 름	"복음에는 하나님의 의가 나타나서 믿음으로 믿음에 이르게 하나니 기록된 바 오직 의인은 믿음으로 말미암아 살리라 함과 같으니라"(롬 1:17)
	영원한 천국의 모형이 되는 교회를 세우시고 말씀으로 새롭게 하시는 하나님 아버지! 종교개혁주일을 맞은 오늘 저희 신앙도 개혁의 고삐를 늦추지 않고 발전되는 신앙공동체의 일원이 되게 하시려고 성전에 나와 예배드리게 하심을 감사드립니다. 교회의 머리는 그리스도요 너희는 그리스도의 지체라고 하신 말씀을 따라 영성을 회복하고 교회가 개혁되고 개인의 믿음도 새롭게 변화되게 하옵소서. 오늘도 성삼위 하나님께만 무한한 영광을 돌리오며 예수 그리스도의 이름으로 간절히 기원하옵나이다. 아멘
회개를 위하여	믿음의 개혁은 입으로만 되는 게 아닙니다. 진정으로 개혁된 믿음은 생각과 말과 행동이 변한 모습이 나의 가장 가까운 사람으로부터 인정받아야 합니다. 아직도 자아로부터 다른 사람으로부터 "좀 변해라!"라는 소리가 들려오는지를 확인하고 회개하는 기도를 계속합니다.
고 백 의 기 도	하늘 계시로 날마다 영적 세계를 보고 올곧은 믿음을 살게 하시는 하나님 아버지! 하나님의 형상을 따라 만들어지고 하늘 복이 넘치는 기쁨을 체험하게 하시는 은혜를 감사드립니다. 오늘 종교개혁주일에 마음이 둔해서 죄를 깨닫지 못하고 미세한 성령님의 음성에 귀를 기울이지 못하고 산 저희를 용서하여 주옵소서. 괴로울 때 주를 찾지 못하고 주님 앞에 나가 회개하는 눈물을 흘리기를 게을리했던 잘못을 불쌍히 여겨 주옵소서. 믿음의 개혁은 입으로가 아니라, 생각과 말과 행동으로 이어져야 함을 고의로 무시하고 산 잘못을 용서하여 주옵소서.
	회개하는 죄인의 생명까지도 의롭게 하시는 하나님 아버지! 썩어져 가는 구습을 쫓으면서 세상이 주는 잠깐의 만족을 움켜잡기 위해 안달하지 않게 하옵소서. 주님께서 주신 소중한 시간, 기회, 재능, 능력을 하나님의 일에 투자하지 않았고 그 가치도 모른 채, 낭비하고 말았습니다. 주여, 우리의 어리석음을 용서하여 주옵소서. 이제는 주님 안에서 변화를 두려워하지 않는 믿음의 용사로 살기를 원합니다. 십자가에서 돌아가신 그리스도의 사랑을 받아 살아가는 생활 속에 빛으로 소금으로 하나님의 영광을 나타내는 자 되겠다고 결심한 저희에게 사죄의 말씀으로 새롭게 하여 주옵소서. 예수님 이름으로 기도하옵나이다. 아멘
사함의 확 인	"주의 약속은 어떤 이들이 더디다고 생각하는 것 같이 더딘 것이 아니라 오직 주께서는 너희를 대하여 오래 참으사 아무도 멸망하지 아니하고 다 회개하기에 이르기를 원하시느니라"(벧후 3:9)
성시교독	104. 종교개혁주일
설교 전 찬 송	6장 (목소리 높여서) 70장 (피난처 있으니)
설교 후 찬 송	585장 (내 주는 강한 성이요) 546장 (주님 약속하신 말씀 위에서)

금주의 성 가	너 믿으면 – Arr. by William Stickles 충성하는 일은 – 김규현 주께 네 염려 맡겨라 – Ralph Manuel & Paul Williams
목 회 기 도	저희를 교회의 머리 되시는 그리스도의 지체가 되게 하신 하나님 아버지! 아름다운 날 종교개혁 기념 주일에 우리가 작은 촛불이 되어 세상의 어둠을 물리치는 등대가 되게 하심을 감사드립니다. 열악한 환경 속에 뛰어 들어가 복음을 전하는 많은 전도자들을 축복하여 주옵소서. 갈 수 없는 형편이라면 보내는 선교사가 되어 하나님 나라 확장에 일익을 감당하는 우리가 되게 하옵소서. 교회에 세워진 기관들이 하나가 되어 기도하고 흩어지면 전도하고 사랑을 전하는 복음의 분배자들이 되어 하나님을 기쁘시게 하는 일에 최선을 다하는 성도들로 만들어주옵소서. 성령님의 인도를 받아 영혼이 깨어 있게 하시는 하나님 아버지! 우는 사자 같이 저희를 삼키려는 사탄의 유혹에 빠져 바른 신앙을 살지 못한 잘못을 고백합니다. 열심히 봉사하고 헌신하며 교회가 날마다 새로워지게 하지 못한 어리석음도 고백합니다. 지나친 과신 때문에 공동체의 선을 헤치는 어리석은 판단이 없게 하여 주옵소서. 이웃의 고통을 무심코 지나치지 않고 애통해하는 마음으로 기도하고 찾아가서 위로하게 하옵소서. 기도와 찬송과 말씀으로 내가 매일 조금이라도 신앙이 개혁되는 모습이 나타나게 하옵소서. 우리 주 예수님의 이름으로 기도합니다. 아멘
헌금을 위 한 성 구	"이제 청하건대 종의 집에 복을 주사 주 앞에 영원히 있게 하옵소서 주 여호와께서 말씀하셨사오니 주의 종의 집이 영원히 복을 받게 하옵소서 하니라" (삼하 7:29)
헌 금 기 도	벳세다 광야의 오병이어 기적이 성도들의 가정에서도 일어나게 하시는 하나님 아버지! 주 안에서 영육 간에 풍요를 누리게 하시고 믿음도 소망도 사랑도 재물도 더욱 풍성하게 하심을 감사드립니다. 이 시간 몸과 마음과 정성이 담긴 귀한 예물을 하나님 앞에 드립니다. 귀한 예물 선별하여 드린 사랑하는 성도들의 가정과 생업과 자손들에게 복을 주시옵소서. 때로는 물질 때문에 시험에 들 때가 많고 헛된 유혹에 빠질 때가 많이 있습니다. 그 순간마다 눈앞에 보이는 작은 유익보다는 오직 아버지의 나라를 생각하며 살아가게 하옵소서. 다사다난했던 올해 가정에서나 직장에서 어려움을 겪는 자녀들도 있을 줄 압니다. 하나님이 각자의 형편과 처지를 다 알고 계시오니 그 모든 어려움이 아름답게 해결되게 하시고 마음과 정성을 다 바친 이 영혼들 가운데 새로운 만족이 넘쳐날 수 있도록 일일이 찾아가 위로하옵소서. 오늘 여러 가지 이름으로 예물을 드렸사오니, 드린 믿음이 천국 창고에 쌓여서 하나님의 뜻에 따라 쓰이게 하시고, 복음의 빛을 드러내게 하시며, 저희의 삶에 축복의 통로가 되게 하여 주옵소서. 우리 주 예수 그리스도의 이름으로 기도하옵나이다. 아멘
위탁의 말 씀	"하나님의 사람으로 온전하게 하며 모든 선한 일을 행할 능력을 갖추게 하려 함이라" 많은 교인이 성경을 가지고 있거나 교회에 출석할 때 들고는 다니지만, 교회를 떠나면 한 번도 함께하지 않는 그가 나는 아닌지 성찰하고 말씀과 함께하는 한 주간을 사는 그 한 영혼이 되어야 합니다.
축 도	지금은 저희들의 의가 되신 예수 그리스도의 은혜와 믿음을 가진 자들에게 의를 주시는 하나님 아버지의 사랑하심과 바른 믿음의 길로 인도하시는 성령의 역사하심이 종교개혁주일을 맞이하여 하나님의 바른 믿음의 도리 가운데 나아가기를 다짐하는 피로 값 주고 사신 교회와 교회를 수종드는 사랑하는 주의 성도들과 가정과 사업 가운데 이제로부터 영원토록 함께 계시기를 축원하옵나이다. 아멘

오늘의 설교를 위하여

오늘의 설교를 위한 복음적 조명 주제 : 말씀과 믿음

제목 : 구원에 이르는 성경 | 본문 : 디모데후서 3:14-17

주제 : 하나님의 말씀이 기록된 성경은 우리를 구원으로 초대한다. 그런데 많은 교인이 성경을 가지고 있거나 교회에 출석할 때 들고는 다니지만, 성경을 제대로 모르거나 형식적으로 소지하고 있는 현실이다. 그러므로 성서주일에 구원에 이르는 성경을 분명히 알고 신앙생활을 올바르게 해야 한다.

논지 : 하나님의 말씀이 기록된 성경은 성도를 구원으로 초대한다는 사실을 전파하자.
1. 배우고 확신에 거하는 성경
2. 구원에 이르는 지혜의 성경
3. 교훈과 책망과 교육의 성경
4. 온전하고 선한 행함의 성경

우리가 세상을 살아가면서 세상과 다른 가치관으로, 세상과 다른 목적과 방법으로 사는 어려움을 겪게 된다. 무엇인가 손해 보는 일이 생길 수도 있고, 억울한 일을 당할 수도 있으며, 다른 사람의 정당하지 않은 질책이나 비난을 받을 수도 있다. 세상은 정말 다양한 방법으로 우리의 믿음을 시험하고 있다. 우리 가운데 세상이 주는 일시적인 만족을 거절하신, 세상이 자랑하며 보여주는 쉬운 길을 마다하시고, 사람들이 가기를 꺼리고 가지 않는 어려운 길을 걷고 계신, 몰아치는 세상의 흐름에 휩쓸려 떠내려가지 않기 위해 많은 수고와 어려움을 감수하며 인내하시는 분들이 계실 것이다. 그 모든 어려움을 이기며 경건한 성도로, 주님을 더 닮아가기를 소원하시는 성도가 되기 위하여 오늘 본문 말씀을 명심하시기 바란다. 세상에는 수많은 책이 있다. 가끔 서점에 들리면 정말 헤아릴 수 없을 정도로 많은 책이 진열되어 있어서 어떤 책을 살지 모를 경우가 있다. 하지만 그 가운데 오직 한 권만 선택한다면 성경책이다. 성경은 하나님의 말씀이 기록되어 있고, 예수님을 믿는 성도들을 구원으로 인도한다. 오늘은 모든 교회가 지키는 성서주일로 하나님의 말씀을 올바로 알아서 모두 구원의 확신을 받도록 하자.

1. 배우고 확신에 거하는 성경

사도 바울이 "너는 배우고 확신한 일에 거하라"(:14) 말씀했다. 이 말씀은 우리에게 어려움이 있고, 많은 사람이 힘들게 할지라도 말씀을 배우고 확신한 일에 거하라는 사도 바울의 권면이다. 우리에게 여전히 많은 어려움이 있었고 앞으로도 별로 달라질 것은 없을지라도, 오히려 더 안 좋아질 것이지만 우리가 할 일은 변함이 없이 하나님의 말씀을 배워야 한다. 세상은 우리에게 호의적이지 않다. 우리를 대적하고 우리를 시험하며 넘어지게 만든다. 그런데 우리가 놓치기 쉬운 건 우리가 잘 모른다는 것이다. 우리는 다 알 수 없다. 우리가 주님을 신실하게 따르고 순종할 때, 그런 우리에게서 사람들이 어떤 영향을 받을지 우리는 잘 모른다. 지금 당장은 그 결과가 드러나지 않을 수 있지만, 눈에 보이는 직접적인 결과가 없을 수 있지만, 하지만 우리가 정말 주님을 따르고 있다면 그러한 결과와 상관없이 누군가에게 영향을 주고 있다. 그러니 눈에 보이는 결과만을 생각하지 말고 주님을 신뢰함으로 계속해서 말씀을 배우고 확신한 일에 거하도록 기도해야 한다. 계속하여 성경말씀을 확신해야 한다. 우리의 감정이나 경험이 아니라, 사람들의 판단이나 기준이나 생각이 아니라, 우리는 우리가 믿는바 성경에 확신을 두고 말씀이 가르치고 있는 것을 배우도록 해야 한다.

2. 구원에 이르는 지혜의 성경

구원은 하나님의 선물이다. 그런데 하나님께서 아무에게나 구원의 선물을 주시지 않고 오직 예수 그리스도를 믿는 성도들에게만 주신다. 사도 바울이 "복음에는 하나님의 의가 나타나서 믿음으로 믿음에 이르게 하나니 기록된 바 오직 의인은 믿음으로 말미암아 살리라 함과 같으니라"(롬 1:17) 말씀했다. 죄인인 인간이 예수님을 믿음으로 말미암아 의인이 되었으며, 의인은 복음을 믿는다. 복음은 예수 그리스도의 처녀탄생과 삶과 십자가에서의 운명하심과 부활과 재림이다. 복음을 믿고 실천하는 생활이 건강한 믿음이다. 하나님을 믿는 의인은 오직 믿음으로 말미암아 살아가는 사람이다. 성도에게 믿음이 있어야 건강한 믿음으로 산다. 믿음이 믿음으로 이르게 한다. 의인은 어설픈 '신념(信念)'을 버리고 바른 '신앙(信仰)'으로 살아야 한다. 신앙의 원점에서 '나에게 과연 믿음이 있는가?' 자신에게 다시 물어보아야 한다. 믿음에는 건강한 믿음과 병든 믿음이 있다. '내 믿음은 지금 건강한가, 아니면 병들어 있는가?' 하고 엄숙하게 살펴보시기를 바란다. "또 어려서부터 성경을 알았나니 성경은 능히 너로 하여금 그리스도 예수 안에 있는 믿음으로 말미암아 구원에 이르는 지혜가 있게 하느니라"(:15). 이 말씀처럼 구원에 이르는 성경을 읽고 배워서 건강한 믿음의 의인이 되기를 기도하시기 바란다.

3. 교훈과 책망과 교육의 성경

"모든 성경은 하나님의 감동으로 된 것으로 교훈과 책망과 바르게 함과 의로 교육하기에 유익하니"(:16). 사람들은 누구나 자신에게 유익하면 굉장한 관심을 가지고, 그 유익을 얻기 위해서 노력한다. 그러한 노력과 수고들은 쉽게 찾아볼 수 있다. 하지만 우리는 성경이 얼마나 유익한지 잘 모르거나 잊고 지낼 때가 많다. 성경은 우리를 힘들게 하지만 왠지 안 보면 안 될 것 같아서 억지로 보는 분이 있다. 하지만 성경을 보고 나면 그래도 말씀을 봤으니까 하는 뿌듯한 마음이 생긴다. 그렇다. 성경은 우리의 삶에 직접적인 유익을 주며 우리의 삶을 가치 있게 한다. 먼저 성경은 교훈을 주기 때문에 유익하다. 성경은 우리에게 많은 것을 가르쳐준다. 하나님과 예수님, 성령님에 대해서 가르쳐준다. 성경은 우리를 책망하시기 때문에 유익하다. 성경은 우리를 책망하여 행동을 다르게 할 수 있도록 깨우쳐준다. 무엇보다 성경은 교육을 위한 최고의 교과서다. 학생이 교과서를 열심히 공부해 명문대학교에 입학하는 것처럼 성도도 성경을 열심히 공부하는 교육으로 하늘나라의 백성이 될 수 있다. 교육은 성도의 삶에 매우 유익하다. 교육이 없으면 우리는 멋대로 살고 돌이키지 않을 것이다. 어떠한 잘못을 해도 아무런 교육을 받지 않는다면 그것은 절대로 유익한 일이 아니다.

4. 온전하고 선한 행함의 성경

"이는 하나님의 사람으로 온전하게 하며 모든 선한 일을 행할 능력을 갖추게 하려 함이라"(:17). 성경은 우리를 바르게 하여 주시기에 유익하다. "온전하게 하며"라는 말씀은 책망에서 한 걸음 더 나아가 '회복'이나 '개혁'을 의미한다. 책망이 우리의 죄나 어리석은 모습을 드러내 준다면, 온전하게 함은 그러한 잘못을 바로잡아 주는 것이다. 잘못된 행동을 온전하게 하는 과정은 책망과 함께 반드시 따라와야 한다. 그냥 책망만 한다면 우리는 좌절감이나 죄책감에 빠질 것이다. 그러나 온전하게 하면 인격이 상승하는 결과를 만든다. 만약 우리에게 온전하게 하지 않고 책망만 한다면, 그 책망은 우리를 긍정적인 결과로 이끌지 못할 것이다. 하지만 성경은 우리를 치유하고 회복시켜 준다. 성경은 훌륭한 교사처럼 잘못된 점을 알려 주시고, 그것을 어떻게 바로잡을지 가르쳐주며, 바람직한 대안을 제시한다. 그리고 성경은 우리가 선한 일을 잘 할 수 있도록 한다. 다시 말해, 성경은 우리가 모든 선한 일을 감당할 수 있도록 우리를 갖추어준다. 이것이 성경의 가장 중요한 목적이라 할 수 있다. 하나님께서 우리가 모든 선한 일을 행할 수 있기를 원하신다. 모든 선한 일을 행할 능력을 갖추어주는 하나님의 사람으로서 자기에게 주어진 모든 책임을 잘 감당할 수 있는 사람이 될 수 있게 한다.

11월의 예배와 설교를 위하여

일	요일		본문	설교제목	기타(예화, 참고자료)
1	주일	낮			
		밤			
4	수				
8	주일	낮			
		밤			
11	수				
15	주일	낮			
		밤			
18	수				
22	주일	낮			
		밤			
25	수				
29	주일	낮			
		밤			

2026년 11월 1일, 오순절 후 23번째 주일

성 경	룻기 1:1-18	예전색상	초록색

예배의 부름	"온 땅이여 여호와께 노래하며 그의 구원을 날마다 선포할지어다 그의 영광을 모든 민족 중에 그의 기이한 행적을 만민 중에 선포할지어다"(대상 16:23-24)
	견딜 수 없는 고통 속에서도 피할 길을 주시는 하나님 아버지! 메마른 심령들을 부르시어 영생의 샘물과도 같은 교회에 나와 예배드리게 하심을 감사드립니다. 저희가 어려운 처지에 있을지라도 말씀에 순종하여 말씀으로 주님을 만나게 하옵소서. 시작하는 한 주간에도 아름다운 신앙의 발자취를 남길 수 있게 하시고 신령과 진정으로 예배드리는 우리가 모두 되게 하여 주옵소서. 주시는 말씀으로 영적 갈증이 해갈되고 성령이 충만한 하늘 잔치가 되게 하옵소서. 예수님의 이름으로 기원하옵나이다. 아멘
회개를 위하여	우리의 기도내용을 보면 하늘에 보내는 청구서와도 같은 내용이 많습니다. 주시는 분은 하나님이십니다. 내 믿음을 보시고 기꺼이 원하는 것을 줄 수 있는지 진단하고 하나님이 기뻐하시는 믿음, 천국까지 소문난 믿음을 가지지 못한 것을 회개하는 기도를 계속합니다.
고백의 기도	죄악의 질곡을 헤매면서 만신창이가 된 죄인도 용서하시는 하나님 아버지! 지난 한 주간의 잘못을 올곧은 마음으로 성찰할 수 있는 시간을 허락해 주심을 감사드립니다. 말씀 따라 살겠다고 약속했으면서도 사람의 말에 귀를 기울였고 그 말에 따라 부화뇌동하는 어리석은 삶을 살았던 저희였음을 고백합니다. 교회가 하나님의 이름으로 저희에게 맡겨 준 직분의 십자가를 부담스럽게 생각한 잘못을 용서하여 주옵소서. 헛된 것을 위하여 간구하고 찾는 자가 아니라 영원한 것을 위하여 찾지 못한 것을 불쌍히 여겨 주시옵소서. 고통과 시련을 통하여 저희 신앙의 성장을 돕는다는 사실을 모르고 산 어리석음도 용서하여 주옵소서.
	믿음으로 살지 못하는 모든 것이 죄라는 것을 알면서도 육신의 생각과 육신이 이끄는 대로 살았음을 고백합니다. 이제는 행동뿐만 아니라 근본적인 생각과 사고까지도 말씀대로 살겠다고 다짐합니다. 성령의 도우심으로 잘못된 부분들을 바로 잡게 하여 주시옵소서. 교회가 나의 시간과 수고를 기다릴 때 부정적인 생각으로 반대하기보다는 솔선하여 헌신할 것을 약속합니다. 교회가 봉사의 손길을 요구할 때 주님이 택하신 손과 발이 되도록 살아보겠습니다. 회개하는 저희를 긍휼히 여기시고 용서의 감격을 안고 살아가게 하옵소서. 예수님의 이름으로 기도합니다. 아멘
사함의 확인	"그 눈을 뜨게 하여 어둠에서 빛으로 사탄의 권세에서 하나님께로 돌아오게 하고 죄 사함과 나를 믿어 거룩하게 된 무리 가운데서 기업을 얻게 하리라 하더이다"(행 26:18)
성시교독	74. 마태복음 5장
설교 전 찬 송	46장 (이 날은 주님 정하신) 89장 (샤론의 꽃 예수)
설교 후 찬 송	285장 (주의 말씀 받은 그 날) 510장 (하나님의 진리 등대)

11 01

금주의 성 가	이 믿음 더욱 굳세라 - Don Besig 내가 산을 향하여 눈을 드니 - Allen Pote 저 멀리 내 고향 기쁨있네 - Arr. by Skilling
목 회 기 도	**몸**과 마음으로 오직 주님만을 구주로 섬길 믿음을 주시는 하나님 아버지! 신앙의 불모지와 같은 이곳에 교회를 세우시고 지금까지 보살펴 주심을 감사드립니다. 한 생명을 천하보다 귀하게 여기는 교회, 하나님을 바로 아는 교회, 십자가의 사랑과 부활의 감격을 아는 교회가 되게 하심을 감사드립니다. 삶의 여정에서 고통 앞에 주저하지 않고 기도로 승리할 수 있는 믿음 주셨음을 감사드립니다. 물질과 세상이 주는 잠시의 만족이 마음속에서 주인 노릇을 하지 않게 하심을 감사드립니다. 병들고 기도하는 응답이 더딜지라도 감당할 믿음 주심을 감사드립니다. **십**자가의 사랑으로 죄인을 향한 구원의 깊이를 알게 하시는 하나님 아버지! 모든 성도가 하나님이 가장 기뻐하시는 예배드림에 최선을 다하는 교회가 되게 하여 주옵소서. 성도들이 모이면 찬송하고 기도하는 교회가 되기를 원합니다. 말씀을 사모하고 날마다 감사하는 기쁨이 홍수처럼 넘쳐나게 하옵소서. 이 지역 사회에서 우리 교회가 할 수 있는 일이 무엇인지 아는 성도가 되게 하여 주옵소서. 교회에 병든 자들이 있다면 주님의 일을 감당해야 할 주의 동역자로 알고 빠른 쾌유를 위해 눈물로 기도하는 교회가 되게 하옵소서. 우리 구주 예수님의 이름으로 기도드립니다. 아멘
헌금을 위한 성 구	"너희 땅이 아름다워지므로 모든 이방인들이 너희를 복되다 하리라 만군의 여호와의 말이니라"(말 3:12)
헌 금 기 도	**어**둡고 모진 세상 풍파 중에도 눈동자같이 지켜 주시는 하나님 아버지! 희생보다 영광만 바라보는 저희를 책망하지 않으시고 풍성한 하늘 은혜 가운데 살게 하신 지난 한 주간을 감사드립니다. 믿음을 저버리고 돌밭 같은 인생길을 걸어갈 때도 생명의 오아시스 같은 말씀으로 소생의 기회를 주신 것을 망각하고 산 저희를 불쌍히 여겨 주옵소서. 그 고난 속에서 깨달은 주님과 함께하지 않는다면 참된 행복이 아닌 것을 뒤늦게 알고 그동안 받은 은혜를 감사드리며 예물을 드립니다. 이 예물이 사용될 때 갈등과 분쟁이 치유되고 평화의 꽃이 피게 하옵소서. **십**일조를 드리는 주의 자녀들이 내딛는 발걸음을 축복하여 주옵소서. 감사 헌금을 드립니다. 구역 예배를 드리면서 봉헌한 예물과 작정 헌금, 주일 헌금을 드립니다. 섬김의 여러 모양으로 드려진 성도들에게 건강의 복과 교회를 사랑하고 하나님을 사랑하는 마음을 받아 주시옵소서. 섬김을 실천할 때마다 상급을 바라기보다는 하나님께 받은 것에 감사하여 일하는 자들이 되게 하옵소서. 힘과 재능을 주시어서 더욱더 하나님의 나라를 위하여 봉사하는 데 부족함이 없도록 인도하여 주시옵소서. 예수님의 이름으로 기도합니다. 아멘
위탁의 말 씀	"어머니께서 죽으시는 곳에서 나도 죽어 거기 묻힐 것이라" 룻기에 나오는 여인은 비록 이방인이지만, 그녀는 어머니가 죽을 나라에서 함께 묻히겠다는 말릴 수 없는 신앙을 가지고 산 것처럼 우리도 말릴 수 없는 신앙으로 충성하는 삶을 살아야 합니다.
축 도	지금은 구원의 씨앗이 되신 예수 그리스도의 은혜와 구원의 씨앗 되시는 독생자를 우리 가운데 보내주신 하나님의 극진하신 사랑과 구원의 씨앗 되시는 예수 그리스도를 나누고 전파하도록 힘주시고 도우시는 보혜사 성령님의 특별한 은총이 성령의 열매를 맺도록 인도하시는 기적을 소망하며, 주어진 삶의 현장에서 복음의 씨를 뿌리며 살고자 다짐하는 주님의 백성들에게 지금부터 영원토록 함께하시기를 간절히 축원하옵나이다. 아멘

오늘의 설교를 위하여

오늘의 설교를 위한 복음적 조명 주제 : 신앙의 결심

제목 : 전혀 말릴 수 없는 신앙의 결심 | 본문 : 룻기 1:1-18

주제 : 룻기에 나오는 여인은 비록 이방인이지만, 고향으로 돌아가라는 시어머니의 강권을 거절하고 시어머니가 믿는 하나님만을 믿고 따르겠다는 결심을 하였다. 또한 그녀의 어머니가 죽을 나라에서 함께 묻히겠다는 말릴 수 없는 신앙의 결심을 우리도 본받아야 한다.

논지 : 성도에게 세상의 유혹이 많아도 전혀 말릴 수 없는 신앙의 결심을 전파하자.
  1. 고향으로 가지 않겠다는 결심
  2. 하나님만을 믿고 따르는 결심
  3. 어머니의 나라에 묻히는 결심
  4. 전혀 말릴 수 없는 신앙 결심

 룻기에 나오는 여인은 주전 1390-1050년대의 사사시대에 살았던 모압 여인이다. 그녀는 베들레헴에서 이주해 온 히브리인 엘리멜렉의 아들 말론과 결혼했다. 그런데 그녀 남편이 갑자기 죽어 졸지에 과부가 되고 말았다. 그녀의 시어머니 나오미는 고향인 베들레헴으로 귀향을 서두르면서 며느리도 고향으로 돌아가라고 했다. 그러나 그녀는 시어머니께서 가시는 곳에 자기도 가고, 시어머니께서 머무시는 곳에 자기도 머물며, 시어머니 나라의 백성이 되고, 시어머니의 하나님이 자기의 하나님이 되시고, 시어머니 죽는 곳에서 자기도 죽어 거기 묻힐 것이라고 결심을 했다. 만일 자기가 죽는 일 외에 시어머니를 떠나면 여호와께서 자기에게 벌을 내리시고, 내리시기를 바란다는 결심을 했다. 그녀는 본래 우상을 섬기는 이방인이었다. 그러나 그녀는 결혼해서 하나님을 알게 되었다. 그래서 하나님의 백성이 되었고, 비록 과부가 되었어도 믿음을 버리지 않고, 특히 홀로되신 시어머니를 봉양하겠다는 효심으로 고인이 된 남편의 고향으로 함께 가겠다는 신앙의 결심을 했다. 우리에게도 세상으로 갈 것인지, 하나님의 나라로 갈 것인지 하는 선택의 여지가 있다. 이는 오직 자신의 신앙적인 결심에 따라서 결정된다. 세상의 유혹을 뿌리치는 신앙의 결심을 하는 성도가 되자.

1. 고향으로 가지 않겠다는 결심

 사람마다 자기의 고향이 있다. 고향은 어린 시절의 추억이 있는 아름다운 지역이다. 사람이 고향을 찾는 이유는 인간이 고향에 가고 싶어 하는 귀소본능이 있기 때문이다. 누구에게나 찾아갈 고향이 있다는 건 참으로 행복한 일이다. 고향에 가서 그리운 부모님을 찾아뵙고 그동안 떨어져 살던 형제자매나 일가친척을 만나는 기쁨이 있다. 그러나 막상 우리가 그리던 고향에 도착하면 객지에서 그리워하던 어릴 때의 모습이 아닐 수 있다. 옛날의 정겨운 시냇가, 아름다운 들판과 산은 이미 옛날 모습이 아니다. 예전에는 그렇게 커 보이고 좋았던 집들도 이제는 조그마한 오두막일 뿐이고, 즐겁게 놀았던 골목길도 없어졌으며, 또 다정했던 옛 친구도 온 데 간 데가 없이 사라졌다. 그래서 고향을 찾아가는 사람의 마음은 하나같이 실망으로 끝나게 된다. 그런 사실에도 불구하고 고향은 인간에게 영원한 로망이다. 그런데 룻은 시어머니 나오미에게 "내게 어머니를 떠나며 어머니를 따르지 말고 돌아가라 강권하지 마옵소서"(:16)라고 말했다. 이 말을 간단히 표현하면 그녀가 자기의 고향으로 가지 않겠다는 결심이다. 고향은 누구에게나 좋은 곳인데 왜 그녀는 고향으로 가지 않겠다고 했을까? 여러 가지 이유 가운데 가장 중요한 사실은 믿음의 본향, 즉 천국에 가겠다는 결심이다.

2. 하나님만을 믿고 따르는 결심

 사람의 생애 평가는 '얼마나 오래 살았느냐? 얼마나 많이 모았느냐? 얼마나 높은 사람이냐? 하는 걸로 결정하지 않고, 오히려 '어떻게 살았느냐? 무엇을 하였느냐? 어떤 업적을 남겼느냐?'에 따라 결정된다. 사람의 일생 가운데 어린 시절과 교육받고 준비하는 기간을 제하고 나면 실제로 일을 하고 보람된 활동을 할 수 있는 시간은 그렇게 많지 않다. 하지만 얼마 안 되는 그 기간을 위하여 오랜 세월 동안 준비를 하면서 시련을 겪는 때도 있고 때로는 한순간을 살기 위하여 평생을 배우면서 준비하기도 한다. 우리의 인생이란 우리가 선택하고 결정하는 결단에 의해 만들어져 간다. 넓은 길로 갈 것인가? 좁은 길로 갈 것인가? 생명의 길로 갈 것인가? 사망의 길로 갈 것인가? 누구와 결혼할 것인가? 자녀를 몇 명 낳을 것인가? 어떤 직업을 가질 것인가? 우리는 매 순간 결정을 내리며 살아야 한다. 결심을 정확하게 하는 사람도 있고, 우유부단한 사람도 있지만, 아무튼 결심해야 한다. 하나님께서 우리에게 자유의지를 주신 목적은 무한한 가능성의 영역이다. 그러므로 성도는 오직 하나님만을 믿고 따르겠다는 결심해야 한다. 룻은 시어머니 나오미에게 "어머니의 백성이 나의 백성이 되고 어머니의 하나님이 나의 하나님이 되시리니"(:16)라고 결심하였다.

3. 어머니의 나라에 묻히는 결심

 룻이 나오미에게 "어머니께서 죽으시는 곳에서 나도 죽어 거기 묻힐 것이라 만일 내가 죽는 일 외에 어머니를 떠나면 여호와께서 내게 벌을 내리시고 더 내리시기를 원하나이다"(:17)라고 소원했다. 그녀의 소원에서 우리가 깨달을 수 있는 교훈은 첫째로 어머니가 죽은 나라에 가려는 결심이고, 둘째는 어머니가 죽은 나라에서 죽어 땅에 묻히려는 결심이며, 셋째는 어머니를 떠나면 여호와 하나님께 벌을 갑절이나 받기를 원하는 결심이다. 여기서 '어머니의 나라'는 유대이다. 하지만 이를 오늘날 우리에게 적용하면 '어머니'는 성도를 낳아서 양육하는 교회를 의미하고, '어머니의 나라'는 하늘나라, 즉 천국을 뜻한다. 우리는 본래 세상에 살던 불신앙의 사람이었다. 그런데 복음을 듣고 예수님을 믿어 하나님의 자녀가 되었다. 우리가 처음에 교회에 나왔을 때는 영적으로 갓난아이였다. 그러나 하나님의 말씀을 듣고 믿음을 얻었으며, 이제는 성숙한 성도로 장로, 집사, 권사가 되었다. 그렇다고 만족하지 말고 계속하여 영적으로 양육을 받아서 하늘나라에 갈 때까지 배워야 한다. 주일 예배를 마치고 세상에서 한 주간 동안 사회생활을 하다가 주일에는 어김없이 어머니의 나라인 교회에 나와서 하나님께 예배를 드리고, 성도들과 사랑의 교제를 나누어 신앙공동체를 만들자.

4. 전혀 말릴 수 없는 신앙 결심

 사람의 의지는 인간마다 차이가 있다. 어떤 사람은 의지가 강하여 전혀 말릴 수 없는 사람이 있고, 어떤 사람은 순하고 순해서 자기의 의지가 약하여 무슨 일을 하려고 하다가 누가 말리면 그만두는 사람이 있다. 이 두 종류의 사람을 두고 누가 좋고 나쁘다고 할 수는 없다. 왜냐하면 사람은 각자 가기의 성격이 있기 때문이다. 하지만 신앙에 관해서는 의지가 강해야 한다. 예를 들어서 친구가 주일날 어디 놀러 가자고 했을 때 이를 거절하지 않으면 신앙을 잃어버리고 타락할 수 있다. 또 친구와 함께 술을 마시거나 담배를 피우고 마약을 하는 것은 성도로서 할 일이 아니다. 성도에게는 '전혀 말릴 수 없는 신앙의 결심'이 절대로 필요하다. "나오미가 룻이 자기와 함께 가기로 굳게 결심함을 보고 그에게 말하기를 그치니라"(:18). 고향으로 돌아가라고 말해도 듣지 않고 시어머니의 나라에 가겠다는 룻은 '전혀 말릴 수 없는 신앙의 결심'이 있었다. 악한 마귀는 지금도 쉬지 않고 성도들을 유혹하고 있다. 성도는 정신을 바짝 차리고 전혀 말릴 수 없는 신앙적인 결심으로 주님의 몸 된 교회를 섬기고 하나님의 나라와 그의 의를 위하여 최선을 다해야 한다. 그러면 하나님께서 기뻐하시고 영광을 받으셔서 성도에게 은혜와 축복을 넘치게 부어 주시리라 믿는 성도가 되자.

2026년 11월 8일, 오순절 후 24번째 주일

성 경	히브리서 9:23-28	예전색상	초록색

예배의 부름	"오늘 내가 네게 명령하는 여호와의 규례와 명령을 지키라 너와 네 후손이 복을 받아 네 하나님 여호와께서 네게 주시는 땅에서 한 없이 오래 살리라"(신 4:40)
	독생자 보혈의 능력으로 지난 한 주간에도 승리하게 하신 하나님 아버지! 죄악의 무거운 짐을 거룩한 날 주님 성전에 나와 십자가 앞에 짐을 내려놓고 예배드리게 하심을 감사드립니다. 오직 주님만이 나의 산성, 나의 요새임을 고백하는 예배가 되게 하옵소서. 저희의 중심이 오직 하나님만 의지하게 하옵소서. 예배드리는 저희와 후손이 복을 받아 하나님께서 주시는 땅에서 한없이 오래 살 뿐만 아니라 하늘나라에 가도록 인도하여 주시옵소서. 예수 그리스도의 이름으로 기원하옵나이다. 아멘
회개를 위하여	예수께서 십자가에 돌아가심으로 죄인이 하나님과 화해의 은혜를 입었습니다. 엄청난 용서를 맡았으면서도 우리 안에 아직도 싫어하는 사람, 귀찮은 사람, 성가신 사람이 자리 잡고 있다면 성령님과 동행하는 믿음으로 산다고 말할 자격이 없습니다. 그런 내가 아닌지 성찰하고 회개하는 기도를 계속합니다.
고 백 의 기 도	**헤**아릴 수조차 없이 회개할 때마다 용서해주시는 하나님 아버지! 사랑으로 죄인의 기도를 응답해 주시고 잘못을 용서해주심을 감사드립니다. 그 큰 사랑과 은혜를 받았으면서도 그것을 항상 깨닫고 감사하지 못하고, 십자가를 잊어버리고 살아온 날들이 너무나 많습니다. 오늘도 사랑하셔서 주의 성전에 불러 모아 주시고, 하나님께 신령과 진정으로 예배할 수 있게 해주신 그 은혜를 기억합니다. 그러나 저희는 그 엄청난 사랑을 받았으면서도 예수님처럼 사랑하지 못했습니다. 거저 주신 것을 나누기에 인색했습니다. 사랑한다는 말 한마디를 못 하고 살았습니다. 절박한 마음으로 황폐해진 마음을 내어놓습니다. 퇴색한 양심을 반석에서 샘솟는 생수처럼 솟게 하여 주옵소서.
	자신의 잘못을 알면서도 먼저 사과하지 못해 불화와 반목만을 계속하며 행복보다는 불행을 지어 가는 우둔함을 버리겠습니다. 주님을 향한 열심과 헌신적인 믿음의 행동들이 가정과 이웃에 겸손과 사랑의 향기로운 덕성으로 나타나게 하렵니다. 뜨거운 열정으로 세상의 빛과 소금 되어 그리스도의 향기를 발하며 사는 사랑의 배달꾼이 될 것을 약속합니다. 이렇게 살 수 있는 새 힘을 주옵소서. 회개하는 저희 기도를 열납하여 주시고 묵은 때가 다시 한번 씻겨지고 아기같이 순결한 심령으로 변화되게 하시고 사죄의 말씀으로 치유되는 감격을 허락하여 주옵소서. 예수님의 이름으로 기도하옵나이다. 아멘
사함의 확인	"너희가 알 것은 죄인을 미혹된 길에서 돌아서게 하는 자가 그의 영혼을 사망에서 구원할 것이며 허다한 죄를 덮을 것임이라"(약 5:20)
성시교독	75. 마태복음 6장
설교 전 찬 송	36장 (주 예수 이름 높이어) 383장 (눈을 들어 산을 보니)
설교 후 찬 송	249장 (주 사랑하는 자 다 찬송할 때에) 505장 (온 세상 위하여)

11 08

금주의 성 가	예수가 나를 부를 때 – H. W. Petrie 하나님을 찬양하라 – F. Schiling 확실한 나의 간증 – Arr. by G. Dunn
목회기도	**믿**음으로 단련시켜 이 교회에서 믿음으로 반석 되게 하시는 하나님 아버지! 아골 골짜기 같은 세파의 풍랑에서 저희를 눈동자처럼 사랑하시고 보호해 주신 그 은혜를 감사드립니다. "예배하는 자는 신령과 진정으로 예배하라"라고 하신 말씀처럼 하루의 삶이 순간순간 하나님 앞에 산 제사로 드려지는 믿음 생활을 못한 잘못을 용서하여 주옵소서. 비록 우리가 이기적인 신앙을 살고 있어도 예배드릴 때마다 저희가 능력으로 거듭나게 하옵시고, 그 힘으로 가정과 일터에서 주님의 자녀처럼 살 수 있는 재충전의 시간이 되게 하여 주옵소서. **삶**의 목적이 없었던 저희에게 천국의 소망을 주시는 하나님 아버지! 저희의 잘못된 신앙 습관을 바로 잡아주시옵소서. 언제 어디서나 하나님이 보고 계시다는 것을 잊지 않게 하시옵소서. 그리스도인으로서 긍지를 가지고 책임과 의무를 다하며 권세를 누릴 수 있는 저희가 되게 하옵소서. 가정 문제, 직장 문제, 부부 문제, 심지어는 교회 안에서 일어나는 문제가 생길 때마다 거룩한 제단 앞에서 눈물로 회개하는 것이 응답의 통로임을 알게 하옵소서. 교회에 속한 각 기관에 나름대로 어려움이 있을 때마다 함께 협력하여 선을 이루는 공동체가 되게 하옵소서. 우리 주 예수 그리스도의 이름으로 기도하옵나이다. 아멘
헌금을 위한 성구	"하나님을 잊어버린 너희여 이제 이를 생각하라 그렇지 아니하면 내가 너희를 찢으리니 건질 자 없으리라 감사로 제사를 드리는 자가 나를 영화롭게 하나니 그의 행위를 옳게 하는 자에게 내가 하나님의 구원을 보이리라"(시 50:22-23)
헌금기도	**생**명의 말씀에 순종하며 사는 자들에게 복 주시기를 기뻐하시는 하나님 아버지! 비천한 죄인을 의인으로 변화시켜 주시고 날마다 때마다 하늘의 양식과 땅의 소산으로 우리의 영육을 채워주심을 감사드립니다. 주께서 베푸신 은혜를 생각하면 부끄럽지만, 외모를 보시지 않고 그 마음을 보신 주님께서 받으시고 마음껏 축복하여 주옵소서. 그러나 저희는 가끔 하나님의 은혜와 섭리를 무시하고 헛된 땀을 흘렸나이다. 용서하여 주옵소서. 오늘 예물을 드리는 이 시간 천하 만물을 다 드려도 부족하지만, 작은 것을 드립니다. **하**나님의 약속 믿고 수입의 온전한 십일조와 감사 예물과 여러 가지 제목으로 봉헌합니다. 그리고 시간을 드립니다. 저희의 봉사를 기쁘게 받아 주시기를 바랍니다. 드리고 싶어도 물질이 없어서 드리지 못하는 일이 없도록 물질의 복을 주시기를 원합니다. 몸으로 봉사하고 싶어도, 건강하지 못하여 봉사를 하지 못하는 종들에게 건강을 허락하여 주시옵소서. 교회가 지옥에 가서는 안 될 영혼들을 인도하기 위해서 계획한 일들이 물질 때문에 포기되거나 미루어지지 않도록 저희가 물질 쓰임의 파수꾼 노릇을 감당하도록 역사하여 주옵소서. 우리 주 예수님의 이름으로 기도합니다. 아멘
위탁의 말씀	"한번 죽는 것은 사람에게 정해진 것이요 그 후에는 심판이 있으리니" 예수 그리스도께서는 죄인을 구속하시기 위해서 단번에 고난의 제물로 십자가에서 희생의 피를 흘리셨듯이 우리도 누군가를 위해서 너는 살고 나는 죽는 신앙의 영웅이 될 각오로 한 주간을 살아갈 용기가 있기를 바랍니다.
축 도	지금은 생명의 근원이 되시고 우리를 도우시는 하나님 아버지의 크신 사랑하심과 우리를 구원하신 예수 그리스도의 은혜와 오늘도 우리와 함께하시는 성령의 인도하심이 예배를 드리고 광야와 같은 세상에 나가 이웃을 변화시키는 영적인 지도자가 되기로 다짐하고 돌아가는 주 사랑하는 자녀들 위에 영원토록 함께 하시어 승리의 삶을 살게 하옵시기를 간절히 축원하옵나이다. 아멘

오늘의 설교를 위하여

오늘의 설교를 위한 복음적 조명 주제 : 주님의 희생

제목 : 사람들의 죄를 담당하신 주님 | 본문 : 히브리서 9:23-28

주제 : 예수 그리스도 주님께서 참된 그림자로 세상에 오셨다. 그분은 이전의 대제사장처럼 해마다 성소에 들어가시지 않고, 단번에 고난의 제물로 십자가에서 희생의 피를 흘리셨다. 주님께서 많은 사람의 죄를 담당하시고 구원하신 사실을 믿어야 한다.

논지 : 옛 대제사장과 그리스도를 비교하여 사람들의 죄를 담당하신 주님을 전파하자.
  1. 참 것의 그림자이신 주님
  2. 전 대제사장과 다른 주님
  3. 고난의 제물이 되신 주님
  4. 사람의 죄를 담당하신 주님

예수 그리스도 주님께서 온 인류의 죄악을 대신하여 십자가에서 피를 흘리시고 죽었다. 주님의 희생은 세상의 그 무엇과도 바꿀 수 없이 아름다운 보배이다. 우리가 주님의 희생을 따르기 위하여 자신의 것을 버린다는 게 그리 쉬운 일이 아니다. 이는 주님을 섬기기 위하여 많은 것을 버려야 하기 때문이다. 시간을 그리고 세상의 일까지 희생해야 가능하다. 또한 감정을 죽여야 한다. 욕망까지도 희생해야 한다. 그리고 재물마저도 희생해야 한다. 그래서 재정적 파산을 당할 수 있다. 버리는 것이 곧 얻는 것이라는 것도 잘 안다. 그러나 솔직히 머리로 안다는 것과 몸으로 실천하는 것의 현격한 괴리를 느낀다. 이 괴리의 간격을 어떻게 좁힐 수 있겠는가? 내가 아는 것처럼 어떻게 실천할 수 있느냐가 중요한 문제다. 여기에 나의 용기와 결단이 필요하다. 주님의 희생과 고난에 동참한다고 하는 것은 추상적이기 쉽다. 입에 발린 말로만 주님의 고난에 동참하고 체험했다고 말하기 쉽다. 이런 관념적인 생각으로만 주님의 제자가 된 사람은 막상 고난과 핍박이 오고 순교를 강요받을 때 배반하기 쉽다. 주님을 따르고자 하는 결단과 용기는 말로만이 아닌 실제의 행동을 요구한다. 주님의 희생을 당할 때 인간적으로 말할 수 없는 괴로움이 있지만 영광의 면류관이 주어진다.

1. 참 것의 그림자이신 주님

세상에는 '참'과 '거짓'이 있다. 사람이 세상에 태어나 어릴 때는 참을 따르며 좋아하지만, 나이가 들어 세상의 이해타산을 알면 거짓에 빠지기 쉽다. 사람은 처음부터 거짓을 좋아하지는 않아도 근본적으로 모태에서부터 죄인으로 태어나기에 자기도 모르는 사이에 죄를 짓고 나중에는 의식적으로 거짓된 삶을 살면서도 죄의식을 전혀 느끼지 않는다. 하지만 사람으로 동정녀 마리아에게 탄생하신 예수 그리스도는 성령으로 태어나셨기에 죄가 없고 참 것의 그림자로 세상에 오셨다. 그래서 히브리서 기자가 "그리스도께서는 참 것의 그림자인 손으로 만든 성소에 들어가지 아니하시고 바로 그 하늘에 들어가사 이제 우리를 위하여 하나님 앞에 나타나시고"(:24)라고 말씀했다. 이 말씀의 핵심은 예수 그리스도의 탄생에 관한 게 아니라, 주님께서 인류의 죄악을 대신 담당하시기 위하여 인간 대제사장처럼 성소에 들어가시지 않고 예루살렘 성 밖에 있는 골고다 언덕에서 십자가에 못 박혀 죽었다는 증언이다. 솔직히 우리에게는 참보다 거짓이 많다. 다른 말로 하면 우리는 모두 죄인이다. 그런데 예수 그리스도께서 십자가에서 대속하여 구원을 받아 의인으로 칭함을 받게 되었다. 그러므로 예수님을 믿어 성도가 된 우리는 모든 거짓된 죄악을 버리고 참된 삶을 살아야 한다.

2. 전 대제사장과 다른 주님

대제사장은 하나님께서 레위 지파를 특별히 지명하여 사명을 주셨다. 아론을 중심으로 그의 아들들이 제사장의 직무를 수행할 수 있다. 제사장은 다른 지파가 할 수 없다. 하나님께서 레위 지파가 특별한 책임을 짊어지게 하셨다. 제사장은 다른 일을 할 수 없고 오직 제사하는 일과 제물을 직접 준비해서 하나님께 드리는 직무다. 대제사장은 분향 제단에 향이 끊이지 않게 해야 할 책임이 있다. 대제사장은 죄인이 가지고 온 제물에 안수하고 피를 내서 뿔에 바르고 휘장에 일곱 번 뿌리며 나머지는 제단 밑에 묻는다. 죄인들이 죄를 지었을 때 숫 어린양으로 제물을 준비하여 하나님께 드렸다. 그 제물의 향기로운 향이 하늘의 하나님께 올라간다고 믿었다. 하나님께 제사하는 목적은 하나님께 경배하며 영광을 돌리는 일이다. 그리고 죄인들의 죄를 씻는 과정을 의미한다. 그 제물과 제사는 대제사장을 통하여 드려져야 한다. 이는 대제사장만 할 수 있는 거룩한 직무이다. 그런데 전 대제사장의 임무는 끝났다. 왜냐하면 "대제사장이 해마다 다른 것의 피로써 성소에 들어가는 것 같이 자주 자기를 드리려고 아니하실지니"(:25)라는 말씀 때문이다. 이제는 예수 그리스도께서 단번에 인류의 죄악을 십자가에서 대속하시고 구원하셨으니, 누구든지 주님을 믿으면 구원을 받는다.

3. 고난의 제물이 되신 주님

예수님께서 고난의 길을 가셨다. 먼저, 예수님께서 예루살렘 성까지 걸어오신 길을 되짚어 생각해보면, 그 길은 참으로 신비롭고 비밀의 길이었음을 알 수 있다. 유대의 절기인 유월절이 다가오고 있었다. 예수님은 제자들을 이끄시고 갈릴리에서 사마리아를 거쳐 유대로 오셨다. 유대의 수도 예루살렘에 다가오셨다. 그런데 예수님과 함께 먹고 자고 하던 제자들은 예수님의 가시는 길을 몰랐다. 제자들은 예수님이 그저 이전처럼 '명절이나 지키러 가시나 보다' 하고 생각했다. 그래서 제자들은 진지하지 못했다. 심지어 노상에서 누가 더 크냐를 놓고 다투며 싸우기까지 했다. 두 제자는 어머니를 통해서 예수님께서 예루살렘에 가셔서 이 나라의 왕이 되시면, 하나는 우편에 하나는 좌편에 앉아 권세를 누리게 해달라고 청탁까지 했다. 하지만 예수님은 묵묵히 고난의 길을 걷기만 하셨다. 고난의 길을 가신 주님에 대하여 히브리서 기자는 "그리하면 그가 세상을 창조한 때부터 자주 고난을 받았어야 할 것이로되 이제 자기를 단번에 제물로 드려 죄를 없이 하시려고 세상 끝에 나타나셨느니라"(:26)라고 말씀했다. 여기서 예정론이 나온다. 예수님은 하나님으로 세상을 창조하신 때부터 이미 고난의 길을 가시도록 했고, 이는 스스로 십자가에서 고난을 받으셨다는 의미이다.

4. 사람의 죄를 담당하신 주님

사람은 모두 죄인이다. 세상의 죄인은 욕심이 많다. 그래서 야고보가 "욕심이 잉태한즉 죄를 낳고 죄가 장성한즉 사망을 낳느니라"(약 1:15) 말씀했다. 이 말씀처럼 우리는 죄로 죽을 수밖에 없다. 하지만 중보자이신 예수 그리스도의 죽음이 엄격하게 우리의 죄를 대신하셨다. 예수님께서 "인자가 온 것은 섬김을 받으려 함이 아니라 도리어 섬기려 하고 자기 목숨을 많은 사람의 대속물로 주려 함이니라"(마 20:28) 말씀하셨다. 예수님의 죽음은 단지 무죄한 의인의 죽음에 그치지 않는다. 그것은 종교적 위인의 죽음을 넘어선다. 예수님의 죽음은 소크라테스나 석가모니 마호메트의 죽음과는 달랐다. 예수님의 죽음은 많은 사람의 죄를 대신하시기 위한 죽음이었다. 사람의 죄를 담당하신 주님에 대하여 히브리서 기자가 "그리스도도 많은 사람의 죄를 담당하시려고 단번에 드리신 바 되셨고 구원에 이르게 하기 위하여 죄와 상관 없이 자기를 바라는 자들에게 두 번째 나타나시리라"(:28) 말씀했다. 이 말씀은 첫째로 예수 그리스도께서 많은 사람의 죄를 담당하셨다는 사실이고, 둘째로 단번에, 즉 유일회(唯一回)로 십자가에서 죽었다는 사실이며, 셋째로 죄와 상관없이 주님을 기다리는 성도에게 재림하신다는 의미이다. 우리는 이 말씀을 믿고 주님을 기다려야 한다.

2026년 11월 15일, 오순절 후 25번째 주일 / 추수감사주일

성 경	신명기 8:7-10	예전색상	초록색

예배의 부름	"내게 주신 모든 은혜를 내가 여호와께 무엇으로 보답할까 내가 구원의 잔을 들고 여호와의 이름을 부르며 여호와의 모든 백성 앞에서 나는 나의 서원을 여호와께 갚으리로다"(시 116:12-14)
	2026년 후반기에도 수고한 대로 축복하시기를 기뻐하시는 하나님 아버지! 오늘 추수감사주일에 저희를 불러 수고하여서 뿌린 씨들의 열매를 안겨주시는 기쁨과 감격을 경배와 찬양으로 성삼위 하나님께 영광 돌리게 하신 은혜를 감사드립니다. 추수 감사의 제사와 예물을 받으시고 하늘의 문을 여시고 하늘의 신령한 복과 땅의 기름진 복을 예배하는 백성들의 심령과 가정과 우리 교회에 충만하도록 넘치게 채워주시옵소서. 예수 그리스도의 이름으로 기원하옵나이다. 아멘
회개를 위하여	주님은 항상 감사로(路)에 미리 가 계시면서 우리를 만나기를 원하십니다. 오지 않는 우리 이름을 부르시면서 찾으시는 주님이십니다. 입으로만 감사하면서 생활로는 감사하지 못하고 살아가는 그가 나라면 감사해야 할 그 자리에서 기다리시는 주님을 만날 결심을 하면서 회개하는 기도를 계속합니다.
고백의 기도	우리가 쓸 것을 미리 아시고 채워주시기를 기뻐하시는 하나님 아버지! 2026년 추수감사주일에 주님 앞에 나와 신앙 전반을 결산하고 감사할 기회를 주신 은혜 감사드립니다. 우리가 살아온 2026년을 돌아볼 때 부끄럽고 송구한 마음으로 얼굴을 들 수 없음을 고백합니다. 입으로만 감사했지 몸으로는 감사하지 못한 저희의 어리석음을 용서하여 주시옵소서. 심은 대로 거두리라는 말씀을 기억하면서도 많이 심지를 못했습니다. 더 가지려고 기를 쓰고 땀을 흘리면서도 더 드리는 감사 생활에는 인색했던 저희를 불쌍히 여겨 주시옵소서. 욕심의 창고에는 많은 것을 챙기면서도 하늘 창고에는 인색했던 저희입니다. 부모님과 이웃에게 고마움을 표하지 못했습니다. 구원받은 기쁨을 누리면서도 전도하지 않았으며, 하나님께서 건강을 주셨지만, 감사가 부족했던 잘못을 용서하여 주옵소서. 돌이켜보면 일 년에 한 가지의 나쁜 습관도 고치려고 노력하지 못한 어리석은 그가 바로 저희입니다. 하나님께서 돌보아 주신 은혜로 모든 일이 형통하고 잘 되었다고 생각하지 않고, 자신의 능력과 노력으로 되었다고 착각한 죄를 고백하오니 용서하여 주시기를 예수님의 이름으로 회개하며 기도드리나이다. 아멘
사함의 확인	"여호와께서 그의 앞으로 지나시며 선포하시되 여호와라 여호와라 자비롭고 은혜롭고 노하기를 더디하고 인자와 진실이 많은 하나님이라 인자를 천대까지 베풀며 악과 과실과 죄를 용서하리라"(출 34:6-7)
성시교독	106. 감사절(2)
설교 전 찬 송	66장 (다 감사드리세) 589장 (넓은 들에 익은 곡식)
설교 후 찬 송	79장 (주 하나님 지으신 모든 세계) 301장 (지금까지 지내온 것)

금주의 성 가	영광의 주께 감사하리라 - Allen Pote 추수 찬송 - F. C. Maker 감사절 축제의 찬송 - Netherlords P. Sjolundtod
목 회 기 도	**감**사할 줄 아는 영혼에 더 많은 것을 주시는 하나님 아버지! 날마다 순간마다 감사의 제목들이 있도록 성도들을 도우시는 하나님 아버지께 2026년 추수감사절 주일로 하나님께 영광을 돌리게 하여 주셔서 감사드립니다. 날마다 넘치는 감사로 하나님 앞에 더욱 가까이 갈 믿음을 살게 하심도 감사드립니다. 수많은 사람이 감사를 잃어버리고 감사하지 않는 배은망덕을 용서하여 주옵소서. 오늘 추수감사주일에 새로운 결심으로 감사하는 자를 찾으시는 하나님이심을 알고 해가 뜰 때부터 해가 질 때까지 감사하는 마음으로 살게 하옵소서. **첫**열매를 거두게 하신 하나님 아버지! 저희가 드리는 감사의 예배를 받아주시옵소서. 주님께서 교회를 세우신 그 목적을 바로 알게 하여 주시옵소서. 교회에 있는 여러 가지 모양의 단체들이 하나님의 일을 감당해 나갈 때 자기의 뜻만을 고집하는 이들로 인하여 하나님의 일에 방해받지 않게 하옵소서. 성도들은 서로서로 내가 먼저 잘 되게 해 달라는 이기심 많은 기도보다는 이웃이 먼저 잘되는 세상이 되게 해 달라는 기도를 드리는 아름다운 영혼들이 되게 하옵소서. 삶이 아무리 괴롭고 외롭더라도 저희는 사랑 때문에 끝까지 아름답고 용감하게 살 수 있도록 힘 주시옵소서. 예수 그리스도의 이름으로 기도하옵나이다. 아멘
헌금을 위한 성 구	"여호와께서 우리에게 이 모든 규례를 지키라 명령하셨으니 이는 우리가 우리 하나님 여호와를 경외하여 항상 복을 누리게 하기 위하심이며 또 여호와께서 우리를 오늘과 같이 살게 하려 하심이라"(신 6:24)
헌 금 기 도	**수**확의 열매를 받으시고 축복하시기를 기뻐하시는 하나님 아버지! 추수감사주일을 맞이하였습니다. 저희가 절기를 기뻐하는 것은 절기마다 우리가 상상조차 할 수 없었던 은혜와 축복을 주시기 때문입니다. 오늘 말씀으로 감사의 축제를 드리오니, 들려주시는 말씀에 아멘! 아멘으로 응답하면서 하나님을 경배하게 하옵소서. 사람이 떡으로 살 것이 아니라 하나님의 말씀으로 산다고 하셨으니, 영의 양식으로 배부르게 하옵소서. 올해 비록 저희가 농산물을 추수하지 않았어도 건강과 평안과 은혜의 열매를 드립니다. 드림이 은혜요, 축복임을 체험으로 알게 하시고 아낌없이 드림으로 놀라운 축복을 받게 하옵소서. **추**수감사절의 예물과 주일 헌금, 십일조 예물, 감사 예물, 생일감사, 선교 예물을 몸과 마음과 정성으로 드리오니 이 모두를 받으시고 하늘의 신령한 축복과 땅의 기름진 복으로 채워주시옵소서. 드리지 못한 성도에게도 상한 마음을 위로하시고 동일한 복을 주옵소서. 이 물질을 위해서 수고하시는 교회 재정부원들에게도 능력을 허락하여 주시어서 그들이 가는 곳곳마다 풍성한 은혜가 임할 수 있도록 허락하여 주시옵소서. 주님께 드리는 이 예물이 예수 그리스도의 사랑을 실천하는 예물이 되게 하옵소서. 우리 주 예수님의 이름으로 기도 드립니다. 아멘
위탁의 말 씀	"여호와께서 옥토를 네게 주셨음으로 말미암아 그를 찬송하리라" 하나님으로부터 이스라엘 백성들이 하늘 축복과 젖과 꿀이 흐르는 옥토를 받아서 여호와 하나님을 찬송하며 산 것처럼 부족한 것 원망하지 말고 가진 것 감사의 찬송이 넘치는 한 주간을 살아야 합니다.
축 도	지금은 모든 백성들이 기쁨으로 구원을 노래하게 하시는 예수 그리스도의 은혜와 존귀와 영광을 받으시기에 합당하신 하나님 아버지의 사랑하심과 성령의 교통과 하나님의 자녀로 살아가기에 부족함이 없도록 역사하심이 오늘 추수감사주일, 하나님께 예배하고 하나님만을 잘 섬기며 범사에 감사하면서 살아가기로 작정하고 돌아가는 백성들 위에 그리고 저들의 가정과 교회 위에 영원토록 함께하시기를 축원하옵나이다. 아멘

오늘의 설교를 위하여

오늘의 설교를 위한 복음적 조명 주제 : 넉넉한 축복

제목 : 하나님의 넉넉한 축복 | 본문 : 신명기 8:7-10

주제 : 하나님께서 이스라엘 백성들에게 아름다운 땅을 차지할 축복을 약속하셨다. 그 땅에서는 소출이 풍부하게 넘치는 축복과 먹을 음식에 모자람이 없게 하셨다. 우리도 이런 축복과 젖과 꿀이 흐르는 옥토를 받았음을 감사하고 찬송할 축복까지 받게 될 언약을 누리고 살자.

논지 : 추수감사절에 하나님에게 약속받은 축복을 성도들에게 알리자.
 1. 아름다운 땅에 이르는 축복
 2. 소출이 풍부하게 넘친 축복
 3. 아무런 부족함이 없는 축복
 4. 옥토를 받고 찬송하는 축복

오늘은 추수감사주일이다. 추수감사주일에 하나님께 감사의 예물을 드리는 건 반드시 축복을 받으려는 목적이 아니다. 하지만 하나님은 예물을 받으시고 우리에게 은혜와 축복을 주신다. 인자와 사랑이 무한하신 하나님은 우리가 드린 예물에 비례하여 상대적으로 축복하시지 않고 무조건 절대적으로 넉넉한 축복을 주신다. 출애굽한 이스라엘 백성들이 광야에서 굶주리게 되었다. 사람은 배고플 때 가장 비참함을 느낀다. 사람이 가장 비굴해질 때가 먹을 음식이 없을 때라고 한다. 하나님은 이스라엘 백성들이 굶주리게 해서 가장 비천하게 만드시고 '먹고 사는 것'의 소중함을 깨닫게 하셨다. 그리하여 이스라엘 백성들은 굶주릴 때 '먹고 사는 것'의 소중함을 깨닫게 되었다. 그때 이스라엘 백성들에게 매일 만나를 주셔서 먹게 하셨다. 그런데 이스라엘 백성들을 구별하여 누구는 먹고, 누구는 먹지 못하게 않으셨다. 아무 조건도 없이 모든 백성이 하루 동안 먹을 수 있는 넉넉한 축복을 주셨다. 그런 의미에서 만나는 매일 먹는 일용할 양식이고 나아가서 영생을 위한 하나님의 말씀이다. 우리가 하나님의 말씀을 매일 새벽기도회 시간마다 듣고 행하면 영혼이 사는 축복을 받는다. 아울러 추수감사주일에 최선을 다하여 하나님께 예물을 드리면 넉넉한 축복을 받는다.

1. 아름다운 땅에 이르는 축복

이스라엘 백성들에게 '아름다운 땅'은 그들의 조상이 살았던 가나안 복지로 젖과 꿀이 흐르는 땅이다. 가나안은 축복의 땅이다. "네가 들어가 차지하려 하는 땅은 네가 나온 애굽 땅과 같지 아니하니 거기에서는 너희가 파종한 후에 발로 물 대기를 채소밭에 댐과 같이 하였거니와 너희가 건너가서 차지할 땅은 산과 골짜기가 있어서 하늘에서 내리는 비를 흡수하는 땅이요 네 하나님 여호와께서 돌보아 주시는 땅이라 연초부터 연말까지 네 하나님 여호와의 눈이 항상 그 위에 있느니라 내가 오늘 너희에게 명하는 내 명령을 너희가 만일 청종하고 너희의 하나님 여호와를 사랑하여 마음을 다하고 뜻을 다하여 섬기면 여호와께서 너희의 땅에 이른 비, 늦은 비를 적당한 때에 내리시리니 너희가 곡식과 포도주와 기름을 얻을 것이요 또 가축을 위하여 들에 풀이 나게 하시리니 네가 먹고 배부를 것이라"(신 11:10-15). 이 말씀에 기록된 축복의 땅을 소유하기 위해서는 첫째로 하나님을 사랑해야 한다. 둘째로 하나님의 말씀을 배우고 가르쳐야 한다. 셋째로 하나님의 말씀을 기호로 삼고 늘 가까이 두어야 한다. 모세가 이스라엘 백성들에게 "네 하나님 여호와께서 너를 아름다운 땅에 이르게 하시나니 그 곳은 골짜기든지 산지든지 시내와 분천과 샘이 흐르고"(:7)라고 말씀했다.

2. 소출이 풍부하게 넘친 축복

경제력의 소출은 '사람 노릇'과 연관성이 있다. 최소한의 경제적 소출의 능력은 사람의 체면을 세워준다. 친구를 만났을 때에 지갑에 돈 얼마가 있어야 차 한잔하자고 할 수 있다. 약간의 돈이 있어야 지인과 식사를 나눌 수 있다. 그런데 수중에 돈이 없으면 친구를 만나도 뒤를 사리고 달아날 궁리를 먼저 하게 된다. 지출이 수반되는 모임을 회피하게 되고 결국은 사회에서 낙오자가 되고 소외되고 만다. 사람은 지갑에 얼마간의 돈이 있어야 떳떳하게 행동한다. 가끔 친척 집에 간다. 친척 집에 가면서 그냥 갈 수 없다. 무엇이라도 들고 가는 것이 예의다. 그런데 소출의 돈이 없어서 빈손 들고 가면 자신도 모르게 뒤에 밀리게 된다. 이스라엘 백성들이 출애굽 할 때 빈손 들고 떠났다. 이스라엘 백성들은 광야에서 농사를 지을 수 없고, 장사도 할 수 없었다. 그래서 그들은 매우 가난했다. 그런데 하나님께서 약속하신 가나안 복지에 입성하면 소출이 풍부하게 넘치는 축복을 받을 거라고 약속을 받았다. "밀과 보리의 소산지요 포도와 무화과와 석류와 감람나무와 꿀의 소산지라"(:8). 가나안 복지에 입성하면 밀과 보리를 풍부하게 추수하여 먹고 사는 데 걱정이 없고, 포도와 무화과와 석류와 감람나무와 꿀이 풍부하여 여유 있는 생활을 할 거라는 축복을 약속받았다.

3. 아무런 부족함이 없는 축복

다윗이 "여호와는 나의 목자시니 내게 부족함이 없으리로다 그가 나를 푸른 풀밭에 누이시며 쉴 만한 물 가로 인도하시는도다 내 영혼을 소생시키시고 자기 이름을 위하여 의의 길로 인도하시는도다"(시 23:1-2)라고 시를 읊었다. 여호와 하나님은 선한 목자로 이스라엘 백성들과 현대의 성도들을 인도하시고, 영혼을 푸른 풀밭에 누이시고, 쉴만한 물가로 인도하신다. 우리는 험난한 세상에서 자기의 힘으로 살아가기는 어렵다. 누군가의 도움이 필요하다. 물론 물심양면으로 돕는 부모님이나 사람이 있으면 좋지만, 세상에 그런 사람은 많지 않다. 우리는 사람을 믿고 의지할 수는 없다. 사람은 궁극적으로 도움이 되지 않기 때문이다. 그러므로 사랑이신 하나님과 선한 목자이신 예수님과 항상 우리를 지켜주시는 성령님을 믿고 의지해야 한다. 우리는 예수님을 믿고 의뢰해야 행복하다. 예수님께서 선한 목자는 자신의 양을 알고, 양들도 자기들의 목자를 안다고 말씀하셨다. 우리가 생활에서 아무런 부족함이 없는 축복을 받기 위해서는 하나님을 사랑하고 순종하며 추수감사절 예물을 드려야 한다. 모세가 이스라엘 백성들이 가나안 땅에 입성하면 "네가 먹을 것에 모자람이 없고 네게 아무 부족함이 없는 땅이며 그 땅의 돌은 철이요 산에서는 동을 캘 것이라"(:9) 말씀했다.

4. 옥토를 받고 찬송하는 축복

'옥토(沃土)'란 '기름진 땅', '좋은 땅'이라는 뜻이다. 예수님께서 좋은 땅에 대한 비유를 말씀하셨다. "더러는 좋은 땅에 떨어지매 어떤 것은 백 배 어떤 것은 육십 배 어떤 것은 삼십 배의 결실을 하였느니라"(마 13:8) 말씀하셨다. 이 말씀을 예수님께서 해석하기를 "좋은 땅에 뿌려졌다는 것은 말씀을 듣고 깨닫는 자니 결실하여 어떤 것은 백 배, 어떤 것은 육십 배, 어떤 것은 삼십 배가 되느니라"(마 13:23)라고 설명하셨다. 좋은 땅에 뿌려졌다는 것은 말씀을 듣고 깨달아 믿는 성도를 말한다. 농부는 농사를 지을 때 한결같이 많은 소출을 바란다. 그런데 농부가 바라는 대로 언제나 많은 소출을 기대할 수 없다. 비가 제때 알맞게 내려야 하고, 병충해가 생기지 않아야 한다. 아무리 과학이 발전하고 전자기술이 좋아도 하나님께서 축복하지 않으면 소용없다. 그래서 모세는 일찍이 이러한 사실을 하나님께 계시를 받고, 이스라엘 백성들이 가나안 복지에 입성하면 "네가 먹어서 배부르고 네 하나님 여호와께서 옥토를 네게 주셨음으로 말미암아 그를 찬송하리라"(:10) 말씀했다. 추수감사절은 그냥 지나는 교회 행사가 아니다. 지난 일 년 동안 우리는 지켜주신 하나님께 감사하며 정성을 다하여 예물을 봉헌하고, 하나님을 찬송하는 예배를 드리는 성도가 되어야 한다.

2026년 11월 22일, 오순절 후 26번째 주일

성 경	요한계시록 1:5-8	예전색상	초록색

예배의 부름	"또 내게 말씀하시되 이루었도다 나는 알파와 오메가요 처음과 마지막이라 내가 생명수 샘물을 목마른 자에게 값없이 주리니 이기는 자는 이것들을 상속으로 받으리라 나는 그의 하나님이 되고 그는 내 아들이 되리라"(계 21:6-7)
말씀의 기도	말씀으로 세상을 창조하시고 말씀으로 저희 가운데 임하시는 하나님 아버지! 2026년 교회 절기 마지막 주일에 온 가족이 주님 앞에 나와 예배를 드리게 하심을 감사드립니다. 우리 교회 기관들과 가정들이 비록 경제가 어려워도 약속된 부유함으로 인해 추수할 것이 많아지고, 부흥되게 하옵소서. 오늘도 말씀을 통해서 문제가 해결되고 염려가 변하여 기쁨이 되는 거룩한 날이 되게 하여 주옵소서. 사랑하는 성도들이 눈물로 기도하는 것들이 해결되게 하옵소서. 예수님의 이름으로 기원하옵나이다. 아멘
회개를 위하여	교회력은 오늘 우리를 오순절 후 마지막 주일로 인도합니다. 그리스도의 남은 고난의 길을 가겠다고 다짐했으면서도 나누어 짊어질 생각보다는 원망과 불평이 가득 찬 심령으로 살지는 않았는지 하나님과 나만이 아는 죄목을 성찰하고 회개하는 기도를 계속합니다.
고백의 기도	죄와 허물이 크고 추한 저희를 그리스도 보혈의 피로 씻어 새롭게 하시는 하나님 아버지! 그렇게 많은 죄를 범하고 살았으면서도 버림받지 않고 하나님의 사랑과 은총을 힘입고 살게 해 주신 은혜를 감사드립니다. 하나님께 영광 돌리며 봉사하는 삶을 살겠다고 다짐했지만 맡겨 주신 직분을 소홀히 하고 나 자신만을 위해 땀을 흘린 죄를 용서하여 주옵소서. 야무진 결심을 했지만, 세상살이에 얽매여 산 하루하루가 후회될 뿐입니다. 불쌍히 여겨 주시옵소서. 철부지 신앙으로 하나님의 특별한 은혜를 망각하고 살아온 죄를 용서하여 주옵소서.
	죄 때문에 얼룩져 본래의 형체도 알아볼 수 없게 심하게 일그러진 믿음을 산 죄인입니다. 오늘 다시 한번 용서의 품이 그리워 이 자리에 나온 저희를 받아 주시옵소서. 죄악 속에 살면서도 범죄자로 살고 있다는 것을 망각하고 산 저희입니다. 찬양과 감사를 하는 입술을 가졌다고 하면서 그 입술로 거짓을 말하였습니다. 지금까지 위선자처럼 살았던 저희의 잘못을 너그럽게 용서하여 주시옵소서. 영혼의 온갖 부정한 것들로부터 해방해 주시옵소서. 회개하는 자를 기뻐하시는 하나님께서 또 한 번 사죄를 선포하여 주셔서 감사가 넘치는 저희가 될 수 있도록 복 내려주옵소서. 예수님의 이름으로 기도합니다. 아멘
사함의 확인	"너의 하나님 여호와가 너의 가운데에 계시니 그는 구원을 베푸실 전능자이시라 그가 너로 말미암아 기쁨을 이기지 못하시며 너를 잠잠히 사랑하시며 너로 말미암아 즐거이 부르며 기뻐하시리라 하리라"(습 3:17)
성시교독	76. 요한복음 1장
설교 전 찬 송	93장 (예수는 나의 힘이요) 272장 (고통의 멍에 벗으려고)
설교 후 찬 송	288장 (예수를 나의 구주 삼고) 235장 (보아라 즐거운 우리 집)

11 22

금주의 성가	주 하나님 크시도다 - Swedish Folk Tune 내가 산을 향하여 눈을 드니 - Allen Pote 우리 함께 - Rodger Srader
목회기도	**주**의 은혜와 사랑을 힘입어 진리의 말씀으로 승리하게 하시는 하나님 아버지! 주님을 아버지라 부르는 저희 모두가 주님의 날에 주님께 예배하고자 모이게 하심을 감사드립니다. 지난 한 해를 살면서 많은 유혹과 어려움을 겪었으나 세상에 굴복하지 않고 말씀의 힘으로 살게 하심을 감사드립니다. 지금도 구원의 감격을 모르는 곤고한 영혼이 있습니다. 시련의 소용돌이 속에서 우왕좌왕하면서 마음의 중심을 잃어버린 영혼이 있습니다. 특히 사업의 실패와 자녀 문제로 가슴을 앓고 있는 부모도 있을 줄 압니다. **진**리의 말씀 안에서 순종하기를 바라시는 하나님 아버지! 교회를 이루고 있는 각 부서와 기관들을 기억하여 주시옵소서. 주님의 사업을 위하여 맡은 사명에 충성할 때 칭찬과 큰 사명으로 보답하시는 주님 앞에 아주 열심히 할 수 있게 하옵소서. 어려움을 당할 때 힘을 주시고 지혜가 부족할 때 주님께서 채워 주시옵소서. 그리스도인으로서 사회에서 빛과 소금의 역할을 잘 감당할 수 있게 하옵소서. 세상에서 주님의 전신 갑주를 입고 진리의 말씀으로 잘 판단할 수 있게 하여 주시며 주님의 제자로서 온전히 세상의 빛과 소금의 역할을 감당하게 하옵소서. 예수님의 이름으로 기도합니다. 아멘
헌금을 위한 성구	"이것이 곧 적게 심는 자는 적게 거두고 많이 심는 자는 많이 거둔다 하는 말이로다" (고후 9:6)
헌금기도	**숨**쉬는 순간마다 하늘 축복이 동행함을 알게 하시는 하나님 아버지! 2027년을 앞두고 주님 오시는 대강절 첫 번째 주일을 앞둔 절기 마지막 주일에 감사의 향기로운 예물을 봉헌하는 믿음 주심을 감사드립니다. 그동안 수입의 온전한 십일조를 드린 손길들을 기억하여 주옵소서. 감사 거리가 있을 때마다 모든 것이 하나님으로부터 온 것임을 고백하는 믿음의 양과 질을 보시고 기쁘게 응답하여 주시옵소서. 봉사의 손길로 교회에 나와 헌신한 영혼들이 있습니다. 수고를 기억하여 주시고 하늘 은혜로 넉넉할 때는 소유의 기쁨보다는 나누는 감격을 살게 하옵소서. **저**희는 물론 우리 교회 모든 성도가 차고 넘쳐서 하나님께 감사와 찬송을 부르면서 눈물을 닦는 감격을 살 수 있기를 소원합니다. 소망과 믿음으로 먼저 부유한 삶을 살 수 있도록 주님께서 이끌어 주시옵소서. 주님은 저희를 택하신 백성이요, 왕 같은 제사장이라고 했습니다. 항상 하나님의 은혜에 감사하며 봉헌하는 손길에 주께서 복을 주시고 이 물질이 쓰이는 곳에 하나님의 영광이 있게 하옵소서. 예물을 드릴 때마다 액수보다는 정성을 보시고 날마다 감사하고, 감사를 찬양하고, 감사를 전하는 주의 백성 되게 하옵소서. 우리 주 예수 그리스도의 이름으로 기도하옵나이다. 아멘
위탁의 말씀	"나는 알파와 오메가라 이제도 있고 전에도 있었고 장차 올 자요 전능한 자라 하시더라" 그날, 하늘의 구름을 타시고 세상에 재림하시는 주님과 어울려 춤을 추면서 하늘로 가야 합니다. 결단코 그 순간 죄 때문에 칼로 찔림을 받고 통곡하는 족속은 되지 말아야 합니다.
축 도	지금은 십자가를 지시기까지 하늘 백성을 사랑하신 우리 주 예수 그리스도의 은혜와 사랑하는 성도들이 미끄러져 실족하지 않도록 붙드시는 하나님 아버지의 사랑하심과 성령님의 감동·감화·역사·치유·교통하심이 변함없이 하나님의 나라와 의를 확장하는 사랑의 사도가 되기로 다짐하는 성도들과 주님의 몸된 교회 가운데 이제로부터 영원토록 함께 계시기를 축원하옵나이다. 아멘

오늘의 설교를 위하여

오늘의 설교를 위한 복음적 조명 주제 : 충성된 증인

제목 : 충성된 증인이신 예수 그리스도 | 본문 : 요한계시록 1:5-8

주제 : 충성된 증인이신 예수 그리스도는 아버지이신 하나님을 위하여 증언하셨다. 또한 예수님께서 하늘의 구름을 타시고 세상에 재림하시는데 모든 사람이 보고 특히 주님을 칼로 찌른 사람과 모든 족속이 통곡한다. 주님은 영원히 알파와 오메가가 되신다.

논지 : 하나님 아버지의 증인으로 오신 예수님의 재림과 심판을 증언하자.
   1. 예수 그리스도는 충성된 증인
   2. 아버지 하나님을 위하신 증인
   3. 하늘의 구름을 타고 오는 증인
   4. 영원히 알파와 오메가 된 증인

예수 그리스도는 하나님의 아들로 세상에 와서 충성된 증인으로 죽기까지 증언하심으로써 만왕의 왕이 되셨다(:5). 만일 예수 그리스도께서 충성된 증인의 한 사람으로 죽기까지 헌신 승리하신 일이 없다면 진리는 이 세상에 널리 전파될 수가 없었을 것이다. 예수 그리스도가 충성된 증인으로 승리하셨으므로 모든 성도는 그분의 말씀을 대행하는 것뿐이다. 하나님의 외아들 되시는 예수 그리스도께서 충성된 증인으로 죽기까지 순종했으니, 다음에 따라가는 성도들도 충성된 증인이 되어야 왕권의 반열에 들 수 있다. 성도가 예수님처럼 충성된 증인의 삶을 살 때, 주님께서 하나도 잃어버리지 아니하고 마지막 날에 다시 살리는 약속이 이루어진다. 예수님께서 "내가 하늘에서 내려온 것은 내 뜻을 행하려 함이 아니요 나를 보내신 이의 뜻을 행하려 함이니라 나를 보내신 이의 뜻은 내게 주신 자 중에 내가 하나도 잃어버리지 아니하고 마지막 날에 다시 살리는 이것이니라 내 아버지의 뜻은 아들을 보고 믿는 자마다 영생을 얻는 이것이니 마지막 날에 내가 이를 다시 살리리라 하시니라"(요 6:38-40) 말씀하셨다. 이 말씀처럼 우리도 하나님의 뜻을 순종하고, 충성된 복음의 증인으로 신앙생활을 할 때, 주님께서 재림하시는 날에 구원을 확인하고 하늘나라에 갈 수 있다.

1. 예수 그리스도는 충성된 증인

하나님의 아들이신 예수 그리스도의 생애는 헌신과 봉사로 일관되는 충성된 증인으로 섬김의 삶이었다. 그래서 예수 그리스도의 생애는 아름답다. 예수 그리스도는 하나님의 충성된 증인으로 세상에 탄생하여 베들레헴에서 골고다 언덕의 십자가로 이어진 생애는 고난으로 이어졌다. 예수 그리스도의 생애는 가장 가난했고, 가장 못 먹고, 가장 배고프고, 가장 못 입고, 가장 슬퍼하고, 가장 가슴 아파하고, 가장 매를 많이 맞고, 가장 큰 고통을 당하고, 가장 처절하게 죽었다. 하지만 예수 그리스도는 가장 놀라운 생명으로 부활하셨다. 따라서 예수님을 믿는 성도들도 당연히 섬김의 삶으로 신앙생활을 살아야 할 것이다. 사도 요한이 "충성된 증인으로 죽은 자들 가운데에서 먼저 나시고 땅의 임금들의 머리가 되신 예수 그리스도로 말미암아 은혜와 평강이 너희에게 있기를 원하노라 우리를 사랑하사 그의 피로 우리 죄에서 우리를 해방하시고"(:5)라고 말씀했다. 이 말씀은 첫째로 예수님이 하나님의 충성된 증인으로 십자가에서 죽었다가 부활의 첫 열매가 되셨고, 둘째로 세상의 모든 임금의 머리, 즉 만왕의 왕이 되셨으며, 셋째로 예수님으로 말미암아서 은혜와 평강이 성도들에게 있기를 기도하고, 넷째로 우리를 사랑하시는 예수님의 피로 우리를 죄에서 해방하신다는 의미이다.

2. 아버지 하나님을 위하신 증인

예수 그리스도는 아버지 하나님을 위한 증인으로 세상에 오셨다. 그리고 십자가에서 온 인류의 죄악을 대신하여 죽을 때까지 복음의 증인으로 사셨다. 그래서 사도 요한이 "그(예수님)의 아버지 하나님을 위하여 우리를 나라와 제사장으로 삼으신 그에게 영광과 능력이 세세토록 있기를 원하노라 아멘"(:6) 하고 찬송했다. 예수님께서 아버지 하나님을 위하여 복음의 증인이 되셨으니 우리도 하나님의 자녀가 된 사실은 누군가에게 복음의 증인이 되어야 한다. 아무도 우리에게 복음을 전해주지 않았다면, 우리는 지금도 죄의 사슬에 매여서 마귀의 백성이 되어 있을 것이다. 모태 신자 역시 그의 부모님이 영향을 주었고, 아니면 누군가의 전도로 구원을 받은 것이다. 그러한 복음 전도에 따라서 나온 교인들에게 성령의 역사로 마음의 문을 열게 되었다. 그리고 예수님께서 영원토록 함께하시며 떠나지 않으신다. 예수님께서 십자가에서 죽었다가 부활하신 후에 40일 동안 제자들에게 보이시고 마지막에 "오직 성령이 너희에게 임하시면 너희가 권능을 받고 예루살렘과 온 유대와 사마리아와 땅끝까지 이르러 내 증인이 되리라"(행 1:8) 말씀하셨다. '증인'이란 원어는 사실을 말로 확인하기 위해서 죽어도 좋다는 의미가 있다. 성도는 복음의 증인으로 순교할 각오를 해야 한다.

3. 하늘의 구름을 타고 오는 증인

감람산 위에서 제자들이 보는 가운데 하늘로 승천하신 예수 그리스도는 지금 하나님의 보좌 우편에 앉아 계시면서 성도들을 위하여 기도하고 계신다. 그때가 언제일지는 알 수 없어도 때가 되면 천사들의 나팔 소리와 함께 하늘의 구름을 타고 재림하신다. 그때의 광경을 사도 요한이 "볼지어다 그가 구름을 타고 오시리라 각 사람의 눈이 그를 보겠고 그를 찌른 자들도 볼 것이요 땅에 있는 모든 족속이 그로 말미암아 애곡하리니 그러하리라 아멘"(:7) 하고 예언했다. 주님의 재림을 준비하고 기다리는 성도에게는 복이 있다. 우리는 주님께서 언제 재림하실지는 알 수 없다. 그러나 항상 깨어서 기도하며 재림하실 주님을 만날 수 있는 준비를 해야 한다. 하나님을 믿는다고 교회는 다니지만 재림하실 주님을 만날 준비가 되어 있지 않으면, 자신의 죄에 대한 주님의 심판을 면할 수 없을 것이다. 고서(古書)에 '양병십년 용병일일(養兵十年 用兵一日)'이란 말이 있다. 이 말은 병사를 키우는 데는 10년이 걸려도 병사를 사용하는 데는 하루밖에 걸리지 않는다는 뜻이다. 다른 말로 하면 하루를 쓰기 위하여 10년을 준비한다는 뜻이다. 주님의 재림을 기다리는 성도는 주님께서 재림하실 때까지 10년 이상을 준비하여 하늘나라에 갈 때까지 평생을 기도해야 주님을 만날 수 있다.

4. 영원히 알파와 오메가 된 증인

예수님께서 사도 요한을 통하여 "나는 알파와 오메가요 처음과 마지막이요 시작과 마침이라"(계 22:13) 말씀하셨다. 예수님은 전에도 계셨고, 지금도 계시고, 앞으로도 영원히 계신다. 예수님은 장차 오실 전능하신 하나님이시다. 예수님은 알파와 오메가요, 처음과 마지막이요, 시작과 마침이시지만, 인간은 누구도 시간이라는 열차를 벗어날 수 없다. 생애의 시간은 유아기, 소년기, 청년기, 장년기, 노년기를 지나고 결국에는 쏜살같이 영원히 사라져 버리고 만다. 사람은 과거를 돌이킬 수 없고, 현재를 붙잡아 놓을 수도 없으며, 미래를 예측할 수도 없다. 그래서 베드로 사도는 "그러므로 모든 육체는 풀과 같고 그 모든 영광은 풀의 꽃과 같으니 풀은 마르고 꽃은 떨어지되"(벧전 1:24)라고 말씀했다. 야고보도 "내일 일을 너희가 알지 못하는도다 너희 생명이 무엇이냐 너희는 잠깐 보이다가 없어지는 안개니라"(약 4:14)라고 말씀했다. 모세는 "우리의 연수가 칠십이요 강건하면 팔십이라도 그 연수의 자랑은 수고와 슬픔뿐이요 신속히 가니 우리가 날아가나이다"(시 90:10)라며 노래했다. 사도 요한이 본문에서 "주 하나님이 이르시되 나는 알파와 오메가라 이제도 있고 전에도 있었고 장차 올 자요 전능한 자라 하시더라"(:8) 증언하였다. 이 증언을 믿고 따르는 성도가 되자.

특별절기 예배와 설교를 위하여

송구영신	설교제목		본문
	비고		
교회설립	설교제목		본문
	비고		
목회자주일	설교제목		본문
	비고		
	설교제목		본문
	비고		
	설교제목		본문
	비고		
	설교제목		본문
	비고		
	설교제목		본문
	비고		
	설교제목		본문
	비고		
	설교제목		본문
	비고		
	설교제목		본문
	비고		

[특별자료] 2026년 송구영신예배

성 경	갈라디아서 4:4-7	예전색상	흰색
예배의 부름	"두려워하지 말라 내가 너와 함께 함이라 놀라지 말라 나는 네 하나님이 됨이라 내가 너를 굳세게 하리라 참으로 너를 도와 주리라 참으로 나의 의로운 오른손으로 너를 붙들리라"(사 41:10) 지난 한 해 동안 헤아릴 수 없는 하늘 사랑으로 저희와 함께하신 하나님 아버지! 대망의 첫날 2027년을 여는 새 아침 첫 시간 주의 백성들이 거룩한 성전에 나와 송구영신 예배를 드리게 하심을 감사드립니다. 지난 한 해 동안 부족했던 일들이 너무나 많았지만, 첫날에는 더욱 주님 안에서 살기를 다짐하는 마음으로 왔습니다. 이 마음이 주님 마음에 합하여지는 시간이 되게 하여 주옵소서. 저희에게 맡겨 주신 사명을 잘 감당하여 주님 앞에서 낯부끄럽지 않은 교회와 성도가 되기를 다짐하는 이 마음을 받아 주옵소서. 우리 주 예수 그리스도 이름으로 기도하옵나이다. 아멘		
회개를 위하여	지난 1년 동안 하나님과 맺은 약속이 있었습니다. 주일 예배에 참석하겠다는 약속을 했습니다. 십일조를 드리고 성경을 일독하겠다고 했습니다. 한 영혼이라도 전도하겠다고 했습니다. 새벽을 깨워보겠다는 약속들을 성찰하고 뉘우치는 기도를 계속합니다.		
고백의 기도	2026년 한 해 동안 저희를 쉴 만한 물가와 푸른 초장인 교회로 인도해 주신 하나님 아버지! 말로 다 형언할 수 없는 사랑과 은혜로 지난 일 년 동안 저희를 보살펴 주신 은혜를 감사드립니다. 오늘 송구영신 예배를 드리면서 한 해를 살아온 저희를 믿음의 진찰대인 제단 앞에서 성찰하여 봅니다. 많은 것을 받고도 족한 줄로 알지 못하고 불평했던 죄를 용서하여 주옵소서. 일 년 동안 습관적으로 드렸던 회개와 애통해하는 기도가 습관적인 것이 되질 않도록 하겠습니다. 위로받기보다는 위로하는 것이 하나님의 뜻인 것을 알고 실천해 가겠습니다. 이제 다음 해에는 성도들과 하나가 되어 하나님의 뜻을 이루어드리는 역사의 대열에 동참하겠습니다. 내 뜻만을 고집하고 내 형편과 주장만을 내세우지 않겠습니다. 순종하는 자세로 목회하시는 주의 종을 돕겠습니다. 각자 받은 은사가 다르다는 사실을 깨닫고 다른 성도들의 은사를 존중하는 저희가 되기를 원합니다. 이 시간 거듭나게 하사 저희가 주의 계획대로 쓰임받게 살려는 결심을 십자가에 못 박아 주옵소서. 다시 한번 예수 그리스도의 죄의 용서 없이는 모든 것이 불가능함을 믿고 이 시간 저희의 지은 죄를 고백하였사오니 용서하옵소서. 길이요, 진리요, 생명이신 예수 그리스도의 이름으로 기도하옵나이다. 아멘		
사함의 확 인	"그가 네 모든 죄악을 사하시며 네 모든 병을 고치시며 네 생명을 파멸에서 속량하시고 인자와 긍휼로 관을 씌우시며 좋은 것으로 네 소원을 만족하게 하사 네 청춘을 독수리 같이 새롭게 하시는도다"(시 103:3-5)		
성시교독	94. 새해(2)		
설교 전 찬 송	1장 (만복의 근원 하나님) 502장 (빛의 사자들이여)		
설교 후 찬 송	314장 (내 구주 예수를 더욱 사랑) 635장 (하늘에 계신)		

금주의 성가	주 너를 지키시고 복 주시리니 – John Rutter 나는 알파 또 오메가 – John Stainer 나 주의 길 따르리 – Ken Medema, Arr. by Charles G. Brown
목회기도	**고**난의 한 해를 보내고 주님의 평화가 넘치는 2027년을 주시는 하나님 아버지! 지난 한 해에도 지켜 주시고 인도하여 주신 하나님께 감사를 드립니다. 이 제단에서 영혼의 기갈을 해결하게 하심을 감사드립니다. 이 제단에 모여 예배할 때마다 응답의 통로를 발견하게 하심도 감사드립니다. 이제 다음 한 해 2027년에는 믿음의 방향을 상실하지 않고 주의 백성으로 살아갈 것을 다짐합니다. 이 믿음과 소망으로 주님께 기쁨을 드리는 성도들이 되게 하여 주옵소서. 한 해를 마무리하는 지금 회개하오니 정결한 영혼되게 하옵소서. **다**사다난했던 2026년 동안 누르고 흔들어 넘치도록 복을 안겨 주신 하나님 아버지! 주신 새해에는 기도와 감사가 소홀하지 않기를 다짐합니다. 우리가 모두 가정과 직장과 교회와 사회에 필요한 사람으로 여김 받기를 원합니다. 주님께서 허락하신 여러 곳에서 하나님의 뜻을 헤아리면서 먼저 주님이 이루어 주시는 분임을 고백하는 마음으로 살게 하옵소서. 오늘, 이 결심이 새 힘이 되어서 어떤 어려움과 역경까지도 능히 감당할 수 있게 하옵소서. 2027년은 주님이 주시는 선물로 알고 감사와 찬양이 넘치기는 한 해를 살게 하옵소서. 우리 주 예수 그리스도의 이름으로 기도하옵나이다. 아멘
헌금을 위한 성구	"이르되 내가 모태에서 알몸으로 나왔사온즉 또한 알몸이 그리로 돌아가올지라 주신 이도 여호와시요 거두신 이도 여호와시오니 여호와의 이름이 찬송을 받으실지니이다 하고"(욥 1:21)
헌금기도	**지**난 한 해 동안 정직과 진실한 성품으로 살게 하신 하나님 아버지! 2026년 한 해 동안 우리 모두에게 힘을 주사 정직과 진실의 빛을 비추는 삶을 살게 하신 은혜를 감사드립니다. 우리가 살아온 2026년 날마다 가슴 가득 소망을 안고 기도로 호흡하며 말씀 위에 굳게 서서 믿음으로 승리하게 하심을 감사하여 송구영신 예배에 소원하는 예물을 봉헌합니다. 말씀과 사랑이 충만한 교회에서 하나님을 섬기면서 기도의 응답이 있는 주의 제단의 일원이 되게 하신 것을 감사드립니다. 좋은 가정 주셔서 화목하면서 찬송하고 기도하고 말씀과 감사의 향기를 발하는 가정 교회가 되게 하신 것을 감사드립니다. **오**늘 온 가족이 함께 송구영신 예배를 드리면서 각자의 소원을 담은 예물을 드립니다. 주님! 예물과 함께 드리는 소원들을 하나하나 생명록에 기록하시어서 일 년 동안 응답으로 부어 주옵소서. 그러나 저희 뜻대로 마옵시고 오직 하나님 뜻대로 하옵시고 저희에게는 감당하는 힘과 함께 임하여 주옵소서. 이제 한 해를 살아갈 때 물질 앞에서 비굴하지 않게 하시며, 많다고 교만하지 않게 하옵소서. 새로운 한 해를 주신 주님께 모든 것을 헌신할 수 있는 믿음과 시간과 마음을 허락하여 주시옵소서. 예물 드린 가정과 기업을 축복해 주실 줄 믿사옵고 우리 주 예수님의 이름으로 기도합니다. 아멘
위탁의 말씀	"네가 이 후로는 종이 아니요 아들이니 아들이면 하나님으로 말미암아 유업을 받을 자니라" 지난해를 보내고 신년을 맞는 송구영신 예배에 결심한 것을 실천하지 못한 죄를 용서받고 새로운 결심을 드려 첫날에는 천국에 계시는 하나님의 유업을 이어가겠다는 결심으로 한 해를 살아야 합니다.
축도	지금은 죄 많은 인간을 구원하시기 위하여 친히 낮고 천한 인간의 몸을 입으신 예수 그리스도의 은혜와 하나님의 사랑과 언제 어디서나 인간들을 위하여 보호하시는 성령의 역사하심이 한 해를 마무리하고 예배하면서 새해를 맞이하기 위해서 모인 성도들 머리 위에와 교회를 위해서 헌신하고 봉사하며 땀 흘리는 주님의 동역자들의 머리 위에 이제부터 함께하시기를 축원하옵나이다. 아멘

오늘의 설교를 위하여

오늘의 설교를 위한 복음적 조명 주제 : 새로운 때가

제목 : 새로운 복음으로 시작할 신년 ㅣ 본문 : 갈라디아서 4:4-7

주제 : 지난해를 보내고 신년을 맞는 송구영신 예배이다. 우리를 속량하시고 구원하신 것도 다 하나님이 주시는 은혜이다. 죄에서 해방되어 하늘 백성이 된 우리는 하나님의 은혜와 하나님을 아빠 아버지라고 부를 수 있는 성도가 되어 천국에 계시는 하나님의 유업을 얻는다.

논지 : 성도들이 새로운 복음으로 시작할 신년을 맞이하도록 말씀을 증언하자.
 1. 구원을 위한 하나님의 때
 2. 새로운 복음으로 속량 때
 3. 하나님을 아빠라 부를 때
 4. 하나님의 유업을 받을 때

송구영신 예배에 하나님께서 계획하신 새로운 때가 있다는 사실을 성도들에게 알리는 게 도리이다. 하나님께서 목적하시는 성서적 종말론의 중심주제는 소망이다. 역사의 끝나감(시간과 관습)에 관한 관심이 성경에는 미약하게 나타난 반면에 역사의 시작에 관한 관심은 두드러지게 나타나는 주제이다. 역사의 시작은 완전한 계획을 이루고 계시는 하나님 나라의 목표이다. 하나님의 통치는 예수님 당신의 모든 사람에게 하나님의 나라를 얻을 준비가 다 됐을 만큼이나 가까이 있다(막 1:15). 물론 많은 사람은 준비하지 못하였으며, 예수님을 십자가에 못 박았다. 그러나 교회는 예수님을 그리스도와 메시야로 전하면서, 계속해서 하나님의 새로운 시대가 다가옴을 지적하고 있다. 인간에게는 시작과 끝이 있다. 그러나 하나님에게는 시작과 끝이 없다. 하나님은 시작과 끝이 없이 영원 속에서 자유로운 존재로 살아 계신다. 그러나 인간은 시작과 끝이 있는 유한한 존재로 살고 있다. 역사의 끝, 곧 종말에 대한 절박감이 우리를 긴장시킨다. 그렇다고 낙심하지 말고 새로운 때를 하나님께서 준비하고 계신다는 믿음으로 다가오는 내일, 즉 새해를 맞는 성도가 되어야 한다. 하나님의 새로운 때가 우리를 즐겁게 한다. 왜냐하면 그 시간 이후에 영원한 생명이 있기 때문이다.

1. 구원을 위한 하나님의 때

하나님의 구원은 예정된 때가 있다. 그때를 우리는 알 수 없어도, 하나님께서 창세 전에 이미 예정하시고 그분의 섭리와 경륜에 따라서 이루신다. 사람들의 구원을 위한 하나님의 때는 자연의 흐름과 역사의 흥망성쇠에 따라서 순차적으로 진행된다. "하나님이 세상을 이처럼 사랑하사 독생자를 주셨으니 이는 그를 믿는 자마다 멸망하지 않고 영생을 얻게 하려 하심이라 하나님이 그 아들을 세상에 보내신 것은 세상을 심판하려 하심이 아니요 그로 말미암아 세상이 구원을 받게 하려 하심이라"(요 3:16-17). 하나님께서 죄로 말미암아 죽을 수밖에 없는 우리를 살리셨다. 이것은 전적으로 무엇으로도 보상할 수 없는 하나님의 은혜이다. 우리가 무슨 일을 한다고 할지라도 갚을 수 없다. 이는 하나님의 무조건 사랑이다. 이를 아가페, 절대적 사랑이라고 한다. 하나님의 은총은 절대적이다. 이는 오직 예수님께서 십자가에서 흘린 피의 공로이다. 하나님의 다스리심에 복종하고, 허락된 은혜에 신앙생활을 하는 게 하나님의 은혜에 보답하는 길이다. 우리는 타락한 세상과 동행하지 말고, 악한 사람과 친구삼지 말며, 술이나 담배 등 세속적인 삶을 살지 않아야 한다. 우리의 영적 정결함을 위하여 삶의 노정을 하나님의 말씀과 기도로 하나님의 은혜에 맞추는 믿음이 축복이다.

2. 새로운 복음으로 속량 때

'새로운 복음'을 문자적으로 생각하면 오해가 생길 수 있다. '과연 복음에 낡은 게 있는가?' 복음은 시간을 초월하여 영원히 계시는 하나님과 예수님의 말씀이다. 그렇다면 '새로운 복음'이란 무엇인가? 새로운 복음은 '율법'의 반대말이다. 예수님께서 "내가 곧 길이요 진리요 생명이니 나로 말미암지 않고는 아버지께로 올 자가 없느니라"(요 14:6) 말씀하셨다. 길이요 진리요 생명이신 예수님 자체가 복음이다. 인간의 행위를 중요시하는 구약 율법을 극복하고 새로운 복음으로 세상에 오셔서 인간의 모든 죄악을 대신하여 십자가에서 죽어 보혈을 흘리신 예수님께서 사람의 죄를 속량하셨다. 사도 바울이 "율법 아래에 있는 자들을 속량하시고 우리로 아들의 명분을 얻게 하려 하심이라"(:5) 말씀했다. 사람이 율법 아래 있으면 자유가 없다. 율법은 사람의 매사, 즉 말 한마디 행동 하나하나까지 통제한다. 율법이 정한 안식일에는 음식도 요리할 수 없고, 여행도 하지 못하며, 심지어 사람이 죽을병에 걸려서 숨이 넘어가도 병원에 갈 수 없다. 그러나 복음은 모든 사람에게 자유를 준다. 말과 행동의 자유, 집회의 자유, 양심의 자유 등 복음은 인간의 모든 영역에서 자유로운 삶으로 생활하면서 살아계신 하나님의 아들로 명분을 얻게 하였다. 새로운 복음으로 속량 때가 축복이다.

3. 하나님을 아빠라 부를 때

하나님을 '아빠 아버지'라고 부를 때 하나님의 사랑과 포근함을 느낄 수 있다. 누구나 아버지가 없으면 세상에 태어날 수 없으며 존재할 수도 없다. 우리가 예수님을 영접하고 이름을 믿으면 하나님의 자녀가 되는 권세를 받게 된다(요 1:12). 하나님의 자녀가 되는 권세는 혈통으로나 육정으로나 사람의 뜻으로 되지 않고 오직 하나님의 뜻으로 된다(요 1:13). 이는 하나님의 자녀가 되는 것은 인간의 의지나 경험이 아니고, 철저하게 하나님의 뜻으로 되었다는 의미가 있다. 사도 바울이 "무릇 하나님의 영으로 인도함을 받는 사람은 곧 하나님의 아들이라 너희는 다시 무서워하는 종의 영을 받지 아니하고 양자의 영을 받았으므로 우리가 아빠 아버지라고 부르짖느니라"(롬 8:14-15) 말씀했다. 이 말씀에서 양자가 되었다는 것은 본래 친자가 아니었다는 것을 전제한다. 그런 의미에서 양자에게는 남다른 은혜가 있다. 무엇보다도 양자는 하나님의 나라를 상속받는다(롬 8:17). 사도 바울이 "너희가 아들이므로 하나님이 그 아들의 영을 우리 마음 가운데 보내사 아빠 아버지라 부르게 하셨느니라"(:6) 말씀했다. 이 말씀에서 "아들"은 남자만이 아니고 여자까지 포함하는 의미가 있다. 따라서 성도는 하나님을 "아빠 아버지"라고 불러야 한다. 우리는 하나님의 자녀이기에 구원받는다.

4. 하나님의 유업을 받을 때

성도는 하나님의 유업을 받을 자격이 있다. 세상을 살아가는 성도의 본질은 무엇일까? 본인이 하나님을 믿는 성도라면 조용히 생각하여 보시라. 성도가 아무리 많이 배우고 돈이나 재산이 많고, 세상에서 명예와 권력이 있어도 자신의 본질을 망각하면 별로 쓸모없는 교인일 것이다. 예수님께서 "너희는 세상의 소금이니 소금이 만일 그 맛을 잃으면 무엇으로 짜게 하리요 후에는 아무 쓸 데 없어 다만 밖에 버려져 사람에게 밟힐 뿐이니라"(마 5:13) 말씀하셨다. 예수님의 말씀대로 성도는 세상에서 빛과 소금이 되어야 성도의 본질을 확보한 정체성을 가지게 될 줄로 믿으시기를 바란다. 새해가 되면 누구나 나름대로 새 계획을 세운다. 돈을 많이 벌 계획, 건강을 위한 계획, 가족의 행복을 위한 계획, 금주·금연의 계획 등 여러 가지 계획을 세울지라도 가장 소중하고 아름다운 계획은 하나님의 유업을 얻을 때를 세워야 한다. 사도 바울은 "그러므로 네가 이 후로는 종이 아니요 아들이니 아들이면 하나님으로 말미암아 유업을 받을 자니라"(:7)라고 간증했다. 사도 바울이 이전에는 세상의 권력과 명예, 또는 학문과 유명한 가업을 받을 종이었다. 그러나 주님을 영접하고 새사람으로 변화된 후에는 하나님의 유업을 받을 사람이 되었다. 새해에 하나님의 유업을 받을 성도가 되자.

[특별자료] 교회설립예배

성 경	마태복음 7:24-27	예전색상	빨간색

예배의 부름	"이 집은 살아 계신 하나님의 교회요 진리의 기둥과 터니라 크도다 경건의 비밀이여 그렇지 않다 하는 이 없도다"(딤전 3:15-16)
	구원의 아름다운 소식을 전하시고 만백성을 구원하시는 하나님 아버지! 우리 교회를 이 땅에 세워주시고 이 교회를 통하여 많은 하나님의 백성을 천국 백성이 되게 하신 은혜를 감사드립니다. 우리 교회가 구원의 반석이요, 요새요, 피할 바위가 되게 하옵소서. 우리 교회가 진리의 기둥과 터가 되게 하시고, 크게 성장하여 수많은 생명이 찾아와서 영혼이 치유되어 하늘나라에 가는 방주가 되게 하옵소서. 이 예배가 영과 진리로 드리게 하셔서 성삼위 하나님께서 영광을 받으시기를 예수님의 이름으로 기원하나이다. 아멘

회개를 위하여	교회는 사랑과 나눔과 헌신의 경연대회장이 되어야 합니다. 맡은 사명을 감당하기 위해서 기도하고 주신 물질을 아낌없이 사용하는 자를 하나님이 기뻐하십니다. 하나님을 기쁘시게 하는 자, 그가 바로 하늘 축복의 통로가 됩니다. 그렇게 사는지 성찰하고 아니라면 진심으로 회개하는 기도를 해야 합니다.

고백의 기도	말씀과 믿음 위에 교회를 세워주시고 하늘 능력을 주시는 하나님 아버지! 죽을 수밖에 없는 저희를 생명으로 거두시고 풍성한 은혜를 교회를 통해서 풍성하게 주심을 감사드립니다. 오늘도 주님께서 세워주신 OO교회 창립기념주일을 맞이하여 먼저 주님 앞에 깨끗한 심령이 되어서 산 제사를 지내고자 이 시간 고개 숙여 회개합니다. 간구하는 저희에게 회개의 영이 임할 줄 믿습니다. 회개를 통하여 이 교회를 통하여 주님과 처음 맺은 사랑의 언약을 회복하는 시간이 되기를 소원합니다. 이제 회개로 얻은 새 믿음 가지고 영적인 눈이 열리는 저희가 되게 하여 주옵소서.
	신앙생활을 하면서 성도들이 말과 행동으로 상처를 주었을 때 회개하고 그 당사자에게 달려가 용서의 손을 내밀지 못한 것을 용서하여 주옵소서. 마음으로는 주님의 뜻대로 신앙인의 바른 자세로 살아야 한다고 결심을 하면서도 육신의 생각과 세상의 이치를 따라 산 것을 불쌍히 여겨 주옵소서. 이웃들에게 구원의 기쁜 소식을 전하지 못하고 살아온 지난날의 잘못을 용서하여 주옵소서. 헌신할 때도 남의 눈을 의식한 추한 저희 모습을 내려놓습니다. 사죄의 말씀으로 큰 믿음을 회복하게 하옵소서. 우리 주 예수 그리스도의 이름으로 기도드립니다. 아멘

사함의 확인	"이는 곧 물로 씻어 말씀으로 깨끗하게 하사 거룩하게 하시고 자기 앞에 영광스러운 교회로 세우사 티나 주름 잡힌 것이나 이런 것들이 없이 거룩하고 흠이 없게 하려 하심이라"(엡 5:26-27)

성시교독	109. 헌당예배

설교 전 찬 송	208장 (내 주의 나라와) 273장 (나 주를 멀리 떠났다)

설교 후 찬 송	2장 (찬양 성부 성자 성령) 210장 (시온성과 같은 교회)

교회 설립

금주의 성 가	주님께서 세운 교회 - 황의구 성전을 축복하소서 - May H. Brade 교회여 깨라 - Pepper Choplin
목회기도	하늘의 뜻을 이루시기 위하여 이곳에 교회를 세워주신 하나님 아버지! 오늘 교회 설립 주일에 교회를 생각하고 교회를 위하여 지금까지 헌신과 섬김으로 살아오신 성도들을 생각하며 기도하게 하시니 감사합니다. 우리 교회를 통하여 저희 자신과 가정과 기업이 하늘 복의 통로가 되게 하심을 감사드립니다. 우리 교회에 은혜의 단비가 성도들의 심령을 촉촉하게 적셔준 하나님의 따스한 품이었음을 고백합니다. 교회에서 살아 계시는 하나님의 말씀을 들을 때 처음 사랑이 회복되게 하심을 믿습니다. 교회를 위해 수고하는 많은 교회 중직자와 숨겨진 헌신자들을 기억하시고 자자손손 하늘 축복이 넘치게 하여 주옵소서. 교회가 길이요, 진리요, 생명이 되게 하시는 하나님 아버지! 영생의 말씀으로 주님의 몸 된 교회를 세우시고 이 교회가 구원의 방주가 되게 하신 줄 믿습니다. 우리 교회가 지역 사회를 위해서 복음의 길잡이가 될 수 있게 저희를 도구가 되게 하옵소서. 이 교회가 세워지기 위해서 눈물의 기도와 물질로 헌신한 헌신자들을 기억하여 주옵소서. 교회에 소속되어 많은 충성과 봉사의 땀방울을 흘린 분들이 있습니다. 그들의 충성과 헌신이 하늘나라에서 영원한 상급으로 준비된 감격을 살게 하여 주옵소서. 저희를 죄악에서 구속하신 예수님의 이름으로 기도합니다. 아멘
헌금을 위 한 성 구	"믿음이 없이는 하나님을 기쁘시게 하지 못하나니 하나님께 나아가는 자는 반드시 그가 계신 것과 또한 그가 자기를 찾는 자들에게 상 주시는 이심을 믿어야 할지니라"(히 11:6)
헌금기도	성도 한 사람 한 사람의 믿음으로 만들어진 반석 위에 OO교회를 세워 주신 하나님 아버지! 그리스도의 보배로운 피로 값을 주시고 사신 교회의 설립기념 예배에 불러 주심을 감사드립니다. 교회가 있기에 구원의 길이 열리고, 세워주신 목사님을 통해서 쉴 만한 물가와 말씀의 푸른 초장으로 인도해 주심도 감사드립니다. 우리 교회가 주님 흘리신 보혈 위에 세워졌지만, 저희는 드린 것이 없어서 부끄러운 마음으로 머리를 숙였습니다. 그동안 십일조 예물과 감사 예물과 생일 예물과 소원 예물과 선교 예물을 드릴 기회 주셨음을 감사드립니다. 교회 창립을 축하하고 기념하는 예배에 드리는 예물은 우리 믿음의 증표이며 감사의 증거입니다. 교회의 부흥을 위해 아름답게 쓰이게 하옵소서. 예물을 드린 성도들의 가정과 자녀들이 참된 평안을 누리게 하시고 직장과 사업이 번창하는 복을 내려 주옵소서. 험한 세상을 살아가며 피곤하지 않게 하시고 실의나 낙심에 빠지지 않도록 강건한 믿음의 소유자들이 되게 하여 주옵소서. 우리 교회가 물질 때문에 복음 전파의 일이 소홀히 되지 않게 하옵시고, 부서마다 쓰고도 남는 오병이어의 물질 복이 있게 하여 주옵소서. 예수님의 이름으로 기도드립니다. 아멘
위탁의 말 씀	"인자가 온 것은 섬김을 받으려 함이 아니라 도리어 섬기려 하고 자기 목숨을 많은 사람의 대속물로 주려 함이니라" 교회는 서로 섬기는 '섬김의 경연대회장'이 되어야 합니다. 혹시 그 대회에서 꼴찌로 낙인찍힘을 받지 않도록 섬기는 선두주자로 살아가야 할 것입니다.
축 도	지금은 십자가의 보혈을 흘리시면서 다 이루었다고 말씀하신 예수 그리스도의 은혜와 우리들의 삶 가운데서 생명으로 역사하시는 하나님의 사랑하심과 항상 뒤에서 돌보시고 보호하시는 성령님의 교통하심이 교회 설립기념 예배를 드리면서 교회를 세우는 일에 충성을 다짐하는 성도들과 가정과 사업 위에 영원히 함께 하시고 복의 근원이 되게 하시기를 간절히 축원하옵나이다. 아멘

오늘의 설교를 위하여

오늘의 설교를 위한 복음적 조명 주제 : 반석의 교회

제목 : 믿음의 반석 위에 세운 교회 | 본문 : 마태복음 7:24-27

주제 : '반석의 교회'란 '반석 위에 세운 교회'라는 말과 같은 뜻이다. 교회가 반석 위에 세워지려면 하나님의 말씀을 듣고 그대로 행동으로 실천해야 가능하다. 그러나 믿음 없는 어리석은 사람들이 모인 교회는 시험이 들 때 무너짐이 심하다.

논지 : 성도가 말씀을 듣고 행하여 믿음의 반석 위에 세운 교회가 되도록 하자.
1. 말씀을 듣고 행하는 교회
2. 믿음 반석 위에 세운 교회
3. 어리석은 자가 모인 교회
4. 비로 무너짐이 심한 교회

우리가 바라는 주님의 몸 된 교회의 실제 모습이 어떠한지를 고민해 보자. 교회에서 성도들은 서로에 대한 새로운 관계를 맺도록 권고되고 있다. 이러한 권고는 십계명 이상이라는 사실, 즉 복음이어야 한다. 우리는 교회에서 신앙이 밖으로 분명히 드러나는 영역을 넘어서는 신앙공동체 가운데서 서로를 마주할 수 있다. 골고다 언덕에서 예수 그리스도의 연민하신 얼굴에서 볼 수 있는 용서, 용납, 사랑의 얼굴이 우리가 서로에 대해 보여주는 얼굴 속에 반영될 수 있다. 그리고 우리는 교회에서 이 같은 교제의 영역을 넘어서는 곳에서도 역시 신뢰로써 살아가기 시작할 수 있으며, 이 신뢰는 인간을 감염시키고 있는 의심이라는 오랜 중독증을 극복해야 한다. 우리는 교회에서 인류라는 공동체 가운데서 믿음과 사랑을 추구하고 찾아야 한다. 또한 우리 교회는 초대교회의 모습을 닮도록 최선을 다해야 한다. "믿는 사람이 다 함께 있어 모든 물건을 서로 통용하고 또 재산과 소유를 팔아 각 사람의 필요를 따라 나눠 주며 날마다 마음을 같이하여 성전에 모이기를 힘쓰고 집에서 떡을 떼며 기쁨과 순전한 마음으로 음식을 먹고 하나님을 찬미하며 또 온 백성에게 칭송을 받으니 주께서 구원 받는 사람을 날마다 더하게 하시니라"(행 2:44-47). 이러한 초대교회를 닮자.

1. 말씀을 듣고 행하는 교회

주님의 몸 된 교회는 성도들이 예수님을 믿고 하나님의 자녀가 되어 모이는 신앙공동체다. 신앙공동체에 모이는 성도는 '심판'과 '생명'의 기준은 믿는다. 우리가 하나님을 믿고, 주님의 말씀을 실천하면 '생명'으로 나올 수 있지만, 하나님을 믿지 않고, 주님의 말씀을 실천하지 않으면 '심판'으로 나올 수밖에 없다. 그래서 예수님께서 "그러므로 누구든지 나의 이 말을 듣고 행하는 자는 그 집을 반석 위에 지은 지혜로운 사람 같으리니"(:24)라고 말씀하셨다. 이 말씀은 우리가 종말론적인 신앙을 가지는 데 도움을 주셨다. 성도는 종말론적 신앙으로 살아야 한다. '종말론적 신앙'이란 쉽게 표현하여 주님께서 오늘 재림하실 것이라는 믿음으로 사는 믿음이다. 주님께서 재림하실 때는 아무도 모른다. 그러므로 성도는 주님께서 곧 오실 거라는 믿음으로 항상 깨어서 기도하다가, 주님께서 천사의 나팔 소리와 함께 재림하실 때 담대하게 영접할 수 있는 준비를 하도록 해야 한다. 우리 교회는 새벽기도와 주일 예배, 찬양 예배, 수요기도회, 금요 기도회에서 모든 성도가 하나님의 말씀을 듣고 행하는 교회가 되도록 기도하고 있다. 이러한 성도들의 기도가 이루어질 줄 믿는다. 아울러 우리는 온 교회의 성도가 성경 통독과 말씀 암송 및 예수님의 복음을 생활화하도록 최선을 다하자.

교회 설립

2. 믿음 반석 위에 세운 교회

예수님께서 제자들에게 "너희는 나를 누구라 하느냐"(마 16:15)라고 질문을 하셨다. 이 질문에 다른 제자들이 감히 대답하지 못하고 있었을 때 시몬 베드로가 "주는 그리스도시요 살아 계신 하나님의 아들이시니이다"(마 16:16)라고 대답했다. 베드로가 어떻게 그 대답을 알았는지 알 수 없어도 그야말로 놀라운 고백이었다. 예수님께서 베드로에게 "바요나 시몬아 네가 복이 있도다 이를 네게 알게 한 이는 혈육이 아니요 하늘에 계신 내 아버지시니라 또 내가 네게 이르노니 너는 베드로라 내가 이 반석 위에 내 교회를 세우리니 음부의 권세가 이기지 못하리라 내가 천국 열쇠를 네게 주리니 네가 땅에서 무엇이든지 매면 하늘에서도 매일 것이요 네가 땅에서 무엇이든지 풀면 하늘에서도 풀리라"(마 16:17-19) 칭찬하며 말씀하셨다. 예수님의 말씀 가운데 "반석 위에 내 교회를 세우리니" 여기서부터 교회가 세워진 근거가 마련되었다. 그리고 오순절에 제자들이 성령을 충만하게 받아 복음을 전하게 되었다. 그래서 초대 예루살렘 교회가 설립되었다. 이러한 역사적인 사실 이전에 예수님께서 비유로 "비가 내리고 창수가 나고 바람이 불어 그 집에 부딪치되 무너지지 아니하나니 이는 주추를 반석 위에 놓은 까닭이요"(:25)라고 말씀하셨다. 우리 교회도 믿음의 반석 위에 교회를 세우자.

3. 어리석은 자가 모인 교회

예수님께서 바리새인들에게 "어리석은 자들아 겉을 만드신 이가 속도 만들지 아니하셨느냐 그러나 그 안에 있는 것으로 구제하라 그리하면 모든 것이 너희에게 깨끗하리라"(눅 11:40-41) 말씀하셨다. 바리새인들은 겉으로 드러난 외면을 깨끗하게 하는 데 많은 관심이 있었다. 그러나 사람 안의 더러움, 곧 마음속의 더러움을 소홀히 여겼다. 바리새인들이 탐욕과 악한 독이 가득한 마음을 갖고 있으면서도 잔과 대접의 겉만 깨끗이 하려는 이중성을 예수님께서 통렬하게 꾸짖으셨다. 하나님의 말씀을 따라 살기를 추구하는 것도 좋고, 말씀을 삶의 현장에 효과적으로 적용하기 위해 위계화하는 일도 필요하다. 그러나 그때의 바리새인들처럼 겉만 거룩하게 보이려는 열정이 지나쳐 말씀의 참된 뜻에서 벗어나 자의적으로 해석하고, 다른 사람들에게 강요하며, 내면의 정결함은 도외시한 채 겉의 정결함만을 외식하는 어리석은 교인이 되어서는 안 된다. 예수님께서 본문에서도 "나의 이 말을 듣고 행하지 아니하는 자는 그 집을 모래 위에 지은 어리석은 사람 같으리니"(:26)라고 말씀하셨다. 우리 교회는 어리석은 사람이 모이는 교회가 되지 말고, 지혜로운 성도들이 모이는 교회가 되어야 한다. 어리석은 교인은 지혜로운 성도가 되시기를 바랍니다.

4. 비로 무너짐이 심한 교회

보통 6월 말부터 7월 중순에는 장맛비가 많이 내린다. 하늘에서 내리는 비는 농작물이 자라게 하고, 산과 들에 있는 나무와 풀을 생성하게 하며, 사람들에게는 생수를 제공하는 하나님의 축복이다. 그런데 비가 너무 많이 내려서 장마가 지거나 홍수가 되면 저수지의 둑이 무너지고 농작물에 피해가 많이 발생하여 축산의 소와 돼지가 죽고, 또한 집이 무너지면 사람까지 생명을 잃게 된다. 여기서 비나 장맛비는 영적으로 악한 마귀나 시험을 의미한다. 평안한 교회도 악한 마귀가 이단사설(異端邪說)로 성도들을 유혹하면 시험에 들어 흔들리고 심하면 무너질 수 있다. 역사적으로 초대교회부터 현재 교회에도 마귀의 유혹과 시험으로 무너진 사례가 많이 있다. 교회의 성도들이 예수님의 말씀을 듣고 행하지 않으면 어느 순간에 교회가 시험을 당해 심하게 무너질 수 있다. 그래서 예수님께서 "비가 내리고 창수가 나고 바람이 불어 그 집에 부딪치매 무너져 그 무너짐이 심하니라"(:27)라고 충고하셨다. 우리 교회는 주님의 몸 된 교회로 주님께서 피로 세우셨으며, 수많은 성도가 헌신과 봉사로 충성을 다하여 설립하였다. 그러므로 우리는 말씀과 기도, 헌신과 봉사, 십일조 예물과 복음 전도 주님의 몸 된 교회를 부흥시켜서 하나님을 기쁘시게 하고 영광을 돌리는 성도가 되자.

[특별자료] 2026년 6월 7일 목회자 주일

성 경	마태복음 20:20-28	예전색상	초록색

예배의 부름	"여호와는 나의 목자시니 내게 부족함이 없으리로다 그가 나를 푸른 풀밭에 누이시며 쉴 만한 물 가로 인도하시는도다 내 영혼을 소생시키시고 자기 이름을 위하여 의의 길로 인도하시는도다"(시 23:1-3)
	쉴만한 푸른 초장과 생수가 흐르는 물가와 같은 ○○교회 성도가 되게 하신 하나님 아버지! 길 잃고 헤매는 저희에게 참 목자 되시는 예수님을 닮은 주의 종을 보내주심을 감사드립니다. 오늘 목회자 주일을 맞이하여 많은 주의 종들에게 건강과 하늘 지혜로 채워주시옵소서. 병으로 고생하는 목회자들을 돌봐 주옵소서. 성스러운 주의 종의 길을 가고자 하는 젊은이들이 많아지게 하옵소서. 오늘도 주의 종들을 통하여 성도들의 마음 밭에 말씀이 뿌려질 때 놀라운 영적 풍년이 들게 하옵소서. 예수님의 이름으로 기원하옵나이다. 아멘
회개를 위하여	양은 목자를 알고 목자의 음성을 들어야 합니다. 그러나 우리는 하나님의 음성을 듣기보다는 세상의 소리에 귀를 기울일 때가 더 많았습니다. 이 시간 하나님의 음성보다 세상의 소리에 귀를 기울였던 나는 아닌지 성찰하고 회개하는 기도를 계속합니다.
고백의 기도	선한 목자를 통해서 하나님을 만나는 길로 인도함을 맡게 하시는 하나님 아버지! 하늘 양식을 먹게 하시고 천국을 향해 가는 신비의 길을 안내해 줄 목자를 보내주심을 감사드립니다. 그동안 신앙 성장을 도운 분, 주례와 기타 여러 가지로 우리 신앙 성숙을 위해 수고해 주신 목회자를 위해서 기도하지 못하고 순종하지 못한 잘못을 용서하여 주옵소서. 주의 종을 통해서 주시는 말씀에 저희의 생각을 섞어 주님의 말씀을 받아먹지 못한 것을 불쌍히 여겨 주시옵소서. 목자가 주는 영혼의 아름다운 옷에 얄팍한 저희 생각을 섞고 이리 도려내고 저리 도려내어 볼품없는 누더기를 걸친 꼴불견 같은 영혼의 옷을 입은 저희를 불쌍히 여겨 주옵소서.
	이제는 말씀을 들을 때 "아멘"으로 받아들이는 마음으로 임하겠습니다. 목자를 존경하는 것은 그를 기름 부은 주님을 섬기는 것으로 믿습니다. 주의 종의 말씀에 순종하는 것은 그를 보낸 주의 말씀에 순종하는 양 된 모습임을 고백합니다. 목자의 음성이 싫어질 때 먼저 주의 제단 앞에 기도하는 삶을 살겠습니다. 목회자의 가슴에 '좋은 성도'로 기억되는 것이 주의 생명록에 그대로 기록되는 것을 믿겠습니다. 생활 속에서 인간의 모습을 보기 위하여 노력하기보다는 나타나는 주의 형상을 보는 영인을 가지도록 노력하겠습니다. 우리 주 예수 그리스도의 이름으로 기도하옵나이다. 아멘
사함의 확인	"악인은 그의 길을 불의한 자는 그의 생각을 버리고 여호와께로 돌아오라 그리하면 그가 긍휼히 여기시리라 우리 하나님께로 돌아오라 그가 너그럽게 용서하시리라"(사 55:7)
성시교독	87. 요한계시록 21장
설교 전 찬 송	619장 (놀라운 그 이름) 570장 (주는 나를 기르시는 목자)
설교 후 찬 송	323장 (부름 받아 나선 이 몸) 333장 (충성하라 죽도록)

목회자 주일

금주의 성가	주기도문 - A. Malotte 사슴이 시냇물 사모함 같이 - V. D. Thompson 우리를 하나되게 하소서 - Paul Johnson
목회기도	**독**생자 예수께서 흘리신 보혈의 은혜로 우리 교회를 세우신 하나님 아버지! 오늘 목회자 주일에 세우신 주의 종을 중심으로 초대교회의 아름다운 모습이 재현되는 우리 교회가 되게 해 주신 것을 감사드립니다. 구원의 은혜를 감사하면서 성령의 충만으로 주의 길을 가게 하시는 은혜 감사드립니다. 힘들고 어려운 때 주님이 가신 골고다 언덕을 생각하며 인내하며 더욱 열심히 주님이 명하시면 어디든 기꺼이 달려가게 하옵소서. 지금까지 저희 교회를 위해서 헌신한 종들을 위해서 기도합니다. 종들의 가정에 충만한 은혜로 갚아 주시옵소서. **말**씀을 통해서 진리의 빛을 주시는 하나님 아버지! 우리 교회를 통해서 이 지역에 구원의 역사가 일어나게 하옵소서. 우리 교회가 복음에 대한 열정과 믿음에 대한 정결함으로 살아 있는 교회가 되게 하옵소서. 모든 성도들이 하나 되어 기도하고 흩어지면 전도하고 사랑을 전하는 복음의 분배자들이 되어 하나님을 기쁘시게 하는 일에 최선을 다하게 하여 주옵소서. 교회를 위해서 일하는 모든 자들에게 기쁨과 감사가 넘치게 하시고 입술에 권세를 주시어서 주의 기적을 행하게 하옵소서. 세워 주신 기관들이 주님을 기쁘시게 하는 일에 충성하게 하옵소서. 예수님의 이름으로 기도하옵나이다. 아멘
헌금을 위한 성구	"네 하나님 여호와 앞 곧 여호와께서 그의 이름을 두시려고 택하신 곳에서 네 곡식과 포도주와 기름의 십일조를 먹으며 또 네 소와 양의 처음 난 것을 먹고 네 하나님 여호와 경외하기를 항상 배울 것이니라"(신 14:23)
헌금기도	**종**은 교회에서 신앙의 감동을 맛보게 하시는 하나님 아버지! 복음에 대한 열정과 믿음에 대한 순결함으로 주의 심장이 살아 있는 교회에서 좋은 목자를 만나 신앙생활 할 수 있게 해 주심을 감사드립니다. 6월 5일 목회자의 날을 기념하면서 오늘 주일을 '목회자 주일'로 지내고 있습니다. 그동안 주신 은혜를 감사하여 예물을 봉헌합니다. 이 예물이 쓰일 때 드린 저희는 사라지고 주님 영광만 나타나게 하옵소서. 눈물을 기쁨으로 바꾸어 주신 은혜를 감사드리며 예물을 드립니다. 신령과 진정으로 예배드리길 소망하는 자녀들이 주일헌금과 다양한 이름으로 봉헌합니다. **예**물을 드리는 자녀들에게 말씀으로 새롭게 하여 주어서 주님을 신뢰할 때 사업이 번창하고 직장과 일터가 주의 자녀들로 인하여 복을 누리게 하옵소서. 지금까지 건강하게 살게 해 주신 것을 감사하는 믿음 있는 신앙인이 되게 하옵소서. 주의 종을 통해서 주시는 말씀을 듣고 신앙의 열매, 기적의 열매가 주렁주렁 열리는 가정이 되고 교회가 되게 하옵소서. 물질의 궁핍 때문에 눈물 흘리는 주의 자녀가 있습니다. 먼저 주님 안에서 큰 소망을 가지게 하여 주옵소서. 우리 주 예수님의 이름으로 기도드립니다. 아멘
위탁의 말씀	"인자가 온 것은 섬김을 받으려 함이 아니라 도리어 섬기려 하고 자기 목숨을 많은 사람의 대속물로 주려 함이니라" 교회는 서로 섬기는 '섬김의 경연대회장'이 되어야 합니다. 혹시 그 대회에서 꼴찌로 낙인찍힘을 받지 않도록 섬기는 선두주자로 살아가야 할 것입니다.
축도	지금은 이 교회의 머리가 되시며 길과 진리와 생명이 되신 예수 그리스도의 구속의 은총과 하나님 아버지의 무한하신 사랑과 성령의 감화·감동·역사하심이 그리스도의 피로 값 주시고 세워주신 이 교회와 우리를 생명의 말씀으로 믿음을 키워주시는 이 땅의 모든 목사님들의 가정과 모든 사역들 위에 영원히 함께하시기를 간절히 축원하옵나이다. 아멘

오늘의 설교를 위하여

오늘의 설교를 위한 복음적 조명 주제 : 섬기는 목회

제목 : 예수님처럼 섬기는 목회 l 본문 : 마태복음 20:20-28

주제 : 목회자는 모든 걸 내려놓고 섬기는 목회자가 되어야 한다. 권세를 바라지 않고, 때로는 자기에게 주어진 고난의 잔을 기꺼이 마셔야 한다. 어떤 경우에도 화와 분을 여기지 않는 목회를 하여 예수님처럼 섬기는 목회를 해야 목사 자신도 성도도 행복하다.

논지 : 결단코 쉬운 일을 아닐지라도 예수님처럼 섬기는 목회를 증언하자.
1. 권세를 바라지 않는 목회
2. 고난의 잔을 마시는 목회
3. 화분을 여기지 않는 목회
4. 예수님처럼 섬기는 목회

 목회자가 주변에 있는 인간적인 필요의 범위를 깨달으면 깨닫게 될수록 거기에 압도되어 결국 아무것도 할 수 없는 지경까지 이르게 된다. 목회자의 마음을 같이 하는 삶(compassionate life)의 비결은 목회의 관심을 목회자가 할 수 있는 일에만 집중하는 것이며 또 중보기도에 있어서 목회의 힘의 범위를 벗어나는 관심사를 포함하는 것이다. 목회자가 해야 할 기도의 영역은 무한하다. 목회자 자신의 삶과 목회에 관하여, 목회자가 섬기는 교회의 각 부서와 조직에 관하여, 목회자가 먹이는 교인들 각자의 삶과 그들이 가진 문제들에 관하여, 목회자가 처해 있는 지역의 환경과 주민들의 영적인 문제들에 관하여, 지역의 산업과 행정, 치안 문제에 관하여, 청소년들과 그의 생활 특히 소년소녀가장들과 노인들의 문제에 관하여, 이 나라의 정치, 경제, 사회, 문화, 교육, 종교 등의 문제에 관하여, 지구촌의 분쟁지역과 평화에 관하여, 환경과 공해 문제, 식량 문제, 질병 문제, 주택 문제, 종교 문제에 관하여, 노회와 총회, 각 단체와 선교회의 많은 문제 등등 참으로 이루 헤아리기 어려운 많은 문제가 기도에 등장할 수 있다. 이 모든 것에 대하여 목회자가 뭘 어떻게 섬겨야 할 것인가? 목회자 주일에 자신을 돌아보며, 또 성도들에게 섬기는 신앙생활을 알리도록 하자.

1. 권세를 바라지 않는 목회

 목회자는 권세를 바라지 않는다. 그런데 유감스럽게도 목회자 가운데 권세를 추구하는 사람도 있다. 물론 예수님의 제자는 아직 개별적인 목회를 하지 않았지만, 그 예를 본문에서 찾을 수 있다. 예수님께서 제자들을 이끌고 예루살렘으로 가실 때, 야고보와 요한은 예수님께서 왕권을 차지하려고 가시는 줄 알았다. 로마로부터 정권을 빼앗아 이스라엘을 회복하실 때가 된 줄 알았다. 그래서 나름대로 예수님께서 왕이 되시면 이스라엘의 재상이 되는 권세의 꿈을 꾸었다. 갈릴리 바닷가에서 물고기를 잡던 신세에 권세라는 아무진 꿈을 꾸었다. 그래서 차마 야고보와 요한이 예수님에게 직접 부탁하지 못하고 자신들의 어머니를 통해 치맛바람을 냈다. "그 때에 세베대의 아들의 어머니가 그 아들들을 데리고 예수께 와서 절하며 무엇을 구하니 예수께서 이르시되 무엇을 원하느냐 이르되 나의 이 두 아들을 주의 나라에서 하나는 주의 우편에, 하나는 주의 좌편에 앉게 명하소서"(:20-21). 참으로 황당한 청탁이다. 지금이 어느 때라고 이런 청탁을 할 수 있겠는가? 예수님께서 왕권을 잡으려고 예루살렘에 가시는 게 아니라, 십자가에서 고통을 당하시고 죽기 위해서 가시는데 야고보와 요한의 어머니는 뭘 몰라도 한참 몰랐다. 예수님도 그녀의 청탁에 난감하셨다. 정치인들은 세속적인 권세를 추구한다. 그러나 목회자와 성도는 권세를 바라지 말고 섬겨야 한다.

2. 고난의 잔을 마시는 목회

권세를 바라는 두 제자와 그들의 어머니에게 예수님께서 "너희는 너희가 구하는 것을 알지 못하는도다 내가 마시려는 잔을 너희가 마실 수 있느냐"(:22) 반문하셨다. 그런데 더욱 황당한 사실은 그들이 "할 수 있나이다"(:22) 대답을 했다. 정말 그들은 몰라도 진짜로 몰랐다. 어떤 의미에서 그들은 자신들의 최후를 자초한 결과를 가져왔다. 그래서 예수님은 "너희가 과연 내 잔을 마시려니와 내 좌우편에 앉는 것은 내가 주는 것이 아니라 내 아버지께서 누구를 위하여 예비하셨든지 그들이 얻을 것이니라"(:23) 말씀하셨다. 이 말씀으로 열두 제자 가운데에 야고보는 최고의 죽는 순교자가 되었으며, 요한은 최후의 산 순교자가 되었다. "그 때에 헤롯 왕이 손을 들어 교회 중에서 몇 사람을 해하려 하여 요한의 형제 야고보를 칼로 죽이니"(행 12:1-2). 이에 따르면 야고보가 헤롯에 의해 칼로 죽임을 당하여 예수님의 열두 제자 중에서 가장 먼저 순교를 당한 제자이다. 사도 요한은 100년경에 90살의 나이에 사도들 가운데에 유일하게 살다가 최후를 마친 산 순교자였다. 목회자의 목회에는 많은 고난이 있고, 성도들의 사회생활에도 수많은 어려움이 있다. 그런데 고난의 잔은 아무나 마실 수 없다. 하지만 목회자와 성도는 고난의 잔을 마셔야 한다.

3. 화분을 여기지 않는 목회

성직자인 목회자도 사람이기에 자기의 성질이 있다. 달리 말하면 목회자도 화를 품거나 분이 나서 욕하거나 대들 수 있다. 하지만 목회자는 100번이라도 아니 1,000번이라도 참고 또 참아야 한다. 만일 목회자가 참지 않고 화를 내거나 분을 품으면 목회를 멈춰야 할 것이다. 야고보와 요한 두 제자의 어머니의 청탁은 주님을 놀라게 했지만 특히 같이 가고 있던 다른 제자들에게는 핵폭탄과 같은 청탁이었다. 그녀의 무모한 청탁은 다른 열 제자들이 진짜로 화가 나서 분을 품게 했다. 사실은 다른 열 제자도 이런 분을 품고 있었는지 모르겠다. 아마 그들도 겉으로는 차마 나타내지 않고 있었으나 속으로는 다 높아지고 싶은 욕망으로 화분을 품고 있었을 것이다. 야고보와 요한이 예수님을 따른 지 이미 3년이 넘었다. 그들은 예수님에게 많은 것을 직접 배웠다. 이제는 철들 때도 되었다. 그런데도 아직 유치하고 미숙한 생각으로 어머니를 통해서 청탁하니 다른 제자들이 화를 내고 분을 가지게 했다. 교회에서 예수님을 믿은 지 오래되었고, 교회에서 직분도 가졌으면 이제 철나고 성숙한 믿음을 가져야 하는데, 아직도 미숙한 믿음을 가지고 처음 믿는 교인만도 못한 교인이 있으니 이것이 문제다. 그러므로 목회자와 성도는 화분을 여기지 않는 삶을 살아가자.

4. 예수님처럼 섬기는 목회

화분을 여기지 않고 믿음이 성숙해지는 비결이 무엇일까? 첫째는 주님과 성도들을 섬기는 일이다. 혹시 크고자 하는 분이 계시는가? 여기서 "크고자" 한다는 말씀은 '자라다'라는 뜻이다. '성숙해지다'라는 의미다. 예수님은 섬기기 위하여 세상에 오셨다. 예수님은 산상보훈에서 "그러므로 무엇이든지 남에게 대접을 받고자 하는 대로 너희도 남을 대접하라"(마 7:12)라고 말씀하셨다. 섬김을 받으려고 하면 먼저 섬기는 성도가 되시기를 바란다. 그래야 믿음이 성숙해진다. 둘째는 자기를 낮추는 일이다. "너희 중에 누구든지 으뜸이 되고자 하는 자는 너희의 종이 되어야 하리라"(:27). 사람은 누구나 으뜸이 되고 싶어 하는데 그것은 잘못이 아니다. 문제는 으뜸이 되고 싶으면 낮아지는 사람이 되어야 한다. 자신은 낮아지지 않고 우쭐거리는 교만을 떨면 절대로 으뜸이 되지 못한다. 예수님께서 "인자가 온 것은 섬김을 받으려 함이 아니라 도리어 섬기려 하고 자기 목숨을 많은 사람의 대속물로 주려 함이니라"(:28) 말씀하셨다. 예수님께서 섬김을 받으려고 오신 게 아니라 도리어 섬기려고 오셨다. 예수님은 전 생애를 통해서 섬김으로 사셨다. 병든 사람을 치유하시고, 배고픈 사람에게 먹을 것을 주시고, 외롭고 버림받은 자의 친구가 되어 주셨다. 목회자와 성도도 섬기자.

부록: 2026년 월삭새벽기도회 자료 (설교 및 예화)

2026년 1월 월삭새벽기도회 자료 (새해)

제목 : 새해 새 일을 위한 월삭 기도 | 본문 : 이사야 43:14-21

대망의 2026년 새해가 시작되었습니다. 새해 1월의 월삭 기도회에서 우리 교회가 더욱 평안하여 든든히 서가면서 나날이 부흥 성장하며, 성도 여러분의 심령과 가정과 기업 위에 하늘의 신령한 복과 땅의 기름진 하나님의 축복이 넘치도록 기도하시기 바랍니다.

우리는 새해를 맞으면서 새해의 결심을 하는 오랜 관습이 있습니다. 많은 사람이 여러 해 동안 이런 결심을 하지만 실망할 때도 많습니다. 우리가 자신에 대해 실망하는 이유는 원하는 만큼 자신을 쉽사리 변화시키지 못하기 때문일 것입니다. 그러나 우리가 하나님의 약속을 믿을 때 자신의 잘못을 과거지사(過去之事)로 돌릴 수 있습니다. 다시금 새해가 시작할 때까지 기다려서 앞으로 나아가서 새 출발을 할 필요는 없습니다. 하나님께서는 항상 우리에게 축복과 자비와 구원을 주려고 기다리고 계십니다. 우리가 하나님과 함께라면 언제라도 새롭게 출발할 수 있습니다. 하나님은 매 순간 우리의 고백을 들으시고 정결케 하시고 용서해 주십니다. 그리고 하나님께서 도우시면 우리가 필요로 하는 변화가 생길 것입니다. 우리는 새 출발의 계기를 얻어서 하나님과 동행하여 승리하도록 기도해야 합니다.

새해 새날에는 모든 두려움을 쫓아버리도록 기도합시다. 어떤 병마가 내게 덮칠지라도, 오래 견디기 힘든 사건이 휩쓸어 올지라도, 이해의 경주가 눈물의 경주가 될지라도, 그때마다 힘을 주시는 주님의 사랑을 의지하도록 기도합시다. 만일 내일 험한 벼랑길을 걷게 될지라도, 모레 쓸쓸한 광야에 내던져질지라도, 날마다 양식을 주시고 헤치고 나갈 지혜를 그때마다 주시라고 하나님께 기도하시기 바랍니다.

우리는 미래를 모르고 볼 수도 없습니다. 다만 아는 것은 그때 그날에 주님께서 필요한 것을 내게 주시리라는 믿음뿐입니다. 우리의 나그넷길에 그것만 있으면 충분합니다. 그러니 욕심을 채우지 마시고 주님의 뜻과 주님의 생각으로 사시기 바랍니다. 주님께서 주시는 복을 한꺼번에 듬뿍 받고 싶은 생각은 없습니다. 날마다 필요한 만큼만 도와주시도록 기도합시다. 전혀 쓰러지지 않고 다시 일어날 만큼의 힘과 전혀 낙심하지 않고 다시 출발한 만큼의 희망을 공급해 주시라고 기도하시기 바랍니다. 주어진 환경에 감사하는 기도를 합시다.

세상일이나 이웃의 지저분한 화젯거리에는 언어장애인이 되시고, 남을 뜯는 이야깃거리에는 청각장애인이 되시며, 남의 실수에 대해서는 소경이 되십시오. 그 대신 바른말을 할 수 있는 용감한 입과 고통당하는 이웃의 한숨과 신음을 들을 수 있는 밝은 귀와 거짓을 꿰뚫어 볼 수 있는 맑은 눈을 가지십시오. 바라는 것은 한 가지뿐입니다. 우리는 약하고 부족하니 우리의 사랑과 힘이 되시는 주님께서 붙들어 주시라고 간절히 기도하시기 바랍니다.

1. 새해의 계획

하나님은 우리에게 새해 새 마음을 주셨습니다. 주님의 음성을 귀담아서 듣고, 날마다 순종의 길을 배우며, 매사에 자신보다 주님을 기쁘시게 하는 성도가 되기를 바라십니다. 우리가 내딛는 발자국마다 향기가 있고, 십자가가 우리의 삶 속에 재생되며, 주님의 눈물이 내 가슴속에 우러나기를 바라십니다. 새해, 하루하루를 살아갈 때 시간의 귀중함과 일의 고마움을 잠시도 잊지 않고, 사랑의 능력과 인내의 승리를 순간마다 되새기며, 가벼운 여장과 단순한 마음이 결국 행복의 길임을 기억하고, 폭풍이 불지라도, 막다른 골목에 설지라도, 예수님의 손만은 놓지 않고 "주여, 나의 새날들을 기쁨으로 채워 주소서!"라고 기도합시다.

하나님은 우리에게 새해의 문을 또다시 열어 주셨습니다. 지난해야 어쨌든 지금 시작되는 새날들은 얼룩지지 않게 하고, 이번만은 주님께서 보시기에 멋진 삶을 살고, 오늘부터 하루하루를 만족스럽게 생각하며 하나님께 감사하고, 다른 사람에게 기쁨을 주는 삶을 살고, 물질을 모으는 것보다 인격을 닦는 것이 진짜 유산이 되는 사랑의 본을 남기도록 합시다. 나의 기쁨을 보람 있는 일로 삼게 하시고 나의 행복을 주께서 알아주시는 것만으로 만족하고, 부족한 대로 최선을 다해 사는 하루하루가 되게 하시고, 누가 뭐라고 하든지 결과적으로 주님만을 기쁘시게 하는 삶을 사는 성도가 되기 위해서 기도하시기 바랍니다.

제8회 파리올림픽 육상 100m 종목에서 영국 대표로 출전했던 리델은 우승하기 위해서 피나는 노력을 했고 가장 유력한 우승 후보자였습니다. 그러나 정작 그 경기가 주일에 열린다는 걸 알게 되었을 때 많은 고민 끝에 경기에 출전하지 않기로 했습니다. 왜냐하면 주일성수를 생명같이 여겼기 때문입니다. 이에 사람들은 매우 놀라며 그를 조롱하고 국가를 위한 일인데 포기한다고 비난까지 했습니다. 그러나 그는 동요하지 않고 주일을 거룩하게 지켰습니다. 그런데 평일에 거행된 400m 경기에 자기 나라 선수가 갑자기 사정이 생겨서 출전하지 못하게 되었습니다. 그래서 감독은 리델을 대신 출전하게 했습니다. 리델은 자신의 출전 종목이 아니지만, 최선을 다하여 당당히 우승해서 금메달을 목에 걸었습니다. 훗날 그는 아버지의 뒤를 이어 중국의 선교사가 되었고, 20여 년 동안 천진과 산둥반도에서 곳곳을 누비며 복음을 전파했습니다. 끝까지 선한 싸움을 다 싸운 그는 많은 사람에게 희망과 복음을 심어주고 마지막에 승리의 면류관을 쓰고 주님 앞에 서게 되었습니다.

우리는 지금 새해 월삭 기도회에 성전에서 하나님과 주님의 십자가를 바라보고 있습니다. 우리는 천국을 향해 달리는 경주자들입니다. 경주자는 자세가 중요합니다. 달리는 자가 허리를 교만하게 뒤로 젖히고 달리면 패배하는 것은 뻔합니다. 인생의 경주에서 승리하려면, 아니 믿음이 경주에서 승리하고 생명의 면류관을 얻으려면 어떻게 해야 할까요?

사도 바울은 "형제들아 나는 아직 내가 잡은 줄로 여기지 아니하고 오직 한 일 즉 뒤에 있는 것은 잊어버리고 앞에 있는 것을 잡으려고 푯대를 향하여 그리스도 예수 안에서 하나님이 위에서 부르신 부름의 상을 위하여 달려가노라"(빌 3:13-14) 말씀했습니다. 앞으로 나가려면 뒤엣것을 잊어야 합니다. 신경쇠약 환자는 대부분 과거를 잊지 못해서 그렇다고 합니다. 그러므로 지나간 아픔과 실패는 교훈으로만 삼고 모두 잊어버려야 합니다.

창세기 19장에 나오는 롯의 아내는 뒤를 돌아보다가 소금기둥이 되었습니다. 아마 집에 두고 온 금은보석과 재물을 잊지 못해 뒤를 돌아보다가 소금기둥이 된 것 같습니다. 과거를 돌아보면 과거와 함께 굳어버립니다. 과거에 묻혀 죽는다는 말입니다. 손에 쟁기를 잡고 뒤돌아보면 안 됩니다. 뒤에 있을 것을 돌아보면 믿음의 경주에서 질 수밖에 없습니다.

2. 새 일을 위해 기도하는 성도

이사야 선지자는 "너희는 이전 일을 기억하지 말며 옛날 일을 생각하지 말라"(:18) 말씀했습니다. 그리고 "보라 내가 새 일을 행하리니 이제 나타낼 것이라"(:19) 말씀했습니다. "새 일"이 나타나기 위해서는 "이전 일을 기억하지 말"아야 합니다. 하나님은 착한 일을 행하시는 하나님이십니다. 사도 바울은 "너희 안에서 착한 일을 시작하신 이가 그리스도 예수의 날까지 이루실 줄을 우리는 확신하노라"(빌 1:6) 말씀했습니다. 하나님께서 새해에 성도 여러분에게 새 일을, 착한 일을 행하시기를 원한다면 지난 과거의 못 된 일을 깨끗이 잊어버리는 성도가 되시기를 주님의 이름으로 간절히 축원합니다.

하나님은 광야 길을, 사막에 강을 연다고 말씀하셨습니다(:19). 광야에 길을 내셔서 하나님께서 택하신 백성들이 그 물을 마시게 하신다고 하셨습니다(:20). 하나님은 우리가 하나님을 찬송하게 하려고 지었다고 하셨습니다. 이것이 새해 우리의 목적이 되어야 합니다.

의학계에서 환자들을 상대로 의식조사를 했습니다. 그런데 질병을 앓는 환자의 대부분이 '분명한 목표'가 없었다는 것입니다. '살든지 죽든지 될 대로 되라'는 식으로 생각하고 사는 사람들이 질병에 많이 걸린다는 연구 결과입니다. 반면에 뚜렷한 목표를 가지고 사는 사람들은 우선 마음이 건강합니다. 그리고 자신의 건강관리도 잘해서 몸과 마음이 건강하게 산다는 통계가 나왔습니다. 결국 사람의 건강은 자신의 의지에 따라서 결정된다는 것입니다.

우리가 혹시 실패했습니까? 믿음의 실패를 했고, 기도에 실패했고, 사랑에도 실패했고, 전도에 실패했고, 섬김에도 실패를 했다면 다시 목표를 세워야 합니다. 오직 주님 안에서 주님께서 상 주실 만한 목표를 세워야 합니다. 예를 들어 '나는 진실한 믿음의 소유자가 되겠다.', '나는 새벽기도회에 반드시 출석하겠다.', '나는 하나님과 성도들을 그리고 이웃을 내 몸처럼 사랑하겠다.', '나는 새롭게 주님과 교회와 성도들을 섬기겠다.', '화장실 청소는 내가 하겠다.', '교회의 쓰레기는 내가 치우겠다.', '성전봉사는 내가 전담하겠다.' 뭐 이런 것들입니다. 아주 사소한 것에 목표를 세워도 좋습니다. 무엇에든 주님이 상을 주실 것입니다.

사랑하는 성도 여러분!

2026년 새해가 시작되었습니다. 하나님께서 성도 여러분 한 사람 한 사람을 위해서 분명한 새해 계획을 소유하고 계십니다. 하나님의 새해 계획은 성도 여러분의 기도와 노력에 따라서 성공과 실패가 정해질 것입니다. 하나님의 새해 계획이 성취되어 목표가 성공하기 위하여 기도하시기 바랍니다. 하나님의 새해 목표를 깨닫기 위해서 우선 영혼의 눈이 있어야 합니다.

하나님의 이런 새해 목표가 있는 성도는 생활로부터 오는 시련을 넘어설 수 있습니다. 목표가 분명하면 경주에서 승리할 수 있습니다. 예전에 무슨 일을 어떻게 행했던지 과거는 다 잊어버리고 앞을 향해서 달려가는 성도가 되시기를 바랍니다. 자기 앞에 뚜렷한 목표를 세우고 그것을 이루기 위하여 최선을 다하여 인생의 경주, 믿음의 경주에서 승리하여 축복을 누리는 성도가 되도록 기도하시기를 주님의 이름으로 간절히 축원합니다.

[예화]

▣ 새로운 출발

　모든 실패 뒤에는 새로운 기회의 약속이 있습니다. 헨델은 40년 동안 영국과 유럽에서 오페라 음악의 작곡가로 널리 이름을 떨쳤으나 자신이 얻은 명성을 덧없이 느꼈습니다. 1741년 8월, 나이 들고 가난한 헨델은 뇌출혈로 몸의 한쪽 부분이 마비되어 제대로 걸을 수조차 없었습니다. 그러던 어느 날 찰스 기본이라는 한 시인이 방문하였습니다. 그는 헨델에게 성경 본문을 가지고 작사한 시를 건네주며 그것을 작곡해줄 것을 제안하였습니다. 처음 헨델은 아무 생각 없이 그 시를 읽었으나 점차 그의 얼굴이 달라지기 시작했습니다. "그는 멸시를 받아… 간고를 많이 겪었으며 질고를 아는 자라 그를 위로하는 자가 아무도 없으니" 이 이사야서의 말씀이 헨델의 상처들을 모두 어루만져줌을 느낄 수 있었습니다. "나의 구원자는 살아계시니 기뻐하라 할렐루야!"라는 끝 구절을 읽고, 곧바로 펜을 움켜잡았습니다. 그는 작곡하는 중에 눈시울이 뜨거워짐을 수시로 느꼈고, 그 후 21일 동안 거의 쉬지 않고 "메시야"를 작곡하였습니다. 그는 "나는 내 앞에 천국과 위대하신 하나님을 뵌 것으로 생각됩니다"라고 고백하였습니다. "메시야"가 처음 런던에서 연주된 후, 그는 시각장애인이 되었지만, 마지막 생애 6년 동안 그의 믿음은 조금도 흔들리지 않았습니다.

▣ 새로운 출발

　미국의 저명한 잡지 『더 새터데이 이브닝 포스트』와 『TV 가이드』에 만화를 그리는 말 핸콕의 인생은 절망 속에서도 좌절하지 않고 적극적인 자세로 성공한 예를 보여줍니다. 말 핸콕은 장래가 유망한 육상 선수로 활동하던 중 뜻하지 않은 추락사고로 하반신이 마비되었습니다. 당시 고등학생이던 그는 사고 직후 정신적 육체적으로 안정을 되찾기 위해 여러 가지 노력을 기울였습니다. 그는 병원에 있는 동안 약 먹을 시간을 알리러 오는 간호사의 모습을 재미나게 만화로 그렸습니다. 얼마 지나지 않아 병원의 모든 간호사가 말 핸콕의 재미있는 그림을 보기 위해 그의 병실을 찾을 정도가 되었다고 합니다. 마침내 그는 잡지사에 만화를 팔 수 있게 되었고 만화가로서 의미 있는 성공적인 출발을 하게 됩니다. 그의 처녀작은 병원생활을 풍자적으로 그린 '천태만상 병원 풍경'이었습니다. 핸콕은 그렇게 현재의 고난을 딛고 내일을 향해 재도약의 발돋움을 해나갔습니다.

2026년 2월 월삭새벽기도회 자료 (월삭)

제목 : 초하루에 예물을 드리는 월삭 기도 | 본문 : 민수기 28:11-15

입춘(立春)은 24절기 중 첫째 절기로 봄의 시작을 알리는 절기입니다. 입춘은 대한(大寒)과 우수(雨水) 사이에 있는 절기로 태양의 황경(黃經)이 315도일 때이며, 이날부터 계절적으로 봄이 시작됩니다. 입춘은 음력으로 주로 정월에 드는데 어떤 해는 정월과 섣달에 거듭 드는 때도 있습니다. 이럴 때 '재봉춘(再逢春)'이라 합니다. 한옥에 살던 옛 어른들은 입춘이 되면 대문이나 기둥에 새로운 한 해의 행운과 건강을 기원하는 글귀를 써서 붙이는데 이를 '입춘첩(立春帖)'이라고 합니다. 입춘의 대표적인 글귀는 '건양다경(建陽多慶)', '입춘대길(立春大吉)', 즉 입춘을 맞이하여 봄이 시작되니 크게 길하고 경사스러운 일이 많이 생기기를 기원한다는 의미의 일종의 전래적인 기도문이라고 할 수 있습니다.

설날을 원단(元旦), 세수(歲首), 연수(年首)라고도 하며, 일반적으로 설이라고 합니다. 설은 한자로는 신일(愼日)이라고 쓰기도 하는데 '근신하여 경거망동을 삼가'라는 뜻입니다. 묵은 한 해가 지나가고 설날을 기점으로 새로운 한 해가 시작되는데, 한 해의 운수는 그 첫날에 달려 있다고 생각했던 탓입니다. 우리 그리스도인들은 운수를 믿지 않지만, 한 해의 첫날부터 한 해 동안 하나님께서 함께하시고 은혜와 축복을 내려달라고 기도합니다.

설날의 세시풍속은 매우 다양합니다. 설날이 다가오면 섣달그믐날 자정이 지나자마자 복조리 장사꾼들이 복조리를 한 짐 메고 골목을 다니면서 이것을 사라고 외쳐대고 각 가정에서는 1년 동안 필요한 수량만큼의 복조리를 사는데, 일찍 살수록 좋으며 집 안에 걸어두면 복이 담긴다고 생각합니다. 설날 아침에는 일찍 일어나 세수를 하고 미리 마련해둔 새 옷으로 갈아입는데 이 새 옷을 설빔이라 합니다. 새해 아침에는 가족들이 모여들어 어른들에게 순서를 따져 세배를 올리고, 아이들에게는 세뱃돈을 주며 덕담을 나누고 한 해의 운수대통을 축원해줍니다. 그리고 이웃과 친척을 찾아서 세배 다니는 일도 중요한 풍습입니다.

위와 같은 풍습은 우리 기독교의 월삭과 그 의미가 비슷합니다. 우리 기독교는 웃어른보다 하나님을 우선하여 양력이나 음력의 새해 첫날에 예배를 드리고 기도하는 신앙적인 전통은 무시할 수 없는 소중한 예식입니다. 이스라엘에는 7가지 절기를 지키면서 매일의 제사, 안식일의 제사, 월삭의 제사 이렇게 3가지가 더 있습니다.

1. 하나님께 드리는 월삭 기도회

성경에는 하나님께 드리는 제사와 그 제사의 어떤 제물을 가지고 어떻게 나아가는지를 정확하게 이야기하고 있습니다. 달이 다시 차기 시작하는 그 밤, 이스라엘의 해가 뜨는 아침은 하루의 시작이 아니라 **"저녁이 되고 아침이 되니"**(창 1:5) 이 말씀이 바로 하루의 시작입니다. 천지 창조할 때도 아침부터 저녁까지가 아니라 저녁부터 아침까지입니다. 당시 중동지방은 달을 신성시하고 신으로 숭배했는데, 하나님은 이스라엘 백성들에게 천체 숭배를 금했지만, 이 월삭 제사는 특별히 중요한 날로 지키라고 하셨습니다.

이스라엘 민족에게 시작, 장자, 첫 것의 의미는 특별했습니다. 첫 것과 장자라면 기억나는 것은 유월절입니다. 유월절에 애굽에 있었던 수많은 장자의 마지막 10가지 재앙에 처음 난 것들이 다 죽임을 당했습니다. 그래서 그날을 'Passover'라고 합니다. 뛰어넘었다. 한글로 이야기하면 유월절입니다. 예수님은 유월절에 돌아가셨습니다. 이스라엘의 절기를 자세히 보면 예수님이 이 세상에 태어나셨고 죽었고 부활하신 날이 절기와 딱 떨어집니다.

2월 첫날 월삭 기도회에 우리는 **"초하루"**의 중요함을 깨달아야 합니다. 하나님은 **"초하루와 보름과 우리의 명절에 나팔을 불지어다"**(시 81:3)라고 말씀하셨습니다. 호세아 선지자가 **"내가 그의 모든 희락과 절기와 월삭과 안식일과 모든 명절을 폐하겠고"**(호 2:11)라고 말씀했습니다. 이 두 가지의 성경 구절에서 안식일과 월삭과 모든 이스라엘 절기를 이스라엘 민족들이 지켰다고 이야기하십니다. 특별히 이사야서를 보면 하나님께서 더는 이상 너희가 드리는 월삭의 예물과 안식일의 예물을 내가 받기 싫어한다고 말씀하셨습니다(사 1:14).

형식적인 예배나 기도가 되어가고 있다면 그것이 싫다는 말씀입니다. 하나님도 월삭을 이스라엘의 절기로 인정하셨습니다. 월삭을 쉬는 날로, 안식일과 함께 명절로 인정하셨습니다. 2월의 월삭 기도회를 하나님께 드리는 것은 그냥 처음이라 드리고 무슨 우상처럼 관습적으로 드리는 것이 아니라 성경에 나와 있는 법칙입니다. 우리가 안식일을 기억하여 거룩하게 지키듯 월삭도 하나님께 거룩하게 지켜야 한다는 것을 말씀합니다.

　월삭의 예물은 오늘 본문에 나오는데, 상당히 중요한 비중을 차지하고 있습니다. 월삭 제사의 제물은 수송아지 두 마리, 숫양 한 마리, 일 년 되고 흠 없는 숫양 일곱 마리, 그리고 수송아지, 숫양, 어린 숫양을 드릴 때는 항상 가루로 태워 드리는 소제와 함께 드리라고 하셨습니다. 그런데 자세히 보면 매일 바치는 제사, 안식일의 제사, 월삭의 제사 3가지의 제사 중에서 월삭에 드리는 제사에 예물이 편중되어 있습니다. 월삭 기도회를 지키는 의미와 가치는 한 달을 시작할 때 이것을 신성시하지 않았지만, 첫 것의 시작으로 하나님께 모든 것을 두고 시작했음을 오늘의 말씀을 통해서 알 수 있습니다.

　하나님께서 이스라엘 백성들에게 5가지 제사와 7가지 절기를 지키라고 말씀하셨고 또 여기 나오는 것처럼 매일 하는 제사, 안식일의 제사, 월삭의 제사를 지내라고 말씀하셨습니다. 이것을 유대인들은 명절이라고 합니다. 그래서 월삭의 제사는 달의 첫날이기 때문에 굉장히 중요하므로 너희가 예물을 드릴 때 분별해서 드리라고 하셨습니다. 매일 하는 제사, 안식일의 제사, 월삭의 제사 중 두 가지는 드리는 예물이 비슷하지만, 월삭의 제사는 완전히 다릅니다. 이스라엘은 첫 것, 새로운 어떤 시작, 이것을 유월절을 통해서 정확히 알고 있었습니다. 장자가 다 죽었습니다. 그러나 이스라엘 민족은 구원을 받았습니다. 또 에서와 야곱을 보면 장자 권한이 중요한 것을 알 수 있습니다. 또 사라와 하갈을 통해서 장자 권한이 중요한 것을 알 수 있습니다. 사라가 아기를 낳지 못했을 때 여종인 하갈이 아기를 낳으니 사라가 구박을 받았습니다. 그리고 사라가 진짜 아기를 낳으니 하갈이 구박을 받고 둘이 같이 있을 수 없어 하갈을 내보냈습니다. 그래서 하갈과 이스마엘이 광야에서 살게 되었습니다.

2. 월삭 기도회의 의미

　그렇다면 우리가 2월 월삭 기도회를 어떻게 지켜야 하는지를 말씀드립니다. 첫째, 월삭 기도회는 한 달의 시작을 주님께 드리는 날입니다. 그러므로 월삭 새벽기도회는 꼭 참석합니다. 하나님께 2월을 맡기시고 우리 가족을 맡기시고 주님의 보혈로 우리 자녀들을 덮어 달라고 기도하시고 내 손으로 하는 모든 사업, 나의 모든 계획, 우리 가족들 한 사람 한 사람을 하나님께서 덮어주시고 이끌어달라고 간구하는 귀하고 복된 날로 삼으셔야 합니다. 그래서 우리는 월삭 새벽기도회로 드리고 기도합니다. 이 의미를 여러분이 알아야 합니다. 그래서 월삭 새벽기도회는 축복과 연결이 됩니다. 그래서 첫 시간과 첫 물질을 구별해서 하나님께 드리는 이스라엘 민족처럼 우리도 월삭을 예물과 함께 드려야 합니다.

둘째, 처음 마음을 기억하는 날입니다. 처음을 되새기는 날은 과거로 돌아가자는 날이 아니라 처음 마음을 기억하는 날입니다. 내가 지난 1월 한 달 동안을 어떻게 살고 있었는지, 내가 지난 1월 한 달 동안 하나님을 만나는 기쁨으로 살았는지 다시 한번 점검하는 것입니다. 내가 어제까지 어떻게 지냈는지를 오늘 첫날에 확인하는 것입니다. 구약시대에 짐승을 잡아서 하나님께 드리고 죄를 고백하고 사함을 받는 이스라엘 백성들처럼 자신을 다시 한번 볼 수 있는 거울로 삼는 것입니다. 월삭 기도회는 처음 마음을 기억하는 날입니다. 열심히 하고자 했던 그 열정을 다시 한번 점검하는 것입니다.

셋째, 장자에게 축복하신 것을 기억하는 날입니다. 사냥하고 돌아와서 너무 배고픈 에서가 떡과 팥죽으로 자기의 장자 권한을 바꾸었습니다(창 25:33). 떡과 팥죽은 에서가 볼 때는 지금 자기의 위치에서 생명과 같은 소중한 것입니다. 그런데 야곱이 볼 때는 생명과 같이 귀한 것은 장자권입니다. 장자 권한에 하나님의 축복이 맨 먼저 행한다는 것을 야곱이 알고 있었습니다. 우리도 2월 월삭 기도회를 지켜야 하는 것이 무엇이냐 하면 하나님께 첫 것을 마음과 함께 드리고 2월 한 달을 살아내면서 세상의 것들과 바꾸지 않겠다는 결심하셔야 합니다. 2월 한 달을 살아가면서 야곱과 에서를 본보기 삼아 나에게 떡과 팥죽이 필요할 수 있지만, 하나님을 믿는 믿음과는 절대로 바꾸지 않겠다는 결단하시기를 바랍니다.

사랑하는 성도 여러분!

2월 한 달에도 세상의 여러 가지 것들이 우리를 유혹할 수 있습니다. 우리를 흔들어 놓을 수 있습니다. 그럴 때 우리가 얼마만큼 자신의 마음을 지킬 수 있는지 고민해 봐야 합니다. 2월 첫날과 함께 28일을 하나님께 온전히 드리지 않고는 순수한 믿음을 지키기 어렵습니다. 기도와 결단으로 하나님과 동행하기를 기도하시기 바랍니다. 그래서 우리는 월삭 기도회 때 예물을 드립니다. 물질이 있는 곳에 마음이 있다고 했습니다. 예물의 양은 말씀에 나온 것처럼 마음을 담아 하나님께 드립니다. 하나님께 모든 것을 내려놓고 여러분의 가정과 자녀들과 모든 것을 위한 기도가 이루어지기를 주님의 이름으로 축원합니다.

[예화]

▣ 노처녀의 건축헌금

"교회에 건축헌금을 드려라." 한 교회학교 여선생님이 이런 꿈을 꾸었다. 그녀는 공단 사무실에 근무하며 10년간 모은 혼수비용을 모두 건축헌금으로 드렸다. 당시 노처녀였던 선생님은 좋은 상대를 만나지 못했다. 그녀는 성전이 완공되는 것을 보고 서울로 이사했다. 그때 나이 서른둘…. 10여 년의 세월이 지난 어느 주일, 그 여선생님이 건실한 남편, 아이 둘과 함께 나를 찾아왔다. 나는 대뜸 어떻게 됐느냐고 물었다. "결혼이 좀 늦었지요. 남편은 대학병원 원무과장이고, 아이 둘은 건강하게 잘 자라고 있어요. 집도 장만했고 안수집사 직분도 받았어요." 혼수는 어떻게 해갔느냐고 물었다. "남편 될 사람에게 혼수비용은 건축헌금으로 바쳤다고 고백했어요. 그랬더니 혼수는 아무것도 준비하지 말라는 것이었어요. 하나님께서 참 좋은 남편을 주셨어요." 그날 남편은 "하나님이 이런 아내를 주신 것에 늘 감사해요"라고 고백했다. 하나님의 능력과 섭리는 항상 인간의 상상을 초월한다.

▣ 사장님 며느리 된 가정부

한 처녀가 집이 너무 가난하여 중학교를 겨우 마치고 취직자리를 찾았으나 할 수 없이 어느 집에 식모로 가게 되었다. 그런 형편에서도 주인의 양해를 구하여 주일에는 빠짐없이 예배에 참석하는 처녀였다. 그날도 어김없이 예배를 드리고 있는데, 교회 건축이 마무리 단계에 왔으나 재정이 모자라 중단할 위기까지 되었으며 내일 밀린 인건비를 주지 않으면 인부들이 목사님께 행패를 부리겠다는 말을 들었다. 이 말을 들은 처녀는 5년간 식모살이를 하며 쓰지 않고 모아둔 돈을 몽땅 찾아서 목사님께 드렸다. 그러면서 "버릇없는 사람들이지 돈을 제때 못 준다고 주의 종에게 행패를 부리다니 말이 됩니까?", "자매님, 이 돈이 있어야 시집이라도 가지요.", "아닙니다. 주님께서는 제가 한 푼 없어도 해결해 주시리라 믿습니다."

목사님은 헌금을 받았으나 그 어린것이 갖은 고생을 하며 소중히 모은 돈이라 생각하니 마음이 아팠다. 그래서 자매와 함께 눈물로 기도하였다. 이렇게 해서 건축은 계속되었고, 이 사실을 들은 온 교인들은 눈물로 회개하고 헌금하여 교회는 완공되었다. 뿐만 아니라 교인들 가운데서 큰 회사의 사장인 장로님이 무조건 우리 며느리라며 납치하다시피 데려가서 돈 한 푼 없이 결혼하게 되었다. 하나님께서는 과감한 투자를 하는 자에 과감한 복을 주시려고 준비하고 계신다.

2026년 3월 월삭새벽기도회 자료 (자유)

제목 : 자유를 위한 월삭 기도 | 본문 : 요한복음 8:31-36

  3월 월삭 기도회는 3·1절을 기억하면서 나라와 민족을 위하여 기도하시겠습니다. 3월 하면 나이 많은 어른에게 3·1절이 생각납니다. 요즘 젊은이들에게 3·1절이 생소하긴 하지만 우리 민족에게는 나라의 독립과 자유를 위한 외침은 지금도 가슴에 저려옵니다. 지금이 어느 땐데 '3·1절 그리고 민족'이냐고 핀잔하는 사람이 있을지 몰라도 우리는 역사적으로 3·1절을 잊어서는 안 됩니다. 그리고 현대 대한민국에서 '민족'을 말하기는 약간 겸연쩍기는 합니다. 지금은 우리나라도 '다문화 시대', 그리고 북한을 추종하는 일부의 사람들이 '민족주의'를 앞세워 미국을 타도하고 남북통일을 주장하기 때문에 약간 뭐한 기분이 들지만 그래도 우리나라는 공산주의를 배격하고 국가의 자유를 지켜야 합니다. 특히 북한이 핵무기를 개발하여 남한을 엿보는 이때 자유를 위해 기도합시다.

  그런 의미에서 저는 3월 월삭 기도회를 '자유를 위한 월삭 기도회'로 정하고 기도하고자 합니다. 만물이 소생하는 3월, 이제는 봄이 무르익어 곳곳에 꽃이 만발하여 새로운 희망과 꿈을 안겨주고 있습니다. 이토록 무르익어가는 3월에 먼저 자신의 자유와 가족의 자유 그리고 나라와 민족을 위한 자유를 위해서 기도하는 시간이 되기를 간절히 바랍니다.

  미국의 역대 대통령 가운데 가장 정치를 못한 사람을 꼽으라고 한다면 사람들은 지미 카터 전 대통령을 제일로 칩니다. 그런데 또한 미국의 역대 대통령 가운데 가장 친근감이 있고 행복해 보이는 사람을 꼽으라고 한다면 역시 지미 카터를 제일로 칩니다. 지미 카터가 『The Virtues of Aging(노화의 덕)』이라는 책을 썼는데 그 책 중에 이런 내용이 있습니다. 카터가 자신의 땅콩 농장에서 일하고 있는데 기자가 찾아와 물었습니다. "당신은 세계 최강의 미국 대통령을 지냈고, 전 세계를 호령하면서 여기저기서 큰일도 많이 했는데, 당신의 한 평생 가장 행복하고 가장 즐거웠던 때가 언제였다고 말할 수 있습니까?"라고 물었습니다. 그랬더니 지미 카터는 그의 특유의 함박웃음을 크게 지어 보이며 이렇게 대답했다고 합니다. "바로 지금입니다." 모든 일을 다 그만두고 은퇴한 지금, 한적한 농촌의 땅콩 농장에서 땅을 파고 있는 바로 지금이 자신에게 가장 행복하고 보람 있는 시간이라는 것입니다. 기자는 왜 그러냐고 다시 물었습니다. 카터는 "내 몸과 영혼이 가장 자유롭기에 지금, 이 시간이 나에게 가장 행복한 시간입니다."라고 말했다고 합니다.

1. 자유를 잃어버린 사람

간음하다가 현장에서 사람들에게 붙잡혀 온 여자는 단 몇 분 동안에 행복과 불행의 극단을 오가는 체험을 했습니다. 그녀는 여러 남자를 적절하지 못하게 만났습니다. 무엇에 홀린 듯이 여러 남자를 사랑했습니다. 마치 술에 취한 사람이 정신없이 차를 몰 듯 정지신호를 무시하고 마구 달렸습니다. 빛이 없는 어두운 데를 다니다가 엄청난 사고를 쳤습니다. 무섭도록 끔찍한 사람들에게 적발되었습니다. 그들은 그 여자를 돌로 쳐 죽이겠다고 달려들었습니다. 온몸에 소름이 끼치는 두려운 순간이었습니다. 이제는 도리 없이 죽었다고 생각했습니다. 죄의 종이 되었던 이때가 그 여자에게는 가장 불행한 순간이었습니다. 마음의 자유, 양심의 자유, 영혼의 자유, 신체의 자유까지 송두리째 빼앗긴 순간이 불행하게 했습니다.

그 여자만 자유가 없어 불행한 것이 아닙니다. 그 여자를 정죄하고 돌로 죽이겠다고 예수님께 끌고 나온 서기관들과 바리새인들도 자유가 없기는 마찬가지였습니다. 자신만이 옳고 다른 사람은 다 틀렸다고 정죄하는 사람은 자유가 없는 사람입니다. 다른 사람의 잘못을 시비 걸고 고발하는 사람들도 사실은 자유를 잃은 인간들입니다. 다른 사람의 잘못이나 실수를 보고 두 눈이 시뻘겋게 되어 씩씩거리며 금방 죽일 듯이 대드는 사람들, 그들은 사실 자유를 잃은 사람들입니다. 무엇에 얽매인 사람은 자유가 없습니다. 사상과 이념에 얽매이면 자유가 없는 사람이 됩니다. 명예나 권세, 재물에 얽매이면 자유가 없는 사람이 됩니다. 목적에 얽매여 수단과 방법을 가리지 않는 사람도 자유가 없는 사람입니다. 성도 여러분은 지금 자유를 누리는 행복한 사람입니까, 자유를 누리지 못하는 불행한 사람입니까?

종은 주인에게 얽매여 있기에 자유가 없습니다. 세상에서 가장 무서운 것이 죄의 종이 되는 것입니다. **"예수께서 대답하시되 진실로 진실로 너희에게 이르노니 죄를 범하는 자마다 죄의 종이라"**(:34). 죄가 무엇입니까? 『요리문답』에서는 '하나님의 말씀을 거역하거나 순종하기에 부족한 것이 죄다'고 정의했습니다. 여기에 죄의 적극적인 요소와 소극적인 요소가 있습니다. 하나님의 말씀을 거역하고 우상을 숭배하거나 하나님의 이름을 망령되이 일컬어 주일을 범하는 게 죄입니다. 그리고 부모를 공경하지 않거나 살인이나 간음하거나 도적질하거나 거짓말을 하거나 이웃의 것을 탐내는 것이 적극적인 행위로 나타나는 죄입니다.

   그런가 하면 전혀 아무것도 하지 않아도 죄가 되는 경우가 있습니다. 성도가 예배를 드리지 않는 것이 죄입니다. 기도를 쉬는 것이 죄입니다. 이웃을 사랑하지 않는 것이 죄입니다. 복음을 전하지 않는 것도 죄입니다. 주님의 몸 된 교회나 사람을 섬기지 않는 것도 죄입니다. 아무것도 하지 않았습니다. 누구에게 피해를 주거나 해롭게 하지 않고 그냥 가만히 있었습니다. 그래도 성경은 그를 죄인이라고 합니다. 왜 그렇습니까? 그것은 마귀를 기쁘게 하고, 주님을 근심시키는 일이기 때문입니다. 이런 죄를 지으면 죄의 종이 됩니다. 모든 죄는 마귀가 다스립니다. 결국 죄의 종이 된다는 말은 마귀의 종이 된다는 말과 같습니다.

   주님은 "종은 영원히 집에 거하지 못하되 아들은 영원히 거하나니"(:35) 말씀하셨습니다. 죄의 종과 하나님 자녀의 차이점이 무엇인지 아십니까? 죄의 종은 하나님 아버지의 집에 오기가 싫고 아버지의 집에 거하지 못하게 됩니다. 그러나 하나님의 자녀는 하나님 아버지의 집에 오는 것이 좋고 아버지의 집에 거하게 됩니다. 여러분! 잘 생각하세요. 여러분의 마음이 교회에 오기 싫어지면 '아! 내가 죄의 종이 되려고 하는구나.' 하고 생각하면 거의 틀림없습니다. 여러분의 마음이 교회에 자꾸 오고 싶고 시간마다 예배에 빠지지 않으면 '아! 나는 하나님의 자녀구나.' 하고 생각하시면 됩니다. 죄의 종에게는 자유가 없습니다. 자유가 없으니 불행합니다. 그러나 하나님의 자녀에게는 자유가 있습니다. 자유가 있으니 행복합니다. 아무것에도 얽매이지 않으니 편안합니다. 죄의 종이 된 불행의 멍에를 벗어버리고, 참 자유를 누리는 하나님의 자녀가 되어 행복한 성도로 사시기를 간절히 기도하시기 바랍니다.

2. 자유를 기도하는 예수님의 제자

   예수님께서 자기를 믿는 사람들에게 "너희가 내 말에 거하면 참으로 내 제자가 되고 진리를 알지니 진리가 너희를 자유롭게 하리라"(:31-32) 말씀하셨습니다. 아주 유명한 말씀입니다. 이 말씀의 비밀을 알고 기도하는 성도는 놀라운 은혜를 깨달은 사람입니다. 엄청난 축복을 받은 사람입니다. 사랑하는 성도 여러분! 여러분은 진리를 아십니까? 여러분은 모든 것으로부터 자유를 얻었습니까? 우리는 진정 무엇으로부터 자유로워지기 위해서 기도해야 할까요?

첫째, 죄로부터 자유로워지기 위해 기도해야 합니다. 죄는 잘못된 것입니다. 말씀에서 벗어난 것입니다. 말씀에 모자라는 것입니다. 죄를 알고 짓기도 하지만 모르고 짓기도 합니다. 무식이 죄가 되는 것입니다. 그래서 배워야 합니다. 말씀을 배워야 죄를 짓지 않고 바르게 삽니다. 말씀이 육신이 되어 우리 가운데 거하셨습니다. 그분이 바로 예수님이십니다. 예수님이 진리입니다. 진리이신 예수님께서 죄로부터 자유롭게 하시라고 기도하시기 바랍니다.

둘째, 물질로부터 자유로워지기 위해 기도해야 합니다. 인간이 타락하여 에덴동산에서 내쫓긴 후에 인간을 가장 부자유하게 한 것이 바로 '물질'이라는 것입니다. 있다가도 없고 없다가도 있는 '돈'이 인간을 부자유하게 합니다. 사람에게 돈이 없어도 자유가 없고, 돈이 있어도 자유가 없습니다. 사람이 돈이 너무 없어 가난하면 부자유합니다. 사람이 돈이 너무 많으면 돈 때문에 부자유합니다. 이처럼 꼭 필요하면서도 가장 몹쓸 것이 돈입니다. 사람이 돈 때문에 죄를 짓고 타락합니다. 돈에 죽기도 하고 살기도 합니다. 돈으로부터 자유하는 길은 오직 한 길, 욕심을 버리는 것입니다. 어떻게 욕심을 버릴 수 있습니까? 마음속에 주님을 모셔야 합니다. 진리이신 주님만이 우리를 물질로부터 자유롭게 한다는 사실을 믿으시기를 바랍니다. 주님을 마음에 모시고 욕심 없는 성도가 되게 기도하시기 바랍니다.

셋째, 죽음으로부터 자유롭기 위해 기도해야 합니다. 세상 사람들이 가장 두려워하는 것이 무엇인지 아십니까? 죽음입니다. 세상 사람들을 가장 슬퍼하게 하는 것이 무엇인지 아십니까? 사랑하는 사람과 죽음으로 이별하는 것입니다. 죽음은 누구에게나 있습니다. 세상에 죽음의 문을 통과하지 않을 사람은 아무도 없습니다. 죽음은 삶의 한 부분이기도 합니다. 누구나 다 맞아야 하는 죽음을 사람들은 왜 두려워합니까? 그 이유는 단 한 가지,

죽음을 준비하지 못했기 때문입니다. 아직 죄를 회개하지 못해서 구원의 확신이 없고, 죽은 후에 천국에 갈 자신이 없으니 죽음이 두려운 것입니다. 예수님을 믿지 못하니까 죽음이 두려운 것입니다. 죽음으로부터 자유로워지는 길은 오직 믿음입니다. 나의 죄를 대신하신 주님의 십자가를 믿어 구원의 확신이 있어야 죽음으로부터 자유로워집니다. 언제 죽어도 좋다고 하는 자신감을 가지고 살면 세상에 두려울 것은 하나도 없습니다. 길이요, 진리요, 생명이신 예수 그리스도를 확실하게 믿어 죽음을 이기는 성도가 되도록 기도하시기 바랍니다.

사랑하는 성도 여러분!

진리이신 예수님을 알고 믿는 순간 여러분은 자유를 얻으리라 믿습니다. 예수님을 알고 믿으면 죄에서 자유를 얻고, 두려움에서 자유를 얻고, 마귀로부터 자유를 얻고, 물질에서 자유를 얻게 됩니다. 예수님을 알고 믿으면 모든 질병과 죽음에서 자유를 얻게 됩니다. 예수님을 알고 믿으면 명예와 권세의 욕심으로부터 자유를 얻게 됩니다. 예수님을 알고 믿어 자유를 누리는 행복한 성도가 되도록 기도하시기를 주님의 이름으로 축원합니다.

[예화]

◉ 자유

　새는 하늘에서 가장 편안하고 자유로워집니다. 물고기는 물속에서 가장 자유로워집니다. 꽃은 흙에 뿌리를 내리고 있을 때 자유로워집니다. 사람은 어디에서 가장 자유로워질까요? 사람은 하나님 안에서만 자유로워집니다. 이 세상에서 사람은 마치 새가 날지 못하고 땅 위에 있는 것과 같으며, 물고기가 뭍에 올라와 있는 것 같으며, 꽃이 꽃병에 있는 것과 같이 불완전합니다. 사람은 오직 하나님 안에서만 자유롭습니다.

◉ 자유롭게 사는 법

　없는 걸 있는 척하지도 말고, 있는 걸 없는 척하지도 말고, 할 수 없는 걸 할 줄 아는 척하지도 말고, 할 수 있는 걸 하지 못한다고 빼지도 말고, 억지로 착한 척하지도 말고, 억지로 힘 세다고 하지도 말고, 억지로 참지도 말고, 억지로 존경받으려고도 말고, 사람을 의식하면서 뭘 하지 말고, 다만 무슨 일이든 하나님을 의식하면서 하는 사람은 어디에도 매이지 않는 자유로운 삶을 살 수 있습니다.

◉ 무명의 자유

　작년 이때 깊이 기도해야 할 일이 있어서 양수리에 있는 어느 금식기도원에 한 주간 다녀왔었습니다. 방에서 자려면 숙박비를 내는 것을 모르고 돈을 준비하지 못해서 차의 창문을 조금 내려놓고 차 안에서 잤습니다. 셋째 날인가 부스스한 모습으로 의자에 앉아 있는데 누군가 뒤에서 툭 치며 "혹시 최용우 전도사님 아닌교? 맞지예. 햇볕 같은 이야기 만드시는… 저 억수로 홈페이지에 자주 가는 팬이라 예." 후~ 세상에 내가 모르는 사람 중에 나를 알아보는 사람이 있다니. 얼른 세면장으로 달려가 세수하고 머리 감고 몸단장을 했지요. ^^ 혹시 또 누가 알지. (그런데 그 뒤로는 한 명도 알아보는 사람이 없었습니다. ㅎㅎ) 사람들은 자신이 누구나 알아보는 유명한 사람이 되면 좋을 거라 생각합니다. 하지만 한 번만 더 생각해 보면 그게 그리 좋은 것만은 아닙니다. 드러난 사람들은 매사에 대중들의 표적이 됩니다. 좋은 일을 하면 "생색낸다"하고 나쁜 일을 하면 사정없이 매도하는 게 대중들입니다. 그래서 드러난 사람들은 자신도 모르게 과장된 제스처를 취하게 되고 그러다 보면 삶이 부자연스러워지고 인기라도 떨어지면 죽지요. 수많은 길거리의 사람들 속에서도 당당하게 걸을 수 있는 무명의 자유함! 일등보다는 중간의 느긋함! 경쟁에서 벗어난 꼴찌의 편안함!

2026년 4월 월삭새벽기도회 자료 (희락의 날)

제목 : 희락의 날에 드리는 월삭 기도 | 본문 : 민수기 10:1-19

4월 월삭 기도회에서는 4·19 혁명을 생각하면서 희락의 날을 위해 기도하시겠습니다. 4월 하면 얼른 4·19가 머리에 떠오릅니다. 4·19를 4월 학생혁명 또는 '4·19 학생 의거'라고도 합니다. 4·19 혁명의 직접적인 원인은 1960년 3월 15일 실시된 당시 자유당 정권의 불법·부정 선거였으나, 근본적인 원인은 이승만 전 대통령의 독재 정권의 탄압이었습니다.

1960년 4월 18일 고려대학교 학생 시위를 정권 엄호 세력인 반공청년단이 습격하자, 4월 19일 3만 명의 대학생과 고등학생들이 거리로 쏟아져 나왔습니다. 경찰은 시위대를 향해 발포했고, 전국의 주요 도시에서 수천 명의 학생이 가세했습니다. 당일 서울에서만 약 130명이 죽고 1,000명 이상의 부상자가 발생했습니다. 전국적으로 시위가 거세지자 4월 26일에 이승만 전 대통령은 사임을 발표했고, 허정 내각의 과도 정부가 수립되었습니다.

4월은 온갖 꽃들이 화려하게 피어나고 새싹이 돋아나는 달입니다. 또한 절제와 회개, 경건과 기도로 보내는 사순절이 지나고 부활절을 맞아 바야흐로 본격적인 봄날의 환희에 젖어 드는 계절입니다. 부활절은 AD 325년 니케아 공의회에서 결정한 봄의 첫날인 춘분(3월 21일경) 이후 보름달이 뜨고 난 첫 주일입니다. 그 결과 부활절은 3월 22일과 4월 25일 사이에 오게 됩니다. 부활절은 예수님께서 새 생명으로 다시 살아나신 것을 기념하는 날입니다. 수난의 시기와 죽음에 이르는 고통을 겪고 난 이후 얻은 새 생명입니다. 부활절 달걀도 나눔의 의미가 있다고 하지만 본질은 새로이 탄생한 그리스도의 부활을 상징하는 것입니다.

헤르만 헤세의 시 「데미안」의 한 구절입니다. "새는 알에서 빠져나오려고 몸부림친다./ 알은 하나의 세계다./ 태어나려고 하는 자는 하나의 세계를 파괴하지 않으면 안 된다." 자신이 갇혀 사는 하나의 세계를 깨야만 더 성숙한 하나의 생명체로 발전한다는 것입니다. 4월의 부활절은 고통이 환희의 새 생명으로 이어지는 신비의 상징이라 하겠습니다.

하지만 이렇게 좋은 4월을 시인 T. S. Eliot은 '잔인한 4월'이라고 했습니다. 사실은 '잔인한 4월'의 유래를 살펴보면 단어의 뜻 그대로 어둡고 고통스럽고 잔인한 4월을 뜻함이 아닙니다. 메마른 대지에 봄비가 내려 새 생명이 돋고 환희의 꽃이 피는 아름다운 봄을 역설적으로 표현한 T. S. Eliot의 시(詩) 「황무지(The Waste Land)」에서 나온 말입니다. 곱고 아름다운 새 생명과 꽃이 피어나기까지의 고통과 인내를 노래한 시인의 역설적 표현입니다.

그런데 우리나라에서는 '잔인한 4월' 하면 세월호 침몰 사건과 4·19 혁명을 비롯한 제주 4·3사건 등이 우리의 마음을 아프게 합니다. 2014년 4월 15일 세월호 침몰 사건으로 어린 학생들을 포함하여 314명이 목숨을 잃었고, 1960년 4월 18일 4·19 혁명으로 130명이 죽었으며, 1948년 4월 3일 남로당이 대한민국 건국을 저지하기 위해 일으킨 무장 반란이 일어나 이를 진압하는 과정에서 무고한 양민들이 수없이 희생을 당했습니다.

우리는 여기서 4월을 생명과 죽음의 앞과 뒤에서 하나님의 뜻을 깨달아야 합니다. 하나님은 죽음이 있는 곳에 생명을, 슬픔이 있는 곳에 희락을, 절망이 있는 곳에 희망을 주시는 분이십니다. 그러므로 우리는 '죽음'과 '슬픔' 그리고 '절망' 중에서도 '생명'과 '희락' 그리고 '희망'을 생각하며 하나님께 기도해야 합니다. 그런 의미에서 오늘 4월 월삭 기도회 시간에 "희락의 날에 드리는 위한 월삭 기도"라는 제목으로 말씀을 생각하고 기도하고자 합니다.

오늘 월삭 기도회에 하나님께서 우리에게 말씀의 핵심은 **"또 너희의 희락의 날과 너희가 정한 절기와 초하루에는 번제물을 드리고 화목제물을 드리며 나팔을 불라 그로 말미암아 너희의 하나님이 너희를 기억하시리라 나는 너희의 하나님 여호와니라"**(:10)라는 말씀입니다. 이 말씀을 한마디로 요약하면 **"은 나팔"**과 그 신호에 대한 말씀입니다. 하나님은 모세에게 은 나팔 두 개를 만들어 제사장에게 불게 하셨습니다. 제사장이 은 나팔을 부는 방법에 따라 그 의미는 달라졌습니다. 이 말씀에 담긴 하나님의 뜻을 함께 생각해 봅시다.

1. 은 나팔의 용도

하나님께서 모세에게 은 나팔을 만들어서 이스라엘 백성들을 소집하며 출발하게 하셨습니다(:1-2). 은 나팔을 만들도록 명령하신 분은 하나님이십니다. 하나님은 은 나팔을 통해 이스라엘 백성을 광야에서 인도하기를 원하셨습니다. 200만 명이 넘는 이스라엘 백성들이 일사불란하게 움직일 수 있도록 나팔 소리를 이용하신 것입니다. 하나님의 명령대로, 나팔 소리가 크게 울릴 때 이스라엘 백성이 행진했습니다. 행진의 여부는, 날씨나 그들의 체력에 따라 결정되지 않았습니다. 오직 그들은 하나님의 신호에 따라 진행을 기다려야 했습니다.

인터넷에는 무한한 정보가 들어있습니다. 학술정보, 뉴스, 인물, 문화, 예술, 오락, 건강 등 모든 분야를 대상으로 하고 있습니다. 그야말로 정보의 바다입니다. 이 같은 정보는 모두 적절한 홈페이지에 담겨있습니다. 따라서 필요한 정보는 적절한 홈페이지만 찾아가면 쉽고 빠르게 얻을 수 있습니다. 그렇다면 홈페이지는 어떻게 찾아갈까요? 항해사가 바다 위에 정해진 항로를 따라 목적지를 찾아가는 것처럼 인터넷에도 길이 있습니다. 다만 누가 좀 더 빠른 지름길을 찾아가느냐의 차이가 있을 뿐입니다. 필요한 정보를 찾기 위해 일일이 인터넷을 뒤지며 돌아다닌다는 것은 합리적이지 못합니다. 드넓은 바다를 무작정 헤매는 것과 같습니다. 이 같은 수고를 덜어주는 것이 바로 검색엔진입니다. 검색엔진은 어떤 정보를 얻으려면 어떤 길을 찾아가야 하는지를 알려주는 안내자 역할을 합니다. 따라서 검색을 이용하면 초보자도 원하는 정보를 쉽게 찾을 수 있습니다.

인생도 인터넷의 세계에 못지않게 드넓은 바다와 같습니다. 그런데 이러한 인생의 바다에서 우리가 찾아가는 길을 찾는다는 것은 쉽지 않습니다. 그래서 많은 사람은 자신의 길을 찾기 위해서 점을 치기도 하고, 몸을 아끼지 않고 자신의 길을 가기도 합니다. 하지만 인생에도 인터넷에서의 검색엔진과 같은 역할을 하는 안내자가 있습니다. 인생의 방향과 인생의 방법을 결정해주는 올바른 안내자인 하나님의 말씀을 좇아 순종할 때 우리는 인생의 바다에서 무작정 헤매는 수고를 덜게 되고 목적지에 갈 수 있습니다.

하나님은 은 나팔을 이용해 이스라엘 백성을 인도하셨습니다. 오늘날 우리는 하나님의 말씀을 통해 인도를 받습니다. 하나님의 말씀을 묵상하여야 하나님의 나팔 소리를 들을 수 있습니다. 그렇기에 우리는 하나님의 말씀을 날마다 가까이해야 합니다. 하나님께 인도받기 위해 여러분은 얼마나 말씀에 귀를 기울이고 있습니까? 하나님은 성경 말씀과 목회자의 설교를 통해 말씀하십니다. 성경 말씀을 통해 하나님의 뜻을 알게 하십니다.

2. 나팔 소리의 의미

우리는 나팔 소리의 의미를 이해해야 합니다(:3-7). 나팔 소리에는 다양한 의미가 있습니다. 나팔 두 개를 불 때는 온 회중이, 하나만 불 때는 천부장이 장막 문 앞에 모여서 모세에게 나아와야 했습니다(:3-4). 또한 나팔을 크게 불 때는 동쪽 진영이 행진해야 했고, 두 번째로 크게 불 때는 남쪽 진영이 행진해야 했습니다(:5-6). 단순히 회중을 모을 때에는 나팔 소리를 크게 내지 않았습니다(:7). 이렇게 나팔 소리에는 다양한 뜻이 있었습니다. 그렇기 때문에 백성들은 나팔 소리에 귀를 기울여야 했습니다. 그리고 나팔 소리의 의미에 대해 분명히 이해하고 있어야 했습니다. 나팔 소리의 의미를 이해하지 못한다는 것은 곧 하나님의 뜻을 이해하지 못한다는 뜻입니다. 우리 역시 하나님의 말씀을 이해하고 분별할 줄 알아야 합니다. 말씀을 정확히 이해해야 하나님의 온전한 뜻을 분별할 수 있습니다.

우리는 나팔을 불어 하나님의 구원을 받아야 합니다(:8,10). 제사장이 나팔을 불어 하나님의 뜻을 백성에게 전달했습니다(:8). 오늘날 하나님의 말씀을 전하는 목회자들에게는 하나님의 뜻을 정확하게 전달해야 할 사명이 있습니다. 자신의 임의대로 나팔 소리를 바꾸어서는 안 됩니다. 하나님은 모세에게, 대적들을 치러 나갈 때 제사장들에게 나팔을 크게 불게 하라고 말씀하셨습니다. 그렇게 하면 하나님께서 이스라엘을 기억하시고, 그들을 위해서 싸워 주겠다고 약속하셨습니다(:9). 그런데 하나님께서 무조건 싸워 주시는 것이 아닙니다.

하나님께서 명령하신 대로, 나팔을 크게 불면서 하나님의 도움을 구할 때 이기게 하십니다. 오늘날 우리가 크게 불어야 할 나팔은 바로 기도입니다. 하나님은 언제든지 자기 백성을 도와주실 수 있는 전능자이시지만, 기도하고 의뢰하는 자에게 역사하십니다(대하 16:9). 우리는 하나님께 적극적으로 구해야 합니다(마 7:7). 하나님은 기도를 들어주십니다.

사랑하는 성도 여러분!

하나님은 은 나팔 소리를 통해 이스라엘 백성을 인도하셨습니다. 회중을 모을 때, 행진할 때, 대적을 치러 나갈 때, 나팔 소리를 통해 하나님의 뜻을 전달하셨습니다. 우리는 말씀을 통해 들려주시는 하나님의 말씀에 귀를 기울여야 합니다. 또한 우리는 기도의 나팔을 크게 불어 하나님의 구원을 요청해야 합니다. 날마다 하나님의 말씀을 묵상하고, 수시로 아니 정해진 수요기도회와 새벽 기도를 통해 하나님과 긴밀히 동행하시기를 바랍니다.

4월은 부활절 달로 죽음을 생명으로, 슬픔을 희락으로, 절망을 희망으로 바꾸는 달이라고 이미 말씀드렸습니다. 여러분에게 질병이 있습니까? 죽음이 있습니까? 슬픔이 있습니까? 절망이 있습니까? 오늘 4월 월삭 기도회 시간에 모든 것을 희락으로 바꾸는 기도를 하시기 바랍니다. 하나님은 **"죽일 때가 있고 치료할 때가 있으며 헐 때가 있고 세울 때가 있으며 울 때가 있고 웃을 때가 있으며 슬퍼할 때가 있고 춤출 때가 있으며"**(전 3:3-4)라고 하셨습니다. 슬픔을 희락으로 바꾸는 성도가 되시기를 주님의 이름으로 축원합니다.

[예화]

▣ 배꼽 줍는 법

강연회의 강의가 어찌나 웃기던지 청중이 배꼽을 잡고 웃었습니다. 한 사람도 웃지 않은 사람이 없을 정도였죠. 강의가 끝나고 사회자가 나오더니 이렇게 광고를 했습니다. "여러분, 지금 강연장 바닥에 여러분의 배꼽이 수두룩하게 빠져 있습니다. 그러니 찾아가실 분은 옷핀이나 바늘을 준비하시기 바랍니다. 준비하신 바늘로 바닥에 떨어져 있는 배꼽을 콕콕 찔러 보세요. 그러다가 여러분 입에서 '아야!' 소리가 나오는 배꼽이 있으면 얼른 주워서 제자리에 찾아 넣고 돌아가시기를 바랍니다." 사회자의 말에 거기 모인 사람들은 전부 다시 한번 크게 웃었습니다. 웃음이 있는 삶에는 희망과 여유가 있습니다. 올 한 해도 웃음을 잃지 않는 삶을 사시기 바랍니다.

▣ 생의 기쁨

한국의 슈바이처인 장기려 박사는 의학을 공부한 후 어려운 이웃들을 위해 헌신적인 진료를 했다. 그는 80회 생일을 맞았을 때 몇 가지 생의 기쁨에 관해 이야기했다. 첫째는 결혼한 후 아들을 낳았을 때 하나님이 주신 아들로 천하를 얻은 기쁨이었다고 감사했다. 둘째는 손기정 선수가 올림픽 마라톤 경기에서 우승했을 때 민족 감정에 의해 기뻐했다. 그러나 그는 예수님을 구세주로 믿고, 죄를 회개하고, 하나님께 죄 사함을 받았다는 확신을 가졌을 때의 기쁨에 비교하면 위의 기쁨은 하찮은 것에 불과하다고 말했다. 하나님은 사람의 모습으로 이 땅에 오셨다. 이분이 곧 예수 그리스도이다. 예수님은 죽음의 세계로부터 우리를 해방하셨다. "지극히 높은 곳에서는 하나님께 영광이요 땅에서는 기뻐하심을 입은 사람들 중에 평화로다"(눅 2:14)라고 말씀하고 있다. 이번 성탄절에 이 평화와 기쁨이 온 누리에 임하기를 기도한다.

▣ 그리스도인의 기쁨

『천로역정』을 쓴 존 번연은 어느 날 우연히 할머니 몇 사람이 양지에서 햇볕을 쬐며 이야기하는 것을 듣게 되었다. 할머니들은 기쁨이 가득 찬 얼굴로 하나님께서 얼마나 자기에게 은혜를 베풀어주셨는지를 이야기하고 있었다. 존 번연은 그 순간 가슴이 뜨거워져 그 자리에 엎드려 기도했으며 새사람이 되는 확실한 경험을 하였다고 한다. 그의 위대한 신앙의 문학은 바로 그 기쁨에서부터 비롯되었다고 할 수 있다. 우리가 하나님의 은혜를 알고 그 기쁨 가운데 있을 때 하나님의 위대한 도구가 될 것이다.

2026년 5월 월삭새벽기도회 자료 (가정)

제목 : 행복한 가정을 위해서 | 본문 : 에베소서 6:1-4

5월은 가정의 달입니다. 가정의 달에는 여러 가지 행사가 있지요. 하지만 그중에서 절대 빼놓을 수 없는 것이 가족을 위한 기도입니다. 그런데 저는 지금까지 가정의 날에 부모님과 자녀들에게 선물을 주는 등 이런저런 행사를 보아왔지만, 가족을 위한 특별기도회는 보지 못했습니다. 올해 5월 월삭 기도회는 가족을 위한 특별기도의 날로 지켰으면 좋겠습니다.

가족의 소중함은 이루 말할 수 없습니다. 가족의 소중함을 아는 이들은 바로 사회공동체에서도 잘 적응할 수 있기 때문입니다. 그 뜻은 곧 가족이 곧 삶에 있어서 매우 큰 힘이 되어주기에 그렇습니다. 또한 더욱더 긍정적인 힘의 분배 원칙에 적응할 수 있는 마음의 기운을 한층 더 업그레이드시켜줍니다. 가족의 소중함을 아는 이들은 수없이 많은 이들에 대한 고마움도 늘 잊지 않습니다. 때에 따라서는 좋은 일에 온 열정의 힘과 뜻으로 함께할 마음의 의지도 굳건히 지켜나갑니다. 가족의 소중함의 참된 기쁨은 서로에게 있어서 더욱 더 기대되는 믿음의 증거와 사랑의 증거와도 같습니다. 더 좋은 뜻으로 서로에게 있어서 힘이 되어주는 일도 바로 가족의 소중함 안에서의 참된 사랑의 힘입니다.

어디에서든 가족이 함께하고 있다는 사실 속에서 우리는 더욱더 나은 삶의 영광됨과 온 마음의 기쁨으로 함께 할 수 있는 힘이 생깁니다. 나은 뜻의 단결력으로 인해서 존귀함의 참뜻으로 온 열정의 힘을 다해서 기쁨이 샘솟는 가족의 고마움을 늘 잊지 말아야 할 것입니다. 가족이 언제 어디서나 함께하고 있다는 것은 참으로 행복한 삶을 잘 살아가고 있다는 증거입니다. 또한 가족의 소중함으로 인해서 더 나은 삶의 주인 의식은 바로 사회의 중요한 리더십을 맘껏 발휘할 수 있는 기회도 생깁니다.

그러므로 우리는 새벽마다 성전에 나와서 하나님께 가족의 영혼 구원부터 시작하여 가족 하나하나의 건강과 가족의 화목과 화합을 위하여 기도해야 합니다. 자녀를 둔 부모가 자기의 자녀를 위해서 기도한다는 것은 의무이자 사명입니다. 단순히 자녀를 낳아만 놓았다고 부모가 되는 것은 아닙니다. 자기의 자녀를 위하여 기도하지 않는 부모는 없다지만, 기도는 그저 입으로 하는 것이 아닙니다. 기도는 생활이고 믿음입니다. 부모는 자녀에게 올바른 삶을 보여주어야 하고, 믿음을 통해서 기도하는 모습을 알게 해주어야 합니다.

전설에 의하면 옛날 효성이 지극한 아들과 며느리가 살았습니다. 며느리가 밭에 일하러 가면서 어린 아들을 시아버지가 주무시던 이불 밑에 눕혀 놓고 나갔는데, 돌아와 보니 시아버지의 발에 어린아이가 깔려서 기절해 있었습니다. 며느리는 기절한 아이를 업고 남편에게 황급히 달려갔습니다. 남편에게 자초지종을 이야기 하니 남편은 아이가 아버지의 마음을 상하게 한 불효자식이라고 아이의 뺨을 심하게 내려쳤습니다. 그랬더니 뺨을 맞은 아이가 정신이 번쩍 들면서 숨을 다시 쉬기 시작하여 살아났다는 것입니다. 이 소문이 사람에게 널리 퍼져 그 효성이 지극한 부부가 사는 마을을 '효자동'이라고 부르게 되었다고 합니다. 아들을 부모보다 귀하게 여기는 요즘에는 상상도 할 수 없는 일이지만 감동을 주는 이야기입니다.

영국과 프랑스가 전쟁할 때 영국의 포로가 탈출하려다가 붙잡혀 나폴레옹 황제에게 끌려왔습니다. 황제가 영국 병사에게 물었습니다. "그대가 이 작은 배로 어떻게 도버해협을 건너려고 했느냐?" 영국 병사가 말하기를 "어머니를 뵙고 싶은 제 심정은 도버해협이 아니라 대서양도 능히 건널 수 있습니다." 어머니를 그리워하는 병사의 효심에 감탄한 황제는 "가라, 용사여! 나에게도 나를 기다리는 어머니가 계시느니라. 가서 말하기를 '프랑스의 황제 나폴레옹도 어머니를 보고 싶어 한다'고 너의 어머니께 아뢰어라"라고 말했다는 일화가 있습니다.

1. 부모님을 위한 기도

부모를 공경하는 효성은 동서고금을 막론하고 높이 사고 아름답게 평가하는 것이 인간들의 마음입니다. 이 부모공경의 마음은 하나님에게 왔으며, 예수님께서 우리에게 실천해 보이신 인간의 가장 아름다운 덕성입니다. 오늘날 우리의 비극이 무엇입니까? 산업화 내지는 도시화로 인하여 대가족 제도가 무너지고 핵가족화되어서 가족이 서로 떨어져 살아야 한다는 것입니다. 여기에 모이신 성도들의 대부분이 자식이나 부모 형제를 멀리 두고 자주 만나지 못하는 분이 많은 것은 우리가 다 겪는 아쉬움입니다. 더욱이 인심이 흉흉해지고 인정이 메말라 가는 현실 속에서, 부모공경의 윤리가 퇴락하고 불륜의 자식들이 속출하는 세상에서 "**네 부모를 공경하라**"(출 20:12) 하신 하나님의 말씀은 우리의 심금을 울립니다.

하나님께서 주신 가장 고귀한 계명은 십계명입니다. 십계명은 크게 둘로 나누는데 제1계명부터 제4계명까지는 하나님 사랑의 명령이고, 제5계명부터 제10계명까지는 인간 사랑의 명령입니다. 이 둘은 서로 떼어서 생각할 수 없는 하나의 계명입니다. 하나님을 사랑하는 사람은 사람을 사랑해야 합니다. 나아가서 하나님 사랑하는 방법이 사람 사랑하는 방법이요, 사람을 사랑하는 사람이 하나님을 사랑할 수 있다는 것을 말씀하십니다. 제5계명은 사람 사랑의 첫 계명인데, 하나님과 부모님을 매우 비슷한 위치에 두고 하나님과 부모님을 사랑하라고 강조하고 있습니다. 먼저 눈에 보이는 육신의 부모를 사랑하고 공경하는 법을 배우고 실천해야, 눈에 보이지 않는 하나님 아버지를 사랑하고 섬길 수 있다는 말씀입니다.

우리가 왜 "**네 부모를 공경하라**" 계명을 지켜야 합니까? 첫째, 하나님의 명령이기 때문입니다. 둘째, 낳아 주시고 길러주신 부모님께 대한 인간의 도리이기 때문입니다. 셋째, 하나님과 부모님을 기쁘시게 하는 방법이기 때문입니다. 넷째, 땅에서 잘되고 장수하는 복이 약속되어 있기 때문입니다. 다섯째, 성경의 행복한 가정을 이루는 비결이기 때문입니다.

부모님 공경에는 세 가지 차원이 있습니다. 부모님에게 효성을 다 하는 세 가지의 구체적인 방법입니다. 첫째 차원은 부모님을 육신으로 편하고 쾌적하게 해드려야 합니다. 사람이 늙으면 입맛이 떨어지고 마치 어린아이같이 음식 투정을 잘합니다. 그러니 철마다 맛있는 음식을 지어드리는 것이 효도 가운데 하나입니다. 계절에 맞는 의복을 지어드리고, 필요에 따라서 용돈도 넉넉하게 드려야 합니다. 겨울에는 따뜻한 잠자리, 여름에는 시원한 잠자리를 마련해 드리는 것도 중요합니다. 이것은 가장 기본적인 것으로 일 차원의 효도입니다.

둘째 차원은 부모님의 마음을 편안하고 기쁘게 해드려야 합니다. 산해진미를 먹고 비단 옷을 입으며 고대광실 높은 집에 살면서 돈을 물 쓰듯 써도, 마음이 편치 않다면 결코 행복하다 할 수 없습니다. 자식들이 바르고 정직하게 열심히 살아서 사람들에게 칭찬을 들어야 부모님이 기뻐하십니다. 자식들이 화목하고 의의 좋게 지내야 부모님이 기뻐하십니다. 자식들이 자주 문안하고 안부를 물어 부모님의 마음을 편안하게 해드리는 것이 효도입니다.

셋째 차원은 부모님의 영혼을 구원시켜 이 세상을 떠날 때 천국에 가시게 하는 것입니다. 이것이 최고의 효도입니다. 육신을 편안하게 해드리는 것도 좋고, 마음을 편안하게 하고 기쁘시게 해드리는 것도 좋습니다. 그러나 사랑하는 부모님이 죽어 지옥 형벌을 받는다면 어찌 자식이 부모님에 대한 도리를 다했다고 말할 수 있겠습니까. 부모님의 영혼을 위하여 날마다 기도하고, 천국에서 영생 복락을 누리시게 하는 게 부모님께 대한 최고의 효도입니다.

사도 바울이 "**자녀들아 주 안에서 너희 부모에게 순종하라 이것이 옳으니라 네 아버지와 어머니를 공경하라 이것은 약속이 있는 첫 계명이니 이로써 네가 잘되고 땅에서 장수하리라**"(:1-3) 말씀했습니다. 부모에게 순종하고 공경하는 자에게 하나님께서 축복을 약속하셨습니다. 땅에서 잘 되고 장수의 복을 누리도록 기도하시기를 주님의 이름으로 부탁합니다.

2. 자녀를 위한 기도

자녀를 위해 기도하지 않는 부모는 없지만 단순한 기도가 아니라 자녀들의 마음을 헤아려 상하지 않게 하는 것이 부모의 태도입니다. 사도 바울이 "**아비들아 너희 자녀를 노엽게 하지 말고 오직 주의 교훈과 훈계로 양육하라**"(:4)라고 말씀했습니다. 부모가 자녀를 화나게 해서는 안 된다는 말씀입니다. 하나님께서 부모에게 자녀를 통제할 권위를 주신 것이 아니라 사랑으로 가르쳐야 할 의무를 주셨습니다. 부모는 주님의 교양과 훈계로 자녀를 양육해야 합니다. 그냥 교양이나 훈계가 아니라, 주님의 교훈과 훈계입니다. 따라서 이것은 가정에서 부모가 해야 합니다. 학교에서 주님의 교훈과 훈계를 받을 수 없습니다. 부모가 해야 합니다.

주님의 교훈과 훈계는 자녀 양육의 절대적 규범이요 헌장입니다. 자녀들은 하나님이 잘

키우라고 맡겨주신 하나님의 자녀이지, 함부로 욕하고 때리라는 화풀이 감이 아닙니다. 부모에게 자녀는 옛날 노예처럼 멋대로 취급해도 되는 물건이 아닙니다. 그런데 많은 부모가 분별없이 자녀를 구타하고 욕을 퍼붓고 악담과 저주합니다. 내가 낳았다고 내 맘대로 할 수 있는 내 자식이 아닙니다.

  부모는 깊은 사랑과 이해심을 가지고 자녀들과 대화하는 시간을 가져야 합니다. 무디 목사님은 "세상의 모든 사람의 존경을 다 잃더라도 나는 불행하지 않다. 그러나 자식에게서 존경심을 잃으면 나는 불행할 것이다"라고 했습니다. 부모는 자녀들한테 무섭기만 해서는 안 되며 진정으로 그 마음에 존경하는 경외심을 갖도록 기도해야 합니다.

사랑하는 성도 여러분!

  가족을 위한 기도를 잊지 맙시다. 기도는 하나의 명상이 아닙니다. 특히 가족을 위한 기도는 실천과 행동을 통해서 보여주어야 합니다. 모든 삶을 통해서 자신이 가족을 사랑하며 기도하는 모습을 보여주어야 합니다. 가족을 위해 기도하시기를 주님의 이름으로 축원합니다.

[예화]

▣ 가족

　가족 중에 아픈 이가 있으면 오히려 아픈 본인보다도 다른 가족들이 더 걱정하면서 약을 지어오고 잠 못 이루는 경우가 많습니다. 특히 아직 아무것도 모르는 아이가 아프면 차라리 대신 아파 줄 수만 있다면 아파 주고 싶은 마음이 됩니다. 아이를 낳고 아이가 아프니 이제야 나의 부모님들이 내가 아프면 어떤 심정이었는지 바로 이해가 됩니다. 가족(Family)이란 영어단어는 '아버지, 어머니! 저는 당신을 사랑합니다'라는 뜻인 'Father And Mother, I Love You.'의 각 단어 첫 스펠링을 모아 만든 단어라고 합니다. '가족'이라는 단어 자체가 '가족'이 무엇인지 확실하게 설명하고 있는 셈이지요. 아픈 아이를 바라보면서, 내가 아팠을 때 지금 나 같은 안타까운 마음으로 나를 바라보셨을 어머님께 오늘 밤엔 전화라도 한 통 드려야겠습니다.

▣ 가족 휴가 잘 보내는 10가지 방법

1. 가족 모두가 즐길 수 있는 공통의 취미를 찾아라.
2. 고향에 간다면 가족의 뿌리를 찾아보는 가족사를 자녀들과 정리해 보자. 아빠의 추억이 어린 장소를 찾아보자.
3. 칭찬과 격려일지를 기록해 보자.
4. 주제가 있는 여행을 통해 휴가 앨범을 만들어 보자.
5. 각자 매일 여행일지를 기록해 보자.
6. 어른들만이 할 수 있는 고스톱 같은 놀이는 하지 말자.
7. 주변의 가까운 가족들과 함께 떠나라. 자녀들의 왕따를 예방할 수 있다. 공동체 생활을 통해 돌봄과 돌봄을 받는 일을 배운다.
8. 각자가 해야 할 일을 정해 주어라. 합력하여 선을 이루는 것과 가족을 위해 할 수 있는 일이 있다는 것은 행복하다.
9. 최소한의 것을 가지고 떠나라.
10. 가족이 일체감을 가질 수 있는 표시를 하고 떠나라.

　마태복음 11:29 나는 마음이 온유하고 겸손하니 나의 멍에를 메고 내게 배우라 그리하면 너희 마음이 쉼을 얻으리니 -기독교가정사역연구소 자료 인용

2026년 6월 월삭새벽기도회 자료 (나라와 민족)

제목 : 나라와 민족을 위한 월삭 기도 | 본문 : 사무엘상 12:19-25

6월 월삭 기도회에서 나라와 민족을 위하여 하나님께 기도드리겠습니다. 우리가 6월이면 잊을 수 없는 것, 두 가지가 있습니다. 하나는 6월 6일 현충일이고, 또 하나는 6·25전쟁입니다. 현충일은 나라를 위해 목숨을 바친 국군장병들과 호국영령들을 추모하기 위해 지정된 법정기념일로 1956년부터 6월 6일을 현충일로 지정하여 기념하고 있습니다. 그날은 추념식과 참배 행사, 각종 추모기념식이 국립현충원에서 거행되기도 합니다.

6·25전쟁은 1950년 6월 25일 새벽에 북한 공산군이 남북군사분계선인 38선을 넘어 불법 남침함으로써 우리나라에서 전쟁이 발발한 날입니다. 전쟁이 시작되자 북한군은 3일 만에 서울을 점령했으며 한 달여 만에 낙동강 방어선까지 밀어붙여 신속하게 전세를 장악하였습니다. 그때 유엔 안전보장이사회에서 북침 퇴치를 결정하여 우방 16개국의 유엔군이 인천상륙작전 성공으로 서울과 원산, 평양까지 탈환하여 곧 통일을 눈앞에 두게 되었습니다. 그러나 중공군의 개입으로 전세는 다시 역전되어 장기가 될 조짐으로 나타났습니다.

중공군을 포함한 북한군과 유엔군이 함께한 한국군이 38도선을 뺏고 뺏기는 과정에서 미국과 유엔을 시작으로 휴전 문제가 언급되었고, 1953년 7월 27일에 비로소 휴전협정이 서명됨으로써 3년 10개월에 걸친 승리 없는 휴전상태로 지금까지 이르고 있습니다.

6·25전쟁은 400만여 명의 인명피해와 1,000만여 명의 이산가족, 수많은 상이군인, 전쟁미망인, 전쟁고아들이 생기고 국토의 80% 이상이 파괴되는 우리 민족의 가장 참혹한 전쟁이었습니다. 오늘 새벽은 공산 세력의 세계 적화 의도를 저지하고 자유를 지키기 위해 헌신한 국내외 참전용사의 숭고한 희생정신을 기리며 아울러 6·25전쟁의 역사적 의미와 교훈을 되새기며 후세에 올바로 인식시킬 수 있는 기도하는 시간이 돼야겠습니다.

미국의 독립 전쟁 때 워싱턴 장군이 가장 고전한 것은 필라델피아의 밸리 포지라는 마을에서의 전투였습니다. 그때 군인들은 추위와 굶주림으로 탈진한 상태였습니다. 워싱턴 장군이 전투에 승리할 것을 믿는 사람은 거의 없었습니다. 그러나 워싱턴 장군의 비서인 루이스는 '필승'을 확신하고 이렇게 말했습니다. "장군님은 하루에 네 번씩 성경을 펴놓고

부록

기도하고 계십니다. 기도를 마치고 나오는 그의 얼굴은 너무 평화로 가득했습니다. 전투는 끝까지 '하나님께 기도하는 침착성'을 유지하는 쪽이 승리하는 법입니다."

마침내 워싱턴 장군은 기도를 통해 마음의 평정과 지혜를 얻어 그 전쟁에서 대승했습니다. 밸리 포지에는 현재 워싱턴기념교회가 설립되어 있습니다. 그리고 다음과 같은 기도문이 새겨져 있습니다. "민족의 지도자들이 겸손한 마음으로 백성을 섬기게 하소서" 기도는 신비로운 힘을 지니고 있습니다. 기도는 '절망, 한숨, 눈물'을 '희망, 찬양, 미소'로 바꿉니다.

1. 백성들을 위해 기도한 사무엘

사무엘은 기도의 사람으로서 기도보다 더 중요한 것은 없다고 믿었습니다. 사무엘의 어머니 한나는 하나님께 간절히 부르짖은 기도의 응답으로 사무엘을 낳았습니다. 사무엘은 젖을 떼자마자 성전에서 제사장을 섬기며 살았습니다. 그가 어릴 때 하나님의 음성을 듣고 대화를 나누었습니다. 사무엘은 어릴 때부터 기도가 얼마나 중요한 것인가를 잘 알고 있었습니다. 그리고 두려움이나 고난에 빠진 백성을 위해 기도를 실천했습니다.

이스라엘 백성들이 이방인의 관례를 따라 왕을 강력히 원했을 때 하나님은 당신의 뜻이 아니지만 할 수 없이 허락하셨습니다. 하지만 그 후에 이스라엘 백성들에게 위기가 찾아왔습니다. 마음이 급하게 되어 "모든 백성이 사무엘에게 이르되 당신의 종들을 위하여 당신의 하나님 여호와께 기도하여 우리가 죽지 않게 하소서 우리가 우리의 모든 죄에 왕을 구하는 악을 더하였나이다"(:19)라고 하소연하였습니다.

사무엘은 백성들에게 "두려워하지 말라 너희가 과연 이 모든 악을 행하였으나 여호와를 따르는 데에서 돌아서지 말고 오직 너희의 마음을 다하여 여호와를 섬기라 돌아서서 유익하게도 못하며 구원하지도 못하는 헛된 것을 따르지 말라 그들은 헛되니라"(:20-21) 권면하였습니다. 사무엘이 기도를 하고 있으니 두려워하지 말라 했습니다. 그리고 마음을 다하여 하나님을 섬기라고 했습니다. 그들에게 아무런 유익도 없으며 구원하지도 못하는 헛된 것, 즉 우상을 따르지 말라 했습니다. 여기서 우리가 알 것은 지도자의 기도와 성도의 행함이 일치해야 한다는 것입니다. 아무리 지도자만 기도해도 성도가 따르지 않으면 소용

없습니다.

하나님의 계명을 어기는 것이 죄라는 것은 누구나 다 잘 알고 있습니다. 하나님의 말씀인 성경에는 어떤 것이 죄라는 것을 상세하게 기록해 놓았습니다. 그러므로 성경 말씀을 기준으로 지은 죄를 깨닫게 되는 것입니다. 마음속으로 남을 미워했거나 입술을 통해 남을 정죄한 것이나, 행위를 통해서 범죄한 것을 성경 말씀을 기준으로 깨닫고 회개하게 되는 것입니다. 그러나 기도하지 않는 것이 죄라는 것을 확실히 아는 사람은 많지를 않습니다. 기도하지 않는 것이 죄라는 것을 모르기에 기도를 게을리하게 되는 것입니다. 기도하기를 쉬는 것은 하나님의 능력을 믿지 않고 요행수나 우연의 일치를 더 믿는 것입니다. 하나님의 능력을 무시하는 것은 하나님의 뜻대로 살지 않는 것으로써 죄가 됩니다.

사도 바울은 "쉬지 말고 기도하라"(살전 5:17) 말씀했습니다. 이 말씀은 하나님의 명령입니다. 그러므로 기도하지 않는 것은 하나님의 명령을 거역하는 것이기 때문에 죄가 됩니다. 기도는 우리의 의무입니다. 기도는 해도 되고 안 해도 되는 게 아닙니다. 어떤 사람을 위해 기도하지 않음으로 구원을 받지 못하고 영원한 멸망 속으로 빠져들어 가게 될 수 있습니다.

2. 기도를 쉬는 죄

사무엘은 "나는 너희를 위하여 기도하기를 쉬는 죄를 여호와 앞에 결단코 범하지 아니하고 선하고 의로운 길을 너희에게 가르칠 것인즉 너희는 여호와께서 너희를 위하여 행하신 그 큰 일을 생각하여 오직 그를 경외하며 너희의 마음을 다하여 진실히 섬기라"(:23-24) 말씀했습니다. 사무엘은 백성들에게 기도를 쉬는 죄를 절대로 짓지 않겠다고 약속했습니다.

기도를 게을리하거나 쉬면 죄에 빠질 수 있습니다. 기도도 기회가 있습니다. 그 기회를 놓치게 되면 하고 싶어도 못 하게 됩니다. 주님께서 겟세마네 동산에서 제자들에게 세 번씩이나 깨어 기도하라고 하셨지만, 그들은 잠에서 깨어나지 못해 기도하지 못했습니다. 제자들은 주님께서 기도의 때를 가르쳐 주셨는데도 불구하고 그 기도의 때를 놓치고 말았습니다. 제자들에게 주님을 위해 기도할 수 있는 때는 다시 돌아오지 않았습니다. 베드로는 기도를 쉬고 있었던 자신의 죄를 깨닫고 세 번이나 통곡하고 울며 회개했다는 전설이 있습니다.

그러므로 우리도 기도를 쉬는 죄를 범하지 말아야 합니다. 기도를 쉬는 것은 하나님의 목적과 계획을 방해하는 되기 때문입니다. 하나님께서는 기도를 들으시고 응답하십니다. 기도하는 사람들을 통해서 역사하십니다. 성경에 보면 훌륭한 믿음의 선배들이 많이 있습니다. 하나님 앞에 귀하게 쓰임받은 사람들은 모두 기도하는 사람들이었습니다. 기도를 게을리 한 사람들은 하나님 앞에 한 사람도 쓰임받지를 못했습니다.

야고보는 "너희 중에 고난 당하는 자가 있느냐 그는 기도할 것이요"(약 5:13)라고 말씀했으며 "의인의 간구는 역사하는 힘이 큼이니라"(약 5:16)라고 말씀했습니다. 기도는 위대한 힘을 가지고 있습니다. 기도는 삶을 변화할 수 있습니다. 기도는 국가를 살릴 수 있습니다. 성도들은 나라와 민족을 위해서 기도해야 합니다. 기도는 교회를 부흥시키고 가정불화를 해소하고 평안을 얻게 합니다. 기도는 악한 세력을 물리치고 승리할 수 있게 합니다. 기도는 세상 유혹에 빠지지 않고 순수한 믿음을 지키게 합니다. 기도는 시험에 들지 않게 합니다.

예수님께서는 "시험에 들지 않게 깨어 기도하라 마음에는 원이로되 육신이 약하도다"(마 26:41) 말씀하셨습니다. 기도하지 않으면 시험에 빠지게 됩니다. 기도해야 한다고 마음에는 다짐하면서도 실제로 기도하지 않는 사람들이 많이 있습니다. 마음에 기도하기를 결심했으면 실천을 해야 합니다. 그리고 한번 시작했으면 꾸준히 계속해야 합니다. 기도의 응답을 받으면 열심히 기도해야 함에도 기도를 쉬는 죄를 범하는 사람들이 많이 있습니다.

사랑하는 성도 여러분!

기도는 하나님과의 대화입니다. 하나님과 대화가 끊어지면 하나님과 올바른 관계가 유지되지 못합니다. 그리고 기도는 영혼의 호흡이기 때문에 쉬지 말고 기도하라고 하신 것입니다. 그러므로 기도를 쉬는 죄를 지으면 영혼의 호흡이 멈추어 하나님 앞에 설 수 없습니다.

우리는 자신과 가족을 위해서 기도해야 하며 이웃을 위해서 기도해야 합니다. 나를 핍박하그 멸시하는 자들을 위해서도 기도해야 합니다. 교회 공동체를 위해서 기도해야 합니다. 국가와 민족을 위해서, 그리고 복음 전도자를 위해서 기도해야 합니다. 기도의 제목들이 너무나 많이 있습니다. 우리는 기도하기를 쉬는 죄를 짓지 않도록, 영적으로 깨어있어 기도할 것을 하나님 앞에 서원하고 성령의 능력을 받아 마음을 다하여 열심히 기도하는 기도의 용사들이 되어야 합니다. 우리가 하나님께 기도함으로써 나라가 통일되고, 가정에 평안을 얻으며, 교회가 영적으로 성장하며, 이웃과 민족과 많은 사람을 구원의 길로 인도하여 하나님께 영광을 돌리는 성도들이 되시기를 주님의 이름으로 축원합니다.

[예화]

▣ 민족과 국가도 귀하지만

민족은 귀합니다. 그러나 하나님보다 먼저 민족 지상주의를 부르짖은 자와 부르짖은 민족의 마지막은 다 같은 운명에 빠집니다. 이탈리아의 무솔리니는 일찍이 일어나서 이탈리아 청년들에게 하는 말이 이탈리아 사람들이 제일 먼저 구할 것은 옛날 한번에 사라진 로마 제국을 다시 건설하는 것이라고 하였습니다. 국가가 지상이라고 하며 이탈리아인들은 먼저 국가를 구하자고 외쳤습니다. 많은 이탈리아 청년들이 그 부름을 따라서 갔습니다. 그러나 그다음 운명이 어떻게 되었는지는 우리가 잘 알고 있습니다. 국가가 귀합니다. 그러나 하나님 나라보다 먼저 국가를 찾으면 이처럼 같은 운명에 빠집니다.

▣ 도산 안창호

"나는 밥을 먹어도 우리나라의 독립을 위해, 잠을 자도 우리나라의 독립을 위해 잤다. 이것은 내 목숨이 없어질 때까지 변함이 없을 것이다.", "그러면 당신은 조선의 독립이 가능하다고 생각하는가? 당신은 일본의 실력을 모르는가?", "나는 일본의 실력을 잘 안다. 지금 아시아에서 가장 강한 무력을 가진 나라라는 것도 안다. 그러나 나는 일본이 무력과 도덕력을 겸하여 갖기를 원한다.", "그건 무슨 뜻인가?", "나는 진정으로 일본이 망하기를 원치 않고 좋은 나라가 되기를 원한다. 이웃인 우리나라를 침략하면 결코 일본의 이익이 되지 않을 것이다. 2천만 국민에게 원한을 품게 하는 것보다 우정을 가진 2천만을 이웃으로 두는 것이 일본의 득이 될 것이다. 내가 우리나라의 독립을 주장하는 것은 동양의 평화와 일본의 복리까지도 위하는 것이다." 예상치 못했던 대답에 도산 안창호를 조사하던 일본인 검사는 그만 말문이 막혔다. 도산 안창호는 독립운동가요, 뛰어난 웅변가요, 교육자였다. 같은 시기에 독립운동을 했던 다른 사람들이 외교 활동을 통해서, 혹은 무력을 통해서라도 독립을 이루어 보겠다고 했지만, 안창호는 더 장기적인 방법, 즉 국민을 교육하고 계몽함으로써 독립을 성취하고자 하였다. 이러한 생각의 바탕에는 그가 새로운 세계에 대해 배우고 신식 학문을 공부하는 과정에서 형성된 남다른 세계관이 있었음을 부인할 수 없다.

2026년 7월 월삭새벽기도회 자료 (속죄)

제목 : 속죄를 위한 월삭 기도 | 본문 : 민수기 29:1-6

지난 6월 우리나라의 역사적인 고통과 슬픔을 뒤로 하고 오는 8월 15일의 광복절을 앞두고 7월을 '속죄를 위한 월삭 기도회'의 날로 정하고 기도하고자 합니다. 우리 그리스도인에게는 개인을 비롯해 가정과 교회 그리고 나라와 민족에까지 '회개' 자체를 잃어버려서는 안 됩니다. 개인이나 가정이나 교회 그리고 나라와 민족까지 하나님 앞에 모두 죄로 얼룩져 있습니다. 인류의 조상 아담과 하와가 죄를 지었고, 가인과 노아 시대의 가정들이 죄를 지었으며, 이스라엘과 한국을 포함한 모든 나라와 민족들이 죄를 지었습니다. 그래서 우리는 하나님 앞에 설 때마다 당연히 죄를 고백하고 회개해야 합니다. 그런 의미에서 7월 월삭 기도회를 자신이 회개하고 가정과 교회, 나라와 민족을 위한 중보기도의 시간으로 갖겠습니다.

1904년 영국 웨일스에 한 젊은 광부가 있었습니다. 머리카락은 검은 석탄 가루로 뒤범벅이 되었고 손톱에는 때가 새까맣게 끼어 있었습니다. 휴식 시간에 탄광의 광부들은 담배를 피우며 잡담을 나누었으나, 그 청년은 조용히 앉아서 책을 읽었습니다. 청년의 꿈은 영국을 도덕적 타락으로부터 구해내는 것이었습니다. 마침내 그는 한 목사님을 찾아가 강연을 하게 해달라고 간청했습니다. "자네 같은 탄광노동자의 강연에 과연 누가 귀를 기울이겠는가? 단지 30분만 강단을 빌려주겠네." 그리하여 청년이 강단 위에 올랐습니다. 목사님을 포함한 17명은 그의 강의를 듣고 회개의 눈물을 흘렸습니다. 그리고 놀라운 것은 5개월 만에 웨일스 시민 10만 명이 회개했습니다. 2년 만에 2백만 명의 영국인이 회개 운동에 참여했습니다. 학생, 법조인, 주부, 교사 등 모든 계층의 사람들이 통렬한 회개 운동을 펼쳤습니다. 재판관들은 법정에서 재판을 중단하고 피고를 위해 회개하는 기도를 했습니다. 이 청년의 이름은 이반 로버츠, 한 사람의 '창조적인 선각자'가 영국을 타락의 늪으로부터 구원했습니다.

1. 일곱째의 성경적 의미

'일곱'은 성경과 자연계에서 중요한 의미가 있습니다. 먼저 자연계를 살펴보겠습니다.

달(月, moon)은 초승달로 시작하여 이레가 지나면 반달이 되었다가 다시 이레가 지나면 보름달이 됩니다. 그리고 다시 이레가 지나면 도로 반달로 돌아갑니다. 그리고 다시 이레가 지나면 초승달로 돌아가는 반복적인 원리로 밤하늘을 리듬을 맞혀줍니다. 빛깔도 무지개의 일곱 색이 기본으로 되어 있는가 하면, 양악에서 음계도 일곱의 음정으로 되어 있습니다.

지동설이 발견되기 이전에 성경이 집필된 시대에는 지구를 중심으로 일곱 개의 행성이 있다고 여겼습니다. 해도 달도 모두 행성의 하나라고 생각하여 행성의 이름들이 그대로 일, 월, 화, 수, 목, 금, 토라는 요일 이름으로 남게 되었습니다. 고대에는 세계의 7대 불가사의를 꼽기도 했지만, 성경에 일곱이라는 수를 쓴 곳은 그야말로 헤아릴 수 없이 많습니다.

하나님께서 천지 만물을 창조하시고 일곱째 날에 안식하셨습니다. 또한 이스라엘 백성들에게 일곱째 날에는 안식하라는 십계명을 주셨습니다. "안식일을 기억하여 거룩하게 지키라 엿새 동안은 힘써 네 모든 일을 행할 것이나 일곱째 날은 네 하나님 여호와의 안식일인즉 너나 네 아들이나 네 딸이나 네 남종이나 네 여종이나 네 가축이나 네 문안에 머무는 객이라도 아무 일도 하지 말라 이는 엿새 동안에 나 여호와가 하늘과 땅과 바다와 그 가운데 모든 것을 만들고 일곱째 날에 쉬었음이라 그러므로 나 여호와가 안식일을 복되게 하여 그 날을 거룩하게 하였느니라"(출 20:8-11). 그래서 우리도 안식일을 주일로 지킵니다.

레위기는 "**일곱째 해에는 그 땅이 쉬어 안식하게 할지니 여호와께 대한 안식이라 너는 그 밭에 파종하거나 포도원을 가꾸지 말며**"(레 25:4)라고 기록했습니다. 하나님께서 아론에게 등불을 켤 때는 일곱 등잔 대 앞으로 비추게 하라고 하셨습니다(민 8:2). 모세의 후계자가 된 여호수아는 여리고 성 주위를 매일 한 번씩 엿새 동안 돌다가 일곱째 날에 제사장 일곱은 일곱 양각 나팔을 잡고 성을 일곱 번 돌며 나팔을 부니 성이 무너졌습니다(수 6:3-4).

신약에서도 '일곱'이 나오는 모습들이 많습니다. 예수님은 일곱 개의 떡을 쪼개어 군중 사천 명을 배불리 먹이셨고 그 부스러기가 일곱 광주리가 남는 기적을 행하셨습니다(막 8:1-10). 또한 예수님은 베드로가 형제의 죄를 일곱 번 정도 용서하면 좋겠냐는 질문에 "**일**

곱 번뿐 아니라 일곱 번을 일흔 번까지라도 할지니라"(마 18:22)라고 말씀하셨습니다. 예수님이 십자가 위에서 남기신 기상 칠언의 말씀과 요한계시록의 일곱 교회와 일곱 촛대, 그리고 일곱 가지의 복을 꼽을 수 있습니다. 천주교회에서는 일곱 성사(세례, 견진, 성체, 고해, 병자, 성품, 혼인)를 매우 중요한 예식으로 집례하고 있습니다.

2. 일곱째 달 초하루(월삭)의 나팔소리

오늘 본문 말씀은 이스라엘의 칠칠절, 즉 나팔절과 관련된 말씀입니다. 이스라엘 민족에게 일곱째 달은 회개를 통한 속죄와 더불어 새로운 출발을 의미하는 달입니다. 일곱째 달을 유대의 달력으로 에다님 월이라고 합니다. 이달이 태양력으로는 9월과 10월에 해당합니다. 이달에 이스라엘 백성들은 바벨론 포로 이전까지 새해 시작의 달로 지켰습니다. 그래서 이스라엘 백성들은 지난 죄를 회개하고 신년을 축하하는 달로 바로 일곱째 달입니다.

이스라엘은 7월 초하루를 나팔절로 정했습니다. 이날에는 일정한 간격으로 하루 종일 나팔을 불며 회개를 축구하며 새로운 출발을 축하하였습니다. 나팔은 수양의 뿔로 만들었는데 길고 우렁차게 일정한 간격을 두고 온종일 불었습니다. 신년을 선포할 때 현과 같이 부드러운 음을 내는 비파나, 피리와 같은 소리를 내는 통소나, 혹은 타악기라고 할 수 있는 소고를 치라고 하지 아니하시고 나팔을 부는 데는 의미가 있습니다. 보통 나팔은 어떤 기쁜 일이 생겼을 때 불었고, 또한 하나님의 위엄과 속죄를 찬양할 때 불었습니다. 또 새로운 사실을 알릴 때도 불었고 죄를 경고할 때도 불었습니다. 나팔을 부는 의미는 여호와의 은총과 속죄를 기념하기 위한 것이었습니다. 또한 신년 초에 나팔을 불어서 하나님의 크신 영광을 찬양하며 모든 백성이 하나가 되어 이스라엘 백성의 영혼을 깨우는 역할도 하였습니다.

사도 바울은 데살로니가전서 4장 16절에서 주님께서 다시 오실 때 천군 천사들의 나팔소리로 하늘로부터 강림하신다고 말씀하였습니다. 이 말씀은 단순히 주님의 재림을 두고 하신 말씀이 아니라, 우리가 회개하고 주님을 맞을 준비를 하라는 차원에서 하신 말씀입니다. 하나님께 진실로 회개한 성도만이 다시 오신다는 천사들의 나팔 소리를 들을 수 있습니다.

특별히 7월 초하루(월삭)에 나팔절로 드릴 희생 제물은 모두 세 가지가 중복되었습니다. 상번제, 즉 매일 하는 희생 제물과 월삭으로, 즉 매월 드리는 희생 제물, 그리고 나팔절의 희생 제물을 드리므로 세 가지의 제사를 한꺼번에 드리게 되는 것입니다. 이 세 가지의 제사를 한꺼번에 드리도록 하신 것은 하나님에게 충성과 헌신을 3배 이상의 정성으로 신년을 시작하라는 말씀으로 이해할 수 있습니다. 이는 한 해 전체를 하나님께 헌신·봉사하는 기간으로 삼겠다는 주의 백성된 자들의 아름다운 신앙 고백이 되는 것입니다.

3. 속죄의 월삭 기도

"또 너희를 속죄하기 위하여 숫염소 한 마리로 속죄제를 드리되 그 달의 번제와 그 소제와 상번제와 그 소제와 그 전제 외에 그 규례를 따라 향기로운 냄새로 화제를 여호와께 드릴 것이니라"(:5-6). 신년제가 시작되면서 속죄제로도 드리는 것은 새해를 시작하는 시간에 과거의 죄를 회개하고 하나님과 새로운 날들을 맞는다는 뜻입니다.

한편 하나님께서 일곱째 달 초하루(월삭)에 성회로 모이는 날은 아무도 노동을 하지 말라고 하셨습니다(:1). 여기에서 노동은 생계를 위한 일상적인 노동을 뜻합니다. 물론 하나님께 제사하기 위해서는 많은 노동을 해야 하는 데 그것을 노동이라고 하지 않으셨습니다. 제사장들이 수십 마리의 짐승을 잡아야 하는데 그 일을 하려면 중노동이 필요하지만, 하나님은 그것을 노동이라고 하지 않으셨습니다. 이와 같은 모든 절차와 행위는 하나님과 교통하기 위한 것이라고 말씀하셨습니다(출 21:41-42). 이와 같은 제사의 목적은 하나님과 교통에 있습니다. 제사는 그 자체가 목적이 아니라 하나님과 교통이 목적입니다.

오늘날에 예배도 마찬가지입니다. 목회자는 한 주일의 예배를 준비하기 위해서 일주일 내내 수고와 고통을 아끼지 않습니다. 많이 기도하고 수많은 서적을 읽고 연구한 후에 한 편의 설교를 작성합니다. 아니 한 편의 설교가 아니라 찬양 예배, 수요기도회, 금요기도회, 새벽기도회 등 수많은 설교를 준비합니다. 예배도 예배를 드린 것만으로 끝난 것이 아닙니다. 예배를 통해서 하나님과 교통을 할 수가 있어야 목적을 이룰 수 있습니다.

아무리 열심히 짐승을 잡고 제사했다고 해도 하나님과의 만남이 이루어지지 않고 하나님의 말씀이 임하지 않는다면 그 제사는 무의미하게 됩니다. 그러므로 제사나 예배의 목적은 하나님과 만나 말씀을 듣고 진실로 회개하여 속죄의 은총을 받는 데 있습니다.

사랑하는 성도 여러분!

오늘은 하나님께 속죄의 월삭 새벽기도를 드리는 날입니다. 우리가 하나님을 만나기 위해서 지난 죄를 철저히 회개하고 속죄의 은총을 받아야 합니다. 이 시간에 자신의 죄를 낱낱이 기억해 내고 거짓 없이 통회 자복하는 회개의 기도를 드립시다. 우리가 온전히 회개하지 않으면 새로운 삶을 살 수 없습니다. 목사가 아무리 말씀의 나팔을 불어도 성도가 회개하지 않으면 아무 소용이 없습니다. 목사인 저부터 시작하여 온 성도가 회개의 기도를 통해서 변화된 삶을 살도록 회개하는 시간이 되시기를 주님의 이름으로 축원합니다.

[예화]

▣ 속죄양

　가정에서 자녀에게 영향을 미치는 사람들은 바로 사랑하는 가족들입니다. 아이들이 다섯인 어느 가정의 이야기인데요. 이 집의 셋째 딸은 잡지 모델이 될 만큼 예쁘게 태어나기를 바랐던 엄마의 기대와는 달리 사내아이처럼 우락부락하게 생겼고 목소리 또한 우렁찼습니다. 자랄 때는 시도 때도 없이 울어대서 엄마를 늘 수면 부족으로 고생하게 했는가 하면 점점 커 가면서는 형제, 자매들 사이에서 소위 폭군처럼 행동하는 겁니다. 자연히 버릇없는 아이로 낙인이 찍혔겠지요. 그래서 형제들도 이 아이를 무시하고 싫어합니다. 이 아이가 사고만 내면 즉시 엄마에게 고자질하는 것은 물론 문제만 생기면 모두 이 아이가 저지른 것으로 합니다. 소위 집안의 속죄양이 된 것이지요. 자연히 이 아이는 가족들의 비난을 받으면서 자기가 나쁜 아이라고 비하하면서 자포자기하곤 했습니다. 많은 세월이 지나 이 아이도 이제는 결혼해서 엄마가 되었지요. 그런데도 과거 어릴 때 받았던 그 상처가 지금도 괴롭히면서 고통스럽게 합니다. 혹시, 이 같은 분이 계신다면 당신은 근본적으로 나쁜 아이가 아니었고 과거에 부모가 야단하셨더라도 그것은 순간적으로 화가 나서 그런 것이지, 정말 자식이 나빠서 정죄한 것이 아니라는 확신을 해야 합니다. 그러면서 당신의 죄 때문에 돌아가신 주님을 묵상하시면서 그 십자가 앞에서 모든 상처가 치유되는 은혜를 갈구하시기 바랍니다. 그렇게 될 때 가족과의 관계도 치유되는 하나님의 은혜를 체험하게 될 것입니다.

▣ 죄를 퇴치할 백신

　독감이나 신종플루 같은 바이러스에 감염되면, 심한 경우 죽기까지 한다. 참으로 무서운 바이러스가 이 땅에 돌아다닌다. 그중에서도 제일 무섭고 치명적인 바이러스는 영적인 바이러스, 죄의 바이러스다. 죄의 바이러스에 오염되어 죽음에 이르는 병을 모두가 앓고 있다. 한 사람도 예외가 없다. 그러나 죄의 바이러스를 잡을 수 있는 백신은 세상 그 어디에도 없다. 진시황의 불로초 속에도, 한무제의 새벽이슬 안에도 없다. 그 어떤 유명한 의사나 약사의 손도 죄의 바이러스를 멈출 수 없다. 죄의 바이러스를 잡을 수 있는 유일한 백신은 오직 하나님 품 안에서만 찾을 수 있다. 하나님 품 안에 있던 독생자 예수님의 몸 안에 그 백신이 감추어져 있다. 그 몸 안에 있는 보배로운 속죄의 피 가운데 죄의 바이러스를 잡을 수 있는 백신이 들어있다. 예수님의 보혈이 뿌려지는 곳마다 바이러스는 더는 이상 감염될 수 없다. 예수님의 보혈이 사람의 불행을 막아주는 유일한 백신이다. "일찍이 죽임을 당하사 각 족속과 방언과 백성과 나라 가운데에서 사람들을 피로 사서 하나님께 드리시고"(계 5:9)

2026년 8월 월삭새벽기도회 자료 (해방)

제목 : 해방을 위한 월삭 기도 l 본문 : 출애굽기 12:1-14

8월 광복절을 앞두고 우리는 우리나라의 해방을 위한 월삭 기도를 하나님께 드리겠습니다. 우리는 진정으로 자유로운 사람인가? 8월 15일 광복절을 앞두고 곰곰이 생각해야 할 문제라고 생각합니다. 대한민국에 살고 있으면 누구나 대한민국의 헌법에 자유가 보장되고 있다는 것은 사실입니다. 하지만 실제로 누구에게나 자유가 보장되고 있지는 않습니다. 가난한 사람은 경제적인 자유가 없고, 못 배운 사람은 지식의 자유가 없습니다. 그리고 죄를 지은 사람은 영혼의 자유가 없고, 마귀의 종으로 살고 있을 뿐입니다.

우리나라는 1910년 일본의 을사보호조약으로 국권을 잃고 국제사회에서 자유를 박탈당했습니다. 그 후 우리나라는 무려 36년 동안 일본의 식민지로 갖은 수모와 고통을 당하며 살아야 했습니다. 종교단체를 비롯한 우국지사들이 국내외에서 나라를 되찾기 위해서 목숨을 던지며 피나는 노력을 했지만, 자력으로는 독립을 얻지 못했고 제2차 세계대전에서 1945년 8월 15일에 연합국의 승리로 해방과 자유를 얻게 되었습니다. 이는 순전히 우리의 힘으로 해방과 자유를 얻은 것이 아니라 전적으로 하나님의 역사적인 섭리로 얻은 것입니다.

오늘은 이러한 역사적인 사건을 근거로 '해방을 위한 월삭 기도회'를 갖겠습니다. 기도의 제목을 요약하면 첫째로 나라와 민족의 해방, 둘째로 자신의 영혼을 위한 해방, 셋째로 가족의 해방, 넷째로 이웃의 해방을 위해서 기도하겠습니다. 그러므로 오늘 새벽은 자신을 위한 개인 기도도 좋겠지만 나라와 이웃을 위한 중보기도를 드릴 수 있기를 바랍니다.

1. 해방이란 무엇인가

'해방(解放)'의 '방'은 '놓을 放'자여서 어떤 구속이나 억압, 부담 따위에서 '벗어나게' 한다는 의미가 있습니다. 다른 말로 하면 자기의 힘이 아니라 남에 의해서 '방면(放免)'된다는 뜻입니다. 우리나라가 일제강점기에서 광복(光復)을 얻었다는 것에 대해 언어적인 논란이 많습니다. 해방을 주장하는 사람은 연합군에 의해 일본이 항복하여 일제에서 벗어났다고 말합니다. 그러나 광복을 주장하는 사람은 우리 민족이 독립을 위해 아무런 행동도 하지 않은 것이 아니라 고종의 헤이그 밀사 파견이나 국내외에서 항일운동을 전개한 활약이 국제사회에서 인정을 받았기 때문에 일본의 패망에 영향을 미침으로 식민 지배에서 벗어나 자유국가로 빛을 보게 되었다고 말합니다. 사실 둘 다 틀린 말은 아닙니다.

이러한 서로 다른 주장을 떠나서 사실 단어의 의미만으로 본다면 해방은 자력이 아니라 외부의 힘이 작용해서 발생하는 현상입니다. 하지만 '벗어나다'라는 해방의 '解'는 진행 상황에 국한해 표현되는 말이고, 광복은 '벗어나는 상황'에서 그치는 게 아니라 어두운 곳에서 벗어나 빛이 있는 곳으로 나아가거나 복귀했다는 의미를 나타냅니다. 다시 말하면 식민치하의 예속되고 종속된 상태에서 자주권을 발휘할 수 있는 독립 국가로의 전환을 의미합니다.

여기서 우리에게 중요한 것은 문자적인 용어의 해석이 아니라, '해방'이 가지고 있는 영적인 의미입니다. 우리는 일찍이 죄에 얽매여 마귀의 종으로 살았습니다. 그런데 하나님께서 우리를 사랑하셔서 독생자 예수 그리스도를 세상에 보내주시고, 우리가 그를 믿음으로 죄에서 자유를 얻어 영혼이 암흑에서 해방을 얻게 되었다는 사실입니다(요 3:16). 예수님은 "너희가 내 말에 거하면 참으로 내 제자가 되고 진리를 알지니 진리가 너희를 자유롭게 하리라"(요 8:31-32)라고 말씀하셨습니다. 우리는 예수님을 믿어서 이미 그분의 제자가 되었습니다. 그러므로 진리이신 주님께서 자유를 주셨고 또한 자유를 얻었습니다. 이제는 죄의 종이 아니고 죄에서 해방된 영혼이 자유로운 하나님의 아들이 되었다고 믿으시기를 바랍니다.

2. 출애굽 사건과 해방

우리가 죄에서 자유를 얻고 마귀의 사슬에서 해방되었다는 역사적인 사실을 출애굽 사건에서 알 수 있습니다. 출애굽 사건은 지난 과거의 이야기가 아니라 현재진행형입니다.

출애굽 사건에서 빼놓을 수 없는 것은 유월절 어린양의 희생입니다. 우리가 죄에서 구원받는 유일한 조건이 어린양이신 예수님의 피 때문입니다. 하나님의 진노를 피하는 유일한 길은 예수님의 피아래 있어야 하는 일입니다. 예수님의 피는 구원의 완성입니다. 피 옆에다가 다른 것들을 추가해서는 안 됩니다. 오직 보배로운 유월절 어린 양이신 예수님의 피만이 하나님의 진노가 넘어가는 조건입니다. 우리는 어린양이신 예수님의 피로 구원을 받습니다.

유월절의 규례에서 사용될 희생 제물은 어린양이나 염소 중에서 흠 없고 일 년 된 수컷으로 10일에 취하여 14일에 잡도록 합니다. 그리고 그 피는 문지방과 문설주에 바르고 고기는 날로나 삶아서 먹지 말고 반드시 불에 구워 먹어야 합니다. 그리고 남겨서는 안 됩니다. 혹시 남았다면 불에 태워야 합니다. 그리고 모든 사람이 함께 고기를 먹어야 합니다.

첫째, 흠이 없는 어린양을 잡아야 합니다. 어린양에게 상처나 피부병이나 신체적인 이상이 있어서는 안 됩니다. 그리고 4일간 자신을 돌보면서 모든 가족이 양을 잡아야 합니다. 여기서 4일간은 가족 모두가 어린양 희생의 의미를 알아야 하는 기간입니다. 평소에 양을 잡아먹을 때와 전혀 다르게 준비하면서 유월절의 의미를 가족에게 가르쳐야 합니다.

오늘날 우리도 예배를 드리는 의미를 자녀들에게 바르게 가르쳐야 합니다. 우리가 예배를 대충 드리는 것처럼 보이거나, 세상의 복을 받아내는 식으로 드린다거나, 벌을 받지 않으려고 액땜하는 식의 예배가 되지 않아야 합니다. 우리는 자녀들에게 예수님 희생의 의미를 제대로 가르쳐야 합니다. 모든 예배에는 정성과 희생이 따라야 하나님께 받으십니다.

유월절 어린양에게 흠이 없어야 하는 것은 흠이 있어서는 속죄가 되지 않기 때문입니다. 그러므로 누구도 사람은 대속의 제물이 될 수 없습니다. 사람은 누구나 죄 아래서 태어났기 때문입니다. 그러나 예수님은 성령으로 잉태하셨습니다. 예수님은 죄가 있는 남자의 핏줄이 아닙니다. 아담의 피가 아니라 성령으로 잉태하였기에 죄가 없으신 분이십니다.

둘째, 피를 흘린 어린양의 고기를 불에 구워서 하나도 남기지 말고 피 아래 들어있는 사람이 먹어야 합니다. 혹시 아침까지 남았다면 불에 태워버려야 합니다. 이것을 몇 가지로 해석하고 있습니다. 어린양의 고기를 불에 구워야 하고, 날로나 삶거나 하지 말아야 하는 이유는 불의 심판을 받는 것을 상징하는 것입니다. 어린양의 고기를 불에 굽히는 것은 거룩하신 하나님의 불의 심판을 통과해야 한다는 것입니다. 이것은 번제의 제사이기도 한 것입니다.

하나님은 불로 소멸하는 분이십니다(신 4:24). 누구나 죄를 가지고 거룩하신 하나님 앞에 설 수가 없는 것입니다. 불의 심판을 받을 수밖에 없는 것입니다. 그러므로 예수님께서 십자가에서 하나님의 불로 심판을 받으셨습니다. 주님은 고난의 잔을 받으셨습니다. 그리고 어린양의 고기를 아침까지 남겨두지 말라하신 것은 고기가 썩지 않도록 하려는 조치로 봅니다. 만일 어린양의 고기가 남아서 땅에 버리면 썩을 것이고, 이는 예수님의 몸이 썩는 것을 의미하기 때문에 하나도 남기지 말고 먹어야 하고, 혹시 남으면 불에 태우라고 하셨습니다.

다윗은 "이는 주께서 내 영혼을 스올에 버리지 아니하시며 주의 거룩한 자를 멸망시키지 않으실 것임이니이다"(시 16:10)라고 고백했습니다. 다윗이 성령의 감동으로 말한 메시야인 예수 그리스도에 대한 예언의 시편입니다. 예수 그리스도가 무덤에서 남지 아니하시고 부활하실 것이기에 유월절 어린양의 살이 땅에 떨어져 썩지 아니하게 하는 조치라고 생각할 수 있습니다.

셋째, 어린양의 고기를 함께 먹도록 했습니다. 그리고 집 밖 문설주에는 어린양의 피를 바르게 했습니다. 그리고 그 집안에서 어린양의 고기를 함께 나누어 먹도록 했습니다. 모자라거나 부족함이 없도록 사람의 수를 따라 준비하라고 했습니다. 이러한 교훈은 단지 자기의 가족 중심이 아니라 다른 이웃도 함께 참여할 수 있게 한 것입니다. 그러므로 유월절 어린양의 피 아래에서 이웃의 교제가 이루어졌습니다. 하나님과의 관계가 회복이된 자들, 즉 어린양의 피로 구속함을 받는 자들은 당연히 신앙공동체의 교제가 이루어져야 합니다.

오직 어린양의 피로 구원을 받은 성도들은 예수님의 피아래 모인 자들입니다. 이는 예수 그리스도의 완전한 속죄로 하나님과의 관계가 회복된 형제자매들과의 사랑의 교제가 나오게 되는 것입니다. 그러므로 그리스도의 속죄를 떠나서는 하나님과의 교제나, 성도들 간의 교제란 있을 수가 없습니다. 그러므로 오늘날 믿는 자란 성령에 의하여 죄에서 해방되었습니다.

이렇게 죄에서 해방된 성도들은 반드시 살아계신 예수님을 중심으로 모여야 합니다. 그러므로 우리가 주님께 나오는 것은 교회의 머리가 되신 주님으로 말미암아 자기 백성들에게 자유와 해방을 주시고, 성령으로 하나가 되게 불러 모으신 것입니다. 교회의 중심은 주님이십니다. 우리는 주님을 중심으로 모여서 말씀으로 무장하고 아직도 주님을 모르는 사람에게 복음을 전하여 그들도 영혼의 자유와 죄에서 해방되도록 힘써야 할 것입니다.

사랑하는 성도 여러분!

유월절 어린양이신 주님을 통해서 복음의 자유와 해방을 선포하시기 바랍니다. 아직도 우리 주변에는 죄로 영혼의 자유를 잃고, 마귀에게 얽매여 해방을 얻지 못한 사람들이 많습니다. 우리는 그들을 오랫동안 방치해서는 안 됩니다. 주님은 성령을 받고 땅끝까지 가서 복음의 증인이 되라고 하셨습니다(행 1:8). 우리에게는 복음으로 자유와 해방을 선포할 사명이 있습니다. 무슨 이유로도 주저하지 말고 자유와 해방을 소유하고 또한 선포해야 합니다. 8월 월삭 기도회에 자유와 해방을 소유하시기를 주님의 이름으로 축원합니다.

[예화]

■ 1. 불신자의 해방

선교사들이 복음을 전하기 위하여 최초로 그린랜드에 파견되었을 때, 그들은 그 곳 사람들에게 먼저 자연 종교의 교리부터 가르치는 것이 필요하다고 생각하였습니다. 그러나 무려 17년이라는 세월이 걸려서야 겨우 종교의 개념을 이해하는 정도의 진전밖에 보지 못했습니다. 그러던, 어느 날 카르낙이라는 매우 사악한 사내가 선교사의 움막에 들렀다가 우연히 선교사의 성경 읽는 소리를 듣게 되었습니다. 그때 선교사가 읽고 있던 말씀은 예수 그리스도의 생애 중 마지막 주간에 관한 것이었는데, 순간 그 원주민은 성령의 감화를 받게 되었습니다. 그래서, 예수에 대해 더 자세히 듣기 위해 선교사에게 물었습니다. "어떻게 그럴 수 있습니까? 저에게 자세히 말씀해 주십시오. 저도 구원받고 싶습니다." 뜻밖의 일에 선교사는 깜짝 놀랐고, 그 후 얼마 지나지 않아 카르낙과 그의 가족은 그리스도께로 돌아오게 되었으며, 그들은 그린랜드에서 구주께 드려진 첫 열매가 되었습니다. 이로 인해 선교사는 복음을 위해 우리가 가장 먼저 전해야 할 일은 바로 그리스도의 구속과 희생이며, 복음의 일꾼은 다름 아닌 바로 성령이시라는 사실을 깨닫게 되었습니다.

■ 자유와 해방

어떤 남자가 한 여자를 짝사랑하게 되었습니다. 부끄럼이 많은 그는 차마 여자 앞에 나서지는 못하고, 대신 매일 사랑의 편지를 써 보냈습니다. 1년가량 지난 후, 드디어 용기를 내어 사랑을 고백하려는 그에게 여자가 결혼한다는 소문이 들려왔습니다. 상대는 다름 아닌 매일 편지를 배달하던 우체부였습니다. 참된 자유와 해방을 얻으려면, 말씀이 내 생각이 되고, 내 언어가 되어야 합니다. 말씀의 의식화, 세뇌가 되어야 합니다. 그러려면 매일 같이 말씀을 접하고 묵상하는 것이 중요합니다. 그런데 우리는 말씀을 사랑하는 마음만 있지, 말씀을 읽고 묵상하기는 게을리합니다. 그것은 참된 사랑이 아닙니다. 사랑한다면서도 만나지 않으면 아무 결실이 없는 것처럼, 말씀을 사랑한다면 매일 묵상하고 암송하는 것이 당연합니다.

2026년 9월 월삭새벽기도회 자료 (오병이어의 기적)

제목 : 오병이어의 기적을 위한 월삭 기도 | 본문 : 요한복음 6:1-15

9월 월삭 기도회에서는 오병이어의 기적을 위하여 하나님께 기도드리겠습니다. 9월은 가을의 시작을 알리는 달입니다. 지나간 여름 내내 곡식과 과일이 익을 대로 익어 추수를 기다리고 있습니다. 지나간 여름 동안 얼마나 노력했는가로 추수를 하게 될 것입니다. 많은 땀을 흘리며 일한 농부는 풍성하게 추수할 것이요, 땀을 흘리지 않고 게으름을 부린 농부는 거의 추수하지 못할 것입니다. 우리 그리스도인들에게도 같은 원리가 적용됩니다. 그동안에 기도를 많이 하며 충실하게 신앙생활을 한 성도는 넘치는 영적 열매를 거둘 것이고, 기도하지 않고 게으르게 신앙생활을 한 성도는 영적 열매를 거두지 못할 것입니다.

예수님에게 서기관 중에 한 사람이 계명 중에 첫째가 무엇이냐고 물었습니다. 예수님께서 "**첫째는 이것이니 이스라엘아 들으라 주 곧 우리 하나님은 유일한 주시라 네 마음을 다하고 목숨을 다하고 뜻을 다하고 힘을 다하여 주 너의 하나님을 사랑하라 하신 것이요 둘째는 이것이니 네 이웃을 네 자신과 같이 사랑하라 하신 것이라 이보다 더 큰 계명이 없느니라**"(막 12:29-31) 말씀하셨습니다. 우리는 예수님의 명령에 따라 외면만 형식적인 그리스도인이 아니라 내면까지 진실한 내용이 있는 그리스도인으로 살아가야 합니다.

우리가 주님께서 다시 오실 날을 소망하고 있는지, 또한 주님을 기쁨으로 만날 준비가 되어 있는지의 개인적인 신앙의 태도를 살펴보아야 합니다. 더 나아가 우리는 '지금 여기 (here and now)'서 하나님 나라의 정의와 평화가 자신에게 이루어지고 있는지를 살펴보아야 합니다. 그것이 주님께서 우리에게 원하시는 온전한 그리스도인의 삶입니다.

지금은 영적 9월, 즉 추수를 준비하는 계절입니다. 올해는 과연 얼마나 많이 거둘 수 있을지를 가늠해보면서 저는 요한복음 6장에 나오는 예수님께서 보리떡 다섯 개와 물고기 두 마리로 오천 명을 먹이시고 열두 바구니를 채우도록 남긴 기적을 기도하겠습니다.

1. 가난하고 병들고 굶주린 무리

예수님께서 갈릴리 바다 건너편으로 가셨을 때 큰 무리가 따라나섰습니다. 그들 중에는 병든 자들이 많이 있었는데, 예수님의 병 고치는 표적을 보고 고침을 받고자 하는 사람들이었습니다. 그들은 가난했습니다. 가난해서 돈이 없으니 병을 치료할 수 없었습니다. 그저 육신의 고통을 고스란히 당하는 수밖에 없었습니다. 그러다가 병을 못 고치면 죽는 수밖에 다른 수가 없었습니다. 그런데 예수님이 병을 고쳐주신다는 소문이 온 나라에 두루 퍼졌습니다. 이 좋은 소식은 갈릴리와 사마리아, 유대 전역으로 퍼져나갔습니다. 그래서 수를 헤아릴 수 없는 큰 무리가 주님을 좇은 것입니다. 예수님은 병만 고쳐주시지는 않았습니다. 실은 병 고치는 일보다 말씀을 전하고 가르치는 시간이 더 많았습니다. 어떤 때 온종일 말씀을 가르치신 적도 있었습니다. 군중들은 말씀을 듣기도 하고 병을 고침을 받기도 했습니다.

 어느 날에 종일 말씀을 가르치는 중에 하루의 해는 어느덧 서산으로 뉘엿뉘엿 지고 있었습니다. 이제는 무리를 집으로 돌려보내야 할 시간입니다. 그러나 인자하신 예수님의 마음에 걸리는 것이 있었습니다. 온종일 말씀을 듣느라고 음식도 제대로 먹지 못한 굶주린 무리를 그냥 돌려보낼 수 없었습니다. 예수님께서 이런 아련한 마음을 빨리 눈치를 알아차린 제자들이 선뜻 나서서 **"이 곳은 빈 들이요 때도 이미 저물었으니 무리를 보내어 마을에 들어가 먹을 것을 사 먹게 하소서"**(마 14:15)라고 했습니다. 참 인정사정도 없는 제자들입니다. 순간 예수님의 마음이 아팠습니다. 제자들의 말대로 이곳이 빈 들이요, 더구나 아무것도 가진 것이 없는 가난한 무리가 마을에 들어간들 무슨 돈으로 먹을 것을 사 먹겠습니까? 우리가 흔히 건네는 농담처럼 '돈 있으면 빵 사 먹어라'라는 말과 같은 말입니다. 예수님은 속으로 화가 나셔서 **"너희가 먹을 것을 주라"**(마 14:16)라고 말씀하셨습니다.

 예수님께서 제자들에게 **"너희가 먹을 것을 주라"**고 하신 말씀하셨으나 제자들인들 무슨 수가 있겠습니까? 속수무책입니다. 그래서 예수님께서 빌립에게 **"우리가 어디서 떡을 사서 이 사람들을 먹이겠느냐"**(:5) 물어보셨습니다. 예수님은 말씀만 하시는 분이 아닙니다. 무엇을 행하실 것을 예측하고 하신 말씀하십니다. **"이렇게 말씀하심은 친히 어떻게 하실지를 아시고 빌립을 시험하고자 하심이라"**(:6). 머리가 좋은 빌립이 빨리 계산했습니다. **"각 사람으로 조금씩 받게 할지라도 이백 데나리온의 떡이 부족하리이다"**(:7)라는 계산이 나왔습니다. 약간의 돈으로는 이 많은 사람을 먹인다는 것이 불가능하다는 말입니다.

　사람이 하는 일이 이렇습니다. 아무리 머리가 뛰어나고 경제적인 능력이 있다 해도 인간적인 계산으로는 불가능한 일이 많습니다. 여기서부터 하나님께서 개입하십니다. 사람의 힘으로 안 되는 것을 하나님께서 하십니다. 여기서부터 하나님의 기적이 필요합니다. 기적은 분명히 있습니다. 누가 기적을 일으킵니까? 하나님께서 일으키십니다. 오늘은 말씀을 통하여 기적의 떡을 먹는 체험을 해 보시도록 하겠습니다. 이 시간, 성도 여러분이 말씀을 잘 듣고 그대로 실천하기만 하면 분명히 기적의 떡을 먹는 놀라운 은혜를 체험하실 줄 믿습니다.

2. 오병이어의 기적

　한 아이가 있었습니다. 예수님께 간다고 하니 엄마가 점심으로 보리떡 다섯 개와 물고기 두 마리를 싸주었습니다. 그런데 그 아이는 그것을 안 먹었습니다. 왜 안 먹었는지 알 수 없습니다. 그러나 추측하건대 먹을 기회를 놓친 것 같습니다. 주변에 있는 사람들이 아무도 점심을 안 먹으니 혼자만 먹을 수 없어 못 먹었을 수 있습니다. 어린것이 예수님의 말씀에 심취하여 밥 먹을 겨를도 없었을 수도 있습니다. 아니면 하나님께서 그것을 요긴하게 쓰시려고 못 먹게 하셨는지 모르겠습니다. 제 생각에는 세 번째 답이 정답이라고 여겨집니다. 하나님께서 5,000명을 먹이시기 위하여 준비해 놓은 양식이므로 어린아이가 먹을 생각을 하지 못했을 것이고, 또 안 먹도록 하나님이 역사하셨다고 여겨집니다. 하나님은 이렇게 큰 기적을 위하여 어린아이 같은 여러분을 준비시키신다는 사실을 잊지 마시기를 바랍니다.

　일단 어린아이가 보리떡 다섯 개와 물고기 두 마리를 예수님께 바쳤습니다. 여기서부터 은혜의 기적은 시작됩니다. 적은 물질이 그것을 소유한 사람의 손에서 떠나는 순간부터 기적의 떡은 만들어지는 것입니다. 어린아이가 바친 양식은 심히 적은 것이었습니다. 안드레가 말한 것처럼 **"그것이 이 많은 사람에게 얼마나 되겠사옵나이까"**(:9). 그러나 기적은 아주 적은 데서 시작됩니다. 적은 떡을 받으신 주님께서 사람들을 명하여 잔디에 앉게 하셨습니다. 사람들의 수효를 세어보니 5,000명쯤 되었다고 했습니다. 예수님은 하늘을 우러러 감사의 축복기도를 하셨습니다. 그리고 사람들에게 나누어 주셨습니다. 고기도 그렇게 주셨습니다. 사람들이 원하는 대로 주셨습니다. 저희가 다 배불리 먹었습니다. 어린아이의 적은 양식이 남자만 오천 명을 배불리 먹이는 기적이 일어난 것입니다. 이것이 바로 기적의 떡입니다.

우리는 여기서 좀 세밀하게 기적을 살펴 볼 필요가 있습니다. 먼저 '혼자 먹는 양식'과 '더불어 먹는 양식'의 차이점입니다. 보리떡 다섯 개와 물고기 두 마리는 어린아이가 겨우 '혼자 먹을 양식'입니다. 그러나 혼자 먹지 않고 '더불어 먹을 양식'으로 생각하고 그것을 나누었습니다. 그랬더니 5,000명 이상이 배불리 먹고 12 바구니가 남았습니다. 세상에는 '혼자 먹는 인생'이 있는가 하면 '더불어 먹는 인생'이 있습니다. 욕심으로 5,000명이 먹을 양식을 혼자만 먹으려고 하는 사람이 있습니다. 그의 인생이 끝날 때까지 그 많은 것을 다 먹고 죽느냐 하면 그렇지 못합니다. 다 못 먹고 죽습니다. 오히려 너무 많이 먹어서 비만으로 병들거나, 먹는 것에 치어 수명을 다 살지 못하고 지레 죽는 사람도 있습니다. 이런 사람의 삶 속에서는 사랑이나 은혜나 축복을 기대할 수 없습니다. 오히려 그 많은 것으로 인하여 저주가 신속히 다가올 뿐입니다. 성도는 이렇게 살아서는 안 됩니다.

'더불어 먹는 인생'은 아름답습니다. 혼자 먹기에도 부족할 만큼 별로 많지 않은 양식을 여러 사람과 나누기를 좋아합니다. 분명히 심히 적은 양식이었습니다. 그런데 그것을 나누다 보니 이상하게도 5,000명이나 먹고도 남았습니다. 이것이 바로 사랑입니다. 이것이 은혜요, 하나님의 축복입니다. 더불어 먹고자 하는 사람에게는 이상한 일이 일어납니다. 자꾸 주고 또 주는데 계속 생겨납니다. 이것이 기적입니다. 이것이 바로 기적의 떡입니다. 어떻게 이런 기적이 일어납니까? 주님의 손으로 일어납니다. 주님이 감사하는 축복기도로 기적이 일어납니다. 수많은 사람이 원하는 대로 배불리 먹고 열두 바구니가 남았습니다. 이것이 축복이 아니고 무엇이겠습니까? 이런 축복을 체험하기 위해 기도하시기 바랍니다.

말씀을 들으면서 단지 육신을 위한 양식으로만 생각하지 마시기를 바랍니다. 여기에는 신령한 영혼의 양식도 포함된다는 말씀입니다. 목사는 주일마다 생명의 양식을 정성껏 준비합니다. 목사 혼자 먹을 영혼의 양식을 준비하는 것이 아닙니다. 우리 교회의 모든 성도와 함께 나누어 먹을 양식을 준비합니다. 그래서 수많은 성도가 생명의 양식을 나누어 먹는 은혜가 나타납니다. 이 모두 주님의 사랑이요, 은혜요, 축복으로 나오는 기적의 떡입니다.

사랑하는 성도 여러분!

무엇이 우리를 배부르게 합니까? 혼자 먹는 양식입니까? 아닐 겁니다. 더불어 나누어 먹는 양식입니다. 육신을 위한 양식만 먹어서 진정한 만족과 기쁨과 축복이 온다고 생각하십니까? 아닐 겁니다. 영혼을 위한 생명의 양식을 먹어야 합니다. 영혼의 양식이 무엇입니까? 하나님의 말씀입니다. 하나님의 말씀을 들어야 합니다. 하나님의 말씀을 생명의 양식으로 먹어야 합니다. 육신의 양식과 영혼의 양식을 많은 사람과 더불어 나누어서 날마다 오병이어의 기적으로 축복을 기도하는 성도가 되시기를 주님의 이름으로 축원합니다.

[예화]

◾ 생명의 기적

『어린 왕자』의 작가 생떽쥐베리는 비행기 조종사였습니다. 하루는 그가 비행기를 몰고 상공을 날다가 난기류에 휘말려 사막에 불시착하게 되었습니다. 사막에는 한 조각의 빵도, 한 모금의 물도 없었습니다. 그가 며칠 후에 기적적으로 구조되었을 때에 기자가 그에게 물었습니다. "식량과 물이 없는 사막에서 당신은 어떻게 살아남을 수 있었습니까?" 생떽쥐베리는 잠시 입가에 미소를 지은 다음 입을 열었습니다. "나를 사막에서 버티게 해준 것은 한 덩어리의 빵도, 한 모금의 물도 아니었습니다. 바로 '가족'에 대한 그리움이었습니다." 사랑은 기적을 낳는다고 합니다. 진정한 사랑은 죽음을 이기는 힘을 줍니다. 당신은 가족을 진정으로 사랑하십니까?

◾ 문제는 기적의 씨앗

문제는 기적의 씨앗이다. 문제는 기적을 창조하는 재료이다. 문제를 좋아하는 사람은 없다. 문제는 고통을 준다. 문제는 상처를 준다. 문제는 우리를 불편하게 한다. 문제는 갈등을 유발하고 위기에 직면하게 한다. 문제가 올 때 우리는 벼랑 끝에 선 느낌이다. 문제는 우리를 좌절시킨다. 문제는 우리를 피곤하게 하고 낙심케 한다. 그러나 하나님은 우리의 문제를 기적의 재료로 사용하신다. 사람들은 문제를 일으키는 사람보다 문제를 풀어주는 지도자를 찾아 나선다. 문제를 잘 풀어주는 영적 안내자를 찾아간다. 문제를 잘 풀어주는 지혜자를 찾아간다. 문제를 잘 풀어주는 지혜로운 사람들은 문제를 하나님의 안목으로 보는 영적 통찰력을 가지고 있다. 그들은 하나님께서 섭리하시는 안목으로 문제를 바라본다. 문제를 잘 풀어주는 지혜로운 사람들은 문제를 긍정적으로 본다. 문제를 믿음으로 직면한다. 직면한 문제에 창조적으로 반응한다. 문제가 찾아오면 문제를 기쁨으로 맞이한다. 문제를 변화의 도구로 바라본다. 문제를 적으로 보는 것이 아니라 문제를 친구로 삼는다. 문제를 스승으로 본다. 문제를 새로운 배움의 기회로 본다. 우리가 문제를 적으로 보면 문제가 우리를 공격한다. 그러나 우리가 문제를 친구로, 스승으로 대하면 문제는 우리 곁에 와서 대화를 시작한다. 문제는 우리가 하나님께 나아가도록 자극한다. 문제는 우리에게 교훈을 주고 지혜를 준다. 문제 속에서 기회를 볼 수 있도록 우리의 눈을 열어 준다. 문제 속에서 비전을 볼 수 있도록 눈을 열어 준다.

성경은 문제 때문에 하나님을 만나고 하나님의 기적을 경험한 사람들의 이야기로 가득 차 있다. 가나 혼인 잔치에서 포도주가 모자랐기 때문에 물로 포도주를 만드시는 예수님의 기적을 경험했다. 빈 들에서 먹을 것이 없었기 때문에 오병이어로 남자만 5,000명을 먹이는 예수님의 기적을 경험했다. 문제를 무조건 없애 달라고 기도하지 말라. 오히려 문제 때문에 더욱 잘 되고 더욱 지혜로운 사람이 되게 해달라고 기도하라. 당신이 직면하고 있는 문제가 무엇이든 그 문제를 기적의 재료로 삼아라. 예수님의 손에 당신의 문제를 올려놓아라. 그때 예수님은 당신의 문제를 재료 삼아 기적을 창조해 주실 것이다. 예수님은 당신에게 문제를 풀 수 있는 지혜를 주실 것이다. 문제를 풀 수 있는 좋은 만남을 주선해 주실 것이다. 좋은 책, 좋은 사람을 만나도록 주선해 주실 것이다. 문제를 두려워하지 말자. 문제를 기적의 재료로 삼는 믿음의 사람, 지혜의 사람이 되자.

2026년 10월 월삭새벽기도회 자료 (하늘이 열림)

제목 : 하늘이 열리는 월삭기도 l 본문 : 마태복음 3:14-17

10월 월삭 기도회에서는 하늘이 열리도록 하나님께 기도드리겠습니다./ 10월 3일은 개천절(開天節)입니다. 이날은 원래 음력 10월 3일이었지만 날짜보다 그 의미가 중요하다는 판단 아래 현재는 양력 10월 3일로 기념하고 있습니다. 대한민국 정부는 1949년 10월 1일 「국경일에 관한 법률」을 제정·공포하여 개천절을 국경일로 지정하였습니다. '개천(開天)' 이라는 말은 하늘이 열린 날이라는 뜻으로, 우리 민족의 시조 단군왕검의 건국 신화와 관련이 있습니다. 신화에 따르면, 기원전 2457년 음력 10월 3일, 천신(天神) 환인(桓因)의 뜻을 받은 환웅(桓雄)이 태백산 신단수(神壇樹) 아래로 내려와 **홍익인간(弘益人間)**과 **이화세계(理化世界)**의 대업을 시작했다고 전해집니다. 이 날은 우리 민족의 뿌리와 정체성을 되새기며, 하늘의 뜻을 따라 살아가려는 다짐을 새롭게 하는 날입니다.

그런데 성경에도 '하늘이 열리는 역사'가 자주 있습니다. 대표적으로 예수님께서 세상에 오셔서 복음을 전하시기 전에 세례 요한에게 세례를 받으셨습니다. 예수님께서 요단 강에 내려가셔서 세례 요한에게 세례를 받으시고 땅으로 올라오실 때 하늘이 열리며 하나님의 성령이 비둘기같이 머리 위에 임하시고 하늘로부터 소리가 있어 **"이는 내 사랑하는 아들이요 내 기뻐하는 자라"**(:17) 음성이 들렸습니다. 비록 개천절이 우리 민족의 신화이지만 서로 통하는 의미가 있어서 10월 월삭 기도회 시간에는 하늘이 열리도록 기도하시겠습니다.

오늘도 월삭 기도회에서 기도하기를 우리 교회의 성도 모두에게 하늘의 문이 열리고 신령한 복과 은혜가 풍성히 내리기를 간구합시다. 사도 요한은 아시아의 일곱 교회 가운데 하나인 빌라델비아교회의 사자에게 **"거룩하고 진실하사 다윗의 열쇠를 가지신 이 곧 열면 닫을 사람이 없고 닫으면 열 사람이 없는 그가 이르시되 볼지어다 내가 네 앞에 열린 문을 두었으되 능히 닫을 사람이 없으리라 내가 네 행위를 아노니 네가 작은 능력을 가지고서도 내 말을 지키며 내 이름을 배반하지 아니하였도다"**(계 3:7-8) 말씀하셨습니다.

여기서 **"다윗의 열쇠를 가지신 이"**는 우리 주님 예수 그리스도를 말씀합니다. 예수님은 하늘의 문이나, 땅의 모든 문을 여닫는 권세를 가지고 계십니다. 주님이 문을 열면 닫을 사람이 없고, 닫으면 열 사람이 없습니다. 그런데 주님께서 **"네 앞에"**, 즉 주님을 믿고 섬기는 진실한 성도 앞에, "**적은 능력을 가지고도 주님의 말씀을 지키며 주님의 이름을 배반하지 않는 사람**" 앞에 열린 문을 두었습니다. 주님이 열어 놓으신 축복의 문을 아무도 능히 닫을 사람이 없으리라는 말씀입니다. 하나님께서 우리 교회의 성도들 앞에 이 은혜와 축복의 문이 열리도록 기도합시다. 오늘, 이 시간에 성도 여러분의 앞에 하늘의 문이 활짝 열려 은혜와 축복이 넘치게 쏟아지는 역사가 일어나기를 주님의 이름으로 축원합니다.

1. 모든 의를 이루자

그러면 도대체 누구에게 이 하늘의 문이 열리겠습니까? 본문에 나타난 예수님의 경우를 살펴보겠습니다. 예수님은 하늘에서 영광의 보좌를 버리시고 낮고 천한 인간의 몸을 입으시고 세상에 오셨습니다. 그리고 육신의 부모를 위하여 30년 동안 섬기는 일을 하셨습니다. 이제 예수님께서 세상에 오신 본래의 일을 하셔야할 때가 되었습니다. 그래서 요한이 백성들에게 세례를 베풀고 있는 요단 강에 나오셨습니다. 사실상 예수님은 죄가 없으신 분이시기 때문에 세례를 받을 필요가 없었습니다. 허나 예수님이 세례를 받고자 세례 요한에게 나오셨을 때, 세례 요한은 예수님을 한눈에 알아보고 "**내가 당신에게 세례를 받아야 할 터인데 당신이 내게로 오시나이까**"(:14) 하면서 세례 주기를 거절했습니다. 그러나 예수님께서 "**이제 허락하라 우리가 이와 같이 하여 모든 의를 이루는 것이 합당하니라**"(:15) 말씀하셨습니다.

여기에 하늘이 열리는 첫 번째의 비밀이 숨어 있습니다. 사람은 항상 어디서나 의를 이루어야 합니다. 불의를 떠나 모든 의를 이루는 합당한 행동을 해야 합니다. 오늘날 이 세상이 이렇게 어지러운 것은 모두 사람들의 부당한 행위 때문입니다. 그러면 "**의(義)**"가 무엇입니까? 옳을 義, 단순히 바르고 착한 것이 義입니까? 아닙니다. 거짓말 안하고, 도둑질 안하고, 세상의 모든 법을 다 지켰다고 의롭게 되는 것은 아닙니다.

사람은 원래부터 모두 죄인이기 때문에 결코 의롭게 될 수 없습니다. 사람이 의롭게 될 수 있는 길은 하나님과 예수님을 믿어야 합니다. 사도 바울이 "**복음에는 하나님의 의가 나타나서 믿음으로 믿음에 이르게 하나니 기록된 바 오직 의인은 믿음으로 말미암아 살리라 함과 같으니라**"(롬 1:17)라고 말씀했습니다. 믿음으로 살아서 하나님의 모든 의를 이루는 사람이 의인입니다. 세상의 모든 불의와 부정한 것을 떠나 오직 믿음으로 살아서 하나님의 공의를 이루는 사람에게 하늘의 문이 열립니다. 믿음으로 의롭게 살아서 하늘이 열리기를 바랍니다.

2. 성령의 세례

예수님께서 겸손하게 요한에게 세례를 받으셨습니다. 의로운 하나님의 독생자가 죄인인 세례 요한에게 허리를 굽히고 무릎을 꿇고 세례를 받다니 참 기이한 광경입니다. 정말 세상의 어디에서도 찾아보기 어려운 일입니다. 이에 하나님도 감동하시고 하늘과 땅이 놀랐습니다. 이는 겸손의 아름다운 모습입니다. 하나님은 겸손한 사람을 사랑하십니다. 세상의 모든 사람은 겸손한 사람 앞에서 무릎을 꿇게 되어 있습니다. 그래서 겸손히 세례를 받고 물에서 올라오시는 예수님에게 하늘이 열렸습니다. 이것이 하늘이 열린 두 번째 비밀입니다.

단순히 하늘만 열린 것이 아닙니다. 하늘이 열리면서 **"하나님의 성령이 비둘기 같이"** 임하셨습니다. 하늘이 열리고 성령이 비둘기 같이 내리신 것입니다. 여기에 오늘 말씀의 초점이 있습니다. 예수님께 하늘이 열리고 성령이 비둘기 같이 임하셨습니다. 비둘기는 가난한 사람이 하나님께 희생의 제물로 드리는 예물입니다. 비둘기는 순결한 짐승입니다. 비둘기는 평화를 상징합니다. 우리에게도 비둘기 같은 성령이 임하시기를 원합니다. 우리 자신이 하나님께 드려지는 희생의 제물이 되어야 합니다. 거창하고 엄청난 제물인 송아지나 양이나 염소가 아니어도 좋습니다. 우리는 가난하기에 비둘기면 족합니다. 하나님도 비둘기같이 작은 정성을 더 기뻐하십니다. 저와 성도 여러분이 비둘기 같은 제물이 되어야 합니다.

우리 모두 순하고 부드럽고 순결한 사람이 됩시다. 독한 마음을 모두 성령의 불로 태워 버립시다. 미워하는 마음도, 시기 질투하는 마음도, 원망하고 불평하는 마음도, 원한을 품고 원수 맺는 마음도 모두 내버리도록 합시다. 비둘기와 같은 평화의 사람이 됩시다. 이것이 성령을 충만하게 받은 사람의 모습입니다. 진짜 성령의 세례를 받은 사람의 모습입니다. 비둘기 같은 성령을 충만하게 받는 성도 여러분이 되시기를 간절히 바랍니다.

3. 하늘이 열리고

세례를 받고 물에서 올라오시는 예수님에게 성령이 비둘기 같이 내리면서 더 놀라운 역사가 일어났습니다. "**하늘로부터 소리가 있어 말씀하시되 이는 내 사랑하는 아들이요 내 기뻐하는 자라 하시니라**"(:17). 하늘이 열리고 소리가 들렸습니다. 그 소리는 분명히 하나님의 음성이었습니다. "**이는 내 사랑하는 아들이요 내 기뻐하는 자라**" 하나님이 사랑하시는 아들과 딸에게 하늘의 문이 열립니다. 하나님이 기뻐하시는 사람에게 하늘의 문이 열립니다. 그리고 하나님의 음성이 들립니다. 아무나 하나님의 아들과 딸이 되는 줄 아십니까?

아닙니다. 하나님을 진실로 사랑하고 주님을 진심으로 믿는 사람이 하나님의 아들이고, 딸입니다. 하나님의 의를 이루며 믿음으로 섬기는 사람이 하나님의 아들이고 딸입니다. 비둘기 같은 성령을 충만히 받고 성령을 좇아 행하는 사람, 평화의 사람이 하나님의 아들이고 딸입니다. 아무나 하나님이 기뻐하시는 줄 아십니까? 아니지요. 하나님을 진실로 사랑하고 주님을 진심으로 믿는 사람을 하나님이 기뻐하십니다. 하나님의 의를 이루며 믿음으로 섬기는 사람을 하나님이 기뻐하십니다. 비둘기 같은 성령을 충만히 받고 성령을 좇아 행하는 사람, 평화의 사람을 하나님이 기뻐하십니다. 하늘이 열리고, 성령이 비둘기 같이 임하여 "**이는 내 사랑하는 아들이요 내 기뻐하는 자라**"라는 음성을 듣는 성도가 되시기를 바랍니다.

사랑하는 성도 여러분!

10월 월삭 기도회에 하늘의 신령한 은혜가 가득하고 땅의 기름진 복이 넘치는 보물창고의 열쇠를 갖고 싶지 않습니까? 그 열쇠는 주님이 가지고 계십니다. 주님은 "**주는 그리스도시요 살아 계신 하나님의 아들이시니이다**"(마 16:16)라고 위대한 신앙고백을 한 베드로에게, "**네가 복이 있도다…내가 천국 열쇠를 네게 주리니 네가 땅에서 무엇이든지 매면 하늘에서도 매일 것이요 네가 땅에서 무엇이든지 풀면 하늘에서도 풀리리라**"(마 16:19)라고 하셨습니다. 신앙 고백은 우리의 삶으로 이어져야 합니다. 입으로만 하는 신앙 고백은 아무런 의미가 없습니다. 우리의 생활 속에서 구체적으로 자신의 신앙을 표현할 때 하늘이 열릴 것입니다.

목사는 살아 계신 주님을 대신하여 사랑하는 성도 여러분에게 천국열쇠를 드리고 싶습니다. 이것은 목사가 주는 것이 아니라, 주님이 주시는 선물입니다. 성도가 먼저 믿음으로 하나님의 의를 이루어 드리시기를 바랍니다. 그리고 비둘기와 같은 성령을 충만히 받아 희생의 사람, 순결한 사람, 평화의 사람이 되시기를 바랍니다. 그리고 하나님의 사랑 받는 아들과 딸이 되시기를 바랍니다. 그러면 분명히 주님은 여러분에게 천국열쇠를 주실 것입니다. 열면 닫을 사람이 없고, 닫으면 열 사람이 없는 천국의 열쇠를 주실 것입니다. 좋으신 하나님께서 하늘의 문을 여시고 여러분에게 필요한 모든 것을 넘치게 채워주실 것입니다.

　성도 여러분의 심령과 가정과 생업에 하늘의 문이 열려서 성령이 비둘기 같이 임하실 뿐만 아니라, 하나님의 사랑을 받고 주님의 기쁨이 되시는 성도가 되시기를 바랍니다. 하나님의 공의를 이루고 성령이 충만하여 하늘의 신령한 은혜를 넘치게 받으시고, 땅에서 평강을 누리는 성도가 되시기를 주님의 이름으로 간절히 축원합니다.

[예화]

▪ 하나님의 창조

런던대학의 우주 물리학자인 보이드 박사는 눈으로 볼 수 있는 별의 수는 약 10만 개이며 최신 전자 망원경을 가지고 한 은하계 안에서 볼 수 있는 별의 수는 2,000억 개가 된다고 했습니다. 그리고 최신 망원경을 가지고 볼 수 있는 그 전체 우주 속의 별들의 수는 2,000억 × 1,000억 개라는 천문학적 숫자라고 했습니다. 그런데 우리가 보지 못한 별의 수는 얼마나 더 많겠습니까? 또한 지금 반짝거리는 별빛은 10만 광년 전에 반짝였던 빛이 오늘 밤 우리 눈에 들어온 것입니다. 그러니 "오늘 저녁 별빛이 유난히 반짝이지?"라는 말이 얼마나 큰 거짓말인지 모릅니다. 이런 것을 공부하는 우주 물리학자인 보이드 박사는 전공을 통하여 하나님을 더 깊이 깨닫고 찬송가 40장을 자기 신앙의 간증이라고 했습니다.

> 주 하나님 지으신 모든 세계 내 마음속에 그리어 볼 때
> 하늘의 별 울려 퍼지는 뇌성 주님의 권능 우주에 찼네
> 주님의 높고 위대하심을 내 영혼이 찬양하네
> 주님의 높고 위대하심을 내 영혼이 찬양하네

▪ 천문학자 케플러

천문학자 케플러는 신실한 신앙인이었다. 그런데 그와 함께 천문학을 연구하는 한 친구는 하나님의 존재를 부인하는 사람으로, 늘 "태양계란 그 자체의 힘으로 생성된 것이며 견지되는 것이니 누가 만든 것이 아니다"라고 주장했다. 케플러는 그 친구에게 우주 만물이 하나님의 창조물임을 알게 해주고자 고심했다. 그러던 어느 날 태양계의 모형을 실제 크기의 축소를 비율에 맞게 만들어 아름다운 색을 칠하고 별들이 빛을 발하며 빙글빙글 돌아가도록 하여 그 친구에게 보여주었다. 그것을 본 친구는 매우 감탄을 했다. "누가 이렇게 아름답게 만들었나?", "아무도 만들지 않았네. 자기 힘으로 생겨서 자기 힘으로 도는 것일세", "뭐야? 어서 말해봐. 어떻게 만든 사람이 없이 절로 만들어지고 돈단 말인가? 그런 일은 있을 수 없잖나?", "이 친구야! 이렇게 작고 보잘 것도 없는 장난감도 만들어 움직이는 사람이 있다면 이 거대한 우주 만물이 창조주가 없이 어떻게 생겨나고 어떻게 한 치의 오차도 없이 질서 있게 돌아갈 수가 있겠는가?"

2026년 11월 월삭새벽기도회 자료 (감사제)

제목 : 감사제로 드리는 월삭 기도 | 본문 : 에스겔 46:1-24

11월은 추수감사절이 있는 달입니다. 우리는 월삭 기도로 하나님께 감사하는 기도를 드리겠습니다. 사람을 잘 사귀기를 원한다면 먼저 접근해서 마음을 열어 주어야 하며, 진심으로 감사하는 마을을 표현할 줄 알아야 합니다. 만일에 감사하지 않으면 가족이나 형제들, 심지어 이웃들까지라도 별로 좋아하지 않습니다. 빈말의 감사는 그때뿐이지만 진심을 담은 감사는 긴 여운을 갖게 됩니다. 그래서 우리는 일상에서 감사하는 마음과 행동이 필요합니다.

하나님을 향한 신앙생활도 마찬가지입니다. 나의 죄를 예수 그리스도의 십자가로 속량하시고 의인으로 인정하여주신 하나님을 향한 감사가 있어야 합니다. 그래서 사도 바울은 **"범사에 감사하라 이것이 그리스도 예수 안에서 너희를 향하신 하나님의 뜻이니라"**(살전 5:18) 말씀했습니다. 여기서 우리가 특별히 기억할 것은 '항상 기뻐하는 것'과 '쉬지 말고 기도하는 것'도 좋지만 범사에 감사하지 않으면 안 된다는 것을 알아야 합니다. 신앙생활과 일상생활에까지 범사에 감사하지 않으면 삶이 허망하고 의미가 없어진다고 할 수 있습니다.

솔로몬은 다윗과 우리아의 아내 밧세바 사이에서 태어나 이스라엘의 제3대 왕이 되었습니다. 그러니까 그는 불륜의 서자 출생이고 사실 왕이 될 자격이 없었습니다. 그런 일에도 불구하고 하나님은 그를 왕으로 세우셨습니다. 솔로몬은 출생 전에 하나님께서 '솔로몬'이라는 이름을 주셨고, 선지자 나단에게 교육을 받으며 성장하였으며, 제사장 사독과 선지자 나단에 의하여서 기혼 강에서 기름 부음을 받아 이스라엘의 제3대 왕으로 등극하였습니다.

솔로몬은 왕위에 오른 후에 기브온 산당에 올라가 하나님께 일천 번의 감사제를 드렸습니다. 그 밤에 하나님께서 솔로몬의 꿈에 나타나 무엇이든지 구하면 주시겠다고 하셨습니다. 솔로몬은 지혜를 주셔서 주의 백성을 재판하여 선악을 분별하게 하옵소서라고 간구하였습니다. 그러므로 하나님께서 솔로몬에게 지혜롭고 총명한 마음을 주셨으며 덤으로 부귀와 영광도 허락하여주셨습니다. 솔로몬은 아버지 다윗과 같이 하나님의 길로 행하며 하나님의 법도와 명령을 지키는 날 동안 장수의 복도 누리게 하시겠다고 하였습니다.

솔로몬이 왕위에 오른 후에 제일 먼저 한 일이 다윗 왕의 서원을 따라 예루살렘에 성전을 건축하는 일이었습니다. 이스라엘 백성들이 애굽에서 나온 후 480년 만인 주전 1011년에 예루살렘 성전을 착공하여 7년 만에 완공하였으니 주전 1004년이었습니다. 솔로몬은 낭실(현관을 의미하는 곳으로 솔로몬 성전의 현관) 앞에 '여호와의 제단'을 만들어 제사장이 제단을 드리게 했습니다. 구약시대에는 하나님께 제물을 드릴 때 태워서 드리는 제사였기에 하나님께 제물을 태워서 드리는 장소가 번제의 제단입니다.

솔로몬이 모세의 율법을 따라서 번제를 드렸다는 것은 온전하고 완전한 감사제를 드렸다는 뜻입니다. 온전하고 완전한 감사제는 횟수나 제물이 많고 적은 양이 평가의 기준이 되는 것이 아니라 감사의 제사하는 사람의 진실하고 성실한 마음으로 평가되는 것입니다.

1. 감사제를 드리는 방식

이스라엘의 왕이 구약시대에 하나님께 감사제를 드리는 방식이 정해져 있었습니다. 예루살렘 성전 안뜰 동쪽을 향한 문은 일하는 6일 동안에는 닫되 안식일에는 열며 월삭(매월 초하루)에도 열었습니다. 왕은 바깥 문 현관을 통하여 들어와서 문 벽(gate-post) 곁에 서고 제사장은 그를 위하여 번제와 감사제를 드릴 것이며, 왕은 문 통(threshold)에서 예배한 후에 밖으로 나가고 그 문은 저녁까지 닫아걸지 말아야 했습니다. 그 땅 백성 곧 장차 회복될 이스라엘 백성도 안식일과 월삭에 이 문 입구에서 하나님 앞에 예배해야 했습니다(:1-3).

안식일에 왕이 하나님께 드릴 번제는 흠 없는 어린양 여섯과 흠 없는 숫양 하나이며, 그 소제는 숫양 하나에는 밀가루 한 에바, 즉 약 22리터이며 모든 어린양에는 그 힘대로 할 것이며 밀가루 한 에바에는 기름 한 힌, 즉 약 3.7리터씩이었습니다(:4-5).

월삭에는 흠 없는 수송아지 하나와 어린양 여섯과 숫양 하나를 드리되 모두 흠 없는 것으로 했습니다. 또 소제를 갖추되 수송아지에는 밀가루 한 에바요 숫양에도 밀가루 한 에바며 모든 어린양에는 그 힘대로 하라고 했습니다. 밀가루 한 에바에는 기름 한 힌씩이었습니다. 왕이 올 때는 이 문 현관을 통해 들어오고 나갈 때에도 그리해야 했습니다(:6-8).

오늘 본문은 "그러나 모든 정한 절기에 이 땅 백성이 나 여호와 앞에 나아올 때에는 북문으로 들어와서 경배하는 자는 남문으로 나가고 남문으로 들어오는 자는 북문으로 나갈지라 들어온 문으로 도로 나가지 말고 그 몸이 앞으로 향한 대로 나갈지며"(:9) 했습니다. 이 말씀은 하나님께 제사 즉 예배를 드릴 때는 정해진 규정대로 하라는 의미가 있습니다.

 그리고 모든 정한 절기, 즉 안식일과 월삭을 비롯하여 유월절, 맥추절, 초막절, 나팔절 등의 절기들에 이스라엘 백성들이 하나님 여호와 앞에 나아올 때는 북문으로 들어와서 경배하고 남문으로 나가고, 남문으로 들어오는 자는 북문으로 나가야 했습니다. 그들은 들어온 문으로 도로 나가지 말고 그 몸이 앞으로 향한 대로 나가야 했습니다. 이것은 예배나 섬김에서도 반드시 질서 있게 하나님을 섬기는 태도를 보이는 자세입니다(고전 14:33,40).

 왕이 하나님을 섬기려면 그는 무리 가운데 있어서 그들의 들어올 때 들어오고 그들의 나갈 때에 나가야 했습니다. 절기와 성회 때에 소제는 수송아지 하나에 밀가루 한 에바요, 숫양 하나에도 한 에바요, 모든 어린양에는 그 힘대로 할 것이며 밀가루 한 에바에는 기름 한 힌씩이었습니다. 만일 왕이 자원하여 번제를 갖추거나 혹 자원하여 감사제를 갖추어 하나님께 드릴 때는 그를 위해 동향한 문을 열고 그가 번제와 감사제를 안식일에 드리는 것과 같이 드리고 밖으로 나가야 했으며 그가 나간 후에 문을 닫아야 했습니다(:10-12). 아침마다 1년 되고 흠 없는 어린양 하나로 번제를 갖추어 여호와께 드리고 또 그것과 함께 소제를 갖추어 드렸습니다. 이것은 아침마다 하나님께 드릴 영원한 번제와 소제의 규례입니다(:13-15).

 왕의 기업은 아들에게 선물로 줄 수 있었습니다. 그러나 왕이 그 기업을 한 종에게 선물로 주면, 그것은 그 종에게 속하여 희년, 즉 자유의 해까지 이르고 그 후에는 왕에게로 돌아갈 것입니다. 또 왕은 백성의 기업을 취해 그 주인을 그 소유지에서 쫓아내서는 안 됩니다. 왕은 자기 소유지에서만 자기 아들에게 기업을 줄 수 있었습니다. 그는 백성이 그 소유지를 떠나 흩어지지 않게 해야 했습니다(:16-18).

 에스겔은 이끌림을 받아 문 곁 통행로로 말미암아 제사장의 북향한 거룩한 방에 들어갔는데, 그 방 뒤 서편에 한 곳이 있었습니다. 이 방은 에스겔 42장에서 말한 제사장들을 위한 방으로 추정됩니다. 그곳은 제사장이 속건제와 속죄제 제물을 삶으며 소제의 제물을 굽는 곳입니다(19-20). 바깥 뜰 네 구석에는 길이 40자, 즉 약 20m, 너비 30자, 즉 약 15m의 뜰이 있고 그 작은 네 뜰 사면으로 돌아가며 부엌이 있고 그 사면 부엌에 삶는 기구가 설비되어 있습니다. 이곳은 성전에 수종 드는 자가 백성의 제물을 삶는 부엌입니다.

본문의 교훈은 첫째로 절기들에 대한 말씀은 예수 그리스도 안에서 성취되었습니다. 그것들은 예수 그리스도의 속죄 사역과 그 결과로 나타났습니다(골 2:16-17). 구약의 절기들은 모든 시간이 하나님의 것입니다. 우리들의 모든 시간은 하나님의 것입니다. 그러므로 우리는 항상 하나님을 섬기며 그를 영화롭게 하는 삶을 살아야 합니다.

둘째로 제사들에 대한 말씀은 예수 그리스도의 속죄 사역과 성도의 삶을 예로 보인 말씀입니다. 번제는 속죄의 의미와 더불어 성도의 온전한 헌신과 순종을 교훈하는 뜻이 있으며, 소제는 감사의 뜻이 있습니다. 기름은 성령의 은혜를 상징합니다. 우리는 예수 그리스도를 믿는 믿음 안에서 하나님께 감사하며 헌신하며 하나님과 교제하며 살아야 할 것입니다.

2. 하나님께 드리는 감사제

시편 136편에서 시인은 감사할 내용을 열거하고 있습니다. 빛을 지으신 이에게 감사하고, 해로 낮을 주관케 하신 이에게 감사하고, 달과 별들로 밤을 주관케 하신 이에게 감사하라고 하였습니다. 곧 이 땅에 있는 모든 것들을 만드신 하나님께 감사하라는 것입니다. 하나님께서는 해와 달과 땅이 없고, 빛이 없고 이 땅에 공기가 없어도 존재하시는 분입니다. 하지만 그러한 것들이 없으면 존재할 수 없는 존재가 있습니다. 바로 저와 여러분들입니다. 그러한 것들은 하나님이 아니라, 바로 저와 여러분들을 위하여서 이 세상을 지으셨습니다.

그러한 하나님 창조의 은혜를 알면 우리 주변에 있는 모든 것을 보면서도 감사할 수밖에 없습니다. 하나님의 영원하신 인자하심을 감사할 수밖에 없습니다. 하나님께 범사에 감사하는 것은, 또 다른 삶의 변화로 이어지는 것입니다. 하나님께 감사함으로 해야 할 일들을 있습니다. 그것은 곧 하나님께서 은혜를 베풀어주신 것에 대해서 하나님 앞에 그 은혜에 대하여서 반응하는 것입니다. 단순히 감사한 마음만을 가지고 있는 것이 아니라, 우리에게 어떠한 감사의 행위가 있어야 할 것인지를 깨닫고 온전한 감사제를 드리도록 해야 합니다.

사랑하는 성도 여러분!

금년 추수감사절에는 말씀대로 정성을 다하여 넘치는 감사의 예물을 드려서 하나님을 기쁘시게 하고 축복받는 성도가 되도록 기도하시기를 주님의 이름으로 축원합니다.

[예화]

▣ 말끝마다 감사

원래 기독교 문화권에 속한 사람들은 '땡큐'라는 말을 입에 달고 삽니다. '땡큐'(Thank You)는 감사합니다. 고맙습니다. 수고하셨습니다라는 의미이고, 감사라는 것은 그것을 소중히 한다는 의미입니다. 『탈무드』에 보면 "혀로 '감사합니다'라는 말을 입버릇들이기 전엔 아무 말도 하지 말라"는 가르침이 있습니다. 자녀를 하나나 둘만 낳다 보니, 과보호 속에서 유아독존, 자기중심, 이기심으로 살아온 아이들이 도무지 '감사'라는 말을 할 줄 모릅니다. 얼마나 한국 사람들이 감사할 줄 모르는가 하면, 외국인들이 한국인들을 보면 '유 땡큐' 한다고 합니다. 한국 사람들이 감사할 줄 모르니까 외국인들이 '너 대신 감사'하고 감사를 대신해준다는 것이지요. 원래 기독교 문화권에 속한 사람들은 '땡큐'라는 말을 입에 달고 삽니다. 원래 기독교인들은 감사의 사람들입니다. 누구 탓하기 전에 기독교인들부터 '감사합니다. 고맙습니다. 수고하셨습니다.' 하는 말을 입에 달고 삽시다.

▣ 감사합니다

감사하면 마음이 유쾌해집니다. 감사하면 몸이 가벼워집니다. 감사하면 은혜가 흘러 들어옵니다. 감사하면 적절한 환경이 조성됩니다. 감사하면 사람들이 좋아합니다. 감사하면 돈이 생깁니다. 감사하면 사랑과 능력이 생깁니다. 감사하면 건강해집니다. 감사하면 기쁨이 넘칩니다. 감사하면 무조건 좋습니다. 좋아요.

▣ 좋은 날 주셔서 감사합니다

꽃 피고 새 울어야 할 3월에 한파가 몰아치고 흰 눈이 펑펑 오는 날, 오들오들 떨면서 학교에 갔다 온 밝은이가 저녁 식탁에서 대표 기도를 합니다. "하나님, 오늘도 좋은 날 주셔서 감사합니다." 밝은이의 기도에는 비가 오나 눈이 오나 항상 "좋은 날 주셔서 감사합니다."라는 말이 꼭 들어갑니다. 비가 오면 비가 와서 좋고, 눈이 오면 눈이 와서 좋고, 추우면 추워서 좋고, 더우면 더워서 좋고. 오늘이라는 하루가 나에게 주어졌다는 그 자체가 좋습니다.

우리에게 주어진 삶의 기간은 결단코 길지 않습니다. 짧은 삶을 살면서 이왕이면 감사하고 즐겁고 행복하고 기쁘고 재미있게 웃으면서 살아야 하지 않겠습니까? 돈타령은 그만하십시오. 행복하게 사는데 돈이 일정 부분 도움이 되는 것은 사실이지만 그러나 돈 없어도 얼마든지 행복하게 살 수 있습니다. 그것은 생각에 달려 있습니다. 생각을 창조적이고, 긍정적이고, 밝고, 깨끗하고, 순수하게 하십시오. 그러면 하늘의 밝은 빛이 마음에 가득 차게 되고 저절로 행복해집니다. 행복한 삶은 아주 가까운 곳에 있어요.

2026년 12월 월삭새벽기도회 자료 (임마누엘)

제목 : 임마누엘을 위한 월삭 기도 | 본문 : 마태복음 1:18-26

12월은 올해 마지막 달로 성탄절이 있고 임마누엘 주님을 만나는 달입니다. 그래서 12월 월삭기도회에는 임마누엘 주님을 만나기 위해서 기도하는 시간으로 삼겠습니다. '임마누엘'이란 히브리어로 '하나님이 우리와 함께하신다'라는 뜻입니다. 하나님께서 우리와 함께하시는 방법은 여러 가지가 있으나 마음이 청결하고 기도에 힘쓰면 하나님께서 함께하실 줄 믿습니다. 오늘 새벽에는 임마누엘을 위한 월삭 기도를 드리겠습니다.

일본의 대표적 소설가 엔도 슈사쿠는 여러 차례 노벨문학상 후보로 거론된 적이 있으며, 종교소설과 세속소설의 차이를 무너뜨린 20세기 문학의 거장으로 평가받고 있는 작가입니다. 그가 17세기 일본의 기독교 박해 사건을 배경으로 쓴『침묵』이란 소설이 있습니다. 그 소설에는 이런 내용이 전개됩니다. 로마 천주교회의 신부를 통해서 복음을 듣고 두 농부가 하나님을 진실하게 믿었습니다. 그런데 하나님을 믿는다는 그 이유로 붙잡혀 순교를 당하게 되었습니다. 두 농부는 많은 사람이 지켜보는 앞에서 바닷가에 세워진 나무 십자가에 매달립니다. 그리고 밀물이 들어오면서 시커먼 바닷물이 그 두 농부를 송두리째 삼켜버렸습니다. 그리하여 그 두 농부는 처참하게 고통을 당하다가 죽고 말았습니다.

두 농부가 그렇게 고통스럽게 죽어갈 때도 하나님은 아무것도 하지 않고 침묵하고 계셨습니다. 이 사건을 해변의 언덕 뒤에 숨어서 보고 있던 신부는 하나님의 침묵에 괴로워하면서 이렇게 탄식합니다. "하나님, 도대체 하나님은 지금 어디에 계십니까? 하나님은 진짜 살아계시는 것입니까? 하나님이 살아 계신다면 어떻게 이렇게 침묵하고 계실 수 있습니까?"

상당한 세월이 지난 후에 마침내 신부가 죽어서 하나님을 만나 대화하는 장면이 나옵니다. 먼저 신부가 하나님께 이렇게 질문을 합니다. "하나님, 저는 하나님께서 언제나 침묵하고 계신 것을 원망했습니다. 성도들이 고통 가운데 죽어갈 때 하나님은 도대체 어디에 계셨습니까?" 그러자 하나님이 신부에게 이렇게 대답하십니다. "아들아, 나는 침묵하고 있었던 것이 아니다. 다만 너희들과 함께 고통을 당하고 있었을 뿐이다." 신부는 하나님의 이 말씀을 통해서 하나님의 깊고 오묘한 사랑을 깨닫게 되었다는 내용입니다.

1. 임마누엘 하나님

지금으로부터 2천 여전 전에 유대 땅 나사렛에 살던 요셉에게 남모르는 고통과 아픔이 있었습니다. 그것은 그토록 사랑하고 아끼던 약혼녀 마리아가 임신한 것입니다. 지금까지 서로 순결을 지키며 손 한 번 잡아보지 않았습니다. 전혀 몸을 섞지 않았는데 마리아가 잉태한 것입니다. 요셉은 의로운 사람입니다. 사랑하는 약혼녀 마리아의 체면과 목숨을 생각해서 가만히 끊고자 했습니다. 요셉이 이 문제를 가지고 어떻게 할까 속으로 고민하고 있을 때 주님의 사자가 나타났습니다. 그리고 현몽하여 하나님의 말씀을 전했습니다.

"다윗의 자손 요셉아 네 아내 마리아 데려오기를 무서워하지 말라 그에게 잉태된 자는 성령으로 된 것이라 아들을 낳으리니 이름을 예수라 하라 이는 그가 자기 백성을 그들의 죄에서 구원할 자이심이라 하니라 이 모든 일이 된 것은 주께서 선지자로 하신 말씀을 이루려 하심이니 이르시되 보라 처녀가 잉태하여 아들을 낳을 것이요 그의 이름은 임마누엘이라 하리라 하셨으니 이를 번역한즉 하나님이 우리와 함께 계시다 함이라"(:20-23).

"보라 처녀가 잉태하여 아들을 낳을 것이요 그 이름은 임마누엘이라 하리라 하셨으니 이를 번역한즉 하나님이 우리와 함께 계시다 함이라" 오늘 우리에게 가장 중요한 말씀은 바로 이 말씀입니다. "처녀가 잉태하여 아들을 낳을 것이다. 그 이름은 '임마누엘'이라 하리라"에서 "임마누엘"이란 말씀을 번역하면 '하나님이 우리와 함께 계시다'라는 뜻입니다. 하나님은 우리와 함께 계십니다. 하나님은 저와 함께 계십니다. 하나님은 성도 여러분과 함께 계십니다.

하나님은 과거에 우리와 함께 계셨던 임마누엘 주님이십니다. 주님은 이미 2천 년 전에 우리를 죄에서 구원하시기 위해서 세상에 오셨습니다. 주님은 우리의 모든 고통과 아픔과 질고를 대신 지시고 십자가에서 죽었습니다. 그래서 구원의 문, 영생의 문을 활짝 열어 놓으셨습니다. 주님께서는 그 첫 번째 강림을 통하여서 모든 사람에게 구원의 길을 만들어 주셨습니다. 누구든지 예수님을 믿으면 멸망치 않고 영생을 얻을 수 있도록 해 주셨습니다.

그러므로 아직도 첫 번째 강림하신 임마누엘 주님을 만나지 못한 사람이 있다면, 그는 과거에 임마누엘이신 예수 그리스도를 하루속히 영접해야 합니다. 대림절을 맞이하여 우리 가운데 아직도 구원의 확신을 못 가지고 믿음의 방황을 거듭하는 교인이 있습니까? 임마누엘 주님을 만나시기를 바랍니다. 임마누엘 주님을 통해서 구원의 선물을 받으시기를 바랍니다. 기도하는 바로 이 시간에 임마누엘 주님을 영접하시기를 주님의 이름으로 축원합니다.

2. 예수님께 드리는 임마누엘의 기도

하나님은 지금 우리와 함께하시는 임마누엘 주님이십니다. 2천 년 전에 임마누엘 하셔서 우리에게 영원한 구원의 길을 열어 주신 주님은 오늘도 여전히 우리와 함께하십니다. 예수님께서 "내가 아버지께 구하겠으니 그가 또 다른 보혜사를 너희에게 주사 영원토록 너희와 함께 있게 하리니"(요 14:16)라고 약속하셨습니다. 그리고 또 예수님께서 "내가 떠나가는 것이 너희에게 유익이라 내가 떠나가지 아니하면 보혜사가 너희에게로 오시지 아니할 것이요 가면 내가 그를 너희에게로 보내리니"(요 16:7) 말씀하셨습니다. 그래서 예수님의 약속과 같이 보혜사 성령님이 우리와 함께하십니다.

예수님의 몸은 부활하셔서 하늘나라로 승천하셨지만, 예수님은 지금 영으로 우리 가운데 임하여 계십니다. 그래서 오늘도 우리에게 말씀하시고, 우리를 도우시고 계시며, 우리의 갈 길을 인도하십니다. 특별히 성령님께서 지금도 우리를 위하여 말할 수 없는 탄식으로 하나님께 기도하고 계십니다. 예수님은 우리가 세상을 살다가 탄식해야 할 때 우리의 탄식보다 더 탄식하십니다. 예수님은 우리가 세상을 살면서 고통을 당할 때 우리보다 더 많이 고통당하십니다. 부활하신 예수님은 우리의 고통을 해소하시기 위해 하나님의 보좌 우편에서 우리를 위하여 중보기도를 하시고 계십니다. 그러므로 우리는 임마누엘 주님과 성령님의 도와주심에 힘입어 믿음의 길을 과감하게 걸어갈 수 있기를 주님께 간절히 기도하기를 바랍니다.

하나님은 미래에도 여전히 우리와 함께하실 임마누엘 주님이십니다. 예수님께서 부활하시고 승천하실 때 우리에게 약속하셨습니다. "내가 세상 끝날까지 너희와 항상 함께 있으리라"(마 28:20). 이 말씀은 너무나 귀중한 말씀입니다. 목사는 주일예배가 끝날 때마다 이 말씀을 성도 여러분들에게 드리며 여러분을 세상으로 보냅니다. 성도 여러분들이 이 말씀만 의지하고 세상을 살며 언제 어디서나 안전하게 살 수 있을 것입니다. 예수님께서 성도 여러분과 함께하시니까 아무 문제가 없을 줄 믿습니다.

임마누엘 주님은 과거에도 현재에도 함께하셨으니 미래에도 함께하실 것입니다. 그러므로 우리는 미래에 대하여 불안한 마음을 가져서는 안 됩니다. 우리는 우리 각 개인의 삶과 더 나아가서 나라와 민족, 그리고 온 역사를 주관하십니다. 그러니 하나님께서 세상 끝 날까지 우리와 함께하실 줄 믿고 살아가야 합니다. 우리는 모든 것을 임마누엘 주님께 맡기고 예수님과 동행하는 삶을 살아야 할 것입니다.

예수님께서 "나는 알파와 오메가요 처음과 마지막이요 시작과 마침이라"(계 22:13) 말씀하셨습니다. 예수님은 이전에도 계셨고, 지금도 계시고, 장차 오실 자 전능하신 하나님이십니다. 하나님은 임마누엘 주님이라는 말씀입니다. 임마누엘 하나님은 과거에도 우리를 지켜주신 하나님께서 지금도 우리와 함께 계십니다. 하나님께서 우리의 앞날도 인도하시고 책임져 주실 줄 믿습니다. 그러므로 영원토록 우리와 함께하실 임마누엘 주님을 온전히 믿고 따르는 성도가 되시기를 주님의 이름으로 간절히 축원합니다.

사랑하는 성도 여러분!

하나님은 과거에도 현재에도 미래에도 함께하시는 임마누엘 주님이십니다. 주님이 여러분과 함께하시는데 무엇이 두렵고 겁나겠습니까? 주님이 여러분과 함께하시는데 무슨 걱정이 있습니까? 마음에 있는 근심 걱정을 모두 내려놓으세요. 무엇을 먹을까 무엇을 입을까 어디에 살까 염려하지 마세요. 그런 것들은 하나님을 안 믿는 사람들이나 하는 것입니다.

"너희는 먼저 그의 나라와 그의 의를 구하라 그리하면 이 모든 것을 너희에게 더하시리라"(마 6:33). 임마누엘 주님은 우리가 먹을 것, 입을 것, 살 것까지 미리 다 준비하고 필요할 때마다 적절하게 주십니다. 우리의 마음속에 있는 근심이나 걱정도 주님이 다 아십니다. 우리의 문제도 주님이 너무 잘 알고 계십니다. 가장 좋게 필요를 따라 풍족하게 채워 주시는 주님을 믿고 따르시기를 바랍니다.

대림절 마지막 주간에 우리는 우리와 영원토록 함께하시는 주님을 바라봅시다. 다시 오실 주님을 소망합시다. 항상 우리와 함께하실 주님을 믿고 따릅시다. 이 영원하신 임마누엘 주님을 전파합시다. 이것이 다시 오실 주님을 맞이하는 성도의 바른 신앙입니다. 경건한 마음으로 임마누엘 주님을 기다리는 성도가 되시기를 주님의 이름으로 간절히 축원합니다.

[예화]

▣ 계속하여 옆에 서서 같이 가시는 분, 임마누엘 주님

성경을 여러 민족의 언어로 번역할 때 가장 번역이 어려운 것이 '보혜사'라는 단어다. 희랍어 '파라클레토스'를 한국어로 번역한 것이 '보혜사(保惠師)'인데, 이는 그 뜻이 매우 풍부하다. 즉, '안위한다'라는 뜻뿐만이 아니라 '훈계한다', '권고한다', '격려한다', '도와준다'라는 뜻이 포함되어 있다. 이 모든 뜻을 한 단어로 표현하기는 매우 어렵다. 필리핀 남부의 쫄로아노 모로 족은 "계속하여 옆에 서서 같이 가시는 분"이라고 표현한다. 성령이야말로 신자와 항상 같이하시는 동반자시다. 중앙 멕시코의 오토미 인디언 그리스도인들은 보혜사를 "우리 영혼에 따스함을 주시는 분"이라고 한다. 우리는 이 말에서 생명의 말씀에서 안위를 찾으며 죄와 세상 염려의 와중에서 허덕이는 영혼과 생명이 살아나기 필요한 것은 하나님의 역사에서 따스함을 발견하는 것임을 알 수 있다. 아이보리코스트에 사는 빠울리 족 그리스도인들은 보혜사를 "생각을 꽉 동여매시는 이"라고 한다. 근심에 쌓인 마음의 생각은 무감각하고 괴로운 혼란으로 사방에 흐트러진다. 보혜사께서 이 흐트러진 생각을 꽉 동여매어 자기 통제 밑에 두신다. 우리는 우리 생각의 존재를 부인함으로써 여러 가지 걱정을 피할 수 있거나 어떤 정신 요법적 마술로 우리 생각을 잊어버리라고 함으로써 걱정을 피할 수 있는 것이 아니다. 우리에게 필요한 것은 우리 생각을 통제하는 것, 즉 꽉 동여매는 것이다. 이렇게 되면 우리는 우리 속에 내리는 화평의 기쁨을 경험할 수 있게 된다.

▣ 임마누엘 그리스도가 없는 삶

엘리자벳 빌타의 글에 보면 이런 이야기가 실려 있다. 그가 2층 침실에서 일하다가 창밖을 내다보며 잠깐 쉬는데 빨랫줄에 아름다운 파랑새 한 마리가 앉아 있었다. 찬란한 햇빛을 받는 파랑새의 모습은 참으로 아름다웠다. 얼마간 넋 나간 사람처럼 바라보다 일을 다시 하게 되었다. 그런데 자꾸 그 파랑새가 또 보고 싶어졌다. 아직도 그 파랑새가 앉아 있나 밖을 내다보다 이번에는 실망하고 말았다. 그처럼 아름답던 파랑새가 누런 암갈색으로 변해 있었다. 그것은 해가 구름 속에 가려져 버렸기 때문이었다. 아름다움은 빛과 이토록 중요한 관계가 있는 것이다. 모든 사물은 빛이 찬란하면 찬란할수록 더 아름답고 고귀해 보인다. 특히 인간은 의의 태양이신 임마누엘 예수 그리스도께서 그 안에 거하여 빛을 발하지 않는 이상 결코 아름다울 수 없다. 그리스도가 없는 미는 마치 어둠 속에 있는 한 송이의 장미와 다를 바 없듯이 그리스도 없는 삶이란 무의미하고 무가치하다. 돈과 명예 역시 그리스도 밖에 있는 것이라면 그것을 소유한 사람은 자신을 죽음으로 몰아가고 있을 뿐이다. 그리스도 없는 지식은 교만해지고 그리스도가 없는 과학은 결국 불행한 오점을 찍을 뿐이라는 것을 절대 간과해서는 아니 될 것이다.

2026년 복음적인 예배와 설교를 위한
예전 색상표

월	일	교회력	월	일	교회력
		2025년	5월	31일	삼위일체 주일(흰색)
11월	30일	대림절 1번째 주일(보라색)	6월	7일	오순절 후 2번째 주일(초록색)
12월	7일	대림절 2번째 주일(보라색)	6월	14일	오순절 후 3번째 주일(초록색)
12월	14일	대림절 3번째 주일(보라색)	6월	21일	오순절 후 4번째 주일(초록색)
12월	21일	대림절 4번째 주일(보라색)	6월	28일	오순절 후 5번째 주일(초록색)
12월	25일	성탄절(흰색)	7월	5일	오순절 후 6번째 주일(초록색)
12월	28일	성탄절 후 1번째 주일(흰색)	7월	12일	오순절 후 7번째 주일(초록색)
		2026년	7월	19일	오순절 후 8번째 주일(초록색)
1월	4일	성탄절 후 2번째 주일(흰색)	7월	26일	오순절 후 9번째 주일(초록색)
1월	11일	주현절 후 1번째 주일(초록색)	8월	2일	오순절 후 10번째 주일(초록색)
1월	18일	주현절 후 2번째 주일(초록색)	8월	9일	오순절 후 11번째 주일(초록색)
1월	25일	주현절 후 3번째 주일(초록색)	8월	16일	오순절 후 12번째 주일(초록색)
2월	1일	주현절 후 4번째 주일(초록색)	8월	23일	오순절 후 13번째 주일(초록색)
2월	8일	주현절 후 5번째 주일(초록색)	8월	30일	오순절 후 14번째 주일(초록색)
2월	15일	주현절 후 6번째 주일(초록색)	9월	6일	오순절 후 15번째 주일(초록색)
2월	22일	사순절 1번째 주일(보라색)	9월	13일	오순절 후 16번째 주일(초록색)
3월	1일	사순절 2번째 주일(보라색)	9월	20일	오순절 후 17번째 주일(초록색)
3월	8일	사순절 3번째 주일(보라색)	9월	27일	오순절 후 18번째 주일(초록색)
3월	15일	사순절 4번째 주일(보라색)	10월	4일	오순절 후 19번째 주일(초록색)
3월	22일	사순절 5번째 주일(보라색)	10월	11일	오순절 후 20번째 주일(초록색)
3월	29일	사순절 6번째 (종려)주일(빨간색)	10월	18일	오순절 후 21번째 주일(초록색)
4월	5일	부활 주일(흰색)	10월	25일	오순절 후 22번째 주일(초록색)
4월	12일	부활절 2번째 주일(흰색)	11월	1일	오순절 후 23번째 주일(초록색)
4월	19일	부활절 3번째 주일(흰색)	11월	8일	오순절 후 24번째 주일(초록색)
4월	26일	부활절 4번째 주일(흰색)	11월	15일	오순절 후 25번째 주일(초록색)
5월	3일	부활절 5번째 주일(흰색)	11월	22일	오순절 후 26번째 주일(초록색)
5월	10일	부활절 6번째 주일(흰색)	특별자료		송구영신예배(흰색)_12.31(목)
5월	17일	부활절 7번째 주일(흰색)			교회설립예배(빨간색)
5월	24일	성령 강림 주일(빨간색)			목회자 주일(초록색)